社科学术文库

LIBRARY OF
ACADEMIC WORKS OF
SOCIAL SCIENCES

中国近代警察制度

上 册

韩延龙　主　编
苏亦工　副主编

中国社会科学出版社

图书在版编目(CIP)数据

中国近代警察制度（全二册）/ 韩延龙主编 . —北京：中国社会科学出版社，2018.8

ISBN 978-7-5161-9150-7

Ⅰ.①中… Ⅱ.①韩… Ⅲ.①警察-制度-研究-中国-近代 Ⅳ.①D693.65

中国版本图书馆CIP数据核字（2016）第252534号

出 版 人	赵剑英
责任编辑	任　明
责任校对	王　龙
责任印制	李寡寡

出　　版	中国社会科学出版社
社　　址	北京鼓楼西大街甲158号
邮　　编	100720
网　　址	http://www.csspw.cn
发 行 部	010-84083685
门 市 部	010-84029450
经　　销	新华书店及其他书店

印刷装订	北京君升印刷有限公司
版　　次	2018年8月第1版
印　　次	2018年8月第1次印刷

开　　本	710×1000　1/16
印　　张	48
插　　页	2
字　　数	828千字
定　　价	195.00元（全二册）

凡购买中国社会科学出版社图书，如有质量问题请与本社营销中心联系调换
电话：010-84083683
版权所有　侵权必究

《中国近代警察制度》

主　编　韩延龙

副主编　苏亦工

撰稿人　韩延龙
　　　　苏亦工
　　　　常兆儒
　　　　林炎炎
　　　　赵九雁

前　言

在我国，维护社会治安的机构和民吏早已有之，但警察称谓及其相关制度则是近代社会的产物。从警察出现到其制度基本确立，大约经过了半个多世纪的历程。然而长期以来，对中国近代警察及相关制度的研究却是一块亟待开拓的园地，据我们所知，建国以前没有出版过论述近代警察制度的系统专著，建国后对这门专史的研究也未受到足够的重视。因此，撰写一部中国近代警察史，以论述近代警察在中国的产生、形成和发展，探究其性质、结构、职能及其主要规章制度，无论从学理层面还是实践层面，都十分必要。

撰写这部书的想法，当从1982年说起，那年秋天，时任群众出版社副总编的刘林春先生，数次邀约中国社会科学院法学研究所法律史研究室的同仁撰写有关中国历代警察及其相关制度的系列文章。对于他的邀约，起初我们持审慎态度，一是因为上面谈到的我国学术界对历代警察的研究起步较晚，不仅没有一部这样的专著，甚至连论文也很少见，加以我们对警察史也并不熟悉，需要从搜集、梳理资料做起，自然难度不小，更重要的是如何界定警察这个概念，虽说警察和国家一样古老，但在我国古代，由于自给自足的自然经济占统治地位，社会分工粗放，维护社会治安的警察职能虽已存在，但作为个性化的警察角色，或者说作为一种特定社会职业的警察，尚未出现。不管怎么说，鉴于出版社的盛情邀约，我们实难拒绝，最终还是答应下来，分工撰写，每篇四、五千字或六、七千字不等，陆续交稿，群众出版社则冠以《中国警察史话》的通栏标题，以活页形式内部印行，每期一篇，先后出了20多期。后来我们才知道，冠以《中国警察史话》的这束文稿，是出版社应上级领导的要求，供公安系统厅局级以上干部阅读的，目的是使他们了解有关警察史的知识，完善知识结构，这自是一件善举。据刘林春先生说，《中国警察史话》的印行反映甚好，希望我们以这束文稿为基础，增补加工，公开出版。这当然是一项很好的建议。

经过一段时间的伏案工作，《中国警察制度简论》一书于1984年2月完稿，1985年10月由群众出版社出版，全书31万多字。《简论》和《史话》已有很大不同，前者对后者作了较大的补充和修改，在史料的搜集和运用上又下了一番功夫，而且其中有几篇是新增加的。它实际上是一部有关中国历代警察制度的论文集，而不是按照统一体例和严密体系写成的专著。该书出版后受到学界同仁的关注，在我们看到的评论文章中，有同志在对此书给予充分肯定的同时，建议写出一部系统的警察史专门著作来。面对这种企盼，我们深受鼓舞，也感到责任重大，因为这毕竟是一项前人没有做过的工作。

我和常兆儒同志在同一单位、同一研究方向上共事多年，我们经过一番认真思量，认为有必要把此项工作承担起来，发在收入《中国警察制度简论》的二十八篇文章中的最后三篇关于近代警察的文章是常兆儒同志执笔撰写的，对中国近代警察的发展脉络和基本状况应当说已有一定了解，而中国古代"警察"又实在难以界定，于是我们就决定写一部中国近代警察制度的书。

研究中国近代警察制度首先遇到的是历史分期问题。新中国成立以来，多数近代史著作从鸦片战争开始写到五四运动为止。但也有不少同志主张把中华人民共和国成立作为中国近代史的下限。依照这种观点，1840年至1949年的半殖民地、半封建社会属于中国近代史的范畴；中华人民共和国成立后实行社会主义新型制度，属于中国现代史的范畴。我们持后一种意见，认为还是按照社会性质划分比较适宜。

但是，对于一些近代专史说来，上限究竟起于何时，是一个有待探讨的问题。我们认为，原则上说，应当依据不同学科、不同研究对象的具体情况而定。1840年鸦片战争以后，由于帝国主义列强的侵略，中国逐步由封建社会变成为半殖民地、半封建社会，清王朝的政治制度也相应发生变化，五口通商大臣、总理各国事务衙门、南北洋通商事务大臣以及总税务司的设立，就是这种变化的标志。但就治安管理体制而言，1840年以后的58年间并没有发生过什么变化，虽然在帝国主义列强攫取的租界中已有近代警察的存在，清政府在全国范围实行的依然是延续了两千多年的封建治安管理体制；直到戊戌变法期间，维新派才在当地官员的支持下，设立了具有近代警察形态的湖南保卫局。研究历史和历史上某种制度的演变必须从历史的实际出发，因此，我们对中国近代警察制度的研究也就以湖南保卫局为起点，直到1949年南京国民政府覆亡为止。

在这50多年间，尽管清末时期、北洋政府时期和南京国民政府时期的警察制度所处的发展阶段不同，但其先后衔接，一脉相承，均属半殖民地、半封建性质。本书所要阐述的正是中国半殖民地、半封建社会中警察的产生、形成、高度发展并走向崩溃的历史。南京临时政府为期不足百天，"政令不出百里"，但其警政建设具有鲜明的资产阶级民主主义特色，本书一并阐述。广州、武汉国民政府时值军旅倥偬之际，警政建设无大进展，而抗日战争时期由日本帝国主义一手扶植的汪伪和伪满傀儡政权的警察又纯系殖民地性质，本书不予阐述。从1927年开始中国共产党领导的红色区域以及其后抗日根据地和解放区的警察制度属于新民主主义范畴，资料浩繁，内容丰富，当另书专门探讨。

中国近代警察及其相关制度的产生和发展都是有法律法规作为依据的，收集这方面的资料并不困难，我们所在单位中国社会科学院法学研究所图书馆作为法学专业图书馆藏有这方面的丰富资料，不过它们分散在各类图书报刊之中，当时没有复印设备，仅靠手抄，工作量之大可想而知。

有关法律法规的搜集整理对撰写中国近代警察制度固然重要，但其制定和实施的状况乃至警察职能的实际运作以及时人的评论，则远非有关法律法规所能企及，于是我们先后两次去南京第二历史档案馆并去重庆档案馆查阅档案，同时还查阅了其他相关资料（如方志等等），收益颇多。

之后，我们在梳理资料的基础上逐步形成了对我国近代警察产生和发展的认识，撰成中国近代警察制度的编写体例和写作大纲，写作大纲共分三个部分，即清末时期、北洋政府时期和南京国民政府时期，三个时期各自有其不同的特点。这时苏亦工同志分配来法学研究所工作，我们征求他的意见，他表示欣然接受，这样我们三人便作了一个大致的分工，由于苏亦工同志是专攻清代法制史的，就由他担任第一部分的研究和撰写任务，我则负责第二部分，常兆儒同志负责第三部分。就在这时，常兆儒同志不幸身患重病，卧床不起，经他本人提出，其所承担的部分改由其他同志分担。

本书由导论、三编二十七章组成，参加编写工作的有四位同志，具体分工是：

导　论　　　　　　　　　　　　　　　　韩延龙　苏亦工
第一编　第一章至第七章　　　　　　　　　　　　苏亦工
第二编　第八章至第十六章　　　　　　　　　　　韩延龙
第三编　第十七章至第二十章、第二十七章

　　　　　　　　　　　　　　　　　　　　　　　苏亦工

| 第二十一、二十三、二十四、二十六章 | 林炎炎 |
| 第二十二、二十五章 | 赵九雁 |

本书的编写提纲是由韩延龙、常兆儒拟定的。韩延龙对第二十二、二十五章的初稿作了部分修改。赵九雁搜集和提供了有关第三编的部分法规资料。各类图表的编目由苏亦工完成。全书由韩延龙、苏亦工统编定稿。

常兆儒同志是编写本书的倡导者之一，也是本书提纲初稿的拟定者之一，搜集和提供了有关第三编的部分档案资料，为本书的编写做了不少准备工作，在本书开始写作时，不幸身患重病，原定第三编的写作任务只好改由其他同志分担；当本书付梓之际，他已与世长辞。在这里，我们谨向这位英年早逝的可敬学者表示最深切的怀念。

本书的撰写曾得到诸多同仁的大力支持，他们当中有：王家福、刘海年、黄明川等同志。本书于1993年由中国人民公安大学出版社出版，此次再版得到了中国社会科学出版社赵剑英、任明先生的鼎力襄助，在此谨表由衷谢意。

中国近代警察制度的研究是一项巨大工程，由于我们的水平和能力有限，书中若有错误或不当之处，敬祈学界同仁和广大读者不吝赐正。

韩延龙
2015年8月10月于北京

总目录

·上 册·

导论 …………………………………………………………………… (1)

第一编 中国近代警察制度的初创
（1898年1月—1911年10月）

第一章 警政思想的传播和警察制度的开创 ………………………… (21)
第二章 清末中央警察机关的演变及其职权 ………………………… (62)
第三章 京师警察机关的体制及其职权 ……………………………… (80)
第四章 清末地方警政 ………………………………………………… (111)
第五章 警察的来源、种类及其管理 ………………………………… (147)
第六章 清末警察教育 ………………………………………………… (195)
第七章 清末警察法规的制定和颁行 ………………………………… (212)

第二编 中国近代警察制度的形成
（1912年1月—1928年6月）

第八章 辛亥革命后十七年的警察体制 ……………………………… (239)
第九章 中央警政管理机关 …………………………………………… (262)
第十章 首都警察机关 ………………………………………………… (270)
第十一章 地方警察机关 ……………………………………………… (290)
第十二章 警察的来源和警察官的任用 ……………………………… (341)
第十三章 警察服制、抚恤和奖惩 …………………………………… (347)
第十四章 警察的种类及职权 ………………………………………… (359)

第十五章　警察教育 …………………………………………（390）
第十六章　几种警察法规的颁行及主要内容 ………………（400）

·下　册·

第三编　中国近代警察制度的发展
（1927年4月—1949年9月）

第十七章　1927年后警察制度的发展变化 …………………（417）
第十八章　中央警察机关 ……………………………………（427）
第十九章　首都警察机关 ……………………………………（440）
第二十章　地方警察系统 ……………………………………（451）
第二十一章　专业警种的设置及职能 ………………………（498）
第二十二章　女警的产生与发展 ……………………………（530）
第二十三章　警务人员的任用、待遇、考绩与奖惩 ………（537）
第二十四章　警察服制和警长警士服务规程 ………………（560）
第二十五章　警务人员的教育训练 …………………………（571）
第二十六章　特务组织——中统和军统 ……………………（588）
第二十七章　警察法规的制定和实施 ………………………（599）

附录：主要参考文献 …………………………………………（625）
图表索引 ………………………………………………………（633）
服制图式 ………………………………………………………（636）
后记 ……………………………………………………………（745）

目　录

·上　册·

导论 ………………………………………………………………（3）

第一编　中国近代警察制度的初创
（1898年1月—1911年10月）

第一章　警政思想的传播和警察制度的开创 ……………………（21）
　第一节　早期改良派的警政主张 ……………………………（21）
　第二节　戊戌维新派的警政理论 ……………………………（29）
　第三节　湖南保卫局的创办经过 ……………………………（36）
　　一　保卫局的创办 …………………………………………（36）
　　二　保卫局的裁撤 …………………………………………（41）
　第四节　湖南保卫局的组织机构及其职权 …………………（46）
　　一　湖南保卫局的组织机构 ………………………………（46）
　　二　湖南保卫局的职权 ……………………………………（49）
　第五节　清政府的"新政"和清末警政的创办 ……………（54）

第二章　清末中央警察机关的演变及其职权 ……………………（62）
　第一节　巡警部的组建和撤销 ………………………………（62）
　　一　巡警部的组建 …………………………………………（62）
　　二　巡警部的活动 …………………………………………（63）
　　三　对巡警部活动的评价 …………………………………（70）
　第二节　民政部的组织机构和职权 …………………………（72）

第三章　京师警察机关的体制及其职权 …………………………（80）
　第一节　京城善后协巡总局的组建和撤销 …………………（80）

一　"安民公所"与京师警察机关的由来 ………………（80）
　　二　善后协巡总局的开办 ……………………………（83）
　第二节　工巡总局的组建和撤销 …………………………（87）
　　一　工巡总局的组建 …………………………………（87）
　　二　工巡总局的职权 …………………………………（88）
　　三　工巡总局的机构设置 ……………………………（90）
　第三节　京师内外城巡警总厅 ……………………………（93）
　　一　京师内外城巡警总厅的组织机构 ………………（93）
　　二　善耆对京师警政的整顿 …………………………（96）
　第四节　步军统领衙门的组织机构和职权 ………………（103）
　　一　职权和性质的演变 ………………………………（103）
　　二　组织机构的沿革 …………………………………（106）
第四章　清末地方警政 …………………………………………（111）
　第一节　地方警政发展的阶段特征 ………………………（111）
　　一　第一阶段 …………………………………………（111）
　　二　第二阶段 …………………………………………（116）
　第二节　地方警政发展中存在的问题 ……………………（120）
　　一　警政管理权分散 …………………………………（120）
　　二　警政发展不平衡 …………………………………（124）
　第三节　各省警政管理机关 ………………………………（126）
　　一　巡警道的设置 ……………………………………（126）
　　二　巡警道的组织及其职权 …………………………（130）
　第四节　基层警察管理机关 ………………………………（134）
　　一　省城及重要城市、商埠的警察机构 ……………（134）
　　二　府、厅、州、县警察机构 ………………………（139）
　　三　乡、镇警察 ………………………………………（143）
第五章　警察的来源、种类及其管理 …………………………（147）
　第一节　警察的来源和素质 ………………………………（147）
　　一　警官的来源和素质 ………………………………（147）
　　二　警兵的来源 ………………………………………（151）
　　三　警兵的素质 ………………………………………（153）
　第二节　警察的称谓、等级、薪俸和服装 ………………（155）
　　一　警察称谓的演变 …………………………………（155）

二　警察的等级和品位	…	(156)
三　警察薪俸	…	(159)
四　警察服制	…	(169)
第三节　警察经费	…	(172)
第四节　警察的种类	…	(186)
一　水上警察	…	(187)
二　铁路警察	…	(188)
三　军事警察	…	(190)
四　侦探警察	…	(191)
第六章　清末警察教育	…	(195)
第一节　清末警察教育的创办	…	(195)
第二节　高等警察教育	…	(200)
第三节　初等警察教育	…	(204)
第四节　警察学术	…	(210)
第七章　清末警察法规的制定和颁行	…	(212)
第一节　清末警察立法概述	…	(212)
一　清末警察立法的特点	…	(212)
二　清末警察法规的种类	…	(216)
第二节　清末几种重要的警察法规	…	(217)
一　大清违警律	…	(217)
二　报律	…	(223)
三　结社集会律	…	(232)

第二编　中国近代警察制度的形成
（1912年1月—1928年6月）

第八章　辛亥革命后十七年的警察体制	…	(239)
第一节　南京临时政府的警政建设	…	(239)
一　南京临时政府的警察机关	…	(239)
二　对临时首都治安状况的整顿	…	(241)
三　警察教育的推行	…	(244)
四　与警察活动有关的几项法令的颁行	…	(247)
第二节　北洋政府时期近代警察的形成及其特点	…	(250)

一　改组内务部，制定警察法规，划一全国警制 …………… (250)
　　二　仿效外国警制，以首都和省会商埠为中心，建立自上而下
　　　　的庞大警察网 ………………………………………………… (253)
　　三　城市贫民和军队士兵是警察的主要来源，警款依靠对人民的
　　　　横征暴敛 ……………………………………………………… (255)
　　四　直接服务于军事独裁统治，镇压革命党人，残民以逞 …… (258)
第九章　中央警政管理机关 …………………………………………… (262)
　第一节　内务部的职权范围及其组织机构 ………………………… (262)
　　一　内务部的职权范围 ………………………………………… (262)
　　二　内务部的组织机构 ………………………………………… (262)
　　三　内务部的办事规程 ………………………………………… (267)
　　四　内务部部务会议 …………………………………………… (268)
　第二节　内务部警政司的法律地位及其职权 ……………………… (268)
第十章　首都警察机关 ………………………………………………… (270)
　第一节　京师警察厅 ………………………………………………… (270)
　　一　京师警察厅的组织机构及其职权 ………………………… (270)
　　二　各区警察署的组织机构及其职权 ………………………… (277)
　　三　基层警察机构的组织及其职权 …………………………… (279)
　第二节　步军统领衙门 ……………………………………………… (281)
　第三节　京师军警联合公所 ………………………………………… (286)
第十一章　地方警察机关 ……………………………………………… (290)
　第一节　地方警察机关概述 ………………………………………… (290)
　第二节　各省区警察机关 …………………………………………… (292)
　　一　省区警务处 ………………………………………………… (292)
　　二　省区警察厅 ………………………………………………… (295)
　第三节　各道警察机关 ……………………………………………… (305)
　　一　商埠警察厅 ………………………………………………… (305)
　　二　地方警察局 ………………………………………………… (311)
　第四节　各县警察机关 ……………………………………………… (319)
　　一　警察所 ……………………………………………………… (319)
　　二　警察队 ……………………………………………………… (323)
　第五节　警察辅助组织 ……………………………………………… (326)
　　一　地方保卫团 ………………………………………………… (326)

二　商团 …………………………………………………………（330）
　　三　保甲 …………………………………………………………（336）
第十二章　警察的来源和警察官的任用 ……………………………（341）
　第一节　警察的资格和招募 ………………………………………（341）
　第二节　简任警察官的资格和任用程序 …………………………（342）
　第三节　荐、委任警察官的资格和任用程序 ……………………（344）
第十三章　警察服制、抚恤和奖惩 …………………………………（347）
　第一节　服制 ………………………………………………………（347）
　　一　第一代警察服制（1913—1918）…………………………（347）
　　二　第二代警察服制（1919—1928）…………………………（349）
　第二节　抚恤 ………………………………………………………（352）
　第三节　奖惩 ………………………………………………………（354）
第十四章　警察的种类及职权 ………………………………………（359）
　第一节　司法警察 …………………………………………………（359）
　　一　逮捕人犯 ……………………………………………………（359）
　　二　搜索证据 ……………………………………………………（360）
　　三　押送人犯 ……………………………………………………（360）
　　四　取保传人 ……………………………………………………（361）
　　五　检验尸伤 ……………………………………………………（361）
　　六　接受呈词 ……………………………………………………（361）
　第二节　卫生警察 …………………………………………………（362）
　第三节　消防警察 …………………………………………………（367）
　第四节　铁路警察 …………………………………………………（370）
　第五节　水上警察 …………………………………………………（376）
　第六节　矿业警察 …………………………………………………（385）
　　一　设置矿业警察的目的和手续 ………………………………（386）
　　二　矿业警察的组织机构 ………………………………………（387）
　　三　矿业警察的管辖区域及其职权 ……………………………（388）
　　四　矿业警察与普通警察的关系 ………………………………（388）
第十五章　警察教育 …………………………………………………（390）
　第一节　高等警察教育 ……………………………………………（391）
　第二节　初等警察教育 ……………………………………………（394）
　第三节　特殊警察教育 ……………………………………………（396）

第十六章　几种警察法规的颁行及主要内容 …………………（400）
第一节　违令罚法 ……………………………………………（400）
第二节　治安警察法 …………………………………………（401）
第三节　预戒法 ………………………………………………（404）
　　一　发布预戒命令的行政官署 ………………………………（404）
　　二　预戒命令适用的对象 ……………………………………（404）
　　三　预戒命令的内容 …………………………………………（405）
　　四　违犯预戒命令的罚则 ……………………………………（405）
　　五　预戒命令书 ………………………………………………（406）
第四节　出版法及其他限制人民言论自由的法规 ……………（407）
　　一　出版的概念和出版物的呈报程序 ………………………（407）
　　二　禁止出版的范围 …………………………………………（408）
第五节　违警罚法 ……………………………………………（410）
　　一　关于《违警罚法》的适用原则 …………………………（410）
　　二　关于共同违警 ……………………………………………（410）
　　三　关于违警罚则 ……………………………………………（411）
　　四　关于处罚程序 ……………………………………………（411）
　　五　关于违警的种类 …………………………………………（411）

· 上 册 ·

导　　论

一

本书所要研究的是近代意义上的警察制度在中国产生和发展的历史。所谓近代意义上的警察是相对于古代意义上的警察而言的。在马克思主义看来，警察是伴随着国家的产生而出现的，"和国家一样古老"[①]。

在古代，无论是在西方还是在东方各国，都曾出现过类似于执行近代警察职能的机构和人员。例如，在古希腊的雅典，就曾有过"由步行的和骑马的弓箭手组成的真正的宪兵队"[②]，恩格斯即将其称为警察。欧洲中世纪城邦国家中的佩剑骑士，也执行着防卫、征税、镇压农奴反抗和迫使居民服役等警察职能。同样，在古代中国，也有过类似警察的组织和人员，如《周礼》记载的司稽、禁暴氏，秦朝的中尉，汉代的执金吾，隋唐至宋辽金元的金吾卫、巡检司、警巡院，明代的厂卫和五城兵马司，清代的步军统领衙门等皆是。从广泛的意义上讲，他（它）们都可以称为警察。但是，严格地看来，他们只是执行着类似于近代警察的某些职能，尚不具有近代警察所必备的要件和形态，因而我们在这里使用了"古代意义上的警察"这一限定的概念。

就本质而言，古代警察和近代警察没有什么区别，它（他）们都是维护国家统治秩序和社会治安的、拥有一定武装力量的专职机构和人员，是国家机器的重要组成部分和阶级压迫的重要工具。然而从具体内容和形式来看，古代警察和近代警察毕竟存在着许多不同之处。恩格斯指出："社会制度中的任何变化，所有制关系中的每一次变革，都是同旧的所有制关系不再

[①] 《马克思恩格斯选集》第4卷，人民出版社1972年版，第114页。
[②] 同上。

相适应的新生产力发展的必然结果。"① 古代社会，生产力低下，小的、供个人使用的劳动工具、保守的生产技术基础和小生产方式居于主导地位；商品经济极不发达，自然经济是社会的基础；简单再生产是普遍现象，扩大再生产的速度极为缓慢。与这种封闭性的经济结构相适应，古代社会的政权都是高高地凌驾于整个社会之上的强权政体，带有极大的野蛮性、残暴性和随意性。社会分工的不发达不仅表现在经济领域，同时也表现在上层建筑方面，国家对社会的管理相对说来要简单得多，某一机构往往同时兼有多种职能，因而不设置履行警察职能的专门治安管理机构在当时说来并不奇怪。17世纪以后，近代资本主义生产方式发展起来，手工劳动迅速被大机器工业所取代，社会化的大生产摧垮了封闭、保守的自然经济。"随着经济基础的变更，全部庞大的上层建筑也或慢或快地发生变革。"② 资产阶级面对社会的不断进步和工人阶级的迅速觉醒，再也不能像以往的统治者那样对社会实行统治了，于是资产阶级的宪法和议会民主制诞生了，统治阶级在钳制被统治阶级的同时，其自身也受到了一定的限制。立法、行政、司法的各自分离和相互制约，一方面是为了标榜表面上的"民主""平等"和"自由"，另一方面也确实大大提高了对社会管理的效能。社会化的大生产导致了更广泛的社会分工，同时也带来了更多、更严重的社会问题，为了保证资本对工人剥削的自由，资产阶级需要一种稳定的社会秩序，需要一支更强有力、更专业化的机构以维持社会治安和公共秩序。于是，警察的机构和职能逐渐实现了独立化，而从军队、司法机关和其他行政机关中分离了出来。一言以蔽之，古代警察与近代警察的根本区别在于前者混同于军队、司法和行政机关之中，在职能的行使上也无法作出严格的、确切的认定。与古代警察不同，近代意义上的即资产阶级的警察是伴随西方国家制度和法治理论而诞生，依据宪法和法律而存在的，是国家行政部门中执行维护社会秩序和公共治安职能的拥有一定武装力量的专业性文职机构和人员。

在西语中，警察一词大多源于希腊文的 ΠολΤεα 和拉丁文的 Politia。在上古时代，这个词是指国家一般政务而言的，包含有政治、宗教等广泛的内容。到了中世纪，政治与宗教分离，故 Politia 一词专指政治而排除了宗教，但当时的政治概念将军事和司法包含在内。17世纪以后，警察与军事和司法逐渐分离，西文"警察"（英文 Police，德文 Polizi）一词才专指"内务

---

① 《马克思恩格斯选集》第 1 卷，人民出版社 1972 年版，第 218 页。
② 《马克思恩格斯选集》第 2 卷，人民出版社 1972 年版，第 83 页。

行政", 但与后来的警察仍有一定区别。近代西语中的"警察"一词, 仅指内务行政中的特定部分而不是全部。在汉语中,"警察"一词出现较晚, 是近代从日本引进的外来语, 在古汉语中没有对应的词汇。从上述语言的演变中, 也能看出古代警察和近代警察的差别。特别是在中国, 所谓近代意义上的"警察"纯粹是从外国舶来的。在19世纪后半叶, 当中国人最初见到西方的警察时, 很自然地将其与中国传统的治安制度联系在一起, 因而在相当长的一段时间里, 对警察的称呼十分混乱, 有称为捕役的, 有称为巡差、巡丁的。清政府初设警察时, 称为巡捕, 直到巡警部成立后, 为了区别于京师的巡捕五营, 才明令通称为巡警, 此后, 又经过相当长的时间, "警察"一词才最终确定下来。由此也可看出, 近代警察在中国的确立和发展经历了一个曲折复杂的过程。

中国近代警察制度属于资产阶级警察制度的范畴, 但又不完全等同于西方资本主义国家的警察制度, 而有其自身的特殊性, 即半殖民地、半封建性。众所周知, 1840年以后, 中国社会逐步沦为半殖民地、半封建社会。在这种社会背景下建立和发展起来的警察制度, 势必也带有同样的社会属性。

首先, 中国近代警察制度是在帝国主义的压力下被迫创办的。虽然早在19世纪末, 一些先进的中国人就曾大声疾呼, 主张学习西方, 在中国创办新式警察, 以取代传统的封建治安体制, 1898年戊戌变法期间, 湖南维新志士还曾在长沙试办过, 但所有这些都遭到了清政府的否定和扼杀。直到1900年八国联军之役以后, 由于帝国主义列强要求清政府确保其侵华的政治经济利益和所谓的人身安全, 并将这些要求明确地规定于1901年的《辛丑条约》之中, 在这种压力之下, 同时也是为了维护自身的统治, 清政府才不得不创办警察。而当清政府开办警察以后, 一些帝国主义国家又千方百计地试图插手中国警政。日本人川岛浪速通过主办清政府的警察教育, 在一个时期内攫取了京师警察的部分人事管理权; 1915年, 日本帝国主义向北洋政府提出"二十一条", 其中第五项就包括了攫取中国警察权的内容; 国民党统治时期, 美帝国主义则通过戴笠的特务组织涉足中国警政。

其次, 中国近代警察制度建立以后, 传统的封建治安管理体制仍然具有强大的势力。1901年, 当那拉氏首次宣布建立警察时, 她本人对警察的认识还十分模糊。她所要建立的警察——巡警军, 实际上还是军队。无怪山西巡抚赵尔巽在接到那拉氏的谕旨后, 很自然地将巡警军理解为"经制军", 其职能与旧式的绿营、勇营完全相同, 只不过是采用西洋式的操练方法和武器而已。指导思想的模糊必然会在实践中产生相应的后果，因而尽管经过多年的苦心经营，警政建设仍然收效甚微。人们不理解这种新制度与传统的治安管理体制除了名称之外，究竟还有什么差别，也不知道如何建设这种新制度。于是，只好按照旧制度的框架去构筑新的制度。清政府创办的最早的警察机构——京城善后协巡总局，就是根据八旗旧制，参照外国警察章程的某些规定而设置的。其后设立的工巡总局虽然略有改观，但仍然保留了部分司法职权，直到京师内外城巡警总厅创设后的一段时期里，依然如此。在设置警察机构的同时，传统的京师治安机构——步军统领衙门也一直保留着，始终发挥着重要作用，1924年冯玉祥率部进驻北京后才最后撤除了这个与近代警察极不相称的机构。在广大的农村地区，旧式的保甲组织依然是基层治安管理的主体，它虽然不断地受到近代警察制度的影响，但骨子里却依旧保留着浓厚的封建残余。

最后还必须指出的是，中国近代的警政建设是在缺乏相应的民主政治和宪法、法律的制约机制下进行的，因而就导致了警察的专横和警政的腐败等一系列恶劣后果，警察被人们视为异己的社会力量而声名狼藉。正如毛泽东所说的那样："中国缺少的东西固然很多，但是主要的就是少了两件东西：一件是独立，一件是民主。这两件东西少了一件，中国的事情就办不好。"[①]中国近代警察之所以办得不好，根本原因就在于缺少了独立和民主这"两件东西"。

自近代警察制度在中国确立以来，一直有人试图从中国古代的制度中寻找出近代西方警察的轨迹。例如，在19世纪六七十年代的葛元煦眼里，西方的警察与清朝的捕快并没有多大差别。早期维新派代表人物之一的陈炽也认为，西方的警察"略如古之虞衡，今之快役"。戊戌维新派的重要代表人物黄遵宪甚至认为西方的警察导源于中国古代的《周礼》《管子》，西方人不过仿而行之罢了。直到民国以后，仍然有人坚持这种观点，甚至官方著作也认为："我国警察由来已久，唐虞之世，司徒以掌内务……清置步军统领、五城御史，皆执掌警察之官也。"[②]对古代意义上的警察和近代意义上的警察不加任何区分，完全等同起来。持上述观点的人大概都有其各自不同的缘由：有些人可能是由于认识上的模糊；有些人可能以为如果不从中国古代制度中剔掘出一些类似的发明，似乎感到愧对先人；至于黄遵宪等维新

---

① 《毛泽东选集》合订一卷本，第689页。
② 《中国警察行政》，南京国民政府内务部警政司编，商务印书馆1933年版，第1页。

派，则恐怕是出于某种特定的政治需要，即打着"托古改制"的旗号，以减少实施改革的压力。这是完全可以理解的。鲁迅说过："自大与好古，也是士人的一个特性。英国人乔治葛来任纽西兰总督的时候，做了一部《多岛海神话》，序里说：……纽西兰人是不能同他说理的。只要从他们的神话的历史里，抽出一条相类的事来做一个例，讲给酋长祭师们听，一说便成了……中国十三经二十五史，正是酋长祭师们一心崇奉的治国平天下的谱。"[①]

区分古代警察和近代警察的差别，对于中国警察制度的学术研究来说，其意义之重大是不言而喻的。中华人民共和国成立前，近代警察制度在中国的确立、发展和演变，就充分地说明了这个问题。

二

如果从1898年算起，到1949年10月中华人民共和国成立，近代警察制度在中国的创设和发展已有半个世纪。在这50多年里，除了中国共产党领导的红色区域以及其后的抗日根据地和解放区的人民警察由于其性质的根本不同而需另书专门论述外，在旧的社会政治体制下，警察的性质和作用没有发生过根本的变化，始终是植根于半殖民地、半封建社会土壤中的地主、买办、官僚资产阶级统治人民的工具，忠实地代表着外国帝国主义和本国统治阶级的利益。但是，随着社会的进步、政权的递嬗和国内外形势的变化，中国近代警察制度的发展也呈现出一定的阶段性，大体上，我们可以将这50多年的时间划分为三个阶段，每个阶段各有其自身的特点。

第一阶段：中国近代警察制度的初创时期
（1898—1911年）

1840年以后，帝国主义列强通过不平等条约先后在中国濒海沿江各口岸建立租界，将其本国的包括警察在内的各种政治经济制度强行移植到租界里来。先进的中国人正是从这些"国中之国"中最早认识西方警察的。于是，从19世纪90年代起，早期资产阶级改良派和戊戌维新派的许多有识之士在提出各种改革主张的同时，也纷纷呼吁在中国创办警察制度。正如毛泽东所说的那样："一个新的社会制度的诞生，总是要伴随一场大喊大叫的，

[①] 《鲁迅全集》第一卷，人民出版社1957年版，第403页。

这就是宣传新制度的优越性，批判旧制度的落后性。"① 中国近代警察制度的诞生，也是从舆论准备开始的。1898年戊戌变法期间，以黄遵宪、谭嗣同为首的维新志士在湖南巡抚陈宝箴的支持下，首次将西方警察制度引入中国，在省城长沙创办了湖南保卫局。然而由于顽固派的极力阻挠，随着戊戌变法的失败，保卫局在创办数月之后，不幸夭折。

1900年，中国对八国联军的抵抗失败以后，在帝国主义的压力和本国人民的强烈反对下，清政府为维持其摇摇欲坠的统治，宣布改革官制，推行"新政"。1901年9月，清廷发布上谕，要求各省组建"巡警军"，并于京城首先开办"善后协巡总局"，作为接收各国军队在京占领地面的过渡性治安机构。1902年，清政府创办正式警察机构——工巡总局，取代了善后协巡总局。1906年初，清政府又将工巡总局改组为内外城巡警总厅，一直延续到清亡。在京师和地方警政广泛开办的形势下，1905年10月，清政府设立了巡警部作为全国警政的主管机关。次年11月，清政府为实施预备立宪，决定将巡警部改组，扩大为民政部。自此以后，全国警政建设才逐渐步入轨道。清朝末年，地方警政的开办起步较早，但进展缓慢。从1901年9月谕令各地组建巡警军时起，截至1905年9月，地方警政建设一直处于徘徊状态。1905年10月，清政府成立的巡警部开始协调各地警政建设的步伐，但在一段时间里，仍然没有较大改观。直到1907年以后，清政府对地方警政的管理得到了一定落实，并制定了地方警政发展分期规划，地方警政才得到了较快进展。

纵观清末十年的警政建设，大体上具有以下特点：

第一，在此期间，近代警察制度中还夹杂着大量旧体制的成分。清末时期是中国的治安管理由传统的封建体制向近代资本主义体制的过渡时期，旧的治安管理体制开始解体，但残余势力仍很强大，新的治安管理体制开始确立，但尚未完全站稳脚跟。可以说，新旧交融，新式警察制度和传统的封建治安管理制度相混杂，正是这个时期警政建设的一个突出特点。

第二，当时的警政建设呈现出明显的多变性和极端不稳定性。在很长一段时间里，由于清政府对警政建设没有一个明确的方案，也缺乏长远的规划和切实可行的具体部署，因而朝令夕改，变动频繁。仅就机构变迁而言，在中央，于光绪三十一年（1905）设立巡警部，次年即改为民政部；在京师，不到五年时间，机构变动竟多达三次；在地方，起初要求各省组建巡警军，

---

① 《毛泽东选集》第5卷，单行本，第245页。

其后又在各地建立巡警局，不久又在各省设立巡警道，各县改设警务长。千变万化，五花八门，几乎使承办官员应接不暇。待到警政建设开始步入轨道，距离清王朝的覆灭已经为期不远了。

第三，这个时期警政建设的水平非常低，无论是机构的设置还是职能的划分都相当幼稚。当时中央和京师的警察虽已略具规模，但地方则极为落后。警察集治安、司法、卫生、建筑、慈善等事业于一身，分工十分粗糙。所谓"因陋就简，有名无实"。"形体虽具，精神尚虚"，正是这个时期警政建设的真实写照。究其原因，一方面，警察人员素质过低，警兵自不必说，仅以警察官员而论，大多脱胎于封建土壤，缺乏起码的时代意识和警察知识；另一方面，财政支绌，寅吃卯粮，无力应付庞大的警费开支。因此，直至清朝覆亡，警察仍然没有成为一支拱卫国家政权的重要力量，只不过是军队的一个无足轻重的补充而已。

第二阶段：中国近代警察制度的形成时期
（1912年1月—1928年6月）

这一阶段先后经历了南京临时政府、北洋政府以及广州、武汉国民政府，其中以北洋政府的统治时间最长，也最具代表性，它上承清末警政建设的余绪，下开南京国民政府警察制度的先河，是中国近代警察史上的一个重要阶段。

1912年4月，以袁世凯为总代表的北洋军阀集团采取各种阴谋手段并利用资产阶级革命派的弱点，颠覆了以孙中山为首的南京临时政府，确立了长达17年的对全国范围的统治。南京临时政府是1911年辛亥革命后建立的我国历史上唯一的一个资产阶级领导的政权，在其存在的不足百天内，设立了总揽警政的内务部，发布了一系列与警政有关的进步法规、政令，尽管这些法规、政令没有来得及全面推行，警政建设也没有取得多大的进展，但它顺应了时代潮流，影响深远。

袁世凯窃据民国大总统的职位后，完全否定了南京临时政府警政建设的资产阶级民主主义方向，在总结其十多年办警经验的基础上，颁布了大批警察法规，对清末创设的近代警察体制进行了反复调整，使之略具规模，初成体系。首先，北洋政府从组织上大力加强总揽全国警政的内务部，使它成为名副其实的拥有广泛职权的规划和领导全国警务的中枢机构，而由该部的警政司主持和承办日常事务；京师警察机构也相应改组，成立了机构庞大和职权广泛的京师警察厅，以与保留下来的清王朝的步军统领衙门分工合作，共同维护首都的"治安"。与此同时，地方警察机构也日趋严密，各省分别设立了主管警察行政的全省警务处和主管警察实务的省会警察厅，商埠设警察厅或警察局，县设警察所，游离于警察机构之外并与之密切配合的各种特务组织相继成立，对广大农村的警察统治也大为加强。总之，北洋政府统治时期的警政建设呈现出以下主要特点。

第一，以集中警权为方针，初步建立起从中央到地方的比较完整的警察网。

清末，警察力量的分布很不平衡，主要集中于京师，除个别大城市外，地方警政基本上处于混乱不堪和有名无实的状态。北洋政府为了巩固自己的统治地位，在继续健全和加强中央和京师警察机构的同时，对地方各级警察机关进行了大幅度的改组，1913年1月发布了《划一地方警察官厅组织令》，1914年8月又发布《京师警察厅官制》《地方警察厅官制》和《县警察所官制》，根据省、道、县三级行政建制，建立相应的警察机构，并且明确规定了各级地方警察机关之间以及它们与地方各级政府之间的关系。经过几年的调整，京师、省会、商埠和各县警察机构本身的组织状况有了明显的改善，警察职能也得到了进一步的发挥，一个自上而下的多层次的比较完整的近代警察网络终于形成，清末警察分布极不均衡的状况也得到了初步的改观。

第二，警察分工趋向细腻，开始组建各种专业警察队伍。

清末时期，警察机构内部分工粗糙，虽有行政警察、司法警察、高等警察、卫生警察之设，但大多属于兼职，有名无实，对各项专业警察职权的行使，也缺乏详细的规范。北洋政府建立后，对专业警察职权的行使分别作出了明确的规定。例如，司法警察在执行逮捕人犯、搜查证据、押送人犯、检验尸伤等项职权时，有了相应的法律依据。清末开始在北京、天津等地设立的消防警察组织，北洋政府除进一步加以扩充和健全外，还逐步向其他大中城市推广，消防警察成为当时各地普遍设置的一个警种。与此同时，北洋政府还逐步组建起其他一些专业警察队伍，正规的铁路警察、水上警察和矿业警察也是在这个时期组建的。此外，北洋政府统治时期，京师、各省会、重要商埠乃至县级警察机关都纷纷设立了各种专业警察队，如保安警察队、警卫队、侦缉队等。有些地方警察机关还设置了执行某种特殊警察职能的机构，如负责征收各种捐税的捐务处，负责管理娼寮妓院的妓寮稽查所等。

第三，传统的封建治安管理体制受到了一定程度的削弱。

北洋政府统治时期，传统的封建治安管理体制趋于全面解体，近代警察体制初步形成。北洋政府继续仿效日本警察制度，改造和建立自己的警察体系，发展以京师为中心、以大城市为主干，由点及面的警察组织系统，加快了颁布各种专门警察法规的步伐，继续完善各项近代警察设施。在广大农村地区，原有的保甲制度仍以各种不同的形式继续存在，拥有强大势力，但北洋政府已开始采取具体步骤，对其进行组织上的改造，使之逐渐纳入警察管理体制的范畴，直接或间接地置于警察机关的控制之下。1924年步军统领衙门的裁撤，则标志着京师封建治安管理体系的最后形态终于被革除。

毫无疑问，北洋政府统治时期是继清末以后中国近代警察体制的形成时期，这一方面是由于有了清末以来奠定的基础，另一方面也是由于北洋政府为维护自身统治的需要而使之渐趋完备。但是，由于这个时期以袁世凯为代表的包括其后当政的北洋军阀集团各个最高统治者所推行的反动政策以及军阀混战、派系倾轧，大大阻碍了警察制度的发展；与清末预备立宪以后的速度相比，甚至有所不及。总的来说，北洋政府最高统治者和把持地方政权的各派军阀重军事而轻警政，穷兵黩武，倒行逆施，破坏宪政，停办自治，这些都对中国近代警政的发展产生了消极的影响。

第三阶段：中国近代警察制度的发展时期
（1927年4月—1949年9月）

1927年4月，蒋介石发动反革命政变后不久，国民政府迁往南京，开始了蒋家王朝长达22年的统治。在这期间，中国近代警察制度得到了迅速发展。

首先，进一步完备了从中央到地方的警察网，使之更加趋于严密。

在中央，南京国民政府设内政部，取代了原北洋政府的内务部，其下所设警政司，这是全国警察行政的最高管理机构。抗战胜利后，警政司改组为警察总署，仍然隶属于内政部，但其职权范围和组织规模都有了较大的扩充。

在地方，分别设立省级警政主管机关——民政厅或警务处以及省会、市、县各级警察机构。为了"围剿"中国共产党领导的红色武装，在江南的一些省份还曾一度设立过保安处。抗战胜利后，在地方实行警保合一体制，各省警政主管机关相应改组为省警保处。在各省会所在地设立省会警察局（1937年以前称公安局，市县亦同），省会以外的市分为院辖市和省辖市，均设警察局（公安局），县一级警察机构根据各县的不同情况分别设警察局（公安局）或警佐室，以后一律改设为县警察局。市县以外的商埠和工商业繁华地方原设特别警察组织,抗战胜利后,这些地方大多升格为市,特别警察组织也相应改组为市警察局。为了强化对基层的控制,南京国民政府特别重视县以下区、乡、镇警察体制的建设。区或重要的镇一般设警察所,普通乡、镇设派出所,乡、镇以下的保一般设有警士,警士同时兼任保办公处警卫干事。30年代中期以后,曾在部分地区推行警管区制,使警察的触角遍及社会的各个角落。

其次,逐步完善了警察的内部管理体制。

南京国民政府建立后,制定了大量的法律、法规,将警察的任用、待遇、考绩、奖惩乃至服制、教育、勤务方式等逐渐纳入法律化、制度化的轨道。当时的警察人员分为警官和长警两类,前者属于公务员的范畴,除原则上适用公务员的管理办法外,还根据警官的特殊性制定了若干警官管理的专门法规,确立了较为严格的管理体制和程序。例如,在警官的任用上,采取法定主义的原则,强调学历和年资,不具备法定资格者不得任用为警官。警官的考绩也有一套严格的制度,根据其工作、学识和操行三项内容,定期举行年考和总考,划分等差,给予相应的奖惩。与警官不同,长警(即警长、警士)属于雇员的范畴,待遇较低,录用程序也相对简单得多,长警在执行职务时,特别强调的是对其勤务方式的要求。长警也有其相应的考绩制度,划分六等,确定奖惩。

再次,不断健全警察的社会管理职能。

国民党统治时期,正是中国近代史上西方文化在中国广泛传播的时期。国民政府面向西方发达的资本主义国家,大量引进警察管理的制度和经验,使中国警察实施社会管理的能力进一步加强。它以清末、北洋警政建设为基础,先后设置了专职的司法警察、新式的刑事警察、外事警察以及税务、盐务、渔业、森林、交通、航空、公路等行业警察,并一度设置过政务警察和卫生警察;女子警察也是在这个时期正式创办的。这表明警察的分工愈加细密。属于警察职权范围内的刑事侦查、犯罪预防、户籍管理、外侨管理、出入境管理、市容管理、环境管理、危险物品管理以及旅店、市场等各种经营行业的管理水平,都有了明显的提高,并初步开展了国际间的警察合作与交流。此外,与警察有关的技术、设施、装备等,较之以往也有了相当程度的改良和加强。

最后,必须强调指出的是,在国民党统治时期,警察制度的建设是畸形的,片面地发展和强化警察执行社会镇压的职能,社会公益和人民的民主自由权利受到粗暴的践踏。南京国民政府存在的22年间,正是国际上法西斯主义猖獗的时期，蒋介石集团积极仿效德国法西斯的模式，迅速组建起自己的特务机构，建立起公开和秘密相结合的无孔不入的严密警察网，实行军警结合，警察、宪兵、特务三位一体的白色恐怖统治，不但疯狂镇压中国共产党领导的人民革命力量，同时对所有争取自由、民主与进步的人士也一律予以残酷的打击和迫害。公开的、大规模的屠杀与秘密的、小范围的绑架和暗杀相辅而行，凡是敢对国民党统治稍表不满的人，都可能遭到异常严厉的惩罚。在人民群众的心目中，警察完全是一种凌驾于社会之上的异己力量，警察的发展与人民的苦难成了同义语。

因此，尽管在国民党统治时期，警察制度的发展是迅速的，但这种发展所适应的是国民党统治集团推行法西斯专制独裁统治的需要，警察专横受到人民群众普遍而强烈的憎恶和反抗。这就决定了它必然崩溃和覆亡的命运。

三

中国近代警察制度的产生和发展虽然经过了半个世纪的历程，但对这段历史的研究长期未能引起足够的重视，不仅没有专门著作发表，文献资料也没有进行过系统的发掘和整理，这就为研究工作带来了很大困难，我们在研究这一课题时，用较长时间在力所能及的范围内接触并利用了七个方面的资料，现予摘要概述，抑或可供研究者参考。

（一）历史档案。历史档案是本书使用的最基本的资料。这些资料包括两个部分，一部分是从第一历史档案馆、第二历史档案馆以及地方和部门档案馆中摘抄、复制的未曾披露的档案资料。本书第一编使用的清末档案资料主要来源于第一历史档案馆，是从散见于京城善后协巡总局档案全宗、巡察部档案全宗、民政部档案全宗、会议政务处档案全宗、神机营档案全宗、步军统领衙门档案全宗、外务部档案全宗和朱批奏折（内务——保警）等档案中摘录的。本书第二编和第三编的档案资料主要来源于第二历史档案馆。北洋政府档案资料散见于内务部档案全宗、陆海军大元帅统率办事处档案全宗、陆军部档案全宗。南京国民政府档案资料则基本集中于内务部档案全宗中。我们正是依靠这些未曾公布的档案资料，对中国近代警察史上许多悬而未决或甚少接触的问题，诸如安民公所、京城善后协巡总局和工巡总局的组织与活动、铁路警察、矿业警察、水上警察以及商团的起源和发展等一系列问题，逐一进行了阐释、考证和辨析。

档案资料中的另一部分新中国成立后已由有关部门整理出版，我们在编写本书时也分别加以参考和采用。例如《义和团档案史料》、《戊戌变法档案史料》、《清末筹备立宪档案史料》、《筹笔偶存》、《辛亥革命（盛宣怀档案资料选辑之一）》、《清代档案史料丛编》、《中国现代政治史资料》（油印本）以及《中华民国历史档案资料汇编》等。

（二）法制文献。法规、政令也是本书的重要依据之一。从清末开始，中国历届政府定期公布各种法律、法规、政令，其中一部分经整理后汇编成书出版，未经汇编成书的散见于当时的报刊和政府公报中。

本书第一编使用的法制文献主要取材于《大清光绪新法令》《大清宣统新法令》《大清法规大全》《大清法规大全续编》《京师警察法令汇纂》《北洋公牍类纂》等。

北洋政府时期，法规整理出版工作比清末有了较大进步，法规汇编名目繁多，如《法令全书》《中华六法全书》《现行中华法规大全》《中华民国临时政府新法令》《现行法令全书》《中华民国现行法令》《中华民国法令大全》和《中华民国法令大全补编》，以及《现行警察例规》《京师警察法令汇编》等警察法规集。

南京国民政府建立后，官私出版事业进一步发展，警察专门法规集的出版也迅速增多。以中央政府名义编辑出版的法规集有：《中华民国法规大全》《中华民国法规汇编》《国民政府法规汇编》《战时法规汇编》和《六法全书》等。地方政府编辑出版的法规，如《上海市政法规汇编》《山西省单行法规汇编》《天津市单行法规汇编》《云南省现行法令汇编》《浙江省现行法令汇编》等。以私人名义编辑出版的法规著作，如吴经熊的《袖珍六法全书》、郭卫的《法令大全》、徐百齐的《中华民国法规大全》等。重要的警察法规集有内政部编的《内政法规》《警察法令》《现行警察法规汇编》，四川省政府编的《四川省民政法规汇编》，陕西省民政厅编的《陕西民政概况》等。

（三）报纸杂志。报纸杂志的广泛发行是近代文化发展的一个重要标志，它为研究包括警察制度在内的各种社会制度提供了又一重要线索。清末为近代报刊事业的初创时期，其时尚不发达，但在许多方面已起到了弥补其他史料记载不足的作用。例如，本书第一编第一章关于湖南保卫局的各节，主要就是依照湖南维新派创办的《湘报》所刊载的资料。本书第一编其他各章所依据的报刊资料主要是《政治官报》。《政治官报》创刊于光绪三十三年（1907），宣统三年（1911）更名为《内阁官报》，实际上是清政府的机关报。民国成立后，报刊事业蓬勃发展。清末创办的《政治官报》（《内阁官报》）演变为北洋政府的《政府公报》和南京国民政府的《国民政府公报》。当时不仅中央政府发行政府公报，中央政府所属的各部院和各省，甚至一省之内的厅局，也各有其公报。本书第二、三编使用的报刊资料主要就是公报资料，如《南京临时政府公报》《政府公报》《内务公报》《国民政府公报》《总统府公报》《国民政府内政部内政公报》《内政部内政公报》《内政公报》《国民政府行政院内政部内政公报》，以及《重庆市政府公报》《广东警务官报》《四川警务官报》《吉林警务官报》等。除政府公报外，本书参照使用的报刊资料还有《直隶警察杂志》、《北平特别市公安局政治训练部旬刊》、《警务旬刊》、《内政消息》、《现代警察》季刊、《警高月刊》、《警察月刊》、《警光季刊》、《中央警官学校季刊》等。

（四）史书方志。本书参考的史书以第一编为最多，因为清末时期警察的专门资料比其他两个时期要少得多，不得不大量地借助于史书资料。例如，朱寿朋编辑的《光绪朝东华录》，对清末"新政"记载颇详，成书亦在《清德宗实录》之先，所用奏疏大多为后者所无，故本书据以为透视近代警察制度所处时代背景及其与其他社会制度相互关系的重要参照物。《清德宗实录》虽有较大缺欠，但还是可以起到相互弥补的作用。宣统时期史书相对缺乏，有时不得不倚重于《宣统政纪》。

方志只是本书写作的辅助性资料，与其他资料相互参补，也有一定价值。本书参考的方志资料主要有《湖南省志》《民国重修浙江通志》《崖州志》《胶澳志》《西平县志》《确山县志》《重修滑县志》《续平度县志》《莱阳县志》等。方志史料的优点在于它的数量众多，记载具体翔实，用以考察近代警察政令在各地的实施情况，具有重要价值。

政书资料本书使用不多，主要就是刘锦藻编辑的《清朝续文献通考》。该书的优点是上接《清朝文献通考》，下讫宣统三年（1911），对清末新设职官均有记载，比《清史稿·职官志》更为全面；缺点是记述过于简略，缺乏必要考证，所引材料不注出处。

本书在写作过程中还广泛参考了各个时期出版的有关警察方面的各种资料集，如在研究清末警政思想时，我们参考了于宝轩的《皇朝蓄艾文编》；在研究北洋政府和南京国民政府的警察制度时，参考了孙浚的《中华民国史料》，陈之迈的《中国政府》，沈乃正的《中国地方政府资料讲义》，王道的《中国地方制度之沿革》，荣孟源、章伯锋主编的《近代稗海》，以及《北洋军阀史料》等书。

（五）文集杂著。清人文集种类丰富，卷帙浩繁，历来受到人们的重视。这种史料体裁广泛，汇集了大量的奏疏、诗文、传记、碑铭等，有些直接或间接地涉及警政思想和警察制度。例如，陈炽的《庸书》，何启、胡礼垣的《中国宜改良新政论议》，《郑观应集》等，反映清末改良派的警政主张。又如《谭嗣同全集》《唐才常集》《饮冰室合集》《人境庐诗草笺注》《日本杂事诗》等，反映了戊戌变法期间湖南维新派的警政理论和筹办保卫局的活动。再如《张文襄公奏稿》《端忠敏公奏稿》《退耕堂政书》《望岩堂奏稿》等，反映了张之洞、端方、徐世昌、陈璧等清末大吏的警政思想和实践活动。其他如《张季子九录》等，则反映了清末在野士绅的警政思想。

　　清末民初，笔记作品丰富多彩，特别是历史琐闻类笔记尤为充实多样。笔记资料的优点是汇载亲身经历，真实生动，为其他资料所不能替代；缺点是主观性强，认识角度或消息来源间有偏颇，都可能影响资料的价值。本书参考的笔记资料以第一编为最多，第二编次之，主要有：何刚德的《春明梦录·客座偶谈》、福格的《听雨丛谈》、姚元之的《竹叶亭杂记》、陈夔龙的《梦蕉亭杂记》、朱德裳的《三十年闻见录》、徐一士的《一士类稿·一士谈荟》、黄濬的《花随人圣庵摭忆》等。

　　此外，本书还参考了年谱资料，如《康南海自编年谱》《黄公度先生年谱》；日记资料如《师伏堂日记》《望山庐日记》等。

　　（六）报告图表。报告图表一般是各级政府（上对下或下对上）所作的调查或汇报的官方资料，直观性强，有一定可信度。如清末四川调查局所作的《调查川省警察行政沿习利弊报告书》；北洋政府时期的《京兆三年行政报告》《山西警察报告书》《奉天全省警甲报告书》，湖北等省《省会警察厅警务一览表》，直隶各县警察所的《警务一览表》等；南京国民政府时期的《浙江警务视察报告》《上海市第一届参议会警政委员会工作报告》等。

　　（七）研究著作。本书的写作以原始资料为基础，同时也参考了一些与警察制度有关的著作。民国以来，特别是南京国民政府成立以来，学术界和警察实务部门开始研究警察制度，陆续出版了一些书籍，如陈允文的《中国的警察》、闻钧天的《中国保甲制度》、南京国民政府内政部警政司编的《中国警察行政》、韦瑞墀的《中国警管区制的理论与实际》、余秀豪的《现代警察行政》、范扬的《警察行政法》等。上述著作论述当时的警察制度，亦可视为历史资料。1985年出版的中国社会科学院法学研究所法律史研究室集体撰写的《中国警察制度简论》包含有近代警察史的内容，它给本书作者以不少有益的启示。

除专门的警察研究著作外,本书还参考了有关历史、法律、政治制度方面的著作,如罗尔纲的《绿营兵志》、钱实甫的《北洋政府时期的政治制度》、谢振民的《中华民国立法史》、陈之迈的《中国政府》、谢瀛洲的《中国政府大纲》,以及近年出版的《清代国家机关考略》《清代中央国家机关概述》等。

第 一 编

中国近代警察制度的初创

(1898年1月—1911年10月)

第一章

警政思想的传播和警察制度的开创

第一节 早期改良派的警政主张

一种新制度的诞生，往往有其特定的社会背景和思想渊源。近代意义上的警察制度在中国的出现就是这样。

1840年以后，中国社会发生了急剧的变化，延续两千多年的单一封建机制被打破了，中国逐渐向着半殖民地、半封建的社会转化。伴随而来的是新的经济、政治势力的滋生和新的社会思想意识的成长。鸦片战争的号角和炮声，惊醒了还在迷梦中沉睡着的古老中国，唤起了一大批先进的中国人"开眼看世界"，向西方求索"救国""自强"的真理。随着帝国主义侵略的深入，随着中国人民反抗斗争的高涨，这些求索者的视野也在不断地开阔。由单纯的"船坚""炮利""练兵""制器"，进而到"良法美政"；由认识和要求学习西方资本主义的经济制度进而到认识和要求西方资本主义的政治制度；由要求发展民族工商业进而到要求有一套政治法律制度来保证它的发展。近代西方警察制度在维持社会秩序、保障公共安全等方面的重要作用也逐渐为这些求索者所认识、提倡乃至付诸实践。中国近代警察制度的诞生，就是社会性质变化以后，中国人积极向西方学习的产物。

近代警察制度产生于欧洲，其"大发达在第十八世纪以降"[①]。至于其传入中国，已到了19世纪后期。鸦片战争以后，帝国主义列强先后在中国各口岸建立起租界。租界作为帝国主义对中国进行政治、经济、文化侵略的门户，在加剧中国社会半殖民地化的过程中起了极为恶劣的作用。然而，由于帝国主义列强将其本国的经济、政治制度强行移植到租界里来，这就为中国人洞察西方社会开辟了一个崭新的窗口，成为酝酿和促进中国新的经济、政治、文化力量发生、发展的温床。中国人对警察制度的最初认识，就是从

---

① 作新社编译《警察学》，第2页，清光绪三十年版。

这里开始的。

清光绪二年（1876），旅居上海达15年之久的葛元煦出版了一部有关上海开埠以来的"风俗人物"及"近年目前事迹"①的小册子——《沪游杂记》。在这本书中，葛氏片断地介绍了上海租界内的西方警察制度。如："会捕局专司访缉租界内盗贼。募用暗查密访之人，以通线索，名'线勇'，与捕快无异。局创自同治初年，由道委员办理，颇著考绩"，"英工部局分设巡捕房二，一在美国租界，一在盆汤弄中……遇有要事，电报传信，迅速无比"②，"工部局所设巡捕，半为西人，半为华人。华人由有业者具保承充，衣有中西号数，左右圆圈内有中西号码，使人易识。昼则分段查街，夜则腰悬暗灯。西捕挂刀，华捕执棒，通宵巡缉。故洋场盗贼潜踪，市肆安谧。遇小窃，获案次日，解送会审公廨讯究"③，"工部局英法两租界皆有之。董其事者皆西商公举之人，由董事立巡捕头目，分派各种职司。如修填道路，巡缉街市，解押犯人，救火恤灾等事……"④

葛氏所说的工部局，是根据1851年第二次《上海租地章程》，在租界内设置的具有政权性质的机构。其初名为"Executive Coremittee"，意即"行政委员会"，1869年正式定名为"Municipal Countil"，意为"市议会"。侵略者为了掩盖其性质，仿照清政府"工部"的名称，而取其中文名为"工部局"。工部局下设若干委员会，负责租界内的租务、警务、财务、学务等。"会捕房""巡捕房"等就是其下设的治安警察机构。葛氏在这部小册子中虽然介绍了租界警察制度的一些情况，但考其用意尚不是想把这一制度引入中国。用他自己的话说，只是为了使"四方文人学士运商巨贾，身历是邦，手一编而翻阅之，欲有所之者不至于迷于所往，即偶然奠辨者亦不必询之途人"⑤。

在《沪游杂记》刊行前后，还有一些有关西方社会制度的著译先后出版，其中也有零星提到警察制度的，其用意与葛氏大抵相似，主要还是介绍。总的来看，这个时期人们对于西方警察制度的认识还处在一种模糊朦胧的阶段；只看到了它"与捕快无异"，还没有注意到它有着完全不同于清朝

---

① 《沪游杂记·弁言》，清光绪二年啸园刻本。
② 同上书卷1。
③ 同上书卷2。
④ 同上书卷1。
⑤ 《沪游杂记·自序》。

捕快的功能，更没有看到它在近代国家经济、政治、文化生活中发挥的重要作用。尽管如此，这些书籍的陆续出版，对于中国人深入了解西方，特别是认识西方警察制度的功效，仍然起了很大的促进作用。

大约到19世纪90年代前期，中国人对西方警察制度的认知大大前进了一步，并有人进而提出要将这一制度引入中国。较早提出这种倡议的是近代的改良主义思想家何启、胡礼垣、郑观应、陈炽等人。

何启，字沃生，广东南海县人。长期在香港居住并曾游历英国，对西方的社会制度十分熟悉。胡礼垣，字翼南，是何启的同学，二人都是中国早期改良派的著名代表人物。1895年，两人合作发表《中国宜改良新政论议》，提出了在中国设置"巡捕"的设想。郑观应，祖籍广东香山，但又"世居澳门"，长期经营近代工商业，是一位影响巨大的改良主义思想家。他的《盛世危言》一书，是近代改良主义的重要代表作。1895年，他在重印此书时，增入了《巡捕》一篇，全盘接受了何胡二人的设想，并将之发挥和系统化。陈炽，字次亮，江西瑞金人，出身于封建仕宦之家，本人也曾任清廷显职。但他"明当世之事"，"遍历沿海大埠"，到过香港、澳门等地；又"旁考西书"，"感念时变"，[①] 因而不同于一般的封建官僚，具有鲜明的改良主义思想。1896年，他的代表作《庸书》刊行，其中的《巡捕》一篇，也专门谈到了在中国设置警察的问题。综合上述几位思想家的警政主张，大体上有以下几点共同之处。

第一，认识并高度赞扬西方的警察制度。郑观应在其著作中比较详细地介绍了美国纽约和上海租界内的巡捕制度，并充分予以肯定。他说："美国纽约巡捕房共35处，2300人……各处所设巡捕房，实于地方大有裨益。""上海租界巡捕亦有为邻县拿获大盗，赃物完全者。可见捕房公事认真，章程亦善。"[②] 郑观应认为："上古之世，民风敦朴，浑浑噩噩，夜不闭户，路不拾遗。后世则口齿日繁，品类不一，非有诘奸之善法，缉暴之良规，不能安善良而除莠恶。此泰西各国所以有巡捕之设也。考西法，通都大邑俱设巡捕房，分别日班、夜班，派巡捕站立街道，按段稽查。遇有形迹可疑及斗殴、拐骗、盗劫等情，立即拘往巡捕房，送官究办。故流氓不敢滋事，宵小无隙生心。即有睚眦小忿，口舌纷争，一见巡捕当前，亦各释忿罢争，不致

[①]《庸书·宋育仁叙》。
[②]《郑观应集上·巡捕》，上海人民出版社1982年版。

酿成命案。而其禁止犯法，保护居民，实于地方大有裨益，诚泰西善政之一端也。"① 陈炽对西方警察制度的认识大概是通过租界看到的。他说："泰西巡捕虽略如古之虞衡，今之快役，而御灾捍患，意美法良。清洁街衢，逐捕盗贼，永朝永夕植立，途闻号令严明，规模整肃，风清弊绝，井然秩然。为之董率者数西人，十数印度人，而华捕千人皆循循然谨守范围，罔敢逾越。徒以事无瞻庇，俸有盈余；赏罚之法行，身家之念重，贪饕之性悉化廉能。"② 可以看出，到了这个时期，改良派对西方警察制度的认识已较之19世纪70年代的葛元煦要深入得多了。他们虽然也说巡捕"略如古之虞衡，今之快役"，但更强调其"意美法良"，非清廷捕快所能相比，认为这一制度是"泰西善政"。

第二，揭露清朝的治安管理"百弊丛生"，主张在中国设立警察制度。首先，改良派对清朝社会治安混乱不堪状况的揭露是尖锐而又深刻的。何启、胡礼垣指出："国家之所以弭敌患，御寇仇者，责在于水陆军兵；地方之所以安良民者，责在于巡差捕役。中国之于水陆军兵，既虚无其实，而于巡差捕役，竟至绝无其人。迨案发巨宗，乃从而悬赏格、出花红、靠线人缉凶手，费时既久、耗财亦多。一旦变起，顽民必须征兵剿捉，多所杀伤……"③ 郑观应同意二人的观点，并进一步指出："虽天津设有看街巡丁，然似是而非，名实不符，有其外观无其实效也。今中国各省奸民布满市廛，或名青皮，或名光棍，或名混混，或名流氓，总而言之皆莠民也。此辈不耕而食，不织而衣，游手好闲，毫无恒业，挟其欺诈伎俩，横行市肆之间，遇事生风，无恶不作，不啻以折梢为秘诀，以敲诈为薪传，皆因内地城乡无巡捕往来弹压，故敢肆无忌惮，憨不畏法……盖不肖绅士往往为之庇护，差役更互通一气，坐地分赃，或以局赌为生，或以扒拐为事……而于巡差、捕役竟至绝无其人，迨有盗劫等案，先事不能预防，事后但悬赏格、出花红，耗费既多，仍难破案。盖所以缉犯者，专在差役，而差役之积重难返，民受其害、官被所蒙，举世如一丘之貉。平日欺压良懦，倚势作恶，一切窃盗莠民反与之同声相应。所以地反不靖，败类日多。"④ 陈炽也指出："近来劫掠横行、道途污秽，西人至登诸日报，谓：'天下之至不洁者，莫

---

① 《郑观应集上·巡捕》，上海人民出版社1982年版。
② 《庸书》外篇，卷6："巡捕"。
③ 《中国宜改良新政论议》，清光绪二十年版"论选择捕役兵丁"。
④ 《郑观应集上·巡捕》，上海人民出版社1982年版。

甚于中国之京城'。即此一端，可为万邦之首。远人腾笑，辱国已深。然承平之时，步营街道岁糜国币数十万金，领以提督、总兵，管以御史，部属，重以府尹、京县、正副指挥诸官，綦布星罗、十羊九牧，其责不可不谓不重，其虑不可不谓不周，而百弊丛生，徒糜币项，无一能举其职者，则事无专属，废弛已久，经理不得其人也。"①

经过对清廷弊政的一番鞭笞以后，他们提出必须在中国设立警察。何启、胡礼垣认为："捕役所以保护民之身家，不能不设。"又说："则何如广设巡捕于平时之为得也。"② 郑观应进而指出，设立警察是消除现存弊端的根本途径。他说："除根之道，莫要于仿照西法，设立巡捕……藉以防患于未然，杜乱于无形也。"他又说："如中国仿而行之，何致有教堂滋事，两乡械斗，小窃劫案如此之多乎？"③ 郑观应还驳斥了所谓中国不能学习西法的滥调："我中国自通商以来，渐知西法之善，独巡捕之设独无人创议施行。岂以祖宗成法俱在，不可一旦更欤？拟以声明文物之邦，不屑行西国政治欤？"④ 陈炽也主张设立巡捕。尤其值得注意的是，他还赋予巡捕以抵御外侮的特殊内容。他说："然则谓华人之果不如西人者？妄也！况租界虽曰夷场，本属天朝之土地。乃包探任穿西服，领事复理民情，国体浸以凌夷，华人屡遭欺辱。彼东洋小国尚能自治其人，南台一隅亦得独行其意，而沪汉通商诸大埠，顾因循苟且，又让外人窃踞其事权，魁柄倒转，观瞻所系，殆不得谓之细故矣。"因此，他主张在中国广设巡捕，以实现所谓"广工商之利以生之，兴教养之道以变化之，稔恶者无所容，民日迁善，而不知为之者。深除旧染，不焕新猷。彼海外诸邦意存窥伺，有甫入国门而潜销默息者。诗曰'周虽旧邦，其命维新'，此之谓也"⑤。

第三，提出了设立警察制度的途径和各项具体办法。何启、胡礼垣主张在全国各县设置警察："自今新政既行，宜每县设一总巡捕官，每一墟场、市镇、村乡、河泊俱设巡查帮办，少者一人，多者二、三人；每一帮办所统捕役少者数人，多者数十人。捕役听命于帮办，帮办听命于总巡捕官。总巡捕官之署宜设于知县官署之侧；各帮办驻扎之处必设电线、电话之机以达总

---

① 《庸书》外篇，卷6："巡捕"。
② 《中国宜改良新政论议》。
③ 《郑观应集》，第513、515页。
④ 同上书，第512页。
⑤ 《庸书》外篇，卷6："巡捕"。

巡捕官署，使消息之递传捷速，而应变尽合机宜也。"① 郑观应赞同何、胡二人的主张，但认为应适当变通。他说："今宜照何君沃生所言，变通办理。"其变通之处是："每一帮办所统巡捕，皆以地方大小而定：小则十人，大则三、四十人，县城内、外则须五、六十人，方敷按殴逡巡。"② 陈炽主张，设置警察应从京城开始，逐渐推广到地方。他说："改弦更张之请，先自京师始。酌增练勇名数，参仿巡捕章程，番役之疲羸急宜裁革，街道之费用力杜侵渔；内城责之金吾不可以他官兼摄，外城责之御史不宜以一岁遽更。""行之一岁，政令行然后详定规条，颁行天下。通商务埠巡捕亦皆易用华人。迹其侦察非常，亦古者虞人之职，一在郊野之外，一在都邑之中也。"③

早期改良派提出的警察职责主要有以下三个方面：

第一，维持治安。何启、胡礼垣说："地方无事则帮办捕役为巡查街道；遇有违法犯禁害及地方者，则声明劝谕，使民知所避忌。遇有议院告谕整顿地方者，则到处解明，使民知所趋向，如古之司市、司虣等职是也。若地方有变，如劫掠、斗殴之事，捕役则为之拿获犯人，或为读法弹压，事止乃已。如不能止，则帮办以电报传达于总巡捕官，总巡捕官则发电附近之帮办，督同捕役往而协助，事止乃已。若其事为倡乱之事，非一、二帮办、捕役所能弹压者，则总巡捕官可尽调全县之捕役，及请于近处之军营，调其协助，如此而揭竿之变，乌合之徒，未有不立地肃清者也。"④

第二，清查户口。何启、胡礼垣指出："夫救乱犹救火也，当其始发，杯水泼之而有余；及其燎原，灌河救之而不及。故严捕务者乃靖地方之要。然非先册户口不可，盖贼非巢不能聚，奸无窝不能成，则欲破贼巢除奸穴，使顽梗无以藏身者，舍册户口一事，更无别法可施。是宜于总巡捕署及各帮办处设立注册司，辖内居民必须注册，先将辖内屋宇编列号数于门首，所谓门牌是也。居屋者将业主、房主、男女、老少、姓名、年纪、职业详注于册簿中，妥注之后，册司给以凭照。至于婚姻生死，俱各为一册，产业地段亦各另为一册，注册之法务求其详。惟旅馆，客店虽注册，仍须司给以牌照方许开张，业此者须以日记簿将来往之客姓名、籍贯、年纪、职业、来此何

---

① 《中国宜改良新政论议》。
② 《郑观应集》上。
③ 《庸书》外篇，卷6："巡捕"。
④ 《中国宜改良新政论议》。

干、往彼何为逐日登记，以便巡查随时查阅；如有异言异服之人，或有意外可疑之事，则立刻向捕务署报明。如此而地方尚不能靖者，盖亦鲜矣。户口册之用，不仅为捕务然，凡公行选举、查究保家、辨明证据、分别良歹、发给牌照、邮信带交等事，俱藉是而行。故必行此法民乃能安其居、乃能乐其业也。地重者重为邪，此之谓也。此法不行，则虽一书信之微，亦不能递交妥当；一乡邑之众亦不知人数若干。行新法者，宜务此矣。"①

第三，整顿街道：陈炽同意何、胡、郑等人的上述设想，同时他又提出了巡捕在整顿街道、保障卫生等方面的职责。他说："疏通渠道，街衢必洁，稽查必严。"②

早期改良派认为，警察设置以后，必须严格管理，否则就会重蹈清廷过去弊政的覆辙。郑观应指出："独是平日约束巡捕，宜严而不宜宽。盖舞弊营私乃胥役之长技，非大惩小戒，雷厉风行，不能绝欺蔽之端而收振作之效。"③ 首先，警察的选拔必须慎重："新政行，则选择捕役与选择兵丁之法同。必其人不吸鸦片、年富力强、读书识字，担保有人者方许充当此职。"④ 其次，要制定新的管理形式和奖惩办法："是当严定条规，每日应行事件必有一定时刻，违者必罚。巡捕未到差之前，须由总巡或帮办逐一点名，然后分派各处地方，认真办事，专为保护良民，查拿痞棍。其有性情凶暴、办事怠惰以及私受贿赂、勒诈平民、窝盗庇赌等弊，许民间据实指控，查明有据，立予重惩。庶几戢其狐威，穷其鼯技，防闲既密，弊窦可除也。然既有严罚以儆其心，尤当设重赏以励其志。巡捕如能奉公守法，不惮勤劳，由总巡随时记功。凡记功三次者削除差籍，赏给功牌。如果益加勤勉，不至始勤终怠，记功至于六次，作为异常劳绩，立即升迁帮办。其或终身当差，无功而亦无过，殁后察核事绩亦准削去差籍，其子孙应试、捐官与平民一体，藉资激劝。若帮办有功，则升总巡；总巡有功，则升州、县。如此赏罚严明，不难收得人之效矣。"⑤ 总而言之，改良派认为：管理警察的根本问题在于"用得其人"。即"慎选贤能，务除冗滥，互相纠正，毋许瞻徇。偶有弊端，罪其主者"。⑥

---

① 《中国宜改良新政论议》。
② 《庸书》外篇，卷6："巡捕"。
③ 《郑观应集》，第514页。
④ 《中国宜改良新政论议》。
⑤ 《郑观应集》，第514页。
⑥ 《庸书》外篇，卷6："巡捕"。

早期改良派为使警察制度在中国的确立具有更大的可行性，并便于为各界所接受，还比较详细地谈到经费的来源问题。陈炽说："官款不足，量取民捐，涓滴归公，敷用而止。"① 郑观应也说："难者曰'中国幅员孔长，如是举办，需费浩繁，款将何出？'则应之曰，是无难也。筹款之法有二：一曰罚锾，凡州、县衙门遇有案件，无关风化者，如田产、斗殴等案，一概准其赎罪。视犯罪之轻重，定罚锾之多寡，均充开销巡捕等费。每至月杪，将收赎之数，支销之数，按款列明，登诸报章，以昭信实。倘有不敷之处，则就钱粮税钞项内稍资津贴，自能绰绰有余。或以罚锾之法西国盛行，我中国步武后尘，不免有伤国体。不知'金作赎刑'，《虞书》早垂明训。我乃以今复古，并非用夷变夏也。何容鳃鳃焉而过虑哉？"②

通过上面的论述，我们可以初步得出如下几点结论：

第一，在19世纪90年代前期，早期改良派有关警察制度的论断和设想，是我国最早的、比较系统的警政理论。在此之先，虽然也有人偶尔提到了警察制度，但基本上还处于认识和介绍阶段，没有从理论上进行探讨。当然，在早期改良派提出警政主张的前后，在清廷的一些官僚买办中，也有人提出过类似的设想，但都显得过于笼统而失之具体。如：光绪二十一年（1895）闰五月，清廷大员胡燏棻在一道奏疏中提出："倘虑水陆各汛铺务，一无专责，或将保甲、守望等局，仿照西国巡捕之制，城乡市镇、人物辐辏之区所，设巡捕由官督率，而分稽查之职于绅董，事更可得实际。但求朝廷排斥群疑，破除成例，毅然行之，未有不立见功效者也。"③ 次年九月，大买办盛宣怀也提出："绿营向有城守、防汛之责，护饷解犯等差，或酌留若干，属于州、县，略如西国警察、巡捕之意，而责成整饬之，自无偏废之虞。应特简知兵重臣，会同兵部、户部查明兵数、饷数，并采取英、德、俄、法、美、日诸国练兵之法，决择参酌，厘定章程，奏准施行，永为定制。"④

中国台湾某学者认为："直到甲午战后，才有人体认到警察的重要性，而将之腾诸于奏章之内。首倡此说者是康有为，在光绪二十三年（1897）

---

① 《庸书》外篇，卷6："巡捕"。
② 《郑观应集》，第514页。
③ 中国近代史料丛刊《戊戌变法》第2集，第284页，"变法自强疏"。
④ 同上书，第439—440页，"条陈自强大计折"。

十二月的《上清帝第五书》中提出的。"① 显然，这种说法是不确切的。

第二，早期改良派的警政理论有一定的进步意义，并对此后警政理论与实践的发展产生了积极的影响。首先，由于早期改良派对西方警察制度作了较为详细的介绍，并通过对清廷治安管理体制的揭露，阐明了在中国建立警察制度的必要性、紧迫性和可能性，从而使人们对警察制度的性质和功能有了比较深刻、全面的认识，最终超出了传统的保甲、捕快的樊篱。其次，由于早期改良派提出了在中国建立警察制度，并提出了一些初步构想，这就为戊戌维新派在湖南试办警政以及庚子以后清政府办理警政奠定了一定的理论基础。不难看出，戊戌变法时期，维新派的警政尝试和以后清廷的警政建设都在一定程度上，自觉不自觉地接受了早期改良派的某些主张。最后，还必须看到，早期改良派的警政理论具有很大的局限性，由他们所处的时代及其立场所决定，他们提倡的警政还是为了维护现存的清朝统治，保证地主、商人以及新兴资产阶级经商求富的意愿得以实现。因此，他们对人民的反抗斗争一概采取敌视的态度。这也应引起我们的足够注意。

第二节 戊戌维新派的警政理论

光绪二十年（1894）中国在中日甲午战争中失败以后，帝国主义列强加紧了侵略中国的步伐，在经济、政治等方面进一步控制了清政府。英、法、美、德、俄、日等国为了霸占中国的权益，掀起了一波又一波瓜分中国的狂潮，中华民族的危机日益深重。与此同时，由于外国资本的输入和洋务运动的刺激，中国的民族资本也获得了一定程度的发展。在这些因素的催促下，资产阶级改良主义思潮迅速发展成为变法维新的政治运动。中国近代警政理论也在这一运动中得到丰富和发展，并进而向实践领域迈出了艰难而又关键的第一步。

清光绪二十三年（1897），德国强踞胶州湾，激起了中国人民的强烈义愤。这一年的十二月，康有为以工部主事上书清帝，指出当时的形势是"外衅危迫，分割洊至"，"海内惊惶，乱民蠢动"，"瓜分豆剖渐露机牙"，"譬犹地雷四伏，药线交通，一处火燃，四面皆应"。当此危难之时，他认为必须"急宜及时发愤，革旧图新"，变法图强；否则"数年之后，四邻交

---

① 王家俭：《清末民初我国警察制度现代化的历程》，台湾商务印书馆1984年版，第21页。

逼，不能立国"。在康有为提出的若干维新措施中，"设巡捕、整市场"，①也被作为一项重要的内容。次年正月初八日，他在《上清帝第六书》（即《应诏统筹全局折》）中，再次提出了"设巡捕"的问题。②

康有为对西方警察制度的认识比较早，据其自述，光绪五年（1879），他读到了《西国近事汇编》《环游地球新录》以及其他一些翻译的"西书"。以后，他又"薄游香港"，看到"西人宫室之瑰丽，道路之整洁、巡捕之严密，乃知西人治国有法度"。③大概从这时起，他对西方的警察制度已经有了良好而又深刻的印象。

光绪二十四年（1898）五月，继前两次提出设巡捕的问题之后，康有为又上奏清帝"请裁绿营、改旗兵、改营勇为巡警，仿德日而练兵折"。他指出："夫治国之道固多，而足兵为最急切之务。"他认为：昔日之八旗、绿营、勇营已成"无用之兵，岁縻民脂数千万之饷"，必须"一朝除之"，用其饷练新军以御外敌，设巡捕以"靖内乱"。他说："其盗贼繁多之地，酌量暂留营队，以资弹压。其识字明敏，通解事理者，改充巡警，以资县乡之防虞。查各国为治，先整巡警，吾国无兵，只得号为巡警，因而教之改之，亦事宜也。其武弁识字通敏解事理者，改为巡警官，其余酌量裁汰，遣归乡里，务使得宜。"④

综观康有为这三道奏折，可以看出，康有为的警政主张，大体沿袭何启、胡礼垣和郑观应等人的观点，没有更大的突破。例如，以警察为安靖地方的基础，与何、胡等人的论点如出一辙。后来湖南试办警政，大概也与这一指导思想有着一定的关系。另外，他提出改绿营、练巡警的方法则与胡燏棻等人的看法颇相类似。待到清廷自办警政时，就是走的这条路。

除康有为外，这一年还有人提出过在北京设立警察的建议。例如，八月四，山西太谷县监生温廷复上奏朝廷，请求在京师创设警察。他说："京师街道宜仿洋街设立巡捕也。京师道路遇雨成泥，历来修路章程向无良法……自应仿照上海洋街设立巡捕，方足整齐严肃，以壮观瞻……"⑤

然而，当戊戌变法之年，无论是在中央还是在地方设置警察的建议，都

---

① 《上清帝第五书》，《戊戌变法资料》第二集，第188—197页。
② 《上清帝第六书》，《戊戌变法资料》第二集，第197—202页。
③ 《康南海自编年谱》。
④ 《戊戌变法资料》第二集，第227—230页。
⑤ 《戊戌变法档案史料》，第141页。

未得到清政府的采纳。因此，维新派的警政设想也不可能在全国范围内推行，而只是在局部地区——湖南进行了初步的尝试。

光绪二十四年（1898）的湖南，是维新志士荟萃的场所，是全国维新运动最为活跃的省份。"骎骎乎驾凌京、津、沪、汉之上"[1]，"外人至引日本萨摩、长门诸藩以相比"[2]，"虽远在泰东，泰西则亦云尔"[3]，有所谓"湖南之治称天下"[4]之说，湖南"成为全国最富有朝气的一省"[5]。中国近代最早的警察机构——湖南保卫局，就是在这里诞生的。在筹备和创办保卫局的过程中，维新派形成了一套比较完整、系统的警政理论，其中黄遵宪的主张和设想构成了这一理论的核心。

黄遵宪，字公度，广东嘉应州人，生于清道光二十八年（1848），故于光绪三十一年（1905），是中国近代著名的改良主义思想家、政治家，杰出的外交家和爱国主义诗人，也是中国近代警察制度的重要奠基人。

光绪三年（1877）至七年（1881），黄遵宪出使日本，对日本的各项制度进行了详细的考察。光绪十一年回国以后，撰写出著名的《日本国志》40卷。大概在这个时期里，他对警察制度已有了初步的认识。光绪十六年（1890），他又"改订日本杂事诗"[6] 2卷。诗中即有称赞日本警察制度的词句："时检楼罗日历看，沈沈官屋署街弹。市头白鹭巡环立，最善鸠民是鸟官。"[7] 他在该诗的小注中，写道："警视之职，以备不虞，以检非为。总局以外，分区置署。大凡户数二万以上，设一分署。六十户巡以一人。司扞撖者，持棒巡行，计刻受代，皆有手札，录报于局长。余考其职，盖兼周官司救、司市、司虣、匡人、撢人、禁杀戮、禁暴氏、野间氏、修间氏数官之职，后世惟北魏设侯官，名曰白鹭，略类此官。西法之至善者也。"其中"检非为"三字，《西政丛书》第35收录的该书作"检非违"，与后被收入《湖南保卫局章程》第二条中的"检非违"一句相同。可见，黄氏的警政理论早在这时已开始萌芽了。

清光绪二十三年，黄赴湖南长宝盐法道任并署湖南按察使。在维新志士

---

[1] 《人境庐诗草笺注》，第1224页，转引王仲厚《黄公度诗草外遗著佚闻》。
[2] 《花随人圣庵撼忆》，第227页。
[3] 《谭嗣同全集》增订本下册，第429页，"群萌学会叙"。
[4] 同上。
[5] 范文澜：《中国近代史》，人民出版社1947年版，第301页。
[6] 《黄公度先生年谱》，见《人境庐诗草笺注》，第1220页。
[7] 《日本杂事诗》卷1，见《人境庐诗草笺注》，第1110页。

谭嗣同、唐才常、梁启超等人的协助和巡抚陈宝箴的支持下，黄亲手主持创办了湖南保卫局。梁启超说："而其尤为先生所措注者，则曰保卫局。"① 黄遵宪集警政理论与实践于一身，因此我们称他为中国近代警察制度的奠基人当是不为过的。

比较黄遵宪等维新派与早期改良的警政理论，可以发现二者有着许多共同之处。例如，关于警察制度的渊源问题，黄遵宪的看法与早期改良派的基本一致。他认为，警察制度根源于中国古代的《周礼》《管子》，西人不过是仿而行之。他说："本署司屡衔使命，遍历泰西，观其国、观其政，求其富强之故，实则设官多本乎《周礼》，行政多类乎《管子》。考之《管子》：五家为轨，十轨为里，四里为连，十连为乡。故人与人相保，家与家相爱，居处相乐，行作相和，其声相闻足以无乱，其日相见，足以相识，此齐桓所以霸诸侯者也。而西人法之，邑有邑长，乡有乡长，合之而有府县。会考之《周礼》，有司市、司虣，有禁暴氏，有野庐氏，有修庐氏，掌民之邪恶过失。司市之治教刑政而禁其门嚣、暴乱、矫诬、犯禁者，此周公所以致太平者也。而西人法之，有工务局、有警察局。国无论大小，遍国中无不有巡捕者，故能官民一气，通力合作，互相保卫，事举令行，实中国旧法而西人施之。"② 与其他维新派人物相似，黄遵宪附会《周礼》的用意，也许是想打着"托古改制"的旗号，抬出古圣人这块招牌。这在当时也是很必要的。再者，黄遵宪等维新派与早期改良派一样，受历史和立场的局限。他们举办警政的目的同样也是为了维护现存的政治秩序，排斥人民的反抗斗争。此外，在警察制度的各项具体内容上，二者也有着许多一致之处。如警察的设置、管理、经费等。这些，我们在下面将会看到。总之，不论是继承、因袭还是殊途同归，二者有着内在的联系是不容否认的。

更为值得注意的是，黄遵宪等维新派的警政理论有着比早期改良派更高的格调和更积极的意义。这体现在：

第一，视警察机构——保卫局为推动和捍卫新政的坚强柱石。黄遵宪等人十分重视警察在国家政治生活中的作用。黄遵宪到湖南后不久，很快向陈宝箴提出创设保卫局的建议。他说："既而念警察一局，为万政万事根本。"③ 黄还特别强调保卫局在推动维新运动，捍卫新政成果方面，起着至

---

① 《嘉应黄先生墓志铭》，见《人境庐诗草笺注》，第1162页。
② 《湘报》第3号，"臬辕批示"。
③ 《与梁任公手札》，转引自《黄公度先生年谱》，见《人境庐诗草笺注》，第1227页。

关重要的作用。他说："警察一署为新政之根柢，若根柢不立，则无奉行之人，而新政皆成空言矣，故首注意于是。"① 唐才常也指出："保卫局不立……无论如何新政，皆形窒碍，是此举为一切政法之根源也。"②

第二，确保湖南独立，推动全国自救。光绪二十四年（1898）正值中国危难之秋。"今中国全局将瓦裂矣。俄披首，德扼吭、法掮背、英人亦不得不疾出而据腹心。呜呼！中原鼎沸，神州陆沉，陵夷以至今日者，意殆关气数，非人力所得为也。"③ 黄遵宪出于饱满的爱国热情，呼吁全国各地实行自治、自救："苟欲强国力、伸国权，非民族之强，则皮之不存，毛将焉傅，国何以自立？苟欲保民生、厚民气，非地方自治，则秦人视越人之肥瘠，漠不相关，民何由而强？"④ 黄提倡的地方自治，其根本用意在于抵御帝国主义的侵略和分割："盖欲以保教爱国之热心，养成地方自治之能力……盖当时正德人侵夺胶州之时，列国分割中国之论大起。故湖南志士，人人作亡后之图，思保湖之独立。而独立之举，非可空言，必其人民习于政书，能有自治之实际然后可。"⑤ 黄等人创办保卫局的目的，就是要使"人民习于政书"，"养成自治之能力"。他说："万一地割隶于人，民气团结，或犹可支持。即不幸力不能拒，吾民之自治，略有体制，扰攘之时，祸患较少，民之奴隶于人者，或不致久困重僵，阶级亦较易升。"⑥ 基于上面的道理，维新派对保卫局寄寓了深厚的期望，冀其小则可保湖南一省不受分割，大则可推动全国的自救、自保："吾请舍全局而言偏隅，其以保救湖南之策，盖两端焉。一曰办保卫局以清内乱也。上海租界之洁净、巡捕之勤严，华人虽富贵者一入其境，咸惴惴不敢犯其法焉。若我自办保卫条例与彼同，彼无不乐就之理。岳州通商而彼之来租居者，亦将如我之受约束于彼矣，何至有喧宾夺主之弊也。按察黄公总局章程至详且尽，窃谓各府皆宜设分局，即以各府为总办，另有抚宪委员为佐，其余办事议员，巡查概由府县官绅公举。府有数县，县分数团，团分数局，局练数勇，而总其成于府，府仰命于省之总局，则湖南数十郡县可以联为一气，譬犹身之使臂，臂之使指。盖即泰西常备兵与乡兵、义团之良规也。万一疆场告警，两军以干戈相见，亦未

---

① 梁启超：《湖南广东情形》，见《饮冰室合集·专集》第1册，《戊戌政变》附录2。
② 《唐才常集》，第138页。
③ 姜炳坤：《筹保湘省私议》，见《湘报》第48号。
④ 《与梁任公手札》，见前注。
⑤ 《湖南广东情形》，见前注。
⑥ 《与梁任公手札》，见前注。

始非安内攘外之一助也。"① 黄遵宪等人最初确实想将保卫局之制由省城推广到全省各府县，以收通省一气之效，并得到了陈宝箴的赞同。陈在给桂东县举人邓润棠等禀请推广保卫局的批示中说道："据禀：该县近年保甲无稽查之责，乡团乏董事之绅，以致奸宄潜踪、匪徒结党，深为可虑。"为此，他指示：全省各府县都应仿照省城设立保卫局，"迅即督率举行，以期保卫地方，藉收实效"。②熊希龄还受命拟定了《湖南通省开办团练章程》，该章程第四条规定："省城既设保卫局，即勿庸另立团练等名目，以免两歧。其长善两县各乡尚未能分设保卫局者，请选择正绅先办团练。如省城保卫局办有成效，商民乐从，各乡间即可就团练改为保卫，凡外府厅州县皆以此类推。"③ 然而，由于种种原因，维新派的这一设想未能得以实现。这应是历史的遗憾。但黄遵宪等人赋予保卫局以抵御外侮的特殊含义，却并未因此而泯灭。

第三，官绅合办，让权于民。维新派创办保卫局，并不是简单地照搬西方或日本的模式，而有其一定的创新。黄遵宪认为，西方的警察制度也并非十全十美，仍存在着一定的弊病。他说："仆认为，警察善政，不归于乡官、区长之手，而归于行政官，此亦泰西文明美犹有憾之证也。"④ 黄强调，保卫局必须真正起到"保民""卫民"的作用。他说："警察者，治民之最有实力者也。苟无保民之意贯注于其中，则百数十辈啸聚之虎狼，助民贼之威，纵民贼之欲、苛政之猛，必且驱天下之大乱。"⑤ 因此黄将"保民""卫民"这一精神，作为保卫活动的根本原则和宗旨，规定在保卫局的章程之中："本局职责在去民害、卫民生、检非违、索罪犯。"⑥ 为使这一方针能够不折不扣地实施，黄坚持实行官民合办的方针："入湘以后，私以官绅合办之说，告之义宁。幸而获允，则大喜。"⑦ 在维新派看来，实行官民合办，至少有以下几点益处。

首先，广开民智、鼓舞士气，增进人民自立自主的精神，并进而实现地方自治的目的："去年胶州之乱未弥，前车可鉴，堪再尝试耶？是皆由民智

---

① 《湘报》第48号。
② 《湘报》第24号，"抚辕批示"。
③ 《湘报》第40号。
④ 《与梁任公手札》。
⑤ 同上。
⑥ 《湘报》第7号。
⑦ 《与梁任公手札》。

未开，正气未聚以至于此。急急仿办学会，开导士民之心；仿办保卫，团聚士民之气。智开而后可与富有为，气聚而后可与言有导。"① 黄遵宪认为："诚使官民合办（保卫局），听民之筹费、许民之襄办，则地方自治之规模，隐寓于其中。而民智从此而开，民权亦从此而伸。"② 当时有人评论说："今南学会开矣，湘报馆设矣……保卫初议，禀请速行者纷如……风气之开，或者此为起点。"③ 谭嗣同则更为深刻地指出："今之所谓保卫，即昔之所谓保甲，特官权、绅权之异焉耳。夫治地方之大权，官之所以为官者此而已。今不惜若此，岂真官之不智哉！亦诚自料终不能护翼我、扞卫我，又不忍人之蹴踏我，脔割我，而出此万不得已之策。以使我合群通力，萃离散、去壅蔽，先清内治，保固元气。庶几由此而自生抵力，以全其身家，此其用意至深且苦，亦至可感矣！"④

其次，杜绝官场弊病，防止官吏害民。黄遵宪指出："今之地方官，受之于大吏，大吏又受之于政府。其心思耳目，惟高爵权要者之言是听，即开府县会，即会员皆贤，昌言正论，至舌敝唇焦，而彼辈充耳如不闻，又如何？则又爽然自失，以为府县会亦空无益。"⑤ 可见，在这样的政府和官吏的管理下，无论多好的制度也是无济于事的。只有参以"绅权"、参以"民权"，让人民亲自实行监督管理，才能杜绝以往的弊病，保证这一良好的制度能够长久地实行下去。正如谭嗣同所说的那样："今夫舍其官权、略其势位，决弃其箝轭民、刀俎民之文若法，下与士民勤勤然谋国是，共治理，以全生而远害。"⑥

再次，防止人去政变、人亡政息的现象，保证这一制度能够长久、稳定地执行。在中国这样的"人治"国家里，无论制度的好坏，久暂，关键的问题往往不在于制度本身，而在于当局者个人。所以"人存政举""人亡政息"的现象几乎成了一种传统。黄遵宪曾说过："今之督抚，易一人则尽取前政而废之。三十年来，所谓新法，比比然矣。"⑦ 为了防止这种现象的再现，维新派认为只有实行官民合办的方法。这样"即右帅（指陈宝箴）去，

---

① 《湘报》第41号。
② 《与梁任公手札》。
③ 张翼云：《论湖南尚未进于文明》，见《湘报》第57号。
④ 《谭嗣同全集》，第168页。
⑤ 《与梁任公手札》。
⑥ 《谭嗣同全集》，第168页。
⑦ 《与梁任公手札》。

他人来，办不能更动"①。黄遵宪说："必官民合办，费筹之于民，权分之于民，民食其利、任其责，不依赖于官，局乃可不撤，此内政也。"②

由于官民合办的方法具备了以上三点益处，因此就被维新派视为举办警政的根本和命脉而写入了《保卫局章程》的第一条："此局名保卫局，实为官绅合办之局。"黄遵宪坚信，官民合办警政的方法是一种创新，将来必定会在全世界范围内推广。他说："仆以为：以民卫民、以民保民，此局昉之中国，他日大同之盛、太平之治，必且推行于东西各国也。仆怀此意，未对人言，无端为复生窥破，仆为之一惊，恐此说明而阻挠之者多而。"③ 对此，谭嗣同、唐才常等人也曾给予过极高的评价："泰西、日本之有警察部也，长官主之，与凡议院章程不同。平心而论，此事本官权可了，而中丞、廉访（指陈宝箴、黄遵宪）必处处公之绅民者，盖恐后来长官视为具文，遂参以绅权，立吾湘永远不拔之基。此尤大公无我、至诚至信之心，可以质鬼神、开金石、格豚鱼。夫欲兴绅权，遂忘其为削己之官权，为人而遭己，宁非世俗所谓愚者乎？而廉访黄公与观察况公桂馨、黄公炳离，则犹恐绅之弗受其权也，反复引喻，终日不倦。"④

总结维新派的警政理论，我们认为确实具有许多积极、进步的内容，其中最为光彩照人的当属"官民合办""保民""卫民"这一原则了。它在一定程度上体现出维新派的民权、民主思想。尽管维新派所谓的"民"并不是真正意义上的人民，但在当时的历史条件下，这已经是十分难能可贵的了。

第三节　湖南保卫局的创办经过

一　保卫局的创办

湖南保卫局的创办，经历了一个相当长的酝酿和筹备阶段。清光绪二十三年（1897）六月，黄遵宪离京赴湖南就任长宝盐法道并署理湖南按察使。到任不久，即向巡抚陈宝箴提出设立保卫局的建议。当时陈宝箴正在湖南推

---

① 皮锡瑞：《师伏堂未刊日记》，见《湖南历史资料》1959年第4期。
② 《与梁任公手札》。
③ 同上。
④ 《谭嗣同全集》，第167页。

行新政，也看到旧的保甲制度已不足依靠，而社会治安又亟须整顿："以省城内外户口繁盛，盗贼滋多，痞徒滋事，不无扰害。上年窃盗案多至百余起，破获无几。而保甲、团防局力不足以弹压，事亦随而废弛。非扫除更张之不足以挽积习而卫民生。"① 因此，他赞成黄遵宪的提议，并委派其主持筹备工作。

创办保卫局的计划，至迟到光绪二十三年底以前已经确定，或许比这更早一些。同年十二月，梁启超在上陈宝箴书"论湖南应办之事"中提到"或刻日开办者如学会、巡捕、报馆之类"。② 南学会主讲之一皮锡瑞得知这一计划是在十二月十三日"闻黄公度改甲局为保卫，仿设巡捕"③。

在创办保卫局的全过程中，黄遵宪切实贯彻"让之于民""谋及庶人，推之国人""与众共之"④ 的精神。在筹办保卫局之初，他就将这一计划公诸于众，召集各界人士"反复引喻，终日不倦"。光绪二十四年（1898）二月二十日的《湘报》第7号上，公布了他草拟的《保卫局章程》，以期广泛征求各界的意见。他说："欲为民生，必视民事为己事，必当使吾民咸与闻官事。当即酌拟《保卫局章程》40余条，意在官民合办，使诸绅议事而有行事。"他还表示："此外尚有未尽事宜及不无窒碍之处，尚须择期邀集众绅商等会议。届期仍望各抒所见，匡我不逮，俟议定，即行开局，用速成效而顺众情。"⑤ 当这一消息传布开来以后，湖南社会各界的反应是不同的。尽管维新派大力倡导，唐才常、谭嗣同、梁启超等人纷纷撰文赞扬这一设想，呼吁人们积极响应。但在最初的一段时间里，人们却普遍表示怀疑和不理解："保卫局立议之初，则绅士颇有疑义。"⑥ "创布之初，民颇疑骇。"⑦ 除了部分顽固官绅极力反对以外，一般的开明官绅在理论上是表示赞同的，但又怀有一定的忧虑。如皮锡瑞认为："如有实际，胜保甲局远矣。"又说，"彼（指黄遵宪）见示课吏堂、保卫局章程，条理精密，如能实力奉行，必有效验"；但他又担心陈、黄两人走后，此政不能坚持下去，"但须陈、黄

---

① 《湘报》第3号，"臬辕批示"引陈宝箴语。
② 《饮冰室专集》第1册，《湖南广东情形》。
③ 《师伏堂日记》，见《湖南历史资料》1958年第4期。
④ 《湘报》第3号，"臬辕批示"。
⑤ 同上。
⑥ 同上。
⑦ 梁启超：《嘉应黄先生墓志铭》。

二公久在此乃可耳"。① 首先欢迎这一设想的是商人阶层："既而各街商人闻之，欢欣鼓舞，惟恐中止，纠合群商联名具禀臬辕，立请开办，共得十六禀"，并有"各绅商百余户，职员等二百余名，联名呼恳从速举办。"② 皮锡瑞在同年二月十一日和十八日的日记中分别写道："熊（希龄）云：保卫局已有商人公禀请开办，势在必行"；"保卫局，商人打公禀请办，廉访（指黄遵宪）批示详晰，不知何时举行"。③ 商人阶层如此欢迎保卫局，与他们的切身利害紧密相关。他们在请求速办保卫局的禀呈里写道："窃以四民不通，久成锢习；而官商之间，分际悬殊，虽艰难万状无由上达，是以市政日衰，商务日棘，民生日困。以各街各市论，不过愚氓分受其弊；以大局论，则国家之元气未必无伤……敢将省城凋敝情形为我恩宪披沥之：一、地痞白昼横行也……一、强丐之结群肆闹也……尤喜趁某铺贸易兴旺之时排入其间，拥挤无隙，以为快心，甚乃以泥泞污人，恶言相詈，而商户未如之何也！一、扒窃之貌无法纪也：或衣裳楚楚，乘间混入，而开箱发箧，狙便无伦，迨觉之而已遁矣。俗名之曰闯辕门。此辈客栈尤伙，去岁太平街春和公遭此事，栈主几赔累一空。其余以此倾家破产，成性命忧者，即偶经弋获，保甲局视为具文，真所谓呼吁无门者。一、奸民之百计拐骗也：或伺乡民入市及幼童经过，故将票纸落地，诱其拾取遂追而与之分摊；或令前者掷之，后者拾之，系为十串或二十串茏票，遂诱其将零票互换，俗名之曰丢包。此事之成恶套，而误入彀中者仍然不免，甚至有商家弟子，一时被骗而羞愤无地，或遁或死者……一、谣风之掣动全局也：有时痞徒执票换钱，故意纷哓，偶然犯之，遂令众痞徒收该店即票环而攻之。又不遂则悻悻然去，扬言于众曰某店倒，又使众痞徒和之曰某店倒矣。于是城市沸腾，真伪莫别，而执即票而来者，遂益纷然无纪，而该店果不能不倒矣。此去岁除夕，万隆钱店之所以抢闭也。一、游勇之隐患堪虞也……"④ 基于上述利害关系，他们强烈要求开办保卫局："民情湮郁，匪伊旦暮，不设保卫，澄清何日？在官绅未能悉谅。或以此举容可缓图，惟职等切肤之灾，噬脐之毒，急思拯救。"⑤ 对于顽固派官绅的阻挠，他们也表示出强烈的愤慨："惟闻未察民隐

---

① 《师伏堂日记》。
② 《湘报》第3号。
③ 《师伏堂日记》。
④ 《湘报》第8号。
⑤ 同上。

之绅，颇怀首鼠，又或以巨款难筹，致滋疑虑"，"伏维大人明察秋毫，情周纤悉，见义勇为，施仁恐后，纾民之积苦，屏局外之浮言！则上下情通，云霓望洽矣。为此呼恳大人台前，速赐施行，以救时艰而维大局"。① 商人们的热情，使黄遵宪十分振奋。他说："初谓民情可乐成，虽与图始，未必询谋签同。今统阅各禀，催请举行，词极迫切。盖以盗窃之滋扰、地棍之讹索、无赖之强乞，以及在官之蠹役，外来之恶痞，均为汝等切身之害，噬脐之祸，彼安富尊荣者不尽知，而汝等均切身受之，思所以辟害而免祸，故其词迫切如此也，念及此益为之恻然也。"他表示："此局既奉抚宪札委本署司为总办，责令一手经理，自当尽心竭力，不避劳怨，刻日举行。"②

按照黄遵宪和陈宝箴等人的计划，保卫局的开办当是较早的。三月一日"下午，廉访复至……云保卫局请左子异办已定局，闰（三）月开局"③。但是在筹办过程中，遇到了一系列困难，不得不使开办日期一再推后。除了顽固官绅的阻挠以外，主要的困难是经费和人选。经费难筹，一直是开办保卫局的重大阻力。由于保卫局是官绅合办的机构，经费自然也要取之于民，这就势必要触及到一些人的利益，因此当时在社会上引起了许多议论："昨见王益丈，云经费难筹，恐有开房捐、抽屠案之议。不知诸公何以处之"④；"与鹿泉谈保卫（局）事，以为户捐更难，且多弊，不如房捐肉案、烟灯尚有把握"⑤；"又闻保卫局按招牌取钱，只取商家，不取民家，事或可行"⑥。

很多官绅，尽管也表赞成设保卫局，但一旦触及自身利益时，又往往退避三舍："保卫局尤不肯筹款"；⑦ "予谓今日议论，无所谓守旧、维新，皆是自私自利。城中绅士，欲得保卫局则赞成之，有房屋怕抽捐则阻挠之。"⑧ 面对筹款的困难，陈宝箴和黄遵宪的态度还是坚定的："保卫局，中丞（指陈宝箴）已力主其议。"他们决定："先垫公款开办，俟有效验，商人自肯出钱。"⑨ 也有很多商人乐意筹款，并提出了一系列建议。黄遵宪对这些建

---

① 《湘报》第3号。
② 同上。
③ 《师伏堂日记》。
④ 同上书，光绪二十四年正月二十六日。
⑤ 同上书，二月二十五日。
⑥ 同上书，正月二十六日。
⑦ 同上书，二月初五日。
⑧ 同上书，二月初九日。
⑨ 同上书，二月初六日。

议一般都给予答复，并公开了自己的筹款政策："至此局开办，现在系支领官款。开办以后，官款不敷，自不能不取资于民。其应取何款，如何筹集，届时再邀众妥商，此刻尚无成见，但有可预为宣示者：如取之百货，必系侈靡之物；如取之各户，必系有力之家。且保卫局系属公益，断不令一人一家独捐巨款，其同受保卫局公益者，亦来便听某人某户不出一钱……今保卫局之设，以地方之财办地方之事，仍散之地方之民，不过挹彼而注兹，通力以合作，捐有余而补不足，籍执事以养闲民，即化莠民而为良善，不得以他项筹款比论也。"① 此外，为设立保卫局而购置房屋、场地一事，也遇到不少阻碍："左四先生来谈保卫（局）、迁善（所）事，五月初开办，而把持者至不肯以房子佃作局，可谓奇矣。"②

人选问题，是保卫局创办初期的另一大难题。一方面，很多人对这个新生事物还不理解、不支持，不肯接受委任。如推举绅董时，许多人不肯出任："委彼每团举议绅二人，人多不解此事，不肯出。"③ 又如，会办一职最初是要请绅士出任的，但无人受任，只得由官方委派。另一方面，保卫局是仿照西方和日本警察机关设立的新型治安机构，各项人员都应具备一定的素质、知识，并应受过一定的训练。但在当时，这些条件完全不具备。如"总局左子异力荐徐小圃，恐不能胜任"④；又"与鹿泉言迁善所事……恐小鹤未能胜任也"。这样，保卫局的开办日期不得不一再拖延："到左子异处，云保卫局五月方可开，四月初不过议事，且须公举绅董，考验巡丁……变法不能迅速，不但无钱，且无熟手。"⑤ 为了解决这个问题，黄遵宪打算从上海租界内邀请巡捕来长沙教练保卫局的巡查人员："现请上海巡捕来教巡丁，俟来乃能定期。"⑥ 为了给保卫局确定适当的人选，黄遵宪日夜奔忙，倾注了大量心血。保卫局的具体负责人——会办大员左孝同就是黄亲自物色的。左孝同，左宗棠第四子，字子异，湖南湘阴人，江苏提法使。清光绪二十四年，由黄推荐出任保卫局会办，为创办保卫局作了大量有益的工作。当黄遵宪即将离任时，将一切大事委托黄炳离接办："公度缺黄玉田署，此必公度所荐，保卫局惟玉田肯任事，且闻此议亦发自玉田，故使接办，非必右

---

① 《黄公度廉访批牍》，见《湘报》第21号。
② 《师伏堂日记》，光绪二十四年闰三月二十五日，见《湖南历史资料》1959年第1期。
③ 同上书，三月廿八日。
④ 同上书，闰三月廿八日。
⑤ 同上书，闰三月十九日。
⑥ 同上书，四月十一日。

帅之意。"① 黄炳离,即黄玉田,是湖南新政的积极鼓吹者和推动者,也是湖南保卫局的发起人之一。黄遵宪将保卫局大政移交给他,也是要使这一事业得以长久地进行下去。

经过黄遵宪等人的多方努力,克服重重困难,保卫局终于于光绪二十四年六月九日正式开办起来:"省城绅商禀请创办保卫局,经官绅合议,妥定章程,于昨初九日各局一律开办。"②

二 保卫局的裁撤

湖南保卫局,从其创议伊始,到最后被裁撤,反对和抵制的逆浪始终就没有停息过。构成这股反对势力的成分比较复杂。但其中最为坚决、最为持久的当属湖南的一小撮顽固官绅了。梁启超曾说过,湖南虽然"真维新之人不少",但"真守旧之人固多"。③ 这些守旧官绅,从其保守的政治立场出发,害怕任何可能触及其自身利益的改良和新政。他们与全国各地的顽固派串通一气,遥相呼应,拼命诋毁新政。作为湖南维新派重要代表人物之一的黄遵宪,自然更成了他们的眼中钉、肉中刺。他们诬蔑黄遵宪"阴狡坚悍",甚至发誓要"戮力同心,以灭此贼"。④

早在创设保卫局的提议披露之初,顽固官绅就以保守"祖宗成法"为幌子,以巨款难筹为借口,极力阻挠。对此,唐才常曾予以严词驳斥。他说:"或者不体陈大中丞、黄廉访慈祥恺悌之心,而依违其间,横生异议,其未闻中西政治之本原,无责耳矣。岂吾湘地痞之充斥、会匪之潜滋、差役之伪诈、强丐之横暴,夜窃之窝藏、道路之秽塞致疾,商店之谣风倒闭,俱一无闻见?而以扫荡廓清之保卫局为不然耶?夫天下之事,两利相形取其重,两害相形取其轻,犹为得多失少;况明明有利无害,有得无失,菽麦能辨、黑白昭然,诚不解其何心也?"⑤

还有一些官僚,为了争夺保卫局的领导权,借保卫局未曾上奏批准之机,对黄遵宪进行要胁,并迁怒于保卫局:"李仲璇来,与公度闹意见,乐祸者更众。保卫、迁善何以不早出奏,以致为人牵持,蒙所不解。"⑥ "今俞

---

① 《师伏堂日记》,光绪二十四年七月廿三日,见《湖南历史资料》1959年第2期。
② 《湘报》第120号。
③ 《湖南广东情形》。
④ 《黄公度先生年谱》。
⑤ 《唐才常集》,第138页。
⑥ 《师伏堂日记》,光绪二十四年四月十七日,见《湖南历史资料》1958年第1期。

(廉三) 公快到，若不早与商，推彼为主，必又效李仲璇之阻挠保卫。"① 直到保卫局开办的前夕，仍遭到顽固官绅的重重阻挠。刚刚开办，即有一伙人纠合起来，殴打巡查，捣毁分局，试图给保卫局来一个下马威，"乃近有不法痞徒百数成群，于开局之初在南门正街殴辱巡查，次晚又在大小西门一带连毁三局"②。顽固派见此更是幸灾乐祸，大造谣言，甚至伪造土上谕："云七月谣言最甚，由保卫初设，奸人无所容，遂造妄言，以惑人听。大抵以右帅勾引洋人，此等言语小儿所不信，而绅士顾信之。"③ "而细审湖南谣言，则尤可怪：不起于时局变更之后，而起于保卫初立之时。是皆乱民所造土上谕，尤无状。稍有识者，当不惑也。"④ 顽固派在散布谣言的同时，还频频上书那拉氏，弹劾新政人物、攻击保卫局。因此，虽远在数千里外的那拉氏，却对湖南的情形十分清楚。

光绪二十四年八月五日晚，慈禧太后突然发动政变，囚禁了光绪皇帝，次日宣布"训政"，戊戌变法以失败告终。八月二十一日，慈禧太后下令革去陈宝箴的职务，永不叙用，并谕令张之洞："湖南省城新设南学会、保卫局等名目，跡近植党，应即一并裁撤。"⑤ 皮锡瑞记述道："保卫改保甲……此事与南学会皆见明谕，盖朽人所举发。此正挟私攻讦之奸佞臣败坏善政，可为痛恨！"然而，由于保卫局的种种措施已深得人心。那拉氏的这道谕旨下来以后，除被迫将保卫局更名为保甲局外，其他各项制度仍得以保留数月。见此情形，顽固派仍不肯罢休，继续进行攻击："湘言官参左子异阳改保甲之名，阴行保卫之实，希图薪水，不顾虐民敛怨，交地方官查办，保卫章程概行销毁，而保卫恐难保。又有追捕康、梁、王余党之谕，不知当此岌岌，何苦解散人心！而同乡言官既已误国，且欲荼毒乡里，报复私怨，真瘈狗不如。"⑥ 在顽固派的围攻下，那拉氏再下谕旨，严令俞廉三立即裁撤保卫局。到这年十一月底，保卫局终于被彻底裁撤了。十一月三十日"闻省城巡丁昨已尽撤，由湘之言官劾左子异，有'湖南保卫不撤，恐有南顾之忧'云云"⑦。

---

① 《师伏堂日记》，光绪二十四年四月十五日。
② 《湘报》第 121 号。
③ 《师伏堂日记》，光绪二十四年九月十二日，见《湖南历史资料》1981 年第 2 期，第 139 页。
④ 同上书，九月十三日。
⑤ 《光绪朝东华录》，第 4216 页。
⑥ 《师伏堂日记》，光绪二十四年十一月十一日。
⑦ 同上。

有一种观点认为：保卫局由于得到人民的拥护并得到某些地方大员的庇护，除更名保甲外，并未被实际废除。如梁启超说："此次政变以后，百举皆废，惟保卫局因绅民维持，得以不废。"① 又如《湖南省志》说："惟有保卫局……故仍得继续保存。"②

我们认为，上述观点有其正确的一面，即保卫局确实得到了广大人民以及开明官绅的拥护，甚至得到了一些地方大员的庇护，使之在政变以后，仍然得以维持数月；也有不正确的一面，因为保卫局确实被废除了。

首先，让我们来看看前一个方面：黄遵宪等人在创办保卫局的过程中，始终贯彻官民合办、公议公决的精神，唤起了广大民众的热情。开局以后，保卫局各级人员勤奋努力，认真执行《保卫局章程》的各项规定，整顿社会治安、维持公共秩序、推进公益事业，取得了十分显著的成效，获得了社会各界的普遍支持和拥护。《湘报》中有关这方面的报道颇多，下仅摘录数条：保卫局开办以来，"城厢内外，人心贴然，已有成效可观。"③ "保卫自开办以来，各局员绅倍极勤慎，日夜严饬巡丁逶巡街市，城中无赖痞徒渐皆敛跡。"④ "石峰山人闻而作曰：善哉！保卫之诘奸也，湘中逃拐之风甚炽，而今后庶几其或熄乎。"⑤ "昨闻南城外保卫局长聂少华明府邀集各局绅董观迁善所，到者四十余人，见该所屋宇高敞清洁，犯民衣服饮食、坐卧器具无不周备，观者大悦；并闻各项教习不日将到，从此犯民各有执业，可以改过自新。各大宪新政新法造福靡涯，湘人亦何如感激也，特登报端以誌感德。"⑥ 皮锡瑞也记述说："大商贾亦知设巡捕好，无火警、盗贼，颇愿出钱。"⑦

当那拉氏撤销保卫局的命令传到湖南后，长沙市民表现出对保卫局的真诚留恋之情："保卫，店家以为便，多愿出钱，奈无人为之倡。"⑧ 在广大民众的热情鼓舞下，一些开明官绅也积极活动，试图保住这一新政的成果。署理按察使夏献铭表示，鉴于保卫局是由绅民公议设立的，因此应去应留也应

---

① 《湖南广东情形》。
② 《湖南省志》第1卷《湖南近百年大事记述》，第178页。
③ 《湘报》第120号。
④ 《湘报》第124号。
⑤ 《湘报》第143号。
⑥ 《湘报》第154号"善政宜民"。
⑦ 《师伏堂日记》，《湖南历史资料》1981年第2期。
⑧ 同上。

由绅民自己决定。他还说："巡丁留办冬防，不裁。今年经费尚足，明年再设法筹款，一切均凭绅士。小鹤再三托彼，或可不裁。"①当保卫局被迫更名为保甲后，很多人仍在进行努力："保甲，绅士均解囊，商人肯出费，坡子街已出一千四百串，皆以此举使湘中无火、盗之警，愿勿中止；而湘人为言官者又参劾，恐不能保此善政。"②皮锡瑞十分痛心地说："予谓当此匪人放火，犹不预防；一撤巡丁，必致乱。无识之人，宁受火灾，不肯捐赀以办保卫，奈何！"③

甚至连俞廉三、张之洞等过去对湖南新政持一定保留态度的大员也不得不承认保卫局的成效。俞廉三说："前署臬司黄遵宪以原设保甲局员绅懈弛，因参酌各通商码头捕房条款添设大小各分局，派委员绅，设立巡捕，更名保卫、拟定章程，均以缉捕盗贼、清查户口为主。其附于保卫局之迁善所，凡失业流氓，犯有赌窃等事即收入所内看管，延致工匠教习手艺，令其改过自新，艺成限满，察看保释，与他省之自新所章程相同。惟湘省民情与洋教素不相能，开办之初，人以仿照洋场办法，不免惊异，浮议颇多。迨试办数月，城厢内外昼夜有人逡巡，凡宵小之徒，皆为敛迹，廛市一清，商民翕然安之。"事实上，这是对保卫局的称赞。当那拉氏指斥保卫局"迹近植党"时，俞又为之辩解说："保卫局系变保甲之名而行保甲之实，颇有成效，尚无植党情事。"④十二月二十六日，那拉氏又责问俞廉三等人："前因湖南省设立保卫局曾经谕令即时裁撤，顷有人奏该省'虽改保卫之名，仍行保卫之实。豢养巡丁数百名，勒捐绅商，致民间有毁局罢市之事。署臬司夏献铭欲留巡丁为位置冗员地步，恐激事变'等语。湖南保卫局既经奉旨裁撤，自应凛遵办理，若如所奏各节，殊堪诧异，著俞廉三严饬臬司剋日将保卫局撤去，并将遵旨裁撤日期即日复奏，毋稍延宕。"⑤接到这道谕旨后，俞廉三立即上折辩解说："惟当改保甲之时，士人颇有以巡查得力，可由铺户出资酌留应用者。夏献铭因集绅询之，铺户众情不一，即罢议，并无勒捐事。十月二十七日，巡查未撤竣之先，省城北门外有在唐心友染货店前挑卖猪血之民人苏铜，初向回民李彩盛索得牛首作抵欠钱，煮切零售，巡丁李良

---

① 《师伏堂日记》，《湖南历史资料》1981年第2期。
② 同上。
③ 同上。
④ 《张文襄公奏稿》卷30，"裁撤南学会并裁保卫局折"中引俞廉三语。
⑤ 《硃批俞廉三奏拆》，中国第一历史档案馆馆藏档案。

生瞥见疑为私宰，报局查传，唐心友出向排解，巡丁孙添华等并指为扛帮，与唐心友及伊妻潘氏口角揪扭，致将店内糖罐撞破，维时观看人多，邻近铺户虑其挤入，暂将店门关闭，适臣即时闻知，当饬署长沙知县卜彦伟前往弹压，各铺户均照常贸易，并未罢市……原奏所称巡丁倚势欺压，商民为之罢市，想即指此而言。"[1] 他还为拖延保卫局的撤销寻找借口说："其巡查人等为数较众，皆无业之人，且美国工师查勘铁路，将过此境，人多行缓，以事属创见，民间不无谣传，若将巡查骤裁，转恐其附和滋事，更贻口实，是以逐渐裁减，至十一月杪洋工师过省之次日，即行悉数裁尽。"[2] 甚至对屡遭顽固派弹劾的保卫局主持人之———左孝同，他也表示愿意为之"洗刷"。俞廉三对保卫局后事的处理，应当说颇费了一番心机。一方面，对于深受人民欢迎的保卫局，他也不愿触动众怒，公然反对，而表示出一定的赞赏和同情，并采取拖延撤销时间的措施。甚至在重办保甲局时，他还汲取了保卫局的一些经验。他的这些手段，主要还是为了调和矛盾、博取民心。或者如所谓"大约权在己，则不阻挠"。另一方面，他也不想真为人民的利益而触犯那拉氏的淫威，因此在拖延了一段时间以后，他还是忍着人民之痛，而割去了人民之爱。正如皮锡瑞所说："大吏不敢执争，亦不暇为地方计。"

保卫局最终还是被裁撤了，这是确凿无疑的事实。其具体裁撤的时间，前面已经说过。然而在保卫局被裁撤后，重新开办的保甲局（不是更名保甲的保卫局）也在一定程度上借鉴了保卫局的经验，这也是事实："二十四年八月，康梁难作，皇太后训政……于是府君所立法，次第寝罢，凡累年所腐心焦思，废眠忘餐，艰苦曲折经营缔造者，荡然俱尽，独矿务已取优利，得不废；保卫局仅立数月有奇效，市巷私沿其法，编丁役自卫，然非其初矣。"[3] 张之洞在上报那拉氏关于处理保卫局善后事宜的措施时也说："查保卫局既系办理保甲局务，其兼办迁善、习艺，教养难民亦地方应办之事，原不必另立保卫之名；且办事期在核实，亦不必仿照洋场文饰之观以示奇异，自应仍用旧日保甲之名而力扫滥支敷衍之积习。"[4] 张之洞重建保甲局的措施有两个重点：一是"不必仿照洋场文饰之观"，这表明重办的保甲局尽管仍会借鉴一些保卫局的经验，但其各项具体的职权将会受到很大的限制；二

---

[1] 《朱批俞廉三奏折》，中国第一历史档案馆馆藏档案。
[2] 同上。
[3] 《花随人圣庵摭忆》，第227页。
[4] 《裁撤南学会并裁并保卫局折》。

是"力扫滥支敷衍",这实际上是要削减其经费。俞廉三也说:保卫局"设局太多,经费过巨,劝令民捐,力有未逮"。① 因此,重开的保甲局无论从职权上还是规模上均无法与保卫局相提并论。这一点在皮锡瑞的日记中也恰恰得到了印证:光绪二十五年八月十四日,即保卫局裁撤了近一年以后,"街上列团丁,南正街共八人,归团总统带,房租一月抽一日为用费。与保卫局亦相近,而事权不逮,规模太小。何必当初败乃公事耶?!"② 光绪三十一年六月,即时过7年以后,端方出任湖南巡抚,筹办警察,曾追述过保卫局的情形:"湘省自前抚臣陈宝箴略参西国规制,于省城地方试办保卫局,一时盗贼敛迹,闾阎乂安,嗣后陈宝箴去官,渐形废弛,仍沿保甲旧名。"③ 这里"渐形废弛"四字,可算是对保卫局善后处理情况的最准确的描述了。

湖南保卫局终于还是以失败告终了。这个失败是中国人创办警政所遭遇到的第一个坎坷。而这个坎坷却正是由中国人自己设置的。

梁启超曾经说过:"政无所谓东西也……百年以来,更新庶政,整顿百废,始于相妒,终于相师。"④ 中国近代警察的历史,恰恰也是"始于相妒,终于相师"。时隔不过几年,那拉氏自己也搞起了警政,甚至视为"当今急务",频频催办。历史的发展,有时就是这样不可思议。

第四节　湖南保卫局的组织机构及其职权

一　湖南保卫局的组织机构

保卫局的人事组织、机构设置和内部权限划分是依据维新派"官绅合办"的警政理论制定的。根据这个理论,保卫局的机构设置实行三级体制,即总局、分局、小分局。这个划分方法与何启、胡礼垣等人的设想也是吻合的;人事组织则采取官绅并立的原则;各级机关和官绅之间的权限划分也是明确的。其具体情况如下。

总局:是保卫局的最高领导机关。设总办一人,由该省司道大员兼任,主持保卫局的全面工作,是该局的最高首长。在保卫局筹备和初办阶段,此

---

① 《裁撤南学会并裁并保卫局折》。
② 《湖南历史资料》1981年第2期。
③ 《端文忠公奏稿》卷5,《筹办湖南警察情形折》。
④ 《西政丛书》梁启超叙。

职由黄遵宪兼任。黄遵宪临离任前，推荐黄炳离接任。会办一人，协助总办处理各项具体事务。在保卫局设置期间，此职由左孝同充任。委员四人，由官吏充任，其中"专司文案二人，一切禀详稿札文牍均拟稿"；"专司审案二人，所有各分局送到犯人归其审讯"。① 以上各职都是由官吏充当的。官吏的人选由众官员选举或推荐。他们的主要职权是负责缉捕盗贼，审判和安置犯人。另一套人事体系由绅士组成，其人选亦由绅士物色。他们的主要职权是选举各级机关的绅士，雇募巡丁，差役，购置、管理和出纳金钱、器物及主持总务、后勤工作。总局下属的两级分局的人事组成和职权划分也是如此："所用各员均由会办官选举，由总办定用；所用各绅由会办绅选举，由总办定用"。② 按照规定，各级官绅来历必须注明"以公众览"。总局内安排的绅士职位主要有：会办绅士一人，是绅士体系中的最高领导，负责"管理、稽查各局委绅及各局巡查一切事务，凡系支发银钱、清理街道、召募巡查之事，均会同总办签行"③。委绅二人，负责具体的财务、出纳、后勤、总务等项工作。此外，总局还设有议事绅士十余人，组成保卫局的决策机构："一切章程由议员议定，禀请抚宪核准交局中照行；其抚宪批驳不行者，应由议员再议；或抚宪拟办之事，亦饬交议定禀行。"议事的方法是："以本局总办主席，凡议事均以人数之多寡定事之从违。凡议定之后，必须遵行；苟有不善，可以随时商请再议。"④ 议事绅士也是由选举产生的。黄遵宪制定的选举办法是："拟每二百户即举一户长，每千户共举五户长，以该处居民商店充其选，遇事即邀集各户长为议事绅士到局公议。"⑤ 另外，保卫局主要官绅的任期也是有一定限制的。例如，总办"以二年为期，期满应由议事绅士公举，禀请抚宪札委"；"议事绅士亦以二年为期，期满再由本城绅户公举"。⑥ 保卫局的这套人事制度应当说是十分先进的，特别是主要人事安排由选举产生一项，体现出类似西方国家的民主、公议、公决的精神。保卫局的一切大事由公议决定的原则，也是进步的，在一定程度上可以遏制或避免官府的垄断独裁。

分局：是保卫局的中层机构，上受总局的领导，下指挥小分局的工作。

---

① 《湖南保卫局章程》第38条。
② 《保卫局增改章程》，载《湘报》第23号。
③ 《湖南保卫局章程》第38条。
④ 《湖南保卫局章程》第3条。
⑤ 《湘报》第3号，"臬辕批示"。
⑥ 《湖南保卫局章程》第44条。

共设五所："城中分东西南北设有分局四所，城外设分局一所。"① 每分局管辖六个小分局。分局设分局长一人，由官充任，其权限是，"所有地方人民违犯本局禁令"，"或本局巡查不守本局章程"，罪在徒流以下的，由局长审理发落。② 副局长一人，由绅士充任，"帮同局长督率员役，办理局务"，"所有局中出入银钱、收支器物是其专责"。此外，根据规定，各分局和总局还应设有"书识"数名，负责"缮写记录"；"丁役"数名，"专司伺候讯案，接送犯人"；"杂役"数名，"专司奔走使唤"。

小分局：每分局下设小分局六所，共三十所。小分局是保卫局的基层机构，直接接触和管理民间各项事务："又保卫局拟分三十局，统城内外以三万户计，每分局约辖一千户。"③ 小分局设理事委员一人，由官吏充任，主持局务，有权审处和调节一些轻微案件，较大的案件则必须送交分局。副理事一人，由绅商充任，协助理事，督率巡查，办理局务。具体负责银钱、财物的出纳。董事四名，即前面所说的户长，"前批为户长，兹改称董事；前批拟五名，兹改四名"④。董事由各店户，绅商公举，以各店户联盖图章为凭，以避免徇情私举之弊。这些董事即作为总局议事绅士的后备人选。巡查长一人，由上级机关"另行酌派"，负责督率、节制所属巡查。巡查吏二人，"专司侦探事务"，另外还负责搜索罪犯，协同巡查长督率巡查。每小分局设巡查十四名，三十所小分局共设四百二十名。巡查即相当于后来的普通警察。巡查与巡查长、吏一起，直接、具体地行使保卫局的各项对外职能。根据章程规定，巡查不同于差役：首先是来源不同，"所用巡查均由各董事照章公举，约三十名，以便选用"⑤。其次，巡查有一定的资格限制，年龄在二十至四十岁之间，粗通文理，身体强壮，心平气和，并须"自觅保人，证明其实系身家清白并无犯案不法之事方准充当"。再次，巡查受严格的纪律约束，违章者将受到相应的处分，如执勤时不准"携伞执扇"，"不准吸烟"、"不准露坐"、"不准聚饮"、"不准与街市人闲谈戏谑"，不准擅离职守，不准受贿、受谢等。⑥ 最后，巡查在执勤时，必须穿用"官给衣物"，如帽子、号衣、靴、呼笛、提灯、雨帽、雨衣、雨靴等；在其他时间

---

① 《湖南保卫局章程》，第6条。
② 《湘报》第3号，"臬辕批示"。
③ 同上。
④ 《湘报》第24号，"保卫局公启"。
⑤ 同上。
⑥ 《湘报》第127号，《巡查各项章程》。

不得随便穿用。夜间执勤可以携用木棍一根，但只准用于自卫，不准打人。另外，巡查也享受一定的待遇，根据规定：巡查长"月支公费八元"；巡查吏"月支公费六元"；巡查"初次当差均作为四等巡查，每人月给辛工银四元，其遇事有功或日久无过可升至三等，每月加辛工一元"；如巡查工作年久"勤奋称职，稳练无过"可以升至巡查吏、巡查长或二等巡查；如"因公殒命"，给予"洋银五十元为奖恤之费"，所有在局巡查长、吏及巡查每人"各出银二毫送伊家属以表其忠劳"。① 总之，巡查与过去的保甲、巡丁、练勇、捕役等已有了很大的差别，而更接近于近代意义上的警察。

迁善所：也是保卫局的下属机构之一。负责安置、改造无业游民和违反该局禁令的轻微人犯。根据《湖南迁善所章程》的规定，该所设于"长沙府城内戥子桥"。所中设有办公、住宿、厨房、浴堂、厕所、休息场，东、南、北三所工场等建筑物。② 迁善所的最高领导由保卫局会办大员兼任，另设会办士绅一员"专司稽查各务"，下设提调、坐办委员、帮办委员各一人，理事委员二人，均以官吏充任。副理事委绅二人，由绅士充任。凡"所中流民犯人收羁到所，一切工役程课督责看管以及鞭笞、拘锁、用法之处，皆官主之；一切起居饮食、稽查、保护以及疾病，困苦、用恩之处，皆绅主之"。此外，该所还雇用了一定数量的工役、工匠和教习人员。根据章程规定，被监管人员应遵守各项规章纪律，接受教育、参加劳动、改过自新并有权享受一定的待遇。③ 分析《湖南迁善所章程》可以看出，迁善所已不同于旧式的封建监狱。它在一定程度上具有了近代资本主义性质的收容所、感化所和初级监狱的规模。

二　湖南保卫局的职权

湖南保卫局的职权，概括说来就是"去民害、卫民生、检非违、索罪犯"。这是保卫局一切行动的根本原则和出发点；用现代的术语来表述就是：维护社会秩序、保障公共安全。湖南保卫局类似现在的公安机关，是国家行政机构的一个组成部分："保卫局只有行事之责，并无立例之权。"④ 但保卫局并不是一个纯粹的行政机关，它还具有一定的司法审判权，这就使它

---

① 《巡查各项章程》。
② 《湘报》第 147 号，《湖南迁善所章程》。
③ 《湖南迁善所章程》。
④ 《湖南保卫局章程》。

具有比今天的公安机关更为广泛的职权。主要包括以下四个方面的内容：

第一，预防犯罪、缉捕盗贼、维护公益。保卫局的主要职能由各级巡查人员具体行使。顾名思义，"巡查"就是巡和查。这既是保卫局基层工作人员的名称，又表明了他们的勤务方式。根据章程规定，各级巡查人员必须在所辖地界内昼夜值班巡逻："各分局巡查概分为两班，每日分六次，每四点钟换班。每日从正午十二点钟起为第一班，至四点钟换第二班，至八点钟换第三班，至十二点钟换第四班，至四点钟换第五班，至八点钟换第六班，至十二点钟又换第一班。如是轮流，周而复始。每换班时，由局中派出后，在街巡查始行换回。"① 巡查值班期间，可以处理职权范围内的各项事务。如缉捕罪犯。巡查有预防危害、缉捕罪犯的责任："遇有杀人放火者、斗殴伤者、强盗、窃盗及小窃掏摸者、奸拐诱逃者、当街赌博者"等现发案犯，"均即行捕拏"。② 一般说来，巡查不得擅自闯入他人屋室，如欲进入须持有一定的证件——"局票"："巡查非奉有局票，断不许入人屋，违者斥革兼羁禁作苦役。"③ 局票分为传票、拘票两种："各小分局例有传票、拘票，由总局发给存局者，遇事准委员将应传应拘之人，填给姓名，交巡查长拘传。"④ 但在特殊情况下，也可不遵这个程序："若眼见该犯逃走，准巡查入屋捕拏。"⑤ 有关现发案犯的例子很多。例如，"据东城分局转据第二十三局报称：初二晚在贡院坪获赌痞冯二、郎汉章两名，到局提讯，各供认弹钱赌博不讳，着分别重责以儆。查冯二系积贼僅子，责惩不足蔽辜，送总局前来，发交迁善所充当苦役"⑥。对于隐密情事，巡查吏负有缉捕专责："巡查奉行之职系将眼见犯罪违章各事经行捕获。如本局辖地内有盗案、窃案、会匪、拐犯一切犯法隐密之事，所有侦探查拏是其（巡查吏）专责。"⑦ 根据章程规定，各级巡查人员应对辖界内任何可疑人犯及时查究，以期防患于未然。例如，"据南城分局转据十四局巡查林玉生巡至织机巷遇一人背负布包，跟踪至天心阁地方，会同该段巡查廖恩溥、罗树卿围获周桂生一名，查点包内：白竹布四疋、青绢裤一条，人赃一并送局查讯，该犯系在鄂犯窃收

---

① 《湖南保卫局章程》。
② 《湖南保卫总局巡查职事章程》。
③ 同上。
④ 《巡查长职事章程》。
⑤ 《湖南保卫总局巡查职事章程》。
⑥ 《湘报》第147号，"摘录保卫局报院各案"。
⑦ 《巡查吏职事章程》。

押，六月初四递解来湘，系积惯窃贼，经该局长讯明，赃物系太平街阜太布店所失，传失主给领，将该犯呈送前来饬审无异，已发迁善所羁禁。巡查照章记功以示鼓励"①。维护公益也是保卫局的重要工作内容。首先各级巡查人员有保护、援救、协助人民的义务，例如，"凡行路之人遇有疾病，即应救护，若醉人、疯癫人迷失道路即送归其家，若残疾人、老、幼、妇女、远方过客均加意保护"；"凡有行路人询问巡查各事，必须实告"。②其次，巡查有义务告诫辖界内住户谨防失盗及稽查铺户，例如，"每夜巡查所辖地内，各行栈房屋其门窗有未及关闭者即告知屋主关好，各烟馆照章二更息灯，如见有过时未息者应饬令吹息"③。再次，根据章程规定，巡查有义务将遗失物品送归原主。例如，"近日南城外……三十一局第八号、第十四号巡查在鼓楼门口拾一包袱带回局中，禀请员绅点验，后有攸县考童某来报失物，当饬巡查送至城南书院，凭保具领"④。此外，消防、救火也是保卫局的一项重要职责。据该章程规定："若遇有火灾，立即驰报局中，由局中派役驰请水龙各会往救。"例如，"据南城分局转据十六局报称，十四日七下钟，黎家坡泥匠李汉源家因吃烟不慎，火势上炎，当经巡查王赐福、吴晓云、欧阳宝树等登时扑灭，致未延烧，已将巡查王赐福三名记功一次，以示鼓励"。⑤最后，保卫局还有权查稽公共聚会场所，禁止某些宣传活动："凡系刊贴谣帖，煽惑人心者，觅即捕拏"；"遇有聚会喧杂之事、唱戏扰攘之所应随时弹压，不准滋事，本局有时亦另行派人襄助"；"如有聚众结会，立即禀报局中"。⑥

第二，编查户口。何启等早期改良派特别强调户籍管理的重要性。他们说："故严捕务者乃靖地方之要，然非先册户口不可。"⑦戊戌维新派同意何启等人的这个观点，把管理户籍作为保卫局的一项重要职权，并视其为贯彻保卫局根本宗旨的重要保证："清查户籍为本局第一要义。必须认真清查，确载册籍，应使本局一切去民害、卫民生、检非违、索罪犯之事易于尽职，

---

① 《摘录保卫局报院各案》。
② 《巡查职事章程》。
③ 同上。
④ 《湘报》第124号，"保卫近闻"。
⑤ 《摘录保卫局报院各案》。
⑥ 《巡查职事章程》。
⑦ 《中国宜改良新政论议》。

一切员绅吏役人等易于办事。"①

根据《保卫总局清查户籍章程》规定，户籍管理权由各小分局委绅主持行使，上级各委绅监督指导，各级官员协助。清查以每年春二月、秋八月分两次进行，限一个月内造册报局。各分局在辖地内指定地段以次清查。清查人员在执行公务时，不得违背纪律，"如有敢需索片纸、一线者，一经指斥证实，立即革斥惩办"。被清查者拒绝清查时，也将受到相应处理，如："清查填格之时，如有某家不愿遵办，应禀知分局委绅劝办，倘仍不遵办，应将其家编作另户，以后遇有盗贼、斗殴各事故，本局均不过问，此种另户人家亦另行开出，饬知巡查长、吏、巡查人等，无须持票随时可以入室查问，如其家敢于抗拒，即禀分局委员发票拘传到案审究"。

根据章程规定，居民每户应悬挂一面门牌，编列上号数，目的是使"寻常易于投递信函，访求戚友易于寻觅住址"②。按要求填注户籍册：注明户等（上、中、下），户长姓名、年龄、籍贯、出身（官、绅、商、民等），职业或无业；户口数目、性别、年龄、地位（主或仆）；常住或寓居戚友等。特别户籍如寺院，营业性住户如烟馆、娼寮、散馆、码头、饭店、客栈等应填注户主、雇工、僧道、馆主、栈主及有无眷属同住，其中客栈、饭店容留的客人须按日登记具报分局。这些特别户籍的门牌号数也须单独开列。另外，"所辖境内凡有流荡无赖之家，诡秘可疑之人及窝聚无定之户均为另户，许巡查随时稽查"③。

户籍册的管理由委绅负责："委绅稽查时挈同书手人等自带格式纸、草稿亲往逐户询问，照式填明，一存其家、一携回局，次日将携回之纸照钞楷填，盖印再交其家作凭，原稿取回汇作册稿。倘其家户长他出，即将草稿留存听其自填，务须确实，查明不符可属令再填"。④ 清查完毕时，"将该局辖地照依门牌号数编列记作清册，一存该局一存大分局，大分局收到照缮清册一份，送总局总司册籍处记存备案"⑤。

第三，管理街道。清光绪二十四年七月二十一日，《湘报》第147号公布了《保卫总局清理街道章程》14条，规定保卫局有权管理省城各街道的

---

① 《湖南保卫总局清查户籍章程》。
② 《清查户籍章程》。
③ 同上。
④ 同上。
⑤ 同上。

交通、卫生及其有关事项。

在维护街道卫生方面，章程规定："渣滓弃物""溃烂朽坏各种食物"都是"污秽薰蒸，最易生病"的不卫生之物，禁止"发卖"，并应由其本户"自行搬运""清扫"；"所有积淤不流之水亦最易生病"，由保卫局雇用夫役并约同邻近住户共同疏通。其他垃圾弃物则限定各户按规定时间清倒出门，由保卫局雇用清道夫"立时陆续运送出城"。此外，"挑粪往来，臭气薰人，亦易生病"。因此规定挑粪桶必须"加用木盖"，并限定其挑运时间，逾时不得进城。

在维护交通秩序方面，章程规定禁止以任何方式"霸占官道，阻塞行道"；禁止"用车载运长木巨石"，"阻碍行人"；禁止小摊贩阻碍街道等。凡违背上述街道管理规定的，将予以相应的惩罚。有关街道管理的各项事宜，由保卫局各级委绅负责，如管理不能尽职时，也要予以适当的处分。

第四，司法审判。如前所述，保卫局拥有一定的司法审判权。"所有地方人民违犯本局禁令即第十一条所载各事或本局巡查不守本局章程即第十二、十三、十四、十五、十六条所载各事"，保卫局有权审讯发落；但"其户婚、田土、争讼之事本局不得过问"[①]。这就是说保卫局只有审讯普通刑事案件及本局内部成员违法违纪案件的权力，没有处理民事案件的权力。

保卫局审判管辖的级别划分是：凡属上述刑事案件及本局内部成员违法违纪的案件，巡查有权将其逮捕到局，交由小分局理事委员审讯。对"或于地方有所损害或于人民有碍平安者，经人告发亦准由理事委员传问"[②]。对"口角斗殴"等事，能够劝解平息的即当场了结："凡地方人民或因口角、斗殴滋事申诉到局者，准由理事委员劝解和释。"轻微刑事案件，小分局理事委员也以当场讯明惩戒，取保释放结案，根据章程规定："小分局委员不准设立公案，擅用杖责。"[③]但根据现存的案例来看，小分局委员事实上有权审问一些轻微案件，并可以惩戒相关人犯。前行案例的所谓"重责"，估计就是使用体罚的方式。小分局委员不能"劝解和释"的，或案情较重的须移送分局处理。分局局长接到小分局移送的案犯后，有权进行审问，对其中徒流以下的案件可以直接作出判决，徒流以上的应送总局处理。总局设委员四人，其中专司审案的二人。所有各分局送到犯人归其审讯。然

---

① 《湖南保卫局章程》。
② 同上。
③ 同上。

后由会办会同总办判决发落。其中案情较轻的，可直接送交总局下属的迁善所看管；案情较重的则送交"长善监"和"府监"关押。

湖南保卫局从光绪二十四年六月九日（1898年7月27日）开办到九月十七日（10月31日）更名保甲，其正式存在时间不过三个月。即使推迟到十一月二十九日（1899年1月10日）全部裁尽为止，也不过存在了五个月零二十天，尚不足半年时间，且又局限于长沙城一隅，从时间和空间上看都是有限的。然而，湖南保卫局作为戊戌变法运动的一项重要成果，是维新派在理论和实践领域的双重收获，并从而揭开了中国近代警察制度的序幕。其意义和影响则又远远超越了上述时间和空间的限度。

近人何刚德认为："庚子以前中国无警察也。"① 对于这种观点，我们是不能同意的。诚然，保卫局并不是一个正式的官方机构，也不是一个全国性的设施。但从其组织和职权上看，已基本具备了近代警察机构的全部性质和内容。清末大僚端方在筹办湖南警政时对保卫局的追述，表明了他承认保卫局是湖南警政的前身这一事实。

近代警察制度从湖南而不是从京师或是其他某个地区开始，并不是偶然的。这是维新派和顽固派实力对比的一个结果。曾有人作过这样的评论："戊戌维新运动，在湖南成功，在北京失败。在湖南所以成功，因陈宝箴、公度等，都是政治家，资望才学，为旧派所钦重。凡所措施，有条不紊，成效卓著。反对者虽叫嚣咒骂，而事实俱在，不容抹杀。在北京所以失败，因康有为、梁任公等都是言论家，资望不足，口出大言，而无实际，轻举妄动，弱点毕呈。"② 这种评论，虽然有失偏颇之处，但毕竟包含着几分道理。由此看来，戊戌变法时期，维新派还不具备在中央或全国范围内推行警政的实力。因此，湖南保卫局这一重要成果，就不能不引起我们的重视。特别是在研究中国近代警察制度时，就不能不从这里开始。

第五节　清政府的"新政"和清末警政的创办

戊戌变法夭折以后，中国资产阶级的维新运动暂时陷于低潮。然而，中国社会各个领域的矛盾并未消除。1900年的义和团运动和继之而来的八国联军战争，使这些暂时隐匿的矛盾重趋激化。清政府为了保住自己的统治地

---

① 《客座偶谈》卷1。
② 《人境庐诗草笺注》，第1232页，引正先撰《黄公度》。

位，维护帝国主义的在华利益，缓和国内各种矛盾，不得不厚起脸皮，打出"新政"的旗号，实行变法。光绪二十六年十二月十日（1900年1月29日），逃到西安的那拉氏以载湉的名义发布一道上谕，宣布实行"新政"，唱起改弦更张的调子："世有万祀不易之常经，无一成不变之治法……大抵法积则弊，法弊则更，惟归于强国利民而已。"①

从1901年至1911年，清廷实行了一系列的官制改革，裁撤了部分冗衙，如詹事府等；同时又设立了一些新的机构，如商部、学部等。光绪三十一年，清廷迫于国内外的压力，不得不接受立宪派的主张，同意实行"筹备立宪"。作为"新政"和"预备立宪"的一项重要内容——警察制度也在这个时期正式创办起来。

关于警察机构创设的具体情况，我们将在后面专章介绍。这里着重谈谈清廷创办警政的动因和目的。

首先，清廷办理警政是在东西列强的压力下，为保护帝国主义的在华利益被迫实行的。

19世纪末叶，帝国主义对中国的侵略进一步加剧，而中国人民的反帝斗争也日趋高涨，终于酿成了1900年震惊世界的义和团运动。这场运动沉重打击了侵略者的嚣张气焰，同时也更加暴露了清政府的腐败无能，引起了帝国主义的极大不满。为了使这个"洋人的朝廷"更好地为其主子效力，帝国主义要求清政府对其统治制度进行必要的改革，并提出了许多具体的要求。例如，日本一家报纸这样写道："筹善后之策，则目前议论纷纷，莫衷一是。就革新内治，实为要求之第一义。"② 帝国主义要求清政府革新官制，确保帝国主义在华的经济、政治利益和人身安全。1901年的《辛丑条约》在第10款中规定："以各省督抚、文武大吏暨有司各官，于所属境内，均有保平安之责，为复滋伤害诸国人民主事，或再有违约之行，必须立时弹压惩办，否则该管人员即行革职，永不叙用亦不得开脱，别给奖叙。"③ 在列强的压力下，清朝当局无耻地向其洋主子宣誓效忠，表示要"量中华之物力，结与国之欢欣"④。为了确保列强侵华的和平、安全，清政府频颁上谕，严厉督饬各地官员镇压人民的反抗斗争，保护洋人的各项自由："中外订约

---

① 《光绪朝东华录》第4册，第4601页。
② 《义和团》第4册，第257页。
③ 《中外旧约章汇编》第1册，第1007页。
④ 《义和团档案史料》下册，第945页。

以来，各国人民准入内地，载在条约。朝廷慎固邦交，迭经谕饬各省，实力保护。乃地方官漫不经心，以致匪徒肆行，滋扰伤害各国人民之案，层见迭出……著再责成各直省文武大吏，通饬所属，遇有各国官民入境，务须切实照料保护。倘有不逞之徒，凌虐戕害各国人民，立即驰往弹压、获犯惩办，不得稍涉玩延。"① 在帝国主义的逼迫、授意和督饬下，清政府总结了多年来统治的经验教训，深感旧有的治安制度已不足以保护列强的在华利益，因此决定学习西洋的治安新法，创办警政。光绪二十七年七月三十日（1901年9月12日），清政府发布上谕："各省制兵防勇积弊太深，著将原有各营严行裁汰，精选若干，分为常备、续备、巡警等军，认真训练，仍随时严加考校。"② 其实，早在戊戌变法时期，湖南创办的保卫局就含有保护洋人安全的用意。皮锡瑞曾在日记中写道："予问鹿泉，开办保卫局何意？答云'恐洋人至滋事，托巡捕保护，而不能说明，故章程不及'。予意以为然……即以明交涉者，委之住札各处教堂前后，保护教事，计不过数十处，虽年费数千金，然较之赔款巨万，相去远矣。即此意也。"③ 1900年，八国联军侵入北京，各国侵略军划地而治，在其占领区内办起了"安民公所"，作为维持治安的临时机构，并以此要胁清政府："联军须目睹中国竭力设法保护外国人及铁路诸物方能退去。"④ 在此情形下，清廷不得不接受列强提出的各项条件，于洋兵撤走后，在"安民公所"的基础上逐步办起了警政。徐世昌曾说："伏查京城办理工巡之始，原因各国联军在境，非保任治安，不允交还地面。于是前管理工巡局事务肃亲王善耆、大学士那桐等先后经营，京城始有巡警。马路之筑、街灯之燃，皆于此而肇基焉。"⑤

其次，清政府为了维持其摇摇欲坠的统治，严厉镇压和监视国内各阶级人民的反抗斗争，也乐于效法洋人创办警政。

八国联军的血腥屠杀和清政府的屈膝卖国行为，更加激发了中国人民的反抗情绪。全国各地抗捐、抗税、抢米斗争此伏彼起，以天地会为核心的反清武装起义烽烟四燃，反洋教斗争仍在继续；"扫清灭洋"的口号取代了"扶清灭洋"的口号，农民革命的矛头已直指清政府。与此同时，以孙中山

---

① 《光绪朝东华录》第4册，第4713页。
② 《清德宗实录》卷485。
③ 《师伏堂日记》，载《湖南历史资料》1958年第4期。
④ 《光绪朝东华录》第4册，第4672页。
⑤ 《退耕堂政书》卷8，"遵旨议奏并陈明京师巡警办法折"。

为首的资产阶级革命派提出了"驱逐鞑虏,恢复中华,创立民国"的奋斗纲领,广泛宣传民主革命思想,积极组织革命力量,频频发动武装起义。此时的清王朝已是日薄西山,气息奄奄,颓势难挽了。然而,清统治者并不甘心自动放弃自己的统治,还要作困兽之斗、垂死之争。为了苟延残喘,清廷在政治上进一步向帝国主义靠拢,并期望效法西洋的政治制度,巩固其统治地位。清廷发布上谕指出:"晚近之学西法者,语言、文字、制造、器械而已。此西艺之皮毛而非西学之本源也。居上宽,临下简,言必信、行必果,服往圣之遗训,即西人富强之始基。中国不此之务,徒学其一言一话一技一能,而佐以瞻徇情面,肥利身家之积习。舍其本源而不学,学其皮毛而又不精,天下安得富强耶?总之法令不更,锢习不破,欲求振作,须议更张,著军机大臣、大学士、六部、九卿、出使各国大臣、各省督抚,各就现在情弊,参酌中西政治,举凡朝章、国政、吏治、民生、学校、科举、军制、财政,当因当革,当省当并,如何而国势始兴,如何而人才始盛,如何而度支始裕,如何而武备始精,各举所知,各抒所见,通限两个月内悉条议以闻,再行上禀慈谟,斟酌尽善,切实施行。"① 当祖宗遗制不足以确保大清江山的时候,清统治者很自然地将赌注押到了"西学本源"上,冀其能于危急之际,援清廷出泥沼。光绪三十一年八月二十六日(1905年9月24日),清廷特派的出洋考察五大臣载泽、戴鸿慈、徐世昌、端方、绍英等人在北京正阳门车站启行时遭炸,使清统治者愈发感到"巡警关系紧要","自应专设衙门",② 遂于九月十日(10月8日)下令设立巡警部,综理全国警察事务。这样,警政才逐渐在全国范围内正式开办起来。

最后,清统治阶级内部对警察呼声的升高,也在一定程度上推动了清末警政的创办。随着谭嗣同等六颗人头的落地,刚刚露出一丝生机的晚清政局,重又呈现出死气沉沉的景象。官绅士庶噤若寒蝉,神州大地万马齐喑。然而,慈禧太后的屠刀换来的不过是几天的平静。庚子年的事变,不啻于一声惊雷,使尚在麻木中的巨龙受到了猛烈的震撼。尤其是在那些具有开明意识的官绅阶层和知识分子群中,对这种震撼则反应得特别强烈。许多忧国之士都清楚地认识到,中国已到了非变革不能生存的地步。于是禁绝两年的改革呼声又再次迸发出来。人们呼吁自强、呼吁变法、呼吁立宪,也呼吁警政。与以往不同的是,这一次对警察的呼声发自更广泛的社会层次:从达官

---

① 《光绪朝东华录》第4册,第4601页。
② 《光绪朝东华录》第5册,第5408页。

显贵、巨富大贾，一直到中下级士绅。封疆大吏如张之洞、岑春煊、袁世凯、李兴锐，在野士大夫如张謇，中下层知识分子如段逢恩、叶芳等，几乎众口一声。他们普遍把兴办警政视为挽救中国危局必不可少的措施，把警政的地位提到了空前的高度。浙江监生段逢恩说："窃生旷观环球之上，以我蔽之中州，际兹创深病巨之日，与群雄并立于兹土也。苟不亟思变计，更立法度、严示章程，使民咸知禁忌，驯至于化莠为良、变弱为强，徒事兴商、务农、缔交、开学以求其所谓富强者，吾恐其日久生懈、懈久生弊，奉行者依然视为具文，与初创政府之衷尽左也。何则？人心不正则奸宄充斥、强盗滋有，保无巨奸叵测煽惑人心？为非大之激众怒、开衅端，逞一日之忿，罔顾时艰，以遗公家之祸；小之聚党羽、行无忌，极奸狡之施，不畏法纪以为生民之害。如是不行警察之法，其患岂可胜言乎哉！"这里需要补充说明的是，段氏的见解不仅仅代表了他自己，也反映出当时中下层士绅较普遍的心态：他们希望通过警政的举办，中兴大清，走上自强自立的道路。段逢恩曾自述说："此生因乱后见我受创甚巨，不禁愤忿，欲慷慨从军，效班定远之投笔，迄无门路；继欲应试南闱，冀得尺寸以图报效，又以道远家贫，未遂其志。今见大部之设，生不觉忭舞欢欣。以为我国兴机在此一举。将来警务畅行，与商、农、工艺、学校，轮船、铁路诸政日新日盛，将见数十年后，国富民强，彼各国虽强，吾何畏哉！"① 作为封疆大吏的岑春煊等人，虽与地位卑微的段逢恩等不同，但也同样对兴办警政寄予了深厚的期望。他说："伏查东西各国整齐划一，其内治外交之绝无扞格龃龉之患者，无一非警察之绩。有以防患未然。中国今日求善外交，必先内治；求善内治，必先警务。"② 李兴锐则认为："今者各省会匪、土匪所在滋事，都邑巨镇尤多混迹，非遍设巡捕，无以逻察之。"③ 同样，张之洞也认为："警察若设，则差役之害可以永远革除，此尤为吏治之根基，除莠安良之长策矣。"他指出："各国清查保甲、巡街查夜、禁暴诘奸，皆系巡捕兵之责。其人并非下流猥贱之人，其头目即系武弁，日本名为警察，其头目名为警察长，而统之以警察部。其章程用意大要以安民防患为主，与保甲局及营兵、堆卡略同。然警察系出于学堂，故章程甚严，而用意甚厚，凡一切查户口、清道路、防火患、别良莠、诘盗贼，皆此警察局为之。闻京城现拟设立巡捕，将来外省自

---

① 《段逢恩禀呈》，中国第一历史档案馆馆藏档案。
② 《岑春煊奏折》，中国第一历史档案馆馆藏档案。
③ 《皇朝蓄艾文编》卷9。

可仿办。兹拟令州县用勇,即与用巡捕之意相近。当于繁盛城镇采取外国成法,并参酌本地情形,先行试办,以次推行。"① 张謇形象地比喻说:"变法奚行乎?犹造器也。国为之材,学堂为之工,而工不能徒手而成器也。刀锯筑销、搏磨栉雕,则在警察。"②

这个时期,人们对警察的认识也逐步有所提高,可谓仁者见仁,智者见智。张謇指出:警察"其职保护人民,其事四:曰去害、曰卫生、曰检非违、曰索罪犯"。这种见解几乎与湖南维新运动代表人物——黄遵宪的观点如出一辙。在光绪二十七年制定的《山西巡警局详定章程》中也明确地规定:"设局之意在去民害、卫民生、检非违、索罪犯。"③ 很显然,戊戌维新派有关警政的理论和实践,对清末警政的举办仍然发挥着巨大的影响力。到光绪三十年以后,人们对警察作用的认识就更接近于现代的观点。徐世昌指出:"各国警政,精密整齐,所以保全国之治安,定人民之秩序。"④ 随着清末"新政"的逐渐展开,人们对警察与立宪,警察与行政、司法的相互关系及警察在国家政权中的地位等问题也开始有所认识。光绪三十二年七月十三日(1906年9月1日),清廷发布上谕指出:"各国之所以富强者,实由于实行宪法,取决公论。军民一体,呼吸相通,博采众长,明定政体,以及筹备财政、经画政务,无不公之于黎庶。又在各国相师,变通尽利,政通民和,有由来矣。时处今日,惟有及时详晰甄核,仿行宪政,大权统诸朝廷,庶政公诸舆论,以立国家万年有道之基。但目前规制未备,民智未开,若操切从事,徒饰空文,何以对国民而昭大信。故廓清积弊,明定责成,必从官制入手。亟应先将官制分别议定,次第更张,并将各项法律详慎厘订,而又广兴教育、清厘财政、整顿武备、普设巡警,使绅民明悉国政,以预备立宪基础。"⑤ 不久,奕劻、孙家鼐、瞿鸿机等也上奏,"首分权以定限,立法、行政、司法三者,除立宪当属议院今日尚难实行,拟暂设资政院以为预备外,行政之事则专属之内阁各部大臣……司法之权则专属之法部,以大理院任审判,而法部监督之。均与行政官相对峙,而不为所节制……巡警为民政之一端",隶属于民政部,是国家行政职能的一部分。⑥ 从这时起,警察才

---

① 《光绪朝东华录》第4册,第4742页。
② 《张季子九录·政闻录》:"变法平议"。
③ 《皇朝蓄艾文编》卷12。
④ 《退耕堂政书》卷3:"拟订巡警部官制折"。
⑤ 《光绪朝东华录》第5册,第5564页。
⑥ 同上书,第5577页。

真正脱离了古代意义的范畴。这与知识界的呼吁和西学的深化不无关系。张謇曾说："西法警察有二，有行政警察，有司法警察。"① 沈家本等也说："欲清讼源，非切实举办警察不可。"②

这个时期，仍有人将"警察"赋予对外御侮的内容。段逢恩说："我国庚甲之乱，危弱极矣。筹思自强之术，非练兵不可；又恐各国生忌复又多方挟制，故亟修警政而寓以强兵之术焉，亦管子寓军令于内政之意也。庶各国之忌不生，而我境内又得以清理。办警务者诚宜急讲陈，式精技勇，务使官无虚兵，兵不虚名。天下无事，寓兵于警；一旦有变，则警化为兵，是警务为我国转弱为强之一大关键也。"③ 这里，段氏将兵警混为一谈，实在是由于对警察性质的认识模糊。所谓以警御侮，也不妨认为是他个人的美好愿望，一厢情愿而已。然而我们也未必就能断言，清廷举办警政，完全没有自强御侮的意图。正如沈家本等人试图通过对司法制度的改革，收回领事裁判权一样，一些警政大员也试图通过举办警政，收回租界内的警察权。例如，民政部尚书善耆就有这样的打算。宣统二年十二月十六日（1911 年 1 月 15 日）发行的《直隶警察杂志》刊载的一条消息说："兹闻民政部肃邸以我国警察现在提前筹办，所有租界警察权限自应交还中国，选派深明警律各高等警察队自行管理，担负保护之责，以谋公益而挽主权。日内拟即会同邹尚书向各驻使提议接收办法，以期无论租界内外，得享一律保护之权利，为预备地方自治之起点，以为收回治外法权之先声云。"④

晚清"新政"和"预备立宪"期间，社会舆论及民众的呼声对当时政局的变化和发展曾起过很大的影响。武昌起义后，《东方杂志》曾发表一篇文章指出："吾国立宪之主因，发生于外界者，为日俄战争；其发生于内部者，则革命之流行，亦其有力者也。二主因以外，则疆吏之陈请，人民之请愿，皆立宪发动之助因，有足记者。"⑤ 警政的情况大体也是如此。从某种意义上说，正是由于各界人士的强烈呼吁和热心敦促，才使得清末警政得以迅速发展并逐步臻于完善。

当然，也不能否认，在清末普遍呼吁警政的声浪中，也时常夹杂着一些

---

① 《变法平议》。
② 转引自《沈家本年谱》，第 94 页。
③ 《段逢恩禀呈》，中国第一历史档案馆馆藏档案。
④ 《直隶警察杂志》（1911 年 1 月 16 日），中国第一历史档案馆馆藏档案。
⑤ 转引自马东玉《五大臣出洋考察与清末立宪活动》，载《辽宁师范大学学报》1987 年第 1 期。

不和谐的音调。有些人对举办警政不以为然。他们认为，警政并没有超出我国旧有治安制度的框架，不过是名目上的翻新而已。只要对旧的治安制度加意整顿，根除弊窦，同样可以收到良好的效果。例如，《清朝续文献通考》的作者刘锦藻就持这样的观点。他说，警察"外观似觉整肃，而核其实仍不出旧法范围也。考外国巡警即吾国保甲遗意，同以诘奸、禁盗、除暴、安良为主，不过名目不同耳。保甲始于周官，历代迭有变更，法令周密。我朝仍沿旧制，郡县均行保甲，辅以巡役；省会繁华之地增设巡兵、巡捕；京师设巡城御史五缺，辅以五营禁兵，法至善也。无如相沿日久，官吏奉行不力，遂至弊端丛生，并非立法不良。今不察致弊之由，从根本上补救，而一概铲除旧制，尽用洋法，平空添出许多衙署、许多官缺、许多名目，而军装、饷械、衣服、冠履等费，专就京城论，每岁增出四、五百万之多，益加小民负担，亦胡为者？然果能弭盗，尚为费不虚靡，乃行已数年，好盗更甚于前，京都辇毂之下，白昼公然抢夺，外省可知。于此见从古无不弊之法，而在行法之人，苟得其人，古法亦可治；不得其人，良法反为秕政。即警察一端，而兵刑农商诸如此类。昔宋臣李沆尝沦为治之道，第一在不用新进喜事更张之人，善哉言乎，可为万世龟鉴矣！"[①] 刘锦藻的看法不是孤立的，它代表了当时相当一部分人的观点。虽然刘对警察的见解未必正确，但他提出的问题却恰恰切中了包括警政在内的一系列新政的要害。即使是在今天，仍有发人深省之处。

---

① 《清朝续文献通考》卷120。

第二章

清末中央警察机关的演变及其职权

第一节 巡警部的组建和撤销

一 巡警部的组建

自光绪二十七年七月三十日（1901年9月12日）清廷下令各地创办巡警以后，四年多过去了，京师及许多省份虽进行了不少尝试，但警政建设却未能走入正轨。清廷没有一个明确的指导计划和方案，也没有统一的管理机构，使地方各自为政的现象极为严重。各地警察机构的设施、名称、管理、章程、职权错综纷纭，参差混淆，效果自然不能理想。有人曾谈到这时的情形："巡警初设，既无定章可循，又无中央统领，虽试行有年，而各省各自为政，彼此不谋，致多歧异，偏远之省或且推诿迁延，不肯举办。"① 一些明达之士，已经看到这个症结，建议在中央设立主管机构，统一指导："夫道唯一风，同放而皆准。期人人知所趋避，不难令出惟行，若畛域不分，违犯必多"②；"必也上下联成一气，犹身之于臂指，既相统属，复相关切，如是则情联义散之，虽各巡其地，聚之即众志成城"③。光绪二十八（1902）年十（11）月二十八（27）日，署四川总督广东巡抚岑春煊率先倡议设立一个中央警察统管机构："况以中国之大，待兴警察之急，欲求通行速举而无统属稽核之者，恐终于因循，或名立而实不至。可否饬下政务处详议，于京师特立警务部、于各省特立警署，或如何附属，并特定警官等级、职任之处，伏候圣裁。"④ 光绪三十一（1905）年八（9）月五（3）日，袁世凯所

---

① 《袁崇镇条陈》，中国第一历史档案馆馆藏档案。
② 同上。
③ 《段逢恩禀呈》，中国第一历史档案馆馆藏档案。
④ 《岑春煊奏折》，中国第一历史档案馆馆藏档案。

上的一道奏折也涉及这个问题:"查外国警察之制,上通政府、下达穷乡。"① 同年八月二十六日,发生了出洋考察五大臣被炸事件,这使得那拉氏等人十分惊恐,她一面责令步军统领衙门、顺天府、工巡局等单位"严切查拏",同时又下令议处外城工巡局委员等。② 但值得注意的是,那拉氏并未因此怀疑警察的功能,而是决定扩大它的组织。同年九月二日,清廷传谕指出:"辇毂重地,竟有匪人在火车上掷放炸弹之事,此等凶顽不法,难保无党与混迹京城,暗图生事。巡警关系重要,亟应认真办理,以销隐患而靖人心。"③ 九月十日,清廷又下达上谕,正式宣布成立巡警部,作为全国警政的最高管理机构,任命"署兵部侍郎徐世昌著补授该部尚书,内阁学士毓朗著补授该部左侍郎,直隶候补道赵秉钧著赏给三品京堂署理该部右侍郎。所有京城内外工巡事务均归管理,以专责成。其各省巡警并著该部督饬办理。该尚书等务即悉心通筹,力任劳怨,严定章程,随时切实稽核,期于内外清谧,黎民乂安,用副委任。一切未尽事宜,即由该部妥议具奏"④。这道上谕包含了三个方面的内容:其一,它反映出清廷办理警政的决心已进一步坚定,清廷已由观望、准备、初试终于进入了全力举办的阶段。其二,它表明清廷办理警政已有了一个比较明确的计划,即由各自为政、任其自然进入统一指挥、上下贯通的阶段。其三,它反映出警政管理的权力构成。不难看出,徐世昌、赵秉钧都是袁世凯线上的人。可见袁世凯已把他的手伸向了警权,这其中的权力角逐也是不难想象的。

二 巡警部的活动

巡警部宣布成立后,实际上仍然是个空架子。当时全国除京师和个别省份警政略有规模外,大多数省份还处在起步阶段,有些偏远省份干脆还未开始。巡警部刚刚成立,家底很薄,人力、财力、物力都很有限,对外省的情形鞭长莫及,一时既无能力也无精力过多地关照。各省警政实际上仍由地方督抚负责。巡警部的工作主要围绕以下几个方面开展:

第一,接收、改组内外城工巡局。清光绪三十一(1905)年九(10)月十一(9)日,即巡警部成立的次日,原京师管理工巡局事务大臣那桐咨

---

① 《光绪朝东华录》第 5 册,第 5393 页。
② 《大清德宗实录》卷 548。
③ 《大清德宗实录》卷 549。
④ 同上。

文巡警部表示已"饬总局暨习艺所、各分局、分巡处、东西城路工局,将关防、钤记、文案、卷宗、银钱、簿册、出入帐折及军装、枪枝、刀械、家俱等件分别详细造册另行补文移交",要求巡警部"速即定期接管,并希见示为盼"。① 次日,巡警部回文"除本大臣定期知照,再行接管外,所有未交接以前一切事宜仍希贵大臣照常办理"②。随后,外城工巡局也咨文巡警部报呈移交事项。九月二十一日,巡警部奏禀皇帝,汇报了接管工巡局的情况,表明已接收完竣,并说:"现值接收伊始,地方公事未可刻延,除暂行改刊内外城工巡局关防各一颗,并督饬局员照旧办理,毋任疏懈。"③ 巡警部接管初期,仍沿用了工巡局的名称、人员及一切办理事项。十二月十五日,巡警部上奏皇帝,陈述了变通工巡局旧章,拟定官制的计划:"且京师地方辽阔,从前工巡局办事人员皆系兼差,心力既分,职非专界,故数年以来,一切规模,尚未完密,兹即设立专部,且将整顿各省之警制,京师为首善之区,自应先定额缺,俾昭久远,拟请变通旧章,改设额缺。"徐世昌提出将"原设内外城之两总局俱改为巡警厅,曰内城巡警总厅、外城巡警总厅,总理内外城一切警务"。奏稿获准后,内外城工巡局遂易其招牌为内外城巡警总厅。

第二,巡警部的机构建设。巡警部开张初期,徐世昌等数上奏章,肯定了警政的重要性,并阐述了其建警方针:"伏维巡警、路工最为立国要政,而习艺所亦与巡警有密切关系。""现在专设巡警部,为各省统率,自宜参仿各国办法,分别立法、行政、司法三项竭力通筹,期于国政民风有裨实际。"④ 徐世昌还认为,警政建设应符合中国的"政俗"。他说:"臣部奉旨设立,统率各省警务,自应通筹全局,先求合于现在中国政俗之宜,以渐规夫东西各邦公安之治。今当创建伊始,设官分职最为重要,必使大小相维,事权相属,乃能各专责成,徐图美备。"基于以上两点,徐世昌提出具体的官制方案是"参酌外商两部官制章程,并考求各国警察规则,挈纲要以综其成、析科目以副其实"⑤。光绪三十一年十二月十五日,徐世昌奏上的巡警部官制章程获准,巡警部遂依章程组建起内部

---

① 《那桐咨文》,中国第一历史档案馆藏档案。
② 《巡警部回咨》,中国第一历史档案馆藏档案。
③ 《巡警部变通工巡局旧章》,中国第一历史档案馆藏档案。
④ 《徐世昌奏稿》,中国第一历史档案馆藏档案。
⑤ 《退耕堂政书》卷3。

机构。

巡警部设尚书一人、左右侍郎各一人，由皇帝特简，为该部最高首长。左右丞各一人，位正三品，为该部具体负责人，统率各司，辅佐尚书侍郎"整理全国警政，筹议警察制度"。左右参议各一人，位正四品，"分判各司事务，稽核司员以下功过，所有京外警章均归丞参详审复核，呈由臣等（尚书、侍郎）奏咨"。徐世昌指出："历考中外官制，皆谓宜多设专理之官，不宜多设总辖之官，臣等详加酌度，丞参职掌颇皆近于总辖，宜令各分责任。而郎中、员外郎品秩略等，同办一事，亦恐互相牵制，难于整理……臣部甫经设立，自未便于一司设一京堂，除左右丞已酌定职掌外，左右参议拟仿唐以侍郎判分曹办法，酌按拟设五司、一所职掌以类相从，分令左右参议管理，以专责成。凡所管之司，一切稿件暨司员书记功过，均由该参议核定考察，呈由臣等办理以重事权而杜牵碍。"郎中五人为各司长官，"总理司事"。员外郎十六人，为各科长官。主事十六人，协助管理科务。七品小京官四人；一、二、三等书记官每司限十人，秩比七、八、九品笔帖式；司书生若干人，"分别等次，随时酌派，不定额数"。此外，还仿照商部顾问官之例，在各省、各埠设一、二、三、四等采访官，如"有深通警务之员，灼知其品行端谨、办事认真及著有成绩者，无论官绅由臣部分别派为一、二、三、四等采访官，以便侦访要务，俾消息灵通且可随时考核各省警务以时报告"。

根据章程规定："无论部员、厅员补缺后，皆不得兼充各衙门差使以专责成。"部署内部机构设五司十六科，职掌分别是：

警政司，下设4科：行政科，"掌凡关于警卫、保安、风俗、交通及一切行政警察事项。须饬传内外各厅及各省遵办者均归办理，并会同编辑科商订一切行政警察章程"。考绩科，"掌考核各省警官之能否及举劾之事，并各省警官选用、记名及奏补事项，又管理部厅各员一切升转事宜"。统计科，"掌各省警务款项之考核，部厅各处支发俸饷，购办物件及预决算列表之事，其各司各科所办警政分类统计每年编成总册刊布"。户籍科，"掌审定稽查户口章程，管理各省地方户籍，报告户口统计，凡各省寺院僧道人数、教民人数、外国人入籍皆隶之"。

警法司，下设4科：司法科，"掌审定司法警察办事章程，凡司法警察官之配置及参核成绩，调查罪犯种类等事均归核办"。国际科，"掌审定国际警察事务规则，调查各省租界警政情形，一切交涉及翻译事件"。检阅科，"掌查阅报章书籍，如有违报律、出版律者随时检举，并管京外各报馆书坊一切事宜，会同商部、学部分别办理"。调查科，"掌调查各省政法、民情及地方习惯风尚，会同各科审定一切警章"。

警保司，下设4科：保安科，"掌豫防危害、保持公安、宣布应行告诫禁止之一切命令，并查禁奸民、棍徒结会拜盟、扶乩等事"。卫生科，"掌考核医学堂之设置，卫生之考验、给凭，并洁道、检疫，计划及审定一切卫生保健章程"。工筑科，"掌京城内外道路工程，均归计划，调查各省都会及商埠修路工程，并审订京外各警厅房屋式样与工厂、戏馆建筑之检查，凡公私营造皆隶之"。营业科，"掌市中一切营业开张申报存案并审定铺捐、车捐各项捐章及市场、绅董、公所办事章程，将来京城内外所设电灯、自来水、市街、铁路均归核准保护"。

警学司，下设2科：课程科，"掌审定各省巡警学堂章程，考核警官学业之成绩及给凭、注册等事"。编辑科，"掌翻译各国警察法规及各种警学专书"。

警务司，下设2科：文牍科，"掌办紧要奏稿及关涉全部事体之文件，并电报、电话及报告机要事项，其各司专件仍归各该司办理"。庶务科，"掌理部中一切杂项事务，稽核部员功过簿册，并考查司书生勤情及约束夫役人等，以时报告稽凭考核"。

另外，还设有机务所，"凡开用印信，收发文件，接洽电话，值日、值宿，递折等事皆隶之"。设七品小京官4人"轮流管理"。[①]

巡警部下属机构：

京师内、外城巡警总厅（见第三章）。

京师内、外城预审厅：巡警部成立后，奏请按原内外城工巡局发审处旧例设内外城预审厅，归巡警部直辖。两厅的职权是"除犯异常违警罪可由各分厅讯结外，其刑事诉讼之案皆讯断。如遇徒流以上重大之件，须先由预审厅说明情由，再分别奏咨送交刑部"。徐世昌在奏稿中说明："至地方裁判本应归刑部办理，惟现在新律未颁，裁判章程未定……暂由臣部设立预审厅，俾案犯便于潄讯，将来新律颁行，应如何变通之处，届时奏明请旨。"两厅各设正审官一员，"位正五品，视郎中"，总理厅务；陪审官一员，"陪听讼狱"；检察官一员，检查证据，协同审讯；两厅各附设民事审判官一员，"专理钱债案件，位皆从五品，视员外郎"；每厅各设记事官三员，负责"临时听审、缮稿"，"位正六品，视主事"；每厅各设译员三人，分法、

---

① 以上均据《京师警察法令汇纂》。——著者

英、日三国文字；每厅各设医官二员。此外，每厅所设"司法警察、巡长、巡捕等员弁，随时酌定人数"。据巡警部《部厅官缺升补章程》规定："审判关系最重，须择专长。所有预审各官均择习于中外法律、听断勤能，无分候补、候选，但看胜任即拟请补。遇有升转、京察，各按阶品同部厅各员一体办理。"① 每厅之下还设有看守所和待质所。②

高等巡警学堂：巡警部成立后，将原设京师警务学堂改组为高等巡警学堂，归部直辖（详见第六章）。

京师习艺所：原属工巡总局。光绪三十一年七月，由原管理工巡局事务大臣那桐奏请创设，在"神机营胜字队操场旧基修筑监舍"，收取轻罪人犯并酌收贫民，目的是"重在惩罪囚以工作，教贫匄以技能，俾生悔过迁善之心，皆有执业谋生之路"，类似湖南保卫局下属的"迁善所"。巡警部成立后，接管了该所，于光绪三十二年二月派候选道朱启钤为监督进行管理，并拟定了试办章程，同年四月正式开办。徐世昌表示他要把该所办得"外系列邦之瞻听，内示各省之标准"，并准备将来经费宽裕时加以扩充。③ 习艺所设监督一人，正四品，为最高长官，总理全所事务，管理全所官员人等；提调兼典狱官一人，从五品，由警法司员外郎遴选，听命于监督，承办具体事务；分判所官（正六品，奏补）二人，辅助典狱官监察，分稽五处二科事务；所官七人，分任各处科事务；医官一人，诊验犯人、贫民身体，执行一切卫生事宜；总教习官一人，约束技师，管理所中教务；分教习官一人，教授年幼人犯、贫民各项学科；教诲师一人，以官语教诫犯人，化导贫民；书记二人，缮写文件、登记册簿、制作图表；技师八人，教授犯人、贫民工艺；看守长六人，辅助所官稽查所属看守人员执行各项勤务；看守四十人，稽查犯人、贫民，执行各项勤务。所内办事机构为五处二科：文案处，掌来往文牍，制作图表，保存卷宗事；会计处，掌收支款项，预决算、经费报销事；考工处，掌考察工艺及技师勤情并出纳物品事；庶务处，掌置办、保存各项杂件，约束所中夫役人等；稽巡处，掌配置看守勤务，收发犯人，稽查看守长以下一切应行事宜；诊治科，掌试验身体、诊治疾病、炮制药料；教授科，掌宣讲、教诲等事。此外，习艺所还设有织布、织带、织巾、铁工、搓绳等科，分别从事各项劳作。

---

① 《京师警察法令汇纂》。
② 同上。
③ 《退耕堂政书》卷4。

路工局：该局是在原内外城工巡局所属路工局的基础上建置的；负责修筑道路事宜。设总办一人，帮办一人，并设文案、支应、测绘、监工、收发科委员各一至三人，监工司事一人。局下分设内城路工东局、内城路工西局、外城路工东局、外城路工西局、西直门外路工局等。

消防队：专司消防救火事项，并分任巡逻要差等事。设总理一人，由部遴派司员充任；统带官一人，帮带官一人，并设五品警官兼队长三人，六、七品警官各六人，八、九品警官各八人，分队长、队兵约五百人。设内勤处、外勤处、一大队、二大队、军乐队分掌各事。内勤处设警官兼队长一人，警官兼分队长二人，书记四人，掌文牍、禀件登记，官兵进退、告假、功过赏罚，保存消防器具，检查军装、军械，颁放薪俸及一切杂务等事；外勤处设警官兼队长一人，警官兼分队长二人，书记四人，掌调查内外城各处水利情况，探访、备防火灾，分派各项差使，稽查各队及操练事宜，并辖东西三座门分遣队；分遣队各设警官兼队长一人，分队长三人，兵三十名；消防一大队、二大队，下设中队、小队；军乐队设有喇叭手等人员。

协巡营：又称协巡队，于清光绪三十一年十月由巡警部奏请创设。徐世昌在奏折中说："窃查京城内外城地面宽广、街衢繁多……（巡警人数）非大加增添不足以弹压地面，若候筹款募兵再行举办，诚恐延旷日久，致误冬防。臣等公同商明北洋大臣袁世凯，将各镇期满退伍之续备兵配调千名，已于十月十八日到京，改编为协巡队，分左右两路，遴派候补道王治馨为该队统带，驻扎前三门外，与原有巡捕划区分队，各专责成。"[①] 协巡营分驻荒僻地段，夜间巡逻，日间操练、巡防，接受诉讼案件，解送人犯，派遣坛差、道差，保护中外人员来往等事。该营设统带一人，统辖各队、管理营务；帮统带一人，协助统带兼充督操；教司官二人，赞助教课，帮同考查；庶务长、副庶务长各一人，庶务委员二人，掌理庶务；书记一人，掌司收支；书记生二人，掌缮写公牍；马弁八人，掌司稽查；长夫二十四人。协巡营下设有：差遣队，设队官一人，巡长二人，目兵四十人，长夫六人。协巡左路、协巡右路各设队官一人，管理左、右路各队事宜；以下各设一、二、三、四、五、六队，各队设队长一人，副队长一人，书记官一人，目兵八十人，长夫十一人。

[①] 《退耕堂政书》卷3。

探访队：与协巡营同时奏设。徐世昌说："并增设探访队五队，专司探访、侦缉等事，与巡兵相辅为用。"① 该队以摘奸发隐为宗旨，凡行踪诡秘、潜谋不轨、来历不明、形迹可疑者，均需探查，类似后来的侦缉队。设监督一人，管理全队事务，队下设中、左、右路局。中路局为各局领袖总汇之所，设局长一人，书记官一人，高等访事官六人，差弁四人；辖探访队一队，设队官一人，副队官一人，书记官一人，使役四人，暗目二十人。左路局设局长、书记官各一人，差弁二人，局役四人；辖探访队二队，每队设队官、副队官、书记官各一人，使役四人，暗目二十人。右路局的编制同左路局。

稽查处：专司恭查坛庙警卫，并稽查内、外城地方巡警事宜（如衣冠不整、守望吸烟、闲谈等不合规矩之处）和应查、交查事件。② 设总办一人，帮办二人，委员三十四人，办理本处事务。处内分两科：典礼科，掌坛庙备差，乘舆扈从等事；另一科情况不详。③

第三，指导各省警政。根据上谕，巡警部对各省警政建设有"督饬办理"之责。原则上讲，地方警政由各地督抚全面负责，遇事直接奏报皇帝，再由皇帝转发巡警部议定。巡警部对地方警政的管理不是直接指挥而是监督、指导，是一种间接的方式。同时，巡警部也负责规划、制订全国警政建设的方案，报请皇帝批准，下发各省执行。光绪三十二年正月，徐世昌拟定了各省改绿营为巡警的方案，上报皇帝，转发会议政务处和兵部讨论，认为"该尚书等所请挑选制兵改编巡警，以饷项充警费及设立学堂教练各法尚属妥协，拟请饬下各省督抚查照该部原奏认真办理"，再报皇帝，得旨"如所议行"。④ 可见，巡警部制订的警政方案要发生效力是要费一番周折的。同样，巡警部对各省警政的指导也是一个曲线运动。例如，光绪三十二年两江总督周馥奏报上海添设巡警援案开支经费事，奉旨交巡警部议定，徐世昌等人议复后再报呈皇帝转发该省。⑤

---

① 《退耕堂政书》卷3。
② 参见《民政部官制章程》，载《京师警察法令汇纂》。
③ 以上未注明出处之引文均见《变通工巡局旧章改设官制章程》及《巡警部官制章程》，中国第一历史档案馆馆藏档案。个别材料系根据《清代中央国家机关概述》——著者。
④ 《光绪朝东华录》第5册，第5486页。
⑤ 同上书，第5564页。

三 对巡警部活动的评价

巡警部存在的时间只有一年,在这样短暂的时间里,当然不可能作出很多显著的政绩,充其量只能为此后的警政事业打下一些基础而已。例如,巡警部制订了一系列指导全国警政建设的规划、方案,对发展、健全清末警察制度应当说是有益的;再如,巡警部时期的一些活动也为此后的警政建设奠定了必要的物质基础。徐世昌就任巡警部尚书后,奏请建立衙署,他说:"现在推行部厅章程,整饬京外警政。臣部急须修建衙署以便办公。兹查从前内城工巡局有勾栏胡同巡捕操场一所,勘度地段以之修建衙署尚堪适用,工程亦较减省,已饬承办各员督匠动工,并咨商仓场侍郎酌将通州废仓原有房料运京捞用,以期稍资节省。其原清建署之宏红等寺相连地方,基址宽广,规模宏阔,约计修造工费较为繁鉅,拟留拨作别项公所之用。"①

巡警部接管原工巡局所属京师习艺所时,徐世昌就曾表示要在条件许可时将其大力推广(见前述),不久徐世昌奏准将恒公府拨归习艺所建厂。他认为,习艺所是一项善政,"规模粗备,功效已昭",但"惜房舍无多,容额甚少,所收罪犯人等亦已满数,拟另设一工艺厂,专为贫民习艺之用"。因此,他提出"拟拓地添建以资推广。今查恒公府地址系与已革端郡王载漪府第毗连,端王府地址已由商部奏请拨用,恒公府地址事同一律,荒废可惜,且基址甚宽宏,距所较近,于该处设立工厂甚属相宜"②。此后,徐世昌又将銮仪卫空房若干间纳归巡警部。他说:銮仪卫"因正院房屋宽大,已可敷办公之用,原拨署旁西偏房院几同闲置,伏念巡警部应用局所及医院、学堂等处需房甚多",因此要求"准将銮仪卫署旁空闲房院拨作巡警部公用,于警政实有裨益"。③ 经过徐世昌的一番活动,总算是为巡警部争得了一些场地。

当然,巡警部的成立并不可能消除清末警政的弊端,存在的问题仍然不少。民政部初设时,御史江春霖曾上奏折指责前设巡警部"缉捕不力",对失职官员惩办不严等。对此,徐世昌当然要一一答辩,力予驳回。他说:"五城司撤之时,处分非不严也,而抢劫窃贼之案层见迭出。自举办巡警,抢劫日少,缉窃日稀,且预审厅审结之案,月恒数百起,臣部迭次奏交及咨

---

① 《退耕堂政书》卷 4。
② 同上。
③ 同上。

送法部之案，皆有牍可稽，该御史谓为命盗之案迭见，何所指也?"① 尽管江春霖的指责不一定都有根据，徐世昌的辩白也不一定都无道理，但巡警部仍存在着不少的问题，这一点看来还是可信的。

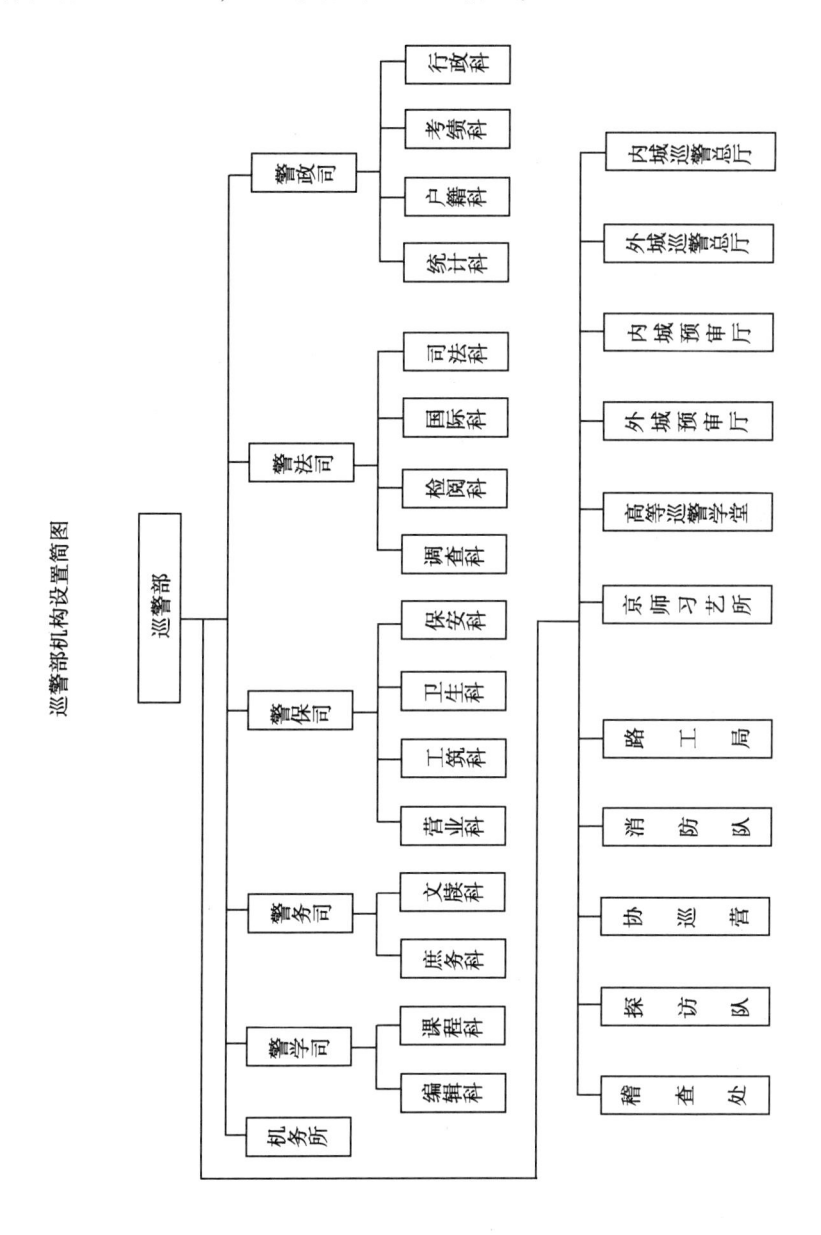

巡警部机构设置简图

```
巡警部
├── 警政司
│   ├── 行政科
│   ├── 考绩科
│   ├── 户籍科
│   └── 统计科
├── 警法司
│   ├── 司法科
│   ├── 国际科
│   ├── 检阅科
│   └── 调查科
├── 警保司
│   ├── 保安科
│   ├── 卫生科
│   ├── 工筑科
│   └── 营业科
├── 警务司
│   ├── 文牍科
│   └── 庶务科
├── 警学司
│   ├── 课程科
│   └── 编辑科
├── 机务所
├── 内城巡警总厅
├── 外城巡警总厅
├── 内城预审厅
├── 外城预审厅
├── 高等巡警学堂
├── 京师习艺所
├── 路工局
├── 消防队
├── 协巡营
├── 探访队
└── 稽查处
```

---

① 《退耕堂政书》卷8。

第二节 民政部的组织机构和职权

光绪三十二（1906）年六（8）月底，清廷派出的载泽等五大臣，在欧美日本周游了半年多以后回到北京。七（8）月初六（25）日，出使各国考察政治大臣戴鸿慈等呈上奏请改定全国官制以为立宪基础折。折中写道："中央各官宜酌量增置、裁撤、归并也……中国旧有六部，惟户、刑、兵三部最为切要，近日新设外、商、警、学四部，体制较备于昔，然尚有阙而未举，冗而无当，与职权不分明，名称宜斟酌者。增置、裁并试举其略：内务部为民治事，职要而任繁，各国大率举教育、农工商及交通诸行政别区为部，中国必应仿行。其留存于内部范围者，尚有警察、卫生、土木、赈恤并监督地方行政诸大端。中国地方大广，监督行政一层断不适于措理，自以警察为一部最要之图，惟内务可以赅警察，而警察不能尽内务。今中国已设警部，复设内部，不独迹近骈枝，亦且无事可办。然考各国之制，以警部独称者甚希，而内部不立者则竟无有。臣等以为不若改巡警部为内务部，凡户部、工部之关于丁口、工程者，皆并隶之。"① 七月十三日，清廷下达上谕，肯定了实行预备立宪的总趋势，但认为"目前规制未备，民智未开"，不能草率从事，必须待厘定官制、普设巡警等措施广泛贯彻以后方可逐渐推行。九月二十日，奕劻等奏上核拟中央各衙门官制方案，建议"巡警为民政之一端，拟正名为民政部"，同日（1906年11月6日），得旨"巡警为民政之一端，著改为民政部"。②

民政部是在原巡警部的基础上扩大而成的，"因就原设巡警部公司职掌，原有者量为合并，原无者分别增入"③。民政部除仍掌管原巡警部所辖事务外，并将户部所掌之疆理、户口、保息、赈救，工部所掌之城垣、公廨、仓廒、桥道工程，礼部所掌之臣民仪制、风教、方术，吏部所掌之文职官员过继归宗、复姓改籍等事并入，职权有所扩大："原设巡警部职掌系专管全国巡警事务，今奉旨改为民政部，职权范围自应推广。"④ 凡属地方行政，自治、户口、风教、保息、荒政、警察、疆理、营缮、卫生等事项均归

---

① 《清末筹备立宪档案史料》上册，第371页。
② 《光绪朝东华录》第5册，第5579页。
③ 《退耕堂政书》卷4，"会议拟定民政部职掌员缺折"。
④ 《京师警察法令汇纂·民政部官制章程》。

其掌管，并负责监督、考核直省民政官员。由于职权的扩大，组织机构也作了相应的调整，原设巡警部基本上缩编为一个司——警政司，另增入四司，共五司，并增设两厅，形成了民政部的内部机构。

民政部设尚书一人，左右侍郎各一人。光绪三十二年九月二十日谕令民政部尚书、侍郎"均毋庸更换"，这样徐世昌及毓朗、赵秉钧仍分别袭任尚书及左、右侍郎。尚书总理部务，左、右侍郎佐之。部内机构设置如下：

承政厅：设左、右丞各一人，"任一部总汇之事"；员外郎、主事、七品小京官各四人，佐理厅务。承政厅负责承办机密、考核司员、编存文卷、筹核经费等各事项。下设四科二处：机要科，掌机密事项，本部及内外城巡警总厅各职员进退、升调及各项事故的注册、存案，稽核本部厅司各员办事功过事项，典守堂印事项；文牍科，掌公文函件之编纂、存储事项，公文函件之接受、发送事件，统计报告之汇纂、刊印事项，本部公置图书之经理保存事项；会计科，掌本部及内外城巡警总厅经费收支、经费报销之检查事项；庶务科，掌本部公用家具、财务的经营、保管，本衙门内部整理、夫役雇用及约束随从人员以及其他各司科不管事项；递折处，专司章奏传递事项；电报处，掌收发、翻译电报事。①

参议厅：设左、右参议各一员，"任一部谋议之事"；参事二员佐理参议；每司从司员内遴派一人在参议厅行走，协同审议；另设编译员，不作额缺，负责编译各国关于民政之各种书籍；设八、九品录事各三员、额外录事四员，受本厅长官指挥，专司抄录收发各项文件。该厅的职掌是"议订本部法令、章程等事"。具体包括："凡关涉本部主管事务之各项法令及关涉全体之各项章程均由参议厅拟订呈候堂定"；本部法令章程应行增删修订者由本厅审议，事关各司者，各司有提议权，各司主管事务之各项章程由该司拟订后移送参议厅核议；各司遇有要事未能即决者可禀请部堂交本厅核订。② 该厅初设时，并未分设机构，后增设则例局和统计处为附属机构。

则例局：光绪三十三（1907）年九（10）月设立。负责拟订光绪政要，编纂会典、则例，增改原奏、清单等事。③

统计处：光绪三十三年十一月设立，负责办理全国民政统计，综辑统计

---

① 《京师警察法令汇纂·民政部官制章程》，并参见《清代档案史料丛编》第9辑，第279页。

② 《京师警察法令汇纂·民政部参议厅办事权限章程》。

③ 《清代档案史料丛编》第9辑，第279页。

年鉴等事。设总核一人，总理该处一切事务；提调二人，佐理事务，核定稿件表式；科员十人，担任具体事项。下设二科：调查科，负责本部厅、司、局、处及直属厅、区、局、所、学堂应行统计事项，调查各省民政应行统计事项；编制科，掌案牍整理、保存，表件核算、校对，图册编制、绘画事项。①

民治司：设郎中二人，员外郎四人，主事五人，七品小京官一人。负责"稽核地方行政、地方自治、编审户口、整饬风俗、礼教、核办保息、荒政、移民、侨民各事"。下设四科：地方行政科，掌地方官制变更，考核地方官吏，各省官立行政局、所废、置、分、合，各省幕佐人员荐举、任用的注册存案，地方官衙门胥吏裁汰革除，课吏馆或法政研究所等事项；地方自治科，掌京外董事会、议事会设置、组织，京外自治局、自治研究所，自治经费的调查监督，资政院参议员选举等事项；户籍科，掌国籍更易及旗籍、民籍经转改隶，学龄儿童就学，宗教信仰，征兵等事项；保息科，掌官绅所办育婴、恤嫠、济良、棱流等局所及其余慈善事业，各地水旱灾及其余变故的善后赈济，国内移民、拓植等事项。②

警政司：基本上是由原巡警部缩编而成的：所有原巡警部"警政司行政科，警法司司法科、国际科，警保司保安科、营业科及警学司课程科所掌事务均分别归并该司办理"。设郎中二人，员外郎四人，主事五人，七品小京官一人。负责"核办行政警察、司法警察、高等警察及教练巡警等事"。③下设四科：行政警务科，掌巡警职制，考核巡警官吏，管理风俗、消防、营业稽核及对待外国人之警察等事；高等警务科，负责非常保安，新闻杂志及各种图书出版检查，集会结社及检查凶器与其他危险物品等事项；司法警务科，负责搜索、逮捕、解送罪犯，搜索检查罪证，复核违警罪处分等事项；警学科，负责管理各等巡警学堂、巡警教练所，外国警务留学生之派遣，巡警学生之考验、给凭、注册等事项。④

疆理司：设郎中二人，员外郎、主事各二人，七品小京官一人。负责核议地方区划，统计土地面积，稽核官民土地收放、买卖、测绘、审订图志等事项。下设二科：经界科，负责厅州县区划变更及增置，官地收放，民地买

---

① 《清代中央国家机关概述》，第275页。
② 《京师警察法令汇纂·民政部分科章程》。
③ 《京师警察法令汇纂·民政部官制章程》。
④ 《京师警察法令汇纂·民政部分科章程》。

卖注册，京师市区改正等事项；图志科，负责统计全国土地面积，测绘，清丈、审订地图、地志等事项。①

营缮司：系将原巡警部警保司工筑科事务并入而成。设郎中一人，员外郎、主事各二人，七品小京官一人，并设六、七品艺师各一人。负责督理本部直辖土木工程，稽核京外官办土木工程及经费报销并保存古迹，调查祠庙等事项。下设三科：建筑科，负责京外城垣、衙廨、仓场土木工程及报销，京外公园、市场及其余官办土木工程及报销，管理琉璃窑、土仓，本部直辖土木工程及其报销等事项；道路科，负责道路沟渠修缮、改良，各省经营之道路工程，京外路工报销等事项；古迹科，负责调查保存古代建筑物，管理博物馆，建置、修缮神祠、佛寺道观等项。

卫生司：系由原设巡警部警保司卫生科扩并而成。设郎中一人，员外郎、主事各二人，七品小京官一人，六、七品医官各一人。该司负责"核办防疫、卫生、检查医药、设置病院"②等事项。下设三科：保健科，负责检查饮食物品，清洁河川道路，管理贫民卫生、工场、剧场及其他公共卫生等事项；检疫科，负责预防各项传染病，种痘，检验，停船检疫等事项；方术科，负责考验医生、稳婆及一切治疗，检查药品，稽核药材营业，管理病院等事项。③

民政部下属机构：随着巡警部改为民政部，其原下属机构亦相应改隶民政部，部分机构还作了一些调整，具体情况如下：

内外城巡警总厅（详见第三章）。

内外城预审厅：原隶巡警部，光绪三十二年九月改隶民政部，职权未变，设官略有调整。内外城预审厅各设正审官一人，副审官一人，陪审官一人，检察官一人，民、刑事审判官各一人，书记员三人，译员三人，医官二人，司书生七人，巡官二人，巡长五人，巡警五十人。下设待质所、看守所。④光绪三十三年，法部成立审判厅，内外城预审厅随即裁撤，所属职掌分别移交法部、大理院。民政部奏折中说："现在法部各级审判厅已经奏明于十一月初六日一律开办，准法部行知到部，臣当即饬令预审厅于是日一律停审并将现审未结各案造册于十一月初十日分别移交内外城地方审判厅接

---

① 《京师警察法令汇纂·民政部官制章程》及《民政部分科章程》。
② 《民政部官制章程》。
③ 《民政部分科章程》。
④ 《清代档案史料丛编》第9辑，第285页。

收，据预审厅由报交接清楚，自应遵照奏案将预审厅裁撤。除寻常违警罪犯仍由巡警各分厅讯结，其原设预审厅印信两颗应由臣部咨送礼部撤销。"十二月二十五日得旨"知道了"。①

京师习艺所：习艺所随民政部的成立而相应改隶之，性质未变，设官职掌也基本相同。设监督一人，开办时（光绪三十二年五月），为朱启钤，三十三年十月由延鸿才接任。② 提调典狱官一人，分判所官二人，所官七人，医官一人，总教习官一人，分教习官一人，教诲师一人，书记二人，技师八人，看守长六人，看守四十人。内部仍设五处二科，即文案处、会计处、考工处、庶务处、稽巡处、诊治科、教授科。此外，在工艺方面设织布、打带、铁工、搓绳、印刷（宣统元年增）、洋胰（宣统二年增）六科，从事生产劳动。③

工巡捐总局：该局是京师地方的税收机关。民政部成立后，于光绪三十三年三月初一日正式开办。徐世昌等在奏折中提出创设该局的理由，"伏维京城警政亟宜推广，百废待举，用款浩繁"，为筑路、架桥、泼洒、修理以及清道、卫生，"保育婴穉，赡恤孤贫"，等等。④ 因此，他认为，该商铺以昔日之陋规，作此时之公益，揆各国地方之税，既属从同，稽汉都商贾之征，亦有故事。臣等详加复核，拟于内城立一工巡捐总局，外城设一分局，先责成内外厅厅丞兼办，由臣部随时考查以昭慎重，候京师各商会成立后，再由该会公举公正绅士接办，以为地方市政之基础。该局成立后，将原工巡局所掌车、铺、妓等捐归入统一办理，掌收商民开市、失照、歇业、收捐、罚款等事。宣统二年二月八日，民政部令将捐税并入内、外城巡警总厅办理，该局遂撤。该局成立期间，设总办一人，会办二人，委员三十二人，司事十二人，书记官二人，司书生八十六人，茶厨夫役三十人，并设巡官一人，巡长二人，巡警三十七人。内设文案、调查、稽核、会计、收捐、议罚、收发七处，分掌各项事务。总局下辖内、外城工巡捐局，各局设局长一人，文案、调查、稽核、会计、收捐、议罚、收发委员各一人，巡长一人、巡警十人，分别办理内外城一切捐税事宜。⑤

---

① 《政治官报》光绪三十四年正月初七日，第99号。
② 《政治官报》光绪三十三年十月二十二日，第33号。
③ 《清代档案史料丛编》第9辑，第285页。
④ 《退耕堂政书》卷8，"开办京城车、辅捐日期并收捐弟数目折"。
⑤ 《清代档案史料丛编》第9辑，第286页。

路工处：原各路工局，属巡警部，后改隶民政部，宣统元年二月撤销。同年十一月奉民政部堂谕，派何洞仁、郑咸办理马路工程调查事宜，遂成立马路工程调查处（简称路工处），以何郑为总、会办，并派民政部司员数人为委员，佐理其事。该处掌京城地区承修马路、管理街道之清道、泼洒诸事。宣统三年正月奉民政部令将该处职掌并入内外城巡警总厅，该处即撤。

缉探总局：原巡警部设探访队，光绪三十三年民政部设稽查缉捕局："再查京师地面宽廓、群聚杂处，良莠不齐。若不事先预防在在足为治安之害，计非添设局所、严行查缉不足以清奸宄而防未然，臣等因于内城地方酌设稽查缉捕局一所，遴派前署内城巡警总厅厅丞陆钟岱为该局总办，轮遣员弁分道巡逻，专司缉捕事宜，臣等仍当督饬该员认真办理妥为布置，以卫闾阎而资防范。"[①] 宣统元年正月，将缉捕、探访归并一局，定名缉探总局。该局成立后，将原稽查缉捕局之中、东、西、南、北五局撤销，改设缉探中、左、右三队。宣统三年正月，将该局事务分别划归内、外城巡警总厅办理，该局遂撤。该局成立期间，专司侦探、缉捕事宜，以办事秘密为宗旨，辅助地方进行秘密调查、访事、接管各项报告，检阅各种新闻等事。设总办一人，以下分中、左、右三队，每队设官兵夫役四十二人。

消防队：沿用巡警部消防队官制职掌，设总理兼统带一人，帮带官一人，五品警官兼队长三人，六、七品警官各六人，八、九品警官各八人，中队长十人，小队长二十二人，分队长七十人，队兵约七百人。该队设一、二大队，军乐队，内、外勤处，分掌各事。

高等巡警学堂：（详见第六章）。

---

① 《政治官报》光绪三十四年正月十一日，第103号。

民政部机构设置简图

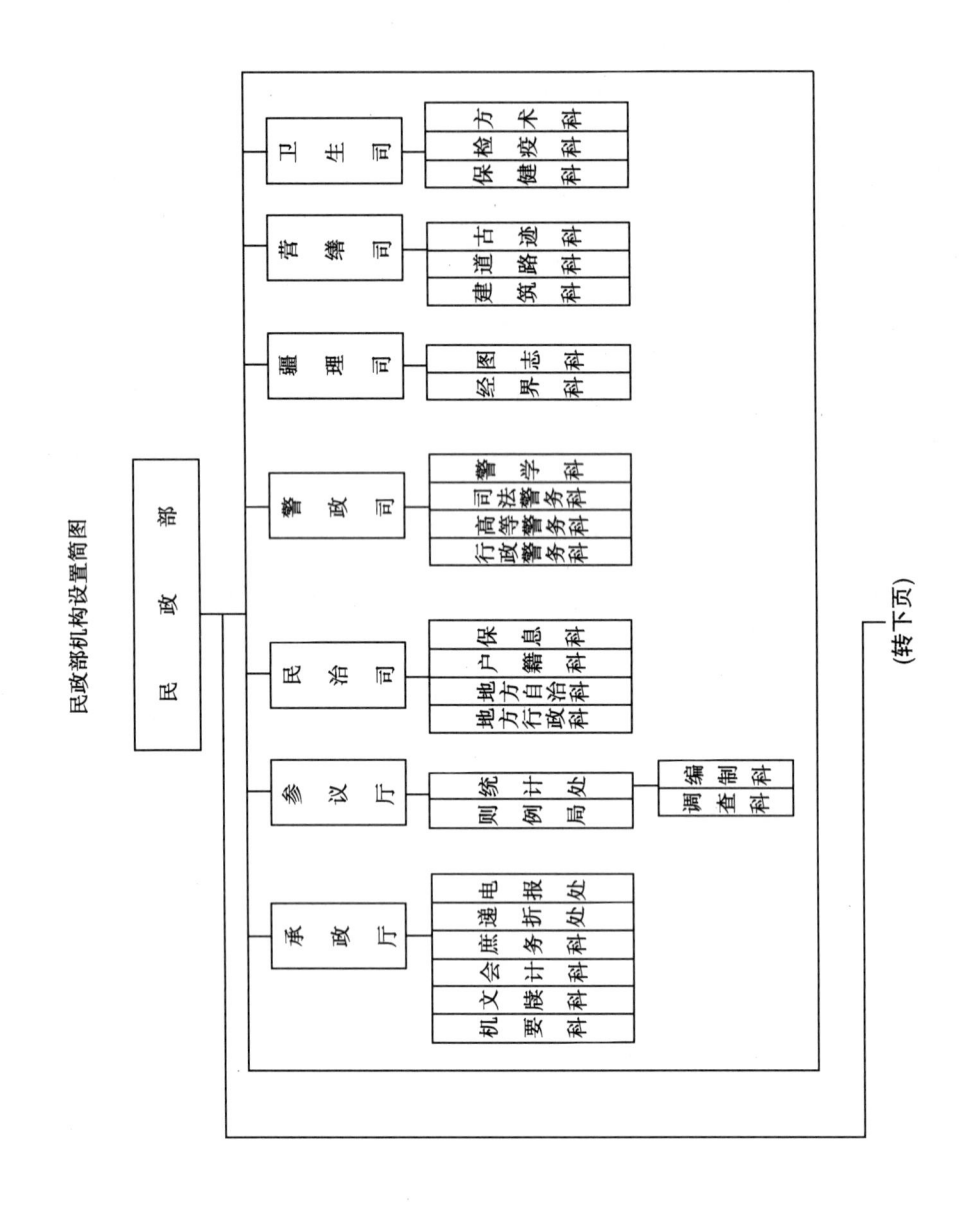

```
民政部
├─ 承政厅
│   ├─ 电报处
│   ├─ 速折处
│   ├─ 庶务科
│   ├─ 会计科
│   ├─ 文牍科
│   └─ 机要科
├─ 参议厅
│   └─ 统计处
│       ├─ 则例科
│       ├─ 编制科
│       └─ 调查科
├─ 民治司
│   ├─ 户保科
│   ├─ 地籍科
│   ├─ 地方自治科
│   └─ 地方行政科
├─ 警政司
│   ├─ 警学科
│   ├─ 司法警务科
│   ├─ 高等警务科
│   └─ 行政警务科
├─ 疆理司
│   ├─ 图志科
│   └─ 经界科
├─ 营缮司
│   ├─ 古迹科
│   ├─ 道路科
│   └─ 建筑科
└─ 卫生司
    ├─ 方术科
    ├─ 检疫科
    └─ 保健科
```

(转下页)

（接上页）

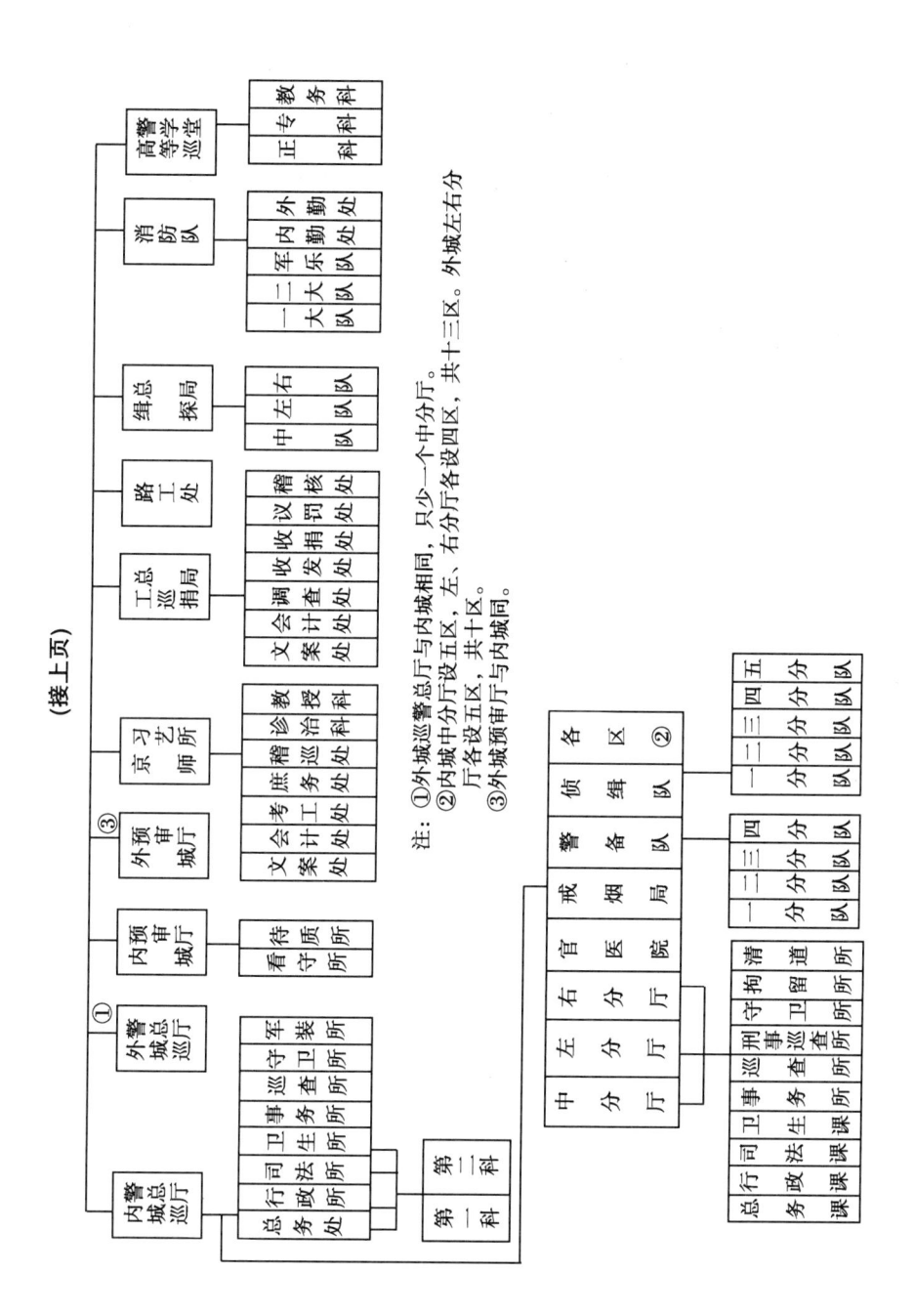

组织结构图（文字节点）：

- 内城巡警总厅 ① — 外城巡警总厅
  - 总务处
  - 行政司法所
  - 卫生事务所
  - 巡查守卫所
  - 军装所
  - 第一科 / 第二科

- 内预审城厅 — 看待所 / 守质所

- 外预审城厅 ③
  - 文案处 / 会计处 / 考工处 / 庶务处
  - 京师习艺所：稽查处 / 教授科 / 巡务处 / 诊治科

- 工总巡捐局：文案处 / 会计处 / 调查处 / 收发处 / 议捐处 / 稽核处

- 路工处

- 缉捕总探局：中队 / 左队 / 右队

- 消防队：一大队 / 二大队 / 军乐队 / 内勤处 / 外勤处

- 高等巡警学堂：正专科 / 教务科

注：①外城巡警总厅与内城相同，只少一个中分厅。
②内城中分厅设五区，左、右分厅各设四区，共十三区。外城左右分厅各设五区，中分厅设三区，共十三区。
③外城预审厅与内城同。

- 中分厅 / 左分厅 / 右分厅
  - 各区 ②
  - 警备队：一分队 / 二分队 / 三分队 / 四分队
  - 侦缉队：一分队 / 二分队 / 三分队 / 四分队 / 五分队
  - 戒烟局
  - 官医院
  - 总务课 / 行政课 / 司法课 / 卫生课 / 巡查事务所 / 刑事巡查所 / 守卫所 / 拘留所 / 清道所

第三章

京师警察机关的体制及其职权

第一节 京城善后协巡总局的组建和撤销

一 "安民公所"与京师警察机关的由来

光绪二十六（1900）年，旧历庚子年，爆发了轰轰烈烈的义和团运动。义和团高举"反教""灭洋"的大旗，进军北京，围使馆、烧教堂、杀洋人，向侵略者展开了猛烈的进攻。穷凶极恶的俄、英、美、法、德、日、意、奥等帝国主义国家，借口"保护在华利益"，组成八国联军，攻入北京。惊慌失措的那拉氏挟持光绪皇帝仓皇西窜。

联军入京后，按各国军队的驻扎方位，分别把持了占领区内的一切统治权。清政府的京师治安机构——五城察院和督理街道厅完全处于瘫痪状态，根本无法行使职权，京师治安状况处于极度的混乱之中。入京的各国军队于所到之处疯狂烧杀掳掠："城内外之住宅铺户，日被夷人搜索银钱衣物，间有辱及妇女之事，间阎不堪其忧。"① 京城内外，义和团余众仍在活动，时有冲突发生："现在近畿一带拳会尚多"②，"查京师地面自遭兵燹之后，土匪纷纷抢掠，间阎骚扰，民不聊生"③。变乱以后，北京城内供应十分紧张："再京城为洋兵占踞，小民生计维艰，煤米两项尤虞缺乏"④，"数百万生灵嗷嗷待哺，觅食维艰，穷蹙情形，不堪言状"⑤。这时期的艰难状况，清廷全权大臣庆亲王奕劻曾作过描述，他说："昨见京中

---

① 《义和团档案史料》上册，第552页。
② 《义和团史料》下册，第710页。
③ 《义和团档案史料》上册，第606页。
④ 同上书，第575页。
⑤ 同上书，第552页。

兵燹情形，十室九空，良深悯恻。加以匪徒乘间蜂起，凡殷实铺户抢劫焚毁，惨不忍言。亟应先行设法招徕。渐图恢复。"① 清廷留守官员为维持临时秩序，保证市民供应，减少骚乱，同各国占领军当局进行了谈判："臣等所辖九门并前三门内外地面，各国兵分段驻扎，数月以来官权不伸，各国洋兵间出滋扰而劣绅土棍又复勾结洋人多方罔利，民间困若无所控告，臣等……商同德国参赞裴克尊汉晤商安抚地面事宜，德帅瓦德西遂邀各国统兵大臣与我地方官会晤。"② 经过多番磋商，终于达成了初步的协议："而管辖地面权属他人，虽有良策，无由呼应。近闻京外数百里之内百货云集，以无贩运折阅实多。再四筹思，惟有暂行借重洋人保护商贾，庶几敢于贩买米粮、煤炭暨一切用物。因于晤总税务司赫德时一再陈说，专主拯救数百万生灵性命起见。经赫德允给商贩切实护票，可以出入城内，沿路毫无阻滞。"③ 从这年七月起，在清廷留守官员的指使下，由各占领区内绅董出面，征得洋官同意，组织了绅办的临时治安机构——"安民公所"。有关安民公所的情况，由于资料散碎，我们只能梗概地加以介绍。

第一，安民公所大致是从光绪二十六年闰八月开始在各国占领区内分段先后逐次设立的。其设立的时间不一。在各占领区内，甚至在同一国占领区内各地段上的名称也千差万别。如在德国占领区内，在有的地段称为"捕务公所"，在有的地段称为"普安公所"，在有的地段称"缉捕局"，在有的地段则称"安民公所"，在英国占领区内有的地段称"保卫公所"。当然，最为普遍且具有代表性的名称是"安民公所"。

第二，安民公所是由各地段的绅董出面，征得洋官同意而组建的："现在五城地面尚归洋兵暂管，遇有案件应由该学士会商洋官妥慎办理等因。是应与美国洋官会商之案，由该学士办理，权衡至当，自应遵行。惟该学士来咨所称'现在地面一切事宜难复旧制，官办不无窒碍，是以暂归绅士商同洋官办理，一俟地方复旧，即当移交五城'等语。是将五城一切应办事宜统归该学士办理也。本五城查公所之设，原因洋兵初入京城，维时官权未便显露，故以绅士联络洋人，以地方联络绅士，一切紧要事件呈明五城酌核办

---

① 《义和团档案史料》上册，第609页。
② 陈璧：《望岩堂奏稿》卷1。
③ 《义和团史料》下册，第707页。

理。"① 由此可见，安民公所虽非官方所设，但清廷留守官员在其中仍发挥着很大的作用，并在某种程度上暗中控制着这些机构。首先，安民公所是在清廷留守大臣的赞同和批准下开办的："窃自七月二十一日洋兵入城以后，居民迁徙，市肆一空，前三门外英、美、德三国洋兵分段驻扎，暂为管辖……旋有五城绅董禀明臣奕劻准由绅董于美国驻兵处办理交涉等事。"② 又"查城内各国安民公所均已禀明庆亲王饬交总署立案，海淀事同一律，遵即禀明庆亲王爵前，已蒙批准立案"③。其次，清廷留守官员有权指导和稽查安民公所："所有各绅董公所均由臣等稽查，勿令扰民而归划一，俟各国退兵后即行裁撤。"④ 再次，安民公所的经费大部分是由清廷官方提供的，安民公所的负责官员许多也是由原清廷官员出任的："先是，各国兵官间有苛索所驻地段民人供亿，又立零星月捐，民间不堪烦扰。旋与各国极力磋磨，经臣奕劻核定，每月暂由户部给发各国雇募华巡捕办公费银二万两，业允停止大宗科派，而民捐可省矣……伏念步军统领衙门、旗绿各营每月应需兵饷约在五万之谱，今每月仅筹拨二万两为华捕办公之用，嗣后纵有用款，似亦无几。在洋兵不致苛扰，而商民暂获安居。"⑤ 据档案资料记载，安民公所的主持人员——绅董，许多都是原清廷地方官员，如：《德界四段安民公所办事绅士衔名单》中有"巡视西城御史连升、王府长使福勒洪阿"等；又如《义界安民公所办事绅士名单》中有"江西道监察御史郑炳麟、二品遇缺题奏延昌"等；再如办理海淀安民公所绅士为中营游击调署左营参将胡焕文、员外郎保桂等。⑥ 另据记载，日军在顺天府衙门设立的安民公所总办柴贵曾主动邀请肃亲王善耆为安民公所推荐当过差、应过役的人员组成"巡捕队"。善耆也答应了他的要求，从绿、步两营中取定正额二百名，备补一百名，选好花名册送到安民公所。日本人从中（并从其他一些地方）挑选了二百四十名编成了"巡捕队"。⑦

第三，安民公所的巡捕，介于旧时的团防与西方警察二者之间。安民公所的职责是维持地方治安，保障公共秩序。"招募巡丁，缉拿土匪，举行一

---

① 《义和团史料》下册，第714页。
② 《望岩堂奏稿》卷1。
③ 《海淀安民公所禀》，中国第一历史档案馆馆藏档案。
④ 《望岩堂奏稿》卷1。
⑤ 同上。
⑥ 《步军统领衙门档案全宗》，中国第一历史档案馆馆藏档案。
⑦ 《晚清宫廷生活见闻》，第304页。

切安辑地方事件。至于词讼案件，概不干预。"① 安民公所是经占领军当局同意设立的，洋官有一定管理权，所募巡捕协同洋巡捕共同巡逻，在制度上势必也会受其一定的影响。例如，日占区内的"巡捕队"就是依照日本的警察法规组织起来的。但是，由于安民公所实际上仍受到清政府的操纵，所以仍保留了许多昔日团防的旧制。如庆亲王奕劻在"复准德界中段绅董设立缉捕局由"的札件中援引有关官员的话说："邀请就近妥实绅董募勇设法保卫，隐寓团防之意。"②

第四，安民公所设立后，在维持临时治安等方面，确实发挥了一定的作用："窃于九月初十日经绅等禀明在海淀设立安民公所在案，近日以来，地方安靖已有成效。"③ 奕劻奏折中也称："旋经各段绅商先后设立公所，雇觅巡捕，协缉盗贼，数日以来地方藉以稍安。"④ 不过安民公所也存在很多问题，如"乃不肖者阑入其中，遂有借端扰民之事"，"滥设非刑"，⑤ "因事诈财，鱼肉百姓"⑥，等等。当时北京城曾流行两个童谣："不怕别个，就怕左胳膊箍白布的哪！""天不怕，地不怕，就怕白头绳拴辫发。"其中"左胳膊箍白布的"即指巡捕，"白头绳拴辫发"的则是指被捕者。⑦

二 善后协巡总局的开办

光绪二十六年底，清政府与各国占领当局的谈判已大见起色。庆亲王奕劻告诫地方官员应尽力"搜拿匪徒""弹压地面"，以防"波及洋人，更碍大局"。⑧ 大约在这同时，美国方面已"逐渐退出管辖地面之权"，清廷留守官员立即决定在其地段内设立"五城巡勇中局"，拨派勇丁，巡查地面。⑨ 次年初，日本方面又同意将其辖界内之"西城安民分局"改为清政府"自立之安民公所"。清政府决定于同年的正月十二日开局并缴销原"西城安民分局图记"，另刊"西直门外安民公所戳记"，接办临时治安工作。⑩ 这样，

---

① 《义和团史料》下册，第715页。
② 同上书，第713页。
③ 《步军统领衙门档案全宗》，中国第一历史档案馆馆藏档案。
④ 《义和团档案史料》下册，第1224页。
⑤ 《义和团史料》下册，第721页。
⑥ 同上书，第724页。
⑦ 《晚清宫廷生活见闻》，第305页。
⑧ 《义和团史料》下册，第722页。
⑨ 同上书，第23页。
⑩ 同上书，第724页。

从光绪二十六年底开始，清政府逐渐分区分段地恢复了其统治地面之权。

光绪二十七年（1901）初夏，和议已成定局，各国即将撤兵，交还地面。清政府如何处理京城的治安问题已迫切地摆在面前。五月十五日，奕劻上奏指出："现在各国之兵将次退竣，此项公所（指安民公所）理应裁撤，以一事权。惟京师五方杂处，良莠不齐，且此次兵燹之重，为从来未有之奇灾，若遽将各局裁撤，仅赖地面官兵巡查，恐有兼顾不及之势。倘一旦宵小生心，再有疏虞，乱后余生，何以堪命。自应将各公所暂留数月，会同地面官实力稽查，以资保全。但各公所办法不一，其中急公好义者实不乏人，而假公济私者亦复难免，亟当切实整顿，咸使划一。"① 在奕劻看来，安民公所的弊病实在太多，两宫回銮以后，京城的治安状况是很难保证的。因此，他建议："兹据拟将各公所酌量裁并，除城外各地面应由五城酌拟办法，其城内地面按照八旗，每旗各设一局，皇城内分左右翼各设一局，居中设一总局，以资督率。其各局原办绅董，应行访查，分别去留。局中应需经费，官为酌量筹给，不准派捐累民。该绅等如果始终勤奋，缉捕得力，撤局之日择优请奖。如有声名恶劣、藉争生风者，严行参办，统俟事局大定，查酌情形，再行裁撤。"② 奕劻奏折中所说的设"局"，即指后来的京城善后协巡总局。五月二十八日该奏折经硃批允准，京城善后协巡总局及其下属各协巡局遂成立起来。在奕劻进呈奏折的前一天，他还和李鸿章一起保荐胡燏棻"襄办京畿善后营务事宜"，协助其会同步军统领衙门、顺天府、五城通筹办理京城善后治安工作，③ "专管地面交涉洋务案件"④。

善后协巡总局设专职大臣一人，由奕劻兼领；兼职大臣四人，由奕劻提名的礼部尚书世续、大礼寺少卿铁良、住居右翼地面正黄旗汉军都统广忠、署仓场侍郎荣庆分兼。下设提调、总办、会办、巡捕官等。总局办事机构分为三处，即：文案处，掌拟稿文移事；营务处，掌巡防、捕盗等事；发审处，掌审理人犯、案件等事。

总局下设各分局，分驻内城和皇城。已知有镶黄、正白旗善后协巡局、镶白旗善后协巡局、皇城内左翼善后协巡局、正蓝旗善后协巡局、皇城内右翼善后协巡局、正黄旗善后协巡局、镶红旗善后协巡局等。各分局设总办、

---

① 《义和团档案史料》下册，第1224页。
② 同上。
③ 《清德宗实录》卷483。
④ 《外务部档案全宗》，中国第一历史档案馆馆藏档案。

第三章 京师警察机关的体制及其职权

帮办、警巡等官员。各分局下设若干个巡捕处。镶黄、正白旗善后协巡局设三十个段落巡捕处，镶白旗设十个段落巡捕处，皇城内左翼善后协巡局设八个段落巡捕处，正蓝旗善后协巡局设六个段落巡捕处，皇城内右翼善后协巡局设八个段落巡捕处。各巡捕处设巡捕长一名，巡捕四至十名不等。①

光绪二十七年七月十日，京城善后协巡总局札发各分局的《现行章程》明确规定了该局的职责是维持京城地区的社会治安和公共秩序，要求各分局分段设立巡捕处，"每日需派绅董、巡捕官督催巡捕长昼夜分班巡查"，缉拿盗贼，审理人犯；《现行章程》还规定由各分局"督饬街长"，劝导"各街巷设立小逻会"，以"保卫身家"，协助协巡局维持治安。②

根据章程规定，善后协巡局有权审理轻微的案件，但"应拟徒罪以上案犯应由各局即日报明总局备案转送步军统领衙门讯办，应送人犯仍由各局看押解送"③。如据镶白旗善后协巡局总办左翼副翼尉鹤春禀报总局：光绪二十七年"十二日二十九日据顺斌呼称王桂荣将伊车辆马匹拐走等情……当即督饬巡捕押带该犯王桂荣前往正阳、德胜两门外，将拐去顺斌之车马起获，并将存留车辆之陈国泰、收买马匹之杨庆一并此案，除照章备文咨行总局，解行衙门讯办……"④

京城善后协巡总局开办了大约一年，看来效果并不理想，时人非议颇多。如御史忠廉、侍郎胡燏棻等人的指摘都很尖锐。奕劻等人也承认他们所说的"情形均不能免"。

清廷设置协巡局的初意，原本是要"仿照各国巡捕章程"⑤经办的。但在实际上，协巡局的办理并未能有效地吸收、消化外国警察制度的精粹，而往往机械地搬用某些名称和设施，其结果也只能事与愿违，无法兑现。归纳来看，协巡局的弊端主要出在体制和人员的素质两个方面：首先，就体制而言，制度混乱、权责分散是个突出的问题。八国联军撤离以后，负责京师治安的并非协巡局一家，此外还有步军统领衙门、顺天府、五城、善后营务处等机构。它们也掌握一定的治安管理权。当时有人说："然至今事权为之混

---

① 以上官制参见中国第一历史档案馆藏《京城善后协巡总局档案全宗》、《神机营档案全宗》及李鹏年等著《清代中央国家机关概述》，第256—258页，该书某些说法有误，此处予以必要的纠正。——著者
② 《京城善后协巡总局档案全宗》，中国第一历史档案馆藏档案。
③ 同上。
④ 同上。
⑤ 奕劻：《拟请创设工巡局折》，中国第一历史档案馆藏档案。

乱，无所统一。以致专责不明，诸务实难振作。"即便是在善后协巡总局内部，各局的制度也很不一致。"观今日警察情形，正白、镶黄、正黄、镶白、正红等协巡局，俱用新练巡捕。然各局办法，各异其轨，难以一律……然正白镶黄、正黄两局界内，向系日本暂管地面，该公所等办理日久，循用警察法规，虽系警察初步，自有成习之处，尚不至于大坏。至于镶白、正红等局巡捕，不知何故，未归警务处约束。警巡等官，未得巡察该局界内，称为全无警察规矩，亦非过言。"据当时亲历者分析，治安不力，"推原其故，实系约束不得其方，指使不得其法。然此等弊病，未能责诸当轴，实出于根本制度未立，事权分歧，专责不明，互相掣肘，未能设立一律通行、专主指挥之法章，以致如此，虽有智者难以措办"。① 另外，职权过于狭窄也限制了协巡局的活动。协巡局只负责巡查、缉捕和对外交涉，且仅限于皇城和内城的范围，与旧时的团练并无太大的差异。胡燏棻曾说："查各国办理警务，包括甚广，不独缉捕一端，而缉捕亦具有条理也。"② 而协巡局则"尽不按各国警务部章程办理"。即缉捕一端也未见很大成效，京师地带"盗风未息""劫案仍复不少"。③ 至于管理街道、整顿户口更无从谈起。整顿卫生、修治道路本是外国警察部门的一项重要职责，但在清廷则仍由街道厅负责，协巡局只略予协助，事权很不统一。经过一番战乱以后，京城的街道更不成样子，"泥泞污秽"，甚至"奇险百出，车道难行，不堪其苦"，以致"各国使臣会晤时每以微词相讥"。④ 在街道卫生和路灯设置等方面，甚至还不如洋兵占领时期："余如路灯、土车，自洋兵退后日见其少，每天洒道只仅于局路偶一见之，满地污秽，一如其旧。"⑤ 至于户籍管理，更是有名无实，"此外以清查户口紧要，虽各户贴有门牌一线，于住户、男女人口、是何执业并铺户资本全未分晰查明，实属虚应故事"。

此外，协巡局人员的素质太差也是导致其办理不善的一个重要原因。善后协巡局是按照八旗方位设置的，许多重要职位大都由旗人把持，八旗制度

---

① 以上皆引自光绪二十八年《川岛浪速上庆亲王书》，载于《现代警察》第2卷第1期民国二十三年八月十日版。
② 胡燏棻：《筹议京师善后拟请创设工巡局以期整顿地面条陈》，中国第一历史档案馆馆藏档案。
③ 同上。
④ 奕劻：《拟请创设工巡局折》，中国第一历史档案馆馆藏档案。
⑤ 胡燏棻：《筹议京师善后拟请创设工巡局以期整顿地面条陈》，中国第一历史档案馆馆藏档案。

和八旗子弟的腐朽风气不可避免地被带了进来。许多编制甚至专门用来安置老弱冗员，造成人员素质极为低劣。"至所设巡捕，京师虽以仿行（外国警察），或则三五成群，聚集一隅；或者寂然散处，阒若无人，以致上年腊底，城内外每到傍晚，仍有抢劫铺户之案，毫无觉察，皆由巡捕不用力之故。"①

光绪二十七年，清廷创办了京师警务学堂，聘请日本人川岛浪速为监督。该学堂曾向协巡总局派出一定数量的毕业生充当巡捕或巡捕长。然而这些学生非但没有改变旧有的风气，而他们自身也被前者污染同化了。川岛浪速坚持认为，他教出的学生本是不差的，只是一旦交给清廷官员指挥就都被带坏了："巡捕由学堂派出已略有规模，无如一交地面官管带即归旧习，难望起色，深为叹息。"② 不过川岛浪速的这种说法看来并未遭到驳斥，甚至引起了共鸣。胡燏棻就认为："是非警务学堂教法不善，仍由督卒之未按其法也。"③ 奕劻也承认："无如各局所之员役，地面之官弁皆不从教练而旧习相治，骤难更改。派去巡捕用非所学，遂至泄沓相因，缉捕终难得力。"④

善后协巡总局办理一年以后，清廷认为，"联军撤兵，官权始复，迄今一载有余，时局大定"，"京城地面已就绥谧"，而善后事务"原属一时权宜之计"，⑤ 理应裁撤，遂决定于光绪二十八年八月初十日（1902年9月11日）裁撤善后协巡总局，"所有案卷官物移交神机营"存储。⑥

第二节　工巡总局的组建和撤销

一　工巡总局的组建

工巡总局的设立是中国近代警察制度的又一大进步。庚子以后设立的"善后协巡总局"，虽然也是仿照外国警察机构设置的，但尚属临时性机构。其职权之狭窄，更近于中国旧时的治安组织，与外国警察制度还有较大的差距；基本上还是一个新旧两者之间的过渡性机构。清光绪二十八年正月，御

---

① 胡燏棻：《筹议京师善后拟请创设工巡局以期整顿地面条陈》。
② 同上。
③ 同上。
④ 奕劻：《拟请创设工巡局折》。
⑤ 奕劻：《具奏请撤京畿善后营务公所由》，中国第一历史档案馆藏档案。
⑥ 《京城善后协巡总局咨神机营》，中国第一历史档案馆藏档案。

史忠廉、工部右侍郎胡燏棻提议设立工巡局。正月三十日得旨"著派庆亲王奕劻会同协巡总局、步军统领衙门、顺天府、五城核议俱奏"①。光绪二十八年（1902）四月十二日，由奕劻会同有关官员讨论，认为：庚子事变以前，原京师各治安机关"事权不一、经费不裕，以致积久生弊，渐皆废弛"；八国联军撤出后设立的临时治安机关——善后协巡总局"旧习相沿，骤难更改"，已不能承担维持京师治安的重任，"若不通筹全局，定有切实办法，难期整顿"，甚至会"启外人干预之端"，同意胡燏棻等人的建议"今该侍郎奏请创办工巡，整顿地面，诚为当务之急"，并指出"道路与巡捕，事本相辅而行，必须联为一气方能收效，其办法则在宽筹经费、严定章程，而尤以综理得人为要义"。②奕劻等人的方案获准后，内城工巡局（亦名工巡总局）遂于此年四月间开始筹办。四月十二日，清廷指令肃亲王善耆为步军统领"督修街道工程并管理巡捕事务"，"整顿地面"，③专门负责工巡局事务。所有一切文件暂时借用步军统领衙门印信。至次年四月，始用工巡局木质关防。④光绪二十九年十二月二日清廷又指派外务部尚书那桐接替善耆署理"步军统领暨工巡局事务"⑤。光绪三十一（1905）年七（8）月五（5）日，清廷谕令仿照内城工巡局设立外城工巡局，诏文指出："巡警为方今要政。内城现办工巡局尚有条理，亟应实力推行，所有五城练勇著即改为巡捕，均按内城办理。著派左都御史寿耆、左副御史张仁黼，会同尚书那桐通盘认真举办以专责成。原派之巡视五城街道厅御史著一并裁撤。"⑥至此，清廷旧有京师治安机关除步军统领衙门仍予保留外，其余五城御史及街道厅等机构全部撤销并入工巡局，清廷警察制度得到进一步健全，职权也进一步扩大。两月后，即光绪三十一（1905）年九（10）月十（8）日，清廷下诏决定成立巡警部，原设内外城工巡局亦相应改为内外城巡警总厅。⑦

二 工巡总局的职权

顾名思义，工巡总局的职责包括工程和巡捕两项内容。这个名称是由胡

---

① 《清德宗实录》卷494。
② 《拟请创设工巡局折》，中国第一历史档案馆藏档案。
③ 《光绪朝东华录》第5册，第4866页。
④ 《肃亲王为恭录咨行事》，中国第一历史档案馆藏档案。
⑤ 《德宗实录》卷524。
⑥ 《光绪朝东华录》第5册，5380页。
⑦ 同上书，第5410页。

燏棻在光绪二十八年正月三十日的一道奏折中首先提出的。他说：上海租界内，管理地方事宜则名之曰工部局，主要负责道路工程和巡捕等事务，"是以租界地面昼无争殴之事，夜无窃盗之虞"，极堪仿效，"应请设立公巡局，一切修道工程及巡捕事宜悉归管辖，请特简大臣总司其事，以一事权"。①与善后协巡总局相比，工巡总局的职权范围要大得多了。

首先，维持治安，缉拿盗贼仍是工巡总局的第一要务。内城工巡局设立后，接管了原协巡总局负责的内城和皇城的治安任务。光绪三十一年九月谕令设立外城工巡局，进而将这一职权扩大到外城，专门管理外城治安事务。内外城工巡局在京师内外城设立若干巡捕段落处所，昼夜值班，派出巡捕巡查街巷，缉拿盗贼。各地段巡捕人员每日"午前五点"由"值夜巡捕吹哨，长兵均集"，由各巡捕队队长点名，然后"各按线路分段逡巡。择定扼要之地依时扎队，以凭稽察"，遇有案件，即行处理。"驻扎巡查"，"遇有民教仇杀，殴刺洋人及聚众抢劫重大事件，当场查明拏办。设不服拘拏，逞凶抗拒，准开枪向匪徒下部轰击。如距局较近或德律风（电话）通时，仍应禀明本管局所办理。其余偷窃、斗殴、口角、烟馆、赌局、娼寮，寻常案件，登时拿获者，交附近巡捕处解局讯办"。

工巡局还专门负责保护使馆界址及教堂。使馆界址由消防巡捕队长专职保护。教堂则由所在地段巡捕保护："保护教堂，最为紧要。"如果巡捕人少，不敷守卫之需，根据规定可将"原有巡捕段"向教堂方向"就近量移驻守，或就原有站街巡捕量教堂之大小，拨派巡防；遇有急警，吹哨号召巡捕立时驰往救应"，"巡捕队人数较少，须与各段巡捕及旗兵营勇联为一气，遇事互相援应"。同时，总局派出人员，随时稽查各地段值勤情况，"总局巡捕队每日以二分队白昼抽查各队及巡逻区巷"，"以一（分）队夜间抽查各街巷"，如遇有情况，亦可即行处理，凡匪徒滋生事端，造言惑众，立即严拿交局惩办"。②

工巡局不但负责缉拿现发案件；同时，对来往行人及一切可疑事项也有权加以监视，遇到问题，随时向上司报告。现存档案中，有关于这方面的详细记录，如："敬禀者：二十六日东西路午车均系寻常客商，并无洋装及形迹可疑之人。东路晚车查有二人，一东洋装束，年约十八、九岁，手提小

---

① 胡燏棻：《筹议京师善后拟请创设工巡局以期整顿地面条陈》，中国第一历史档案馆馆藏档案。

② 以上资料均见《巡捕队章程》，中国第一历史档案馆馆藏档案。

包；一洋式靴帽、中国衣服，年约五十余岁，携带皮箱一支，下车后分坐洋车同至椿树头条胡同咸宁会馆内。询之馆中，知洋装者名尹维勒，中国装者亦尹姓天津来。又一人头戴黑洋帽，足穿黑皮靴，身披紫色洋斗篷，手提扁皮包，坐洋车至长巷上头条宝盛西栈内。询之栈中，知为刘姓由天津来。"①

其次，工巡局仍负责一些案件的审判工作。与善后协巡总局一样，工巡局也有审理案件的职责，"内城工巡局向设有发审处，办理词讼；外城系沿五城理讼之例，亦办审判"。但由于工巡局比协巡局管辖的范围更大，职权更广，因此须要审理的案件也就更多，耗费的人力、物力也就更大。有记载说："内城（工巡局）所辖不广，词讼一端已占去巡捕多数。"② 工巡局负责审理的案件主要可分为四类：第一类是杖罪以下可以即结的轻微刑事案件，杖罪以上则不归管辖。第二类是关于户婚、田土、钱债等"不甚重大的民事案件"。有人认为这是继承了五城察院的职权。第三类是审理涉外案件，"遇有洋务交涉案件，遴派妥员随时办理"。③ 第四类是受理京控案件。

再次，修治街道、经营土木、管理交通卫生，也是工巡局的专职。这项职权是善后协巡局所不具有的。事实上，增加这项职权成了设立工巡局的一个重要原因。工巡局一名中的"工"就是指的这个职权，但工巡总局所经营的土木事务，并非一般的土木工程，特指为改善交通。卫生之意，单就兴筑道路及修缮而言。内城工巡局设有东、西城路工局，负责兴修官道，整治原有污秽难行的道路，装修路灯，管理街道卫生等事项。外城工巡局存在时间不长，虽已"请款兴修马路"④，显然还没有完成任何工程。

除了以上三项职权外，工巡局还负责"清查铺户陋规，化私为公，酌办捐项"，收容教养流民和轻微人犯，整顿户口，办理社会救济事业等。⑤这里就不一一详述了。

三 工巡总局的机构设置

关于工巡局的机构设置，在清代官修典籍中未见明确记载；档案中的记载也比较零乱，而且也不是对其机构本身的直接介绍。因此，我们这里只能

---

① 《工巡局禀》，中国第一历史档案馆馆藏档案。
② 《外城工巡局章程》，中国第一历史档案馆馆藏档案。
③ 奕劻：《拟请创设工巡局折》。
④ 《外城工巡局奏》，中国第一历史档案馆馆藏档案。
⑤ 同上。

谈谈它的大概情形。

清廷设管理内外城工巡事务大臣一人，主管总局的全面工作，亦兼管外城工巡局事务。内城工巡局（工巡总局）的内部机构有：事务处，其实际编制有警巡三员、巡长五名、巡捕四名；巡查处，其实际编制有警巡二员、巡长十二名、巡捕四十一名；守卫处，其实际编制有警巡一员、巡长三名、巡捕十六名；待质所，其实际编制有警巡二员、巡长四名、巡捕十四名；军装库，其实际编制有警巡一员、巡长二名、巡捕二名；图表处，其实际编制有警巡一员、巡捕四名；文案处，其实际编制有警巡一员、巡长一名、巡捕七名；发审处，设巡长一名、巡捕四名；支应处，设巡长一名、巡捕一名；马号，设警巡一员、巡长一名、巡捕一名；司狱科，编制不详；消防队（消防巡捕队，专管使馆界址），编制不详；巡捕队，队长二名、分队长五名，队兵五十名，每十名为一分队，负责稽查下属各段落巡捕的职勤情况、"站门"、"值更及办理局中一切杂务"。

下属单位有：东局，局内设有档房、巡捕处、街道所、马号、司狱科、巡查处、承审处、各段、巡捕队；东局下辖东城南段分局和东城北段分局。中局，局内设有档房、巡查处、外档房、各段、巡捕队；中局下辖东安门内巡捕分局、西安门内巡捕分局。西局，局内设有档房、文案处、发审处、支应处、图表档房、司狱科、守卫处、站堂、派差处、巡查处、各区、各段、巡捕处。分巡处，内设事务科、巡查科、各段。工巡局的下属机构还有：东西城路工局、习艺所、警务学堂及街道局等。

据《巡捕队章程》的规定，内城工巡局设有十个巡捕队，除现知的总局及东、中、西三局各直属一队外，另外六队尚不知设于何处，估计可能设于该三局下属的两个分局，共六队，与另外四队加在一起正好是十队。每队设队长二名，分队长五名，队兵五十名；十队共有队兵五百名。

外城工巡局设会办外城工巡局事务大臣二人，下设监督、总办、帮办等官员。外城工巡局内部机构有：文案处、支应处、待质所、发审处。下属单位有：外城巡捕东分局，长官是总办委员和帮办委员各一人，下设文案处、发审处、巡查处、值日处兼图表处、支应处、待质所，各有委员一至六名，平均每处二至三名；外城巡捕西分局，长官是总、帮办委员各一人，下设文案处（委员四员）、发审处（委员五员）、支应处（委员二员）、图表处（委员四员）、待质所（委员二员），共有委员二十三员，定额为二十四员。另外还设有教养局和协巡营等单位。

内城工巡局从光绪二十八年四月筹建到三十一年九月谕令裁撤，前后存在的时间不足四年，而外城工巡局则仅仅两个月。在这样短暂的时间里，而且是在封建积习根深蒂固的古老中国，要想树立起一个崭新的制度来，显然不是一件易事。人员的素质仍然是一个重要问题。工巡局是仿照外国警察制度设立的，组织机构、运作方式大都是照搬外国或租界的模式。然而，工巡局的成员，无论是官员或基层人员，绝大多数都是从封建土壤中培养出来的，很多仍是旗人。他们并不十分清楚警察是怎么一回事，也接受不了外国近代的管理方法，还是穿新鞋走老路，换汤不换药。个别了解外国警政的人员看到这些情形也只有摇头叹气了。内城西局稽查委员延龄在给总监的一份禀呈里写道："窃委员于本月内稽查各段警巡长捕当差，均无遗误；惟有不合警章之处，如：站门巡捕非大风雨雪不准擅入避风阁内，现在无论晴天白日，均入避风阁内隐藏，查项至，始行走出，巡捕出段买物不准身装军衣，现在早晚二时多有身穿军衣，手提醋瓴沿街行走者，观之殊不雅，以上情形所见太多，不胜说谕。"① 内城中局稽查崇岱也谈到了类似的情况："计八月内调查数次，尚无空误之处，惟小犯规时所不免。如：二十日第二段屋内昼眠者；二十三日第十九段在迎门处作菜，有碍体裁；二十五日第二十一段巡捕站门微形倚靠；第二十三段巡捕在室内有领扣未扣者；二十九日第二十九段巡捕松山站门遥望似与路过商人接谈；第二十段巡街巡捕有意欲购物状；第十九段茶具设在迎门案上"②，等等。

外城工巡局成立时，在章程中甚至规定拒绝接受内城总局挑选的旗人，理由是"言语习尚不甚合宜"③，这个理由显得有些牵强，大概根本缘由还是讨厌旗人的恶习。至于官员的情况，看来也不乐观，延龄说："今警巡坐镇一区，巡长职司一段，而巡捕当差未见由该管警巡、巡长报告有功而赏一人，有过而罚一人焉；即有之亦不过人所共见闻之事而已。至于某警巡与某巡长不合，某巡长与某巡捕有隙，则牵于私怨。及来局禀报某巡长人地不宜，应请调段；某巡捕当差滑懒应请惩罚，倪不追究其实情，必至有误于公事。此警巡、巡长之不得其人，勿怪巡捕当差之未尽力也。"

此外，经费紧蹙，装备落后等问题也还不少。内城总局成立后，巡捕手里只有佩刀，遇见执械强盗往往也无可奈何。④

---

① 《巡查车站及辖界情形禀》，中国第一历史档案馆馆藏档案。
② 同上。
③ 同上。
④ 《肃亲王咨》，中国第一历史档案馆馆藏档案。

有人认为，工巡局还不是近代意义上的警察机构，而是一个市、政、警混合的机关，并带有司法上的一部分职权，与今天所谓警察机关，在名称、内容上并不相类。这种看法，不能说没有道理，但对一个刚刚设立的制度作过多的苛责，似乎也没有必要。许多问题，包括我们上面提到的一些情况，不一定都归咎于清廷的腐败，在某种程度上应视为初创阶段的过渡性和探索中显露的幼稚不成熟，这往往也是难免的。值得肯定的是，工巡局的创办是中国近代警察制度向正规化迈进的重要一步，是清末国家体制近代化的重要内容。

第三节　京师内外城巡警总厅

一　京师内外城巡警总厅的组织机构

京师内、外城巡警总厅先后经历过巡警部、民政部两个不同的时期，其组织形式也发生过一些变化。在清代，京师被视为全国"首善之区，为各省表率"，清末重要警政大僚善耆曾说："欲推广各省巡警，自以整顿京城警政为入手之办法。"① 京师治安关系到清朝统治的核心——皇帝及其洋主子的安危，因此历来最受重视。

光绪三十一年九月，清廷设立巡警部，接管了原京师内外城工巡事务。同年十二月十五日巡警部奏请将原京师内外城工巡局更名为内外城巡警总厅，直隶于巡警部，管理"内外城一切警务"。自是日起，该两厅正式成立。为了划分权限、统一部署，巡警部奏定的《部厅权限章程》规定："自臣部改设厅丞后，所有两厅与各衙门来往公事统由臣部核转，分别咨行，另铸厅印以昭信守。"但"条奏事件不关部务者仍准专折具陈"。② 内、外城巡警总厅负责执行地方警务，但巡警部对其有"督察之责"。

内、外城巡警总厅各设厅丞一人（正四品），由巡警部奏请补授，为各该厅长官。厅丞下设参事官、警官等官员。两总厅内各设三处，处下设股。设官职掌如下：

总务处：设参事官（正五品，视郎中）一人，受厅丞指挥，管理本处的一切事务。负责承办机要，考核厅员，支配长警，编存文牍，收发经费，

---

① 《酌改厅区制度折》，见《京师警察法令汇纂》，第54页。
② 《京师警察法令汇纂》。

统计、报告等事。下设五股，即：警事股，负责"酌令所属分厅及区所应设各项额缺暨办事细则，并巡长、巡捕之赏罚、进退及考核、训练、稽查之事"；机要股，负责"管理印信、电报、电话，各分厅机要事之报告及厅员升转、进退、派差、请假事项"；文牍股，负责各项公牍的审议、缮写、收发、编存等事；支应股，负责"收发一切款项及薪饷、物件，修筑房屋、置办器具，管束服役人等"；统计股，负责"分类统计巡警厅所各项事件，年终报部刊布全国以考成绩"。

警务处：设参事官（从五品，视员外郎）一人，受厅丞指挥，管理本处的一切事务。负责整饬风俗、保护治安、编查户口、稽核工程、交涉外事、预审人犯、科罚违警、捕送犯人、侦探秘密，并管理行政、高等、司法警察事项。下设九股，即：护卫股，负责"警卫銮舆出入及恭备道差，并中外大员来往之须保护者，所有一切添设巡捕等事均归管理"；治安股，负责"督察街、市、站、店，大众集会并新闻纸出版暨商民刊布传单告白等事，所有一切保持治安、预防危险、潜察奸宄诸务皆隶之"；交涉股，负责"调查公使馆员役及寓居内外城之各国官商教士等户口并一切交涉翻译"；刑事股，负责"督捕追赃，搜查、护送罪人，司法警察服役事务及遗失物件之检查"；户籍股，负责"编纂，稽核户口总、分册籍及临时径行调查"；营业股，负责"考查保护一切市政及稽核路灯、电线、电话等事"；正俗股，负责"稽查庙宇、市场、客店、戏、茶、烟、酒等馆并娼优聚住处所，一切卖技、弹唱、妨害风俗等事"；交通股，负责"车马通行之督查，道路桥梁危险之预防，铁路车站之检察"；建筑股，负责"调查衙署、公所及民间建造之应准、应验并测绘警察分区地图"。

卫生处：设参事官（从五品，视员外郎）一人，管理本处事务，负责清道，防疫，检查食物、屠宰，考验医务、药料，并管理卫生警察事。下设四股：即：清道股，负责"督察扫除道路，通泄沟渠、整理厕所，应会同路工局办理"；防疫股，负责"检察种痘，预防兽疫，并考察市脯、饮食用具及瘗（yì 埋也）埋等事"；医学股，负责"考核病院，并检查各种病情及死生人数之统计"；医务股，负责"考验巡长、巡捕及消防队之体格，检查路途病倒及斗殴杀伤者之急治药物并消毒法，稽查工场卫生兼办化分事务"。以上各股，每股设股长一人，为正六品警官；副股长二人，为正七、八品警官。①

----

① 《变通工巡局旧章改设官制章程》，中国第一历史档案馆馆藏档案。

两总厅各设五所，即：事务所，设巡官二人、巡长四人、巡警二十人，掌收发文件，押解人犯，传差，管理茶役灯夫人等，发放马匹草料事；巡查所，设巡官四人，巡长八人，巡警二十人，掌稽查分厅岗位线路，救护火灾，弹压暴动，保卫中外大员事；守卫所，设巡官一人，巡长一人，巡警十六人，掌站岗守卫，接受控诉呈状事；军装所，设巡官一人，巡长一人，巡警四人，掌购置、保存军装器具，修理枪械事；刑事巡查所，设巡官四人，巡长四人，巡警十人，掌密查、侦查事件，检查广告、传单、集会演说等事。

内城巡警总厅下辖五分厅，即：内城中分厅、内城东分厅、内城南分厅、内城西分厅、内城北分厅；外城巡警厅下辖四分厅，即外城东分厅、外城南分厅、外城西分厅、外城北分厅。

每分厅设知事（正五品）一人，总理本分厅事务。各分厅内设三课六所治事，即：总务课，掌警事、机要、文牍、支应、统计事；警务课，掌护卫、治安、正俗、刑事、外事保卫、户籍、营业、建筑、交通事；卫生课，掌清道防疫、医务、医学事。每课设课长（正六品）一人，总理课务；副课长（正七品）一人佐之；课员（八、九品）二至四人，办理课务；书记官（正九品）四至八人；司书生八人。各分厅内设六所，即：事务所，设巡官二人，巡长四人，巡警十二人，掌收发文件，押解人犯，管理杂务、马匹事；巡查所，设巡官四人，巡长五人，巡警十人，掌分区巡查岗线，救护火灾，弹压"暴动"，保护中外大员事；刑事巡查所，设巡官三人、巡长四人、巡警八人，掌密查、侦察事件，检查广告、传单、集会演说事；守卫所，设巡官一人，巡长一人，巡警十二人，掌站岗守卫、接受诉讼呈状事；拘留所，设巡官一人，巡长二人，巡警四人，掌看管违警人犯，查验人犯、物件事；清道所，设巡官一人，巡长二人，巡警四人，掌管理清道，厕所、街道、器具事。

内外城各分厅之下设区，即内城中分厅设六区，东分厅设五区，南分厅设五区，西分厅设五区，北分厅设五区；外城东分厅设六区，南分厅设四区，西分厅设六区，北分厅设四区。每区设区官（七品警官充）一人，区副（八品警官充）一人，警官（九品）一人，司书生一人，巡官二至四人，巡长十至十二人，巡警一百二十至一百三十人，管理本区事务。[①]

内外城总厅还辖有：

[①] 《京师警察法令汇纂·内外城巡警厅试办章程》，并参见《清代中央国家机关概述》。

内城官医院：设于钱粮胡同，于光绪三十二年九月初六日奏明开办。设监督（由卫生处参事兼充）一人，管理该院一切事务；管理员一人，由厅员兼任，禀承监督指挥，分管本院一切事务，稽查员二人（由厅员兼）稽查本院事务，庶务官一人，掌庶务、文牍事。中医官、西医官各五人，管诊治病人；看护生十人，协助医官看护来院病人。中司药、西司药各三人，管药物收发保存事。此外，还设巡警七人，夫役十九人。据统计，开办五个月里，就医者达三万四千人次，徐世昌称："考之舆论，咸谓该监督等择方审慎，用药精良，务体人情，不染官司，是以就医愈众，全济愈多，受诊之人以辨证之明，起疴之速，且有登报志谢者，此医院开办渐著成效之实在情形也。"①

外城教养局：原属外城工巡局，巡警部成立后改隶外城总厅。原掌刑部及各衙门移交之工作人犯，至光绪三十二年九月，巡警部援引王振声奏请变通粥厂章程规定"改设教养局，所有京城内外各粥厂均应遵照办理……仍由臣部严饬外城厅员随时稽查，以昭核实"。教养局的职掌是收养贫民和工作人犯，令其学习工艺，并管理各粥厂和济善堂。该局设有拘留所、待质所、蒙养学堂、工艺半日学堂等。②

二　善耆对京师警政的整顿

光绪三十二年，民政部成立后，内外城巡警总厅改隶民政部，组织职权仍沿袭巡警部时期的旧制。光绪三十三年，肃亲王善耆接替那桐任民政部尚书，对内外城总厅进行了一系列的改革和整顿。"宣统元年监国摄政（指摄政王载沣监国），王（指肃亲王善耆）始肯任事。先厘定两厅官制，汰冗员，增岁薪，裁骈枝局署。行之一年，始就绪。"③ 善耆整顿京师警政的总方针大体上有两点。

其一，减少层叠繁冗的官僚机构，增加直接管理地面的巡警。善耆说："窃查东西各国首都警厅官制，奏任以上之官大抵不及百员。现在警务甫渐扩充，而用人又增数倍，又总分厅区递为管辖，层累既多，徒见文书往复之烦，转欠命令统一之效。若不大加整顿，诚恐各省办理警务，辗转取法，糜费益多。现值财力支绌之际，遇事扩张，势将难乎为继……与其多设厅员不

---

① 《退耕堂政书》卷7。
② 《退耕堂政书》卷4及中国第一历史档案馆馆藏巡警部档案。
③ 朱德裳：《三十年闻见录》，岳麓书社1985年版，第222页。

如多用巡警。"① 根据这个方针，民政部先后对内外城总厅组织机构进行了一系列的调整。内外城两总厅分别增设司法处。民政部认为："现民刑事诉讼既归大理院办理，原设之内外城预审厅，俟地方裁判所成立后，理应裁并，所有搜查、逮捕、护送罪人及处治违警等事，拟添设司法处以分理之。"② 并改警务处为行政处。民政部认为："警务处名称太浑，拟改为行政处以专办行政警察事务。"③

内外城总厅下设之各分厅适当裁减归并。民政部认为："内城原设五分厅，外城原设四分厅，今分厅之下既分设各区，则分厅不必多设，拟内城并为三分厅，曰：内城中分厅、内城左分厅、内城右分厅；外城并为二分厅，曰：外城左分厅、外城右分厅，各归内外城巡警总厅直辖。"内外城两总厅升为从三品："内外城总厅原设厅丞各一员，位正四品，现经奏准厅丞专任恭备道差，整饬地方一切事务之责，自应酌升阶品以专责成而资董率，拟仍名厅丞，位从三品。"内外城总厅原设之参事官更名为佥事："内外城原设之参事官与各部参事名称相混，拟改称佥事。"④ 此后，又将原处下所设各股改为科。

光绪三十四年，民政部饬令内外城厅丞将原之四十六区并为二十三区，即将原内城二十六区并为十三区，外城二十区并为十区。⑤ 宣统元年，民政部上奏指出："现值财力支绌之际，遇事扩张，势将难乎为继，臣等悉心体验，再四筹商，与其多设厅员，不如多用巡警，请将内城中左右三分厅，外城左右二分厅一并裁撤，其内城各分厅原辖之十三区，外城各分厅原辖之十区概归总厅直接管理，俾遇事迅速直达，易于有功。"⑥

宣统元（1909）年，民政部奏请在京师内外城地方，分段设立巡警派出所。次年四月，内外城两总厅分别申报筹办完毕，"请即派员验收"。计内城设立派出所二百二十六处，外城一百四十一处。

经过几年时间的一系列改革，京师内、外巡警总厅的官制，职掌基本确定，情形如下：

两总厅各设厅丞（从三品、简任）一人，承民政部尚书、侍郎之指挥，

---

① 《京师警察法令汇纂·改定内外城巡警官制章程》。
② 同上。
③ 同上。
④ 同上。
⑤ 《酌改厅区制度折》，中国第一历史档案馆馆藏档案。
⑥ 同上。

监督管理本厅一切事务；总佥事（从四品、奏补）一人，佥事（正五品、奏补）三人，五品警官四人；六品警官内城十人，外城九人；七品警官（奏补）内城十一人，外城九人；八品警官（咨补）内城十四人，外城十三人；九品警官（咨补）内城十五人，外城十三人。总佥事以下之佥事，各等警官承厅丞之指挥，监督分理本管一切事务。

内外城总厅内各设：

总务处：以总佥事为长官，管理本处一切事务。负责办理机要，考核厅员，支配警长，编存文牍，收发经费，统计报告等事。下设二科，即：第一科，掌警事、机要、文牍、统计等项事宜；第二科，掌会所、庶务等项事宜。以奏补警官二人，分充二科科长，奏补警官一人，咨补警官四人，分充二科科员。

行政处：负责行政警察、高等警察、国际警察事宜。设佥事一人，管理本处一切事务。下设二科，即：第一科，掌护卫、治安、正俗、外事等项事务；第二科，掌户籍、营业、建筑、交通等项事宜。每科以奏补警官二人分充科长，奏补警官一人、咨补警官四人分充科员。

司法处：管理司法警察，负责搜查、逮捕、押送罪人，处治违警罪等事项。设佥事一人，管理本处事务。下设二科，即：第一科，掌刑事；第二科，掌警法。每科以奏补警官二人分任科长，奏补警官一人及咨补警官四人分任科员。

卫生处：负责卫生警察事宜，凡清道、防疫、检查食物、屠宰、化验、医务、药材等事皆归其管理。设佥事一人，管理该处事务。下设二科，即：第一科，掌清洁、保健、防疫等项事宜；第二科，掌医务、化验、戒烟等项事宜。各科以奏补警官二人充科长，以奏补警官一人、咨补警官四人充科员。①

内外城两总厅仍各设五所，即：事务所，设巡官二人，巡长四人，巡警二十人，掌收发文件，管理押解人犯、茶役、灯夫、传差、发放马匹草料等事；巡查所，设巡官四人，巡长一人，巡警二十人，掌稽查各分厅岗位路线、救火、弹压"暴动"、保护中外大员等事；守卫所，设巡官一人，巡长一人，巡警十六人，掌守卫、站岗、接受控诉呈状等事；军装所，设巡官一人，巡长一人，巡警十四人，掌保存、购置军装、器具、修理枪械等事；刑事检查所，设巡官四人，巡长四人，巡警十人，掌密查、侦查事件，检查广

---

① 《京师内外城巡警总厅分科职掌》。

告、传单、集会演说等事。

宣统元年以前,内外城两总厅仍下辖有若干分厅,光绪三十二年十二月将原九个分厅减为五个,其组织机构是:

各分厅设知事(正五品,奏补)一人,受厅丞指挥,管理本厅事务。设六、七、八、九品警官若干人,分任课长、副课长、课员、书记官等职,并设巡官六人,巡长、巡警九十人。各分厅内设四课,即:总务课,掌警务、机要、文牍、支应、统计、庶务事;行政课,掌护卫、治安、正俗、外事、户籍、营业、建筑、交通事;司法课,掌刑事、警法事;卫生课,掌清道、防疫、医务、医学事。每课设课长(正六品,奏补)一人,课员(八、九品,咨补)二人,书记官(正九品,咨补)无定额。

各分厅内仍设立六所,即:事务所,设巡官二人,巡长四人,巡警十二人,掌收发文件、押解人犯、管理人犯、管理杂务、马匹事;巡查所,设巡官四人,巡长五人,巡警十人,掌巡查各区岗线、救火、"弹压暴动"、保护中外大员事;刑事检查所,设巡官三人,巡长四人,巡警八人,掌密查、侦查案件,检查广告、传单、集会、演说事;守卫所,设巡官一人,巡长一人,巡警十二人,掌站岗、守卫、接受诉讼、呈状事;拘留所,设巡官一人,巡长二人,巡警四人,掌看管违警人犯、查验人犯物件事;清道所,设巡官一人,巡长二人,巡警四人,掌管清道、厕所、街道器具事。

内外城各分厅之下设立区:

内外城原设四十六区,分属各该管巡警分厅。光绪三十四年,民政部改定厅区制度,将原设区数减半为二十三区,即内城十三区,外城十区。每区设区长一人(七品警官充任),"承厅丞之指挥、监督及佥事之指导,管理本区城内警察事务;区员一人,在厅丞、佥事监督、指导下,协助区长承办或帮办本区事务;司书生一至三人;巡官二至四人;巡长十至十二人;巡警一百二十至一百三十人。各区原称内(外)城警察×分厅第×(如一或二)区。宣统元年正月,改称内(外)城左(或中或右)一(或二或三等)区"①。

宣统二(1910)年八(9)月,内外城两总厅又在京城四郊地面设立六区,推广警察制度:"兹拟就两厅所辖地区之便,共分为六区。曰南区永定等三门属之（左安·外／右安）；曰北区安定等二门属之（德胜·内）；曰东南区东便等二门属之

---

① 《外城巡警总厅申》,中国第一历史档案馆馆藏档案。

（广渠·外）；曰东北区朝阳等二门属之（东直·内）；曰西北区阜成等二门属之（西直·内）；曰西南区西便等二门属之（广安·外）。"该六区，"平均每区长十里"，暂时规定以"距城三里以内"为管界。各区距城较远的地方比较荒僻，不能照搬内外城的模式，于是采用"巡队制度"。每区设一中队、一百二十人，分三、四处长驻；距关厢较近的地方，人烟如果比较稠密，则采用巡逻与守望相结合，城郊相结合的方法；如果人烟稀少，则"专以昼夜逡巡为重"。由于这几个地方"盗风甚炽"，故于每区设马巡二十名，"无事专以逡巡，有事可资捕逐"。各区建置仿照内外城两厅"现行规则行之"，每区设区长一人，区员一人，内外勤所设巡官二人，书记二人，巡警一百二十人，巡长十二人，马巡长二人，马巡二十人。"就各区地势之便，均匀分布。"①

宣统二年，根据民政部奏定的方针，内外城两厅又在各区之下分段设立了派出所。其中内城设立派出所一百六十七处，由于"马路绵亘约八、九十里，交通日烦，须再加添马路派出所五十九处。其马路两旁便道如有地方狭隘，不能容派出所者，仍安设守望所，以附近马路派出所为暂息之处"②。这样，内城共设立派出所二百二十六处。除少数利用原有之"暂息所量加修葺改设派出所外"新建"木板派出所二百座"③。外城设立派出所一百四十一处。④

从光绪三十二年起，内外城总厅还分别办起了马巡队。光绪三十二年十月十八日，外城总厅申呈民政部立案，二十日正式开办，目的在于"分助各厅巡逻以固冬防而期周密"⑤。定编为两队，一队设于法华寺，另一队设于崇效寺。两队设管带一人，以下每队设队长一人，分队长四人，队兵六十人，专任巡逻等事。⑥ 光绪三十三年三月二十五日，外城总厅又提出：外城设立的马巡队，"数月以来深资得力，现在推广外坊情形，非有马巡不足以壮声威而资联络"，请求续编马巡第三、第四两队。⑦ 光绪三十三年二月初

---

① 《复议推广四郊巡警办法》，中国第一历史档案馆馆藏档案。
② 《内城巡警总序申》，中国第一历史档案馆馆藏档案。
③ 同上。
④ 《外城巡警总厅申》，中国第一历史档案棺馆藏档案。
⑤ 《外城总厅申马巡队开办日期》，中国第一历史档案馆馆藏档案。
⑥ 《外城总厅马巡队设立年月日及编制概略》，中国第一历史档案馆馆藏档案。
⑦ 《外城巡警总厅申报续挑马巡队预备办理南坊警务由》，中国第一历史档案馆馆藏档案。

七日，内城厅丞荣勋也报告民政部，内城改设马巡队。①

其二，加强管理，提高各级官员和巡警的素质。如果从光绪二十七年京城善后协巡总局的设立算起，至光绪三十二年民政部设立时，京师办理警政已有了五六年的时间。内外城两总厅开办以后，京师警政渐趋正规化，规模也不断扩大。在保证京城治安，维持社会秩序等方面也发挥了一定的作用。如《直隶警察杂志》报道："北京南水关地方，有张玉昆者，因积草过多，殊为危险。去年底被警厅干涉，照违警律第二十三条第一款罚办在案。"② 又如"内城巡警总厅抓获赌犯已志前报，兹闻内中外人六名，除有约国迳送该国领事办理外，中有无约国人一名，押解来津前已由警务公所转解出境矣"③。再如："前次炸药一案，经内城总厅全数破获，名誉大振，直省警界俱津津称道。"④ 但是，京师警政存在的问题仍然不少。比如，管理涣散，纪律松弛，敷衍塞责，办事效率低等。其中特别突出的问题是，警察官兵素质不高的局面始终未有根本的改观。"窃京师巡警为全国之表率，系宪政之前途，所关至为重要。乃自开办迄今，官制则繁杂太甚，经费则糜滥无高，人员则猥冗已极。"⑤ 光绪三十三年，善耆就任民政部尚书，考察内外城两个巡警总厅的情况，看到了这个问题，他说："而设官既众，需人自多，积久相沿，遂不无滥竽充数之弊……往往有任非所学，一经切实程功，辄多敷衍塞责者。"为了改变这种局面，善耆提出了一些对应性措施，即："因拟设法淘汰，逐渐清厘，当即就部内设立法政研究所，严定课程，饬令两厅人员轮班讲习，以毕业之等差为委用之先后。"同时，也提出裁并过多之厅区，将"所有裁缺各分厅知事及以下各员分别调归臣部或内外总厅酌量改补任用"。并规定："其两厅总佥事以下各员有当差虽属勤奋而于警察法学，未尝研究者拟即调回臣部俾资练习，嗣后厅区人员应专用法政毕业生。其从前调用各员有非由学堂出身者一律送入臣部巡警学堂分班肄业，俟毕业考验后再行按照等差分别任用。一面酌设巡警教练所为养成巡官长警之地。现在各区巡警内有原出招募未经教练者概令更番抽换，入所补习，以为逐渐改观之计。"⑥

---

① 《内城申报拨派巡队及改设马巡由》，中国第一历史档案馆藏档案。
② 《直隶警察杂志》第11期，中国第一历史档案馆藏档案。
③ 《直隶警察杂志》第2期，中国第一历史档案馆藏档案。
④ 《连印禀》，中国第一历史档案馆藏档案。
⑤ 《张世培折》，中国第一历史档案馆藏档案。
⑥ 《酌改厅区制度折》，中国第一历史档案馆藏档案。

善耆提出的对策，强调警察官的专业素质应当说是不错的，也不能说毫无效果。时人记述说："王（肃亲王善耆）严饬内外城警厅，欲求息民保商之术，虽甚碎密……而百姓便之，不嫌于包揽把持，故其时扰而不乱。"①然而，这些措施在执行中看来仍不能完全兑现。就在善耆提出上述措施十几天后，即宣统元年二月初七日，广西道御史张世培就上书指责内外城两厅"用人不当""去取不公"。首先，他肯定了善耆的对策，他说："学取专长，为当今用人第一要义，果能切实办理，警政自不患无起色。"但是，他指出："乃以臣近日所闻，内外两厅于厅区人员去留之间，有与原奏大相出入者。如现派科长各员，不清流品，不论学识，而概从实缺，警官滥竽充数。"他还列举了一些具体的例子，如："以内城言之，总务处佥事铨林，每日到署，惟与警官、委员等评论狎邪，纵谈赌博，复结党把持厅务，外间相传有'大爷党'之名；又支应股、机要股警官成奎、成垿兄弟，狼狈为奸，厅员欲图缺者，咸奔走其门下；又八品警官蔡元曾，充毓宅门丁，以巧于钻营竟得派充一等科员；又象牛曾、续丁藩等，年未及冠补缺已属非宜，现原留厅任用。以外城言之，则：乐达义文理不通，因系同仁堂少东，颇拥家资，大肆奔竞，得补五品警官；黄曾善身家不清，不知有何奥援，已由七品补六品警官；马荣在天津开烟馆，不通文义，亦补六品警官……又闻该两厅厅丞、参事等常川在路工局打牌、饮食，供张异常奢侈。而佥事以下诸员，往往狎比谣朋，冶游聚赌，夸多斗丽，一味招摇，以担任地方之官而紊乱秩序如此，若非详加慎简，则章程虽改，不过一纸空文而已。"最后，他又说："民政部尚书肃亲王善耆，夙有贤士风，久思新政，究不免惑于群小，信任非人。两厅人员今既去留各半，不肖者遂运动排挤，难保不淆乱聪明也。果使部臣破除情面，何言行矛盾一至于此。"②

面对御史的参奏，善耆当然不会低头认账。他指示内外城两厅作了一番调查，结果自然是——将指控驳回。后者并以"想象之谈，朦胧入告""局中四人办事苦心非门外汉所能稔悉"等语反唇相讥。③ 善耆最后向皇帝汇报时说："伏查此次臣部奏定整顿办法，意在删汰闲冗，力求实效。裁减额缺较之原设员缺多寡悬殊，约计两厅应裁人员，不下一百余名之谱。在臣部综核名实、撙节靡费，实具不得已之苦衷，而厅区不肖之徒或自揣平日学识行

---

① 《三十年闻见录》，第222页。
② 《张世培折》，中国第一历史档案馆馆藏档案。
③ 《内城巡警总厅申复查明张世培奏》，中国第一历史档案馆馆藏档案。

能当在淘汰之内，俯张为幻，胥动浮言，始而密议阻挠，继而大言恫吓，匿名函件，纷至沓来，臣等正在密饬两厅严行查办，乃首要之主名未得，而言官抗疏先闻。查阅该御史原奏竟与臣等连日所收函件之语多有足相印证之处，此中情节，早在圣明洞鉴之中，毋庸臣等赘述。"①

尽管我们不能肯定张世培所言均属事实，也不能确认内外城两厅及善耆的回驳纯系狡辩，但可以确信的一点是，善耆此次改革仍存在着不少问题。因此，张世培有"恐京师警政有日趋腐败"之势的担心，看来并非全系妄自揣度而归之于杞人忧天。事实上，直至清朝灭亡，京师的警政也未曾有过彻底的改观。宣统三年七月初一日，民政部尚书在一次偶然的外出时，亲眼目睹了这种情形，他说："本月初一日晚九点二、三刻之间，本大臣经过护国寺西口迤南至四牌楼大街，马路并无守望巡逻各警，具见警务懈弛，稽查不力，应由该厅饬区查明惩办。"

总之，京师警政取得的成效和存在的弊端都是不容抹杀和勾销的。用内城警厅回复善耆的话来作一概括，大概比较合乎实际："查各区巡守长警其实心任事者固不乏人，而其稽查所不及，纵逸偷安者亦复不少。"②

第四节　步军统领衙门的组织机构和职权

一　职权和性质的演变

步军统领衙门是以八旗和绿营官兵为核心而组成的半军半警性质的京师地方保安机构，地位十分重要，相当于现代的首都警备区（卫戍区）。

"步军统领，又名九门提督，即古之执金吾。管理京师地面，权势重要，驱从尤极煊赫。"③ 步军统领，常由皇帝特派亲信大臣担任。"秩如汉之司隶校尉、明之锦衣卫，虽武职二品，威权甚重，多以王公勋臣兼领其事。汉光武云：'作官须作执金吾'。此官之盛，由来久矣。管辖八旗步军、巡捕五营，又有郎中、员外郎、主事、司务、笔帖式为之属……虽亲王行途，无此威重也。"④

---

① 宣统元年二月初十日《善耆奏折》，中国第一历史档案馆馆藏档案。
② 《内城巡警总厅申复》，中国第一历史档案馆馆藏档案。
③ 《梦蕉亭杂记》卷1。
④ 福格：《听雨丛谈》卷1。

该衙门的主要职掌是负责京师地区的卫戍、警备和治安。"盖九门锁钥、白塔信炮、大内台府，皆归掌之……徒罪以下词讼，皆得自理。出入九衢，清尘洒道，街官闾吏，呵殿道迎……"① 具体地说，可以划分为以下几个方面：

（一）守卫：内城各处按八旗方位分汛驻守，以旗划界，满、蒙、汉各旗设若干汛、栅栏（每汛设步军十二名，每座栅栏设步军三名），均按该管地方远近界址，防守稽查，夜则巡更、击柝。每汛设立更筹，自初更起，上下汛往来传送，黎明乃止。巡捕五营分二十三汛驻守：中营五汛驻守圆明园，南营六汛驻守外城及南郊，北营、左、右营各四汛驻守北郊及东、西郊一带。

（二）断狱：该衙门具有一定的司法权。凡徒罪以下案件可自行审结，徒罪以上录供送刑部定罪。凡旗人犯罪，刑部议定枷示，或步军统领衙门奏明永远枷示的人犯，皆发门监羁禁。该衙门还设有若干个监狱监禁犯人。

（三）门禁：内城九门，外城七门，皆归该衙门驻守稽查。

（四）编查保甲：步军统领衙门仿照保甲规制管理内城户口。凡遇外来人，严加查饬，对铺家业户门牌户册，随时稽查。

（五）缉捕：步军统领衙门负责缉捕京城现发各案，如奴佃放火、私铸私毁、私仇杀人、盗案、抢劫、持刀杀人等。

此外，步军统领衙门还负责巡夜、执行禁令、救火、发信号炮等。

光绪二十七年，八国联军撤出北京，清政府接管了原设于各国占领区内的安民公所并开始创办警政。最初一段时期里，警察事务暂归步军统领衙门管理。据有关资料记载："自交还地面，警察事宜俱归步军衙门，内设警务处，指挥巡捕。"② 其后不久，京师设立了专门的警察机构，步军统领衙门的职掌和组织机构也发生了一定的变化，并作了适当的调整，逐渐由旧式的军事保安组织向警察制度靠拢，但却始终未能转化为警察组织。清末的官方文件、典籍仍将步军统领衙门归入军政类。可见该组织的军事性质仍是占据主导地位的。但由于步军统领衙门一身兼有警军二者的职能，在体制上未免显得有些混乱，"然步军衙门旧制依然，新法未整，事体混淆，互相支吾，诚有一锅爨两饭之慨"③。尽管如此，步军统领衙门仍受到了警察制度的很

---

① 福格：《听雨丛谈》卷1。
② 《川岛浪速上庆亲王书》，载于《现代警察杂志》第2卷第1期。
③ 同上。

大影响。其中的一个重要原因，是这两个机关的长官长期互相兼职。例如，光绪二十八年四月，清廷成立工巡局，派肃亲王善耆负责其事，同时兼任步军统领。光绪二十九年四月，那桐接替善耆，署理"步军统领暨工巡局事务"，仍一身兼为两个衙门的长官。光绪三十一年九月，巡警部成立，徐世昌曾试图改变这种局面。他说："从前工巡局办事人员皆系兼差，心力既分，职非专界。"规定今后"无论部员、厅员补缺后皆不得兼充各衙门差使，以专责成"。① 但看来这项规定并未能完全实行。宣统元年十二月二十日，吏部交片通知民政部："查民政部副大臣现兼步军统领，差务繁重，应暂以左丞作为民政部次官"。② 可见这时民政部的高级官员仍有在步军统领衙门兼职的。

光绪三十年，肃亲王善耆建议："步军改仿警察"，得到了最高当局的批准，③ 但未付诸施行。这时步军统领衙门仍保留了在重要地段设防守卫、门禁、执行禁令、白塔信炮等职权。两翼八旗步军"分驻皇城内外，暨恭备皇太后、皇上、摄政王道差"；巡捕五营马步兵"分驻各门、关厢暨园庭紧要各处所"。④ 管界内发生的重大命盗案件，步军统领衙门亦有承办之责。宣统二年，步军统领衙门上奏指出："步军统领所属五营地面辽阔，五方杂处，盗贼最易潜踪，所有缉捕探访在在均关紧要。从前五城设有练勇局所，与营汛彼此联络，相助为理。自五城裁撤，京畿地面责无旁贷，自应设法整饬，以靖地方"，决定在"适中之地设立五营马步游缉公所"，负责在"京营一带巡逻探访"。宣统三年，步军统领衙门又上奏指出："当此地面吃紧，人心惶惑，非设法增练兵队，无以辅陆军、巡警之不足，于京师地面保卫治安实有莫大之关系。"⑤ 清楚地表明了步军统领衙门与警察机构的关系是"辅其不足"。

光宣之际，步军统领衙门的职权不断受到削弱，兵力人员也大大缩减。首先，它逐渐由原来的维持京师治安的首要地位降格为辅助性的地位。原京师内外城的巡逻、守望、管理户口、整顿街道、消防、卫生、举办慈善和教养游民等职权渐渐由警察机构所取代。当警察人力较少、难于应付时，可以

---

① 《变通工巡局旧章拟定官制奏稿》，中国第一历史档案馆馆藏档案。
② 《吏部知交民政部片》，中国第一历史档案馆馆藏档案。
③ 《清朝续文献通考》卷130，职官16。
④ 同上书卷207，兵6。
⑤ 同上。

与附近"旗兵及营勇联为一气,遇事相互援应"①。在警察实力比较雄厚的地段,步军统领衙门则相应减少其驻兵。如宣统元年四月,步军统领衙门奏称:"查南营所属地面,即外城七门以内,自民政部设立外城巡警总厅设官分职,添练巡警两千数百名,计所增约四倍当年五城练勇之数,逐渐分布。南营制兵差务遂日简于前,拟请由南营兵丁内拨出兵丁三百七十五名分拨北左右三营。"在警察不敷分布的地带,特别是京城四郊,仍须加强步军统领衙门的兵力,"查京营所属地面,计周五百余里,京城以外分隶中、北、左、右四营,地方辽阔,巡逻已觉难周,现有兵额之数已减原额之半,弹压缉捕势难遍及,而民政部巡警一时既不能推广四郊,度支部库款支出,势亦难复旧制,再四思维,惟有将差务较简兵数较多之处量与分拨以资镇摄"。②

其次,步军统领衙门的司法审判职权逐渐被剥夺。司法审判,一直是步军统领衙门的一项重要职权。凡京师地方的轻微刑事案件、旗人犯罪案件、部分民事案件以及办理京控案件等一直由步军统领衙门承担。

工巡局成立后,局内设发审处,办理词讼事件。巡警部和民政部初期,在内外城设立两个预审厅,承担刑事审判和部分民事案件,开始削弱步军统领衙门的审判权。光绪三十三年,京师成立各级审判厅,统一行使司法权。步军统领衙门除保留部分案件的预审等权力外,其他审判权基本被剥夺了。法部制定的《法部等酌拟营翼地方办事章程》规定:"京师既有各级审判衙门,所有呈词、口喊步军统领衙门概不接收。步军统领衙门既有地面缉捕之责,所有拿获动凶、斗殴、拐带、娼赌、命盗等案由步军统领衙门录取大概供词分别解送(各级审判厅)办理。"③步军统领衙门亦发布示谕声称:"嗣后城内刑事民事诉讼在本三堂前提舆呈控喊诉概不接收,应赴各级审判厅呈诉。惟本衙门有地面之责,所有动凶、斗殴、拐带、娼赌各案仍饬官兵严拿究办以清地方。其城中外中、北、左、右各营汛地尚未设立审判厅,所有刑事民事各案应赴各该营汛领买状纸,呈诉解赴本衙门分别审判。其宗室觉罗及各省京控提舆呈诉,准其每逢双期赴本衙门领买状纸呈诉。"④

二 组织机构的沿革

在清末京师设立警察机构以前,长期负责京师治安任务的专门机构是步

---

① 《巡捕队章程》,中国第一历史档案馆馆藏档案。
② 《大清宣统新法令》第5册,"步军统领衙门奏变通五营制兵片"。
③ 《政治官报》:"法制章程类",光绪三十四年正月十四日第106号。
④ 《政治官报》:"示谕报告类",光绪三十四年正月初七日第99号。

军统领衙门、"五城"和顺天府。"五城"即五城察院，是隶属于都察院的文职机构。清代将京师分为中、东、西、南、北五城，都察院分派御史巡城，称"五城察院"或"五城御史衙门"，简称"五城"。五城又分别设兵马司，由五城御史督率，负稽查京师地方治安、审理诉讼、缉捕盗贼等事。光绪三十一年七月，清廷决定成立外城工巡局，认为"内城现办工巡局有条理"，命将"原派之五城御史及街道厅御史著一并裁撤"，并将原有"五城练勇著即改为巡捕"。① 顺天府是京畿的地方行政机关，负责京师远郊及各州县的治安工作。光绪二十八年以后，逐渐创办了警察，与京师内外城巡警总厅分区承担京师的治安工作。这样，到光绪三十二年以后，保留下来的旧式地方治安机关就只有步军统领衙门了。

步军统领衙门简称"步军营"，俗称"九门提督"。其长官全衔是"提督九门步军巡捕五营统领"。它统率的军队有两部分，一部分是八旗的步兵（组为步军营），另一部分是京城绿营的马步兵（组为巡捕五营）。时人以其官署设在北城，与刑部相对应，称为"北衙门"。"步军统领即古之执金吾也，今俗称九门提督，旧秩三品。后侍郎、尚书、大学士、亲王皆兼为之。"② 步军统领设于顺治初年，专管京城满蒙汉军八旗步兵。康熙十三年，兼提督九门事务；三十年，又兼管巡捕三营事务（乾隆四十六年，增为五营，即中、南、北、左、右五营）。雍正七年始定步军统领衙门。

该衙门设统领一人（满缺，从一品），掌九门管钥、门禁，统辖八旗步军、五营将弁，为最高长官。下设左、右翼总兵（正二品）各一人；翼尉（正三品）、副翼尉（从三品）各二人；协尉（正四品）、副尉（正五品）各二十六人；捕盗步军校（正五品）四十人；步军校（正五品）二百一十六人；委署步军校（正六品）七十二人。另设内城九门城门领（正四品）二十五人，城门吏二十五人，门千总二十五人。巡捕五营设副将（从二品）一人，参将（正三品）五人，游击（从三品）五人，都司（正四品）五人，守备（正五品）十八人，千总四十六人，把总九十三人，外委一百三十八人。另在外七门设城门领统（正四品）、城门吏各七人，门千总三十二人。白塔信炮设信炮官（满缺，正四品）一人，监守信炮官（正五品）满、汉军各四人；领催四人，炮手八人，步军十六人。步军统领辖下的兵额是：

---

① 《肃亲王恭录咨行事》，中国第一历史档案馆馆藏档案。
② 姚元之：《竹叶亭杂记》卷1。按，应为正二品，此处姚说"三品"有误。——著者

八旗步军营，康熙年间由八旗满洲、蒙古各佐领下抽调步军领催二人，步军十八人，八旗汉军每佐领下抽调步军领催一人，步军十二人组成，共有领催一千一百五十二人，步军两万一千余人；巡捕五营的马步兵，在乾隆年间共有一万余人，其中，马兵四千余人，战兵、守兵各三千余人，两种兵额总计三万余人。其后屡次裁并，到光宣之际，共有步军约一万余人，马步兵约五千人。步军统领衙门统辖八旗步军及巡捕五营马步兵，按地区分工，分汛防守稽查。八旗步军防守内城，按八旗方位分汛驻守，巡捕五营马步兵防守外城及京郊地方，分二十三汛驻守。除步军统领、左右翼总兵等长官外，以下设有郎中一人，员外郎三人，主事三人，司务一人，笔帖式十八人，学习笔帖式四人，候补员外郎、主事无定员。

步军统领衙门内设置如下机构：

司务厅：负责"稽查监狱，管理各项书役、并署内日用经费等事"。设厅档房，掌"接收廷寄、校片、来文、呈禀，岁修工程、五营拆盖并芟除茂草一切事宜"。

厅科房，掌"办理五营俸廉；监狱囚粮，并马乾、津贴等事"。

理刑科：掌"办理词讼并窃盗案件录供等事"。

司案科：掌"办理陵差各项事宜，并旗营命盗参限比责等事"。

兵缺科：掌"办理五营军政升迁、调补、拣选、挑验并官兵劳绩、履历等事"。

激桶处：掌"守卫消防"。

查案处：掌"存查档案"。

两翼捕务公所：掌"弹压地面，缉捕盗贼"。

银库：掌"存储正杂款项"。

满汉折房：掌"办理满汉折奏"。

俸饷房：掌"办理署内及两翼官兵俸饷"。

清档房：掌"办理两翼官员军政升迁、调补、拣选、挑验，并旗人涉讼等事"。

底档房：掌"办理署内挑选步军事"。

挂号房：掌"办理旗营拏获案件挂号等事宜"。

门军房：掌"传发五营十六门票件"。

皂班房："遇有命盗重案掌责及枷号等事"。

技勇厂：共四处，掌"教练枪操，演习技艺"等事。①

光绪三十二年，经大学士、步军统领那桐等奏准，按照拟定"整顿衙署官员暨两翼五营办法"折，改设：

总司：设郎中三人，员外郎五人，候补员外郎四人，主事五人，候补主事十一人，司务一人，笔帖式三十四人，学习笔帖式四人，掌监查左、右司一切事务，会审重要案件，审核稿件等事。

司务厅：掌管书役弁兵，办理庶务，管理监狱事，下设：正稿股，掌办理奏折事件，缮写办案情况事；副稿股，掌文件收发，封印开印，赴内阁传抄上谕事。

左司（即步军营）：掌接受呈词及分理营翼地面，解送案件等事，下设：两翼理法股，掌传讯、审案事；两翼兵政股，掌督办学堂，监制军装、器械，巡查漕粮事；两翼俸饷股，掌支领薪俸、米面，领销经费事；两翼功过股，掌办理八旗官员出身履历、两翼官员升迁、调补、奖惩等事。

右司（即巡捕五营）：掌审理京控案件，分理营翼地面解送词讼案件事，下设：五营理法股，掌传讯、审案事；五营兵政股，掌督办学堂，监制军装、器械，守卫事；五营俸饷股，掌支领薪俸、米面，批赏钱物，领销经费事；五营功过股，掌官员出身履历、功过拣选、升迁、调补事。②

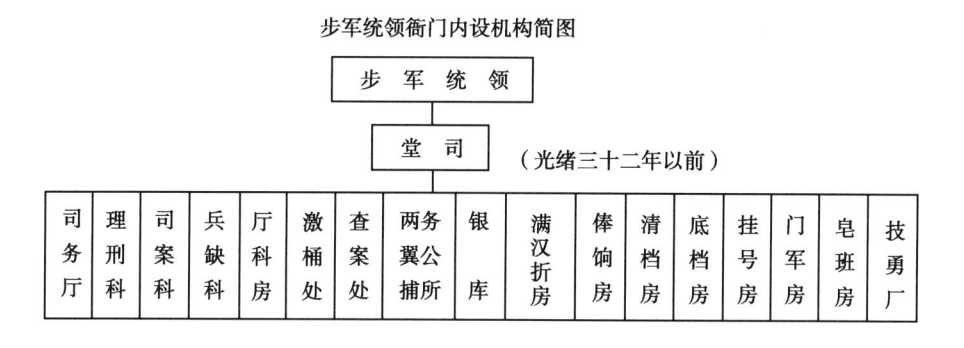

步军统领衙门内设机构简图

```
            步 军 统 领
                │
              堂 司        （光绪三十二年以前）
```

| 司务厅 | 理刑科 | 司案科 | 兵缺科 | 厅科房 | 激桶处 | 查案处 | 两翼公捕所 | 银库 | 满汉折房 | 俸饷房 | 清档房 | 底档房 | 挂号房 | 门军房 | 皂班房 | 技勇厂 |

---

① 《步军统领衙门档案全宗》，中国第一历史档案馆馆藏档案。
② 参见《步军统领衙门档案全宗》及《清代中央国家机关概述》，第361—366页。

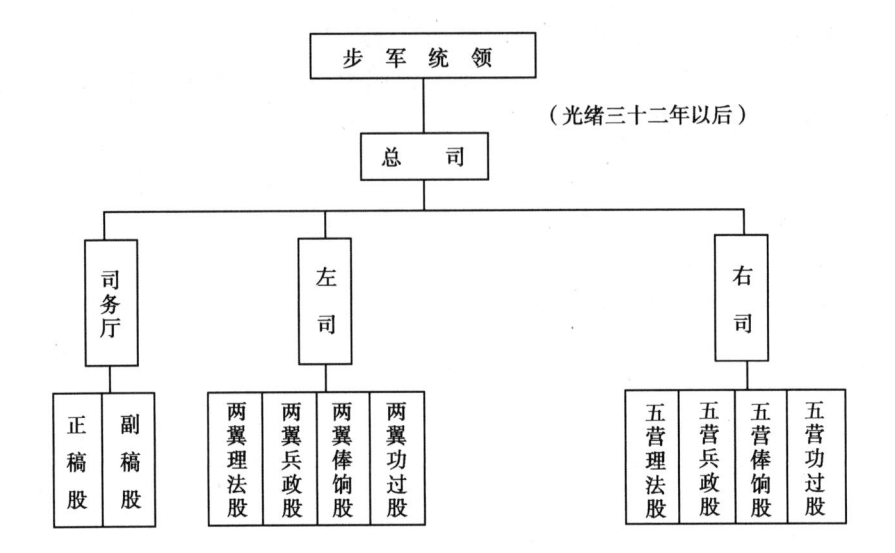

```
                    ┌─────────┐
                    │ 步军统领 │
                    └────┬────┘
                    ┌────┴────┐                （光绪三十二年以后）
                    │  总 司  │
                    └────┬────┘
         ┌───────────────┼───────────────┐
    ┌────┴───┐      ┌────┴───┐      ┌────┴───┐
    │ 司务厅 │      │  左 司 │      │  右 司 │
    └───┬────┘      └────┬───┘      └────┬───┘
     ┌──┴──┐     ┌───┬───┼───┬───┐   ┌───┬───┼───┬───┐
     │正│副│     │两│两│两│两│      │五│五│五│五│
     │稿│稿│     │翼│翼│翼│翼│      │营│营│营│营│
     │股│股│     │理│兵│俸│功│      │理│兵│俸│功│
     │  │  │     │法│政│饷│过│      │法│政│饷│过│
     │  │  │     │股│股│股│股│      │股│股│股│股│
```

第四章

清末地方警政

第一节 地方警政发展的阶段特征

早在戊戌变法以前，早期改良派思想家就曾提出过在全国各地举办警察的设想。戊戌变法时期，湖南首先创办保卫局，此举开清末警政之先河，亦为此后的地方警政建设作出了榜样。

光绪二十七（1901）年七（9）月三十（12）日，清廷发布上谕，命令各省将军督抚裁汰绿营，改练"常备、续备、巡警等军"。[①] 这是清廷决心创办警政的第一次明确的官方表态。自此以后，直至清亡为止，各省陆续办起了警政。但在这十余年里，地方警政的发展，呈现出明显不同的阶段特征。

一 第一阶段

光绪二十七（1901）年八（9）月至光绪三十一（1905）年九（10）月，是清末地方警政的初创阶段。在这个阶段，地方警政的发展带有很大的盲目性和混乱性。中央无成算在胸，不知警政当如何建设，只肯定发展警政的基本方向，而不作任何具体的指导，往往听之任之，造成各地警政发展的随意性和无目的性；当时中央未设统一的警政管理的专门机关，以致各省甚至一省之内的各个地方，警察制度多不相同，参差不齐，混乱不堪。在第一阶段，地方警政建设主要是围绕着改造清朝旧的军事、保安组织（绿营、保甲、团练）进行的。这个阶段，又可以光绪二十八（1902）年九（10）月十六（17）日发布的上谕为限，划分为前后两个时期。第一个时期，各省普遍设立了巡警军。长期以来，清朝担负地方治安任务的是绿营、保甲和团练。绿营是清朝的正规军，分驻于全国各地，负责镇守和地方的各项差

[①] 《德宗实录》卷485。

役。凡察奸、缉捕、缉私、守护、承催等事均归其执掌，职权相当广泛，"绿营实际包括了军队、警察、差役、河夫等等庞杂的性质"①。绿营制度从清顺治初年建立开始，经过一百多年的发展，到乾隆朝才臻于完备。在乾隆中叶以前，绿营作为国家的正规军，在保卫清朝政权，维护社会秩序等方面一直发挥着极为重要的作用。然而，到乾嘉以后，由于绿营本身的腐化和上层统治机构的瘫痪，绿营逐渐衰落。特别是在太平天国起义的打击下，绿营几近于崩溃。此后，清政府虽曾几度试图重建绿营旧制，但终究未能成功。绿营的地位遂被勇营所取代。团练是在嘉庆年间出现的。太平天国战争时期，清廷命令各省举办"团练"助剿。曾国藩等人先后举办"湘军""淮军"，招募团丁为官勇，订营哨之制，粮饷取自公家，变乡团为勇营。战争结束后，一部分勇营被遣散，但各省险要处所仍以勇营留屯，称为防军，并且从绿营中衍化出练军，亦仿勇营建制。自同治朝起至光绪朝中日甲午战争结束以前，防军和练军成为清朝的主要武装力量，取代绿营担负起地方的治安任务。但甲午战争以后，防、练军又相继腐败，无力维持地方的社会秩序。

保甲制度源远流长，历代都有类似的组织。清朝从顺治时即开始推行这一制度，名称虽先后多次变易，但其基本职责都是一致的，即编查户口、稽奸弭盗、劝善惩恶、化民成俗、守卫乡村。保甲制度是清朝以民治民、维持地方秩序的一个重要手段。但到戊戌变法以后，这个制度也趋于腐朽，以致"保甲流弊，防盗不足，扰民有余"②。

总之，到清朝末年，清朝旧有的地方治安机构已基本趋于瘫痪。迫于各地日益高涨的群众运动的打击，清政府不得不改弦更张，试图通过舶来的警察制度，建立起一套新的地方治安体系，以期苟延残喘，维持飘摇欲坠的满清政权。

光绪二十七年七月三十日，清廷发布上谕，指出："各省制兵防勇甚为疲弱，业经通谕各省督抚认真裁汰，另练有用之兵……著各省将军、督抚将原有各营严行裁汰，精选若干营，分为常备、续备、巡警等军，一律操习新式枪炮，认真训练以成劲旅，仍随时严切考校，如有沿染旧习，惰窳废弛，即行严参惩办，朝廷振兴戎政，在此一举。各该将军、督抚务当实力整顿，

---

① 罗尔纲：《绿营兵志》，第6页。
② 《袁世凯奏折》，中国第一历史档案馆藏档案。

加意修明，以期日有起色，无负谆谆诰诫之至意。"① 从这道上谕来看，此时，最高统治者还不太清楚军队与警察的差别；指示建立的警察，只不过是军队的一种。有的官员干脆把巡警军理解为新建的"经制军"（正规军）。如山西巡抚赵尔巽说："晋省绿（营）兵行将汰尽，此后各属巡警兵即为经制之师，举凡保卫城乡、巡成关隘，护饷解犯等事，皆为巡兵专责。"② 因此，很多省份建立的警察，只不过是旧军队的改头换面而已，还谈不上有多少警察的性质。例如，安徽省安庆将原保甲团练改编为警察："查安庆向设保甲局，且驻有练军，若改保甲为警察，拨练勇为巡兵，则事立行而民无扰累，遂督同司道悉心筹议厘定章程，即将保甲局裁撤，一面于省城设立警察总局，分别设大小分局，选派妥员按段逡巡并以驻省之练军亲兵一营改为警察，遴委妥员管带，计弁兵三百八员名，分布城厢内外，凡稽查、弹压、缉捕、巡防，责成管带督率，认真经理，已于十月初一日开办。"③ 又如，广西将原绿营、团练改为巡警军，"前升任抚臣丁振铎于《复陈变通营制改练新操折》内声明：'将绿营制兵并各团练挑作巡警'，未及举行，前护抚臣丁体常饬令抚标两营并桂林城守营练军分段巡查，意在化无用为有用"④。再如，福建省"先经前督臣许应骙奏明将通省练军、制兵汰弱留强别练巡警军一枝，共四千四百人，分为二十二队，每队二百人，派管带一员，哨官四名，分驻各属。奏后随将各属制兵改设巡警军第一、第二、第三，共三队，以两队交福州城守协管带，以一队交督标中协副将管带，余均未及编定"。"复经前兼署督臣崇善奏明改为全省编设巡警军三十八队半，每队正兵一百六十名，应设巡警军六千一百六十名。"⑤

从以上资料看，这时各省设立的巡警军，除将本省原有绿营、团练和保甲兵员略作调整、选拔外，并无大的改变，只是换上一个巡警军的名称而已，甚至连旧有的称号、官兵职衔和编制都未作任何变动。端方在谈到江苏省的情况时曾说："中国近所仿效，体格皆未完全，巡捕既不出自学堂，捕员亦罔知其义务，因陋就简。审势度宜，虽已变警察之名，仍未尽革保甲之习，上年开办之始，固亦不得不然。"⑥ 这种情况并非仅仅出现在上面列举

---

① 《光绪朝东华录》第 4 册，第 4718—4719 页。
② 《赵尔巽奏折》，中国第一历史档案馆藏档案。
③ 光绪二十九年十一月十二日安徽巡抚诚勋奏折，中国第一历史档案馆藏档案。
④ 光绪三十年三月初九日广西巡抚柯逢时奏折，中国第一历史档案馆藏档案。
⑤ 光绪三十年三月初九日署闽浙总督、江西巡抚李兴锐奏折，中国第一历史档案馆藏档案。
⑥ 《端忠敏公奏稿》卷 4，光绪三十年九月《整顿警察折》。

的几省之中，而是代表着当时各省的一种普遍趋势。及时扭转这种倾向，并将之引入近代化发展轨道的，是一些熟悉洋务的封疆大吏。这些人或者上书朝廷，指陈传统方法的不合时宜，或者直接采用西洋方法创办警察。例如，署四川总督、广东巡抚岑春煊在光绪二十八年十月二十八日的一道奏折中写道："惟考东西各国，其从事警察者，官吏固常卒业中学之人，即其警兵亦皆有六年小学之资格，而又立警察专门以教之。盖其责任至重，权限至严，苟非深明其法义善政，适足以殃民。中国兵卒无论矣，即官吏亦多不事学，言乎警察，尤概乎无闻，聚比等官吏兵卒而畀以实行警察之权，是名为託以治安，实则速其扰乱。"①

由于深知绿营、团练的积弊，四川省在创办巡警时"将绿营分别全裁，腾出饷项，另设巡兵"②，以防绿营恶习传染到警察中来。署闽浙总督、江西巡抚李兴锐，在写给朝廷的一道奏折中对此阐述得就更清楚："臣到任以后，体察情形，前督臣之请以练军制兵改办巡警，原以绿营窳惰无用，久为世诟，不得不急图改良以冀化无用为有用。惟是警察之学最精，东西各国讲求此事均先设立学堂，教育合度，然后授以巡捕之任，用能卫民生，去民害……以绿营弁兵目不识丁，安能胜任？且巡兵之设固重巡练，而其用尤在于除无形之隐患而非责以征战之力。即设巡警军，则居民铺户均须立牌籍册，有清道之举，有贸易之场，大抵悉关地方之事，故部署之法亦与防军大异……警察一事断非绿营弁兵所能为，非变而通之，难以施行尽利也。"③北洋大臣直隶总督袁世凯在保定试办巡警时，直接采用西洋方法，取得一定成效。他在写给皇帝的一道奏折中说："直隶自庚子以来，民气彫伤，伏莽未清，非遵旨速行巡警不足以禁暴诘奸周知民隐。臣于四月间查明西法拟定章程，在保定管城创设警务总局一所，分局五所，遴委干员筹办，挑选巡兵五百人分布城厢内外，按照章程，行之数月，地方渐臻静谧，宵小不至横行，似已颇有成效。但事属草创，非精益求精不可。拟更添设警务学堂一所，责令巡兵分班学习，并令警务各官弁入堂讲习，务令心知其意……"④

袁世凯的办警方法得到朝廷的赞许，光绪二十八年九月十六日，清廷发布上谕，命令各省仿照袁世凯的方法办理警察："前据袁世凯奏定警务章

---

① 《岑春煊奏折》，中国第一历史档案馆藏档案。
② 《李兴锐奏折》，中国第一历史档案馆藏档案。
③ 光绪三十年四月二十八日"李兴锐奏折"，中国第一历史档案馆藏档案。
④ 光绪二十八年七月初八日"袁世凯奏折"，中国第一历史档案馆藏档案。

程，于保卫地方一切甚属妥善。著各直省督抚仿照直隶章程奏明办理。不准视为缓图，因循不办，将此通谕之。"① 从此开始，地方警政进入第一阶段的后一时期，各省纷纷仿效直隶设立巡警局、警务局，但往往机械照搬，并没有多大的实际效果可言。

朝廷上谕下达后，在新政推行较力的一些省份得到响应。有的省份派属员到京师和天津的警察学堂学习，有的省份自己也办起了警察学堂。如山东巡抚周馥在汇报山东办警情况时说："窃臣恭读光绪二十八年九月十六日上谕，仰见朝廷整饬军政，御患安民之至意。山东为南北冲途，铁路遍于腹地，加以矿务繁兴，中外商民络绎于道，警察尤为当务之急。臣抵任以来，已派兵一百名分赴京师、天津两处警务学堂就师学习。拟俟明春学业粗就，一面延师来东开设学堂，一面添募弁兵，且教且用，先由省城而烟台，而铁路，车站，与夫胶澳威海租界附近地面，并开矿处所、紧要集镇逐渐布置。"② 又如四川继直隶之后较早办起了警察学堂，岑春煊在接到九月十六日的上谕后，上书介绍了四川的情况。他说："现在京师及直隶均开立警察学堂，盖亦深防其弊。臣谨师其意，先于成都创立四川通省警察学堂，挑选文武员弁五十名，择聘教习，就四川民情之所能安而为四川警察官之所必学者，编辑课本，不矜繁博，简易速成，三月毕业，定于十一月初三日开学，俟有可任之人，即先行之省会，如尚无窒碍，而复宽筹款项，明夏秋之际续选第二班学生更教以精深之法，以推广于各府州县。"③

在一些偏远闭塞、"新政"推行不力的省份，朝廷九月十六日的上谕并没能起到多大的作用。例如，云南省到光绪三十年才刚刚开始筹办警察。云南巡抚林绍年说："再臣等恭阅邸钞于光绪二十八年九月十六日奉上谕……自应钦遵办理，惟滇省地处极边，界连缅越，汉夷繁杂，品类不齐，匪盗最易潜生，亟宜奉办警务，认真巡警，以期内奸净除，消患无形。而现在开修铁路，一切保护弹压以及词讼交涉等事均关紧要，尤宜预先筹维，免致外人藉口夺我之权。兹臣等公同商议，拟就节裁绿营弁兵及保甲各款，由省城先行设局试办，一俟办有成效，再行逐渐推广，以裨地方。"④ 再如江苏、湖南、陕西等省，接到九月十六日的上谕后，才开始改保甲、绿营、练军为警

---

① 《光绪朝东华录》第5册，第4935页。
② 光绪二十八年十二月初三日"周馥奏折"，中国第一历史档案馆藏档案。
③ 光绪二十八年十月二十八日"岑春煊奏折"，中国第一历史档案馆藏档案。
④ 光绪三十年五月二十九日"林绍年奏折"，中国第一历史档案馆藏档案。

察，仍只是称谓的改变，并未即刻学习直隶的方法。如陕西省"拟将省城保甲总局改为巡警总局，城厢内外各（保甲）分局即为巡警分局，街面各堆拨量加修葺即为警兵居止。协标一营，抚标三营前已改为巡警军者今再简汰一次，挑募精健守法者约四百人，即以向来哨弁分带并受查街委员之指挥、约束。文自牧令以下，武自都守以下改为总巡、分巡、巡官、巡长、巡目、巡纪等名目"①。在湖南，巡抚俞廉三"根据直隶章程将保甲局改为警务局，派亲军后营兵丁轮流站街，省城始有警察之名"②。

可见，地方警政并未能因二十八年九月十六日的一道上谕而迅速改观，各地警察仍是"皆以营兵充补，实难望其诸事合宜"③。但袁世凯确实为各省树立了榜样，为地方警政的发展指出了一条可行的道路，即：在客观条件限制下，各省根据自己的具体情况，从办理警察学堂、培训警务知识、改造旧兵弁的素质入手，逐渐建立起一支新型的警察队伍。端方曾说："只有酌量先设警察学堂，更迭训练，以策后效。"④ 岑春煊也曾指出："至警察章程，东西各国之所以精密皆由日积月累，循序渐进，断非一蹴能几。"⑤

二 第二阶段

光绪三十一年直迄清亡，是地方警政稳步开展的阶段。这个阶段也可分为前后两个时期。光绪三十三年五月以前，是第一个时期。这个时期，中央设立了管理全国警政的专门机构，以统一管理地方警政，但未能落到实处。因此说，这个时期仍然处于向新体制的过渡之中。

光绪三十一年，巡警部的设立，是清末地方警政发展的一个重要步骤。在此之前，地方各自为政的现象十分严重，各省警察名称不一，章程各异，发展也不平衡。徐世昌在谈到这个时期的情况时曾说："光绪二十七年钦奉谕旨饬练巡警军，各省多就绿营设法。比年以来，办法既有参差，名称复不划一，且有虽经具奏，并未实行者，于警政之规制饷章均有窒碍。"⑥

巡警部的设立并没能根本改变上述状况。由于巡警部存在的时间只有一年，人力、财力都不充足，缺乏经验，而且无权直接管理各省警政，主要精

---

① 《陕西警务办法》，中国第一历史档案馆藏档案。
② 《端忠敏公奏稿》卷5，"筹办警察情形折"。
③ 《端忠敏公奏稿》卷4，"整顿警察折"。
④ 同上。
⑤ 《岑春煊奏折》，中国第一历史档案馆藏档案。
⑥ 《大清法规大全》卷3。

力用于自身的机构建设和整顿京师警察，一时还无暇太多地顾及各省警政的发展。但巡警部的成立对促进清末地方警政的发展仍起了很大的积极作用。首先，这个机构的成立本身就表明了清廷对地方警政十分重视，这种态度势必会影响到各省的主管官员；其次，巡警部虽然不能直接管理各省警政，但却有权予以指导和监督，制定统一的规划和方案，确定地方警政发展的基本方向，协调各省的警政建设；再次，巡警部成立后组织编译国外警察法规和警学书籍，这对于各级警察官员全面系统地了解近代西方警察制度起到了一定的作用；最后，巡警部还在各省设立采访官，调查了解各省警政的发展状况，加强中央与地方的警察业务联系。因此，巡警部成立的意义要远远大于它实际发挥的作用。

巡警部成立一年以后，即光绪三十二年九月，改为民政部，职权有所扩大，并进一步加强了对各省警政的监督指导。民政部左右丞及参议可以"随时奏派考查各省民政事宜"①，并仍按巡警部旧制设置一、二、三等采访官，采访各省"民政、警务一切事宜"②。例如，清末很有影响的人物朱德裳，宣统末年任京师内城巡警总厅卫生处佥事；宣统三年请假回湖南原籍扫墓，即被民政部委以"调查湖南警务成绩"之任。民政部札勒中说："各省警察，本部有督率之责，自应派员调查以资考核"，朱德裳"籍隶湖南，地方情形较为熟悉……于该省办理警政如何，就近调查切实报告"。③ 同年，民政部还派出"本部参议厅帮办员外郎朱纶往长江一带查探情形立即起程"④。

光绪三十三年五月起，进入第二个时期。在这个时期，中央对地方警政的管理得到了一定的落实。各省设立了警政管理的专门机构，并由省城向基层扩展。清政府制定了地方警政发展的分期规划。光绪三十三年五月二十七日，那拉氏批准在各省设置巡警道，管理全省警察业务。⑤ 根据巡警道章程的规定，各省置巡警道员一人，"归督抚统属，管理全省巡警事宜。"巡警道"除受各该省督抚节制考核外，仍由民政部随时考查。如有任事日久实在不能得力者，即行据实奏参"。巡警道所办一切事项，除随时向本省督抚

---

① 《改定部厅权限章程》，中国第一历史档案馆藏档案。
② 同上。
③ 《札勒内厅卫生处佥事朱德裳调查湖南成绩由》，中国第一历史档案馆藏档案。
④ 同上。
⑤ 《德宗实录》卷574。

汇报外，还必须于每年年终"汇齐造册列表申报民政部查核。如遇重要事件准一面申请该省督抚核办，一面报部备案"。①事实上，民政部对各省治安警察事务也有权随时过问。例如，宣统二年六月二十四日，山西省农民因天旱求雨，进入省城，"凡遇有打伞、持扇、戴草帽者，以为与求雨不利，无不上前摘落探询"，此时正逢一警察"着制服戴草帽走出，竟被伊等撕殴"，双方发生冲突。民政部为此致电山西巡警道连印询问详情，连印当即复电"敬悉。省城附近天旱，乡民祈雨，虽沿陋习，幸弹压无事，刻小雨，民渐静"②。

各省巡警道在所在地方设立官署，管理全省警务，"巡警道应督饬各厅州县，按照奏定官制通则，各就所管地方分划区域，举办巡警，并得禀明督抚随时亲赴巡查或派员视察，完竣时即将详细巡察情形禀报本省督抚并申民政部备案"③。巡警道的设置，是清末地方警政逐步走入正轨并渐趋一体化、正规化的重要一环。这个机构的设置，一方面使中央对地方的警政管理得到切实的保障；另一方面也使每省的警政有了专门的管理机关，保证了省内警务管理的一致性。根据光绪三十三年五月二十七日的上谕，光绪三十四年以后各省相继设立了巡警道。

光绪三十二（1906）年七（9）月十三（1）日，那拉氏通过光绪帝发布上谕，承认"各国之所以富强者，实由于实行宪法……时处今日，惟有及时详晰甄核，仿行宪政"，才能"立国家万年有道之基"。但她又认为"目前规制未备，民智未开"，还不能立即实行宪政，必须经过一段时期的筹备，采取一系列的措施方可。在这些筹备措施之中，"普设巡警"也是一个重要的内容。根据这道上谕的精神，光绪三十四年，宪政编查馆、资政院会奏筹备立宪事宜，并拟订了一个"逐年筹备事宜清单"。清单规定以光绪三十四年（1908）为第一年，通过九年时间完成立宪的筹备工作。清单提出：由民政部和各省督抚共同负责，于筹备立宪的第二年（宣统元年）在各厅州县设立巡警，限当年初具规模，次年"一律完备"。第四年（宣统三年）筹办乡镇巡警，第五年（1912年）推广，第六年（1913年）初具规模，第八年（1915年）一律完备。

根据这个清单，民政部于宣统元（1909）年闰二（4）月二十三（13）

---

① 《大清法规大全》卷 21 上。
② 《连印禀及复电》，中国第一历史档案馆馆藏档案。
③ 《大清法规大全》卷 21 上。

日拟定了一个筹办地方警政的八年方案，报请批准。该方案计划：于宣统元年"督催各省将该省省会及外府所属各首县并商埠地方巡警一律办齐"；宣统二年"督催各省将上年未经筹办之各厅州县巡警一律办齐"；宣统三年"考核各厅州县巡警办理成绩"，"指定各繁盛市镇地方督催筹办该镇巡警事宜"；宣统四年"考核上年指定各市镇巡警办理成绩"，"指定各省中等市镇地方督催筹办该镇巡警事宜"；宣统五年"考核上年指定各市镇巡警办理成绩"，"督催各省将所属近城各乡地方巡警一律办齐"；宣统六年"督催各省就所属偏僻各乡地方指定若干处筹办该乡巡警"；宣统七年"督催各省将上年未经筹办之各乡巡警一律办齐"；宣统八年"考核上年续行筹办之乡镇巡警办理成绩"。①

据有关方面的统计，到宣统元年底，各省厅州县警察的筹办情况看来不很理想。这年十二月十八日民政部在呈报的奏折中写道："厅州县巡警年内已粗具规模比如直隶、吉林、黑龙江、江西、甘肃、湖南、广东、云南、热河等省册表均已到部。安徽省则仅将表式送部，至顺天、奉天、江苏、山东、山西、河南、陕西、新疆、福建、浙江、湖北、四川、广西、贵州等省均尚未据咨送册表，有称开办实占多数者，有俟下届汇报者，有先筹设教练所者，有咨报设巡警若干处及尚待推广者。"根据这些统计，民政部对该年度厅州县警察筹办情形的结论是："总核各省筹备警政情形，实力举办者固多，而因循敷衍者亦在所不免。"鉴于此，民政部提出："似此办理深恐于推行警政不无滞碍，拟请饬下各省督抚及各将军都统等，于应行筹备事宜按照期限迅速举办，每届六个月，奏报之期分别详细列表先期咨部以凭汇案奏报，毋得稍涉含混致滋延误。"② 宣统二（1910）年二（3）月初三（13）日，民政部作了第二次统计，其中说："为督催各省省会及外府所属各首县并商埠地方巡警。查各省举办巡警均于上年咨报到齐，其直隶、安徽、广东等省则已将全省厅州县巡警成绩表册咨送到部，江苏亦经奏称各厅州县巡警于元年十月内一律办齐，湖北省上年三月间奏报全属举办已在八成以外，其余各省或均粗具规模，或已成立过半，迭据各该省依限咨明，尚无延误。"③

光宣之际，全国各地的人民革命斗争再趋高涨，立宪派也发动了几次大

---

① 《大清宣统新法令》第3册，"民政部奏遵拟逐年筹备事宜折并清单"。
② 《大清宣统新法令》第12册，"民政部专案奏报各省厅州县巡警年内粗具规模情形折"。
③ 《大清宣统新法令》第17册，"民政部奏陈明第二年第二次筹办成绩折"。

规模的请愿活动。在各种势力的压迫下，清政府不得不于宣统二年十月初三日发布上谕，宣布将原定的九年预备立宪期限缩短为五年。①

根据这道上谕的精神，民政部也于同年十月十九日拟定了相应的计划："查巡警为内政之一端，责任至重，关系至钜，诚为召集议员以前必须完备之最要事宜。案查宪政分年筹备事宜清单，宣统七年，乡镇巡警一律完备等，因现在缩改于宣统五年开设议院，所有应行筹设乡镇巡警自应提前赶办。并据各省奏咨于乡镇巡警有业经提前举办者，本部通盘筹划，详细核拟，所有各省厅州县乡镇巡警限于宣统五年召集议院以前一律完备。"②

然而，直迄清亡，各省厅州县及乡镇巡警的普及程度仍很有限。徐世昌曾说："前清末年，有乡镇巡警之议，迄难实行。盖乡镇与城市不同，村落又与乡镇不同，筹费难易往往判若霄壤。"③ 何刚德也记述说："端午桥制军告余曰以中国地大，只求一里有两个警察，年已需五万万，以全国岁入，办一警察尚受不彀，当时岁入未至四万万何论其他？渠倡言立宪，嘉办新政，所言竟与之相反，不知何意。嗣后各县勉强兴办，小县二、三十人，大县亦不过五、六十人。"④

第二节　地方警政发展中存在的问题

在清末地方警政的发展中存在的问题很多，概括而言可以归纳为三个方面。其一，警政人员素质普遍较差；其二，警政管理权不统一；其三，警政发展严重失衡。关于第一点，本书拟在第五章中专门探讨，下仅分述后两个方面。

一　警政管理权分散

清末地方警政，如果从光绪二十七年八月算起，至宣统三年十月止，前后经历了十来个年头，时间不能算太短；清政府上至皇帝、太后，下至地方大僚无不介身其中。上谕部申，朝夕相继，用心也不可谓不专，但成效如何呢？时人曾有评述："所可惜者时局耳，夫时局非真不可为也，为之而未得

---

① 《宣统政纪》卷43，宣统二年十月癸酉。
② 《各省厅州县乡镇巡警应于召集议院以前一律完备》，中国第一历史档案馆藏档案。
③ 《将吏法言》卷5，"知事"二"警察"。
④ 《客座偶谈》卷1。

其道，斯大可惜耳。他事非所知，即以巡警论，近数年来，设专部立专官，自京师以至各行省，扩广办理，雷厉风行，观其外表似整饬而有余，究其内容，凌杂而无序。"① 看来效果很不理想，"未得其道"的评论可谓中肯。"未得其道"之处固然很多，但警政管理权不能统一，上令不能下达，彼此不能呼应，造成地方各自为政、各行其是的现象，当是最"失道"的。有人曾尖锐地指出这种"失道"的危害所在："我国家地大物博、风俗习尚省各不同，而一省之中，尤府厅州县各异其势。因时因地，各有攸宜，中国政教相沿，亦持此议，惟沿习既久，弊障丛生，疆畛之分，几同异域。昔甲午中东之战，日人当廷议时，多以中国地广人众可虑，日相伊藤独谓中国地方，省各一国，向不相顾，以日本敌中国，诚属不足，而以日本敌中国各省中之一直隶则有余，遂定战局。痛哉言呼！实百喙而莫辩也。前车既覆，来轸方遒，政治改良，当求殷鉴！"② 然而到光绪三十一年以前，清廷开办地方警政已有三四年的时间，但在中央，没有管理全国警政的统一性机构；在地方，也没有警政管理的专门机构。各省警政大多由按察使或其他司道大员兼管，各州县则由州县官兼理。这些人往往并无近代警察的专门知识，同时又身兼多职也无暇过问警政，以致造成这样一种现象，某地方警政是否发达，往往由该地方行政长官的素质所决定。如果某封疆大吏热心警政，精通洋务，该地方警政则随之得到发展，这些人一去职，该地方警政又相应废弛。如袁世凯、徐世昌、岑春煊、李兴锐、端方等人曾先后在山东、直隶、东北三省、四川、江西、江苏等地任督抚，当其在任时，警政大都得到发展；其一旦去任，警政即濒于停滞乃至重归落后。仍然是因人施政，其人存则其政举，其人亡而其政息。光绪三十一年以后，清政府先后设立巡警部和民政部。根据规定，巡警部和民政部是监督指导全国警政的专门机构，但大家仍停留在口头上，在实践中很难兑现。巡警部和民政部名义上权力广泛，实际上仍局限于京师一隅。当时人们曾讥讽民政部是京师警视厅。"民部为全国巡警纲领，而所办者，多囿于一部之范围，未能为全局通盘之计划。近时论者，每诋民部为京师之警视厅，持论虽苛，而不为无见。京师如是，而外省何言？"③

在各省巡警道设立之前，巡警部、民政部对地方警政管理只是原则上

---

① 《张玉辉禀呈》，中国第一历史档案馆藏档案。
② 同上。
③ 同上。

的。除了议复某些地方督抚有关警政的奏议、制订若干警政计划外，就是每年向各省派出几名采访官，缺乏直接、具体的管理，对各省的警政自然也无法产生太大的影响。因此，地方各自为政的现象也没有很大的改变："其更可骇怪者，则各省举行新政大多以改头换面为能。从前巡警初办局所之时，则换形于保甲，迨今日设为官缺之际，又多移步于局所。名称不一，事权庞杂，部章俱在，而总成之人毫无警学之知识，即有矣，而又苦所学之不深……目前情形虽转明白，然官制未终实行，各省自为风气。"①

各省巡警道设立以后，在名义上，中央对地方警政的管理有了一定的落实，但实际上，各省警政大权仍把持在督抚手中。经费、人事、行政三项大权，民政部虽有权过问，但无权作出决定。当时有人曾强烈呼吁民政部集中行使全国警政的管理权。

民政部成立以后，警政混乱，腐败现象仍未得到很大改观。为此，民政部尚书肃亲王善耆也招致很多抱怨。其实，善耆也有许多难言之隐。

善耆是在中国近代警察史上举足轻重的人物，对于创建清末警政曾发挥过重要的作用。近代著名掌故学家徐一士先生曾说："善耆在清末亲贵中，有开明之目，兹亦就所闻，附述其事。庚子之变以后，清廷讲新政改革，善耆以亲贵考求甚力，颇号新派。其接收京师警权，管理工巡局，用人以通时务者为主。后来之官民政部尚书，亦循此旨。"② 可见善耆并非软弱庸碌、毫无心志之辈。但由于那拉氏长期把持朝政，对惯于结交新派人物的善耆颇多疑忌，慑于这老妇人的淫威，善耆也不敢有所作为。《肃亲王墓志铭》记载："甲午中日战事讫，王与康有为善，因益周诇四国之故，暨戊戌政变，孝钦颇不喜王……回銮后，诸皇室以王与新党交，皆镌讥王，孝钦益不喜。浮沉五、六年间，虽派充御前大臣，后扈大臣，镶黄旗蒙古都统，调补镶蓝旗满洲都统，管理雍和宫事务，理藩院事务，管理巡捕事务，皆闲散差使，无所事事……会朝廷决立宪，徐世昌出督辽东，授王为民政部尚书。谢恩日，孝钦召见王，厉声问曰：'善耆！剧更进未？'王叩头谢无状，请自今振作。自是益韬晦，不敢有兴废。及其拾遗弥缝，尚为诸尚书所不及。"看来在慈禧太后去世之前，善耆的所作所为也不过是"拾遗弥缝"而已。至宣统嗣位，摄政王监国，善耆有心振作，但警政积弊已深，清王朝颓势难挽，善耆也是心有余而力不足了。"宣统二年，汪精卫谋炸摄政王载沣。案

---

① 参见《张玉辉禀呈》，中国第一历史档案馆藏档案。
② 徐一士：《一士谈荟·庚戌炸弹案》。

发后,善耆力主从宽发落汪氏,又引起摄政王载沣的怀疑。于是诸亲贵大哗,谓王通革命党,其沟黄兴由朱还也。蜚语达内廷监国已疑之。"① 由于善耆的处境十分尴尬,经常受人疑忌,自然不敢多有作为,只得唯唯诺诺,听之任之而已。当时有人曾向善耆提出许多集中警权的具体措施,如张玉辉说:"中央之权何以集? 伏唯京师民部为天下民政之根本,正木者必培其根干而枝叶乃荣,治水者必清其源泉,而支流乃远。变法图强之际,用人行政,在在均关系紧要,一有不慎,百弊丛生……自非将各省巡警用人之权集中之于中央,则考核几无所于措。"张玉辉还提出两项具体建议:其一,民政部统一行使对地方警政的人事权:"至外省巡警道以下各员,在钧部亦常有查察之明文,考试之专则,而究之权未集中,实行无日。其甚者,外省长官每遇更替,则从前承办诸人必有一番天演竞争之淘汰。无论被汰者果系如何,而长官之来后,车如龙,从者如鲫,交游亲故,瞻循殊多。窃谓各省警界之用人,当悉由钧部为专主,如虑鞭长莫及,则尽可将各处巡警毕业学生分别考试,发往各省充当候补警官,并责成该管民政司或巡警道,凡有差缺先尽发往候补之人,量能授职,随时报部,切实考求,不得任意委用未经学习之人,以示限制。一面将各省民政司、巡警道新任时随带多人之禁,严切订定。则用人之权集也。"其二,统一各省的警察规章,"尝意钧部综持警政,外省一切章制,虽难为详细之明文,亦当有纲维之规制,庶几范围所定,纲举目张。乃钧部自设立以来,对于外省巡警,其各项行政尚无一定条件,而一任各省之自生自灭,参伍错综,莫明一是。今试搜辑全国各省之警章,其能有同归而殊途者乎? 殆无有也! 谓宜饬下所司,分别提议,辑为重书颁行各省。并须念各省巡警人员其学识思想均尚在幼稚时代,每一章制中,如文义稍有疑难者,即将解释之方法及其规定之理由,分疏详注,勒令参照而行,不准擅越范围,致滋流弊。一面将上年拟于各省添委之谘议官一律设立,责以调查报告,预备改良。或者一发所牵,全身可动。否则因仍不改,标准未齐,虽有智者,莫如何也!"②

张玉辉的建议可谓详明、中肯,其实善耆何尝没有考虑过这些。早在民政部拟定各省巡警道章程时,善耆就有意要扩大民政部对地方警政的领导权,规定各省巡警道员的人选由民政部提名。但是在宪政编查馆议复这个章程时,对此却予以否决,规定仍由各省督抚提名。善耆还试图提高巡警道属

---

① 朱德裳:《三十年闻见录·大清肃忠亲王墓志铭》。
② 《张玉辉禀呈》,第一历史档案馆馆藏档案。

官的地位，也遭到了否决。对此善耆也无可奈何。因此直至清朝覆亡，地方警政管理权不统一的现象始终未能有所改观。

就各省而言，警政管理权也并不真正集中于巡警道之手。地方行政长官把持警务大权，是清末地方警政的一个重要特点。根据《巡警道官制》规定，各厅州县应置警务长一人，受巡警道及地方官指挥，管理境内警察事务。然而各厅州县往往在警务长之上又设有坐办等职，由地方官兼任，为警务长的顶头上司。"坐办以地方官任之，警长、区长、庶务、书记均隶其下。然亦间有以坐办兼警长，以警长兼庶务或书记者。"四川龙安府更以知府兼任警察监督。① 当时曾有人指出："查南北洋巡警章程，有督办、总办、参事、各科长、课员、正副巡官、巡弁、巡记、巡长、巡士等各目，省城如是，府厅州县从而效之，且加以会办、坐办、文案、董事、总巡、捉调、裁判等名称，遂至统筹无属，等级混淆，名分难分，事权不一。乡局或不受邑局节制，邑局或不受郡局节制……南北洋与边省无论矣！即一省之中，各府州县之中，各区域办法又不同，内容既优劣不齐，形式更参差不一。是何异简陋相沿之保甲，或仅如甫经组织之商团。就事论功，岂世效是，皆规制之未能划一也。"② 诸如此类，不能胜数。总之，在州县警务长之上，政出多门，致警务长往往不知所从。

二 警政发展不平衡

清末地方警政的另一个突出特点是发展程度的严重不平衡。这种不平衡包括以下几层含义。

其一，各省份之间的不平衡。某些省份，警政发展程度较高。例如，直隶、广东、四川、东北三省，警政较为发达。但多数省份，警政则相对比较落后，而一些边远省份，如贵州、云南、甘肃、新疆、西藏等省则特别落后。当时曾有人评述说："平情而论之，各省巡警当以直隶为冠，次则南洋之六科三十课所订高等之巡警……其余山东之模样初谙，河南之血脉初畅，秦晋之鼾睡初醒，闽浙之制度将定，两广之则例刚备，两湖之局势方新，云贵之梦寐犹浓，四川之精神未准。若不早为大声疾呼，将见聋者终聋，聩者终聩，其流弊何于胡底？"③

---

① 《调查川省警察行政沿习利弊报告书》下篇。
② 《张仁禀呈》，中国第一历史档案馆馆藏档案。
③ 《项左辅禀呈》，中国第一历史档案馆馆藏档案。

光绪三十二年，湖南善化县生员叶芳曾上书徐世昌密陈湖南警政之弊端。他说，"湖南省城警察虽经各大宪维持，稍有条理。然警员则多吸洋烟，警兵则多招无赖……湖南风气素称固闭，若外国来湘传教者则日多一日，虽经地方官妥为保护，而小民无知，乡曲仍有滋事之案。现在办理警务各员绅不但无一通译者，即研究公法约章者亦绝少。故一遇教案，非过于抗拒即失主将就。此皆由外交、警务全未讲求……湖南警察并未置一路灯，亦未派一侦探。不但偏僻街衢夜间绝无一警兵巡逻，甚或大街闹市，日间亦少警兵踪影。是亦省城命案窃盗迭出，而警察均莫知措手。命案最近最大者如去腊英巡捕恺利被凶徒枪毙于城中之东牌楼，警察竟任凶犯从容出城，逃至浏阳。窃案之最近者如白鹤巷内之富训里魏宅被贼洞穿墙壁，又凤仪园内窃贼上屋及撬门等"。叶芳还将天津与湖南加以比较，指出："芳尝见天津警察，街衢洁净，灯柱密布，巡兵往来不得错乱，巡弁、巡长查察，复有巡逻稽查，时刻逡巡，簿录功过，规距严谨，条理分明。以湖南警察视天津，诚有天壤之别。噫！我湖南何不若天津哉？今安得湖南亦如天津哉？警察改良，予曰望之，予曰望之！"[①] 其实湖南在当时说，并非全国最落后的省份，其状况尚且如此，至于边远落后省份，更是可想而知。

其二，省城及重要城市商埠与一般城市发展的不平衡。清末举办地方警政，大多集中于省城或重要城市、商埠，至于一般府、厅、州县治城，则极为简陋。天津、保定、奉天、上海、广州、成都、重庆、武昌、汉口等城市，警政已具有相当的规模。如成都省城警察总局，下辖六大总区，四十个分区，共有各级巡警官兵一千三百多人。又如重庆府亦拥有警察官兵五百多人。而一般的府城不过数十人而已；一般的厅州县警察，城乡总数也不过几十人，松潘厅警察官兵总数只有十二人。广东省崖州的警察也只有九人。[②]

其三，城乡发展不平衡。一般说来，清末的警察相对集中于城市，而广大的农村则设置极少。城乡警察分布不平衡可以说是在清末地方警政发展中的一个最为突出的问题。

---

① 《叶芳禀呈》，中国第一历史档案馆馆藏档案。
② 《崖州志》第 11 卷，第 222 页。

第三节　各省警政管理机关

一　巡警道的设置

大约从光绪二十八年（1902）起，各省陆续开始筹办警察。最初，各省往往是将原有的军事治安组织稍事整编，更名为巡警军。不久，又在此基础上于省城或重要城市、商埠设立警务局（有的称警察局），管理城中及近郊的警察事务。由于当时各地各自为政，办理方法不尽相同，但也有基本一致之处。比如，各省基本上是在省城或本省内的大都会设立一所警务总局，下辖若干分局，分区管理。下面列举几个省份的例子以兹说明：

光绪二十八年四月，直隶总督袁世凯首先于保定创设警务总局一所，下辖分局五所，共有巡警兵五百名，分布城厢内外。①

光绪二十八年九月十六日，清廷谕令各省仿照直隶章程办理警察，各省遂纷纷奉命举办。例如：广西于光绪二十九年在省城设立警察总局一所，分局四所，又在城外东洲地方设一分局，"略仿直隶章程，将该三营练军严加挑选，并募补精壮巡兵共六百余名"②。福建于光绪二十九年十一月在省城设立福建全省警务局一所，下设分局四所，城外之南台一带亦设南台警务局一所。每局巡长二名，巡目六名，巡兵一百二十名，四分局共设巡长及目兵一千零九十六名，总局只设暗查亲兵，不设目兵。③ 浙江于光绪三十二年将原设巡警军改为省城警务总局。次年正月，又根据杭州城上、中、下三城十二段区划设立上城、中城、下城三个分局，各辖四分区，分局隶于总局、分区隶于分局。每区各设长警三十三名。④

其他各省虽开办时间与前述各省互有先后，但基本情形则大同小异，此处故不赘述。大体上，在最初的一段时间里，各省分别于省城或重要都会口岸设立警务局，省城所设之警察局往往冠以一省之名，名义上有权监督下属各州县的警察事务，但实际管辖往往并不超出省城的范围，名实不很相符。由于当时各省没有全省统一的警察主管机关，造成同一省内的各厅州县警察

---

① 光绪二十八年七月初八日"袁世凯奏折"，中国第一历史档案馆藏档案。
② 光绪三十年三月初九日"柯逢时奏折"，中国第一历史档案馆藏档案。
③ 光绪三十年四月二十八日"李兴锐奏折"，中国第一历史档案馆藏档案。
④ 光绪三十三年五月二十九日"浙江巡抚奏折"，中国第一历史档案馆藏档案。

名目不一，五花八门，上下互不相关，很不利于警政的发展。鉴于这种情况，巡警部成立不久就有人提出设立省一级的警察机构，管理全省警政。如内阁中书袁崇镇指出："各省巡局向系委员，其总办亦司道兼差，不为专官。各府州县则一皆责诸牧令，牧令事忙，不遑兼顾，敷衍塞责，事以不举。欲使切实奉行，非设专职不可。道员位尊事简，原有巡警之责，而积习相沿，几同虚位，首领佐职尤属冗员，特以事势牵连未易裁汰，拟请除海关外，其余各道一律改为巡警道，上隶警部下统所属巡官，府县各设巡官一员，即以首领佐贰等职及缺改充，与司道并为巡警专官，不兼他事，如此一转移间，变冗散为要职似乎于国于官两有裨益。"① 又有人提出在各省设立巡警使司，作为省级的最高警察主管机关，如项左辅说："如欲实行乡村巡警，非特设专官不可。每省奏设巡警使司一员，或就各省巡道改升，其官职视提学使司，其责任专理全省巡警事务……按省份大小定额数多寡，其权限皆秉自巡警使司，其办法由巡警使司按季汇册报部，各将现办情形及各警官所驻地方地方官是否竭力帮扶，分记功过，咨送布政使司存记，每春秋两季由巡警使司巡阅两次。"②

应当说这两人是很有远见的，清朝地方警政此后也确实走的是这条路，不过在很长的时间里，他们的提议并没受到朝廷的重视，只是个别省份自发地向这个方向发展。如直隶继保定、天津设立警察局后，又设立全省警务处，"整理全省警务及各职员进退更换委派之事"，事实上是全省警察的最高管理机关。警务处设督办一人为最高长官；会办一人，协助督办负责具体事务；参事官一人，"禀承督、会办经理本处全体事务分布于各股长"。以下设行政股长一人，下辖施行所委员、调查所委员、审定所委员、文牍所委员各一人，负责订立警政章程，考核各府厅州县及各局所人员功过、赏罚、举劾，调查各处民情风俗，掌管关防、印信，收发文件，审定各府厅州县局所、学堂、传习所规则，考核各府厅州县造报警官兵目册籍，颁发章服、延聘教员等事；司法股长一人，下辖判定所委员、交通所委员，负责审定警法，判断、稽查违警之事，督捕追赃，搜查羁禁，裁判责罚，调查寓居各国客商、教士并一切翻译之事，稽查违律报章、书籍以及随时检举之事；保安股长一人，下辖正俗所委员、营业所委员、消防所委员、卫生所委员各一人，负责预防危害、宣布应行告诫、禁止之一切命令及消防、卫生，查察奸

---

① 《袁崇镇条议》，中国第一历史档案馆馆藏档案。
② 光绪三十二年《项左辅禀呈》。

民棍徒，宣示严禁违警，保护营业，组织消防，研究与卫生有关等一切事宜；会计股长一人，下辖支应所委员一人，负责掌管款项出入，各属学堂预决算，综核经费报告，制定教育费表簿，经营建筑材料器具修补，财产、物品存储等事；编译股长一人，下辖总纂所委员、分纂所委员、考定所委员各一人，负责编辑、翻译教科书、参考书，审定高等、普通各警务教科书，翻译本处公牍，编纂警务杂志，集录各学堂讲义，组织图书报章的阅览等事。此外，还设有总稽查八人，负责查看各属传习所教员、学生、官弁、长警的工作情况，军装器械、服制之整齐与否及所有关系到警察名誉之事；暗查十名，"分赴各处，改装密查，经报本处以便派员复查"；高等探访若干名，"分赴各处办理国际警察及特别事宜"。① 除直隶外，浙江也设立了警务处。

直隶警务处的设置，无疑是先走了一步，当时在全国来说还只是凤毛麟角，可以相提并论的省份毕竟极少。因此地方警政迄无大的起色。正如民政部上奏中所说的那样："臣部忝司内治，有管理地方行政之职权，而警察一端尤为防患保安之要务，非有指臂相使之用不能收整齐划一之功。比年以来，屡奉明诏，兴办警务，叠经臣部通咨各省实力奉行，以副朝廷保卫闾阎之至意。现在逐加稽核，各省警政虽已先后创行，而编制各殊，章程互异，不独精神未能统一，即形式亦复参差。揆厥由来，实缘警察机关未臻完备，内外隔阂，呼应不灵，不得不各囿方隅姑仍旧贯。"②

光绪三十三年五月二十七日，清廷下令各省增设巡警道，以期扭转各省办警不力的局面。根据上谕的精神，民政部于光绪三十四（1908）年三(4)月拟定了《直省巡警道官制并分科办事细则》十五条，奏请批准。经宪政编查馆考核、修正，于四月二十六日奉硃批颁发各省执行。

对比民政部原奏章程，可以发现，宪政编查馆的修正集中在以下三个方面：第一，削弱民政部对地方警政的指导权。民政部原奏第二条规定，各省巡警道员缺由民政部"遴选相当人员开单分别奏请简放或试署"，宪政编查馆将其改为"应由该省督抚在实缺道府及本省候补道员内遴选二、三员出具切实考语，奏请简放或先行试署，民政部亦可就所知堪胜此项人员胪列事实预保存记"。宪政编查馆提出的修改理由是："现在屡奉明旨，各部丞参不准指名保授"，"原奏第二条自应酌改以符体制"。原奏第五条中规定："如遇重要事件，准一面申报该省督抚一面报部"，改定后增入"备案"两

---

① 《北洋公牍类纂》卷七，警察一"直隶警务处试办章程"。
② 《大清法规大全》卷21上，"民政部奏拟订直省巡警道官制并分科办事细则折"。

字，即"一面申请该省督抚核办，一面报部备案"。第六条原定"报部"事件之后，亦相应增入"备案"二字。第二，降低巡警道的级别。原奏第八条，巡警道警务公所下设"四科"，宪政编查馆改为"四课"，原奏规定科长"秩视五品，副科长秩视六品"，改为"课长秩视六品，副课长秩视七品"，理由是"查各部分司俱以郎中领职，各省提学司、提法司所属各课课长亦均以五品为限，警务公所既为道属，品秩自应略降"。第三，加强警务人员的素质培养，注重警察学堂的设置。宪政编查馆的奏折指出："方今预备立宪之初，旧章新律交互施行，凡从事警务人员，必皆融会贯通，方能措之无弊，是其品格行能之优劣即地方之利病，因之各省巡警学堂今犹未能遍设，此项人才尤称缺乏，自巡警道以下应设巡官、长警，若就旧有之弁勇、丁役敷衍改编，程度不齐，而操之已蹙，恐保安不足，而酿厉转多。原奏只称用毕业之巡警学生，而未注重学堂办法，自应由民政部奏定章程，通饬各省，先从办理巡警学堂入手，务以造就此项人才足用而止。故臣等考核原奏清单各条，酌为改并，益以第十一条之巡警学堂一项，以期养成警务人员。"此外，改定章程较之原奏要灵活一些。如原奏第十条规定，警务公所的科长、副科长、科员"均以毕业之巡警学生曾经办理警务得力人员"充当，改定章程则变通为"均以中外警务学堂毕业之学生及曾办警务得力人员"充当，但"开办之初得以不拘原官品级酌量差委"。①

还在此章程下达之前，已有九个省根据光绪三十三年五月二十七日上谕的精神奏请设置巡警道。很多省份的巡警道是在裁改旧的巡道或警察局、警务处的基础上设置的。例如，光绪三十三年十二月，山东巡抚吴廷斌裁撤山东督粮道，并用其所节经费设置巡警道。他说：山东为通商要地，铁路往来如织，中外交通日臻繁盛，"非警察得力，实业竞胜，不足以肃内治而裕民生，是巡警、劝业两道实为必不可少之官……现即将粮道及库犬使两缺裁撤，应将以上公费等项每年约可凑足银四万两，尽数提存作为东省增设巡警、劝业两道缺经费。化私为公，实于东省吏治、财政大有裨益"。② 次年正月，吴廷斌又保荐潘延祖为巡警道员，均获允准。③ 光绪三十四年二月二十一日，湖南巡抚岑春煊奏请在湖南设置巡警道，并保奏赖承裕为道员获

---

① 《大清法规大全》卷 21 上，"宪政编查馆奏考核直隶巡警道官制细则折并清单"。
② 《大清法规大全》，"署东抚吴奏裁撤山东督粮道，增设巡警、劝业两道缺折"。
③ 《政治官报》光绪三十四年正月二十一日第 113 号。

准。① 同年四月十四日，朝廷批准贵州巡抚庞鸿书奏请裁撤贵西道，改设巡警道、劝业道。② 后又保荐贺国昌为巡警道员。四月二十四日，朝廷又批准了陕西巡抚恩寿裁撤盐巡道改设巡警道的请求。③ 在此前后，还有湖北、安徽等省亦经奏准设巡警道。④ 以上这些省份设置巡警道时，尚未接到《巡警道官制章程》，所以一般还只是空架子。岑春煊曾说："至应设属员分科治事，俟民政部订定细则再行查明办理。"⑤

宪政编查馆核准的《直省巡警道官制》章程下达以后，各省先后照章设置巡警道。

光绪三十四年，广东、四川、云南等省设置了巡警道。⑥ 宣统元年，江西、山西、广西、浙江、河南等省也先后设置了巡警道。到宣统元年底（1910年初），民政部统计有十四省已设置了巡警道，"观在各省遵章设立者计：山西、山东、河南、湖南、湖北、广东、广西、浙江、安徽、云南、四川、贵州、江西、陕西共十四省"。又指出："如直隶、江苏、福建、新疆、甘肃等五省尚未设立，自应催令增设，毋再延缓，致违定章。"⑦ 在民政部的催促下，直隶、江苏、福建三省先后于宣统二年设置了巡警道，宣统三年，甘肃也增设了巡警道，但新疆却一直未能设立巡警道。此外，东北的奉天、吉林、黑龙江三省由民政司管理，不设巡警道。

二 巡警道的组织及其职权

根据光绪三十四年四月二十六日宪政编查馆考核颁定的《直省巡警道官制细则》规定，各省巡警道的组织及权限基本如下：

（一）各省设巡警道一员，受本省督抚领导，并受民政部监督，管理全省警务。巡警道的官署为警务公所，设于"所治地方"，一般一省只有一个警务公所，大都设于省城，也有个别例外情形："直隶巡警道驻天津商埠，

---

① 《大清法规大全》卷21上。
② 同上。
③ 《大清法规大全》卷21下。
④ 《大清法规大全》，"署东抚吴奏裁撤山东督粮道，增设巡警、劝业两道缺折"，又《政治官报》光绪三十三年十二月十九日第89号赵尔巽"奏新设劝业、巡警两道援案支给廉俸折"及《政治官报》光绪三十四年十月初三日第361号，十月十二日第370号。
⑤ 《大清法规大全》，"署东抚吴奏裁撤山东督粮道，增设巡警、劝业两道缺折"。
⑥ 《政治官报》光绪三十四年十月初三日第361号，十一月初九日第370号。
⑦ 《大清宣统新法令》第14册，"又奏请催各省迅设巡警道"。

则保定省会立局所而设局长；安徽、湖北巡警道驻安庆、武昌省会，芜湖、汉口商埠立公所而设总办；至于山东、广东之通商口岸则立巡警公所及巡警局者有之，称所长者有之，称警务长或局长者亦有之。通商要地，华洋杂居，租借侵越，时有所闻，土地主权均极关紧要，故此等巡警不能不与外府厅州县稍示区别。"①

（二）警务公所是全省警务的最高管理机关，分设四科，承办具体事项。按照宪政编查馆原奏章程，应为"课"，后来民政部通令各省一律将"课"改为"科"，理由是"课字不若科字通行明晰"。② 所设四科是：总务科，设科长一人，副科长一人，科员根据情况酌定，但不得过四人，负责"公所总汇之事，凡承办机要，议订章程，考核属员，分配官警，编存文牍，收发经费，统计报告及巡警学堂各事项皆属之"；行政科，设科长一人，副科长一人，科员一至四人。负责"行政警察、高等警察、国际警察之事，凡整饬风俗、保护治安、调查户口、籍贯、稽核道路工程及消防警察各事项"；司法科，设科长一人，副科长一人，科员一至四人，负责"司法警察之事，凡预审、采访、督捕、拘押及处理违警罪各事项"；卫生科，设科长一人，副科长一人，科员一至四人，负责"卫生警察之事，凡清道、防疫、检查食物、屠宰、考验、医务、医科及官立医院"。③

各科之下又分设各若干股，各科员又往往冠以各种头衔，而各省情形又不尽相同，名目繁多。以四川省为例，总务科下分四股：1.警事股，下分四系：考绩系、机要系、筹备系、巡稽系；2.文牍股，下分四系：编撰系、收发系、收掌系、缮核系；3.出纳股，下分二系：支应系、干办系；4.统计股，下分二系：调查系、编制系。行政科下分二股：1.防卫股，下分二系：警卫系、消防系；2.治安股，下分七系：保安系、户籍系、正俗系、营业系、工筑系、交通系、山林渔猎系。司法科下分二股：1.预审股，下分二系：承审系、拘留系；2.侦缉股，下设探访系。卫生科下分二股：1.防疫股，下分二系：检验系、清洁系；2.医务股，下分诊察、医学二系。④ 如此等等五花八门，令人目不暇接。上海巡警总局参事官张玉辉曾对

---

① 《张玉辉禀呈》，中国第一历史档案馆藏档案。
② 《大清法规大全续编·吏政》卷17"民政部咨行各省警务公所章程凡用课长、课员应改科字以归画一"。
③ 《大清法规大全》卷21上。
④ 《调查川省警察行政沿习利弊报告书》上篇。

此提出尖锐批评，他说："各省已设巡警道之处，其秩序之糅杂尤有非意料所能及者。同一分科治事，而对于各科科员有强立名目如警事科员、统计科员、警事股员、统计股员之类者，比比皆是。大率省各异名，名各异事。按之法制，如以一科员专一事，则此等名目或所宜然，而无如按之部章，每以一科员兼数事，则此等名目，乌乎可用。"①

考察分科治事的本意，原是要使各科权限分明，责有攸归，但有的省往往不解其意，而以级别的高低来区别办公的场所，造成了很多混乱现象。例如，湖北省城武昌的警务公所"旧分总务、行政、司法、卫生为四科，面目上尚与部章相合，然实际办事甚形庞杂。其中并无一完全印刷之详细章程，权限既分划不清，责任复推诿无定。各科科长混同一处办公，各科员则散处所内，二者俨有堂廉之隔。考其用意，大率因科长、副科长以该省之候补守牧、倅令充之，科员以候补府经、县丞、从九典史及本地绅民之曾捐佐杂者充之，分际大严，公事反因之废弛。"② 科长、科员以下，各省一般还增设一些近似科员的名额。如山西警务公所设有额外科员，"其荣培、惠震、焦瀓、潘树棠、全佑俱派为额外科员，遇事分赴各区"。③ 又如四川省设有"差遣委员"和"学习委员"，"公所于各科外增置委员为递入科员之阶级"，"其资格与科员同"。前者职责是"受巡警道临时派遣稽查有关警务事件；受各科正副科长指定事件派往查复"。后者的职责是：检阅本所日行档册、文件；"派入某科学习，即有补助某科办事誊写拟稿之责"。④ 再如浙江省："浙省警务公所设教练、消防管理员各一员。当时以定章，每科科员不得过四人，总务、行政两科事务较繁，已各设科员四员，而教练、消防事尤重要，故不得不另设两员以专责任，实则司法、卫生两科现在各只科员三人，合之管理员两员，综计仍未逾部定员额。此外，尚有视察员四员。查定章，巡警于各属警务得以派员视察，惟此项视察人员，如临时由公所科员中选派，深恐有误职司，设委托于不谙警务之人，尤虑难求实际，因是设置专员，并定给川资，以便随时派遣。"⑤ 看来各省额外设置的这类人员，大体都是为了机动调遣，随时专用的。

---

① 《张玉辉禀呈》。
② 《章京全兴致部尚书信》，中国第一历史档案馆馆藏档案。
③ 《山西巡警道连印禀呈》，中国第一历史档案馆馆藏档案。
④ 《调查川省警察行政沿习利弊报告书》上篇。
⑤ 《浙江巡警道士燮禀呈》，中国第一历史档案馆馆藏档案。

除上述人员而外，各省警务公所大都设置巡官、巡长、巡警若干名。如四川警务公所设巡官四员，职责是"检查各区官警勤惰、报告公所"；"督率巡长、巡警对于本所防护、守警"；"受总务科长支配及各科遣派"。

根据《巡警道官制细则》的规定：科长秩视六品，副科长秩视七品，科员秩视八品。巡官亦有一定品秩，"皆予以实职"。巡官以下，如"巡弁，巡长，巡士"之类，有人认为"虽同为职务人员，应属雇员性质"。① 根据章程规定，巡警道员之下即为科长，二者的级别过于悬殊，中间缺乏一个承上启下的官职。有人对此也提出异议："又京外官制，巡警道以下仅有科长等员，而承上启下之官缺焉未设。详译官制及所定警官章服，巡警道与科长之间尚空两级。"② 还有人提出，巡警道应有权考核下属官员，"巡警道虽有命令地方官之权，而无出考之明文。拟请仿照此意，每届年终，由巡警道分别所属府、厅、州、县警务考成出具考语，一面申请督抚，一面申报民政部立案。即将此事限增入巡警道办事权限之内，俾地方行政与警察行政之机关各有考成，不相扞格。应于警政前途不无裨益，事关办理全省警察最重要之起点"③。

清末除东北三省外，各省普遍设立了巡警道，管辖一省警务，但就其职权来说与道员的体制并不十分相符。所以有人提出，应将各省巡警道改为民政司，以扩大职权，名实相符。如，张玉辉说："京外官制，除东三省设民政司外，其余各省仅设立巡警道。查道员之职，向只巡驻一道，鲜管辖全省者，即有之亦属有名而无实；又因体制所限，顾忌常多，巡警要政实非所宜，宜照东三省之例，将各省一律改为民政司，以直接于钧部。"④ 其实清廷对此也并非毫无考虑。宣统元年十二月，民政部上奏说："再查各省所设巡警道缺，其品秩虽视守巡道员，而按其职掌，有监察全省警务之责，与藩、学、臬三司权限无殊。所有该省各府、厅、州、县自应就主管事项归其考核，查学部奏定提学使权限章程，内开：'查各省地方官员补署举劾等事向由藩司会同臬司具详，现既添设学司，拟改为藩、学、臬三司会同具详'等语，奉旨允准在案。拟请仿照办理，凡已设民政司使各省，亦令一律会详以符监察之实，

---

① 《民政部警政司行走郎中，京奉铁路巡警之咨议官张仁禀呈》，中国第一历史档案馆馆藏档案。
② 《张玉辉禀呈》，中国第一历史档案馆馆藏档案。
③ 《连印禀呈》，中国第一历史档案馆馆藏档案。
④ 《张玉辉禀呈》。

至各省巡警道应否分别改为民政司之处，应俟厘定官制时统筹全局，另行奏明请旨。"① 如果清王朝的寿命能再苟延几年的话，这种考虑很可能变成现实。

　　清末东北三省径设民政司而不设巡警道在当时属于特殊的情形。光绪三十三年五月二十七日发布的上谕指出："各省官制……著由东三省先行开办，如实有与各省情形不同者，准由该督抚酌量变通，奏明请旨。"② 因此，东三省在当时进行的地方官制改革中获得了一定的优先权。东三省位于沙俄和日本的夹缝之中，此时正处于危急存亡之秋。徐世昌说："东三省为全球注目之地，措置得失动关大局。"③ 他所拟定的东三省《职司官制章程》规定："拟于行省公署内设……交涉、旗务、民政、提学、度支、劝业、蒙务七司，均拟设司使一员，总理一司事务。参照各省提学、盐运等司及军署原设各司、协领品位，酌按管理事务之繁次，量分等差，拟交涉、旗务、民政、提学四司，司使秩正三品。"民政司"掌办理民治、巡警、缉捕等事"。④ 宣统元年六月二十二日，东三省总督锡良奏请将民政司升为从二品，获得批准。锡良说："再查各省以下，例设布政使一员，管理疆域、财赋，考察地方官吏。东三省未设布政使，惟奉天原设左参赞，有禀承督抚考核用人之责，现在参赞业已裁撤，全省府厅州县以及佐贰杂职一切迁升调补不可无专司考核之官，拟请升民政使为从二品，仿各省布政使兼管府厅以下升调补署，以裨吏治。"⑤ 民政司的职权进一步扩大。不过，也有一个异常的现象，光绪三十四年，奉天省也像其他省份一样增设了巡警道。宣统元年闰二月，徐世昌上奏说："奉省民政既设专司，自不应再设巡警道，以期统一。拟请将奉天巡警道员缺即行裁撤，所有职务统归民政司兼管。"⑥

第四节　基层警察管理机关

一　省城及重要城市、商埠的警察机构

　　清末地方警政，首先创办于各省省城及省内的重要城市、商埠。

---

① 《大清宣统新法令》第 29 册，"又釐订巡警道职权片"。
② 《清德宗实录》卷 574。
③ 《退耕堂政书》卷 8，"附东三省官制章程"。
④ 《大清法规大全》卷 21 上，"又奏定东三省职司官制章程"。
⑤ 《大清法规大全》卷 21 上，"锡良奏请升调民政司为从二品"。
⑥ 《宣统政纪》卷 9。

根据清廷光绪二十七年七月三十日发布的上谕，各省相继编练巡警军，继而又纷纷于省城及重要城市、商埠设立警察总局、警务局、警察局等机构。这些警察机构的设置，成为清末地方警政的基础和主干。光绪二十七（1901）年起，直迄清亡的十来年里，各省省城从内地的甘肃、陕西、山西、河南、四川、云南、贵州，沿海的直隶、山东、江苏、浙江、福建、广东、广西，沿江的湖北、湖南、江西、安徽，到东北的黑龙江、吉林、奉天，塞北的热河、科布多、乌里雅苏台，大西北的新疆，大西南的青康、西藏等省区，基本上都设立了警察机构。

当然，各省城及城市警察机构设置的时间早晚、规模大小、成效如何是很不相同的，但其机构的组织及其职权和功能又都大同小异。大抵在光绪三十三年，巡警道设立以前，各省省城都有警察总局或警务总局。例如，贵州省于光绪三十三年二月裁撤原保甲总局，筹建警察总局，七月二十四日正式开办。总局设于省城贵阳贡院明远楼一带。总局下辖东、南、西、北四局，各设局长一人；四局之下又分为二十区段，每区设区长一人，并设部长、伍长及巡警若干人；每区还设有"更番所"三处。[①] 光绪三十四（1908）年四（5）月初四（3）日，民政部在上奏中指出："一年以来，迭据各省先后奏报咨复到部，臣等参阅声程，旁证舆论，如直隶之天津、保定、奉天、四川，广东省城警察办法，尚称完备，渐有可观，其余各省或形式已成而精神未具，或初基甫立，而规制尚疏。若边瘠地方风气未开，因陋就简者有之，暂议缓办者有之。大抵地方情形不同，故办法每难划一。"[②] 根据当时人们的评价，以直隶省城保定的警察办得最为出色。光绪二十七（1901）年九（11）月二十七（7）日，山东巡抚袁世凯为山东巡抚署直隶总督。次年五月四日实授直隶总督并兼北洋大臣。袁世凯督直以后，热心警务，于光绪二十八（1902）年四（5）月开办警务总局，创设警务学堂，并制定了一系列警察章程，仅短短几个月的时间，保定省城的警务已初见成效。保定警务局不仅组织、机构较为健全，人员的素质较好，而且各项勤务、职事都有严密的章程规定。如《保定警务局站岗规矩》《保定警务局巡逻规矩》，规定了警察巡逻站岗的各种注意事项、职权范围和行使方式。《保定警务局站岗规矩》规定："见强暴之人戕杀人命者或将人殴打致死及受有重伤者，或监禁

[①]《政治官报》光绪三十三年十一月初五日第45号，"贵抚庞鸿书奏开办全省巡警总局开办日期折"。

[②]《光绪朝东华录》第5册，第5663页。

罪人或递解罪犯脱逃者，应将该犯立时拘拿。如有见人暴死者，一面报局，一面传知地保赴县请验。如见中国人对外国人无礼或外国人对中国人无礼，有酿成事端之势者，随即劝阻，务以息事为妥。"又规定："巡兵夜间在岗睡卧或漫不经心，形同木偶，于所开各条仍复漠然者，准由该管官弁随时查悉，酌量罚饷报局批遵。"又如《保定警务局巡逻规矩》规定："巡逻有一定线路及临时指受线路，二线均受官长命令。"并规定了"日间巡逻"和"夜间巡逻"各自应当注意的事项。如日间应注意"某处荒僻无人，须防有匪人潜伏并种种非常事变"；夜间应注意"暗僻场院及庙宇寺观查看有无窝藏贼匪、聚赌情形"。① 此外，还制定了《保定警务局管理旅店法》《保定警务局颁定旅店货宿客商册式规则》等。可见，保定警务局的职权比较广泛，办事较有章法。

除省城外，有些省份的重要城市、商埠也较早开办了警察。如直隶的天津、奉天的营口、江苏的上海、湖北的汉口、安徽的芜湖、江西的九江，等等。其中有的城市，警察创办的时间及其规模甚至超过某些省城。例如，直隶的天津，继保定以后也办起了警察。早在八国联军占据天津期间，即设有巡捕："查天津自各国联军占据以后，创设都统衙门，治理地面。其自天津全县以逮宁河县镇、塘沽、北塘、沿海各处均归管辖。该都统署内划分八股办事。一总文案、一汉文、一巡捕、一河巡捕、一发审、一库务、一工程局、一卫生局。其外复划分四段，一城北段，一城南段，一军粮城段，一塘沽段。每股均各派员分司其事。此各国在津治理地方之大略情形也。"光绪二十八（1902）年七（8）月，八国联军交还天津，袁世凯派人前往接收，并将在保定创办的警察带到了天津。"现既议定接收，所有各股各段均经臣预先遴员前往接替，并将臣前在保定募练之巡警队两千人，预调来津，按段接办，其各国原设之华捕一千余人，亦暂行酌留，免其流落滋事。复在近津二十里内，按东西南北四隅分设保甲局八处，每局派文武员弁各一人，酌带马步巡丁稽查匪类。其二十里外则分拨营队扼要屯扎。海口及附近铁路各处，酌派水陆巡警队分布弹压。"② 又如东南重镇上海，自鸦片战争以后，逐渐发展成为全国最大的城市和贸易口岸，警政也逐渐发展起来，"上海为通商要口，冲繁甲于他省他埠。中外商人懋迁于此者纷至沓来，难以数计。近年生意日盛，旅居尤倍于前，惟是人数既繁，匪类即因而溷迹租界以内。

---

① 《北洋公牍类纂》卷七，"警察一"。
② 《光绪朝东华录》第5册，第4904页。

虽由工部局设立巡警，自为保卫，而租界以外之华商则一无戒备"。光绪三十一年，上海开办巡警。（上海）道员袁树勋将驻沪军亲兵改为巡警，"分派城厢内外，站街巡警，以资保卫"。光绪三十二（1906）年七（9）月，两江总督周馥认为上海"地广兵少，顾此失彼，疏漏尚多"，"设遇有事，不敷调拨，缓急实未可恃。若不将从前未经设巡之处一律补办齐全，实无保治安而慰中外商民之望"。上奏请求"再行添设巡警五百名，其管制饷章照南北洋巡警章程办理"。① 民政部奉命议复周馥的奏折，同意他的请求，"以上海地方之大，商务之繁，轮舶往来，华洋杂处，乃租界以外之巡兵仅此区区数百名，原不足以资分拨而备缓急，所请添设巡警五百名自应准其添办。"徐世昌还进一步指出："惟上海巡警，内保商民之治安，外系列邦之观听，应由该省疆臣责成该关道认真举办，加意巡防，毋得有名无实，致蹈旧日防军习气，以重警政。"② 光绪三十三年，鉴于"北市与宝山交界处，市廛日辟，浦东一带，匪类滋多，又添招巡警二千余名"，并派道员汪瑞闿到上海总办警察局务。汪瑞闿，安徽盱眙县人，光绪二十七年曾随胡燏棻办理京畿善后营务事宜。光绪二十九年又随护江西巡抚柯逢时总办巡警军，具有一定的办警经验。③ 他于光绪三十三年到沪以后，即在北市设立巡警总局，"分科治事，逐渐添设局所，划分区域，又分设学堂，招练学生。创立骑巡、巡逻、消防各队。开辟马路，振兴市廛。又设立水巡队，购置小轮、汽轮、舢板，分巡苏州河、黄埔江，以辅陆巡之不逮。复筹办自来水、电气灯以便商民日用，使利权不致外溢。举凡可以保护治安、维持公益、挽回主权、顾全大局之事无不悉心筹划，次第举行。查北市各处毗连租界，外人于中国巡警未经设立之前，侵筑马路、漫无限制。职道到差以来，设法截阻，据理力争，一面自行筹办。昔日沮洳荒寞之场渐成繁盛洁清之市"。巡警总局之下又设立分局和区。"其分局则分设四路，第一路在城内，第二路在浦东，三、四两路在北市。每路分为五区，均已支配齐全。至学堂警生现已教满七班，统计有学生千余人，分派各分局、区、队充当弁、记、长、警。"④ 可见，经汪瑞闿到沪以后实力整顿，警政已略有起色。但上海地方较为特殊，警政发展亦较其他地方困难更多。时人曾有议论说："上海为东南重

---

① 《光绪朝东华录》，第5564页。
② 《退耕堂政书》卷4，"议复江督奏"。
③ 《汪瑞闿禀呈履历》，中国第一历史档案馆馆藏档案。
④ 《汪瑞闿禀呈》，中国第一历史档案馆馆藏档案。

镇，通商租地为全国第一，而主权之凌侵、土地之丧失，保守维持至为不易。巡警所辖地面，皆四面沿截以为抵制，而又隔之以各租界，间之以浦江，三面零错，形如犄角。自光绪三十三年经现署江苏巡警道汪，总办斯局，设法推广经营，布署不遗余力，以今视昔，巡警之权力已觉扩充。然租界工部局因忌生妒，时有藉口，而巡警官更以粗定规模，外边强邻，内禁应付，为难情形，早邀词鉴，近者乃复有核减上海巡警经费之议，虽此议案未必实行，然当道之创为此议者或以上海为一隅之地，警力之消长固无关于国是耶？"①

光绪三十四年四月，宪政编查馆考核颁发《直省巡警道官制细则》，规定："各省俟巡警道简放到任后，所有原设之总理巡警事务等局，与巡警道职掌重复者，应即一律裁撤归并办理。"据此，各省先后撤销原通省警务总局、警务处名目，但仍设省城巡警总局，管理省城警察事务，直辖于巡警道，类似京师内外城巡警总厅直辖于民政部。由于很多省份巡警道警务公所是在原省城巡警总局的基础上建立的，因此往往双名一体。通省警务公所同时就是省城巡警总局，兼办省城警政。如四川省，于光绪"三十四年十月经现任总督赵具奏设立巡警道，并设巡警总局为警务公所"。省城巡警总局"即警务公所"。

四川省城巡警总局（即警务公所）管辖的区域包括：中央省垣地面，东至大面铺，南至簇桥，西至石炭街强公祠，北至豆腐街。总局下设六总区，即中总区、东总区、南总区、西总区、北总区、外东总区。总区下设若干分区。如中总区、东总区、外东总区下设六分区；南总区、西总区下设七分区；北总区下设八分区。各总区设区长一人，秩视正七品，副区长一人，秩视正八品；各分区设区官一人，巡官一人。以下还设有一等巡长、二等巡长、三等巡长、一等巡警、二等巡警等。总共设一等巡长三十九人，二等巡长四十人，三等巡长三十九人，一等巡警一百二十人、二等巡警一千零一十六人。此外分区还特设区正一或二人，街正一人。区长禀承巡警道委任，得于所属各分区责成区官以下实行警察政令，而必以奉有明文准行及该职务范围内应行者始得妥慎执行为限。副区长禀承巡警道委任，遵照违警律，处分该管各分区违警事件，而以不得处理罪逾违警之事及未经许可与他上级官署文牍往返为限。其有事关重大，迫不及待者不在此限。区官禀承区长、副区长，协同本区巡官督率巡长以下，对于本区域实行警察政令，而以不得处理

---

① 《张玉辉禀呈》，中国第一历史档案馆馆藏档案。

违警为限。巡官协助区官执行职务，而以不得侵越区官其他之范围为限。总局与各区、分区之间，定有明确的权限划分。总局权限有三：（一）有拟定章则、发布命令及执行处分之权，而以不妨官民应有之权为限；（二）有代各官署补助施行之权，而必以先通告而后发令施行为限；（三）有督责总分区不得妄用权外之权，而以不得牵制其权内之权为限。各区、分区的职权是：（一）有自由执行章程内所定之权，而以不得行于章程之外为限；（二）不得已时有斟酌损益章程所定之权，而以必先禀知公所为限；（三）有拘治街面违警者之权，而以无公所票据不得入家室为限；（四）不得已时亦有不待票据直入人家之权，而以立刻报告及有确据告发见闻为限；（五）有拘拿街面违警者之权，而以不得押留审断处罚为限。根据规定，各总区区长对于本管各区，每二日巡查一次；各分区区官对于本管区域每日各巡查二次；各区巡警每日分三班，每班轮值四小时，昼夜更番。①

二 府、厅、州、县警察机构

清末府厅州县开办警察更晚于省城，各省的发展情况也更不平衡。大抵在光绪三十四年以前，府厅州县警察较为普及的省份只是极个别的，如直隶、广东、四川等省；绝大多数省份只有一部分州县办起了警察；而边远的省份，如新疆、西藏等地，直至清亡，尚未办起州县警察。因此当时曾有人评论说："虽有奋发图治之象，而亦仅惟省会灿然可观，各府厅州县大半哑然饰设。"②

光绪三十四（1908）年，宪政编查馆和资政院共同拟定了《逐年筹备事宜清单》，要求各省于宣统元年在各厅州县设立巡警，限一年内粗具规模。次年，即宣统二年"一律完备"。根据这个精神，全国各府厅州县一哄而起，到清亡为止，除少数边远省份外，各省纷纷报告已设置完竣。但由于各府厅州县警察开办的时间先后不同，机构的设置、内部组织、名称、制度都存在着很大的差异。例如，直隶继保定、天津开办警察以后，各府厅州县也先后创办警察。直隶警务处设置以后，饬令全省各厅州县试办巡警。直隶警务处的发文中指出："将所呈章程图表发交警务处核定，刊印百余份，通饬各属仿照办理……现遵宪札将该县所拟章程逐条细核，举凡可以通行者罔不采录，若只宜于该县而不宜于全省者亦经本司道反复推求，斟酌损益，所

---

① 四川调查局：《调查川省警察行政沿习利弊报告书》上篇。
② 《项左辅禀呈》，中国第一历史档案馆馆藏档案。

有更易之处无非遵照叠奉宪谕及本司道禀定章程酌量增入。此次所订办法如尚有未尽事宜或仍有此次可以遵办彼处未能仿行，皆拟饬各该州县体察地方情形，各抒所见以求完善，总期简便宜行。"① 根据直隶警务处拟定的章程，全省各府厅州县先后办起了警察，警务处还派出专门人员到各处考察。"窃查通省巡警渐次办齐，本司道等前已陆续遴派稽查委员并饬谙习警务，法政留学毕业生分赴各厅州县逐次点验，已于年前查竣回省……其各属办法固自不同，而集款之难易，名数之多寡，以及军械、服式、操法、礼节亦不无殊异，现就其所办之高下以定各州县之比较。"此次考察将各州县警察办理程度区分为三等："查正定府属获鹿弁长。巡警共三百一十四名，正定县五百二十三名，无极县三百一十四名……阜平县二十八名。统核该府十四属，获鹿共筹经费制钱一万五千余吊，军械、服式一律整齐，操法、步式亦极娴熟。正郡所属自以该县为最优，其余或服械未备或操法未熟，均未能一律合格。自以正定、晋州、无极、乐城、藁城、新乐、井陉、灵寿、元氏九属为稍次，至赞皇、平山、行唐、阜平四属则又次之。"②

各州县警察机构及内部组织虽不尽相同，但也大同小异。以束鹿县为例，"先于本城设立总局一座，并将学堂附焉。四乡划分四区，各设区局一所，每区所辖以地段之广狭立分局之多寡。其总局委派巡官，巡董各一员，学堂委派教操、讲义各一员，区局委派区长、警董各一名。分权限以专责成，定功过以明赏罚。并稽核全境田亩，计地募兵，就兵筹饷，拟定试办章程绘图列表禀呈宪鉴"③。又如安平县，县城设巡警总局，全县分为十二区，每区设分局一处，"遴选绅士中粗知警务者派充警董、区长各一员，除城内总局马巡十名，步巡二十六名，首局巡兵三十六名外，其余各区额定巡兵二十名。统计城乡巡警连马巡每名照章以二名计算，共得三百零二名，在城以站岗守望为先，在乡以下道巡逻为要"④。到宣统二年直隶巡警道设置时为止，全省各厅州县巡警已基本普及。"现在通省各厅、州、县均已设齐。视地方之大小，定人数之多寡。极少五、六十人，多则六、七百人不等。计六直隶州、四厅、一百九州县共巡官、巡董、区长二千一百余员，正巡警三万

---

① 《北洋公牍类纂》卷九，"直隶警务处详报遵札核定通省各州县巡警试办章程文并批"。
② 同上书，"直隶警务处详送州县巡警比较表恳请奖叙并批"。
③ 同上书，"束鹿县张令凤台禀"。
④ 《北洋公牍类纂》卷九，"安平县金令永禀"。

余名，预备巡警二万九千九百余名，局所九百七十二处。"①

又以四川省为例，光绪二十九年，厅州县设置警察的有三处；光绪三十年设立的有十七处；光绪三十一年设立的有五十处；光绪三十二年设立的有二十一处；光绪三十三年设立的有二十三处；光绪三十四年设立的有八处；宣统元年设立的有二处。② 大体上以光绪三十四年以前设立的最多，到巡警道设立时，各厅州县巡警已较为普及。但就在同一省内，各厅州县警察机构的具体制度、组织、名称等也很不一致。"开办以来，四川虽有通行警章，然各属地方之繁简不同，人材之多寡亦异，故警察组织殊不划一。"以警官名称而言，即有二十余种不同叫法，如坐办、警务长、区长、司法、稽核、庶务、书记、消防、医务、巡长、巡目、巡丁、局正、街正、灯夫、传事，等等。仅"庶务"一职就有"干办""干事""会计""收支""局董""局绅"和"局士"等不同叫法。③

光绪三十四（1908）年，宪政编查馆考核颁发了《各省巡警道官制并分科办事细则》。该细则的基本精神是要加强地方警政的统一管理，使地方警政逐趋一致化、规范化。该细则第十二条规定："各厅州县应按照奏定官制通则设警务长一员，并各分区官若干员，均受巡警道及该地方官之指挥监督，办理本管巡警事务。区官以下所有巡官、巡长、巡警等阶级名目均应按照民政部定章办理。"根据这个规定，各省纷纷划一本省各厅州县的警察机构，其基本情形是：各厅州县设巡警正局，主管所辖境内的警察事务，以下划分若干区，设分局。如广东佛山设巡警正局，下设第一、第二等若干分局。④ 又如广东崖州设立之"巡警正局，借城隍庙为之。宣统元年，知直隶州范云梯奉文建立。设巡警官一员，勇九名"⑤。

州县巡警正局上受巡警道及本地方行政长官的双重领导："省城警务公所为各属警察之总汇机关，各属警察为警务公所之直辖机关，凡关于警察行政事务，各属悉受警务公所之命令，以执行职务"，"寻常事件由警长禀商地方官，即警员之考核、赏罚及升迁、撤换亦由地方官间接申请警务公所施行。如遇秘要事件或其事件关系重大，于行政上有碍者，警、区长得以文书

---

① 《大清法规大全续编》卷十七，"吏政部·外官制"。
② 四川调查局：《调查川省警察行政沿习利弊报告书》下篇。
③ 同上。
④ 《广东全省警员履历考语清册》，中国第一历史档案馆馆藏档案。
⑤ 《崖州志》卷11，"巡警"。

直接公所以期迅捷，至关于警务上之办法，警、区长有与地方官意见不同时，则可直接禀请警务公所解释之"。

州县巡警正局对下指导各分局。"正局对于本属各分局为中央机关，凡正局发布命令，分局应奉行之，分局有权力不逮，正局宜为援助，正分局固有连带之关系，互相为用者也，第权限则各有大小之不同。正局统理全部事务，凡职务之分配，人员之进退，正警长主之，遇有重要之事得直接警务公所，又得于所属各分区责成区长以下实行警察政令，随时周历各分区，考核员警是否尽职，遇各区长有用权外之权者且有督责制止之权。"

各分局在正局领导下管理本区域的警察事务。"分局虽为正局一分部，亦完全具有行政之资格，故组织之法与正局同。""有禀承正局，领同局正督率目兵，于区内实行警政及赏罚撤换目兵之权。仍不得行于权外及违抗、迎合正局命令为限。遇有事务不能了结者送正局了结。但正局虽能了结，必先尽该分局假预审，不得牵制其行于权限内之事。"州县巡警机构，除根据《巡警道官制》应设的警官外，一般还在其上设有坐办。坐办通常由地方官兼任，也有坐办同时兼任警长的。坐办的主要职权是："坐办监督警察执行之范围，警长管理警务，为地方官之佐理。"警务长是巡察局的实际最高长官。以下各分区设区长，"区长检束警兵不法及人民一切违警者"。在某些重要府城，仍可设立巡警总局，如四川省重庆府即设有巡警总局，"惟重庆为最多，除总局而外，尚有三正局，正局而外，尚有十二分局"。①

清朝地方官办理州县事务，权力分工一直很不明确。地方行政长官往往集各种权力于一身，造成精力分散，穷于应付，因此不得不依靠差役办理具体事务，差役则乘机上下其手，徇私谋利。"州县官以一身兼司法、行政、催科、听讼、缉捕、递解等事，仍不得不藉差役以供使令"，而"州县差役扰害闾阎最为政界之玷。盖自唐宋以降，公私记载屡有指斥，论治者莫不深恶痛疾，思所以去之，而固疾相仍莫能改辙"。② 清末开办警政，亦想借警察以消除州县差役的积弊。光绪三十二年十一月二十八日，清廷发布上谕："御史俾寿奏陈各属差役肆扰情形。著督抚严饬各属速办警察，将所有差役人等分别裁撤，并妥议章程以除积弊而恤民艰。"③ 但在光绪三十四年以前，州县警察并不普及；三十四年以后，清廷虽然雷厉风行，但各地往往一哄而

---

① 以上均见《调查川省警察行政沿习利弊报告书》下篇。
② 《光绪朝东华录》第5册，第5647页。
③ 同上。

起，流于形式，效果并不理想。清末地方调查局进行调查后得出的结论也认为："警务开办未久，似无积习之可言，然警长、区长照常每日应巡视管辖地面二次以考查瞭望巡迥之勤怠及违反规则仪式与否。乃从前警、区长往往藉局中多事坐而指挥，巡警急于巡视。又警察要旨说谕为先，胁迫次之，强制又次之。旧设警兵多勤于胁迫、强制而忽于说谕。故捕盗之力勇而防盗之功疏，捕讯之事多而劝止之事少，盖由招募之初多以团防、练丁改充，既不谙警察性质，复无警兵资格故也。"① 这个结论虽仅就四川一省而言，但大体上也能反映全国的普遍情况。

三 乡、镇警察

清末开办警政以后，一些明达之士很早就看到了推广基层警察的重要性。光绪三十二年，五品顶戴选用巡检项左辅在致巡警部尚书徐世昌的禀呈中指出："是省会知有巡警，府厅州县知有巡警，而四乡、八堡、一村、一町不知有巡警也。其弊何在？在耳目未逮，办理不能认真，经络未通，上行不能下效。"他又说："府厅无巡警之资格，轻巡警如草芥；州县无巡警之程度，视巡警为赘疣；刁绅土痞，武断乡曲，畏巡警如棘闱，深恐举行而阻其盘踞，愚夫愚妇畏首田园，讶巡警为奇事，不知所行而守其顽固。岂知巡警本意所以为一国行政之代表，涤除亿万人民之危害。其职任以虚应故事为炯戒，以和平亲民为责任，以排乱解纷为法则。其效验立自治之基础，作宪法之准备，清盗贼之根源，去差役之苛索。种种利弊，能说不能行，能行而不能溥遍之闾阎，广施于黎庶，其亦徒负美名而已。"鉴于以上理由，他又指出："今果欲必行，以实行巡警为第一义，尤必以实心实力举行乡堡村町之巡警为第一义；举行乡堡村町巡警尤必以采访正绅、慎选巡兵、密查户口为第一义。由省会而推及于府厅，由府厅而推及于州县，由州县而归重于乡村。省会之巡警如头目，而府厅如手足也；府厅如头目，而州县则手足也；州县如头目，而四乡八堡则手足也。无头目则不能运动手足，无手足则不能护卫头目，且无以遮蔽周身。譬之人有心腹之患，头目知之不能除之，必待手足而后可以捍其邪风，搜查积滞。及此比例，其乡堡村町之巡警，不容稍缓，果能雷厉风行，庶不负朝廷创建维新之善政。"② 在此前后，内阁中书袁崇镇也在致徐世昌的条陈中指出举办乡村巡警的重要性，并提出了一些具

---

① 《调查川省警察行政沿习利弊报告书》下篇。
② 《项左辅禀呈》，中国第一历史档案馆馆藏档案。

体建议:"地方自治,巡警初办,都市尚易,乡野较难,僻地远乡,既非通衢,又远城市,办法实难普及。然治都市而遗乡野,于警义尤未完全。拟仿地方自治法,城乡分制,城内专归官办,乡鄙参用民办,各县巡局既设,由县分乡,由乡分里,由里分约。每约挑选数人入局肄习,教育之任责成巡官。卒业后各归为本约巡长,下巡捕丁夫即由各巡长选取、教练,就本地集费自办,而规制一遵警章。惟巡长由官给食气,或开办之始由官酌给贴补。如此则同井守望,声气易联,犹有古人寓兵于农之意。"①

在项、袁二人提议开办乡镇警察之前,有些地区也曾试办过乡镇巡警,例如直隶总督、北洋大臣袁世凯曾"督饬天津总局道员赵秉钧先从天津四乡办起,以为各属模范"。天津四乡巡警开办的基本方针是:"所用经费以地方本有之青苗会、支更费及赛会、演戏一切无益有余之款酌提充用。视村庄之大小,定警兵之多寡。殷富之区按五十户出一名,荒僻之区按百户出一名。初次清查四乡,共有七万五千四百七十八户,暂定巡警七百二十四名。月饷由村董酌定支给,官不经手。其总、分局、区官弁、薪工、马匹杂支,月需银一千八百余两,应由官发给,以示体恤。开办之初,先从清查户口入手,酌定禁令,务去民害,犯者名曰违警,由巡警官受理,即警察应有之司法权也。此外命盗、户婚、田土等案仍归地方官管理,即地方固有之裁判权也。次在维治安,凡有关于公共利害之事,官绅联合,徐议兴革,但使实力奉行。"② 根据《天津四乡巡警现行章程》的规定,天津四乡巡警管辖的区域是:"天津四乡纵横七、八十里,海河一带斜迤东南,至大沽口止,计长百余里。"四乡巡警的管理机构分区设立,"四乡按东、西、南、北分为四路,每一路设一局。东局地面较阔,划为三区,西局、南、北局各划二区。海河一带分为四段,每一段设一局,第一局毗连租界,事务纷繁,划为一区;第二局村庄较密,划为三区;第三局划为二区;小站改为第四局。共计八局十五区,每局约万户上下,每区约三千户左右"。③

四乡巡警试办数月后,袁世凯对其成效颇为满意,并在上报朝廷的奏折中大加吹嘘,他说:"绵历岁月,不独乡曲愚民渐明公理,渐知公益;讯兵衙役亦可以次裁撤;催科传案则一呼即至,无扰累之虞;募兵退伍,则有籍可稽,无顶替之弊。一切兴学校、清赋税,推行新政,移风易俗,有事半而

---

① 《袁崇镇条陈》,中国第一历史档案馆馆藏档案。
② 《光绪朝东华录》第5册,第5393页。
③ 《北洋公牍类纂》卷九,"警察三"。

功倍者。即天津一县计之，城乡人民共有七十六万一千八百九十七口之多，责成知县一身，虽贤者不能为治。远稽汉代乡亭之职，近师日本町村之法，昔人谓小官多，而天小治，谅哉斯言！朝廷振兴庶政，百度维新，方将更定裁判之权，划一地方之制。惟学校驱民为善，而巡警禁民为非。道前定则不穷，事易能则可久。此臣所为兢兢凤夜不敢苟简自安者也。此项天津四乡巡警章程虽未必悉臻美备，但据目前程度，实为新政基础。"[1]

袁世凯的奏折虽有邀功的词调，但也并非纯属夸张，时人的评价也多予以称赞。如项左辅说："直隶办法较胜湖江，此皆仰赖袁宫保之聚精会神，尽心竭力之所由致也。天津之四乡巡警章程三十六条，详于行政，慎于司法。"[2] 然而像天津这样较早办起乡镇巡警的，在当时从全国来说毕竟还是屈指可数的。项、袁等人虽力陈其重要性，清政府也绝非毫无考虑，但限于时势所困，毕竟是心有余而力不足。

光绪三十三年二月，民政部决定调查各地的"乡社办法"，考其用意，大概也是要为在全国范围内开办乡镇巡警作准备。民政部在上奏帝、后的折本中写道："天下之大，皆民所积，王道之行，必始于乡。未有不注意民治而能致富强之效者也。臣部现经更定职掌，实为内治根基，民事总汇。虽刻下各省民智未开，局于风气，地方自治一时未能骤行。而各省乡社办法之善否，即为地方治忽民生休戚相关。欲议振兴民政，自以考求各省乡社情形为入手办法。伏查会典，保正、甲长、乡约等，本悬之功令，自咸丰、同治以来，地方多事。举凡办防、集捐、供支兵差、清理奸宄牧诸事，各牧令又无不藉乡社之力。于是边腹各地，名目纷立，推择各殊。有曰乡正、乡耆、里正者；有曰寨长、圩长者；有曰团总、练团者；有曰公正、公直者；有曰镇董、村董者；有曰社首、会首者，羼杂离奇，不可胜举。近年推行警正，如奉天等省则各乡社又多称巡长等名，此名目之不同也。其经理之地有仅止一村，有多至数村、数十村者。边远州县，乡保且有管至为十里者，此地势广狭之不同也。其更代之法有一年一易者，有数年一易者，有轮流充当者，有由地方官札谕委派者，而以公众推举者为多。所遴用者或为生贡或为职衔军功人员，或为平人。地方官待遇之者，或贵之如搢绅，或贱之如皂隶，而要之官民相通，又皆以乡社为枢纽。是以细故之裁判，公用之科摊，案证之传质，护田防盗之计划，新政旧章之颁布，隐多以乡社司之，且有牧令倚以

---

[1] 《光绪朝东华录》第 5 册，第 5393—5394 页。

[2] 《项左辅禀呈》。

收赋税集团练者。大约如古之王烈、田畴者，固不乏人，而猾贪虎冠，为地方之患者，亦在所不免，几有为者不善，善者不为之势。近年海口通商之处，亦多有研究自治，组织会所者，较之相沿乡社办法已有进步，然当绵蕞之初，尤宜详为调查，以期整齐而免流弊。"①

光绪三十四年，宪政编查馆奏定"逐年筹备事宜清单"，开办乡镇警察，也被正式提上日程。根据清单的规定："第四年（即宣统三年）筹办乡镇巡警，第五年（即宣统四年）推广，第六年（即宣统五年）粗具规模，第八年（即宣统七年）一律完备。"

按照清单规定的日程，清政府刚刚开始筹办乡镇巡警，就已寿终正寝了。总之，清末开办乡镇巡警，大多还只停留在口头上，未能迈入实践的领域。

---

① 《光绪朝东华录》第 5 册，第 5639—5640 页。

第五章

警察的来源、种类及其管理

第一节 警察的来源和素质

一 警官的来源和素质

（一）高级警察官员。清末高级警察官员几乎全部来源于旧官僚。光绪二十七年，清廷开办京师警察，善后协巡总局的主要负责人都是旧官僚。如善后协巡总局专职大臣奕劻，是清末著名的达官显贵，封为庆亲王，光绪二十六年与李鸿章同任全权大臣与列强议和，次年任外务部总理大臣，后曾出任内阁总理大臣。四名兼职大臣：世续，时任礼部尚书；铁良，时任大理寺少卿；广忠，时任住居右翼地面正黄旗汉军都统；荣庆，时署仓场侍郎，都是满蒙贵族官僚。光绪二十八年，工巡局成立后，首任大臣是肃亲王善耆，继任者那桐当时任礼部尚书，也都是满蒙官僚。光绪三十一年，巡警部成立，尚书徐世昌，光绪朝进士，光绪十二年为翰林院庶吉士，光绪二十九年任练兵处提调，光绪三十一年署兵部左侍郎，后又出任民政部尚书；左侍郎毓朗，皇族，授贝勒；右侍郎赵秉钧，为袁世凯亲信，时官直隶候补道。

民政部时期，历任尚书徐世昌、那桐、善耆前边都已说过。历任左侍郎为毓朗（见前述）；荣勋（满洲正白旗，任内城巡警总厅厅丞）；袁树勋（曾任苏松太道，后任顺天府尹，总理湖南铁路事宜，山东巡抚等职）；乌珍（汉军正蓝旗人）。历任右侍郎赵秉钧（见前述）；林绍年（同治十三年选为庶吉士，光绪三十二年入值军机处，后曾任度支部右侍郎、河南巡抚等职）；李经迈（曾任出使奥国大臣等职）。

京外各省巡警道员，也都选派旧官僚充当。如山东巡警道潘延祖，由监生报捐郎中，曾署齐东泰武临道盐运使、按察使。湖南巡警道赖承裕，由监生报捐通判，曾署理岳州府通判，浏阳、长沙、邵阳等县知县，代理长沙府知府等职。浙江巡警道杨士燮，光绪二十年曾赴日本考察学务，历任补江西道监察御史，补山西平阳府知府，调补浙江嘉兴府知府等职。① 广东巡警道王秉恩，由监生报捐同知，曾任候补道员。② 云南巡警道杨福璋，曾任候补道员。江苏巡警道汪瑞闿，举人，捐知府，历任总办善后营务处文案等职。

（二）一般警察官吏。一般警察官吏的来源，要比高级警官广泛一些。主要有两个类型：一种是由旧官吏转化而来，这一种占多数；另一种是学生，有警官学堂、政法学堂的毕业生，也有留洋回国的学生。

清廷办警初期，急需用人，但又缺乏学有专长的警官。因此，警官的选任一般没有严格的限制，往往是主管官员从旧官吏中抽调派充的。光绪三十二年五月，巡警部奏定的《部厅官缺升补章程》规定：该部左右厅丞、左右参议、内外城巡警总厅厅丞、郎中、员外郎、主事，内外城巡警总厅总务处参事官、各分厅知事、预审厅正审官，两总厅警务、卫生两处参事官等职均由该部尚书、侍郎"遴择胜任人员具奏请旨补授"或"请补请升"。以下小京官，一、二、三等书记官，六、七、八、九品警官由该部尚书、侍郎"饬各厅丞遴择胜任人员申部奏补"。③ 同年十二月，吏部奏定《各部司员补缺轮次折》内规定："改设、添设各衙门，一律改为题缺，由各堂官在各本衙门分别奏补。以一缺按照官阶、班次酌量才具拟定正陪，以一缺拣资俸较深，暨劳绩保举之员，分班轮补，均先咨部查核。"民政部接到这个规定后，上奏提出，"维臣部及内外城巡警各厅创设伊始，需才孔亟，所有新设各缺均系遴择奏补，不限酌序班次，拟请俟部厅各缺补齐时，再酌照吏部新章办理"。直至宣统元年二月，民政部才奏请按照吏部新章办理。

由于在很长时间里，警官的任用没有严格的限制，以致造成了很多弊病。如任人唯亲，滥竽充数，流品不清，学识不论，结党营私等。当时有人曾指出："乃各省垣巡官往往充以知县、府厅、州、县巡官，非任以佐杂，即充以戚友，反视为位置属员，安插私人地位。"④ 湖北巡警道全兴认为，湖北警政之所以"著手在他省之先而收效反瞠乎若后者，一由于兴警学之不力，一由于办警政之非人也"。他说："自光绪三十一年设立巡警部后，该省节经试办，有案可稽，彼时新政甫在萌芽，民智尤为幼稚，其甚少成

---

① 《大清法规大全》卷 21 下。
② 同上。
③ 《京师警察法令汇纂》。
④ 《张仁禀呈》，中国第一历史档案馆藏档案。

效，初不足责，比年以来，封疆大吏颇知注重民政，然为人择缺者多，为缺择人者少。"① 御史麦秩严上奏指出："各省开办警察大都敷衍塞责，主持警务如民政司巡警道等官，学问既不出于专门，得缺补官徒凭督抚保奏委任，员弁皆听命于督抚，所用者皆不习警务之人。"民政部议复此奏时也承认："查核所保各员，确系谙习警务，熟悉地方情形者，固不敢谓绝无其人，而学问不出于专门，保奏非因乎才力，如该御史原奏所称者，盖亦在所不免。"但又说："现在办理新政，悬缺待人，虽不得不降格以求，勉期拔十得五之效。"②

可见即使在当时，已有很多人认识到警官腐败、用非其人的严重危害。对此清政府也采取了一些相应的措施：

其一，制定了一系列警官任用考选章程，严格对警官的素质要求，建立对警察官吏的考核选拔制度。如制定《民政部司员补缺轮次章程》《考核巡警官吏章程》《选用区官办法》《考察区官赏罚简章》《巡官长警赏罚章程》等。光绪三十四年八月初八日，民政部上奏指出："臣部总揽全国内政，警察乃内政之一端，责任至重，关系至巨，考查应益加严……臣等悉心商订，拟具考核巡警官吏章程九条，京师自巡警总厅厅丞以下，各省自巡警道以下，所有办事成绩，均由臣部定期核办，分别殿最，请旨劝惩。其实系成绩昭著或办事不力者亦即随时奏明办理，似此黜陟兼施，群下咸知激励，庶警务日有起色，新政藉以推行。"③ 宣统元年初，民政部整顿京师内外城警察厅，对各厅区官员进行考试汰留。民政部决定："遴派部员通晓警学者署理佥事各缺，并定期传集厅区有无差缺各员一律考试，试毕由臣等分别等差，优等者留厅任用，中等者参照吏部奏定裁缺司员笔帖式改用章程分别安插，下等者开缺。"④

其二，广兴警学，强调从警学毕业生中录用警官。清朝末年，清政府大力发展警察教育，几乎在各省都建起了不同程度的警务学堂；同时，清廷还制定了一系列法规，强调从警学毕业生中录用、培养警官。光绪三十三年七月，民政部制定的《各等巡警学堂学生毕业录用暂行章程》规定："寻常巡警学堂本科毕业生，准以一、二、三等巡长记名补用"；"高等巡警学堂本

---

① 《章京全兴致部尚书信》，中国第一历史档案馆藏档案。
② 《大清法规大全续编》卷4，"民政部议复御史麦秩严奏各省警察腐败"。
③ 《京师警察法令汇编》。
④ 同上。

科毕业生，准以七、八、九品警官记名补用"；"高等巡警学堂简易科毕业生准以一、二、三等巡官记名补用"；"各省巡警学堂成立后，不得录用别项人员"等。宣统元年正月，民政部的《改定内外城巡警厅区制度，限定额缺章程原奏》中规定："其两厅总金事以下各员，有当差虽属勤奋，而于警察法学未尝研究有素者，拟即调回臣部俾资练习。嗣后厅区人员，应专用法政毕业生，其从前调用各员有非由学堂出身者一律送入臣部巡警学堂分班肄业，俟毕业考验后，再行按照等差分别任用。一面酌设巡警教练所，为养成巡官长警之地。"① 另外，在光绪三十四年制定的《直省巡警道官制细则》中还规定各省巡警道警务公所之各科长科员"均以中外警务学堂毕业之学生及曾办警务得力人员"② 任用。

　　清廷采取上述措施，试图提高警察官员的素质，应当说其设想是不错的，但在实践中却未必都能切实贯彻执行。宣统元年二月初七日，广西道御史张世培上奏说："民政部具奏，整顿内外城警政……原奏内称：'厅区人员应专用法政毕业生……'因此，自材维器使，学取专长，为当今用人第一要义，果能切实办理，警政自不患无起色。乃以臣近日所闻，内外两厅，于厅区人员去留之间，有与原奏大相出入者。如现派科长各员，不清流品，不论学识，而概从实缺，警官滥竽充数……"③

　　宣统二年十月，江西高等巡警学堂姜伯彰等全体毕业生曾联名上书善者，要求照章录用他们为警官，并揭露了当时警官腐败、排斥学生的现象。现将原文照录于下："具禀：江西高等巡警学堂全体毕业学生姜伯彰等为环跪呼吁事：窃以宪政力筹完备，警务日待扩充。盖警察为立宪之根基，与国计民生有密切之关系，故城镇乡村限年成立，而办理警务，必用专员。去岁部奏设立高等巡警学堂章程，至为周密，即江省开办原详内亦有：'目前各厅州县整顿警务，需才孔殷，蓄艾三年，缓难济急，拟先开办简易科一班，以应目前之用'等词。学生等蒿目时限，关心宪政，自入堂肄业以来，究心警学，恪守定章，总冀上报国家，下维桑梓，今岁五月，考试毕业，派赴各区自费见习，现已照章两月期满。伏查详定见习章程第五条内有列入最优、优中等者，均照章分别即予委用等语。学生等迭次叩谒警宪，均未赏见，后蒙总务科长谕令，藉乃上书请愿，又未沐批。兹八、九、十二月内，

---

① 《京师警察法令汇编》。
② 《大清法规大全》卷21上。
③ 《张世培奏折》，中国第一历史档案馆馆藏档案。

又陆续札委佐贰充各属警察委员,置学生等于不闻不问。窃见江省设此学堂,耗费国帑已逾巨万,学生等之销磨岁月于兹两年,若令全班消灭,另事他图,虚掷学生等之光阴固不足惜,而枉费朝廷之巨款,辜负大宪之培成,良可哀也,现在各属警察腐败异常,委员则日肆冶游,长警则包娼婪赌,种种怪象,罄笔难宣。报章之揭载,绅者之指控,已数见不鲜,若不切实改良,于宪政前途妨碍。学生等非敢操切干进,妄肆狂言,但目睹腐败之实情,不忍令桑梓之脂膏滥受一二无学识之警官任意敲吸;况既蒙培植,责有攸归,自宜本所学而力图报效。乃官场积习,排斥学生,同侪概置闲散,于章不合,于心不甘。故不揣冒渎之愆,敢效秦廷之哭,除先行电禀外,为此缕陈详情邮禀堂宪鉴核。伏恳照定章电饬分别委用,以维宪政而重民生,不胜迫切待命之至。"[①] 以上姜伯彰等人的禀呈,可以说是清末警政腐败情形的真实写照。清末警官的普遍素质如何,可不言自明了。事实上,警学毕业生即使能被录用为警官,也仍然存在着很多问题。例如,直隶宣化县巡警教练所一名教官曾指出:"查直隶警员之系本县士绅者,大抵易坐所弊……至于办案非碍于情面即慑于势力。刁绅劣董以警员多系本地士绅,先存藐视之心,且恒挟其亲故友谊之交,遇事托情关说……若各州县一律改派外县毕业士绅,同居本省,各州县之风俗人情谅无不晓,遇事自有应对之方。"[②]

二 警兵的来源

清末警兵的来源有如下几类:第一,从旗兵转化而来;第二,从绿营、团练、保甲、商团转化而来;第三,招募、考选的壮丁。

(一)从旗兵转化而来的警兵。清末,八旗制度陷于崩溃,一部分旗兵转化为警察。光绪二十七年,京城善后协巡总局创立,是清廷仿办警政的初始。该局系仿照八旗旧制创设,其人员组成亦多用旗人。次年,工巡总局成立,原善后协巡总局的一部分人员转入工巡局。外城工巡局成立招募巡捕时,内城工巡局为其选送了一大批旗人。

光绪三十年八月二十日,鸿胪寺少卿毓朗奏上《青城驻防兵丁办理警察折》及《密云县警察先用旗丁试办片》。会议政务处议复此折片时指出:巡警"原以保卫地方,必须具有学识方能得力,未便拘于一格。至该少卿所陈,系为驻防生计起见。查调署两广总督岑春煊,在四川署督任内,会同

---

① 《姜伯彰等禀呈》,中国第一历史档案馆藏档案。
② 《直隶警察杂志》第11期"代论",中国第一历史档案馆藏档案。

署成都将军苏噜岱奏办满城警察亦系就旗人挑选，专管满城地方。此外各省驻防处所自可仿照办理，其各外府州县驻防旗丁较少之处亦可挑选合格者令入警察学堂教习，学成后即归入各处备用，于旗丁多一出路不为无益"①。

可见，随着八旗制度的腐败，旗人的生活也日见困顿。为了确保清政权最基本的社会力量的稳定，清廷采取了多种措施，以维持旗人的生计。清廷制定的《考取巡警章程》规定，普通民人充当警兵，必须经过一定的资格检验，而且必须持有"妥实保结"，但"京师巡警由各旗营用图片送考者可无庸另取保证"。②前述奏折规定各地创办警察，优先选用旗丁，首先也是为旗人的生活着想。至于此举是否会影响警察的素质，清廷是不予顾及的。

（二）从绿营、保甲、团练、商团转化来的警察。光绪二十七年七月，清廷发布上谕，命令各省裁汰制兵、防勇，改练"常备、续备、巡警等军"，各省遂一哄而起，纷纷将旧有的军队改头换面，变为警察。徐世昌在一道奏折中曾追述说："伏查光绪二十七年钦奉谕旨饬练巡警军，各省多就绿营设法改编，良以绿营旧制积久弊深，类成虚冗，且又饷多减折，官拥虚名。因时变通，诚非得已，比年以来，有改绿营为巡警者，如江苏、安徽、江西、福建、云南等省是也；有全裁绿营，另办巡警者，如山西、山东、广西等省是也；有以绿营裁汰之饷练巡警者，如湖北、四川、贵州、江北等省处是也；他如直隶、河南等省所裁之饷多改供新军等项之用；广东所裁之饷则凑供赔款；甘肃等省之巡警军，亦有由防营改名，不尽绿营者。办法既多参差，名称复未划一，且有虽经具奏，并未实行者。"③虽然各省办法不尽相同，但清末警察与绿营之间存在着密切关系，是毋庸置疑的。在此前后，许多地方还将保甲、团练、商团加以改造，摇身一变而为警察。"现在各省府厅州县及乡镇地方举办警察，有循保甲之规制而变其名者；有以团营、巡勇、乡勇改者；有以绿兵改者；有以乡镇原有之巡夫人等改者。力求实际，故不乏人，而粉饰因循，亦在所不免。"④对于上述这种混乱现象，当时曾有人讥讽说："自是故两年以前，东南各处巡警有以保甲改而称为保甲警察局者，有以绿营改而称为绿营警察局者，有以商团改而称为商团巡警局者，

---

① 《大清光绪新法令》第九册，"民政·巡警"。
② 《京师警察法令汇纂》。
③ 《退耕堂政书》卷三，"请饬各省将绿营兵弁挑改巡警折"。
④ 《大清光绪新法令》第9册，"民政·巡警"。

名词双冠,可笑殊多。"①

三 警兵的素质

由于清末警察直接脱胎于清朝旧的军事治安组织,就不可避免地保留了大量旧军队的习气和作风。绝大多数警兵素质低劣,目不识丁,对"警察"的内涵一无所知,以致笑话百出,令人捧腹。湖北巡警道全兴曾说:"巡警队中绝少在学毕业之人,非以游勇改充,即由游民召募……巡士无真知,对长官而举左手,闻之令人失笑,即此细故可例其余。"② 从上述情形可以看出,清末各地创办警察,很大程度上只不过是名称的变易而已,没有多少实际的内容,仍是穿新鞋走老路,换汤不换药。正如端方说的那样:"虽已变警察之名,仍未尽革保甲之习。"③ 对于警兵素质的低劣,官方也并非毫无所知。一些有识之士曾就此提出过相应的补救措施。如光绪三十二年七月项左辅曾上书指出:"巡兵不得其人,警务难期振作。欲其振作,非选择巡兵,严订表式不可。巡兵者,巡警之代表也,举凡规则律例,以何者为宗旨?以何者为义务?以何者为责任?若以能去其害民者为宗旨;以能解散口角、清理道路、查察民情为义务;以能巡逻地面、保护城乡、提防贼匪为责任,即此约略言之,非深明巡警公理、巡警职分不足以担其重任,故必严六项合格分数表,先事考验,以资得力而获功效。其表一曰年岁,二曰品格,三曰目力,四曰体力,五曰文理,六曰言语。假使年岁不一,则阅历有深浅,识见有高下,其办事必多参差不一;品格不齐,则游惰滥司其职,老弱妄干其选,其声望先不足以服人焉,能亲理民事,目力不精、则匪人之形迹无从分辨;体力不坚则任事之精神无从发达;文理不通,则民间之文券、官府之示谕、商贾之单牌,皆不能识;言语不达,则民情隔阂,是非颠倒。所以,举行地方巡警当先以慎选巡兵为起点。一乡得人则一乡治,一村得人则一村治。地方之治与不治,皆视巡兵之得力与不得力。"④

光绪三十二年正月,巡警部尚书徐世昌上奏帝后,请求杜绝以往各省直接将绿营转化为警察的做法。他说:"臣等公同商酌,拟请饬下各省督抚,将现存绿营马步战守各兵,挑选年力富强、体量合格、粗识文字、别无嗜好

---

① 《张玉辉禀呈》,中国第一历史档案馆藏档案。
② 《全兴致部尚书信》,中国第一历史档案馆藏档案。
③ 《端忠敏公奏稿》卷4,"整顿警察折"。
④ 《项左辅禀呈》,中国第一历史档案馆藏档案。

者改编巡警,余悉裁汰,不得以原有制兵改易巡警名目,空文塞责,仍蹈窳敝冗滥之习。其每年腾出饷项,尽数拨作巡警要需,以昭核实。"他还提出:"巡警为专门之学,须由学堂出身。绿营素无教育,习成偷惰,一旦改编巡警,恐仍有名无实。第以各行省地方辽阔,所需巡捕甚多,必欲得学堂人才,则推广须数年以后,矧财力竭蹶,筹款尤觉为难,如能以腾出绿营饷需,移缓就急,且可于各省及商埠先设巡警学堂,征募士民肄业,一面将由绿营挑选改编之营兵更番派入学堂,教以浅近警法,再逐渐分别汰留,数年之间,可徐臻美备。"① 徐世昌的提议得到朝廷的首肯,同时,清廷许多官僚也都主张从兴办警学入手,提高警兵的素质。如端方也说:"至于巡捕一项,现皆以营兵充补,实难望其诸事合宜,只有酌量先设警察学堂,更迭训练,以策后效,其余未尽事宜,一时亦难以尽行更改,惟有随时随事妥筹办理。"②

　　光绪三十二年八月,巡警部制定了《考取巡警章程》,规定挑选警兵必须经过一定资格的检验:"巡警以考验挑选之,有下开三项资格者可无庸考验径行挑取",但必须持有执照方合格。如:"第一条:一,曾充巡警三年,辞差后未经过三年者;一,有各学堂卒业文凭者;一,陆军退伍兵卒及告假兵卒之未曾有过犯者。第二条:愿考送巡警者,宜品行方正,年龄在二十岁以上未满四十岁者;但与左开各项相犯者不得挑选:一,曾处重罪及监禁之刑者;一,曾受赌博之惩罚者;巡警因惩罚革除者或巡警无故辞差未过二年者……第三条:巡警体格之检查以适合左开各项为合格:一,四肢完具及皮肤五内俱无疾病者,又无赘生物畸形等容貌及体势丑恶者;一,身干及五尺,胸围约身长之半者;一,两眼辨色力完全者;一,听力隔六尺之距离而能听低语者;一,言语应答明了者;一,精神完全,无精神病及神经病者。第四条:挑取巡警必须有妥实保结,确系土著良民方准选考;游勇流氓一概不准应充……"③

　　光绪三十三年,民政部奏请将各省地方原有各项捕役乡勇裁汰,从壮丁中选募警兵。该奏折说:"查州县原有民壮捕役等项,每县额设不过百名,工食至微;而白役之数多且逾千,平日于缉捕盗贼,递送公文全无实际,惟曰以生事扰民为业",又说:"此项人等恶习过深,久为民患,与其仍留各

---

① 《退耕堂政书》卷3,"请饬各省将绿营兵弁挑设巡警折"。
② 《端忠敏公奏稿》卷4,"整顿警察折"。
③ 《京师警察法令汇纂》。

役为害地方，何如改用巡警可俾治本。"因此，民政部提议："请饬下各省督抚将军通饬所属府厅州县，查明民壮捕役等项，额设若干，工食若干，旧有练勇数若干，筹给饷项若干，详报臣部，一面严饬酌量裁汰，改设巡警，增给饷薪，各设警务传习所一所，更番训练，以应急需。"① 此外，清朝各级政府还制定了一系列法规，如《各区训授巡警规则》《募警入学简章》《巡警教练所章程》，以期保证警察的来源和素质。经过若干年的筹措，清政府逐渐建立起了一套比较完备的警察人事制度，其中包括：警察官兵的来源、选拔、录用、考核、奖惩、升降等。如果仅从制度上看，已是颇有条理了，至于仍然存在的很多问题，则往往属于制度以外的其他各种原因造成的。

第二节　警察的称谓、等级、薪俸和服装

一　警察称谓的演变

清末警察初建时期，称谓十分混乱，前后也经历过若干次变化。

最早出现在中国境内的警察，是由西方列强在沿海各口岸的租界内设置的，当时被人们称为"巡捕"。光绪二十四（1898）年，湖南维新派在长沙开设保卫局，该局内所设警察的正式称谓是"巡查"，基层警察官员称为"巡查长"和"巡查史"。光绪二十七（1901）年，清政府仿照西方警察制度设立的善后协巡总局，其普通警兵称为"巡捕"，中下层警察官员称为"巡捕官"和"巡捕长"。其后开办的工巡局，普通警兵仍称"巡捕"，中下层警察官员有"警巡""巡长"等不同级别的称谓。于此前后，各省也先后开办了警政，有些地方称警察为"巡捕"，有些地方则称为"巡警"，各不划一，十分混乱。光绪三十二（1906）年六（8）月十九（8）日，巡警部尚书徐世昌在一道上帝后的奏折中提出统一各地警察称谓的计划，他说："现在推行部厅章程，整饬各省警政，所有警巡长捕等名称亦应详为核定，以符名实而归划一。"他提出的方案是：

（一）将原设的"由各巡长挑充，资劳较深，多有成绩"的警察官员——"警巡"更名为"巡官"，"以备挑充警官之用"。

（二）将原来对普通警兵的称谓——巡捕，更名为"巡警"。徐世昌说：

---

① 《大清光绪新法令》第9册，"民政部奏请通饬各省酌裁民壮募练巡警折"。

"巡捕之名，与各督抚衙署文武巡捕差使及京城巡捕五营相混"。所以将其改名为"巡警"，"俾令顾名思义，各尽所职"。至于"巡长"一称，则仍予沿用。

（三）对各省"巡警兵"，统一改名为巡警。[①]

经过上面这样一番整顿，警察的称谓逐渐统一。社会上对警察的通称是"巡警"。警察队伍内部因级别不同而区分为四种不同的称谓，由下至上依次为："巡警""巡长""巡官""警官"。"巡警"一词即是对警察的通称，又是对普通警察的称谓。至于"警察"这个词汇，清末也已出现。它是由日语中直接引入的。以上所述的这些称谓是比较正规的、官方化的。在当时的各地方，警察的称谓仍很混乱。有些地方，巡官里有"正巡官"的称谓，有些地方，巡长以下还有"巡目"这种称谓，有些地方对警察仍称为"巡勇""巡查""巡丁"等。为了明确区分各级巡警人员等级的高低，互相之间的称呼也有严格的规定。光绪三十二年，民政部制定了《巡警人员称谓表》，兹附录如下页。

二　警察的等级和品位

清末的警察，官职繁多，等级森严。巡警部成立以前，由于警政尚处于初创阶段，因而警察官制比较混乱。光绪三十一年巡警部成立后，中央和京师的警察官制逐渐正规，高级警察官员仍以品第论等级，中下级官员则比较简单，分为巡官、巡长等几个等级。

巡警部尚书、侍郎由皇帝特简，以下依次为：左右丞，位正三品；左右参议，位正四品；郎中，正五品；员外郎，从五品；主事，正六品；一、二、三等书记官，位七至九品。

京师内外城巡警总厅，厅丞位正四品，视府丞；总务处参事官，正五品，视郎中；其他各处参事官，位从五品，视员外郎。各分厅知事位正五品，视郎中；以下设六、七品警官若干人。各区长以八、九品警官充任。

光绪三十二年，民政部成立。其后数年里，不仅中央和京师实现了统一，外省的警察官制也趋向了划一。民政部的官制大体如原巡警部。部大臣、左右侍郎仍由皇帝特简。左右丞位正三品；左右参议，位正四品；参事，正五品；郎中，正五品；员外郎，从五品；主事，正六品；六、七品艺师；六、七品医官；八、九品录事等。

[①] 光绪三十二年六月十九日巡警部奏折，中国第一历史档案馆馆藏档案。

第五章　警察的来源、种类及其管理

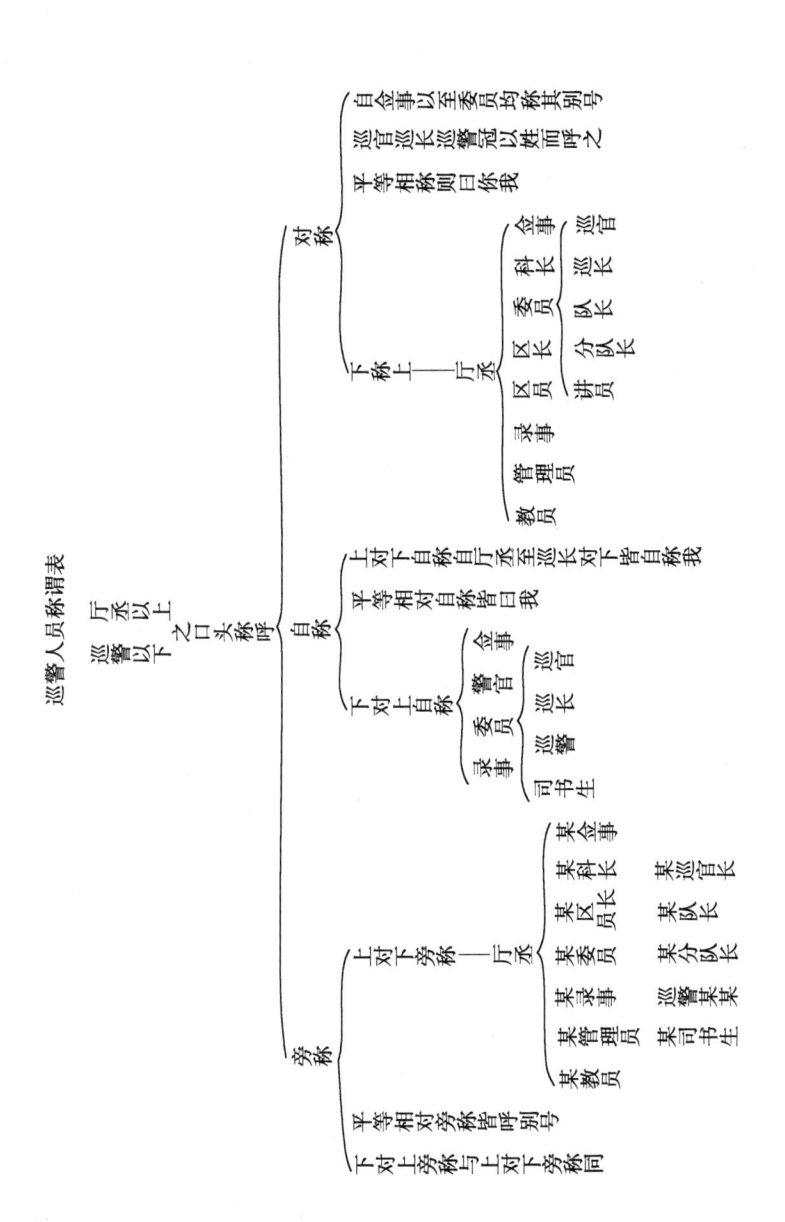

巡警人员称谓表

- 巡警以厅丞以下之口头称呼
  - 对称
    - 自佥事以至委员均称其别号
    - 巡官巡长巡警冠以姓而呼之
    - 平等相称则曰你称我
    - 下对上称——厅丞
      - 佥事
      - 科长——巡官
      - 委员——队长——巡长
      - 区长——分队长——巡警
      - 区员
      - 录事——管理员
      - 教员
  - 自称
    - 上对下自称自厅丞至巡长对下皆自称我
    - 平等相对自称者曰我
    - 下对上自称
      - 佥事——巡官
      - 委员——巡长
      - 录事——巡警
      - 司书生
  - 旁称
    - 上对下旁称——厅丞
      - 某佥事
      - 某科长
      - 某委员——某区员长——某巡官
      - 某区员——某分队长——某巡长
      - 某录事——某管理员——巡警某某
      - 某教员——某司书生
    - 平等相对旁称皆呼别号
    - 下对上旁称与上对下旁称同

京师内外城巡警总厅的各级官员是：厅丞由原正四品升为从三品；总务处佥事，位从四品；其他各处佥事，位正五品；警官分为五、六、七、八、九品。各分厅知事仍为正五品；各区区官以六、七品警官充任；区副以八、九品警官充任。总厅各正副管股、股员，分厅各课正、副课长位自五品至九品警官不等。

外省警察官制为：巡警道，为请简官，位三、四品不等①；课（科）长，秩视六品；副课（科）长，秩视七品；课（科）员，秩视八品。各厅州县设警务长，照七品警官及巡警道属副科长例，秩视七品；区官照九品警官例，秩视九品。

警官以下为巡官，分为三级，即一、二、三等巡官。巡官以下为巡长，同样为三级，即一、二、三等巡长；普通巡警亦分三级，为一、二、三等巡警。此外还有备补巡警，"常驻在各分厅，有缺时补缺，无缺时听候差遣"。备补巡警的主要任务是：递送公文、信件，代理请假巡警，补助预备非常巡警之不足。②

必须说明的是，清末的地方警察等级体制始终未能实现完全统一，直到清亡前夕，各地方的差异仍然很大。以四川省为例可以比较清楚地说明这个问题。据四川调查局记述："各属以地方官任坐办，为警察最上级机关，一切人员悉受其命令而执行职务。自警长、区长以下，初无等级之可言，不过分司其事务，酌给以薪俸而已。嗣由巡警道通饬以各属员警，均视省城为等级，于是始有分为五级者、有分为三等者、有分为八等九级者。其分为五级者，以警长为上级，巡长为次级，正巡目为中级，副巡目为下级，巡警为最下级。分为三等者，以巡长为头等，巡目为二等，巡警为三等。分为八等者，（一）坐办，（二）司法、稽核、警长，（三）区长，（四）正副巡目，（五）舍长，（六）巡查，（七）预备巡查，（八）清道水火各夫。分为九级者，（一）区长，（二）巡长，（三）正巡目，（四）副巡目，（五）什长，（六）伍长，（七）正兵，（八）副兵，（九）学兵。又有分警长为上级，区长次之，正副巡目又次之，舍长、巡警为最下级者。以警长秩视省城区官，区长视巡官，正副巡目视二、三等巡长，舍长视一等巡警，其余瞭望、巡回者皆视二等巡警，其薪俸即以是为差。又有分警长为上级，次则正副区长、文书、会计，再次则书记、巡目、巡回、巡兵，预备队为最下级者，其薪俸亦

---

① 据《大清法规大全》卷23，"奏釐定官制宗旨折"。
② 《京师警察法令汇纂·备补巡警职务章程》。

以是为差，要之各属员警虽分等级而与通章实难符合。其通章云警长之等级与省城区官同，区长之等级与巡官同，正副巡目视二、三等巡长，舍长视一等巡警，瞭望、巡回视二等巡警。俟将来一律通行，自不至或有参差矣"。①

三 警察薪俸

清末警察的薪俸，是根据警察的品位和等级来确定的。薪俸的高低同时也就表明了其身份、等级的高低。由于清末警察的等级体制比较混乱，也就造成了薪俸体制的混乱。一般而言，在中央、京师及省城等大城市里，有品位的高级官员的薪俸标准比较一致，而在基层的中下层警察官兵的薪俸标准则往往因地而异。

有品位的官员薪俸标准之所以比较一致，是由于具有共同的参照物，即清政府对高级官员薪俸体系所作的各项规定。光绪三十二年五月二十九日，巡警部制定《部厅各员廉俸章程》，该章程指出："臣部稽核整理京外警务，尤为繁重，自应比照外商两部酌定养廉银以示体恤而重职任。"因此规定："尚书每年支养廉银一万两，左右两侍郎每年各支养廉银八千两，左右两丞每年各支养廉银五千两，左右参议每年各支养廉银四千两，各司郎中每员每年支养廉银三千六百两，员外郎海员每年支养廉银三千二百两，主事每员每年支养廉银二千四百两，机务所小京官每员每年支养廉银一千六百两，一等书记官每员每年支养廉银九百六十两，二等书记官每员每年支养廉银七百二十两，三等书记官海员每年支养廉银四百八十两。"

关于京师内外城巡警总厅各级官员的薪俸数目，详见下表。

京师内外城巡警总厅各级官员的薪俸表

官　阶	年支养廉银数（单位：两）
厅　丞	4000
总务处参事官	3600
分厅知事	3600
普通各处参事官	3200
六品警官	2400
七品警官	960
八品警官	720
九品警官	480

---

① 《调查川省警察行政沿习利弊报告书》下篇。

光绪三十二年五月十四日，外城巡警总厅又制定了《巡官长警饷制》，并报巡警部立案。该饷制规定了中下层警察的薪俸标准，详见下表。[①]

中下级警察薪俸标准表

官　阶	每月饷额（单位：两）
一等巡警	9
二等巡警	8
三等巡警	7
一等巡长	15
二等巡长	13
三等巡长	11
一等巡官	30
二等巡官	25
三等巡官	20
备补巡警	6
教练所学习生	6

中央和京师以外的各地警察薪俸体制，虽因各个时期、各个地方的情况而不尽相同，但大体上也有接近之处。例如，直隶在开办巡警道以前，省内各地的警察薪俸往往自成一体，相互之间没有统一的规定。兹分别列表如下。

表Ⅰ　　　　　　　　　　**直隶警务处职员薪公表**[②]

官　职	月薪（单位：两）	月支公费银（单位：两）
督　办	免	免
住局会办	免	200
参事官	120	免
行政股长	100	免
施行所委员	50	免
调查所委员	40	免
审定所委员	40	免
文牍所委员	40	免
司法股长	100	免
判定所委员	40	免
交通所委员	50	免

---

① 以上资料均据《京师警察法令汇纂》。——著者
② 以下三表均见《北洋公牍类纂》卷7—8。——著者

续表

官 职	月薪（单位：两）	月支公费银（单位：两）
保安股长	80	免
正俗所委员	40	免
营业所委员	40	免
消防所委员	40	免
卫生所委员	50	免
会计股长	80	免
支应所委员	50	免
编译股长	60	免
总纂所委员	50	免
分纂所委员	40	免
考定所委员	40	免
总稽查	免	80
暗　查	10	免
清　书	10	免
护　目	8	免
护　勇	4两5钱	免
差　遣	4两5钱	免

表Ⅱ　　　　　　　　保定工巡总局员弁月薪表

	官 职	月薪（单位：两）	月支公费银（单位：两）	合计（两）
总局	总　办	200	120	320
	提　调	120		
	总稽查	60		
	副稽查	20		
	文　案	40		
	收　支	40		
	除　秽	24		
	医　官	20		
	庶　务	20		
	巡　查	12		
	暗　查	10		
	差遣队长	10		
	差遣队兵	4两8钱		
	清　书	6		
	号　目	6		

续表

	官职	月薪（单位：两）	月支公费银（单位：两）	合计（两）
总局	号兵	5		
	伙夫	3		
民事三所	民事	40		
	刑事	40		
	检事	40		
	书记官	12		
	清书	4		
	传事吏	4		
	执刑卒	4		
	检查吏	4		
探访局	探访	45		
	探长	12		
	探查	6		
	伙夫	3		
补习学堂	操法教习	14		
	算学教习	20		
	巡记兼教习	加津贴2（两）		
	堂夫	5（钱）		
警务分局	巡官	40	30	70
	巡弁	26		
	巡记	12		
	一等巡长	10两5钱		
	二等巡长	8两4钱		
	三等巡长	7		
	一等巡警	5两5钱		
	二等巡警	4两8钱		
	三等巡警	4两2钱		
	局役	4		
	伙夫	3		
区	区官	40		
	书记	8		
	局役	4		
工程局	总办	免	120	
	提调	60（津贴）		
	劝捐绅	30（车马费）		
	房捐委员	24		

续表

	官　职	月薪（单位：两）	月支公费银（单位：两）	合计（两）
工程局	灯捐委员	24		
	铺捐委员	24		
	车捐委员	24		
	监工委员	24		
	监工委员	18		
	监工委员	12		
	东门车捐委员	18		
	南门车捐委员	18		
	西门车捐委员	18		
	北门车捐委员	18		
	船捐委员（1）	24		
	船捐委员（2）	12	16（船局公费）	
	房灯捐抄书	京钱8千		
	车铺捐抄书	京钱8千		
	把门亲兵	京钱8千		
	总局听差	京钱8千		
	打更夫	京钱8千		
	看料夫	京钱8千		
	喷道水车夫	京钱8千		
	扫除街道夫	京钱8千		
	船捐亲兵	京钱8千		
	查捐保甲	京钱6千		
	四门车捐亲兵	京钱8千		
卫生	稽查委员	24	8	32
	医　官	50		
	清　书	6		
	医官护夫	5		
	巡　长	4		
	查捐巡兵	5		
	局　役	3		
	伙　夫	3两6钱		

表Ⅲ　　　　　　　　　　　天津南段巡警总局司兵役饷章　　　　　　　　（单位：两）

官　职	月　薪	月支公费银	合计
总　监	300	200	500
一等警监	100		
二等警监	80		
三等警监	60		
一等书记长	60		
二等书记官	40		
四等书记官	20		
书记生	12		
值日所课长	40		
总务课员	24		
庶务课员	24		
考绩课员	24		
审判课员	24		
书记生	12		
发审处检事长	100		
正审官	60		
帮审官	50		
一等书记官	60		
二等书记官	40		
录供书记生	16		
一等巡长	10两5钱，津贴5钱		
二等巡长	8两4钱，津贴6钱		
传事吏	5两6钱		
董事处董事员	150两，伙食12两		
书记官	40两，伙食6两		
司　帐	30两，伙食6两		
册　报	24两，伙食6两		
司　事	12两，伙食4两		
差　弁	8		
听　差	4		
稽查处一等稽查	16		

续表

官职	月薪	月支公费银	合计
二等稽查	14		
三等稽查	12		
养病房医官	60		
书记生	18		
护夫	6.3		
一等译官	60		
二等译官	40		
洋总巡官	300，（津贴）12		
洋副巡官	200，（饷银）12		
印弁	75		
印捕长	30，（津贴）3		
印捕	19.5，（津贴）3		
一等机士	24		
二等机士	18		
一等差弁	16		
二等差弁	12		
三等差弁	8		
局役	4.5		
差遣队队官	30		
副官	24		
二等巡长	8.7		
一等巡警	6.6		
二等巡警	6.3		
三等巡警	5.9		
伙夫	3.3		
备差队队官	30		
一等巡长	10.8		
二等巡长	8.7		
一等巡警	6.6		
二等巡警	6.3		
三等巡警	5.9		

续表

官职	月薪	月支公费银	合计
伙夫	3.3		
军乐队队官	30		
一等乐目	8.7		
二等乐目	7.3		
三等乐目	6.6		
马巡队队官	30		
副官	20		
河巡队队官	30		
副官	16		
管驾	16		
巡弁	16		
书记生	12		
大副	10.8		
升火	10.8		
舵工	8.3		
篙工	7.8		
二等水手	7.8		
三等水手	5.9		
消防队指挥官	40		
队官	30		
副官	16		
三等巡警	5.9		
探访队局长	60		
书记官	30		
差弁	12		
局役	4.2		
队官	30		
副官	24		
书记生	12		
一等暗查	15		
二等暗查	12		

续表

官　职	月　薪	月支公费银	合计
三等暗查	9		
四等暗查	7		
五等暗查	6		
电线队巡弁	40		
一等巡长	25		
二等巡长	20		
巡　警	8		
局长一等巡官	60	40	100
区长二等巡官	40	20	60

光绪三十四年以后，清廷在各省设立巡警道，地方警政趋向统一，各地警察的薪饷标准也进一步规范化。下试以浙江、四川两省的情况作一比较。

浙江、四川两省薪饷和标准比较表

地方级别	官　职	月支薪饷	月支公费银
浙江省警务公所	科　长	120（两）	
	科　员	80（两）	
省城	正巡官、区官	30—50（元）	
一等县	正巡官	60（元）	
二等县	正巡官	50（元）	
各县	教练员	40（元）	
	区　官	35—40（元）	
四川省警务公所	总务科长	140（元）	
	行政、卫生、司法各科长	100（元）	
	科　员	50（元）	
	各项委员	20—30（元）	
	差遣员	伙食费3.4（元），无薪水	
	学习员	同　上	
	巡　官	24（元）	

续表

地方级别	官　职	月支薪饷	月支公费银
四川省城	总区长（视七品）	70（元）	
	副区长（视八品）	50（元）	
	分区官（视九品）	50（元）	
	巡官（视一等）	24（元）	
	一等巡长	12（元）	
	二等巡长	9（元）	
	三等巡长	7（元）	
	一等巡警	6.3（元）	
	二等巡警	6（元）	
	区　正	（津贴）3（元）	
四川各州县	警务长	10—40（元）	
	重庆府 警务长	80（元）	80（元）
	总局司法	50（元）	
	文案、稽核、收发	40（元）	
	正警官	40（元）	
	司法兼文案	36（元）	8（元）
	副警官	32（元）	5（元）
	分局警长	20（元）	5（元）
	正巡	8（元）	
	副巡	6（元）	
	舍兵	5.3（元）	
	正兵	5（元）	
	区　长	5—20元	
	巡　兵	3—5元	

　　四川调查局在调查报告中指出："现虽规定通章，而因各地财力不同究未能毫无轩轾，唯重庆一府均视省城为差。"① 四川是这样，全国也是这样。在经济富庶地区，薪俸标准可能就高一些，在贫瘠地区可能就差一些。

---

① 《调查川省警察行政沿习利弊报告书》。

四 警察服制

从光绪二十七（1901）年清廷开办警察时起，当时的警察机构——京城善后协巡总局就开始着用制服，但制服的样式很不规范，甚至各局之间的服装也不尽一致。当时官方和民间对警察的制服并不称为警服或警装，而是称为军衣或号衣。善后协巡局的制服多种多样，有青灰军衣裤、皮裤、油靴、蓝布号坎、蓝布号褂、秋帽、灰布衫、雨帽等，大多还是旧时旗兵的号衣。[①] 其后的京师内外城工巡局、巡警部以及外省开办的警察，也都先后着用过各种不同式样的制服。直至光绪三十四年以前，警察的服装始终未能统一，其样式可以说是千差万别，大体情况是：各省巡官以上的人员仍着旧式的"官服"，而巡官、巡长、巡警等下层警官及普通警察则改着"短装"，一些留洋归国充当中上层警察官员的人则身着西服革履。当时有人提出，有必要统一警察的服装："外省巡警、巡长、巡官皆改短装，巡官以上仍著官服……"，"然为警察官者，挟其靴帽袍褂，奔走道路，设身处地，似觉不宜。且现亦多留学回国在各省充参议、充提调之课员者。伊等率皆西装，同处一地、同办一事，而服制不同，新旧两分，显生意见，甚或互相排挤，皆由服制不一兹之疚也"。因此建议："今宜饬内外厅自六品警官以下，外省之警察差使者自同通州县以下，一律改穿警服，由部预颁定式，以便遵守。该员等既著警服，自应于该管区域常川巡逻，于站岗巡警有监督指挥之责，亦可补巡警勤务之所不及。"[②]

巡警部成立后，于光绪三十一年十二月十五日奏定了内外城巡警总厅《官制章程》，其中规定："不论警官、巡长、巡捕等，凡在外场执事者，均须一律服警察衣服，在厅内则听便。"据此，内外城两厅首先开始酝酿设计统一的、规范化的新式警服。总的来看，清廷设计警服的基本依据是：外则取法日本、西洋，内则仿效陆军。有人提出："同人中不乏留东警察生，又陆闰生兄新自西洋各国考察归来，拟请将东西各国巡警官制及警服式样详细开列，由同人去取。"有人则强调划一全国警察服装的重要性，例如熙栋、汪荣宝等人说："盖变易服色本关系全国公共之事，须俟明奉谕旨一律改易时然后可议。不然此部一制度、彼部又一制度，此省一制度、彼省又一制度，此府县一制度、彼府县又一制度，世界万国，断无此政体也。"也有人

[①] 《京城善后协巡总局全宗》，中国第一历史档案馆馆藏档案。
[②] 《舒鸿仪禀呈》，中国第一历史档案馆馆藏档案。

反对仿效陆军的服装："巡警与陆军无涉，拟请自己想办法，不必为练兵处所拘，且不必拘定九等。"

光绪三十二年六月二十二日，京师内外城巡警总厅草拟了巡警服章图表，报巡警部核议裁夺。在此之前，内外城两厅曾已拟订过一个图表，但当时"仅就厅丞以次各人员先行厘定服制，以便外场执事"。后来考虑到"部厅本系相属，若非通盘筹划，无以区等级而便推行，应从本部堂官以次递推，列为九级，附具表说，藉相发明以备采择"。因此新拟定的图表较前一次的有了很大的修改。例如，帽章："总厅原拟帽式分等不分级，与各国异制，微嫌简略……拟改礼服帽用红青色，帽章以金线分三等，每等分三级，以横线分等，以纵线分级，以示区别。常服帽用红青色帽章，等级形式与礼服帽章同，唯改用青线，夏服帽用土黄色帽罩加于常帽之上。"裤章："总厅原拟裤章分礼服、常服两种，礼服裤章用金线，常服裤章用青线，而常服只有冬服无夏服。按各国军服、警装鲜有用金道作裤章者，又夏服无裤章，拟改礼服裤用红青色裤章，以黄绒道分三等，常服裤用红青色裤章，以青线分三等，夏服裤用土黄色无裤章。"领章："总厅原拟领章亦甚妥洽，但不甚美观。按领章原止用于礼服，似以华丽为宜，拟改礼服领用红色领章，以金线分三等，常服领用红青色，无领章，夏服领用土黄色，无领章。"肩章："总厅原拟肩章杂色太多，似非警装所宜，拟改用红色金蟒，以金线作边，分三等，以钮扣分三级，常服无肩章。"袖章："总厅原拟袖章线道太多，冬季亦无区别……拟改礼服用红青色袖章，以金线分等，以金条分三级。常服用红青色袖章，等级形式与礼服同，唯是改用青线、青条；夏服用土黄色袖章，以青条分三等，以钮扣分三级。"此外还有帽正："厅丞用青金石，参知事用水晶，六品警官用……"等。这个服装方案提出后，引起了不小的争论，也遭到了一些批评。有人认为："帽章既用颜色、宝石分别尊卑，是帽珠即同于顶戴，所拟各越级。"又有人指出："现在夏服用灰色，殊不壮观，似用土黄色为宜。"[①]

由于争论长期不休，直到光绪三十四（1908）年六（7）月二十四（22）日，民政部拟定的方案获得批准时，清末警察服装的格式才最后确定下来。民政部在奏折中指出："现在各省办理巡警，逐渐推行，而服章杂糅、各为风气，阶秩互异，形式参差，殊不足以壮观瞻而资表率。亟宜分按等级，拟定巡警服章，除朝觐、公谒礼服仍遵旧制外，余分礼服、常服各

---

① 以上未注出处者均据《核议部厅巡警服章有关文件》，中国第一历史档案馆藏档案。

项，区以三等、析为九级。"这里所说的三等九级详见下表。①

三等九级警服简表

	一 级	厅丞	
上等	二 级	总务处佥事、巡警道	
	三 级	佥事	
	一 级	五品警官	
中等	二 级	六品警官、科长	
	三 级	七品警官、副科长	警务长仿此
	一 级	八品警官、科员	
初等	二 级	九品警官	区官仿此
	三 级	一、二、三等巡官	

最后确定的警察服装样式见本节附图。宣统元年二月十一日，民政部发布堂谕指出："警官服章，本部业经奏定，所以尊瞻视、辨等差、重秩序也。嗣后两厅执行警务人等无论办公及请假、外出均应著制定服章，以昭严整，至礼节为精神教育之一，厅区各官以及长警，无论何时相见，均应照章行敬礼，以示亲睦。"②

除了警察服装外，巡警部及后来的民政部还分别对警用器械的佩带及警察的礼节等问题作出了规定。例如，光绪三十二年五月十四日，京师外城巡警总厅制定了《巡警佩剑规则》，并报巡警部立案。规定指出："巡警佩剑原以供行职务时保卫身体之用。""佩剑于腰际，露其柄于衣服之左，以便临时使用。""佩剑之外不可私带护身之凶器。"上述各项规定，在京师以外的各省得到了不同程度的实施。例如，四川省规定："服式遵照光绪三十四年六月廿四日民政部奏定巡警服章分别制用。"③ "官警服式以等级为差别，其佩器亦以等级为差别。特开办之初，有从地方习惯者，有由个人意思者，故未能一律。宣统元年巡警道颁发服式新章，并通饬各属制备，于是始加整顿。除坐办为地方行政长官多服常服外，其余皆着制服。警长、区长夏秋着青宁绸单衣裤，春冬着青大呢类衣裤；巡长、巡目四季均着青布衣裤；巡警四季均着蓝布衣裤。警长袖金三道，区长二道，巡长、

---

① 《京师警察法令汇纂》，"巡警服章等级区别表"。
② 《京师警察法令汇纂》，"民政部堂谕警察人员一律著用制服文"。
③ 《调查川省警察行政沿习利弊报告书》上篇。

巡目加白条三道，副巡二道、巡回、瞭望一道。警长、区长帽章银质镀金，以下均铜质镀银，唯帽裤标记自警长以至巡警俱用白色，帽靴俱黑色，巡警则用红呢肩章，各属皆然。唯打箭炉一厅气候迥殊，警长衣裤四季皆用青呢，巡警均束皮带，冬令则巡警悉用青布缠头，以其严冬不能不予以变通也。至于佩器，警长、区长、巡长悉用指挥刀及时计，巡警持木棍，其余警笛、口哨、铅笔、簿记之属亦多为巡警所佩焉。"①

第三节　警察经费

经费问题是清末在举办警政的过程中始终未能逾越的严重障碍。众所周知，自鸦片战争以后，清政府长期处于内外交困的窘境之中。特别是在庚子赔款以后，清政府的财政日益艰涩，而警政的举办又恰恰是从这时开始的。因此其所面临的困难也就不难想象了。

光绪二十七（1901）年，清廷设立京城善后协巡总局，由官方提供经费，作为中国第一个官办的警察机构。然而由于经费不足，开办一年多来，效果很不理想。光绪二十八（1902）年正（3）月三十（9）日，工部右侍郎胡燏棻上书提出了"以地方之钞归地方之用的办法"。他指出：当前京师街道泥泞，"不可不赶紧兴修。但内城周四十里，外城周八十里；地面辽阔，每里约计修费三千余两，如必请官款兴办，当此库帑支绌之时，断难为继"。因此主张"抽收车捐、铺捐，以为推广并岁修经费"。同时他还提出设立工巡局，取代已设立的善后协巡局，其"经费仍以协巡局款暂时拨用数年，以后捐款充足，再请停止"。② 同年四月十二日，庆亲王奕劻等人集议后上书表示接受胡燏棻的意见，同意设立工巡局，主张"宽筹经费，严定章程"，但对胡提出的具体筹款方案则不很赞同。如在整修街道费用的问题上，奕劻等人指出："该侍郎无非因巨款难筹，设此渐次推广之法，然使逐年逐段待款为之。恐因循转虞作辍，况车捐一项，必抽于道路修竣之后始无绕越之弊，是宜通盘复计，并力经营，乃能整齐划一。应请饬下户部，先行筹借款二十万两，陆续拨用。将来即在沟渠、河道岁修工程项下按年扣还。其管理沟渠、河道大臣一差，即行裁撤，俟外城街道修齐，街道厅亦可停派，原有经费自应归并办理，步军统领衙门尚有修理街道款项，亦应一并

---

① 《调查川省警察行政沿习利弊报告书》下篇。
② 《筹议京师善后拟请创设工巡局以期整顿地面条陈》，中国第一历史档案馆馆藏档案。

归入。似此量为腾挪，于度支尚无出入而款项有著。"至于捕务经费，奕劻等提出，其"所需经费即将每月现放之警务学堂、协巡局、左右翼分厅各款一体归并办理"。①

工巡局开办以后，其经费来源大体上就是上面提到的那几个方面。这里有一份光绪三十一年六月十六日至七月十五日内城工巡总局月收支经费清单。② 从中可以了解到工巡局经费的一些详细情况。

"旧管：京足银 5729.989（两）
新收：由户部领到经费京足银 25000（两）
由户部领到警务学堂学生津贴京足银 1000（两）
由户部领到街道局路灯费京足银 1000（两）
由户部领到巡捕队加饷京足银 2500（两）
由步军统领衙门领到撙节步甲京足银 230（两）
（收入总计：35459.989 两）

开除（支）：

五城经费银 4000（两）
街道局经费银 3100（两）
警务学堂学生津贴银 1000（两）
中局委员警巡长捕等六月份薪俸银 1966.234（两）
中局巡捕队警巡长捕等六月份加饷银 127（两）
中局七月份经费银 317.58（两）
中局巡捕队经费银 37.7（两）
东局委员警巡长捕等六月份薪俸银 3460.27（两）
东局七月份经费银 515.88（两）
西局委员警巡长捕等六月份薪俸银 4292.186（两）
西局巡捕队警巡长捕等六月份加饷银 261.2（两）
西局七月份经费银 526.68（两）
西局巡捕队七月份经费银 449.569（两）
消防队巡长巡捕等六月份俸银 758.52（两）
消防队巡长巡捕等六月份加饷银 265（两）
消防队七月份经费银 33.2（两）

---

① 《拟请创设工巡局折》，中国第一历史档案馆馆藏档案。
② 《内城工巡局呈报光绪三十一年收支经费数目清单》，中国第一历史档案馆馆藏档案。

本局警巡长捕等六月份俸银	1566.912（两）
本局巡捕队警巡长捕等六月份加饷银	129.6（两）
本局巡捕队七月份经费银	34（两）
分巡处警巡长捕等六月份俸银	318.87（两）
分巡处七月份经费银	102.51（两）
本局各处七月份薪红银	92（两）
本局房租银	50（两）
正堂守卫处房租银	1.5（两）
本局委员茶役等伙食银	78.25（两）
天津巡警委员巡兵送案本局公用饭食等银	
	9.77（两）
文案发审处警巡长捕刑书皂伙食银	54（两）
本局马乾银	108（两）
本局厨房煤火银	5（两）
中局巡捕莫元恤赏银	20（两）
分巡处领赎东洋车银	5（两）
补巡捕队置办军装不敷银	2.36（两）
修理图表处耳房、待质所炉灶、巡捕队院墙工料银	
	26.92（两）
提银	5149.97（两）兑银元6980（元）
提银	135.15（两）（合钱1882.14）
共支：京足银	28965.84（两）
实在（节余）：京足银	6494.149（两）"

据档案中保留的其他各月经费清单看，大体上与上面所引的情况相同。由此推算，内城工巡局年度经费开支大约在336000两至360000两之间。

光绪三十一年底，清廷设立巡警部，统管全国警政，开支加大，经费来源也就更加困难。巡警部因而向全国发出咨电："现因开办伊始，需款浩繁"，呼吁各省"酌量协济，以应急需计"，设法予以财力支援。这份咨电发出后，得到了一些省份的响应。例如，安徽省决定"在土药项下按年拨银二万两","交商汇解"。民政部成立以后,仍然保证供应。① 光绪三十二年九月,民政部成立,其财政来源主要仍是两个途径:"臣部经收款项约分两种,一每年由度支部及各省拨助之款;一本部由内外城两厅就地所筹之款。"前一项拨款没有随着民政部业务的扩充而相应增加,而后一项筹款,主要是铺、车捐等,也不过是"零星琐碎",杯水车薪而已。因而造成民政部的经费日益紧张,入不敷出,寅吃卯粮:"臣部出入历年款项自改设民政部后,诸务日益扩充,出款骤添而入款毫无增益。核计光绪三十三年,不敷之数已有二十八万七千两之多,当赖有光绪三十一年及三十二年节存款项二十五万四千余两,得以稍资弥补,至三十四年出入款目,预算亏累为数亦巨,嗣经度支部于该年冬季拨济三十万两,故年终结算仅不敷三万余金。由宣统元年正月截至本年六月,连闰月计算,又当亏至十三万金之谱。迭经臣部督饬司员及各厅局所将支出各款再三核减,而综计全年出入不敷之数,总计在三十万金以外。溯厥由来已久,长此拮据,措手何从?民政为臣部职司,警察乃治安所系,内外城两厅属部直辖,官薪巡饷,需款浩繁……加以道路、电灯、医院、教养局所等费,凡地面应用之款,无不仰给于臣部。而两厅所收地方经费,仅止铺捐、车捐,出入相衡,亏绌尚巨。历年均恃部拨以资挹注,其影响于行政经费者甚大。职此之故,不特应尽职责未能展拓,即现行事项亦几于无可支持。"

民政部经费紧张到何种地步,通过上面的引文已不难看出。至于民政部每个财政年度正常的经费收支情况,则可通过下面的两个表作一初步的了解。

以下诸表说明:民政部财政预算年需正常经费银1689623.28两,扣除预备费,仍需银1569623.28两;民政部财政预算年度获得各项入款1381940两,预算赤字达307683.28两,即便是扣除了预算内的预备费,赤字仍达187683.28两。况且,除度支部按月拨款较有保证外,各省关解款到京很不准时,"早迟无定,多有迟至下半年始行解列者"。因而造成民政部资金周转非常困难。②

---

① 《安徽巡抚抄咨》,中国第一历史档案馆馆藏档案。
② 《大清宣统新法令》第6册,"民政部奏本部款项及全年出入预算表"。

民政部岁出各款预算表（宣统元年七月起至二年六月止）

（单位：两）

类别	月别	七	八	九	十	十一	十二	正月	二	三	四	五	六	合计
国家行政经费	本部薪水	14500	14500	14500	14500	14500	14500	14500	14500	14500	14500	14500	14500	174000
	本部杂费、纸张、火食、工食各项	2634	2634	2634	2634	2634	2634	2634	2634	2634	2634	2634	2634	31608
	本部及内外城各厅区专电处薪工经费	470	470	470	470	470	470	470	470	470	470	470	470	5640
	内城巡警厅区薪水	5249.8	同	同	同	同	同	同	同	同	同	同	同	62997.6
	内城巡警厅区杂费	4210	同	同	同	同	同	同	同	同	同	同	同	50520
	内城巡警薪饷	22123.44	同	同	同	同	同	同	同	同	同	同	同	265481.28
	外城巡警厅区薪水	4869.8	同	同	同	同	同	同	同	同	同	同	同	58437.6
	外城厅区杂费	4623	同	同	同	同	同	同	同	同	同	同	同	55476
	外城巡警薪饷	15854.4	同	同	同	同	同	同	同	同	同	同	同	190252.8
	高等巡警学堂经费	4900	同	同	同	同	同	同	同	同	同	同	同	58800
	内城教练所经费	534	同	同	同	同	同	同	同	同	同	同	同	6408
	外城教练所经费	267	同	同	同	同	同	同	同	同	同	同	同	3204
	缉探局薪饷杂费	2630	同	同	同	同	同	同	同	同	同	同	同	31560
	工巡捐局经费	1380	同	同	同	同	同	同	同	同	同	同	同	16560
	内外城巡警军装费	52470						53490						105960
	内外城工程队经费	560	同	同	同	同	同	同	同	同	同	同	同	6720
	消防队薪饷	4743	同	同	同	同	同	同	同	同	同	同	同	56916
	消防局经费	702.5	同	同	2333	同	同	同	同	同	同	同	同	8430
	消防队军装	8970						6570						15540
	本部及各厅区局所修理	500	同	同	2300	同	同	同	同	同	同	同	同	6000
	冬防添募长警薪饷													9332
	部属厅区局所冬季煤火费													9200

第五章 警察的来源、种类及其管理

续表

类别	月别	七	八	九	十	十一	十二	正月	二	三	四	五	六	合计
国家行政经费	巡视员川资经费 通 计	152190.94	90750.94	90750.94	95383.94	95383.94	95383.94	155443.94	90750.94	90750.94	90750.94	90750.94	90750.94	1229043.28
地方行政经费	内城清道经费	4907	同	同	同	同	同	同	同	同	同	同	同	58884
	内城电灯经费	1470	同	同	同	同	同	同	同	同	同	同	同	17640
	内城路灯经费	584	同	同	同	同	同	同	同	同	同	同	同	7008
	内城贫民教养院经费	220	同	同	同	同	同	同	同	同	同	同	同	2640
	外城清道经费	4570	同	同	同	同	同	同	同	同	同	同	同	54840
	外城电灯经费	550	同	同	同	同	同	同	同	同	同	同	同	6600
	外城路灯经费	390	同	同	同	同	同	同	同	同	同	同	同	4680
	外城教养局经费	1000	同	同	同	同	同	同	同	同	同	同	同	12000
	内外城马路岁修	6000	同	同	同	同	同	同	同	同	同	同	同	72000
	帮贴习艺所经费	940	同	同	同	同	同	同	同	同	同	同	同	11280
	内外城官医院津贴经费	3950	同	同	同	同	同	同	同	同	同	同	同	47400
	内外城官医院中西药料	7000						7000						14000
	西效自治局经费薪饷	385	同	同	同	同	同	同	同	同	同	同	同	4620
	外城修沟												3000	3000
	内城戒烟所经费	800	同	同	同	同	同	同	同	同	同	同	同	9600
	外城戒烟所经费	800	同	同	同	同	同	同	同	同	同	同	同	9600
	化验所经费	400	同	同	同	同	同	同	同	同	同	同	同	4800
	通 计	33966	26966	26966	26966	26966	26966	33966	26966	26966	26966	26966	29966	340592
预备费	本部	4000	同	同	同	同	同	同	同	同	同	同	同	48000
	内厅	3000	同	同	同	同	同	同	同	同	同	同	同	36000
	外厅	3000	同	同	同	同	同	同	同	同	同	同	同	36000
总 计		196156.94	127716.94	127716.94	132349.94	132349.94	132349.94	199409.94	127716.94	127716.94	127716.94	127716.94	127716.94	1689635.28

民政部岁入各款预算表（宣统元年七月起至二年六月止）

(单位：两)

类别		月计	季计	年计
度支部拨款	内城巡饷经费	35500		426000
	外城巡饷经费	8050		96600
	外城教养局经费	200		2400
各省关解款	直隶省			50000
	江苏省		6250	25000
	江宁省			25000
	江西省			20000
	广东省			30000
	广西省			20000
	湖南省			12000
	湖北省			30000
	山西省			10000
	陕西省			10000
	河南省			10000
	四川省			30000
	安徽省			20000
	山东胶关			200000
	邮传部京榆铁路		1275	50000
	顺天府当商抵息			5100
	各款平余			29520
	通计			576620

续表

类　别		月　计	季　计	年　计
官收各款约数	违警罚金	160		1920
	营业照费	170		2400
	购烟牌照费	1400		16800
	各项杂款	800		9600
	通　计	2530		30720
地方捐款约数	铺捐	6230		74760
	车捐	7600		91200
	药户捐	7000		84000
	通　计	20830		249960
合　计				1382300

省关别	解到上年款	解到本年款	合　计	欠解上年款	欠解本年款	合　计
各省关已解未解表附	直隶省		40000			10000	
	江苏省	6250	6250			18750	
	江宁省	15000				25000	
	江西省		10000			10000	
	广东省		30000				
	广西省					20000	
	湖南省		12000				
	湖北省					30000	
	山西省		5000				5000
	陕西省		10000				
	河南省					10000	
	四川省		10000			20000	

续表

各省关已解未解表附

省关别	解到上年款	解列本年款	合计	欠解上年款	欠解本年款	合计
安徽省	10000				10000	
山东胶关		200000				
邮传部京榆铁路		25000			25000	
顺天府当商抵息		1274.757			3825.243	
总　计	31250	349524.757	380774.757	10000	197575.243	207575.243

在中央和京师以外，地方办警同样面临着十分严重的经费困难。清末，地方警察经费向来不列入中央财政的预算之内，均由各级地方当局自行筹措，或者借助于地方绅董、土豪。所以各省的情况，甚或同省内各地区的情况，往往都是千差万别、很不一致的。从光绪二十七年起，清廷谕令各省编练巡警军，在地方警政建设的初期，各省警察经费主要来源于裁撤绿营制兵后空闲下来的款项。例如，山东省办警初期，"经费大巨，端绪纷繁，一时不易筹办"，只得"先就原有之款"设法，遂于光绪二十八年将"现存制兵一律全裁"。将此项节约银七万五千余两及光绪二十七年裁兵后的节余银近十万两"专作巡警之用"。① 又如福建办警初期，省城警察"月需额支银七千余两，尚有开办经费及制办衣靴、军械等项，应归活支项下核计，不能预定。闽省财政支绌，势难增筹巨款，目前暂饬财政局筹款支给，容臣再将绿营弁兵通盘筹划，分别奏裁，腾出饷项以兹挹注"②。

随着地方警政建设的扩充并逐步向基层推广，经费开支也日益加大。于是各省不得不在裁撤绿营制兵空余的款项以外，开辟新的财路。其中最主要的办法是加征新的捐税。"我国国家税、地方税未区别。查各省现行警察费用，皆取于商款，拨以会款及加以各种杂税，无一定收之法。"③例如，浙江省"各厅州县所报筹款名目，大约以商捐、店捐、铺捐为大宗，此外或出自各县捐廉，或由各款提拨，或捐出地亩，或捐出绅富，或捐出商埠，或捐出契税，或捐出竹米，或捐出米袋，或捐出租谷，以及各项细微捐款。或有定或无定，纷歧杂出，不能悉数"④。

总的来看，清末地方警察的经费体制可以概括为下面几个特点：其一，经费来源不一；其二，经费管理混乱，地方土豪常常一手包揽，中饱私囊；其三，各地方千差万别，很不统一。当时有人曾作过评论，比较全面地反映出这些问题："查各州县警款筹划之法，或系保甲旧费，或系商铺捐输；或系按亩摊派，或系各项杂捐，率皆目前支应，究非常年的款。既无的款，则筹法混杂，则弊窦丛生。如各处警款之由乡董管理者，每至发饷之际由董事临时摊派，任意开支，开支过多，势必弥缝，弥缝则中饱，难免摊派不齐，

---

① 光绪二十八年山东巡抚《周馥奏折》。
② 《江西巡抚李兴锐奏折》，中国第一历史档案馆藏档案。
③ 《张仁禀呈》，中国第一历史档案馆藏档案。
④ 《重修浙江通志稿》卷69，"行政"。

势必赔垫……"①

由于各省经济发展的程度不同，警察经费的多寡很不一致，不可能一一加以叙述，仅以四川省为例，简要说明地方警察经费的情况。

四川省警务公所及省城警察的常年经费"由成绵道库（现已改归藩库）、藩库、盐库、票捐局、筹饷局等处筹拨"。同时还抽收"省城灯油捐、茶馆捐以备开支"。省警务公所常年经费开支为银 38728.23368 两，省城警察经费年度开支为银 146714.038 两，由省警务公所支给；省高等巡警学堂年度经费银 12000 两，省城巡警教练所年度经费银 36000 两。②

省城以外，各府、厅、州、县的警察经费由各地方当局自行筹措。其主要来源是：随粮捐、契捐、肉釐及猪牙、牛行捐、烟捐、灯油捐、茶掉捐、烟馆捐、旅馆捐、官膏红息、油榨捐。也有一些地方将减办团防节余下来的款项移作警察经费。

州县以下设立巡警区分局的，其经费多数由县局拨给。但也有一些区分局的经费由该分局自筹开支，不受县局的支配。四川省有这样的区分局十五个。此外，各州县巡警教练所的经费，其主要部分也由州县局拨给，但也有一部分经费由该所自行筹集。这些部分是：春帖捐、官膏捐、团底捐、肉捐、蚕丝捐、庙产、戏捐、黑盐釐及其他杂捐等项。

关于四川省下属各州县警察经费的详细情况见下表。③

总的来说，清末的警察经费体制十分混乱，经费来源也很不统一。这在很大程度上阻碍了警政的发展。当时有人指出："经费宜统筹也。凡事非财不行，况警察尤为新政中分财之一……然警察之性质不同，有属于国家性质者，有属于地方性质者。一当取诸于国家税、一当取诸于地方税……经费无定，势难持久。"认为：属于国家性质者"由国库支出，不足再由省垣区域内人民负担。地方警察属于地方自治范围之内，由董事会提出预算案于议事会，与每年自治经费一律议决，由区内人民公共负担，无论营业税、所得税皆以自治名义征收之，毋使恶感专集于警察也。"④ 应当说，此提议不为无见，只是执行起来困难，终究挽救不了清末警政建设中的财政危机。

---

① 《宣化县巡警教练所整顿警务条陈》，载于《直隶警察杂志》第 11 期，中国第一历史档案馆馆藏档案。
② 《调查川省警察行政沿习利弊报告书》上篇。
③ 《调查川省警察行政沿习利弊报告书》下篇。
④ 《张仁禀呈》，中国第一历史档案馆馆藏档案。

四川省各州县警察经费表

府　别	县　别	银　数	钱　数
成都府	双流县	1780 两	
	新繁县	600 元	2911 千 200 文
	金堂县		3600 钏
	新都县		5000 钏
	郫　县	4000 两	
	彭　县		7200 钏
	灌　县		4000 钏
	崇宁县		700 钏
	简　州		5040 钏
	崇庆州		5000 钏
	汉　州		1100 钏零 2400
	什邡县		1000 钏
	绵　州		5000 钏
	德阳县		3151011 文
	安　县	4212 元 8 角	
	绵竹县	612 两	61855 百文
	梓潼县		1024 钏
	罗江县		3000 钏
龙安府	平武县		1900 钏
雅州府	雅安县	300 元	4860 文
	名山县		19684 百文
	清溪县		1678 钏
	打箭厅	2200 两	
宁远府	冕宁县		1650 钏
	越嶲厅		16912 钏

续表

府　别	县　别	银　数	钱　数
嘉定府	洪雅县		2700 钏
嘉定府	夹江县		2700 钏
嘉定府	犍为县		161 千 800 文
嘉定府	荣县		5900 钏
嘉定府	威远县	3000 两	
嘉定府	眉州		43188 钏
嘉定府	丹棱县		700 千文
嘉定府	彭山县	564 元 3 角	18336 百文
嘉定府	青神县		1803712 文
嘉定府	大邑县		4000 钏
嘉定府	蒲江县		140 千
重庆府	重庆府	65574 元	
重庆府	江北厅	120 两，洋元 72 元	6340560 文
重庆府	长寿县	1933 元	
重庆府	荣昌县		4000 钏
重庆府	綦江县		2300 钏
重庆府	南川县		2700 钏
重庆府	合州	2622.8 元	8312 钏
重庆府	涪州		1265 钏 700 文
重庆府	铜梁县		120 钏
重庆府	大足县		4800 钏
夔州府	夔州府	1418 元	
夔州府	云阳县		3520 钏
夔州府	万县		5000 钏
夔州府	石砫厅		2200 钏
绥定府	达县	240 两	2160 钏
绥定府	渠县	3000 两	

续表

府　别	县　别	银　数	钱　数
保宁府	阆中县		5577 钏 200 文
	苍溪县		1900 钏
	南部县		2046 钏
	广元县		1800 钏
	昭化县		637 千 200 文
	巴　州		2271 钏
	南江县		2000 钏
	剑　州		1920 钏
顺庆府	南充县		4372 钏
	西充县		12656 百文
	宜陇县		1666 钏
	邻水县		3000 钏
潼川府	中江县		3666786 文
	遂宁县		3600 钏
	蓬溪县		3500 钏
	安岳县		1368 钏
叙州府	马边厅		1296 千文
	宜宾县		974712 百文
	富顺县		20000 钏
	南溪县		5700 钏
	长宁县		1100 钏
	高　县		3300 钏
	筠连县		1320 钏
	兴文县		818 钏
	屏山县		1000 钏
	叙宁厅		7000 钏
	永宁厅		7886 钏 300 文
	雷波厅		1700 钏
	泸　州		17500 钏
	纳溪县		19844 百文
	江安县		3032 钏
	资　州		2000 钏
	井研县		2031 千 600 文
	内江县	10000 两	

第四节　警察的种类

　　根据警察活动的性质和作用的不同，而将其区分为若干的种类。这在我国是从清末开始的。然而从当时的情形看，警察的分类在观念和实践上存在着一定的差别。从观念上讲，当时人们对警察分类的认识相当早，几乎是与兴办警察的同时开始的。在清廷开办警察后不久，有关人士通过对西方和日本的实地考察或通过对外国警察著作的翻译介绍，已经懂得了行政警察和司法警察，普通警察和高等警察，国家警察和地方警察的区别。有人指出，清廷初办的警察，属于行政警察的性质。"按西国警察，其目有二，曰司法警察、曰行政警察。司法警察唯立宪国有之，今之所仿，行政警察也。"① 还有人指出，东西列强各国其政治的完善与警察的分类建设有着密切的关系。"迨改革后，而环球政治几为之焕然一新，推原其故有曰行政明而司法密，国家治，地方安。故英之巡警先行政而后司法，先国家而后地方，先高等而后普及，无敢稍有偏倚。法之巡警则行政之与司法、国家之与地方、高等之与普通，悉皆倍至精详。德之巡警章制完密，权限分明。日本师之，采其精义，渐增完善。"②

　　光绪三十一年底，巡警部初设，即有人提出区分警察类别的重要性："举今立部以来，凡百经营，不遗余力，臂画所及，已具规模。然大纲虽立，细目尚多。如诘奸究、治道涂、卫民生、保商旅、查户口、平争讼，下至沟渠疏浚、水火保险，凡有关绥靖地方之事，即皆在巡警范围之中。区分类别，或宜专司其事，或可兼司。要以简而不略、繁而不冗为断。"③

　　光绪三十一年十二月，巡警部在奏定的官制章程中规定：警政司下设行政科："掌凡关于警卫、保安、风俗、交通及一切行政警察事项"；警法司下设司法科，"掌审定司法警察章程"；"国际科掌定国际警察事务规则"。可见在这个时期，在警察实务中，已明确区分了"行政警察""司法警察"和"国际警察"的不同属性，及其在执行勤务中的特定作用。光绪三十二年，清廷设立民政部，其官制章程规定：该部下设警政司，掌管"行政警察，司法警察，高等警察"事项。又据《民政部分科章程》，行政警察勤务

---

　　① 《袁崇镇条议》，中国第一历史档案馆馆藏档案。
　　② 《项左辅禀呈》，中国第一历史档案馆馆藏档案。
　　③ 《袁崇镇条议》，中国第一历史档案馆馆藏档案。

包括"风俗警察""消防""营业稽核""对待外国人之警察"等事项。可见行政警察中包含了"国际警察"。高等警察勤务包括"非常保安""新闻杂志及各种图书出版检查""集会结社""凶器及其余危险物品检查"等事项。高等警察必须具备相当的文化水平和业务素养才能胜任。司法警察勤务包括"罪犯搜索、逮捕、解送""罪证搜索、检查""复核违警罪处分"等事项。[①] 同样，在地方各省级警察机构中也进行了类似的分工。

然而，通过对实际情形的考察，可以认为，当时所进行的警察分类，主要是工作性质上的分工，还不是职业上的分类。即所谓动词意义上的区分而不是名词意义上的区分。例如，清末司法制度改革以后，在《法院编制法》中规定设立司法警察。但当时的司法警察不是专职的，任何普通警察执行司法任务时均可视为司法警察，"司法警察为补助司法之机关，无论何等官厅，但执行此项事务时，即称为司法警察"[②]。由此可见，"司法"后面的"警察"不是名词，而是动词。"司法警察"意即执行司法上的警察任务，而不是专设的警种。

随着清末预备立宪的展开，警察分类的工作也逐步得到了加强。清廷开始筹建一些专职的特种警察队伍。警察分类由动词意义向着名词意义上转化。只是这种转化还停留在比较狭小的范围内。警察分类虽在清末已经开始，但毕竟很不发达。一些专职特种警察队伍还处在比较幼稚的阶段。

一 水上警察

清末水上警察的出现为时较晚。当时警政大员中有人提议将清军中的一部分水师改建为水警。民政部警政司行走郎中张仁曾说："水陆宜兼巡也。查日本于通商口岸或于河川船舶往来频繁之处设有水上警察之名，所以补助陆上警察之不及。故警察署有专设者，有兼设者。我国于江海水面有巡洋水师，实非对外海军之义，寓有水上警察行为。然职务废弛，功效难收，故江海匪徒非常出没，为害何堪？设想使仅有陆上警察而不行水上警察，是使江海为逋逃之薮，集贼为窃发之谋，奚可焉？司员拟请改巡洋水师为水上警察，淘汰老弱，教练人才，调查船户，侦探匪类，巡泊要津、严查出入，并请多设马巡，临时应变，便于追捕，亦警察必要之事业。"[③] 显然，这个建

[①] 《京师警察法令汇纂》。
[②] 《检察厅调度司法警察章程原奏》，见《京师警察法令汇纂》。
[③] 《张仁禀呈》，中国第一历史档案馆藏档案。

议得到了清廷的首肯。其后在沿江、沿海或水网密布地区，地方当局纷纷将原设的水师改建为水上警察。有些地方还设立了专门的水上警察机构和水警学堂。例如，宣统二年，闽浙总督松寿在一道奏折中说："至闽省上游之溪河、下游之海面，风气不甚安靖，尤以筹建水上巡警为要策。先经臬司鹿学良议，在延平、厦门两处教练所附设水警学堂，以备养成人材，为上下游兴办水警之用。现在延平学堂既已开课，厦门亦即踵办。其各属教练所并通饬添设水警科，以期水陆相维，警务日几完密。"① 又如，湖北省当局认为："就水师巡防营改编巡警，事半功倍，揆时度势，亦极可为。惟关系改革营制，故札饬水师统领，会同巡警道妥议详情，咨部商准，再定教练办法。"湖北咨议局在议复鄂督的提案时指出："水面巡警从调查航路，编造船户册入手，立论自当，特饬由巡警道分饬编查，限明年上半年将布置方法规定，年底将船户册籍一律报齐，并查明船户向出规费数目具复，以为抽改警费之张本。"到宣统二年底，湖北巡警道已"遵饬札各滨水州县，谕绅就原有之船帮公所及船行户等处调查船户册籍并向出规费，以便着手筹划布置开办"。②

宣统三（1911）年正（2）月，民政部发出通饬，要求各省督抚"限于宣统三年腊月将水上警察一律设齐"。民政部还指出："其赣湘虽已添设，惟办理不甚完备，应即设法整顿，随时报部以便核议立案。"③ 随着清王朝的覆亡，这一计划未能实现。

二 铁路警察

铁路警察是交通警察的一种，其职责是维护铁路交通秩序和铁路区域内的公共安全。

中国开办铁路警察始于清光绪二十八（1902）年以后。是时，英国交还京津榆铁路，清廷即于该路各主要车站设置铁路警察。此后，随着其他各条铁路线的建设和开通，京奉铁路关内外各段、京汉铁路各段、正太铁路、汴洛铁路、胶济铁路、安奉铁路等线各段的铁路警察也相继开办，其直接管理权属各线督办铁路大臣，后总归邮传部负责。

在清廷兴办铁路警察的初期，除派有部分警察跟车外，路警的职权范围

---

① 《直隶警察杂志》第6期，中国第一历史档案馆馆藏档案。
② 《直隶警察杂志》第10期，"开设水警规划"，中国第一历史档案馆馆藏档案。
③ 同上。

主要局限于铁路沿线的各主要车站。在绵长的铁路沿线区域，治安工作多仍由练勇、巡防等军队负责。例如，《山海关内外铁路巡警稽查职守章程》规定："铁路巡警驻扎各站，以保护铁路产业完全无缺、往来搭客平安无虞为应尽之义务"；"铁路每日行车来往，搭客众多，良莠莫辨，难免有不法之徒搭车，易滋流弊，是以铁路逐日有巡警稽查，跟车来往，准其盘诘搭车客人。如有形迹可疑之人，或随带有犯禁物件，或聚众私语、似非善类者，无论何项客商，应即扣留，押送地方官或北洋营务处讯明究办。"①

铁路警察的职权有时容易与地方警察的职权相混淆，因此有关当局作出专门规定予以明确区分。例如，光绪三十二（1906）年八月，京师外城巡警总厅制定的《外城巡警与铁道巡警办事权限章程》规定："铁道巡警专管车站以内及轨道上、车上一应事宜，以外地面上居民所有一切关系巡警事项，统归外城巡警各分厅划区而治。"铁路巡警如到车站或铁路以外执行任务，地方巡警如到车站或铁路内执行任务，必须事先相互通知对方，由对方执行，如事先来不及通知径行处置，事后必须通告对方长官。②

清末兴办铁路警察的时间虽然不算太短（与普通警察时间接近），但由于管理权分散、管理混乱、经费缺乏等原因，成效甚差。除个别路段略具规模外，多数线路警务废弛，人员不足，设备简陋。光绪三十一年底，巡警部成立后，有人提出巡警部应掌握对铁路警察的管理权："唯驿站巡警尚多缺点。虽铁路经由之处并设巡兵，然事权不一，或且假手外人。今专部既立，将来一切保护权责不能不为担承。况路矿各事正议扩充，立法苟有疏虞，临事必将束手。似宜预为置办，务期周详。墩堡巡更废弛已久，沿途暴客窃发不时，断难恃为保护。或将现存绿营酌加裁补，改编警队，分置沿途，专为护送行旅之用，似乎亦应议及。"③虽然这个建议的核心部分——铁路警察应由巡警部（及后之民政部）掌握管理权，始终未能实现，但由绿营改编为铁路警察的提议却很快变为现实。光绪三十二年六月，河南巡抚张人骏奏请将河南裁撤绿营后的经费编练铁路警察。他说："裁汰绿营以改办巡警为要归，招用警队以防护铁路为先务。豫省京汉干路南北横亘，千有余里，支路则中有汴洛，北有道清，轨辙纵横，华洋杂沓，防范稍有未周，诚恐别生事端……现拟招练铁路巡警一营，计设总巡官一员，帮办官一员，巡弁、巡

---

① 《北洋公牍类纂》卷9。
② 《京师警察法令汇纂》。
③ 《袁崇镇条议》，中国第一历史档案馆馆藏档案。

长、兵夫等全营五百九十余员名。"张人骏的奏折发交民政部会核后，徐世昌等人表示同意张人骏的意见并要求"凡募充巡警者，均应先令入学堂讲习警察各法，以培其资格；派充巡警后又宜使自重自爱，以养其程度，与往日军营待遇勇役大相悬殊。应查照臣部历次奏案令入学堂肄习警法，并将统带、帮带、巡目、巡兵等名目改名警官、巡官、巡警及删除护、号兵各名目，以符定章而重警政。"① 不过民政部的这些意见看来没有得到足够的重视，各地铁路警察的管理仍很混乱。

宣统元（1909）年五月，邮传部上奏提出要整顿全国各地的铁路警察："查铁路向章应由本路专设巡警，管理该路界内弹压、看守等事，本与地方所设警兵有缉捕专责者权限攸分。然铁路巡警果能布置周密，防患未然，则界内窃毁之案自可减少，而地方缉捕之事亦不至加繁。现在官办铁路所设巡警唯京奉一路向由北洋调派巡兵约共一千余名，其京汉一路南北两段，直鄂拨有练军、护军、巡防等队，中段专赖汴省所设铁路巡警营分站驻扎，而该路专设之巡警则只一百余名，其余各路警兵多或百余人，少则仅数十名，且往往沿用弹压、巡查、护勇等名目，事权既未归一，责任又复不专，人少路长，不敷分布。推其因陋就简之由，原为节用省费之故，不知铁路机件价值昂贵，遗失购补为费已多，万一生出危险，伤害人命，损害车辆，则抚恤之费既巨，修理之费尤繁。臣等通盘筹划与其惩治于事后，不如防护于事先。是铁路多设巡警，费尚有限，而保全路务，利在无形，得失相权，其理甚显。"鉴于此，邮传部决定："拟即察酌情形，将此项护路巡警统筹添设，并将弹压、巡查、护勇等名目一律更正，以期统一而符名实。即商办已成之路，亦当由臣部随时体察、商筹办理，务令路政益臻完密。"② 自此以后，铁路警察的建设才逐渐有了一个比较明确、统一的发展计划和方向。然而，这时距离清王朝的覆灭，也已为时不远了。

三 军事警察

军事警察是指为维持军人的风纪、卫生及纪律等事项而设于军队内部的警察组织。清末政府实行军事体制改革，向西方和日本学习，裁撤了大批旧式军队，编练成新军。随后，军方又提出仿照西方和日本，在军队内部设立军事警察组织。光绪三十四（1908）年四（5）月，陆军部在一道奏折中指

---

① 《退耕堂政书》卷4。
② 《大清宣统新法令》第5册，"邮传部奏统筹添设护路巡警片"。

出：" 治军之要，纪律宜严；而事先之防，稽查宜密。考之欧西各国于军队驻扎处所皆设有军事警察，兼为地方警察之辅助。日本仿行其制，名为宪兵，海陆军人悉归监视。法良意美，收效无形。中国自光绪三十年奏定营制，后各省遵章编练，率已蔚成镇协，粗具规模。将来三十六镇依限编成，兵数自较前益众。若不将如何防护、如何稽查各办法及时筹定，深恐军队日增，军纪渐弛，于戒备殊有关系。" 因此决定，由陆军部下属的宪兵学堂内挑选若干毕业生，组成一营陆军警察队，驻扎京师，监察附近的驻军。同时还决定增编两队派往直隶、山东等地监察当地的驻军。陆军部计划：等到试办的陆军警察队取得成效后即在全国各地推广，根据各地驻军的情况确定陆军警察队的数额。并决定待将来"营多事繁"之际，在北京设立陆军警备处，直属于陆军部，作为"各省陆军警察队总汇之区"。[①] 陆军部在所拟定的《陆军警察试办章程》中规定："陆军警察为军事之警察，专司稽查海陆各军官长目兵应守纪律及一应规则等事，宜兼为地方行政、司法警察之辅助。"[②] 陆军部的这个计划颁布后，各省相继奉行，纷纷设立起军事警察组织。例如，江西省于宣统二年春季设立陆军警察营，下辖宪兵两队，派驻各地稽查驻军。宣统二年底，该省又决定开设陆军警察教练所，培养学生，以期为开设第三队陆军警察的基础。《大清违警律》颁布后，由于该律中没有明确规定军人违警的处置办法，施行后在各地引起了一些混乱。经陆军部与民政部多次商议，于宣统三年初确定了军人违警处理办法："查违警律施行以来，所有地方巡警遇有军人违警向未明定办法。节经本部堂派员与民政部会商，现据议定：地方巡警遇有军常共犯违警律时，军人应即送交陆军部警察队或该管官长罚办，常人照章由地方警察官署罚办。如系单独或多数军人犯违警律时，地方巡警应即记明营队隶属，知会陆军警察队或该管官长罚办。其有不服、阻止或恃强抵抗时，应即知会陆军警察队到场办理，或径交陆军警察队或该管官长办理。"[③]

四 侦探警察

侦探警察类似于今天的刑事警察，负责搜集证据、侦察犯罪、逮捕人犯。光绪三十一年底，清廷成立巡警部，即在其属下设立探访队，专司探

---

① 《大清法规大全·军政部》卷 2。

② 同上。

③ 《直隶警察杂志》第 10 期，中国第一历史档案馆馆藏档案。

访、侦缉等事，以摘奸发隐为宗旨，对潜谋不轨、来历不明、形迹可疑者进行探查，此即清廷设立侦探之始。光绪三十二年初，黑龙江将军程德全提出在该省设立侦探学习馆，以培养侦探人才。他说："惟迩来刁健之风日盛一日，兹拟亟救其弊，非添设侦探不为功。虽近时办理警察已有侦探之意隐寓于中，似无需特立新名，致多繁杂，然欲速收效，必先查其责成，拟于省城添设侦探学习馆一所，访聘西国之精于斯道者一二人充当教习，略仿学堂规则，选择候补投放人员及本地二十岁外中已通之聪颖子弟入馆肄业，研究各国侦探专书所载案情并随时详译医学、化学各理，推广洗冤之术，定以三年为期，仍以奴才分别考取，发给卒业文凭，严立权限，分发各府厅州县佐辅新政。"徐世昌等人核议程的奏折后，虽原则上同意其"暂行办法"，但对程氏警察知识的浅薄却作了一番挖苦。他说："查侦探为警察中之一事，非巡警之外更有所谓侦探也。该将军歧而二之，似犹未能深考东西各国检洗尸伤之轻重、分晰物类之真伪，必延医化专家，以鉴定之，侦探一事亦未足以尽其术，且侦探虽设犹必有深明法律之审判官始能收效。所谓法必详定而后精，功非仓猝所能就也。该将军当新政初行之日，设馆教学，造就人才，诚属握要以图，惟其中本末次第未尽协宜，应请旨饬下该将军详考深究、施之有序而后行之有功，毋徒袭取新政之名，籍一二端以塞其责。"① 这里不难看出，徐世昌等人对侦探的认识显然要比程德全深入得多。

光绪三十三（1908）年十二（1）月，民政部又设立稽查缉捕局，目的在于"清奸宄而防未然"。宣统元年，民政部将缉捕、探访归并为缉探总局，下设三个缉探队，从事秘密侦查活动。这个时期，人们对侦探的认识有了进一步的提高，并有人提出要把侦探作为一项专门学问加以培养："侦探宜培养也。各国刑事诉讼以检事为原告，然检事欲提起诉讼，必先搜查证据，欲为搜查事实，必藉补助机关。故寻常事件属诸巡警，重大事件属诸侦探。各国所称刑事侦探者，专门之学也。我国刑事以被害者为原告哉，若亲告罪之，不告不理，视侦探为无足轻重。国家放弃其干涉之权，凶恶脱逃于法网之外，社会秩序、国家治安终无以维持，不行侦探之政策使然也。行侦探职务者差役也，既无教育，又无心术，索诈行为、威吓手段，为功于社会者少而为害正无穷矣。欲除其弊，实行警察；欲收其功，宜养侦探。拟请通饬各省区已行警察之处，兼设侦探，教以学术，养以道德，重其资格，厚其

---

① 《退耕堂政书》卷3。

俸给，使供事之搜查，当收其效用。"① 在有关各界的不断敦促下，警政当局逐渐加强了对侦探警察的管理。明确规定了侦探的目的、人员的资格、活动的准则和赏罚的标准等。例如，宣统元年十一月经民政部批准立案的《外城侦缉队章程》规定："本厅侦缉巡警之设专以搜查赃证、缉捕案犯，以补助各区侦缉之不逮为目的。侦缉巡警以曾肄习侦探学及司法警察讲习所毕业，手腕敏活，品行廉谨者为合格，其虽未毕业而实有历练经本厅考验允许者亦得选充"。"侦缉巡警以便服执行职务，惟各携带执照。"又据宣统二（1910）年四（6）月二十五（2）日制定的《侦缉队赏罚章程》规定："本章程专规定侦缉队巡官长警赏罚，此外巡官长警均不适用。""所有司法处交缉案件每十案中破获五案者无赏罚，破获六案者从重奖励一案，七案者从重奖励二案，由此递推……前条请奖案件均以由问刑衙门判决者为限，未经判决概不得请奖。"② 为了鼓励侦探警察的进取心，清廷还设立了高等侦探的头衔。光绪三十三（1907）年三（4）月六（18）日，外城探访公所禀报民政部："卑所高等侦探需得人才刻不容缓，查有候选县丞钱渊在南省长江一带情形最为熟悉，卑所专电邀请，业已到京，拟派往南省。"③

除京师外，地方一些省城或重要商埠也设立了侦探警察，甚至某些县城也设立了侦缉队。例如，安徽省凤阳县于宣统二年十二月设立了侦缉队，从县巡警教练所毕业生中"挑选精壮警生二十二名，以二名为巡长、二十名为侦缉兵，共分两班"④。

为了进一步加强对侦探人才的培养，民政部还于宣统三年在北京专门成立了侦探学校，派一等咨议官、记名巡警道王治馨为校长。⑤

清廷警政当局在建设侦探警察方面，是颇付了一番心血的，至于成效如何，则又当别论。当时有人对侦探的真实情况进行了揭露："想我们中国从前本有一种人，叫作捕快，每逢地方官衙门有了案子，就派他们拿人，一去就管包拿来。因为他们与那些盗贼、地痞、光棍、流氓全是通的。比如一件案子出来，地方官派了捕快，只要心下一想，料是哪一路人做的，到那儿一问便知。从前没有侦探的时候，这种人在那下等社会里势力算是很大了，就

---

① 《张仁禀呈》，中国第一历史档案馆藏档案。
② 以上均见《京师警察法令汇纂》。
③ 《探访局禀呈》，中国第一历史档案馆藏档案。
④ 《直隶警察杂志》第11期，中国第一历史档案馆藏档案。
⑤ 《吉林警务官报》第5期，中国第一历史档案馆藏档案。

是现在各省的州县衙门还是不免。巡警里的侦探与捕快比较起来，也就不过名目不同、身份不同、处的地位不同就是了，其实在情形与他们分毫不差。什么知情卖放、诬良为莠、苦打逼供、藉端讹诈、包娼庇赌、抓吃拐骗的事，全使这侦探的招牌到处害人。还有一种高等侦探，更是没有良心。这种人在什么几个月的速成班毕个业或不等毕业愣花钱买上一张文凭，跑回国来钻个门子，并说与某个党人相识，或是党人里的同仁都见过的，一下子把大老官说动了，就算是成功了。""偶然拿着个把党人，供认不讳，也就不过是年轻不懂事的昏学生……象这样委曲死的不知多少，那都是我们中国高等侦探的好处。"这两种侦探"大概学问是一点没有的，没当警察的时候，品行心地就不很地道，至于交的狐朋狗友就没有一个够人格的，既当了侦探，没有学识，没有阅历，没有机变，怎么做得出好事来呢？"①

---

① 《中国注意培养侦探人才》，载于《直隶警察杂志》第 12 期，中国第一历史档案馆馆藏档案。

第六章

清末警察教育

第一节 清末警察教育的创办

几乎在创设警察机构的同时，清政府即着手筹办警察教育了。光绪二十七年初，八国联军尚未完全撤出北京，清廷即委派全权大臣庆亲王奕劻与日本人川岛浪速（时住顺天府日本警务衙门事务长官）进行联系，磋商创办中国警察教育事宜。是年五月，翻译陶大钧禀报奕劻说："聘用川岛办理学堂并监督出洋学生一节，业已商妥"，但须清政府委派专员与川岛签订合同方能生效。清政府随即派陶大钧为"大清国委员"于光绪二十七（1901）年七（8）月一（14）日（明治三十四年八月十四日）与川岛浪速签订了合同。① 合同规定："大清国政府拟日后办理警务事宜，是以在北京设立警务学堂，并选派学生十名赴日本学习警务。聘请大日本川岛为监督办理学堂一切事宜，并日后带领学生赴日本学习。约定每月薪俸四百元。以三年为期，期满后留用与否，彼时再议。所有学堂内聘用日本教师若干名，支付一切经费，均归川岛一手经理。学成之巡捕，由川岛考定等级、申报录用，派出当差后，亦由川岛随时访查勤惰，以定升降。"②

合同生效后，京师警务学堂即告开张，后来制定的《警务学堂章程》中将中历七月一日定为该学堂的"创立纪念日"。根据合同规定，学堂应聘用日本教师八名。但档案中保存的名单表明，实际聘用的日本教职员共十六名，为原额的两倍。除监督（相当于校长）川岛浪速、总教习稻田穰二人外，还聘用提调、副提调各一名；教习七名，其中操科主任一名，操科教习一名，学科教习三名，管照在东京警察学生之教习二名；委教习四名，托委

---

① 《陶大钧禀呈》，中国第一历史档案馆馆藏档案。
② 《设立警务学堂合同》，中国第一历史档案馆馆藏档案。

医官一名。此外，学堂还聘用了一批中国教职员，除"委嘱教习"唐家桢外，还有教习六名；帮助练队副教习七等警巡二名，一等巡捕长六名，二等巡捕长二名；书记四名。该学堂的中日教职员共三十七名。① 根据合同规定，学生人数不得超过五百名。

光绪二十八年，清政府还与川岛浪速协商拟定了《警务学堂章程》，并冠以《警务学堂设立主旨》。《主旨》规定："先应大清国创办警察之急需，渐次期图扩充进步。故现今本章程内所定各肄业学期以及学习功课等事，虽略尽警务大要，究属应一时之急需，学期即促，造诣亦浅，未免涉于粗略。须俟北京警察办有规模，及警务人员充实之后，再设高等学科，展长期限，于警察官吏中择取品学兼优者授以深奥学业，俾得培养贯通原理、深明警务之警察官吏，以备大清政府扩广警察之用。盖凡事必须由浅入深，自急至缓，秩然有序，固不可躐等躁进也。"② 由此可见，该警务学堂设立的最初一个阶段，将以短期培训为主；目的在于为刚刚设立的警察机构输送具备初步警察知识的官吏。

《警察学堂章程》分为八章，即总则，职制，教科、学期、课程，入学、退学，考试，给与及贷与，赏罚，加上《附则》共46条。该章程规定：学堂教科分三等。

一为初等科：从清政府提供的预选者中挑选"体格坚壮""文理粗通""志操坚固""人品端正"者入学，学期三个月。学成后充任巡捕。初等科所学的课程分为学科和操科两类。学科的内容有："服官要则"、"看守班房及押送犯人须知"、"巡捕要务须知"、"口授警察实验"、"警务规则"、"大清律"、"巡捕应变须知"、"伦理"、"照料外国人须知"和"卫生"；操科的内容是："行礼法"、"柔软体操"、"徒手教练"、"用绳法"、"持铳教练"和"操刀法"。

二为中等科：中等科学生从初等科毕业生及现任巡捕中"拔取品学兼优者"入学，学期两个月。目的是培养巡捕长。所学课程同样分为学科和操科两类：学科方面除继续学习原初等科中已开设的某些课程外，增加了"学办公文"、"警察手眼"、"救急法"、"算学"和"地理"；操科较初等科增加了"器械体操"、"射击"、"撒兵操演"、"小队教练（即一小排靠拢操演）"、"击剑术"和"铳刺术"。

---

① 《警务学堂职员名单》，中国第一历史档案馆馆藏档案。
② 《警务学堂章程》，中国第一历史档案馆馆藏档案。

三为高等科：此科学生由中等科毕业生及"现任巡捕长之中拔取品学兼优者"入学，学期两个月，授以"堪充警巡之学业"。所学课程也是两类：学科较前两科增加了"日本警察宪纲权限"、"日本刑法"、"国际警察法"、"监狱法"和"算学及见取图"等；操科较前两科增加了"小队操练（即一小排散开操练）"、"中队教练（即一大排靠拢操练）"、"战斗法"和"柔术"。

此外，学堂还设有研究科，其学生由"现任"警察官员中选拔，"特令讲述一种课程"。

民国时有研究学者认为：京师警务学堂开办初期"仅招募警士入校肄业，每班一百二十人，毕业期限为三个月。至光绪二十九年正月起，改为每班八十人，六个月毕业。除招考外，并由步军及各旗衙门保送，又于是年特设高等科，为造就警官之所，每班四十人，先学六个月，升入研究科一年毕业"。[①] 档案资料表明，警察学堂开办后不久，即向清政府输送了一批警察人才。例如，光绪二十八年五月六日，工巡总局札饬警务学堂，要求学堂立即从毕业生中挑选出三十名，于三日内到象鼻子坑报到，"听候差遣"。该学堂接到命令后，随即于五月八日照办。[②]

由于警务学堂由日本人管理，主要教职员也由日本人充任，因此学员们在很大程度上都接受日本式的训练，甚至连礼节和号令也都采用日本的一套。对此，一些学者曾嗟叹说："惜乎办理之权，操诸外人之手。"[③] 警察学堂与清政府之间存在着一定的隶属关系。八国联军撤出后，清政府曾设立"警务处"，学堂即须向该机构负责。其后于光绪二十八年四月，清政府成立工巡总局，学堂也相应隶属于工巡局。同年五月，川岛浪速随毓朗回日本，即向工巡总局负责人肃亲王善耆呈送了"请假禀"。然而，清政府与学堂之间，毕竟不同于简单的上下级式的、领导与被领导的关系。光绪二十八（1902）年五（7）月二十六（1）日，工巡总局曾致函学堂署理监督稻田穰，要求学堂自六月以后："废去东洋口号，一律译成汉音教练，且见大官免行请安之礼，一律改行正立之礼。"对此，稻田穰表示了不满。他说："窃查以上所开各项之存废姑且不论，然有不能不为贵总局一陈者：夫学堂之设立，因为向来特见及贵政府与现任监督交谊亲密、商议妥协而成者也。

[①] 包明芳：《中国警察教育之过去现在与将来》，载《现代警察》第二卷第一期。
[②] 《警务学堂申复》，中国第一历史档案馆藏档案。
[③] 包明芳：《中国警察教育之过去现在与将来》。

是以所有一切经营悉皆委之，即如撰定教科、筹划教法，均归现任监督一手管理。贵总局若以该监督所办不佳或有遗漏之处，可以妥为商酌。现任监督亦不敢固执偏见。"言下之意，工巡总局不该以命令的口吻指挥学堂。事实上，学堂方面经常根据合同，与清廷分庭抗礼。当清政府拖欠学堂经费时，学堂往往当催不让，档案中保存了许多这方面的资料。对清政府选送的不合格学员，学堂也敢于退回或除名。例如，光绪二十八（1902）年十（11）月十五（14）日，警务学堂申详工巡总局文中写道："兹有本学堂学生锡恒，系东安门分局派来，身体软弱；斌魁系东城北分局派来，现在患腿疾之症；清保系西城南分局派来，现患呕血之症……故因不能习练步法，告退前来，除由学堂一并除名外，相应申明贵局查办可也。"① 尽管清政府与警务学堂之间，在某些具体问题上偶尔会发生一些摩擦，但从总的情形看，二者相处得还是十分融洽的。川岛浪速等人与清廷警政要员诸如奕劻、善耆、那桐、毓朗等人关系十分密切。川岛除了操持警务学堂以外，还经常向清政府提出有关警政方面的建议和设想，且大都受到了重视。例如光绪二十八年，川岛浪速致书庆亲王奕劻，比较系统地阐述了中国建设警政所应遵循的方针。在日后中国警政的建设过程中，这些方案基本上都不同程度地得到了采纳。有的学者认为："中国警察制度的确立，可以说是大半受了这封信的影响。"② 有时，川岛浪速还随同清廷警政大员出访日本，帮助联系各项事务。如光绪二十八年五月，清廷派总监工巡事务、镇国将军毓朗、工巡局委员陆宗舆赴日本"访询工巡事宜"，川岛浪速即随同前往，"辅助毓将军，襄办诸务之任"。③ 至于川岛浪速与肃亲王善耆间的交情，更是深笃异常。有人记述说，清廷覆亡后："王（指善耆）之奔旅顺也，依川岛浪速以居。川岛浪速者，日人，王管巡捕事务时任为高等警官学堂校长者也。王去京师时，独川岛浪速与俱。及至旅顺，王无一文钱。川岛自庚子来京十余年，所积达十万，感王恩，倾家以给。至王薨后，川岛家无余财矣。然犹给宪章月费，至于今未息。"④

到光绪三十（1904）年七（8）月，清政府与川岛浪速原定办理警务学堂的三年期限即将届满。这年五月一日，管理工巡局事务大臣那桐致函川岛

---

① 《警务学堂申详事》，中国第一历史档案馆馆藏档案。
② 见《现代警察》第二卷第一期，包明芳为川岛浪速致庆亲王书所加的编者按。
③ 《川岛禀呈》，中国第一历史档案馆馆藏档案。
④ 《三十年闻见录大清肃忠亲王墓志铭》，原文作"川岛速浪"，误。

浪速，对三年来川岛浪速经办警务学堂的工作给予了极高的评价。他说："贵监督承办一切事宜，惨淡经营，不遗余力，历时未久，成效昭然。该巡捕等历次卒业，各地段当差于应尽义务暨尽办事宜均能兢兢自持，无稍疏懈。本大臣奏命接管以来，乐观厥成，至深欣幸。"① 他还表示希望川岛浪速能继续接办警务学堂二年。五月四日，川岛浪速复函表示愿意继续主持警务学堂的工作。②

光绪三十二（1906）年五（6）月，续办二年的警务学堂再度期满。这时，清廷警政已略具规模，清政府也有意于自办警政，于是接管了对京师警务学堂的经营权，改设高等警务学堂。历时五年的京师警务学堂到此终结。然而，作为中国近代警察教育滥觞的京师警务学堂在历史上的作用和对后世的影响却并没有随着时间一同流逝。

继北京以后，最早兴办警察教育的是直隶省。光绪二十八（1902）年七月，直隶总督袁世凯在保定开设警务学堂。③ 不久八国联军交还天津，袁世凯前往天津接收，又在天津设立巡警学堂。次年，袁将保定警务学堂并入天津，成立北洋巡警学堂。④ 其后，北洋巡警学堂规模逐渐扩展，到宣统三（1911）年五（6）月，这个学堂先后招收了七班学员，毕业生总数达一千三百多名，⑤ 成为仅次于京师的全国第二大警察教育基地。京津两地警察教育的蓬勃开展对各地的警政建设产生了巨大影响。各省纷纷仿效京、津两地的榜样，在创设警察机构的同时或前后开办警务学堂。一些省份还向京津两地警务学堂派来学员，作为日后发展本省警察教育的师资力量。例如，光绪二十八（1902）年十一（12）月三（2）日，四川通省警察学堂开学。署理四川总督岑春煊认为，办理警政应以警察教育为先导。因此，他在四川开办警政之前，首先于成都设立了一所警察学校。他说："现在京师及直隶均开立警察学堂，盖亦深防其弊。臣滢师其意，先于成都创立四川通省警察学堂。"⑥ 又如，光绪二十八年底，山东巡抚周馥决定派人到京津两地学习警务，作为未来山东省开办警政的预备，他说："警察尤为当务之急，臣抵任以来，已派兵一百名分赴京师、天津两处警务学堂就师学习，拟就明春学业

---

① 《致川岛函》，中国第一历史档案馆馆藏档案。
② 《川岛复函》，中国第一历史档案馆馆藏档案。
③ 《袁世凯奏折》，中国第一历史档案馆馆藏档案。
④ 《北洋公牍类纂》卷7，"北洋巡警学堂推广重订章程"。
⑤ 《吉林警务官报》第5期，中国第一历史档案馆馆藏档案。
⑥ 《朱批岑春煊奏折》，中国第一历史档案馆馆藏档案。

粗就，一面延师来东开设学堂，一面添募弁兵，且教且用。"① 大抵从光绪二十八年以后，各省的警察教育也先后开展起来。

第二节　高等警察教育

清末开办高等警察教育，可以追溯到光绪三十二（1906）年以前的京师警务学堂时期。光绪二十九（1903）年，京师警务学堂开设高等科，专门培养警官。直至光绪三十二年该学堂结束时止，学堂内尚有高等科正额学生五十五名，备补学生二十三名。② 除京师外，天津在这期间也开办过高等警察教育。然而从这个时期总的情况看，高等警察教育还没有走入正轨，也没有在全国范围内普及开来。

光绪三十二（1906）年，清廷正式兴办高等警察教育，决定将原设的京师警务学堂改造为高等巡警学堂。徐世昌等人在上帝、后的一道奏折里阐明了设立高等巡警学堂的缘由："伏维保安之用，警政为先，造就之方，学程最要。现在整理内外城警政需用警官以下人才日多，加以各省举办巡警，多因任该不敷，或咨请调员前往，或电请派人来学，尤非亟设高等学堂，分科教授不足以宏启迪而资应用……惟京师首善之区，学堂又为各省标准，现因款项支绌，仅就财力所能敷者办理，嗣后仍当增筹款项，设法恢张，以期成材日众，学业日精，内供京城选用，外应各省取求。用副朝廷开设专官，保卫元元之至意。"③ 开设高等巡警学堂的筹备工作从光绪三十二（1906）年四（5）月开始。巡警部派补用道员唐家桢为学堂总理，巡警部警学司员外郎熙栋总核学堂事宜。首先将京师警务学堂时期川岛浪速考选的二百一十二名学生重新考核，确定去留。唐家桢在写给巡警部的申文中说：原川岛浪速考取的学生"系经日教员命题考试，评定甲乙，恐不无优劣倒置之弊，未可恃为定衡。然既经监督川岛浪速考取于前，未便概行弃置。职道等再四筹思，惟有仰恳宪部出示饬传前取各学生，于六月初十以前再行来堂复试，由职道等细心遴选，分别去留。"除从原取学生中选录一部分学员外，唐家桢还建议巡警部"咨行各部院，候补员中如有愿来就学者，务于六月初十

---

① 《周馥奏折》，中国第一历史档案馆馆藏档案。
② 《申请将前监督川岛取定学生再行传示》，中国第一历史档案馆馆藏档案。
③ 《本部奏开办高等巡警学堂情形折》，中国第一历史档案馆馆藏档案。

以前保送前来，以便考取"①。徐世昌等人根据上述建议，从"中外人员及举贡生监并原充各项巡警等共有六千余人"中"分期考试遴选精通警学各员，严加甄录，复由臣等校核，计挑入正取二百四十名，副取三百名。将列在正取者先令入堂肄习，计分三科：一曰正科，授以高等警察及各项法律，分六期毕业，挑取举贡以下及巡警入之；一曰简易科，授以简易警察以应急需，二期毕业，挑取各官员等入之；一曰专科，授以必修警察，俾现在有差各警员可及时来学，分二期毕业，凡各厅队警官以下胥入之。"② 新设的高等巡警学堂仍聘用部分外籍教员。其主要授课内容是：

第一学期：警察学、大清律例、行政警察法、战术学、司法警察法、消防警察法、法学通论、国际公法（平时）、英语或日语、体操。

第二学期：司法警察法、民事诉讼法、大清律例、国际公法（战时）、民法、商法、国际私法、英语或日语、体操。

第三学期：刑法、刑事诉讼法、民法、商法、监狱学、中国现行法制大意、行政法、英语或日语、体操、教练指挥法。③

根据《京师现设备等巡警学堂毕业生升转暂行章程》的规定，高等巡警学堂正科毕业生"准以头等巡官或警官录用，并可充当巡警各学堂教员及管理员"④。待简易科毕业以后，民政部撤销了简易科，只设正专两科，目的在于使学员得到进一步的深造。宣统二年十月，民政部重新拟定了《民政部高等巡警学堂章程》，新的章程分十二章九十二条，十分详尽。该章程规定，该学堂的宗旨是："以教养警务人员并授以巡警必需之学术及其重要之精神教育。"学堂分为正、专两科，正科学生三年毕业，专科学生一年半毕业。学堂每三个月为一学期，正科学生上课三个学期，分派到内外城各区见习巡警任务两个月，再上三个学期的课，然后分派到各区见习巡长、巡官任务各一个月，再上三个月的课，然后分派各区见习警官任务两个月，即为毕业。专科学生"以五学期为堂课，堂课满后，分区见习警官任务三个月，期满毕业"。根据新章程，各学期的授课内容也发生了一些变化。第一至第三学期增加了违警律、宪法大纲、外事警察、政治地理、公牍须知、精神讲话、军事学、剑术或柔术。第四至第六学期增加了宪法、刑法、政治

---

① 光绪三十二年五月二十五日《唐家桢申文》，中国第一历史档案馆馆藏档案。
② 《本部奏开办高等巡警学堂情形折》，中国第一历史档案馆馆藏档案。
③ 光绪三十二年五月十四日《巡警部札》，中国第一历史档案馆馆藏档案。
④ 《京师警察法令汇纂》。

地理、家畜卫生、生理卫生、法院编制法、户籍法、自治制度、现行法规、精神讲话等内容。第七至第九学期增加了国际法、议院法、选举法、私法大意、统计学等内容。

在京师以外的各省，开办警察教育的初期，并未明确区分高等警察教育与初等警察教育。有些省份的警察学堂将学生分为官、兵两类。官生班以培养警官为主，可视之为日后高等警察教育的雏形。例如，浙江于光绪三十二年春天开办警察教育，于省城设立了巡警学堂："其时定章分官兵两班。官学生速成科以一年卒业，凡浙之文武候补官员、缙绅之士皆得与选。官班第一班计三十六人，皆由公家优给膏火。"同年十月，宁波亦开办巡警学堂，"分官班、普通两班。官班约四十名，以绿营行营现职人员入校听讲"。光绪三十四年浙江巡抚冯汝骙接受幕僚梁建章、谷钟秀等人的建议，"令各班毕业学员入警务研究所轮班听习"。经过这一全过程教育的学员即可说是接受了高等警察教育。①

光绪三十四（1908）年，民政部决定统一全国的巡警学堂规制。据民政部统计，到这年九月，全国已设立二十多所巡警学堂："查各省举办巡警学堂直隶首设，四川继之，据报如奉天、山西等省设立学堂者计有二十余处之多。查阅所拟章程、编制、课程多未一律。若不亟为厘订，恐已设者难昭划一之规，未设者亦无以立率由之准。自应拟定巡警学堂章程通行各省，俾资遵守。"按照上面的考虑，民政部"就京师现办高等巡警学堂办法，参照各省奏明章程"，制定了《各省巡警学堂章程》。民政部要求"所有各省会未经设立巡警学堂者，统限三个月内设立，已有者应按照此次奏明章程更定，其有仍名警务学堂、警察学堂者亦令一律更名高等巡警学堂"②。

根据《各省巡警学堂章程》的规定，"巡警学堂以造就巡警官吏为宗旨"。巡警学堂分为高等巡警学堂和巡警教练所两种。各省须于省城设立一所高等巡警学堂，学生由本省举贡生员及曾在中学堂以上毕业者中考选。学生额数由本省督抚根据该省情形酌定，但不得少于五十名，学期为三年。由于当时急需警官，各省须于高等巡警学堂内附设简易科，学期一年。高等巡警学堂的主要课程：第一学年有中国现行法大要、大清违警律、大清律、法学通论、警察学、各种警察章程、各国刑法大意、行政法、算术、操法、英文或日文；第二学年有宪法纲要、大清律、各种警察章程、各国民法大意、

---

① 《民国重修浙江通志稿》卷69，"行政"。
② 《大清光绪新法令》第9册，"民政部奏拟各省巡警学堂章程折"。

各国民刑诉讼法大意、国际法、地理详政治地理兼及本处、算术、操法、英文或日文；第三学年有地方自治章程、各省咨议局章程、各种选举章程、国际公法、监狱学、各国户籍法大意、统计学、操法、英文或日文等。

简易科的主要课程是：中国现行法制大意、大清违警律、法学通论、警察学、各种警察章程、地方自治章程、各国户籍法大意、统计学、地理、算术、操法等。①

《各省巡警学堂章程》下达后，各省纷纷遵章在省城设立了高等巡警学堂。宣统元年，奏报设立高等巡警学堂的省份有：云南、山东、广东、直隶、四川、浙江、江苏、吉林、福建、广西、山西、甘肃、新疆等。宣统二年，又有安徽、陕西等省奏报开办高等巡警学堂。截至清朝灭亡前，几乎全国各省都开设了高等巡警学堂。

有些省份，在开办高等巡警学堂的初期，往往根据省内的情形，对部颁的学堂章程作了适当的变通。例如，云南省在接到部颁章程后，将省城内原设的"警士学堂"改为高等巡警学堂，鉴于该省"风气未开，不能不略宽成格，稍展期限。现有警官不敷派用，拟先办高等巡警学堂应行附设之简易科，暂定学额五十名。俟选有能合高等程度之人，再行开办三年毕业之完全科"②。在一些经济文化比较发达的省份，部颁章程得到了较好的贯彻。例如，四川省于光绪二十九年设立警务学堂。光绪三十四年，根据部颁章程改设高等巡警学堂。学生定额为五十至一百名，从本省举贡生员及中学堂以上毕业生中考选。由于当时"需才孔急，难待三年卒业，故通融办理，详准权以奏设之绅班学堂毕业生已有两年成绩兼有举贡生员出身者送入补习一年"。以六个月举行期考一次，满六次期考后，准许参加毕业考试，学制三年。毕业时，"总督亲临试验，及格者给予文凭，咨部备案。"学堂设监督、教务提纲、庶务提纲、教习、舍监等教职人员。学堂年支经费银约计一万二千余两。③

江宁根据部颁章程于宣统元年五月前后，将原江南巡警教练所改设为江南高等巡警学堂，"暂设学额五十名，招生肄业"④。浙江亦于宣统元年春季根据部章设立了"全省高等巡警学堂"。该学堂"分正科、简易科两班。正

---

① 《大清光绪新法令》第9册。
② 《清朝续文献通考》卷111。
③ 《调查川省警察行政沿习利弊报告书》上篇。
④ 《端忠敏公奏稿》卷15，"改设高等巡警学堂折"。

科三年毕业,简易科一年毕业。学员入学资格以现任或候补、佐杂及举贡生员或中学以上毕业者方得与选。时录取正科学生百人,简易科三人"。次年一月,"简易科班毕业学员与前期毕业学员刘铭埙等奉令概入警务研究所听讲三个月后,始分别派委。惟正科三年毕业者,以次年适值民国光复,军事倥偬,乃延长至民国元年三月间,始举行毕业考试,分发各县见习。该校自此停办"。①

第三节　初等警察教育

清末,初等警察教育的举办早于高等警察教育。从光绪二十七年起至光绪三十三年,各地开设的各类警察学堂,绝大多数属于初等警察教育,高等警察教育只在京师及天津等少数地方开设。

清末开办警察教育初期,由于条件简陋,急需用人,各类警察学堂往往以开设初等警察教育为主。即使是最高警察学府——京师警务学堂最初也没有开设高等科。继之而起的各省,开办警察学堂的大体情形也是如此。在这个阶段,由于警察教育很不规范,效果也不甚理想,遭到了一些批评。批评者认为,当时的警察教育水平太低,培养不出合格的人材来。"中国向无专门警学堂,其附于巡局者,期限太促,程度不高,仅能养成巡兵资格。"因而建议:"欲求进步,急宜改良学堂。批请先于警部添设警仕学馆,以为各司员传习之所,并饬各省一律兴设,佐职务员,不无可造之才,凡有年力尚强,文理粗通者,无分候补、实缺,即并准呈请入学。卒业后实缺者即授为巡官,候补者或先委以巡差,遇有缺者,即行按资序补。"② 显然,这些建议后来未被采纳。一时间,全国各地,警察学堂如雨后春笋,纷纷而出,大有过滥之势。除较正规的警察学堂、警务学堂外,一些地方还办起了巡警教练所、警务传习所、警士学堂、巡士教练所等不同名称的短期培训机构。例如,江北在办警初期,首先将绿营改编为巡警军。由于营兵缺乏警务常识,遂开设"绿营警察学堂,在各标营挑兵二百名入堂肄习,作为甲班,四个月毕业,即令回营,续挑乙班、丙班更班递换,期于制兵皆成警兵而止"③。

---

① 《民国重修浙江通志稿》卷69,"行政"。
② 《袁崇镇条议》,中国第一历史档案馆馆藏档案。
③ 《政治官报》光绪三十三年十一月二十二日第62号,"江北提督王士珍奏绿营警察学堂开办情形片"。

江苏于光绪三十一年开办巡警学堂，由于警察教育一时普及不了，且由于学员程度参差不齐，遂于光绪三十四年六月将江南巡警学堂改设为江南巡警教育所，额设学员二百四十名。同时还于各区设立补习所，责成各区训练岗兵。① 又如福建省从光绪三十年开始筹办省警察学堂，至光绪三十二（1906）年闰四（6）月开学，学生分为普通、高等两班。总共招收学员九十八名，其中普通班学员五十三名，以一年为期，学成毕业充当巡士。② 再如云南省最初曾设立警察学堂，但由于警兵程度太低，不得已将原设警察学堂停办，改巡警营为警士学堂，提高警格。③ 再如，广东省最初开设的警察学堂，由于"巡警局以警务需才，先开速成科，定六月毕业"。④ 浙江于光绪三十二年开设浙江巡警学堂。其学生定期三个月毕业。"每班名额百余人，备充巡士之用。"同年十月开办的宁波巡警学堂设立普通班，"以各营子弟经考试合格后才准肄业"。光绪三十三年二月，湖州亦"开办湖郡警监学校，招考官绅两班，入校肄业者约七、八十人。至三十四年四月卒业后即停办"。⑤ 光绪三十二（1906）年，京师外城巡警总厅开设了警务讲习所，该所招收的学员以外城厅区警务人员为限，学制一年。目的在于使警务人员获得必要的警学知识和"实地办事之方法"，普及警学。该所讲授的课程比较简略，主要内容有：警务要领、警察学讨论，法学通论、国法学、刑法，国际公法、警察学各论、现行巡警章程，行政法、大清律例、监狱学、国际私法、体操等。⑥

在此期间，一些州县还设立了巡警传习所。如浙江省于光绪三十四年设立了警察教练所并通令各县开办巡警教练所。同年温州、乐清等地设立了警察传习所，毕业学员有数十人，但历时不久随即停办。⑦ 又如，直隶霸州开设的巡警传习所，聘请原顺天警务学堂毕业生二人任教员，根据境内青地面积及铺户指数确定可供养的巡兵数额为二百七十名，挑选体格强壮、粗识字义，"性格平和"的青壮年入学。学制三个月，分为三班，九个月内可"传习一周"。开设的课程主要有：警察讲义、行政警察、刑事警察，管理街道

---

① 据《端忠敏公奏稿》卷12，"改办巡警教练所折"。
② 《政治官报》光绪三十三年十月二十日第31号，"闽浙总督松寿奏警察学堂办理情形折"。
③ 《清朝续文献通考》卷111。
④ 同上。
⑤ 《民国重修浙江通志稿》卷69，"行政"。
⑥ 《京师警察法令汇纂·警务讲习所章程》。
⑦ 《民国重修浙江通志稿》卷69，"行政"。

条规、律例、算术、白话、现行章程、操科等。① 这里需要补充说明的是，清末初等警察教育可以分为两类：一类是通过短期训练，培养警察官员的，另一类则是训练普通警察的。如果说前者还取得了一些成效的话，那么后者存在的问题则十分突出。当时曾有人对此提出："日本勤务巡查类皆中学卒业，有请愿者，多方试验，始能采用，以故人皆合格。我国教育未能普及，其中学卒业者或聘为教员或授以官职，尚有人才缺乏之患，岂复有充当巡警者乎？即各省所开警察学堂，亦多造就官员之用，毕业后多视站岗为贱役，薄而不为，不知以一省之大，警察官吏不过数十人，巡警则或数百或千余人，今计各省警察之毕业官与出洋回国之警察毕业生不下数千人。甄别淘汰，足可备官员之用，惟此数万不学之巡警，遽期合格为最难耳。宜由部编辑教科书，颁发各省，务须浅近明晓，专为教授巡警之用。有身材合格，粗通字义者，即可讲授，俟数年后，教育普及，有中小学校毕业愿充巡警者，是即我国之转弱为强之日也。"② 应当说，在相当长的一个时期里，警政当局对普通警察的教育重视不够，这也与当时的客观条件有关，直至光绪三十四年以后，这种现象才略有改观。

光绪三十四（1908）年，清政府在划一各高等巡警学堂的同时，还决定统一各省的初级警察教育机构。这年九月，民政部制定的《各省巡警学堂章程》规定：巡警学堂除高等一种外，另一种是巡警教练所，要求每府厅州县必须设一处。其学生的条件是"本地方人民年在二十岁以上、身体强壮、粗通文理者"。学生名额由各地方官按照本地方情形申报，本省督抚核定，但每处不得少于一百名，学制为一年。巡警教练所的课程主要有：国文、大清违警律、警察要旨、政法浅义、地方自治大义、本处地理、操法。巡警教练所的毕业生"专作为地方巡警之用，其成绩最优者，得派充巡长"。该章程还规定，各地必须于接到部文的六个月内设立巡警教练所。

民政部的这道规定下达后，很多省份大都照章办理。据宣统二（1910）年初民政部的一份奏折中记载："查各省筹办此项学堂、教练所，上年第一届奏报成绩时，各省咨报到部者已居多数，业经臣部于第一届奏报成绩内陈明，并声明安徽、江西等省未据专案咨报，甘肃一省咨请展限，仍分别督催依限筹办等语。嗣据安徽、江西等省将开办高等巡警学堂办法及教练所章程表册咨报前来。其吉林、河南两省并将已办学堂、教练所详细名册咨送到

---

① 《北洋公牍类纂》卷9，"霸州禀准开办巡警传习所章程"。
② 《舒鸿仪条陈管见》，中国第一历史档案馆馆藏档案。

部，惟甘肃一省迭经督催迄未咨报，现已由臣部电催赶办，尅期成立。"① 然而由于民政部章程的要求过高，各地方办理起来存在不少困难，因此实际举办的情况往往要比章程规定的打了不少折扣。"查（直隶）各厅州县之设立教练所者不下八十余处，然皆有六月教练并未照部章肄业半年之期限。伏思巡警程度，识字原本无多，遑论讲解夫文字、教练课程，一年犹恐未逮，何况半载之短期，又复教练后即令回返练习，各警生一面值差，一面温习讲授，功课荒疏难免。"② 现以四川省为例，具体介绍巡警教练所的情况。

四川是清末警察教育开办较早、普及较快、水平也较高的一个省份。"自光绪三十四年十二月奉文设立巡警教练所，各属均于宣统元年遵章一体开办。其宗旨以养成地方巡警人材，为将来各乡、市、镇改良团保，扩张警察之预备。"据四川调查局统计，该省宣统元年已报告设立巡警教练所的厅州县共一百三十一个，其中成都县和华阳县两县合办一所，共计设立巡警教练所一百三十个。尚未设立或未接到设立报告的厅州县十一个。该省各巡警教练所总计招收学员八千多名。其中招生最多的汉州巡警教练所多达二百名，最少的芦山县则只招收八名，相差十分悬殊。平均每个教练所约计招收学员六十名左右，尚不足民政部所定的一百名的标准。四川省局解释说："学生定额照章至少须满一百名，但各属风气未开，招生匪易，由团保选送者既无多人，自行投考者又复观望，加以经费支绌，各属皆暂行变通办理。除省区遵章额定外，其余足百名者仅二十八属。"各教练所内，学员多的，大都分班授课："有分甲、乙两班者，有分甲、乙、丙三班者；其人数不足者，多未分班。以现时力有未逮，不能不行之以渐也。"在上述八千多名学员中，还包括了重庆府巡警教练所招收的一百二十七名。通常说来，府城不办巡警教练所，但由于重庆"以通商口岸，事务纷繁，故仍接续办理"，属于特殊情况。

四川各巡警教练所的学员大体可分为官费生和自费生两种，"官费由本所或团保筹备，自费则由个人筹备"。学生的费用主要有学费和食费两项。

由于四川各地文化发展的程度很不均衡，招生考试的标准往往也视地方的情况而定："各属学生均由地方团保选送，由地方官会同所长、教务长、教员考试。惟地方风气有开塞，其程度之高低亦不一致，有与初等小学堂相

---

① 《大清法规大全·宪政部续编》卷5，"民政部奏陈明第二年第二次筹办成绩折"。
② 《直隶警察杂志》第11期，"宣化县巡警教练所整顿警务条陈"，中国第一历史档案馆馆藏档案。

当者，有与高等小学堂相当者，有与中等学堂相当者，有与高等学堂相当者，有与简易师范学堂相当者。"除了文化水平以外，四川警政当局还根据民政部章程对学员的年龄、身材、视力、体力、健康、嗜好等方面作出了一些规定。在课程设置方面各教练所除根据民政部章程的规定开设必修的七门课程外，还根据本省的情况作了适当的变通。如对"地近边陲，汉夷杂处之处则加番语一科、有程度与高等学堂相埒者"，则加宪法大纲、各种警察章程、各国民刑诉讼法大义、咨议局章程、国际公法、监狱学等较高深的课程，以期因材施教。在教课用书方面，由于当时还没有颁定专门的教科书，"各属教员均遵部定科目兼采中外法规及中国文字与地方风土辑成，以祈符部定之讲录，暂行分别教授"。例如："国文"课采用《古文辞类纂》"高初等国文教科书""最新国文教科书"等；"警察要旨"课"参用《警察学教科书》及《警察讲义丛书》、《警察类编》"；"本处地理"课"参用本属地志新书、新增乡土志，新编地理问答及高、初等地理教科书，中外舆地志"；"操法"课则采用《陆军步兵操典》。四川警政当局还规定："教科用书虽由各教员自由采择及就各所学者编辑为用，然皆以部定科目为根据，亦间有参用高等巡警学堂科学者，亦以学生程度较高故也。其地方僻陋，人民不事诗书，所招学生，学问无甚根底者，则由教员取其关于警察须要事项编成浅近论说讲授，务期学生了解，俟其稍有进步，然后教以他书。"

根据有关规定，四川各巡警教练所的学员须经过一定的见习期方能正式服务。见习期一般分为"卒业前"见习和"卒业后"见习两种。卒业前见习于"授课之余，则在警局服巡警之任，每天随同巡查出街，将街面局内应办事宜留心研究考查，以本城与各乡有无异同，应行斟酌损益之件各抒己见，记入手簿，随时呈候地方官核阅"。卒业后见习即毕业后，"先派城内警局轮流带班，并出外巡视画到，调查户口，随地练习拘捕、开导、防患、卫生等事，三月后如果娴熟，乃分配各地段或乡镇执行职务"。学员毕业后，原则上根据学员在校时的成绩，录用不同等级的职务："其成绩最优者派充巡长，间有超级派任区长者，以其才识学术均与高等警察资格无异，故酌量变通办理；考列优等者，尽先录用，派往各区、分区及派出所充当正副巡目；中等及格者按次派委充当正兵巡查；不及格者给予修业证书，留听补习或听其自营生业。"但在实际上，由于当时"推广警察，需人甚急，而各属所招学额又未能一律足数，故凡属卒业之生，毕无遗弃之患，即留所补习者亦一面操课，一面派任警务。如汉州昆连七属为北路通衢，大小十七场，至少必须二百四十名始敷分派，现时仅二百名，必俟二班卒业乃接续补派；

又如彭县奉巡警道札发章程，由地方官出示晓谕，各场大保保送学生毕业后各归本场开办警察，自费者尽先录用，该县学生仅五十六人，按场分配不敷尚多，其余各属类皆如是，是以卒业之后即无留滞之人。此各属教练所第一期卒业效用情形也"。

至于四川各巡警教练所教师所具备的资格，大体可分为三个层次。第一层次，由留学过日本，毕业于日本法政大学、宏文学院、东斌学校、警察学堂、警监学校、警视厅等处的人员充任教师；第二层次，由毕业于京师巡警学堂、测绘学堂、湖南警察学堂、湖北陆军学堂、四川法政学堂的人员充任教师；第三层次，由毕业于四川自治研究所、宪政讲习所、警察传习所、巡警教练所等各处的人员充任教师。①

以上四川省的情况在当时的全国具有一定的代表性，但各地情况毕竟存在着很大的差别，因此不能一概而论。

附表　　　　宣统元年四川各地开办巡警教练所时间简表　　（单位：所）

时间＼项目		时间＼项目	
元月	1	六月	18
二月	15	七月	14
三月	32	八月	4
四月	30	九月	3
五月	14	十月	1

总的来看，清末警政当局对警察教育还是十分重视的。当时人们已普遍认识到了警察教育在警政建设中的重要作用，并将之提高到重要的位置："欲研究我国政治之程度，必先研究我国民之教育。民无教育，徒加以优美之政治，不贻盲人瞎马之诮者几希矣。欲求政治之进行而不以教育为入手之方针，其不贻敷衍皮毛之讥者几希矣。大哉教育！其为庶政之根本毫无疑义，而警察中之教育亦在其列矣。"② 从光绪二十七年到宣统三年，清政府白手起家从无到有，逐渐建立起一套较完整的警察教育体系："其设教场合有高等巡警学堂、有警务研究所，各厅州县有警务教练所，本埠各区有补习

---

① 以上所引有关四川的资料均据《调查川省警察行政沿习利弊报告会》下篇——著者。
② 《直隶警察杂志》第 2 期，《论警察教育之普及》，中国第一历史档案馆馆藏档案。

讲堂……"① 除普通警察教育外，清政府还开办了一些特种警察教育（参见第五章第四节），逐渐培养出一批具有一定警察知识和业务水平的骨干队伍，并积累了许多经验教训，为清末以及后来的北洋政府和国民政府的警政建设奠定了相当的基础。

第四节 警察学术

清末警政当局在建设警察教育的同时，还十分重视发展警察学术。

在光绪三十一年设立的巡警部中，专设了一个警学司。该司下辖的编辑科专门负责编辑、翻译各国的警察法规和各种警察专业书籍。次年由巡警部改建的民政部下设参议厅。该厅下设编译员，负责编辑和翻译各国民政书籍。在此后的数年里，清政府编辑出版了大批有关警察业务的书籍，比较系统地介绍了东西方各国的警察制度、警察理论和常识。这些书籍有的具有较高的学术水平，也有的只是浅显的普及性读物，程度参差不齐。例如，作新社编译的《警察学》一书是关于警察理论的学术性很强的著作；而光绪三十二年巡警部编辑的《警务知识》则是一本十分粗浅的常识性小册子，只有九页，分"警察要旨"、"警察官须知"、"巡警须知"、"探查须知"、"警察官等级之别"、"部长须知"和"警务分局长须知"七个节目，并附有"公则及私则附"。除政府主持出版的警察书籍外，还出版了一些私人译著的警察书籍。例如，光绪二十九年五月，位于上海英租界的作新社翻译出版了《警察学》一书。光绪三十四年，留日学生汤化龙在日本出版了他的《大清违警律释义》，并在中国各地发行。

清末警政大员肃亲王善耆积极鼓励官民各界撰写和翻译警察著作。他曾说："然立法非难，行之实难。人民无法律知识，虽有良法美意，终扞格而不相入。欲其动与法合，纯任自然，与东西各国相媲美，难矣！夫东西各国之民所以能深知法律之意者，亦赖法律专家为之解释也。"②

到宣统年间，许多省纷纷编辑发行了本省的警察杂志。这一举动，大大促进了清末警察学术的发展。各省的警察杂志大都是由各省的警察主管机关——警务公所主办的，是各省警政当局的机关报。这些警察杂志大都采取共同的体例。其设置的主要栏目有：谕旨、奏议、法令、文牍、本省警政信

---

① 《直隶警察杂志》第2期，《论警察教育之普及》，中国第一历史档案馆藏档案。
② 汪有龄：《大清违警律论·序》。

息、京师及外省警政信息、图表、论说、译文、讲演等，有的还设有小说专栏。各省警察杂志的宗旨是推进警政事业，普及警察知识，探索警察理论。例如，四川省巡警道周肇祥在《四川警务官报》发刊词中指出："当此过渡时代，人民薄于公益，习于放任，知警察之意义者尚少。而欲使内治渐几完全，以成一法治国，夫岂易事？然正惟其不易也，而社会之现象、设施之方针与夫新旧法律之解释、中外学说之折衷，在官警非先有所依据，断难因应曲当，在人民亦难周知洞烛，亦无以去反对而生信从。由斯以谈，则警务官报之发刊，其能已耶！"

在众多的警察杂志中，以直隶、湖北、江南、广东等省主办的较有影响。其中，《直隶警察杂志》办得最有声色，实际上被各省奉为楷模。例如，广东省巡警道王秉恩在宣统三年五月奏请将该省于宣统二年五月发刊的警务官报仿照直隶、湖北等省警察杂志的体例加以改良。[①] 同年二月，周肇祥也说："直隶、江南、湖北、广东等省，均已先后发行官报或杂志，收益早著，而不急起仿办，自安闭塞？"

直隶警察杂志的特点是：第一，刊数多。每月二期，初一、十六发刊。第二，读者面广。该刊采取文言与白话兼有的方式，"文言所以备警员之研究，白话所以增巡警之学识"。对于具备较高文化水平的警察官员和文化程度较低的普通警察都能适用。第三，内容丰富、形式活泼。该刊不仅大量发布官方的谕旨、法令、奏议，同时也很注意采集各地的警察信息，译介各国的警察制度和理论，并定期发表有关警察的论文和演说词。特别值得称道的是，该杂志以白话文发表的小说，对普通警察具有一定的吸引力，在普及警察知识方面能够起到有益的作用。"用白话编演关于巡警、侦探极有机致之短篇小说，使巡警足以开豁心思、振动灵机为宗旨。"[②] 此外，该杂志还十分注重译介东西各国有关警察的各项知识和技术。这对于推动西方警察理论在中国的传播起到了积极的作用。

[①] 《广东警务官报》第2期，中国第一历史档案馆馆藏档案。
[②] 《直隶警察杂志》第2期，中国第一历史档案馆馆藏档案。

第七章

清末警察法规的制定和颁行

第一节 清末警察立法概述

一 清末警察立法的特点

清末的警察法规几乎是与其警察制度同时诞生的。早在光绪二十四（1898）年戊戌变法时期，湖南维新派在创建保卫局的过程中，就曾制定过一系列的警察法规，如《湖南保卫局章程》等。自光绪二十七（1901）年清政府下令创办警政时起，各种各样的警察法规又开始大量出台，例如在光绪二十七年七月三十日上谕下达后不久，山西省即制定了《山西巡警局详定章程》。① 截至宣统三年清王朝覆灭时，各有关机构制定的形形色色的警察法规不下千件。考察清末十一年的警政建设，我们认为，清末警察立法具有以下几个特点。

第一，警察立法受到相当的重视。清末中央及地方的警政建设基本上是以警察立法为先导进行的。在各个警察机构开设之前，大都首先制定警察规章。例如，京师第一个警察机构——善后协巡总局创办时，首先制定了该总局的现行章程，其后工巡局创立时也制定了工巡局章程。光绪二十八年四月，奕劻等人讨论设立工巡局时认为："创办工巡，整顿地面，诚为当务之急"，"其办法则在宽筹经费、严定章程……"② 光绪三十一年九月十日，清廷在决定成立巡警部的上谕中要求该部尚书侍郎等"务即悉心通筹，力任劳怨，严定章程……"③ 各地方警察机构的开设，其情形也都相似，如前述山西省的《巡警局详定章程》即如此。巡警部开办以后，曾有人上书徐世

---

① 《皇朝蓄艾文编》卷12。
② 奕劻：《拟请创设工巡局折》，中国第一历史档案馆馆藏档案。
③ 《清德宗实录》卷549。

昌，强调警察立法的重要性："日本警察隶于内务省，事无巨细，皆奉内务省之训令。其纂为法令者大纲细目约数千条。然亦屡修屡改，一经改易，即将原版毁销，不使前后歧异。我国谕饬各省开办巡警，历有年所，究其所以办法，至今未颁示之也。于是各省皆沿保甲之旧，换一名目而已。站岗之巡警大率以营兵充之，甚有谓警察不如保甲者。然责以办法之不善，则彼可曰'未奉部章，不知何所适从'。今宜谕令各司急订则例，凡巡警若何挑取，户口若何清查，土木若何愿济，营业若何许可，开会、演说、出版若何许缔，路矿、森林若何保护及一切与民直接之事均有一定规则。内而各厅、外而各省，同范围于法令之中，即间有窒碍难行者，不妨俟诸异日，但不得以一事之不行即遂至万事之俱废也。六部设立之始，通行则例至详至备，后因随增随减，纷纭淆乱，以致胥吏因缘为奸，非法之不善也。今所订则例宜简易不宜繁重，嗣后某条修改，随将某条删除或将原版销毁，免蹈例案歧出之弊。"① 于此前后，又有人上书徐世昌，指出："中国法律向无巡警专门，保甲、缉捕诸法貌虽近似而不合不完，殊多疏略，日本尤重巡警，其宪法之组织实于兵政、刑法、工程、户口、铁路、邮电、保险诸端皆有密切之关系，分纲列目至为周详。今立法伊始，非监彼成宪，取益师资，不能为完全之警律；非有完全之警律，不足范围全国之巡警事务。"② 此条意见呈上以后，巡警部认为"颇得体要"，"留作参考"。③ 此后几年，清廷的警察立法在某些方面确实也接受了上面的建议。

第二，注重借鉴东西各国的警察立法经验。清末警察立法主要是借鉴了外国的立法经验。当时有人建议："博采东籍，广延通才，参合考订。"④ 因此绝大多数警察法规的制定都广泛参照了各国，特别是日本的警察法规。例如，山西省在制定《巡警局章程》时，即"略参东西警察章程"。巡警部制定的《巡警部官制章程》除"参酌外商两部官制章程外"，"并考求各国警察法规，挈纲要以综其成，析科目以副其实。"⑤ 又如《大清违警律》的制定曾广泛参照法国、墨西哥、德国、奥地利、匈牙利、荷兰、意大利、保加利亚、挪威等国的有关法律。又如《报律》的制定曾参考俄罗斯、瑞士、

---

① 《舒鸿仪条陈管见》，中国第一历史档案馆馆藏档案。
② 《袁崇镇条陈》，中国第一历史档案馆馆藏档案。
③ 同上。
④ 同上。
⑤ 《京师警察法令汇纂》。

挪威等国法律，但主要则"折衷于日本新闻条例，酌加损益"。应当指出的是，清廷接受外国的立法经验，并非盲目地照搬，而有一定的选择。这种选择的基本原则是"本之历代律意"，"合之现在情形"。例如，在制定《违警律》时，立法者曾看到"近今泰西各国立法例，于违警罪之说，约举有三"，但认为"第三说"比较符合当时中国"警察之法学知识未能完备"的实际情况，固采用第三说"使其（警察）易于记忆"，并且有利于扩充警政。又如制定《大清国籍条例》时，针对当时各国流行的"属地主义"、"属人主义"和"折衷主义"三种原则，"独采折衷主义中注重血脉系之办法"，其《施行细则》则"参照历年交涉情形，藉免抵牾"，可谓既照顾了中国人注重血缘关系的传统，又考虑到了中国当时所处的半殖民地地位。因而被认为"取裁允当"。① 再如《结社集会律》的制定者认为，该律的制定不仅顺应了当时的国际潮流，同时也与中国的历史和现实相吻合："中国古昔，虽无政治结社集会之名，而往往有政治集会结社之实。周末，百家竞胜，各聚朋徒，儒、兵、名、法诸家虽有道德功利之异而同声相应，隐与政治结社无殊。其后寓论政于讲学，善则为河汾之辨治、闽洛之谈经，足以培养人材，扶持国是；不善则为南宋之三学、晚明之诸社，驯至激发横议、牵制朝廷。是以经训不禁乡校之游，而王制惟严莠言之辟……国家预备立宪，必以是（指《结社集会律》）为基础矣。"②

第三，警察立法发展的阶段性较明显。光绪二十七（1901）年至光绪三十二（1906）年，可以视为清末警察立法的初期，是一个比较幼稚的阶段。这个时期的主要特点是：

1. 警察立法主要是围绕警察机构，即警察权行使主体本身而进行的。绝大多数法规都是关于警察机关的组织、官阶、选拔、奖惩、薪俸等方面的规定。《官制章程》是当时最主要的警察法规。

2. 警察立法比较混乱，法规之间的差异性较大。警察法规往往是由各警察机关自行制定的，缺乏相互间的协调和统一。中央、京师和地方都是各自为政，自行其是。即如所谓"彼此不谋""章程各异"。法规的有效空间极小，通常各省、府、州、县都有自己的法规，甚至"即一府、厅、州、县之中，各区域办法又不同"。中央没有对各地方的警察立法实行有效的指导和监督，各地立法存在着较大的随意性和盲目性。

---

① 《京师警察法令汇纂》。
② 同上。

3. 立法技术比较低下，法规相对粗糙。由于这个时期的警察法规多数是由警察机构自己制定的，这些机关缺乏足够的警察学知识和立法知识，往往为应付急需而东拼西凑，草率立法。制定出来的法规水平不高，常常是一个大杂烩，不仅缺乏逻辑性、概括性，而且内容芜杂，文词繁冗。例如，《山西巡警局详定章程》的制定者自己也承认其所制定的法规"条目殊嫌琐屑"。

光绪三十二年以后，警察立法进入第二个阶段，开始走向成熟。这个时期的主要特点是：

1. 以警察权的行使为内容的法规，即"实质的警察法"开始大量出现。如光绪三十二年颁布的《大清印刷物专律》和《管理旅店规则》，光绪三十三年颁布的《火场救护规则》，光绪三十四年颁布的《大清违警律》《报律》《结社集会律》《外城夜市简章》《调查户口章程》和宣统元年制定的《呈报营业规则》等。

2. 警察立法趋向统一，以中央立法为主导，以地方立法为辅助。这个时期，清廷先后设立了主管全国警政的专门机构——巡警部、民政部，逐步加强了对各地警察立法的指导和监督；同时，清廷也注意到了各地方的实际情况，允许各地根据中央立法的基本精神，制定本地方的法规。例如，光绪三十四年，民政部制定的《直省巡警道官制并分课办事细则》经宪政编查馆考核颁行，其目的在于"统一规制，整理警务"，为地方警政建设确立一个基本原则，同时允许各地方警察机构根据这一章程制定本机关的官制章程。又如光绪三十四年，民政部在奏请颁布《大清违警律》时指出："京外警政，推暨日广，各省亦多有拟行违警办法，藉示儆惩者。自应酌定章程，以资遵守。"可见，此律的制定也有统一地方立法的目的。该律第四十五条规定："本律所载之外，各直省督抚得因地方情形酌定违警章程，变通办理，惟不得与本律相抵触。"再如光绪三十四年民政部制定的《调查户口章程》是通行全国的法规，但该章程第四十条规定："本章程施行细则由各该总监督拟订通行，仍申报民政部立案。"这一规定，实际上确立了中央与地方立法的分工原则。在立法统一的前提下，鼓励各级政府因地制宜。

3. 立法技术迅速提高，法规趋于成熟。这个时期的重要警察法规原则上都由民政部主持制定，然后经由宪政编查馆考核颁行。民政部为拟定法律草案，通常组织专门力量，研究东西各国的警察法规，并根据中国的实际情况反复加以推敲。有时，民政部的立法还得到修定法律馆的协助。例如，民政部在叙述起草《违警律》时说："臣部当与臣沈家本，详加讨论，悉心厘核。"因此，这个时期清廷制定出了一些比较成熟的警察法规，如《违警律》、《报律》、《结社集会律》和《大清国籍条例》等。这些法规对于后世，特别是对北洋政府和南京国民政府时期的警察立法具有相当重要的影响。

二　清末警察法规的种类

清末警察立法，虽然不过十余年的历史，但其法规数量之丰富，种类之广泛却十分可观。从法规的制定机关和效力等级来区分，有中央制定的、通行全国的法规，也有由地方制定的在本区域内有效的法规；从法规的名称上看，有律、条例、章程、规则、办法、细则、简则、告示等。从法规的内容和性质上区分则有：

（一）组织法规：这方面的法规规定了警察机构的组织，各机关之间的权限划分，官吏的任用、选拔、奖惩、考核、抚恤，服装、设备、警械的规格和等级，经费的筹措、使用以及礼节、纪律、勤务方式、会议方式等。如《巡警部官制章程》《民政部官制章程》《考取巡警章程》《各等巡警学堂学生毕业暂行章程》《巡长、巡警勤务章程》《巡警禁令》《使用哨笛简章》《巡官长警赏罚章程》《考核巡警官吏章程》《巡警礼式》《部厅会议规则》《稽核解支款项章程》和《巡官长警饷制》等，均属此类。

（二）行政警察法规：这里所说的行政警察法，是广义上的。依传统的说法，行政警察是以保持社会秩序为目的，指导人民及保护人民，预防公共危害的。行政警察法即是有关这方面的法律规定。具体又可区分为"保安警察"法，即保持公安，防止一般危害的法规，如《结社集会律》《报律》《检阅报章规则》《火场救护规则》《管理镖局枪支规则》《管理娼妓规则》《大清国籍条例》《调查户口章程》《呈报营业规则》《呈报建筑规则》《管理人力车规则》和《管理夜市执行细则》等。此外，与当今各国治安法规相类似的《违警律》亦属于这个范畴。"警察则因除去危害，直接限制人民自由之行政也"。[①] 所谓特殊行政警察，是指附属于某个特殊行政部门，为辅助"其达成特殊行业之目的"[②] 的警察。清末有关卫生行业的警察法规即属于此类，如，《预防时疫清洁规则》《改定清道章程》《管理饮食物营业规

[①] 汪有龄：《大清违警律论》，第 2 页。
[②] 郑宗楷：《警察法总论》。

则》《管理浴堂营业规则》《管理种痘规则》《政务处议奏禁烟章程》《管理售卖膏土章程》和《管理戒烟丸散规则》等。

（三）司法警察法规：所谓司法警察是指以侦查罪犯、搜集证据、逮捕犯人，辅助司法机关行使司法权力为目的的警察。[①] 司法警察法是有关这方面的法律规定。例如，《检察厅调度司法警察章程》《各处差役来京缉案章程》《外城侦缉队章程》《巡警总厅拘留所章程》和《民政部、法部协定移交接收预审厅后办事权限章程》等。以上各类法规，从各个不同的方面规定了警察权的组成及其职权行使方式。在清末十余年的时间里，这些法规为维护清王朝的统治，镇压人民，阻挠资产阶级革命，起到了不小的作用。

第二节　清末几种重要的警察法规

一　大清违警律

（一）大清《违警律》的制定及其主要内容。早在光绪三十二（1906）年，民政部就曾仿照日本明治十六年公布的《改定刑律》第四编《违警罪之体制》，制定颁布了《违警罪章程》五条，二十六款，在京师内外城巡警总厅试行。光绪三十三年八月，民政部拟定了《违警律草案》，提交宪政编查馆审核。草案共十章四十六条。分总则一章，十九条；分则九章三十七条；附则二条。光绪三十四年四月，经宪政编查馆考核后，正式颁行。颁布后的《违警律》为十章四十五条，基本上保持了原草案的面貌，只是在编排次序和体例上作了一些调整。如《宪政编查馆奏考核违警律折》中说，原草案中第三至第六条，"系不论罪，在律中为例外，而叙次转在正面办法之先，似嫌倒置。其余类似颇多，大率先叙正面办法及罚例等，次加重例，次减轻例，次不论例，次释语义，庶于体例较合"。又如原草案第二章为"关于国安之违警罚则"，第三章为"关于政务之违警罚则"，改定后的《违警律》则将二者并为"关于政务之违警罪"。再如原草案之"附则"二条，附于第十章"关于财产之违警罚则"之后，颁行律将此二条独立为一章，即"附条"。此外，改定后的律文还删节了原草案中不尽相合的事项，并对"辞义未妥及字句歧出、文词生涩之处，亦皆一律修改，务令吻合国情，俾

[①] 郑宗楷：《警察法总论》。

官民易于通晓"。① 总的来看，宪政编查馆考核颁行的违警律，没有对原草案作出实质性的修改。兹将《违警律草案》与颁行后的大清《违警律》的条目变化情况，列表如下。

违警律条目变化表

光绪三十三年《大清违警律草案》	光绪三十四年考核颁行的《大清违警律》
第一章总则，第1—19条	第一章总例：第1—20条
第二章关于国安之违警罚则第20条	第二章关于政务之违警罪第21—24条
第三章关于政务之违警罚则第21—24条	第三章关于公众危害之违警罪第25—26条
第四章关于公共危害之违警罚则第25—26条	第四章关于交通之违警罪第27—28条
第五章关于交通之违警罚则第27—28条	第五章关于通信之违警罪第29条
第六章关于通信之违警罚则第29条	第六章关于秩序之违警罪第30条
第七章关于秩序之违警罚则第30—31条	第七章关于风俗之违警罪第31—36条
第八章关于风俗之违警罚则第32—37条	第八章关于身体及卫生之违警罪第37—41条
第九章关于身体卫生之违警罚则第38—42条	第九章关于财产之违警罪第42—43条
第十章关于财产之违警罚则第43—44条	第十章附条，第44—45条
附则：第1条 　　　第2条	

考核后颁布的大清《违警律》分三个部分：

第一部分，第一章总例：这一部分可以视为该律的总则。规定了该律的若干基本原则。

1. 法定违警罪主义：该律第二条规定，"凡本律所未载者，不得比附援引"。评论家认为："就此法文之表面言之，似仅禁止类似解释，而自其内容言之，即包含无正条之行为不为罪之精神。此实为中国刑事法上一大改良之证也。"②

2. 违警处罚的种类和等级：何谓违警处罚？当时有人解释说："违警罚者，乃国家以违警罪之制裁，剥夺私人利益之谓也。"③ 大清《违警律》规定了五种处罚方法，即拘留、罚金、充公、停业、歇业。其中，拘留和罚金各分为三等，二者可以互相选择：处十五日以下、十日以上之拘留，或十五元以下、十元以上之罚金；十日以下、五日以上之拘留，或十元以下、五元

---

① 《大清法规大全》卷4，"宪政编查馆奏考核违警律折"。
② 汪有龄：《大清违警律论》，第46页。
③ 同上书，第184页。

以上之罚金；五日以下、一日以上之拘留，或五元以下、一角以上之罚金。罚金可以作为选择"刑"也可以作为独立"刑"单独使用。"充公"系"官设特定财产之违警罚也"。① 大清《违警律》中规定这种处罚的只有两处，即第二十七条第九款和第三十条第三款。"停业"系"禁止业务，而其禁止有定期者"；而"歇业"则"禁止无定期"。② 该律于"歇业"之前加上"勒令"二字，表明"歇业"的强制性更甚于停业。此外，总例部分还规定了该律的效力范围，包括对于时间、空间和人的效力，主体条件以及加重、减轻的条件等。

第二部分，第二章至第九章可以视为该律的分则。这一部分规定了八种违警"罪名"。评论家说："违警罪者，乃科违警罚之不法行为也。质言之，即违警律中所列举不法有责之动作也。"③ 这八种违警罪名分别是："关于政务之违警罪"，"关于公众危害之违警罪"，"关于交通之违警罪"，"关于通信之违警罪"，"关于秩序之违警罪"，"关于风俗之违警罪"，"关于身体及卫生之违警罪"，"关于财产之违警罪"。

第三部分，"附条"。规定了该律生效的时间、各地方根据本地情形酌量变通的原则等。

（二）大清《违警律》的体例。20世纪初，清廷修定《违警律》时，世界上流行的编纂方法大体不外三种："观近今东西各国立法例，编纂违警律之法，约举有三：一融会于刑法中，不设违警名目者，如纽约、芬兰等刑法是；二因刑之轻重而为违警罪之分类者，如法兰西、墨西哥、德意志现行刑法，日本旧刑法及日本现行警察犯处分令是；三因违警罪之性质而为违警罪之分类者，如澳大利亚、匈牙利、荷兰、意大利、保加利亚、挪威等刑法是。"④

清廷编订的大清《违警律》，基本上采用了第三种方法。清廷立法者认为："现在民政既设专官，凡属警政，正待扩充，则违警律亟宜析出单行。"因此，"第一说理论虽当，今既定议单行，则宗旨不符，毋庸深论"。评论家指出："盖自法学愈进，分析愈精，违警之性质与犯罪不同，故违警律不得不由刑律而独立，此法理论之所主持也。进而求诸实际，违警律与刑律混

---

① 汪有龄：《大清违警律论》，第188页。
② 同上书，第1819页。
③ 同上书，第29页。
④ 汪有龄：《大清违警律论·绪论》，第15页。

淆，常生种种之流弊。"首先，"违警律不独立，行政权易为司法权所蹂躏也"；其次，"以违警律附于刑律，多数之国，因情势之便宜，予警官以即决权，有即决权之警官，为司法官乎？为行政官乎？此大不可解之问题也"。① 至于第二种方法，"易记刑之重轻，而不能知罪之性质"。因此也不采用。第三种方法虽然存在着"易知罪之性质，而不能记其刑之重轻"，与第二种方法"互有短长"。但考虑到"各国法典及草案采用第三说者为多。盖因违警罪之预防、搜查及逮捕当其冲者，实为警察"；同时考虑到我国的"警察之法学知识未能完备"，为了使人民"易于记忆，不如由性质而为之区分"为好。②

　　清末在制定《违警律》之先，能够审慎研究各国有关立法，应当是值得称道的。时人评价说："吾国变法，处法学大明之日，故能采各国之长而舍其所短，本律与刑律之分立，即其一端。"③ 需要说明的是，清廷制定违警律时，世界上制定过类似法典的国家并不很多，制定的时间也并不很长，"违警之设专律，自近三十余年德意志联邦诸国始，古无是也"④。可见，仅从《违警律》这一项即可看出，清廷警察立法在当时的世界各国中，还是处于比较先进的地位的。虽然清廷在警察立法上并不显得很落后，然而当这些法规一经实施，却立刻显现出远远逊色于东西发达国家的特点来。难怪清末高级警察官员肃亲王善耆曾说："然立法非难，行之实难。人民无法律知识，虽有良法美意，终扞格而不相入，欲其动之法合，纯任自然，与东西各国相媲美，难矣！"⑤

　　（三）《大清违警律》的施行。光绪三十四（1908）年四（5）月，宪政编查馆考核《违警律草案》，认为该草案，"体例完密"，"实兼采东西制度"，"可冀推行无阻"。因此，除对个别条款略加修改、调整外，基本上保持原状予以颁布。在《大清违警律》颁布的同年，民政部因"本律条理细密，解释稍歧，即滋贻误"，又拟定了《违警律施行办法文》，目的在于为各地方施行时"以备参考"。民政部还要求各省："如于本律遇有疑义，须随时咨明本部，以本部解释所定者为准，庶免分歧。"

---

　　① 汤化龙：《大清违警律释义·前加编》。
　　② 《宪政编查馆奏考核违警律折》。
　　③ 汤化龙：《大清违警律释义·前加编》。
　　④ 汪有龄：《大清违警律论·前加编》。
　　⑤ 《大清违警律论·肃亲王序》。

尽管《大清违警律》得到了宪政编查馆的较高评价并予以了一定的加工修饰，然而在实施过程中还是出现了一些问题。例如：

1. 《大清违警律》与有关法律的规定相冲突。在《大清违警律》颁布实施时，《大清新刑律》尚未颁布，《大清律例》仍然有效。当二者的某些规定发生冲突时，在实践中势必会出现一些分歧。如《大清违警律》第三十五条第二款规定："当众骂詈、嘲弄人者，处十元以下、五元以上之罚金"；第三十七条第一款规定："加暴行于人，未至成伤者，处十五日以下、十日以上之拘留，或十五元以下、十元以上之罚金"。但《现行刑律》中规定："骂人者笞一十，殴人不成伤者笞二十。"《大清违警律》的处罚重于《现行刑律》。根据《现行刑律》中"断罪依新颁律"一条的规定，当然应以《大清违警律》为准。当时有人建议根据《大清违警律》总例中的加重、减轻办法处理，但遭到民政部的否决。民政部考虑到"现行律范围自亦未能遽越。若令警察官署照违警律办，而地方官仍照现行律办，则处理未免两歧。执此一端，即将现行律所载删除，亦有顾此失彼之虑。"因此采取了一个折中的办法，即凡"骂詈以下罪名"及"殴未成伤者"，"一并划归警察官署管理"，依《现行刑律》惩处；其殴人致伤之案，仍送交各审判厅办理。① 民政部的折中办法虽然只是权宜之计，但毕竟显得有些自相矛盾。当时曾有人对此办法提出非议："又本年三月堂宪奏准，以违警律第三十五条第二款、第三十七条第一款所订罚例，与现行律轻重抵触，请照现行律办理，加以笞刑，则第三条所定罚则当改为八种（原为七种）。然身体刑又为文明各国所不能取，况尤不宜于违警罪。司员以为不如加重罚金，或悟。第三十七条第一款归入刑法范围，方为适当。"此人还指出："查日本警察署长有即决裁判权，不服可请求正式裁判于区裁判所，所以保护人民也。乃《违警律》无此规定，是为缺点。"②

2. 违警律规定有疏漏。宣统元年四月，京师内城巡警总厅在写给民政部的一份申请报告中指出，违警律在施行中对一些常有之事未作明文规定，不便援引。其报告说："有本律虽无明文尚应援据现行律例以定办法者，举其要约有三端：一，现犯抗传应否加重也。查大清律例内载：凡犯本律各款者，定有径行传案之文，而于现犯抗传者未经定有办法。揣立法之意，以为违警律事属细微，本可依律罚办，如果抗传，即同拒捕，已入刑法范围，自

---

① 《大清法规大全》卷 4。
② 《张仁禀呈》，中国第一历史档案馆藏档案。

应各按刑律分别治罪,故本律不设规定。惟违警律与刑律分离,此项抗传人犯虽应按律加等,而本罪究系违警,拟请于新刑律未经颁布以前,暂由巡警总厅参照《大清律例》'罪人拒捕律',于违警现犯应行传案之人,审系确有抗拒情状者,即按违警律各本条加二等罚办。其有擅殴巡警,无论已未成伤、及至折伤以上者,仍一律送交审判,按律惩办,以重警政而尊法权。二,损毁器物应否追偿也。查大清律例内载:弃毁官私器物者,计赃准窃盗论,各坐罪追偿等语。此项人犯,虽有故毁、误毁之分,而官物则无论故误皆坐罪追偿并科私物,则仅认毁者偿而不坐,是损伤赔偿实为坐罪外应有办法。惟查违警律第二十七条第八款,第二十八条第三款,第二十九条第二款,第三十条第二款,第三十二条第一、二款,第四十条第一款规定事项,虽违警分类性质各有不同,而其为损毁官私器物则一。应否验数追偿,本条俱未设定,判断之际,殊觉困难。若听其坐而不偿,则官私财产损失必多,亦与刑律法例不合。盖损毁器物,轻者入于违警,重者入于刑律,第能执此以定违犯程度之区别,而不能执此以定偿与不偿之区别。事苟应偿,虽轻于纤忽,法固未便从宽;事不应偿,即重于泰岳,法亦未便从刻。嗣后遇有损毁器物之各项违警人犯,拟请遵照《大清律例》,无论官、私,无论故、误,除按本律各条处罚外,一律验数追偿,俾觇法理之平。"① 民政部接到这份报告后,认为可行,即予札敕各地执行。然而这两个办法执行以后,效果并不理想,不服传唤及殴打巡警者仍然层出不穷。②

　　大体说来,违警律存在的问题,主要并不出自其本身,而是由于该律与其他法律特别是刑法不配套。时人曾说,"先儒有言,不通群经,不能通一经,法律亦然,凡法典皆独立,实无一独立者。牵一发则全身动,脉络本一贯也。""其他法典无一不与警察相关系……吾国法律不完不备,宪法累年调查,犹未起草;商法仅有商人通例及公司律、破产律;民法更未编订;所据以为本律解释者,仅现行刑律、新刑律总则草案及刑事民事诉讼法。"③《大清违警律》是仿照西方法律制定的,须要与相应的法律尤其是刑法相衔接。然而,由于新刑律迟迟未能出台,社会上通行的仍然是旧律。因此,二者往往不能合拍。当执行中出现障碍时,有关方面虽然采取了一些折中办法和补救措施,但毕竟二者差距太大,以致造成越搞越乱的局面。

---

① 《大清法规大全》卷4。
② 《京师警察法令汇纂·申明罪人拒捕及违警抗传之区别通饬知照札》。
③ 汤化龙:《大清违警律释义·序》。

二 报律

（一）修定《报律》的背景。随着清末新政的推行，一些明达官绅很快认识到了报刊新闻对促进社会变革的重要作用。徐世昌曾说："窃维启发知识，改良社会，收效之速，莫如报馆。"① 光绪三十二年十月，御史赵炳麟也上书指出："夫古人读法悬书，一切朝章国典，恐人不知，未有畏人知之者。我朝如雍正、乾隆间钞报，凡立法行政皆详悉刊示，布告国人，至今可考。盖立法行政公诸国人，其法善也，人皆知其善而守之，于是不令而行，其法不善也，人皆知其不善而救之，于是挽回亦速……近年国家行政，多尚秘密，凡谕折稍关政法者，多不发抄，举国之人，耳目愈闭，视听愈惑，以致弊端百出……现当预备立宪之时，恭读七月三十日懿旨，使绅民明悉国政，以为立宪基础。大哉圣言，万世不易也。拟请谕令会议政务处，参用东西各国官报体例，设印刷官报局，除军机、外交当秘密不宣外，凡一切立法、行政之上谕及内外大小臣工折件，无论议准、议驳，皆由军机处另缮副本，交局发钞，即中外电奏，不关军机、外交者，一体钞示。"② 早在中央官报设立之前，即已出现了一些私人报刊和地方或某一部门开办的官报。"今学部、农工商部暨南北洋、山东、陕西等，已有官报刊行，惟仅关于一部一省之事。"③ 光绪三十三年九月二十日，宪政编查馆代表中央政府主办发行了第一期《政治官报》。此后不久，京师一带报馆纷纷而起。时人记述说："初，京师有《宫门抄》，自宪政编查馆奏设《政治官报》，海内贤士大夫，争集金开馆首都，数月间至数十家而尚未已。"④ 然而，言论和新闻的自由与专制的政体毕竟是尖锐对立的。清廷只喜欢听阿谀赞颂的辞藻，而听不进一丝一毫的批评。一些报刊特别是私人报刊中发表的指摘政府的言论，常常使得官方大为光火。光绪三十三年七月，湖南试用道李颐上书指出："各国报馆皆主尊崇本邦，中国之报则反是。除官报外，专在指摘攻击，以遂其忌刻之私，近且以要挟为利薮，贿以重金，立可改毁为誉，贤否混淆，是非颠倒，莫此为甚。况谕旨肆意讥评，大臣任情诬毁，毫无忌惮之存，诚自古所罕观。譬如士夫居家，日听子弟之詈骂父兄，而犹望家道之盛，臣未

---

① 《退耕堂政书》卷4，"请饬纂订报律折"。
② 《清末筹备立宪档案史料》，第1059页。
③ 同上书，第1060页。
④ 朱德裳：《三十年闻见录·大清肃忠亲王墓志铭》。

见其可也。且启奸民轻视朝廷之心而乱阶伏，长邻邦觊觎土地之志而气焰张。迩来乱党猖獗，交涉烦难，类多因此。今欲安内御外，非整顿报馆不可。令各省皆设官报，即可开通民智，查核由官，自无违悖。"① 清廷大吏徐世昌也上书指出："东西各国，报纸繁多，然其呈报主笔有制，其纳其证金也有法，其违犯处分也有等，是皆有报律定其范围。故言论自由之是，系在法律内之自由，非谓逞其口说，肆为簧鼓也。今中国风气渐开，京外报馆时有增益，是民智日进之梯阶，即舆论得伸之先路，苟能遵守法律，自应逐渐推行。"他进而指出："惟中国向无报律，主笔者则以无报律而习于诋排，地方官则以无报律而不知处置。在主张新学者，既不愿以旧律相绳，而报馆等每藉口于言论自由，亦未必服从羁靮。是放纵之则违国法，严禁之则遏新机。致令开发民智之要端，将成淆乱听闻之惯习。揆厥由来，实由报律未定，无所适从，其咎亦非尽在报馆也。"鉴于以上的情况，他建议"内审情事、外採良规"，迅速制定报律，"俾职司检阅者有所折衷，而各报馆也咸知守法"。②

（二）《报律》的制定颁布。清末最早起草《报律》的时间，大抵在光绪二十九年七月以后、光绪三十二年九月以前："查此项报律先经原设商部拟具草案，由原设巡警部酌为修改。共成四十六条。"③ 这部草案拟就后，由于客观条件的限制，未予颁布，"当以事关法律，非详加讨论，不易通行。且以京外报馆由洋商开设者十居六七，即华商所办各报，亦往往有外人主持其间。若编订报律，而不预定施行之法，俾各馆一体遵循，诚恐将来办理分歧，转多窒碍，迭经咨商外部体察情形，妥为核复。旋准咨称：各项法律正在修订之际，尚未悉臻完备，若将此项报律遽为订定，一时恐难通行，似应暂从缓议等，因用是审慎迟回，未敢率行定议"④。从中外交涉和立法审慎的考虑出发，清廷未敢立即公布报律；然而为了控制舆论，维持清廷的尊严，各级统治者们又急切盼望着报律的出台。因此，不得不暂时采取一个折中的措施："嗣经中外臣工先后条陈催促，仰蒙训示，饬令妥订施行。臣等亦以报章流弊渐滋，不可不亟为防闲之计，故先将该律草案摘要删繁，拟

---

① 《清末筹备立宪档案史料》，第1062页，"湖南试用道李颐陈言安内攘外非整顿报馆不可呈"。
② 《退耕堂政书》卷4，"请饬纂订报律折"。
③ 《政治官报》光绪三十四年正月二十五日第117号，"民政部拟定报律草案请饬宪政编查馆考核折"。
④ 《政治官报》光绪三十四年正月二十五日第117号。

成暂行条规，奏明试办。"① 这里所说的"暂行条规"，系指光绪三十三（1907）年七（9）月二十八（5）日，民政部拟定奏报的《报馆暂行条规》。

光绪三十三（1908）年十二（1）月十三（16）日，民政部会同法部根据对"各国通例"包括《香港新定报律》的调查研究，同时"参照内地情形"，将原定报律草案之四十六条"斟酌再三，稿成屡易"，拟出了"改定草案四十二条"，提交宪政编查馆审核。②

光绪三十四（1908）年二（3）月十二（14）日③《报律》草案经宪政编查馆修改补充后，正式颁布实施。宪政编查馆在审核意见中指出："原案四十二条盖折衷于日本新闻条例，酌加损益，尚属周密。"④

正式颁布的《报律》共四十五条，较原草案增加了三条，并对原草案中的若干条款进行了修改。宪政编查馆认为：原草案"第十四条第十四款之诋毁宫廷，第二款之淆乱政体，第三款之扰害公安皆侵入刑律范围。现在逆党会匪窜伏东南洋一带，潜图窃发，方且藉报纸之风行，逞狂言之鼓吹。此等情形，久已上烦宸廑，如照原案第二十一条、二十二条之例仅处二十日至二年之监禁，附加二十元至百元之罚金，殊嫌轻纵，似应仍分别情节轻重办理。臣等公同商酌，拟请将原案第二十二条改为违第十四条第一款与第三款者，该发行人、编辑人、印刷人科六月以上、二年以下之监禁，附加二十元以上、二百元以下之罚金，其情节较重者仍照刑律治罪。"⑤

宪政编查馆对报律草案的修改，其最突出的特点是加强了对新闻自由的钳制。除了上述这番话以外，后面引用的宣统元年九月民政部奏折中的内容也反映出了这方面的情况。毋庸置疑，清廷制定《报律》，其镇压人民革命的用意是十分明显的。不过也有人认为，《报律》的颁布，在一定程度上起到了保护言论的作用。如朱德裳先生说："然论文偶忤政府意，请旨交片相随属。民政部为主管衙门，动与军机相龃龉。王（指善耆）不胜其扰，以参议汪荣宝之谋，奏颁《管理新闻条例》，阳为干涉，阴实护持。自是罚有

---

① 《政治官报》光绪三十四年正月二十五日第 117 号。
② 同上。
③ 宪政编查馆原奏中载明是在二月十二日奉旨，而宣统元年民政部在《奏请修正报律条文折》中追述此事，说是在二月二十二日，此说有误，当为二月十二日。——著者
④ 《大清光绪新法令》第 9 册，"宪政编查馆奏考核报律折"。
⑤ 同上。

主名，希有触刑网者矣。此所谓将欲禽之，必固辟之者也。"①

（三）报律的修改。《报律》颁布以后，先后又经过几次修改，面目已大不同于初颁之时。现在保存和出版的多种《报律》，并非《报律》的最后定本。兹将《报律》的修改经过略述如下。

1. 宣统元年民政部请求修正报律条文：宣统元年九月，民政部上书介绍了《报律》施行后的情况，并请求修正其中某些窒碍难行之处。奏折说："光绪三十四年二月二十二日具奏，请饬下臣部通饬各省一体遵行。钦奉谕旨俞允在案。臣部当即札行内外城巡警总厅，并通咨各省按照此项定律严密实行。并将办理情形随时报部，以资考核。一年以来，详加体察，觉执行之际，尚有窒碍难行之处，自应请旨修正，以期完密而便实行。"② 民政部提出应当修正的条款主要是：第七条"每日发行之报应于发行前一日晚十二点钟以前，其月报、旬报、星期报、间日报等类均应于发行前一日午十二点钟以前送由该管巡警官署或地方官署随时查核，按律办理"。民政部指出：这条规定为"臣部原奏草案所无。盖官署虽有检查出版之权并无核定报章之责。报馆如有违犯，自可于发行以后执法严惩，要不能于发行以前，先事干涉。今按该条所定各节，呈送查核必在发行以前，似各种报纸均须该管官署核定之后始准发行。仓促从事，既难保无疏漏之病；遍加勘订，又不胜其检索之烦。且制定报律，原为严防流失起见，若必待检定而后发行，则一切违犯之处，报馆转可不任其责，而此数十条之报律，亦属赘疣，似与定律初意不相吻合"。第四十二条："凡违犯本律者，其呈送告发期限以六个月为断。"民政部指出："呈送告发，应归何项衙门审理，律中未有明文。现在京城地面，报馆违犯各案，多由巡警厅办理，是误以检查权与审判权混为一事，实于立宪政体行政、司法分权之旨大相径庭。盖报律既定有各种刑名，其性质即与刑律无异；而违犯报律者，即与刑事犯无异。比年迭奉谕旨，整饬司法，筹设各级审判厅，业经次第成立，一切民刑诉讼分级裁判，各有责成。若独以违犯报律之案仍归行政衙门任便判断，殊不足昭郑重而杜分歧。似应于附则内将违犯本律者，应归何项衙门审判之处，详细规定，庶足保法律之威信而免审判之参差，于宪政前途裨益匪浅。"③

2. 宣统二年全面修改《报律》：宣统二（1910）年，民政部向宪政编

---

① 《三十年闻见录·大清肃忠亲王墓志铭》。
② 《大清宣统新法令》第9册，"民政部奏请修正报律条文折"。
③ 同上。

查馆提出了一份对光绪三十四年报律进行全面修改的草案。这份草案"改定四十一条，另辑附条四条"。宪政编查馆审核后，将原草案"文义未协之处，逐条厘正，定为律文四十条，别为附条五条"。宣统二（1910）年八（9）月二十三（26）日，宪政编查馆将审核修改后的草案提交资政院议决。资政院审议这份草案时，对某些条款中的措辞提出意见，并因此与军机大臣、民政部等部门产生了分歧。军机大臣将原草案第十二条修改为"外交，陆海军事件及其他政务经该管官署禁止登载者，报纸不得登载。"资政院则将其中的"政务"二字改为"政治上秘密事件"。军机大臣等不同意资政院的这种修改意见。他们认为："修正报律第十二条所称外交、陆、海军事件及其他政务悉指通常关系外交、陆、海军事件及其他通常政务而言，官署认为必要始得从而禁止其登载。若事涉机密，当然不得登载，本毋庸再由官署禁止。窃以报律虽为单行法律，究不能过侵刑律之范围。若辄以言论之自由破坏刑律之限制，揆诸立法体例，未免多所分歧。今资政院复议报律修正案第十二条，于外交、军事之秘密，认为报纸当然不得登载，而于政务上之秘密仍执前议，似认为当然有登载之自由，违犯禁止登载之命令者，又仅处以罚金。是于保持政务机密之意实有未合，即与刑律限制之条互有抵触。若于该院复议施行，恐于国家政务之前途，殊多危险。"① 根据《资政院院章》第十八条的规定，"资政院于军机大臣或各部行政大臣咨送复议事件，若仍执前议，应由资政院总裁、副总裁及军机大臣或各部行政大臣分别具奏，各陈所见，恭候圣裁"②。于是，资政院和军机大臣等分歧双方，分别将自己的意见提交皇帝裁决。根据宣统二年十二月二十九日的上谕，清最高统治者采纳了军机大臣等方面的意见。③

这次修改的《报律》"附条"第三条规定："本律施行以后所有光绪三十四年二月十二日颁行之报律即行作废。"④ 可见，宣统二年修改的《报律》才是清末《报律》的最后定本。

现将宣统二年的《报律》（以下简称《宣律》）与光绪三十四年的《报律》（以下简称《光律》）作逐条比较。

---

① 《大清法规大全续编》，民政部第1册卷5。
② 《清末筹备立宪档案史料》，第633页。
③ 《宣统政纪》卷47。
④ 《大清法规大全续编》，民政部第1册卷5。

光绪卅四年报律与宣统二年报律内容比较表

宣　律	光　律	比较说明
第一条：凡开设报馆发行报纸者，应由发行人开具左列各款，于发行二十日前呈由该管官署申报民政部或本省督抚咨部存案：一、名称，二、体例，三、发行时期，四、发行人、编辑人及印刷人之姓名、履历及住址，五、发行所及印刷所之名称及地址。	第一条：凡开设报馆、发行报纸者，应开具左列各款，于发行前二十日呈由该管地方官衙门申报本省督抚咨明民政部存案：一、名称，二、体例，三、发行人、编辑人及印刷人之姓名、履历及住址，四、发行所及印刷所之住址。	宣律对光律此条的修改，主要是措辞上的。宣律较之光律增加了"发行时期"一款。
第二条：凡本国人民年满二十岁以上，无左列情节者，得充报纸发行人、编辑人、印刷人：一、精神病者，二、掠夺公权或现在停止公权者。	第二条：凡充发行人、编辑人及印刷人者，须具备左列要件：一年满二十岁以上之本国人，二无精神病者，三未经处监禁以上之刑者。	宣律第二款与光律第三款相对应，但更为严谨。
第三条：编辑人、印刷人不得以一人兼充。	第三条：发行、编辑得以一人兼任，但印刷人不得充发行人或编辑人。	二者内容相同，宣律更为简明。
第四条：发行人应于呈报时，分别附缴保押费如左：一每月发行四回以上者银元三百元；一每月发行三回以下者银一百五十元；在京师、省会及商埠以外地方发行者，前项保押费得以酌量情形减少三分之一至三分之二；其宣讲及白话报导以开通民智为目的经官鉴定者，得全免保押费；若专载学术、艺事、章程、图表及物价报告者，毋庸附缴保押费。	第四条：发行人应于呈报时，分别缴保押费如左：每月四回以上者银五百元；每月三回以下者银二百五十元；若专载学术、艺事、章程、图表及物价报告等项之汇报，免缴保押费，其宣讲及白话等报确系开通民智，由官鉴定之人为无庸者亦同。	宣律减轻了保押费数额，并增加了对京师等地以外发行报纸的优惠规定。
第五条：第一条听列各款呈报后，如有更易，应于二十日内重行呈告；发行人有更易时，在未经呈报更易以前，以假定发行人之名义行之。	第五条：第一条所列各款呈报后，如有更易，应于二十日内重行呈告；发行人有更易时，在未经呈报更易以前，以代理人之名义发行。	只有轻微修改。
第六条：同右。	第六条：每号报纸均应载明发行人、编辑人及印刷人之姓名、住址。	二者完全相同，未作修改。
第七条：每号报纸应于发行日递送该管官署及本省督抚或民政部各一份存查。	第七条：每日发行之报纸应于发行前一日晚十二点钟以前；其月报、旬报、星期报、间日报等类均应于发行前一日午十二点钟送该管巡警官署或地方官随时查核，按律办理。	此条宣律较光律修改较大，参前文。
第八条：报纸登载错误，若本人或关系人请求更正或将更正辩驳书请求登载者应即于次回或第三回发行之报纸更正，或将更正辩驳书登照。更正或登载更正辩驳书字形大小及次序先后须与记载错误原文相同。更正书辩驳书字数逾原文二倍者得计所逾字数照该报登告白定例收费，若更正辩驳词意有背法律或不署姓名及住址者，毋庸登载。	第八条：报纸记载失实，经本人或关系人声请更正或送登辨误书函，应即于次号照登。如辨误字数过原文二倍以上者，准照该报普通告白例计字收费。更正反辨误书函，如措词有背法律或未书姓名，住址者，毋庸照登。	基本相同，宣律似较光律更详备。

第七章 清末警察法规的制定和颁行　　229

续表

宣　　律	光　　律	比较说明
第九条：登载错误事项，由他报抄袭而来者，虽无本人或关系人之请求，若见该报更正或登载更正书、辩驳书，应即于次回或第三回发行之报纸，分别照登，不得收费。	第九条：记载失实事项，由他报转抄而来者，如见该报自行更正或登有辨误书函时，应于本报次号照登，不得收费。	基本一致。
第十条：左列各款，报纸不得登载：一冒渎乘舆之语，二淆乱政体之语，三妨害治安之语，四败坏风俗之语。	第十条：诉讼事件，经审判衙门禁止旁听者，报纸不得揭载。	宣律此条与光律第十四条对应。
第十一条：损害他人名誉之语，报纸不得登载，但专为公益，不涉阴私者，不在此限。	第十一条：预审事件，于未经公判以前，报纸不得揭载。	宣律此条与光律十五条部分内容相合，但修改、增补较大。
第十二条：外交、陆、海军事件及其他政务，经该管官署禁止登载者，报纸不得登载。	第十二条：外交、陆、海军事件，凡经该管衙门传谕禁止登载者，报纸不得揭载。	措辞上有了很大修改。
第十三条：诉讼或会议事件，按照法令禁止旁听者，报纸不得登载。	第十三条：凡谕旨、章奏未经阁抄、官报公布者，报纸不得揭载。	宣律此条与光律第十一条对应，但有一定程度的修改。
第十四条：在外国发行之报纸有登载第十条所列各款者，不得在中国发卖或散布。	第十四条：左列各款，报纸不得揭载：诋毁宫廷之语，淆乱政体之语，扰害公安之语，败坏风俗之语。	宣律此条与光律第四十条对应，但其范围较光律该条大为缩小。
第十五条：论说译著，系该报创有，注明不许转登字样者，他报不得抄袭。	第十五条：发行人或编辑人不得受人贿赂，颠倒是非；发行人、编辑人亦不得挟嫌诬蔑，损人名誉。	宣律此条与光律三十八条对应。
第十六条：不照第一条、第二条第一项呈报，发行报纸者，处该发行人以五十元以下，五元以上之罚金；呈报不实者，处该发行人以一百元以下，十元以上之罚金。	第十六条：凡未照第一条呈报，遽行登报者，该发行人处十元以上一百元以下之罚金。	宣律此条与光律本条及第十七条部分规定对应，但罚金数额较光律有所减少。
第十七条：不具第二条所定资格，充发行人、编辑人或印刷人者，处该发行人以五十元以下，五元以上之罚金。其发行人、编辑人、印刷人诈称者罚同。	第十七条：凡违第二、三条及第五条之第一项与第六、七条者，该发行处三元以上，三十元以下之罚金。	宣律此条与光律本条部分规定相对应，但罚金数额较光律略有增加。
第十八条：违第四条第一项者，以未经呈报论。	第十八条：呈报不实者，该发行人处五元以上，五十元以下之罚金。	宣律此条系新增入者。
第十九条：第四条第四项所指各报，其登载有出于范围以外者，处编辑人五十元以下，五元以上之罚金。	第十九条：第四条末项所指各报，其记载有出于范围以外者，该编辑人处五元以上，五十元以下之罚金。	二者基本相同。

续表

宣　律	光　律	比较说明
第二十条：违第六条、第七条者，处该发行人以三十元以下，三元以上之罚金。	第二十条：违第八条第一项及第九条者，该编辑人经被害人呈诉讯实，处三元以上，三十元以下之罚金。	此条与光律第十九条部分规定相对应。
第二十一条：违第一条、第八条第一项、第二项或第九条者，处该编辑人以三十元以下，三元以上之罚金，遇有前项情形，若所登载系属私事者，须被害人告诉，乃论其罪。	第二十一条：违第十条、第十一条者，该编辑人处十元以上，一百元以下之罚金。	宣律此条与光律第二十条对应。
第二十二条：违第十条登载第一、第二款者，处发行人、编辑人、印刷人以二年以下二月以上之监禁，并科二百元以下、二十元以上之罚金，其印刷人实不知情者，免其处罚。	第二十二条：违第十二条、第十三条及第十四条第四款者，该发行人、编辑人处二十日以上，六月以下之监禁或二十元以上，二百元以下之罚金。	宣律此条与光律第二十二条相对应，但删去了光律中的某些字句。
第二十三条：违第十条登载第三、第四款者，处该发行人、编辑人以二百元以下、二十元以上之罚金。	第二十三条：违第十四条第一、二、三款者，该发行人、编辑人、印刷人处六月以上，二年以下之监禁，附加二十元以上，二百元以下之罚金，其情节较重者，仍照刑律治罪，但印刷实不知情者，免其处罚。	宣律此条减轻了对违第三款的处罚，但增加了对第四款的处罚。
第二十四条：违第十一条者处该编辑人以二百元以下二十元以上之罚金。遇有前项情形，须被害人告诉乃论其罪。本条第一项之罪，若编辑人系受人嘱托者，该嘱托人罚与编辑人同，其有贿赂情事者，得按贿赂之数，各处十倍以下之罚金，若十倍之数不满二百元，仍处二百元以下之罚金并将贿赂没收。	第二十四条：违第十五条第一项者，该发行人、编辑人经被害人呈诉，讯实所受贿之数十倍处以罚金，仍究其致贿人与受同罪。	宣律本条含光律此条，第十五条在内，但有修改。
第二十五条：违第十二条、第十三条者，处该编辑人以二百元以下二十元以上之罚金。	第二十五条：违第十五条第二项者，该发行人、编辑人经被害人呈诉讯实，处二十元以上二百元以下之罚金	宣律此条与光律第二十二条、第二十七条中的部分规定相对应，内容略有改动，取消了光律规定的"监禁"。
第二十六条：违第十四条者，处该发卖人、散布人以二百元以下，二十元以上之罚金，并将报纸没收。	第二十六条：违第十五条者，除照前两条处罚外，其被害人得视情节之轻重由发行人、编辑人赔偿损害。	宣律此条与光律第四十条部分规定对应，内容有较大增改。
第二十七条：违第十五条者，处该编辑人以三十元以下，三元以上之罚金，遇有前项情形，须被害人告诉乃论其罪。	第二十七条：违第十二、十三条及第十四条第四款者，得暂禁发行。	宣律此条系新增入者。

第七章 清末警察法规的制定和颁行

续表

宣　　律	光　　律	比较说明
第二十八条：犯第十六条第一项之罪者，至呈报之日止，该管官署得以命令禁止发行。	第二十八条：暂禁发行者，日报以七日为度，其余各报每月发行四回以上者，以四期为度，三回以下者，以三期为度。	宣律此条系新增入者。
第二十九条：犯第十八条之罪者，至缴足保押费之日止，该管官署得以命令禁止发行。	第二十九条：违第十四条第一、二、三款者，永远禁止发行。	宣律此条系新增入者。
第三十条：犯第二十二条之罪者，审判衙门得以判决永远禁止发行。	第三十条：违第十二条，致酿生事端者，得照上条办理。	宣律此条与光律第二十九条对应，但不尽相同。
第三十一条：犯第二十三条之罪者，审判衙门得按其情节以判决停止发行。前项停止发行日报以七日为率；其他各报每月发行四回以上者，以四期为率；三期以下者，以三期为率。	第三十一条：呈报后延不发行或发行后中止，逾两月者，如不声明原委，即作为自行停办。	宣律此条与光律第二十八条对应，但增加了"审判衙门"，"以判决停止发行"的规定。明确其职权非由警察机关行使。
第三十二条：呈报后延不发行，或发行后至应发行之期中止逾二月者，若不声明原由，作为自行停办。	第三十二条：违犯本律所有应科罚金及讼费逾十日不缴者，得将保押费扣充，不足再行追缴，仍令补足保押费原数。	宣律此条与光律第三十一条对应。
第三十三条：犯本律各条之罪，所有讼费罚金及应行没收之款，自判决确定之日起，逾十日不缴者，将保押费抵充，不足者仍行追缴。保押费已被抵充者，该发行人应于接到通知后十日以内，将保押费如数补足，违者至补足之日止，该管官署得以命令禁止发行。	第三十三条：禁止发行及自行停办者，准将保押费领还、注销。存案。	宣律此条与光律第三十二条对应，但作了较大的增补和修改。
第三十四条：永远禁止发行或自行停办者，得将保押费领还注销存案。	第三十四条：凡于报纸内撰发论说、纪事，填注名号者，不问何人，其责任与编辑同。	宣律此条与光律第三十三条对应，内容基本相同。
第三十五条：凡于报纸内撰登论说、记事，填注名号者，其责任与编辑人同。	第三十五条：报纸以代理人之名誉发行时，即由代理人担其责任。	宣律此条与光律第三十四条对应，基本相同。
第三十六条：假定发行人之责任与发行人同。	第三十六条：除第一条第三款及前两条所指各人外，所有报馆出资人及雇佣人等均应无涉。	宣律此条系新增入者。

续表

宣　律	光　律	比较说明
第三十七条：刑律自首减轻、再犯加重、数罪俱发从重之规定，于犯本律各条之罪者，不适用之。	第三十七条：凡照本律呈报之报纸，由该管衙门知照者，所有邮电费准其照章减收，即予邮送递发。其未经按律呈报，接有知照者，邮政局概不递送，轮船、火车亦不得运寄。	宣律此条与光律第四十一条对应，内容基本相同。
第三十八条：关于本律之诉讼期以六个月为断。	第三十八条：凡论说纪事确系该报创有者，得注明不许转登字样，他报即不得互相抄袭。	宣律此条与光律第四十二条对应，内容基本相同。
附条 第一条，本律自颁行文到日起，一律施行。	第三十九条：凡报申附刊之作，他日足以成书者，得享有版权之保护。	宣律此条与光律附则第一条对应，内容略有改动。
附条 第二条：关于本律之诉讼由审判衙门按照《法院编制法》及其他法令审理。	第四十条：凡在外国发行报纸，犯本律应禁发行者，禁止其在中国传布，并由海关查禁入境，如有私行运销者，即入官销毁。	宣律此条系新增入者。
附条 第三条：本律施行以后，所有光绪三十四年二月十二日颁行之报律，即行作废。	第四十一条：凡违犯本律者，不得用自首减轻、再犯加重、数罪俱发从重之例。	宣律此条与光律附则第四十五条对应，内容有改动。
附条 第四条：在本律施行以前发行之报纸，所缴保押费数目与本律规定不符者，应于本律施行后三个月以内按照本律更正。	第四十二条：凡违犯本律者，其呈诉告发期以六个月为断。	宣律此条与光律附则第四十四条后半部分相对应。
	附则 第四十三条：本律自奏准奉旨文到之日起，限两个月，各省一律通行。	
	附则 第四十四条：本律施行前发行之报纸均应于三个月内，遵照补报并按数补缴保押费。	
	附则 第四十五条：本律施行以后，所有前订《报馆暂行条规》即行作废。	

三　结社集会律

（一）《结社集会律》制定的背景。清朝末年，长期坚持进行的农民反清斗争与刚刚兴起的民族资产阶级反封建的斗争联合起来。农民组织的反清秘密结社，如天地会、哥老会等十分活跃；与此同时，资产阶级也逐渐形成了一系列革命团体或政党，如华兴会、科学补学所、光复会、岳王会、同盟会等。这些组织或独立，或联合，或秘密，或公开、半公开地同清政府进行殊死的斗争，形成了比较广泛的社会运动。面对农民斗争和资产阶级革命的猛烈冲击，清政府感到十分恐慌。他们认识到，单纯依靠军事镇压的手段，已无法维持正常的封建统治秩序。因此，一些人提出向东西方资本主义国家学习，通过法律手段和警察力量，逐渐削弱乃至消灭反清政治组织。

光绪三十二年七月，一名官员上书指出："中国会党林立，康梁而后，流毒弥深，传染学界。无知学生，好异思奇，放纵忤逆。初涉学校，争言平等、自由；甫经出洋，喧嚷革命排满，逆节悖理，无父无君，而巡警视为分外之事则非也！泰西如党会在二十人以上得该管官允诺方行，如有公家之事集会，亦必报管理公署，而警察窥伺于其前，探听于其间，审察于其后，所以无浸淫恣肆之扰攘，皆警官严密审问之周备也……此即宜昭定限制，严立章程，以阻其谋维不轨之心……"① 这个建议后来可能受到了清政府的重视。光绪三十三（1907）年十一（12）月二十（24）日，清廷根据那拉氏的懿旨颁发了一道上谕，其中说："惟各国君主立宪政体，率皆大权统于朝廷，庶政公诸舆论，而施行庶政，裁决舆论，仍自朝廷主之。民间集会结社暨一切自论著作，莫不有法律为之范围。各国从无以破坏纲纪、干犯名义为立宪者。况中国从来敦崇礼让，名分严谨，采列邦之法规，仍须存本国之礼教。朝廷预备立宪，期望甚殷，乃近岁各省绅商士庶，其循分达理者固不乏人，其间亦颇有浮躁蒙昧、不晓事体者，遇有内外政事，辄藉口立宪相率干预，一唱百和，肆意簧鼓，以讹传讹，浸寻日久，深恐谬说蜂起，淆乱黑白，下陵上替，纲纪荡然。宪政初基，因之阻碍，治安大局，转滋扰攘，立宪更将无期，自强之机，更复何望？盖民情固不可不达，民气断不可使嚣。立宪国之臣民，皆须遵守秩序，保守和平……除报律已饬法部、民政部妥速拟订外，著宪政编查馆会同民政部并将关于政事结社条规，斟酌中外，妥拟限制，迅速奏请颁行，倘有好事之徒，纠集煽惑，构酿巨患，国法具在，断难姑容，必宜从严查办。"② 这道上谕，事实上表明了清廷制定《结社集会律》的宗旨。紧接着，清廷又连续发布两道上谕，使上面的宗旨表达得更为明确。同月二十一日（即前道上谕发布的次日），清廷又发布一道上谕，指出："……奖励之途甚优，董戒之法亦甚备，如不准干预国家政治及离经叛道、联盟纠众、立会演说等事，均经悬为厉禁……乃比年以来，士风颇见

---

① 《项左辅禀呈》，中国第一历史档案馆馆藏档案。
② 《光绪朝东华录》第 5 册，第 5805—5806 页。

浇漓……国家要政，任意要求，动辄捏写学堂全体空名，电达枢部，不考事理，肆口诋諆，以致无知愚民随声附和，奸徒游匪，藉端煽惑，大为世道人心之害。"① 次日（二十二）日，清廷又发布一道谕旨，指出："京师辇毂之下，近闻有聚众开会，演说等事，殊属不成事体，流弊甚多，著民政部、步军统领衙门、顺天府一体严行查禁。"②

  显然，以上三道上谕就是清朝立法机关制定《结社集会律》的重要依据。在清朝统治阶级内部，对于集会、结社问题的态度并不是完全一致的。一些明达的官员反对对集会、结社采取一概排斥的政策。就在上述三道谕旨下达几天以后，光绪三十三（1907）年十一（12）月二十七（31）日，御史赵炳麟上奏帝后，指出："开会结社未可一概禁止。臣考我朝名臣，远如汤斌，近如曾国藩，亦皆立会讲学蔚为良辅。日本大隈重信，持其所学，教授生徒八千余人，在早稻田研究政治，日本国家大受其益。宋明末造，严禁讲学，卒以钩党亡其国。方今时局艰难，正赖京外士民同德同心，讲求政学，若不分别办理，一概禁止，实非治平之道矣。应请饬下宪政编查馆，会同学部、法部、农工商部、民政部，妥议章程，凡研究政治、法律、农商、教育等会，必报部立案，一经核定，国家力任保护，其妨碍治安、不守法律所规定者即行查禁，似此分别办理，庶合朝廷预备立宪之至意。"③ 在此前后，还有一些官员上书呼吁政府开放党禁，并要求当局对学生的爱国激情采取宽容的态度。例如，光绪三十三年八月十九日，都察院代奏内阁中书张嘉谋在一道条陈中指出："职每诵汉史，至黄巾遍野始除党锢之禁，未尝不咎汉廷不善用士，而深惜其觉悟之不早。及还视我朝圣祖仁皇帝知人之明、用人之恕，卒以削平大难、宏启版宇……当康熙之时，以噶礼之贵而卒直张伯行，以戴名世之狱而方苞供奉朝廷，李光地指荐名世，曾不以为党。圣量渊涵，薄海同钦。今海外游士、腹地学子，感时愤事，诚不无过当之言。然略迹原心，未始非爱国之忱所激而出。每观其绝命遗书，惓惓国是，不自量其操术之疏，而欲以一死振刷国耻，其志亦可哀矣。虽其间良莠不齐，时见败类，然要不当因一二以例千百。乃道路流闻，近有大吏折奏，欲尽撤游学不遗，即学有所成，其擢用亦加限制，甚或愒信恫愒之词，欲以党为名，尽罗

---

① 《光绪朝东华录》第 5 册，第 5806—5807 页。
② 同上书，第 5807 页。
③ 《政治官报》光绪三十三年十一月二十八日第 68 号。

而置之死地，抑亦以过矣……"①

应当承认，在朝廷制定《结社集会律》时，后一种意见也被部分地采纳了。光绪三十四年二月，宪政编查馆和民政部在《会奏结社集会律折》中写道："光绪三十四（1908）年十一（12）月二十（13）日钦奉懿旨：……嗣经御史赵炳麟片奏开会结社未可一概禁止等语。奉旨'宪政编查馆知道，钦此'。臣等窃维结社、集会种类甚伙，除秘密结社、潜谋不法者应行严禁外，其讨论政学、研究事理，联合群策以成一体者，虽用意不同，所务各异，而但令宗旨无悖于治安，即法令可不加以禁遏。"②

（二）《结社集会律》的主要内容。《结社集会律》奉旨颁布于光绪三十四（1908）年二（3）月九（11）日，共三十五条。根据律文的内容，可以分为四个部分：

1. 第一条至第二条关于结社、集会的定义。该律规定："本律称结社者，凡以一定之宗旨合众联结公会，经久存立者皆是；结社关于政治者，称政事结社。""本律称集会者，凡以一定之宗旨临时集众，开会演讲者皆是；集会关于政治者，称政论集会。"立法者解释说："故自学术、艺事、宗教、实业、公益、善举推而至于政治，无不可以稽合众长，研求至理。经久设立则为结社，临时讲演则为集会。"③

2. 第三条至第二十二条关于结社、集会的条件、程序；官方管理、监督、取缔结社、集会的条件和程序。立法者指出："论其（指结社、集会）功用，实足以增进文化，裨益治理；然使漫无限制，则又不能无言厐杂之虞。是以各国既以人民结社集会之自由明定之于宪法，而又特设各种律令以范围其中。政治结社、集会，关系尤重，故国家之防范亦弥严：先事则有呈报以杜患于未萌，临事则有稽查以应变于俄顷。上收兼听并观之益而下戢嚣张凌乱之风，立宪精义实存于此。"④该律第二十一条规定："凡秘密结社一律禁止。"立法者特别指出："各省会党，显于例禁，均属秘密结社，仍照刑律严行惩办。"⑤一般性的政治结社"非呈报有案，不得设立"。但"与政治及公事无关者，皆可照常设立，毋庸呈报"。至于"关系公事者，虽不

---

① 《都察院代奏内阁中书张嘉谋条陈学务、巡警事宜折》，中国第一历史档案馆馆藏档案。
② 《大清光绪新法令》第9册。
③ 同上书，"会奏结社集会律折"。
④ 同上。
⑤ 同上。

必一一呈报，而官吏谕令呈报者，亦当遵照办理。"[①] 可见，该律对于政治结社限制极严。

（三）第三十三条及附则二条，规定了该律的诉讼期限、生效日期及该律施行前，已设立的政事结社"必须于一个月内呈报"等问题。

---

① 《大清光绪新法令》第9册，"会奏结社集会律折"。

第 二 编

中国近代警察制度的形成

(1912年1月—1928年6月)

第八章

辛亥革命后十七年的警察体制

第一节 南京临时政府的警政建设

一 南京临时政府的警察机关

1911年10月10日,由同盟会会员组织的两个革命团体文学社和共进会所领导的武昌起义爆发了。10月11日,武昌军政府成立;10月13日,武汉三镇光复。随着武昌起义的胜利,各省纷纷响应。同年10月22日,湖南会党和新军在革命党人的率领下,攻入长沙,驱走清朝巡抚,成立了湖南军政府;同一天,陕西革命党人策动新军起义,杀死清朝西安将军,建立了军政府;10月29日,在邻近清政府所在地的山西,革命党人发动起义,杀死清朝巡抚,建立军政府;10月30日,云南同盟会员起义,宣布云南独立;10月31日,南昌新军起义,结束了清朝在江西的统治;接着贵州、安徽、江苏、广西、广东、福建、四川、山东先后光复或独立,宣布脱离清朝统治。到了11月下旬,清王朝的反动统治从根本上发生了动摇,包括警察机构在内的全部国家机器迅速瓦解和崩溃。

在革命形势迅速发展和多数省区先后举起义旗的情况下,建立全国政权的条件已经成熟。11月30日,各起义省份的代表齐集汉口,议决《临时政府组织大纲》二十一条,但是由于混进革命营垒的立宪派和旧官僚的阻挠和破坏,临时政府一度难产。12月25日,孙中山自海外归来,打破了筹组临时政府的僵局。12月29日,十七省代表举行临时大总统选举会,选举孙中山为临时大总统。1912年1月1日,孙中山在南京宣誓就职,宣布中华民国成立;1月3日,各省代表会议通过了孙中山提名的国务员名单,成立了中华民国临时政府,从而结束了统治中国2000多年之久的封建帝制。

南京临时政府成立后,在其力所能及的范围内,克服各种反动势力制造的重重困难,进行了一系列资产阶级民主主义性质的改革,警政建设是其中的一个重要方面。它首先建立了中央警政管理机关，同时对地方警察机构进行了一定程度的改造。

第一，中央警政管理机关。临时政府总揽警务的机关是内务部。内务部是南京临时政府中央九部之一。这九部是：陆军部、海军部、外交部、司法部、财政部、内务部、教育部、实业部和交通部。

内务部设总长、次长各一人，由临时大总统提名简任，总理本部事务，"管理警察、卫生、宗教、礼俗、户口、田土、水利工程，若举公益及行政事务，监督所辖各官署及地方官"[①]。可见，内务部的首要职责是总揽警务，除此而外，它还兼有涉及其他公共事务的职权。

内务部在总长、次长之下，设承政厅、警务局、民治局、土木局、礼教局、卫生局、疆理局[②]，不久又增设禁烟公所，分管内务部的各项事务。

警务局是内务部所属具体承办警察行政管理工作的专门机构，由孙润宇任局长，下设第一、二、三、四科。第一科掌管中央和地方巡警条例的颁布、警员的编制、经费的计划，以及警察官吏的考绩等事项。第二科掌管集会、结社、聚众、出版著作、新闻杂志等事项。第三科掌管行政警察和消防事项。第四科掌管中央和地方巡警教育，以及对巡警学生和教职员考绩事项。每科设科长一人，一等科员二人，二等科员二人，三等科员五人，承局长或科长之命，办理本科事务。此外，警务局设有录事四人，承上官之命，从事记录、缮写等事。

按规定，警务局长不能独立对外行文，有关警政的一切文件，必须经内务总长或次长签署才能外发。

第二，临时首都的警察机关。南京是临时政府的所在地，维护首都的治安至关重要。南京的治安管理，实行巡警和卫戍相交叉的双轨制。

清朝末年，南京设有负责社会治安和工程管理的江宁巡警路工总局。光复后，临时政府内务部曾拟将该局改为中央巡警厅，专管巡警事务，以使警察权的行使更为集中，不受其他公共事务的干扰。由于临时政府存在的时间不长，加以财政紧绌，改组的设想未能实现，维护地方治安的任务仍由江宁巡警路工总局（简称江宁巡警总局，以后又称南京巡警总局）负责。江宁巡警总局设总监一人，主持局务，分区治事，各区设有巡警署。

---

① 《中华民国临时政府中央行政各部及其权限》（1912年1月3日），《临时政府公报》第2号。

② 参见《中华民国历史档案资料汇编》第二辑，第38—45页。

除江宁巡警总局而外，南京卫戍总督府也负有维持地方治安之责。卫戍总督直属于临时大总统。该府本来是管辖卫戍勤务，"监视卫戍地内陆军之秩序、风纪、军纪及保护陆军建筑物"的机构，但在"战时，南京卫戍总督之任务在担任人民之保护及所管区域内一般之秩序"。①

依据《南京卫戍条例》的规定，由于南京卫戍地区旷阔，为了"维持地方之治安及秩序"，设三个卫戍分区。自汉西门，经中正街、通济门至南门及各门外，为卫戍西南区；自汉西门，经中正街至卢妃巷口，北转至土街口，经新街口至下关江岸及各门外，为卫戍北区。自通济门经中正街至卢妃巷口，沿北区界至丰润门，东至朝阳门及各门外，为卫戍东区。各区均设卫戍司令官一人，在维护社会治安方面拥有较大职权。他们在执行任务时，有权直接召集附近警察和宪兵予以协助；遇有暴徒犯罪时，有权径行捕拿；在紧急情况下，可以不待卫戍总督府核办，就地依法处置；在地方发生骚扰事件时，有权直接以兵力从事，同时报告总督府；遇有大帮匪徒时，有权直接请援于附近军队司令官。

第三，各起义省区的警察机关。南京临时政府成立后，未及颁布统一的警察官制，而各省起义先后不一，加以时值军事倥偬，警察机关的设置概由各起义省区自行确定，没有形成统一的制度。

对于各起义地区来说，省一级警政管理机关的设置，基本有两种情况。一种情况是在省军政府之下设立总揽全省警务的内务部，如湖北军政府内务部；另一种是采取内务和警政分离的制度，在省军政府之下除设立主管一般民政事务的部门而外，另设专司警务的机构。如福建省设有警务部，下辖司法、行政、消防、侦探四科；江西设警察厅；山西设警务局；贵州设警务部；成都大汉四川军政府设有军事巡警总监，等等。1912年2月，南京临时政府鉴于中央行政各部即称为"部"，特由临时大总统令内务部致电各省，一律将各省所设之部改为司。

县一级的警察机构更为复杂，无一定之规。有的县，如广东的香山、大浦，四川的奉节，概称民政部。有的县，如江苏溧阳、徐州，则在民政长之下设警务科。

二 对临时首都治安状况的整顿

南京光复后，社会秩序紊乱，"盗贼充斥，宵小横行，夜则拦路夺物，

---

① 《南京卫戍条例》，《临时政府公报》第9号。

昼则当街卖赃,或有不肖士兵,藉稽查为名,私入人家,擅行劫掠,以致行者为之戒途,居者不得高枕"①。2月11日,六合北伐队司令官入城领取枪械,离陆军部不远遭人枪击。同月,军队士兵因食汤圆大批中毒,死者二十余人。社会治安状况表明,反动势力已经混迹首都,进行破坏,而各种危害治安的社会渣滓也乘机泛起。为了保障临时首都和居民群众的安全,在孙中山的指令下,江宁巡警总厅会同南京卫戍总督府采取各种措施,对首都的治安加以整顿。

第一,设立稽查所,检查过往行李。依据《稽查所章程》的规定,在中正街车站、总统府旁车站、无量庵车站、丁家桥车站、三牌楼车站以及仪凤门和南门,各设稽查所,专司入城行李的检查,以达维持城内治安的目的。各稽查所均归卫戍总督府监察处管理。

对于入城行李,凡持有护照的,要验明是否与护照相符,确认以后,才能放行;没有护照的,检查以后,如果未发现危险可疑物品的,可以放行;检查行李时,如发现有危险可疑物品的,即将人物同时扣留,交由附近卫戍司令部、宪兵司令部及巡警局审问,并及时报告总督府监察处。

稽查所人员在检查行李时,不得借端滋扰,如有掠取客商财物的事件发生,允许被害人向卫戍总督府控告,对肇事者严加惩办。

第二,加强对旅馆业的管理,严防歹徒潜迹。1912年2月5日,江宁巡警总局发布《取缔客栈旅馆告示》,指出:"宁垣甫经光复,中央政府方建始基,辐辏冠裳,日臻繁盛,即盗贼奸宄亦不免混迹其间,所以城厢旅馆栈房实为极应注意之地,若不设法严加查察,将奸人匿迹、匪类潜踪,为害实甚。"②为此,刊布《管理旅馆规则》十八条,要求各栈主"倘遇形迹可疑之人",即应向该管警局报告,"庶奸徒无从潜匿,栈主免受拖累,而地方得保安全。"③ 3月19日,临时政府内务部鉴于下关第一楼、大观楼和万华楼三旅馆窝娼聚赌、私卖鸦片、无所不为,命令江宁巡警总监收回下关商埠警权,归总局管理,并严密查禁各旅馆发生的不法行为。4月4日,内务部对江宁巡警总监草拟的《南京旅店营业取缔规则》加以修订,命令江宁巡警总监遵照办理,"事关地方治安,慎勿稍有宽纵"。

《南京旅店营业取缔规则》规定,南京旅店分客店、货栈之宿有旅客者

---

① 《临时大总统严加约束士兵令》(1912年1月16日),中国第二历史档案馆藏档案。
② 《江宁巡警总局取缔客栈旅馆告示》,《临时政府公报》第8号。
③ 同上。

和饭馆之宿有旅客者三种，均应事先呈报该管巡警署转呈巡警总局核准才能营业。旅店伙计及使用人雇入或解雇时，店主应将其姓名、籍贯及保人之姓名、籍贯呈报该管巡警署。

各旅店必须置备循环号簿两册，记载旅客的姓名、年龄、籍贯、职业，并注明携带仆从、行李物品数目及其往来之踪迹，于每晚十时前轮流呈送该管巡警署查验。循环号簿不得损毁或遗失；如有损毁或遗失，店主应详叙理由，报告该管巡警署。巡警有权随时入店稽查，店主不得拒绝或留难，但巡警事先应把稽查目的通知店主。

旅店对于有下列行为的旅客应予以劝阻：夜间歌唱或喧哗而有碍他客之安眠者；暗娼引诱旅客或留客同宿者；招致倡优弹唱或同宿者；赌博或私引鸦片者。

旅店对于有下列行为的旅客须及时报告该管巡警署：带有军械或违禁物品者（军人携带军械不在此限），带有妇女或幼童迹近诱拐者；语言、举动形迹可疑者；妇女孤身投宿者；留有行李物品不辞而去、逾五日不知所往者；以行李物品抵偿房饭金者；为未发觉之犯人或犯人之逃逸者；患有重病或传染病者。

违反以上规定的旅店，店主应处一日以上六日以下的拘留，并科一定数量的罚金。

第三，整顿僧道寺院，防止坏人图谋不轨。僧道寺院本是神职人员和信徒们进行宗教活动的场所，南京临时政府本着信仰自由的原则，妥加保护。但自倡导剪发以来，一些不法歹徒冒充僧侣或装扮教流，潜入寺院，图谋不轨，对社会治安造成危害。

1912年2月29日，内务部发出指示，明确指出，寺院"所住僧道，良莠不齐，务须严行约束，随时留心查察"。责成江宁巡警总局具体负责稽查工作，规定：一切僧道，必须按照旧例，以度牒、戒牒或钵盂为其身份的凭证。"凡勾结外匪，通同为奸，抑或身怀暗器，恃横强霸等情，准予立刻报警拘捕，不得扶同徇庇容隐，致于咎戾。"凡来寺院借宿的僧侣，应当验明其牒证，才能容留。"倘遇身无牒证而又形迹可疑之人，立即报明该管警局，以遏匪踪。"[①] 但不得扶嫌讹索，任意留难。如果民人佃住寺院，应当询明来历考察确实，始能招留。寺院主管人员违反上述规定，以致发生危险事端的，应当承担全部责任。

[①] 《内务部饬令僧道寺院严密稽查示》，《南京临时政府公报》第25号。

第四，整顿军队纪律，约束士兵行动。临时政府奠都南京后，该地驻军增加，各种番号的部队计有十余支。这些军队多是起义部队。它们倾向共和，反对帝制，但其本身并未经过严格的整顿和改造，积习甚重，娼寮滋闹、荷枪过市、扰乱社会治安的事件时有发生。为了严明军纪，维护首都治安，临时大总统孙中山于1月16日和20日连续发布两道《严加约束士兵令》，要求陆军部、南京卫戍总督和江宁巡警总监"速筹防范方法，转饬各军一体加以约束，以靖闾阎而肃军纪"[①]。

根据临时大总统的指令，南京卫戍总督徐绍桢和江宁巡警总监吴忠信，会同驻宁各军、团、队长官，议决维持治安办法四条，并发布《卫戍总督及各军警告示》，指出："近日南京地方抢劫之案层见迭出，自是不肖匪徒假冒军人之所为，而军队人数众多，亦难免无一、二害群之马致坏名誉。"该告示公布的维持治安办法四条规定："遇有抢劫物件或强奸妇女等事，准该事主鸣报卫戍司令部、宪兵司令部、警察总监派兵捕拿。""人证现获时，即将该犯拿送卫戍总督府执法处正法，如有当场拒捕者，即行格杀。""各军人不准身带枪械在街游行，违者以匪论（但有长官带领及有特别任务者不在此限）。""士兵外出时间以早六时至晚九时前为限，非此时间而在街巷游行者，以违法论，准巡街兵诘问，报告本管长官惩罚（但身带外出证有任务时不在此限）。"[②]

与此同时，以黄兴为总长的陆军部发布《军律十二条》，实行从严治军。军律规定："任意强掳者枪毙；焚杀良民者枪毙；硬搬良民箱笼及银钱者枪毙；私入良民家室者罚；赌博者罚；强奸妇女者枪毙；无长官命令，窃取名义，擅封民屋财产者枪毙；勒索强买者抵罪；行窃者罚；纵酒行凶者罚；有类似以上滋扰情形者罚办。"

三 警察教育的推行

南京临时政府鉴于清末警政极端腐败，决意加以整顿。其基本出发点是"巩固国基"和"修明内治"。它认为："民国成立，凡百待兴，欲将巩固其基础，必先修明内治。夫内治机关首重警政，欲求整顿，尤须以改良警学、

---

① 《临时大总统严加约束士兵令》，《中华民国史档案资料汇编》第二册，第161页。
② 《卫戍总督及各军警告示》，《临时政府公报》第2号。

养成警才为前提。"于是确定了"现在整顿警政，先从改良警学入手"的方针①，大力推行警察教育。

南京临时政府采取多层次的警察教育体制，每个层次各有其不同的要求和组织规程。在中央，由内务部组建警务学校，附设巡警教练所，首都各区举办巡警传习所，各省则参照中央警务学校及其教练所的章程，筹办地方巡警教育机构。

内务部警务学校以清末江南巡警学堂为基础改设，开办于1912年2月14日，"以养育警务人材为宗旨"，由内务部警务局局长孙润宇兼任校长，归内务部直接领导。该校是为中央和省级警察机关培养属员的最高学府。

警务学校除设校长一人外，还设有教务长一人，各科教习无定员，文牍、庶务、舍监、学监、会计、校医各一人。校长统辖全校事宜；教务长厘订教务事宜；教习主持本科教育，凡编纂课本，考察勤怠，评定分数，都是教习的职责，遇有应行改革事宜，随时商请校长、教务长酌定；文牍负责撰拟文件，收发公牍，兼管图书报章及印刷校对；庶务负责校中一切庶务以及其他公用物品；会计负责收发款项及报销；学监执行教育上的一切事宜，并稽查在校学生日常表现以及请假事项；舍监执行管理上的一切事宜，并稽查在校学生起居出入及寝室清洁等事；校医负责治疗疾病及卫生管理。此外，还配备司事若干人，秉承上述该管人员的指挥，办理分内应办事项。

警务学校实行三年制，以三个月为一学期，计分九个学期。三学期后，将学员分发各区见习长警任务，一月期满为第一学年；满六学期后分发各区见习巡官、书记任务，一月期满为第二学年；满九学期后，分发见习区长任务，一月期满为第三学年。

至于教学安排，警务学校采取法律课程和警察实务并重的方针，警察是法律的执行者，知法才能执法。他们的活动既以法律为准绳，又受法律规定的约束。所以在三十四门必修课程中，法律课程占三分之一以上的比重，包括民法、商法、法学概论、行政法要论、违警律、户籍法、自治制度、刑事诉讼法、民事诉讼法、国际法、国际私法、法院编制法以及各种现行法规等；其次才是警察学以及与警察法有关的课程，如警察要旨、行政警察、司法警察、卫生警察、国际警察、监狱学、统计学等。英文、操法、柔术、剑术则是贯穿于三学年的课程。按规定，每天授课七小时。

---

① 《内务部规定巡警学校及教练所章程咨各省都督文》（1912年4月1日），《临时政府公报》第54号。

学生入学要经过严格考核，必须具备以下条件：年龄在二十岁以上、二十五岁以下，身长五尺二寸以上，胸围占身长二分之一以上，体重七十五斤以上，肺活量在二千一百毫升以上，左右手各能提重三十斤以上，视力于二丈二尺之外能辨认七分楷字，品貌端正，语言清楚，曾在中学或相当于中学的学校毕业或修业三年以上。凡不具备以上条件之一的，不予录取。学生经考试录取后，必须出具志愿书，并须觅取保证书。学生在学习期间，如果品行不端，荒废学业以致三次考试不及格，故意违反校规或校令，身患痼疾以及记大过三次的，经校长审定，勒令退学。

在校学生必须参加三种考试，即学期考试、学年考试和毕业考试。学年考试和毕业考试与一般学校不同，分校课和见习勤务两种。除校课外，见习勤务以见习所在警察机关长官的报告书（即鉴定书）和学生的见习日记为考核依据。记分的方法也与一般学校有别，有考试分数、品行分数和勤学分数三种。考试分数以百分为满分，各科平均不及六十分或一科不及四十分的，均为不及格。品行分数每学期为一百分，每记一小过扣十分，每记一大过扣三十分。勤学分数也以每学期为一百分，除丧病假外，事假每次扣一分，在上课或自修时间内，每小时扣二分，体操、柔术、剑术每小时扣三分。学科分数与品行、勤学分数的计算方法是，如考试学科共十门，加入品行、勤学为十二门，三种分数相加，然后除以十二，即为该生应得分数。这种特殊的记分方法，显然是由警务学校的性质决定的。学生在一学年内期考成绩平均在八十分以上的，由校长酌予奖励，或者授予名誉证书，或者免缴学费或膳费一学期，或者授予相应的奖品。毕业考试及格的学生，由警务学校发给毕业证书，分配到中央或省级警察机关任职。

对于在校学生的礼节、服式，警务学校也有严格规定，各有一定程式。

附设于警务学校的教练所与警务学校不同，它是为解决"巡警需人"的实际困难而开设的，是培养一般警务人员的处所，学员称学警，仿日本巡查教练所成法，每期两个月，每天授课七小时，先于警务学校招生，首批招收学警二百四十人，分科授课。

清朝末年，南京各区设有巡警补习所，后因款绌停办。光复后，南京巡警总厅于二月二十八日发出命令，要求各区成立与清末巡警补习所类似的巡警传习所，培训在职巡士，由各区警察长官负责，在巡士工作之余，规定时间，讲解服务规则（即《守望须知》），并授以巡警总厅编写的浅近警学教材。传习所所需教学费用由总厅发给。总厅每周派人到各区测验一次，学习成绩优良的，个别记存、奖赏；荒废学程不能答对的，给以罚饷处分，罚饷三次的,即予斥革。

至于各光复省区的地方教育,由于这一时期动荡的政局所造成的复杂局势,南京临时政府难于作出统一规定,只要求它们参照《内务部警务学校章程》和《内务部附设教练所章程》相机筹办。①

四 与警察活动有关的几项法令的颁行

南京临时政府在其存在不到一百天的时间里,发布了一系列资产阶级民主主义性质的进步法令,其中有些虽非单纯意义上的警察法规,却为这一时期的警察活动确定了基本准则,尽管当时它们不可能得到认真的、全面的贯彻执行,甚至不久即被以袁世凯为总头目的北洋政府所彻底撕毁,但其在中国近代警察史上所占的地位及其历史意义是不能抹杀的。

第一,禁止刑讯。刑讯是剥削阶级报复主义、恐吓主义和惩办主义的产物和表现,自社会分裂为对抗的阶级进而产生国家以来即已存在,在中国延续数千年之久。清朝末年,迫于社会的压力,虽然悬为禁令,但仍然被警察当局和司法部门视为理所当然。直到辛亥革命时期,南京临时政府才从资产阶级民主主义的立场出发,以法令形式严加禁止。

1912年3月2日,临时大总统孙中山在其发布的《关于禁止刑讯致内务司法两部令》中指出,"刑罚之目的在维护国权,保护公安","非快私人报复之私,亦非以示惩创,使后来相戒"。揭露清王朝"视吾民族生命,兽草菅之不若,教育不兴,实业衰息,生民失业,及其罹刑网也,则又从而锻练周纳,以成其狱。三木之下,何求不得"。他对"刑讯一端,尤深恶痛绝,中夜以思,情逾剥肤"。表明了资产阶级民主主义者对刑讯所持的鲜明的反对态度。为了"肃清吏治,休养民生,荡涤烦苛,咸与更始",孙中山命令主管警政的内务部以及司法部"转饬所属,不论行政司法官署及何种案件,一概不准刑讯"。对于从前不法刑具,"悉令焚毁"。并且提出了"鞫狱当视证据之充实与否,不当偏重口供"的正确方针。此外,他还要求内务、司法两部经常派员视察,如果有人故态复萌,重煽刑讯遗毒,除褫夺官职外,并应科以应得之罪。② 3月21日,孙中山针对上海南京裁判所审讯案件使用戒责,并施之于妇女的事件,发布《令内务、司法两部通饬所属禁止体罚文》,重申刑讯禁令:"不论司法行政各官署审理及判决民刑案件,

---

① 《内务部规定巡警学校及教练所章程咨各省都督文》,《临时政府公报》第54号。
② 《临时大总统关于禁止刑讯致内务司法两部令》,《临时政府公报》第27号。

不准再用笞杖枷号及其他不法刑具，其罪当笞杖枷号者，悉改科罚金、拘留。"这是南京临时政府从禁刑讯到禁体刑的一个重要发展。从这时起，不管北洋军阀政府还是国民政府如何在口头上禁止刑讯，在行动上大施刑讯，"禁刑讯"的思想逐渐深入民心，而刑讯者则遭到社会舆论和人民群众的一致谴责。

第二，厉行禁烟。鸦片流毒中国，垂及百年，这是帝国主义侵略的结果。清朝末年，虽然"禁种征膏"，但吸食者不见减少。南京临时政府成立后，决心查禁烟毒。孙中山于1912年3月2日发布禁烟令，指出吸食鸦片"失业废时，耗财殒身，浸谣不止，种姓沦亡，其祸盖非敌国外患所可同语"。如果"旧染锢疾，不克拨涤净尽，虽有良法美刑，岂能恃以图存。"认为"饮鸩自安，沉缅于忘返者，不可为共和之民。"决定采取断然措施，要求参议院在立法时剥夺他们的选举权、被选举权和其他一切公权，以"示不与齐民齿"。要求地方官署重申种吸各禁，民间团体也要"随分劝导"，务使"屏绝恶习，共作新民"。① 3月16日，孙中山又发布《令内务部通饬禁烟文》，命令内务部"速查前清禁烟各令，其可施行者，即转咨各部督通饬所属，仍旧厉行，勿任废弛，其有应加改良及未尽事宜，并著该部悉心筹划"②。

根据孙中山的命令，内务部一方面向中央各部、各省都督和南京卫戍总督发出咨文，要求他们查明机关工作人员中的吸食鸦片者，从严处置，同时在内务部之下成立禁烟公所，统筹全国的禁烟事宜。

第三，查禁赌博。赌博陋习危害社会治安，为各国法律所严禁。南京临时政府鉴于"赌博为巧取人财，既背人道主义，尤于现时民主多所妨害"，决定"严切禁止"。1912年3月初，临时政府内务部要求各部、各省总督和南京巡警总督，"无论何项赌博，一体禁除"。明确规定：

1. "凡人民宴会、游饮、集合各场所，一概不准重蹈赌博旧习。"

2. "店铺中有售卖各种赌具者，即著自行销毁，嗣后永远不准出售。"

3. 责令"各该地方巡警，严密稽查，倘有违犯，各按现行律科罪，以绝赌风而肃民纪"。③

第四，限制警械的使用。南京巡警本来以木棍为警械，1912年3月江

---

① 《临时大总统关于禁烟令》，《临时政府公报》第27号。
② 《临时大总统令内务部通饬禁烟文》，《临时政府公报》第30号。
③ 《内务部呈报禁赌呈》，《临时政府公报》第29号。

宁巡警总厅拟以佩刀代替木棍作为警械，为此呈请临时政府内务部批准。内务部虽然批准了巡警总厅的要求，但认为佩刀"较之木棍肇祸尤烈，非严切限制不可"。于是拟定《巡警拔用佩刀规则》四条，发由南京区巡各官，通饬所属长警一律遵守，并要求巡警总厅"随时告诫督察"。

依据《巡警拔用佩刀规则》，巡警只有在以下特定场合才能拔用佩刀：持凶器对他人的身体、财产施加暴力行为，非拔配刀无保护之术时；暴行人持有凶器，非拔佩刀无防御之术时；逮捕犯人或追捕逃囚，犯人或逃囚持凶器抗拒，非拔刀无防御之术时。但当上述人等，一旦有畏服模样，则应停止拔用佩刀。①

第五，对私有财产的保护。南京光复之际，各军查封房屋作为办公或驻军之用，这本是一时的权宜措施，但有人借机侵犯人民私有财产，破坏社会秩序。针对这种情况，临时大总统孙中山向主管警政的内务部发出命令。该命令说："临时政府成立以来，即以保护人民财产为急务。""凡人民财产房屋，除经正式宣判充公者外，勿得擅行查封，以安闾阎。"要求内务部向各地发出保护人民私产的通告。

内务部依据临时大总统孙中山的指令，于1912年1月28日发布《通饬保护人民财产文》文中说："各处审判厅多未完全成立，正式裁判宣告，一时尚难举行。"但是，保护人民财产必须设有专条，否则民国公敌就会违犯民国的禁令，拥占逆产，而并无过犯的人民以及并未反抗民国的官吏，其私产反而会遭受侵害。因此制定《保护人民财产令》五条，除饬京内各地方官切实遵守外，各省督都应通饬所属，"一律照办，以安民心而维大局"。

《保护人民财产令》规定："凡在民国势力范围以内之人民，所有一切私产，均应归人民享有。前为清政府官产，现入民国势力范围者，应归民国政府享有。前为清政府官吏所得之私产，现无确实反对民国之证据，已在民国保护之下者，应归该私人享有。现虽为清政府官吏，其本人确无反对民国之实据，而其财产在民国势力范围内者，应归民国政府管理，俟该私人投归民国时，将其财产交该本人享有。现为清政府官吏，而又为清政府出力，反对民国政府，戕杀民国人民，其财产在民国势力范围内者，应一律查抄，归民国政府享有。"总之，除清政府官产和反对民国的清政府官吏的私产而外，其他人的财产，一律予以保护。这项法令的颁行，对安定光复地区的社

---

① 《内务部令复南京巡警总厅呈请巡警改佩刺刀并颁发拔用规则文》，《临时政府公报》第32号。

会秩序起了积极的作用。

纵观南京临时政府的警政建设,可以清楚地看出,以孙中山为代表的资产阶级革命派为维护资产阶级民主共和制度作出了巨大的努力。但是,由于中国民族资产阶级的软弱性和妥协性,其警政建设本身又带有明显的历史的和阶级的局限性。南京临时政府无力采取果断措施打击各种反动势力的捣乱和破坏,以切实维护临时首都和各起义地区的社会治安和革命秩序,也没有来得及颁行新的警察官制,对清朝极端腐朽的警察机构进行全面、认真的改造,以致连建立中央巡警总厅的设想也未能实现。同时,由于临时政府的组成十分复杂,总揽警政的中央内务部由惯于看风使舵、投机革命的旧官僚程德全任总长,革命党人反居次要地位。不少起义省区的政权(军政府和军政分府)也大都掌握在旧军阀和旧官僚手中,临时政府力莫能及,从而使孙中山发布的资产阶级民主主义性质的警察法令难以推行。1912年3月30日,袁世凯的唐绍仪内阁组成,4月1日孙中山宣布解除临时大总统职务。4月5日,在临时参议院议决临时政府迁设北京的同时,以居正为次长的内务部全体简任、荐任、委任官员共一百一十七人宣布辞职。至此,总揽全国警政的大权落入了北洋军阀总头目袁世凯及其帮凶赵秉钧的手中,为期三个月的南京临时政府的警政建设中途夭折。

第二节 北洋政府时期近代警察的形成及其特点

一 改组内务部,制定警察法规,划一全国警制

从清末开始,一贯重视利用警察权力以推行恐怖统治的袁世凯,采取种种阴谋诡计,篡夺了辛亥革命的成果,爬上中华民国临时大总统的宝座之后,本着"划一警制"的思想,立即着手对全国警政进行"整顿"。"整顿"的实质是取消以孙中山为首的南京临时政府和各起义省份的资产阶级民主主义警政设施,利用手中权力,安插亲信,排除异己,根据变化了的形势和加强军事独裁的需要,把他及其爪牙在清末办理警政的一套做法,改头换面,稍作变通,推向全国,并为此采取了一些实际的步骤。

首先,安插亲信,排斥异己。北洋政府内务部是总揽全国警政的中枢机构,袁世凯对全国警政的"整顿"也就从内务部开始。他于1912年先后发布《政府改组令》《各部官制通则》和《内务部官制》,把臭名昭著的警察头子赵秉钧安插到唐绍仪内阁中担任内务总长,通过赵把持全国警权。赵是

袁世凯的河南同乡、心腹干将，清末曾任后补县丞、直隶保甲局总办，兼统巡防营，以善于缉捕名扬官场；1903年投入袁世凯幕下，成为袁的忠实鹰犬，是清末"新政"中袁世凯在直隶推行警政的头面人物，先后任天津南段警务局局长、天津巡警道。直隶警政被清廷视为楷模，曾三令五申加以推广，后来清政府依照袁世凯的建议在中央设巡警部，由徐世昌任大臣，毓朗、赵秉钧为侍郎。徐和赵都是袁的僚属，清王朝的警政大权实际落入袁世凯之手。1911年，袁世凯出任清朝内阁总理大臣，特命赵秉钧为由巡警部改设的民政部大臣，成为袁世凯"逼宫"的重要帮手。在袁世凯任民国临时大总统期间，作为内务总长的赵秉钧，为袁的封建军事独裁统治效尽犬马之劳，不久升任国务总理要职，内务总长由朱启钤接任。朱系交通系，是个狂热的君主立宪分子，在袁世凯帝制自为期间，积极参与策划，曾任登基大典筹备处办事员长，最后随袁的毙命而退出政治舞台。

赵、朱先后执掌内务部，在用人行政方面，极力排斥革命党人。北洋政府首任国务总理唐绍仪本属北洋系，1911年代表袁世凯去上海与伍廷芳议和时加入同盟会。袁世凯窃国后，唐受命组阁，对中央各部兼取"新旧参用"的政策，即同时任用北洋旧人和革命党人，以示"南北合作"。身为内务总长的赵秉钧以袁世凯为靠山，极力反对，认为他所主管的内务部是要害部门，坚持全部任用北洋旧人，迫使唐绍仪"不干涉部内用人权"。结果在一个偌大的内务部只安置了原南京临时政府内务部二十人，其中参事、司长各一人，重要职务大部被北洋旧官僚占据。其后，朱启钤执掌内务，"颇得袁氏宠，继承赵的衣钵，亦以排除异己、豢养鹰犬为唯一目的"。"曾为革命出力者，均力排之，南京内务却北上之人，更降免殆尽。"[①] 至此，内务部遂为袁氏的一统天下，"南北英俊，加入者甚少，大多皆官僚蠹虫耳"[②]。即便有一二"英俊"加入，也影响不了内务部的局面。

1912年9月25日，赵秉钧接替陆征祥出任国务总理时，表示不愿兼任内务总长。内务次长言敦源说："内务重要，如换他人，岂不失其运用？"赵的回答是："凡事不在其名，在其实。我们在民政方面的根子，多年安插下去，新来一人，全摸不清，有何作为？"[③] 事实也确如赵氏所言，北洋政府内务总长更换不迭，十七年间，除赵秉钧、朱启钤而外，先后出任这一职

---

① 《北洋官僚罪恶史》，《现代稗海》第三辑，第456页。

② 同上。

③ 《中华民国内阁篇》，《近代史资料》1979年第3期，第159页。

务的还有许世英、孙洪伊、谢涵、范源濂、汤化龙、钱能训、于宝轩、朱深、田文烈、张志潭、齐耀珊、高凌霨、孙丹林、程克、颜惠庆、王永江、龚心湛、屈应光、田应璜、张国淦、汤尔和、胡维德、沈瑞麟等人。不论何人执掌内务，内务部这台机器都是在袁世凯设定的轨道上运转，而警政司的事务一直由陈时利、王扬滨、曾维藩等一批旧官僚把持，他们在司内也竭尽安插亲信、排除异己之能事。

其次，袁世凯打着"整顿"的旗号，完全否定南京临时政府颁布的进步警察法规。南京临时政府尽管存在时间不长，加以军旅倥偬，在警察制度方面建树不多，但它毕竟采取了一些资产阶级民主主义性质的警政设施，颁布了一些即使在今天看来仍然是具有进步意义的警察法规。对于这些警察法规，袁世凯窃国后，迫于形势的压力，没有明令废止，但却把它们一律束之高阁，当时出版的各种现行内务法规汇编概不收入，实际上否定了它们的效力。

与此同时，袁世凯在他当政的四年多时间里，以清末警制为基础，发布了大量的警察法规。这些警察法规表明，北洋政府时期的警察制度是清末近代警察制度的延续，同时也是对它的进一步发展。法规的内容几乎繁简不同地涉及警察制度的各个方面，其中既有关于警察机关的设置、组成和职责权限的组织法规，也有关于调整警察机关日常活动的办事规程和人事管理法规，以及各种治安管理法规。这些警察法规的发布和实施，初步改变了清末警制混乱的状况，客观上推进了中国近代警察制度的发展。

以关于警察机关的组织法规而言，当时颁布的主要法规有：《内务部官制》（1912年8月8日）、《地方警察官厅组织令》（1913年1月8日）、《京师警察厅官制》（1914年8月29日）、《京师警察厅分科职掌规则》和《京师警察厅分区规则》（1914年8月30日）、《地方警察厅官制》和《县警察所官制》（1913年3月29日）、《各省整顿警政办法大纲》（1915年7月）、《水上警察厅官制》（1915年3月30日）、《水上警察厅编队分区大纲》（1915年8月）等。这些法规是袁世凯"划一警制"的指导思想的体现，是在整顿各级警察机关的过程中制定的。它们比较详细地规定了京师、地方和其他警察机关的组织体制、权责职守及其相互关系，在一定范围和一定程度上统一了各级警察机关的组织与活动，为北洋军阀统治时期的警察制度奠定了基础。

1916年6月，袁世凯毙命。北洋军阀集团由形式上的统一走向公开的分裂，无论是以段祺瑞为首的皖系、以冯国璋为首的直系、以张作霖为首的奉系，还是南方非北洋系的地方军阀，无不直接凭借手中的军队彼此抗争，极力扩大自己的地盘，为争夺中央政权进行连年不断的混战。各派系军阀一旦把持北京中央政权，虽然重视利用警察维护其军事独裁统治，并为加强警察机构采取过某些措施，如1917年4月在北京召开全国警务会议，讨论警察章制、警察经费、警官任用、警察募练与考核以及警察区划、特种警察的建立，1918年2月决定整顿与充实县警察队，以维持地方的"安宁"与"秩序"等，但总的来说，这个时期在警察制度的建设上进展甚微，所发布的各种警察法规只不过是对原有警察制度的补充。

二　仿效外国警制，以首都和省会商埠为中心，建立自上而下的庞大警察网

从清末开始，中国仿效日本的警制，从加强封建专制统治的需要出发，逐步建立起自己的近代警察体制，使原有的类似警察职能的旧体系走向解体。到了北洋军阀统治时期，中国古代治安管理体系已经全面瓦解，近代警察体制不仅确立起来，而且有了进一步的发展。虽然在广大农村，原有的保甲制度以不同形式继续存在，在维护社会治安和统治秩序方面依然发挥着一定的作用，但已逐步被政府当局加以改造，或者完全纳入了警察管理体制的范畴，或者虽依旧保持原有的面貌，但已由警察机关直接控制，失去了原先的形态。

中国近代警察制度产生并发展于半殖民地、半封建社会的特定环境之中，由于政治、经济、文化的发展极不平衡，大城市成为政治、经济、文化的中心，而边远地区和广大农村则极端落后，统治力量也相对薄弱。这种状况也反映在近代中国警察制度的发展上。北洋军阀统治时期，不论在袁世凯当政时，还是在其死后，一切近代警察设施的采取无不以大城市为中心，自上而下、由点及面，向其周围地区辐射。北洋政府的庞大警察网，就是以这样的态势编织而成的。

北京是当时的首都（京师），是北洋政府所在地。京师一向被誉为"首善之区"。这里的社会治安和统治秩序的好坏，直接关系到最高统治集团的切身利益，为历代统治者所特别重视。依靠练兵起家同时富于办理警政经验的袁世凯，深知加强首都警察力量的重要，在他执掌北洋政府最高权力期间，一直把改组和扩大首都警察机构作为加强整个警察制度的首要的、中心的环节。

为了加强首都的警察力量，袁世凯采取的实际措施有：第一，扩充京师

警察厅的规模；第二，调整京师各分区警察署；第三，加强京师基层警察机构；第四，编练专职的武装警察队；第五，健全京师治安管理的各项规程。经过袁氏改组后的京师警察机构，较之清末显然大为加强，形成了严密的、多层次的警察系统，同时也扩大了京师的警察队伍。当时的警察人数与京师城区面积和人口的比例为：平均每平方里有警官和巡警四十九人，每千名居民中配置警官和巡警十一人。这个数字表明，京师人民已完全处于警察的严密控制之中。

袁世凯坐在随时有爆发危险的火山上，并不满足于他所采取的强化警察统治的上述措施。为了进一步加强对资产阶级革命派和广大群众的钳制和镇压，一方面他把警察和军队紧密地结合起来，加强了京师的军警联合机构，使二者的活动相互配合，以增强其统治力量；另一方面，另行组建了京畿军政执法处、京师稽查处、拱卫军司令部执法处等军事特务机构。这些直接听命于袁世凯、各自豢养秘密侦探、拥有缉捕和处置特权的机构，不受法律约束，为所欲为，弥补警察权力之所不及。它们和警察机关沆瀣一气，狼狈为奸，导演了无数惨剧。

除京师而外，省会和商埠人口稠密，工商业发达，涉外事务繁多，是地区性的政治、经济文化中心。北洋政府把它们作为仅次于京师的警政建设的另一个重要环节，着力进行"整顿"，以求"划一"和加强。1912年，各省先后裁撤清末设置的巡警道，改设军事巡警厅或省会警察厅。1913年初，袁世凯又发布了《地方警察厅组织令》，规定各省省会和重要商埠均设警察厅，直隶于省长或道尹，次要商埠经内务部核准设立警察局。省会、商埠乃至道、县普遍设立警察机构以后，各省尚未建立统辖一省警政的最高管理机构，以致缺乏统一指挥，影响了警察机关反动效能的充分发挥。基于上述原因，1914年8月和1915年7月，袁世凯先后发布了《地方警察厅官制》和《各省整顿警政办法大纲》，决定在各省设立警务处，以为一省警政的主管机关，并相应地调整了地方的各级警察机构。

省会和商埠警察厅大体上是按照京师警察厅的模式建立起来的。除少数省份外，其内部结构和活动规程与京师警察厅无不大同小异，只是组织规模和人员配备有较大差异，其地位自然也不能与京师警察厅相比拟。省会和商埠警察厅隶属于省长和道尹，警察行政上受各该省警务处节制，而京师警察厅则直属中央内务部，既无警务处之设，也与京兆尹无关，经中央内务部核准，可以独立发布适用于京师的警察规程。这一点与清末京师内外城巡警总厅相似，与国民党统治时期的首都警察厅无原则区别。经过1914年至1915

年的"整顿",省会和各商埠的警察机关逐步建立起来,一支凌驾于社会之上的警察力量终于在大城市中形成。

与京师一样,在各省省会和商埠,与警察机关同时运作的还有各种名目不同的特务机关,诸如"军政执法处""探访局""军法课""绥靖处"和"军警联合会"等,不一而足。本来,警察机关内部已设有执行政治任务和其他特殊任务的特务人员。这些人员甚至把他们的黑手伸进其他省份和地区,远远超越了地域管辖的范围,如山西省会警察厅就在北京、天津、石家庄等地安插坐探。在警察机关之外另建不受法律约束的特务组织,显然是维护专制独裁统治的需要,它们既与警察机关的活动相配合,同时也负有暗中监视警察活动的使命。

总的来说,在北洋政府统治时期,京师、省会和商埠的警察力量相对强大,组织也甚严密。至于县以下的城镇,情况则有很大不同。当时虽然县级警制已趋统一,但大都有名无实,或名实不符,甚至徒具形式,警力薄弱,组织涣散,警察素质极差,几与匪类无异。在北洋政府成立之初,各县原设警察事务所,不久改为警察所,实行"政警合一"的领导体制,由县知事兼任所长。1916年,鉴于有些县事务繁多,县知事兼任所长事实上已不可能,北洋政府内务部遂决定事务较多之县,由警佐担任所长,县知事监督其工作。广大农村往往为警力之所不及。在那里,实际代行警察职权的或者是地方保卫团,或者是旧式保甲,或者二者兼而有之。这些准警察组织几乎全都为土豪劣绅、地痞流氓所把持,他们横行乡里,无恶不作,毫无法制可言。北洋政府时期,以京师为中心包括省会、商埠、各县和半官半民的反动组织在内的庞大警察网就是这样建立起来的。

三 城市贫民和军队士兵是警察的主要来源,警款依靠对人民的横征暴敛

在整顿和确立警察机关体系的同时,警源和警款的问题便摆在北洋政府的面前。为了解决这两个问题,北洋政府内务部煞费苦心,采取了种种措施。

解决警源问题的主要办法是推行所谓的"招募制"。1914年4月2日公布的《招募巡警条例》规定,应募巡警必须具备的条件是:年龄在二十五岁以上、三十五岁以下,体质强壮,视听力正常,粗通文字,语言清楚,熟悉地形。要求并不算高。但在当时,警察是一种不受尊重,甚至是不光彩的

职业，经济收入微薄，社会地位低下，"贤者必不为之，为者多为不肖"。[①]应募之人多为生活无着的城市无业游民，地痞无赖亦不乏其人。这些人应募录用后，只需去"募警训练所"用两周时间学习"勤务须知""职务上语言方法"和"兵操"等简单科目，便可获得巡警资格，上岗值勤。因而巡警素质极差，"流弊丛生，曷其有极"，除开盘剥、欺压百姓而外，几乎别无所能。水上警察和各种名目的警察队均按军队编制由士兵组成，水上警察本来就是由各地水师改编而成的。

至于各级警察头目，毕业于警察学校者为数固然不少，但在京师、省会和商埠，军人把持警权者也所在多有，如京师警察厅总监吴炳湘、奉天全省警务处长兼省会警察厅厅长于珍等均系行伍出身。吴炳湘修业于武卫参军随营学堂，曾充武卫前军随员、东三省转运局提调、山东全省营务处警卫队马步营统领。于珍则毕业于日本陆军士官学校，历任奉天陆军补习学堂监督、陆军第二十九师参谋长、黑龙江督军署参谋长。水上警察厅局和各种武装警察队自然也多由军人主持要务。如奉天辽河水上警察局，局长是行伍出身，下设八个分局，其中六个分局长出身行伍，警察学校毕业的只有二人。这些人没有受过系统的警察教育，连起码的常识也不具备，只以屠戮民众为能事，不知法制为何物。

由于加强军事独裁统治的需要，北洋政府时期京师和各地警察队伍逐渐扩充，呈膨胀的趋势。以奉天为例，到1924年，这个省的省会警察厅已有警察官吏一百零九人，巡官长警八百一十七人，合计九百二十六人。当时奉天省会共有五千二百九十户，平均每三十八户就有一名警察。如果按所辖面积计算，每平方里有警察二十六点一一人。该省营口警察厅和安东警察厅的情况也大抵如此。按民初定制，各县警额，大县为三百人，中县为二百人，小县为一百人，后来实际上都突破了这个数字。奉天全省五十一个县，其中有二十九个县的警察超过了三百人，警察人数超过六百人以上的县有二个，五百人至六百人的县有五个，四百人至五百人的县有十个，三百人至四百人的县有十二个。全省各县（不含省会）共有警察官吏一千七百五十五人，巡官长警一万七千七百二十七人，合计一万九千四百八十二人。这是一支庞大的警察队伍。他们不仅要穿衣吃饭，而且需要配备用以对付人民大众的武器。据统计，从省会警察厅到各县警察所配备的枪械，多者达五百余支，少

[①]《奉天警务处咨洮昌、东边、辽沈道为令各县变更警制多设派出所以资改进文》（1924年4月）。

者四至五支不等。该省警察共有各种枪械二千五百五十九支,子弹三百三十三万九千一百八十九发,如此等等,都需要开支大量经费。仅奉天一省,全年警察支出经费合计大洋三百三十一万一千五百零一元,其中经常支出二百九十六万二千七百七十二元,临时支出三十四万七千零二十四元。经常支出包括俸给、饷项、办公、工资、马乾、消耗、杂支等项,临时支出包括修缮、筑造、购置、侦探、奖与、恤助、教练等项。

北洋军阀穷兵黩武,连年混战,军费不断增加,1925年军费为二亿六千多万元,几乎占国家总开支的一半。在这种情况下,他们虽然重视警政,却不可能拿出更多的钱来养活警察。依北洋政府定制,只有京师、省会和商埠警察机关所需警款纳入国家预算,由中央拨给,各县所需警款由各县警察机关"就地筹措"。这就为反动警察敲诈勒索、横征暴敛打开了方便之门,提供了"合法"的依据。

当时敛取警款的方式以"捐"为主,捐目繁多,因地而异,不容备载,大致说来,可分两类,即亩捐和公益捐。亩捐按地质好坏分上、中、下、沙碱四种,一律随粮代征。公益捐包括商捐、屠宰捐、乐户捐、牲畜捐、营业捐、戏捐、妓捐、经纪捐、蚕捐,等等。亩捐和公益捐相比,亩捐为大宗。以奉天省为例,1924年全省收亩捐约为大洋四百一十一万三千三百八十九元,公益捐约为大洋一百三十一万九千八百五十六元,二者合计五百四十三万三千二百四十五元。① 奉天特别看重保甲,一度实行"警甲合一"的制度,除警款外,还要征收保甲费。保甲费"按亩摊派,每亩收小洋一角,此项收入大县一、二万,小县数千元。夏秋两防抽编临时甲丁,衣食等费仍须摊自民间,有按亩摊派者,亦有按锄头、按门户摊派者,名目不一,县与县殊,保与保异,全省摊款在四百万以上,但摊派多系出自地亩,商埠、盐场、林场、蒿场、葭园等,或摊或不摊,无一定之规"②。察哈尔特别区域的多伦县,每年征收的商捐、亩捐多达三万三千四百五十九元。③ 沉重的负担把劳苦大众压得喘不过气来,1924年,奉天一省百姓拖欠的警款多达六十八万三千六百七十一元。

本来,京师、省会和商埠的警款由国库开支,实际上这些警察机关都巧立名目,征收捐款,以扩充财源。如山西省会警察厅所收之捐有车捐、妓

---

① 《奉天全省警甲报告书》下册,第三编图表,1925年11月奉天作新印刷局版。
② 《奉天全省警甲报告书》上册,第196页。
③ 田中玉:《政务辑要·警察》,第8页。

捐、戏捐、代当捐（当铺捐）等多种，其中以车捐、妓捐为大宗。1919年车捐为四千四百零六元，妓捐为五千三百七十元，占全年经常岁入自收款一万二千五百八十九元的百分之七十七点六。为了榨取捐款，山西省会警察厅绞尽脑汁，采取了种种措施。以车捐而言，规定车辆不论"自用"还是"经营"均须纳捐。车捐分月捐、日捐两种，月捐由各区警察署经收，日捐由各城门的警察分驻所经收。月捐车辆分马车、二套载重平轮大车、二套载重平轮轿车、新式胶皮轮轿车、人力车（包括手推车）五等纳捐。日捐适用于入城车辆，分三等纳捐。车辆不纳捐的，加十倍处罚。① 对警察说来，妓馆是不可少的，因为它是有利可图的行业。太原妓馆每年要向省会警察厅纳捐数千元。这是一笔可观的收入。所以警察当局尽管承认"自欧战结束，大倡人道主义，于是无妓主张随弥漫大地"，但却认为这不符合"吾国社会情状与人类之道德"，"无妓主义绝非今日之所能行"；不仅不予取缔，反而在城西南"择空旷之地，辟宏阔之场"，建头等、二等、三等妓馆数十家，房屋六百间，使原设于西羊市口小巷街的妓馆全部迁入，"以博奇利"。②

警源和警款是制约北洋政府警察队伍发展的两大因素。前者关系到警察的"质"，后者关系到警察的"量"，质和量形成了尖锐的矛盾，虽然北洋政府及其内务部采取了各种措施，但始终没有能够解决这些问题。

四　直接服务于军事独裁统治，镇压革命党人，残民以逞

警察和军队、法庭、监狱一样，是统治阶级镇压机器的组成部分。其主要职能是通过镇压，以求当权者所需要的"安宁"和"秩序"。北洋政府的警察正是以加强和突出其镇压职能来直接服务于军阀的独裁统治的。与清朝末年不同的是，从袁世凯当政开始，历届北洋政府都把警察、军队和特务三者紧密地结合起来，军警特相互配合，既分工又合作，以共同对付革命人民。

军警结合出于必然，是由军阀统治的本质决定的，军阀们都是靠枪杆子起家的，没有军权，自然也就无所谓警权，军队和警察不可分。至于警特的结合则是由于警力之所不及，警察机关本身虽然也设有特务人员，如坐探、便衣之类，不仅数量不敷使用，更重要的是他们的活动范围受到一

---

① 《山西警察报告书·呈文》，第49—50页。

② 同上。

定限制，很难发挥法律规定之外的镇压作用。奉天省曾在辽沈道所属的二十二县试办便衣警察，试办一年，沈阳、辽阳、铁岭、海城、营口等十七县没有破获一起命盗案件，黑山等县各破获二至三起，辽中县破获一起，均系一般窃盗案件，对于重大政治案件，他们就更加无能为力了。于是，在警察机关之外，各种名目的与警察机关相互配合而又独立活动的特务机构便建立起来。

军警特务的紧密结合加强了大小军阀的军事专制独裁的统治力量，他们凶暴肆虐，屠戮残害，荼毒生灵，制造了无数惨绝人寰的血案。

警察特务的首要目标是镇压反对和威胁军阀统治的革命党人和其他爱国民众。他们不仅不择手段，无所不用其极，而且异常残暴，从不手软。袁世凯自窃国之日起，就调动警察特务残酷镇压辛亥革命志士，这在当时已不是什么秘密。1912年6月，袁世凯和黎元洪合谋，指挥警察特务在汉口逮捕和杀害了祝制六等一批参加武昌起义的有功人士。在首都北京，警察特务对革命党人的残害尤为酷烈。当时的北京处于白色恐怖之中，"恶探横行；机穽密布，凡有功民国诸君子，往往以莫须有三字骈首西市，而其科刑之酷，冤狱之多，尤以京畿军政执法处为最著"[①]。这年8月，袁世凯诱骗著名革命党人、武昌起义有功人员方振武、方维入京，以"蛊惑军士、勾结土匪、破坏共和、图谋不轨"的莫须有罪名，由特务组织京畿军政执法处逮捕，当即杀害。此后不久，1913年3月，袁世凯又指使时任国务总理的赵秉钧，部署内务部秘书、特务分子洪述祖，收买流氓应桂馨和兵痞武士英，在上海火车站暗杀了国民党代理理事长、幻想"议会政治"的资产阶级革命领袖人物宋教仁。

如果说在1913年3月"二次革命"以前，警察特务对革命派的镇压还有所顾忌，不敢大规模地进行，多半采取诱捕、诬陷、暗杀等方式的话，"二次革命"失败后，革命党即被袁世凯宣布为"乱党"，革命派和爱国民众被宣布为"乱民"，他们已撕去一切伪装，大打出手，编印《乱党之真相》和《孙黄小史》，肆意污蔑、悬赏捉拿革命党人，在北京制造血案，大批革命党人和爱国民众惨遭杀害。仅被京畿军政执法处杀害的就"数以千计"，包括四川会党领袖张百祥、山东同盟会支部长徐镜如、四川民政长张培爵、北京《民主报》主编仇亮、江苏第三师旅长张秀全、南京临时政府交通部司长林逸民等较为知名的人士，甚至连章太炎也遭到军政执法处的拘

[①] 王建中：《洪宪惨史·序》，作新印刷局1925年版。

捕和京师警察厅的软禁。京师警察厅总监吴炳湘对章的住所"以巡警充阍人，稽查出入，书札必经总厅检视，宾客必由总厅与证"。与此同时，各省也掀起屠杀恶浪，湖北、湖南、广东、广西、山东、江苏等省对革命党人的镇压尤为酷烈。湖南破获长沙革命党机关，与此案有关的被杀害者多达二百余人。安庆特务机关探访局两年间杀害革命党人五百七十多人。1921年中国共产党成立后，立即被北洋政府及其军警特务视为洪水猛兽，疯狂地进行搜捕和镇压。中国共产党早期领袖之一的李大钊以及其他许多共产党人和革命群众惨遭军警特务的杀害。反动军警也从不放过对广大学生的爱国民主运动的镇压，1919年在北京爆发的五四运动是中国近代史上伟大的爱国民主运动。爱国学生因山东问题在巴黎和会上的失败而愤怒，他们提出"取消二十一条""惩办卖国贼"和"誓死收回青岛"等正义口号和爱国要求，竟遭步军统领李长泰和京师警察厅总监吴炳湘率领的反动军警的镇压，大批学生被捕。

反动军警害怕"言论自由"，禁止报刊登载所谓"淆乱政体"和"防害治安"的新闻报道，动辄查封报馆，迫害报人，对进步人士竭尽摧残之能事。1913年8月，北京《爱国报》编辑丁葆祯在其所作时评中说："军人为国家卖命，非为个人卖命者。为个人可谋生计之处者甚多，何必从事。"仅仅因为说了这句话，就遭京畿军政执法处逮捕，以"迹近通匪，煽惑军心"的罪名加以杀害。更有甚者，湖南邵阳中学一位国文教员因给学生出了一道倡导民权的作文题，竟被指为"乱党"，惨遭枪杀。1926年4月，《京报》主笔兼上海《申报》驻京记者邵飘萍因为揭露军阀的罪恶行径，被京师警察厅冠以"宣传赤化"的罪名加以逮捕，第三天即被杀害，《京报》也被查封。邵被杀害不久，《社会日报》主笔林白水也以同样的罪名被处决。《世界日报》总编辑成舍我被逮捕，报馆被查封。诸如此类的血案和暴行，不胜枚举，罄竹难书。

广大农村是统治力量的薄弱地区。北洋政府则采取另一种方式镇压那里的反抗活动。当时不少省区，如山东、湖北、奉天、察哈尔等，都发布过"清乡"条例或章程，由当地驻防营和县警察队联合组成清乡队，以"剿拿匪徒、清查窝家"为名，定期或不定期地进行大规模的扫荡。① 清乡队所到之处，人民遭殃，鸡犬不宁。1914年湖北全省"清乡"，从6月到11月，破获"乱党之案百数十起"，大批革命党人和无辜群众惨遭屠戮。

---

① 参见《山东全省清乡暂行简明章程》（1917年2月8日）。

反动军警特务置"法制"于不顾，崇尚暴力，践踏民权，凶残酷虐，肆无忌惮，正是北洋政府丧失信心和政治腐败的一个突出表现。政治腐败表现在国家生活的各个方面，而以作为镇压机器的军警特务的猖狂活动表现得最为明显。这是被大量历史事实充分说明了的。但这并不能挽救反动的北洋政府必然灭亡的命运，这也已为历史的进程所证明。

第九章

中央警政管理机关

第一节 内务部的职权范围及其组织机构

一 内务部的职权范围

北洋政府时期总揽全国警政的中枢机构为内务部，内务部在中央各部中仅次于外交部，其地位在财政、陆军、海军、司法、农商、教育、交通等各部之上。

虽说内务部是总揽全国警政的中枢机构，但就其职责范围而言，与清末的巡警部有很大不同，而与清末的民政部颇多相似。巡警部职责单纯，为主管全国治安行政的首脑部，是中国近代史上唯一以警政为专责的中央机构。辛亥革命后，南京临时政府设内务部，取代了清王朝的民政部。袁世凯窃国后，北洋政府保存了内务部的建制，相沿不改。但无论是北洋政府的内务部还是清末的民政部，都比清末巡警部的职权广泛得多。北洋政府内务部管辖的事务有：地方行政、选举、赈恤、救济、慈善、感化、人户、土地、警察、著作出版、土木工程、礼俗、宗教及卫生事务，并监督所辖官署和地方长官。

内务部拥有如此众多的职能，自然不应把它视为像巡警部那样单纯的警政机关，但说它是总揽全国警政的机关却也并不过分，因为警政管理毕竟是内务部最重要的职能，其他职能无不或多或少地与警政管理和社会治安有直接或间接的关系。

二 内务部的组织机构

北洋政府内务部的职权不仅比清末巡警部的职权广泛，其内部结构也比巡警部庞杂得多。内务部设总长一人（特任），次长一人（简任），参事若干人（简任），各司司长一人（简任），秘书、佥事若干人（荐任），主事若干人。

总长是一部之首，他总揽部务，依其职权或特别委任发布部令；地方长官的命令或其处分如果违背了内务法令或逾越权限，有权予以停止或撤销。此外，他统辖所属职员，对于简任官和荐任官的任免会同国务总理呈请大总统决定，委任官的任免由其自行决定。内务总长为国务会议成员，得出席由国务总理召开的国务会议。内务总长因故不能视事时，除出席国务会议、部署及发布部令外，由次长代理其职务。① 次长辅助总长管理部务，监督职员。参事承总长之命拟定和审核法律命令案。总务厅及各司司长承总长之命总管一厅一司事务，秘书承总长之命分掌总务厅事务，佥事承长官之命分掌总务厅及各司事务，其员额，总务厅及各司均不得超过八人；主事承长官之命，助理总务厅及各司事务。此外，内务部还设技正（荐任）四人，技士（委任）十人，承长官之命掌管技术事项。

内务部内设总务厅和六司，除总务厅为北洋政府时期中央各部所共设外，其他各司都是为了执行内务部的各项职能而设立的。

总务厅的法律地位和职权由《各部官制通则》规定，它与各司不同，地位在各司之上，其任务为掌管机要，典守印信，编制统计报告，记录该部职员的升迁任免，收发、保存与纂辑各项公文函件，编制预决算，管理经费和官产官物。总务厅下设文书、会计、统计、庶务四科。文书科掌管印信、职员进退记录，文件收发保管；会计科掌管本部经费、预决算以及对直辖各官署会计的稽核；统计科掌管统计材料的搜集、统计及报告的编制；庶务科掌管本部官产官物、杂务处理及不属于其他各司的事项。总务厅的各科与各司的各科不同，它们直隶于总次长，由总次长直接指挥，"会计科向为总次长个人之账房，庶务科为总次长之小使，文书科则长官家红白帖套之起稿，统计科则不统无计"。各科科长只知"迎合上意，假公济私，欺上罔下之举，不一而足"。②

民治司是内务部首司，职权广泛，如吏治、自治、选举、赈恤、救灾、慈善、国籍、户籍、征兵、征发等均属其职权范围。民治司下设五科。第一科管理的事务有：地方行政编制、地方行政经费、行政诉愿、地方行政长官任免、考核、奖励和惩戒等。第二科管理的事务有：对省议会经费的监督和经费的核定，对地方自治团体和公共团体的监督和经费核定等。第三科掌管

---

① 《呈大总统请规定次长代理部务权限文》（1913年5月5日）。
② 《北京官僚罪恶史》，《近代稗海》第三辑，第458页。

的事务有：国会议员的选举，国会的召集与筹备，国会议员的递补，省议会议员的选举和递补以及其他关于选举的事项。第四科掌管的事项有：罹灾救济，蠲缓征赋钱粮，备荒救荒，积谷，八旗生计，红十字会的设置，救济及奖励，京师平粜及赈施，各种慈善事业，对游民习艺所、济良所、教养局及贫民工厂的管理。第五科掌管的事务有：国籍，户籍，户口调查，世爵世职的承袭，旗民的继承，侨民的保护等。1920年，北方旱灾严重，饿殍遍地，中外慈善团体莫不争相办理救济，内务部为了欺骗舆论、掩人耳目，也设立了赈务处，由民治司司长主持其事。

职方司是内务部主管行政区划、官地收放、民地调查、土地图志等事务的机构，下辖四科。第一科掌管疆界整理，区域划分和裁并，区域表册编制，区域调查，治所设置和移驻，区域名称的厘正，土司改流及设置等。第二科掌管官地的调查、清丈、登记、统计、交换、让与、借用、收回、租赁、买卖、保存等。第三科掌管民地的清丈和统计，私产的清理和保护以及外国人租用民产等。第四科掌管全国土地面积的统计，图志编纂，地图审订，地方志书审订，地方图志征集，全国地图编制、计划土地丈量等。全国行政区划和土地整理是职方司的主要职权，事关"体国经野"，但"该司对于此项大政毫未施行，即调查表册亦不多见，其唯一之成绩，不过一本不完全之行政区划表，及北京实测地图一幅而已"。"该司主要人员，亦多有兼职，考其成绩，坐领兼薪而已"。[①]

土木司主管土木工程事项，包括内务部直辖土木工程，地方及其他公共土木工程，内务部直辖土木工程经费及补助地方工程经费的调查，道路桥梁的修缮及调查，河堤、海港及其他水道工程以及与土木工程有关的土地收用等。该司下辖四科。第一科掌管内务部直辖土木工程，地方及其他公共土木工程，自辟商埠工程。第二科掌管直辖工程经费，审核地方工程经费，负责直辖道路工程的建设，考察地方道路工程以及桥梁的修缮和调查。第三科掌管河海工程的研究和计划，河海工程设施及考核，河海工程局所定章制的审核，河工官吏的考绩及奖惩，河工经费的管理，京师河道的管理，沟渠及其他水道工程的管理以及其他水利行政事项。第四科的职责范围是，对收买和租用土地进行审核，对收用土地进行评价，有关收用土地的诉愿及强制执行，审核各种土木章程，审核京师收用的房地。尽管土木司的法定职权广泛而明确，实则毫无作为。由于当时中央财政奇窘，北洋政府各部院多自由变

---

① 《北京官僚罪恶史》，《近代稗海》第三辑。

卖官有财产，"内务部折卖城墙楼砖瓦木料，遂为土木司之唯一天职。其变卖手续向守秘密，其中上下其手处甚多，此为该司科长发财之一端，亦即黑幕之一种也"①。

土木司除上述四科外，还设有京师河道管理处和河务研究会。前者由土木司司长兼任处长，后者也由土木司司长主持。京师河道管理处"每年定有预算，为数甚巨"。可是"京师河道淤塞，臭气时闻"。"不知真相者，皆以为政府太穷，无人管理，而不知堂堂司长处长，因年年坐领薪俸如故也。且每年又能收入冰厂捐、护城河车捐各若干，以资津贴，其他一无所闻。"②至于官办的河务研究会更是"虚费有用之钱，而津贴该司科长及少数之事务员，此为黑幕之最显著者"③。

内务部礼俗司1914年改为典礼司，1916年11月复称礼俗司，其主管事务为有关礼制、祀典行政、祠庙、宗教、保存古迹以及"褒扬节义"和"整伤风俗"等事项，下设四科。第一科掌管审订通礼，审定礼乐，编订祀典礼节，缮写褒词匾额，审核褒扬，整饬风化等。第二科掌管祀典行政、审查附礼、管理坛庙、管理乐舞、承办祀典等。第三科负责寺院的管理，对宗教财产的保护，僧道籍证及戒牒的制定，教会的立案，经典法物的保存及颁发。第四科负责保存文物，保护各地的名胜古迹、历代陵墓、古代祠庙及其他古代建筑，领导古物保存所和古物陈列所。除上述四科外，该司设有坛庙管理处。"司中办事成绩除褒扬文章，春仲秋丁祭典外，一无所闻。"④

卫生司是内务部的卫生行政专设机构。其主要任务是：传染病、地方病的预防，种痘及其他公众卫生事项，车船检疫事项，医师和药剂师业务的监查事项，药品检验和卖药营业检查事项，卫生组织和医院的管理事项。这个司下设四科，第一科掌管卫生组织的组建，河川沟渠道路的清洁，饮食业的管理，工厂、市场和其他公众场所的卫生，屠宰业的管理，墓地葬埋的管理，卫生书报的审查，禁烟经费及罚金赏款的支配等。第二科掌管传染病和地方病的预防，车船检疫，国际防疫，种痘、痘苗和血清的管理以及禁烟事项。第三科掌管公私立病院的调查和取缔，医师和药剂师资格的核定及认许，医师和药剂师开业执照的发给和取消，医师和药剂师名籍的登记和业务

---

① 《北京官僚罪恶史》，《近代稗海》第三辑，第477—478页。
② 同上书，第480页。
③ 同上。
④ 同上书，第486页。

的监查以及产婆的管理等。第四科掌管药商呈报登录和取缔，药品和剧毒药品的检查，饮食和清凉饮料的检查，对制药厂的临督等。除上述四科外，曾设中央防疫处，由该司司长兼任处长，各科科长不论有无医学知识，一律兼派职务，月月照支兼薪，同时大量贩卖中西药品，获利巨万。至于防疫，数年之中未办一事。

上述一厅五司以及下节详述的警政司，是内务部的基本内部组织，由《内务部官制》所规定。[①] 此外，内务部还设有若干专门办事机构，它们也是内务部的组成部分。其中主要的有：内务部编译处、内务部全国河务研究会、内务部选举审查委员会、内务部文官普通惩戒委员会、内务部普通文官甄别委员会等。

内务部编译处的主要任务是翻译各国内务行政法规，调查各国内务行政状况，编辑本国内务行政法令和内务行政例规。该处设处长一人，由内务总长派充，综理处内事务，下设编译员、编辑员和办事员。编译员无定额，但有专任和兼任的区别。专任编译员由处长商承内务总长由部外选派，兼任编译员由处长商承内务总长就部中熟悉法令人员指派。编辑员也有专任和兼任的两种，可以从部内外选派，但专任编辑员最多只能有四人。编译处下设两股，即编译股和编辑股。它们都要按照一定的程序进行活动，所有编译和编辑稿件都要送交处长审定，处长则于月末呈报总次长备核。据统计，编译处计划分期完成的项目，分甲、乙、丙三类，共三十一项，如中国内务行政之沿革、中国警察行政现状等。但由于坐领兼薪者多、实际办事者少，使计划成为泡影。

内务部全国河务研究会一般被误认为是研究河务的专业学术团体。其实不然，它是"研究全国河务之根本计划及应行次第兴革事宜"的官方机构，专为内务总长点缀门面，充其量只能起咨询建议的作用。该会会长由土木司司长兼任，另设常务委员一人，由内务总长遴派"富有河务经验"的所谓学术人士专任，土木司职员和内务部"熟悉河务"的人员均为研究会的会员，内务部以外的任何人，包括专业技术人员，都无权参加研究会。研究会所要研究的问题，主要由内务总长和会长（即土木司司长）提出；研究结果要写成"研究案"，叙明办法和理由，呈请总长裁决施行。

内务部选举审查委员会的任务主要有两项，一是解释选举法令，二是审核选举程序。选举本属民治司的职权范围，理应由民治司司长出任选举审查

[①] 《内务部官制》（1912年7月31日），《内务法令辑览》第一辑，第四类，第44—47页。

委员会的主任委员。可能因为选举与伪造民意关系密切，殊非小事，所以主任委员一职照例要由内务总长亲自指定，委员虽无定额，但也要由内务总长指定，而且只能在内务部参事、民治司司长、民治司第二科科长和科员以及该部熟悉法令的部员中产生。审查方式比较简单，应行审核的文件到会后，由主任委员委托委员一人或二人审查，审查完毕后提出报告书，召开委员会讨论评议，以出席委员过半数决定可否，同数时由主席决定，然后制作议决书，呈交内务总次长核定后缮发。

内务部文官普通惩戒委员会和内务部普通文官甄别委员会也是内务部的内部组成部分。至于内务部的外部组织，为数也不算少，其中主要的是京师警察厅，因为京师警察厅由内务部直接领导，而与京兆尹公署在组织上和业务上无任何隶属关系。

三 内务部的办事规程

北洋政府内务部的办事规程是依据其组成人员的职责权限规定的。

内务总长是内阁组成人员，参加国务会议和政府决策，对部务负全责。内务次长协助总长处理部务，但对某些事务可以不经总长而直接处理，如关于应存文书事项、例行公文事项、办法决定后的执行事项、临时指定委任事项，执行监督职权事项以及整理部务事项等。以上事项被称为"次长专行事项"。[①] 越出以上事项范围的，都要报请总长决定。如部内外文件，照例要由次长先行"查阅"，然后再呈送总长"核定"；只有当次长代理总长职权时，或有总长特别委任时，次长才有"核定施行"之权。

至于法律命令的草拟和解释，也规定有一定程序。法律命令的草拟有两种情况，一是由参事拟稿，二是由厅司拟稿。凡参事所拟文稿，即由参事直接呈请总长核定，而由厅司拟稿的，则要经参事审议后，才能呈请总长核定。参事在审议文稿时，要同有关方面协商。法律命令的解释也由参事办理，必要时也须同有关司长协商。厅与司之间和各司之间，如果在职责范围方面发生了分歧，"应由厅之主管科及主管各司具案。与有关联者协商，若彼此意见不同时，应即面请总长裁夺"[②]。事关机密事项，由秘书拟定办法，直接呈送总长核定，而不必经过次长、参事和司长。总务厅和各司对于紧急文件，随到随办。对于一般文件，自收文之日起，三日内拟稿，呈请总长

---

① 《内务部次长专行事项》（1912年9月6日）。
② 《内务部办事规则》（1912年7月4日）。

核定。

四　内务部部务会议

内务部的部务会议由总长定期召集，其任务是征集部员意见，研讨该部应兴应革事宜。参加部务会议的法定人员很广泛，包括总长、次长、参事、司长、秘书、科长等。会议每周星期三上午举行，由总长主持；总长不在时，由次长代理。会议讨论由总次长交议的问题或部员提议的问题，部员提议的问题要先写成书面意见，送交文书科缮印，会前两天发给与会人员。总次长交议的问题，由文书科直接送达与会人员。

内务部是北洋政府下属部之一，当属行政机关，所以在部务会议讨论各种问题时，虽就法律规定而言，每个与会者都有表决权，但表决结果并无实际意义。这是因为总长拥有决定权，表决权要服从决定权，总长可以按照自己的意愿或者认定表决结果，或者推翻表决结果，另行作出决定。

第二节　内务部警政司的法律地位及其职权

警政司是内务部六司之一，看起来似与其他五司处于平等的法律地位。其实不然，由警政司的实际作用和内务部的组织系统所决定，使得这个司的地位远非其他各司可比。

首先，"警政为内务之首"。内务部虽有多种职能，但主要的还是钳制和镇压人民群众，维护统治秩序和社会"安宁"。在内务部，这种职能首先是通过警政司的活动体现出来的。

其次，内务部拥有自己的自上而下的组织系统，这就是地方各级警察机关——警察厅、警察局和警察所，内务部其他各司的不少职能也都是通过这个系统实现的，如属于内务部民治司职权范围的户口调查、户籍管理、济良所和教养局的设置等，属于礼俗司职权范围的对寺院的管理等，以及卫生司的绝大部分职能，都是由地方各级警察机关执行的。这些职能实质上也是警察的职能。

但是，从法律规定去看，警政司的职权甚小，依照1912年7月31日公布的《内务部官制》的规定，警政司主管的事务只有三项，即行政警察事项、高等警察事项和著作出版事项，比其他各司的职权范围要小得多，如民治司掌管的事务有十项，职方司有四项，土木司和礼俗司各有六项，卫生司有五项。

实际上，警政司设有五科，每科都有其特定而广泛的职权。第一科掌管的事项有：警察机关的设置、区划和配置，警察官吏的任免、赏罚、抚恤及身份的认定，警察成绩的考察，警察教育的管理，警察经费的筹划，警察法规的编查以及不属于其他各科的事项。第二科掌管的事项有：关于交通、风俗、营业、建筑、狩猎等类警察，关于铁路、盐场、森林、矿山、渔业等类警察，关于地方保卫团的组织和管理，关于火灾消防，关于司法警察、违警处罚和强制处分等。第三科掌管的事项有：集会结社，非常警察、外事警察、枪枝弹药和其他危险品的取缔、预戒命令的执行等。第四科掌管的事项有：著作物的注册和出版、对报业的管理和新闻检查。第五科掌管特种机务事项。[①]

除上述五科外，警政司还设有警卫队和若干临时性机构，如机务室、出版著作委员会、东省警察训练处等。由近百人组成的内务部警卫队，隶属警政司管辖，年费三万余元，本无存在之必要。北洋政府各部，除陆军部、海军部和参谋本部而外，均由京师警察厅派巡警三、四人轮流值岗，只有内务部设有如此庞大的警卫队伍。机务室是北洋政府宣布参加"欧战"（第一次世界大战）后为遣返"敌侨"而设的专门机构。它和出版著作委员会、东省警察训练处设置的时间都不长，完成其特定任务后即行撤销。

警政司是内务部主管全国警政的专设机构，地位显赫，职权广泛，组织庞大。但它本身并不参与指挥警察的实际活动，也不能直接向地方各级警察机关发号施令。它所作出的一切决定，均须听命于总长，或者经总长认可后而以部令的形式行文。在中国近代警察制度发展史上，内务部及其警政司的作用不容忽视，其主要表现就是近代警察机关体系的确立和发展以及各种规章制度的制定和趋于完备，从而把从清末开始的中国警察制度近代化的进程向前推进了一步。

[①] 《内务部厅司分科规则》（1917年12月8日）。

第十章

首都警察机关

历代统治阶级对维护京师治安和社会秩序无不寄予高度重视，中国自近代警察制度产生以来，清政府就把警政建设的重点放在京师，不惜投入大量人力、物力和财力，以加强京师的警察力量。一向以重视警政著称的袁世凯更是如此，他在窃据民国大总统宝座后不久就宣称："京师为首善之区，警察有卫民之责，维持治安，防御危害，在与人民有直接之关系"①，把改组与充实京师警察机关视为加强警察统治的首要环节。1913年初，袁氏下令把京师内城巡警总厅和外城巡警总厅合并为京师警察厅，从而结束了清末以来两厅分立的局面，使警权的行使更加集中，同时保留了清王朝的军事治安机构步军统领衙门，使之与京师警察厅形成犄角之势。此外还一度成立了执行特殊警察职能的京师军警联合公所，从而为北洋政府时期的京师警制奠定了基础，也为地方警察机关的组建树立了样板。

第一节 京师警察厅

一 京师警察厅的组织机构及其职权

京师警察厅直隶于北洋政府内务部，与京兆尹公署无从属关系，负责京师市内的警察、卫生、消防事项，其首长称总监，承内务总长的指挥监督总理厅务，监督所属职员。总监为了执行法律教令或依照法律的委托，可以发布单行警察章程，对所属职员的活动以及他们作出的决定，如果认为有违法令、妨害公益或侵越权限时，有权停止或撤销。京师警察厅的工作人员共有一百七十四人，其中都尉九人，警正三十九人，警佐一百二十人，分掌或佐理警察事务；另有技正二人，技士四人，分掌或佐理技术事务。

---

① 《内务行政纪要》，北洋政府内务部印行，第22页。

京师警察厅在总监之下设五处十四科，即总务处第一、二、三科，行政处第一、二、三科，司法处第一、二、三科，卫生处第一、二、三科，消防处第一、二科。

总务处第一科掌管机要，拟订各项警察章程，招募、训练与考核巡警以及对巡官长警的特别派遣等；第二科掌管典守印信、文件收发、编制统计等；第三科掌管预决算、经费出纳、物品购置、建筑修缮等。

行政处负责保安、正俗、外事、交通、户籍、警卫、营建等事项。其第一科掌管集会结社、报刊检查、剧场管理、娼寮稽查等；第二科掌管国籍变更，户口调查，道路、桥梁、沟渠及公共交通的督察，社会救恤和"贫民教养"等；第三科掌管警卫的派遣，开业、歇业的登记，对市场的视察，官私建筑的准驳等。

司法处负责刑事、侦查、违警处罚等事项。其第一科掌管刑事案件的预审和解送、法医诊断、赃物管理、传唤证人及取保省释等；第二科掌管搜集赃证、缉捕案犯等；第三科掌管司法警察的训练和派遣、拘留所的管理、违警科罚和其他行政处罚等。

卫生处负责道路清洁、保健防疫、医术化验。其第一科掌管公共道路清洁、清道夫役的配置、公厕的设置和修缮、公共沟渠的管理；第二科掌管医疗行业的管理、制药业的检查、娼妓健康的诊断、传染病的预防等；第三科掌管巡官长警的体格检查、患病人犯的诊治、公私医院的视察、药品和化妆品的化验等。京师警察厅的医药室也由卫生处管理，专掌救急治疗和警察医务，如警察官吏因公受伤的诊治，各种急病和斗殴、杀伤、服毒人等的急救，拘留及待质人犯的医治等。

消防处负责消防组织和消防器材的管理。其第一科掌管消防队的配置、编练、赏罚及派遣等；第二科掌管消防器械的管理与保存，地形、水利的调查等。

以上各处均设处长一人，以都尉充任，承总监之命管理处务。每科置科长一人，以警正或技正充任，科员一至三人，以警佐或技士充任。[①]

京师警察厅除上述五处十四科而外，另设勤务督察处以监督外勤勤务，勤务监察处由勤务督察长和督察员组成。这是一个对京师警察厅所属各区署、队、所的警察实地进行检查监督的专门机构，本身不行使警察职权。督

[①] 《京师警察厅官制》（1914年8月29日），《京师警察厅分科职掌规则》（1914年8月31日），载于《京师警察法令汇编》，第2—12页。

察区域与京师各区署辖区相吻合，全城共有二十个警察署，对勤务督察处来说，每个区警察署辖区就是一个督察区。督察长要亲往各区稽查，每月不得少于二十次。督察员则分区稽查，由督察长抽签决定应查区域。督察员的稽查分昼班、夜班进行，每班八人。这种稽查称"制服稽查"，即身穿警服执行稽查任务。此外还有"便衣稽查"，稽查时不着警服，严守秘密。

勤务督察处的督察员拥有较大职权，有权稽查各区署执行警务的方法及其管辖地段的情况，管理交通、卫生的情况，调查户口的详略及监视人民的方法，巡逻守望是否认真，甚至连"巡官长警之容装礼式，及其执行职务之适否，并接遇人民之情形"均在稽查之列。勤务督察处特别重视冬防稽查和夜间稽查。冬防稽查分前后夜，前夜从二十时起至次日一时止，后夜从二时起至七时止。夜间稽查特别注意巡逻守望有无空误，各该地区有无盗贼踪影及可疑之事。稽查时遇有重大事故要迅速报告京师警察厅，"寻常事件"径告该管区署或队所。如果遇有巡官长警不遵守勤务规则，督察员要照章纠正，并要查询其姓名和服章号码报告京师警察厅或就近告知该管区署及各队。督察员在每次稽查终了都必须撰写"督察报告"，实即填写具有固定格式的报表。其内容是，某路勤务督察长报告某班稽查某区情形，包括经过路线，巡官长警之勤务、容装、礼式，行政警察事项，司法警察事项，卫生警察事项，特别发生事项以及处理意见。然后送交勤务督察处，由勤务督察长汇呈京师警察厅总监批阅；如有批示，由京师警察厅有关各处办理。

依照1914年8月29日《京师警察厅官制》第十六条关于"京师警察厅因维持治安之必要得编制警察队"的规定，同年10月9日京师警察厅发布《保安警察队现行编制办法》，成立了保安警察第一队、保安警察第二队和保安警察马队，分驻京师城内外。不久又接续原有保安警察队的编制，成立了保安警察第三队和第四队。保安警察队由京师警察厅总监指挥监督，下设勤务督察长和教练督察长各一人，稽查员二人，管理各队事务。勤务监察长管理行政事务，并且依照特别委任的职权，对保安警察队的活动负完全责任，布置保安警察队的一切勤务。教练督察长负责保安警察队的教练事务和管界内的联系，遇有重大事件应随时报告京师警察厅总监，听候内务总长的命令办理。稽查员由稽查长领导，稽查警兵的操练和勤务，"并随同办理使馆界内应行接洽事宜及外国人发生事项"。[①]

各保安警察队设队长一人，司书一至二人，号长二人，号警十六人。每

---

① 《京师警察厅添练保安警察队简章》，《京师警察法令汇纂》第一类，第42页。

队辖两个分队，各设分队长一人。每分队辖三个小队，各设副分队长一人。每小队辖四排，各排设排长一人，队警十人。京师共有五支保安警察队，合计约一千五百人。

侦缉队是京师警察厅的一支重要力量，执行各项侦查任务。侦缉大队设队长一人，以警正派充，下辖四个分队，各设分队长一人。每分队辖两小队，各设副分队长一人，助手一人，每小队有队兵三十人。侦缉队建队初期，共有队兵二百二十人。此外，由于侦缉工作的需要，侦缉队可以临时雇用"特别探访"。[1] 侦缉队的特务和军政执法处的特务沆瀣一气，横行京师，造成一派恐怖气氛。他们以各种面目出现，残害人民。"有所谓娼妓侦探者，浓涂艳抹，招摇于市门，一遇轻薄少年，多方与为勾结，或竟嫁作妇人，及乱党事发，而美人受上赏矣"；"又有所谓志士侦探者，政府以金钱笼络，口头孙（中山）黄（兴）之流，手携短杖，身着西装，与人大谈时政，或竟为国民党人抱屈，或有受其诱骗者，登时缚送衙门，而身首异处矣"；"又有庸劣侦探，实无所获，久受豢养之恩，并无见功之地，于是假为委任，托之孙黄，日伺浴堂，见有脱衣入浴者，暗以此类文书，置其衣里，及浴毕归家，方下楼即遇缇骑，一搜身中，证据确凿，而此人无生之气也"。[2] 其手段之卑劣，无其不有。

消防队是京师警察厅的另一直属机构，主管灭火事宜。全城划分六个消防区域，其中内城四个，外城二个。每个消防区域各以一个消防分队驻守。内城第一区域驻灯市口，第二区域驻广济寺，第三区域驻宝泉局，第四区域驻养蜂夹道；外城第一区域驻甘井胡同，第二区域驻梁家园。六个消防分队各有队兵一百人，合计六百人，每十人置消防目一人，每五十人置消防机关士一人。每分队置分队长一人。各分队直隶于京师警察厅消防处。[3]

直属于京师警察厅的专设机构还有贫民教养院、疯人院、济良所、教养局、拘留所和内外城官医院。它们各自履行特定的职能。

贫民教养院设于京师内城，创办于光绪三十四年（1908），北洋政府时期继承沿设，由京师警察厅长官兼任该院监督，总理该院一切事宜。贫民教养院的主要任务是收留无家可归的贫民，包括年老者、幼弱者、痴者、盲者、瘖者、聋者、废疾者，即衣食无着、流浪京师的老弱残疾，不分省界，

---

[1] 《侦缉队现行编制办法》（1914年10月19日），《京师警察法令汇纂》第一类，第49页。
[2] 朱德裳：《三十年闻见录》，岳麓书社1985年版，第49页。
[3] 《消防队分设机关办法》，《京师警察法令汇纂》第一类，第51页。

不限男女。上述人等可以自愿入院，警察当局也可以强迫他们入院，以使"市无乞丐，野鲜饿殍，以肃治化，而惠流离"①。虽说贫民教养院的办院宗旨是"收留难民，兼施教养，勿任失所"，其实这只不过是表面文章而已，骨子里还是从维护社会治安着眼的。

贫民不论以何种方式，一旦入院，随即失去自由，并且必须接受强制劳动。贫民年在十二岁以上，除不堪劳动者外，"其余俱施以相宜之训诲工作"。教养院由警察把守，入院贫民"不得任意出入，其有不得已事故必须外出者，应由委员、司事允准，给予执照，守卫巡警验明放行，否则不准出院"。如果入院贫民有亲友前往探视，"须禀明委员、司事"。得到允准后，只能在"应接室晤谈"。"有亲属认领者，须取具切实铺结，听候查核批准，方得领出"。如有过犯"予以减食之惩罚，遇有大过犯时，酌量解厅办理"。② 由此可见，入院贫民的待遇与监犯实已相去不远。教养院的一套管理机构也与此相适应，除由京师警察厅长官兼任监督外，另设监察员、办事员各一人，司事二人，教习、医生各一人，他们统由监督延聘委用。此外，京师警察厅还拨派巡长二人，巡警十二人，"常川驻守"，以资弹压。

京师疯人院也创于光绪三十四年，北洋政府时期继续沿用，附设于贫民教养院，凡严重神经病患者，不问男女老幼，一律收留，或者由其家属呈送入院，或者由警察当局强迫入院。疯人一旦入院，就对其采取严格的防范措施，以免发生意外。如"人各一室，勿令杂居"，"隔间墙壁，尤宜坚厚，以防危险"，室内"床几应用之物外，勿置他物"，每天至室外散步一二次，"但不可聚诸疯人同游一处"。疯人病愈后，经医生验明，如其拥有"独立生业"，准其出院，否则送入工厂，老弱废残者收入教养院。③

京师济良所于1913年7月由京师警察厅呈明北洋政府内务部成立，是一个专门收容特定妇女的机构，由管理员、女董事、女检察、男司事及女教习若干人管理，收容对象包括："诱拐抑勒来历不明之妓女"，"受人羁束不能自由之妓女"，"不愿为娼之妇女"，"无宗可归、无亲可给之妇女"。妓女愿入济良所者，必须亲到警察厅区呈诉，或喊告于守望巡警，或"邮寄署名禀词于警察厅区"，或自投济良所。上述妇女经司法机关或警察当局讯实后，"由警察厅交所中教养择配"。

---

① 《创办京师内城贫民教养院章程》（光绪三十四年八月二十四日）。
② 同上。
③ 《附设疯人院简章》（光绪三十四年八月二十四日内城巡警总厅定）。

济良所的活动主要有两大项,即"教养"和"择配"。所谓"教养",就是"教以浅近学科",如"国文、伦理、算学、手工、烹饪、图画、体操、音乐"之类。每天功课六小时,要求并不严格,但须绝对服从约束,否则要给予"训诫"、"记小过"、"记大过"、"面壁端坐"一小时至三小时,"食无菜之饭一餐"等处分。情节严重的,送警察厅究办。济良所为所女(入所妇女)"择配"的方式颇为特殊,凡所女都要把自己的照片贴于该所的照片陈列室,并在照片上注明姓名。愿领所女者在照片陈列室观看照片,对于自己愿娶的妇女,可以向济良所当局提出,并要求会见。会见后,如双方同意,由男方开具姓名、年龄、籍贯、职业和住处,取具三家铺保,保证"无假冒及卖奸、转卖情事",报请京师警察厅批准后,亲自到济良所填写"愿书"(自愿领娶书)一式两份,一份由男女双方收执,另一份送警察厅备案,然后才能领娶所女。手续繁杂而严格。领娶人不能白白把人带走,他负有所谓"捐助所中经费之义务","其数由领娶人量力自定","捐助之款,领娶人于填写愿书时交纳",发给收条为据。京师警察厅就是这样打着"济良"的幌子从事买卖妇女的罪恶勾当的。①

教养局始建于宣统元年,民国初年继续沿设,由京师警察厅统辖,是劳动改造犯人的场所,其任务是"拘留犯人,专为感化其顽劣性质,使其改过迁善,并教以工艺,俾将来得以谋生,免致再犯"。该局附设第二局,专门收容贫民,不过它与贫民教养院不同,只收八岁以上三十五岁以下无废疾、无传染病的贫民,老幼残疾者概不收容。其收容贫民的方法有二,一是"呈请入局";一是"拘送入局"。所谓"呈请入局",是指于该年龄段的贫民不务正业或不服家长教令,"由其家长呈请该管厅局入局习艺"。"拘送入局"是指上述年龄段的贫民游手好闲,"形同匪类",或沿街乞讨,"有伤风俗",由该管厅区拘送入局。把这类贫民收容入局,目的是"分别其才质如何,或授以工艺,或施以教育,俾将来能各自谋生,不致为违法之事"。

教养局设局长一人,局员三人,医官一人,教习若干人,另设司书和司帐,并有巡官长警担任监守,执行巡逻、检查、守望的任务。监守又分大门监守、监房监守、工厂监守和宿舍监守,对犯人和贫民的言行举止进行严密监视,遇有"异状","即行报告上官处理"。教养局对犯人和贫民实行强迫劳动,他们的工作分为正艺和副艺两种,正艺即织布、打带、搓绳、编制柳条器物等,副艺即洒扫、灌溉、舂米、做饭等杂役。在教养局中,犯人和贫

---

① 《厘定京师济良所章程》(1913年7月京师警察厅发布)。

民除收放的途径和条件有所不同外,二者实无多大差别,他们必须遵守共同的规则,从起居、饮食、做工的规则,到探晤、寄信、沐浴的规则,都完全相同。①

此外,京师警察厅根据内外勤事务的需要,在司法处之下设拘留、刑事两所,在总务处之下设差遣、收发、守卫三所及军装库。

如果说教养局主要是关押已决犯的场所,京师警察厅司法处下设的拘留所则是"留置违警罪及犯各项行政处分者"的处所,也是"司法警察拿获之刑事犯未送审之时"的临时看管场所。由于被拘人的行为性质不同,拘留所备男室三间,女室一间,"以留置违警罪及犯各项行政处分者",另备刑事看守室男二间、女一间。拘留所设委员二人,支配所中一切事务;置巡官一人、巡长二人、巡警十四人,轮班看守。被拘人违反所规的,令其"独立暗室,以示薄惩"。不遵命令或煽惑滋事的,"以减给饭食一半并不与菜蔬为处罚"。这是自清末以来规定的奇特处罚方式。② 司法处的刑事所置巡官二至三人、巡长十一至十二人、巡警二十九至三十九人,分管刑事事项。

京师警察厅总务处所设差遣、收发和守卫三所也各有其特定任务。差遣所主要是弥补各区队人员之不足,不设定额,视事务繁简随时增减,最多时置巡官十二人,巡长三十人,巡警一百三十三人,派往出事地点进行弹压或稽查,遇有警卫差使沿途查察,遇有火警迅报行政处消防队和有关区署,并速往火场弹压。收发所置巡官二人,巡长十二人,巡警四十五人,办理收发京师警察厅各处公文、信函、布告及其他文件,造具京师警察厅直辖各处所巡官长警饷册,收管库存各项器物等。在上述四十五名巡警中,有马差巡警二十人,每日分四路按照固定的时间和次数送达厅区往来文件及各区互递文件。守卫所置巡官一人、巡长四人、巡警十四人,办理门卫伺察,夜间值更巡逻,维持警察厅门外秩序,收发建筑营业呈批等。

京师警察厅除上述机构而外,还设有短期训练班性质的在职警察培训学校,但它们都不是京师警察厅的常设机构,时办时停。

巡官警长讲习所开办于1915年,学额八十人,由京师各警察区署轮派巡官一人、巡长三人入所学习,学习期间照支原薪,其职务由各区署派人暂代。讲习期间以十天为限,结业时须考试一次,由京师警察厅总监亲临或临

---

① 《教养局规则》(宣统元年),《京师警察法令汇纂》第三类,第85—110页。
② 《拘留所章程》(光绪三十四年二月十一日),《京师警察法令汇纂》第三类,第67—69页。

时派员监视。在所学习的科目有："勤务章程""警察手眼""调查户口法""司法警察执行心得""违警律略释"和"兵操"等。巡官巡长讲习所由京师警察厅总务处统辖，由事务员二人总理所内一切事务，设内堂教习五人和操练教习一人，均系兼职，不另支薪。

巡警教练所开办于1914年，同巡官巡长讲习所一样，也由京师警察厅领导，以现充募警未经教练者为学员，学额二百四十人，分甲乙两班，教练期间以三个月为度，结业时须考试一次，及格者发给毕业证书。学员毕业后作为三等警分派区队服务，其成绩最优者以二等警记名升补。学员在所学习科目有："现行法令""刑法大意""勤务章程""警察要旨""行政警察大意""司法警察""卫生警察""违警律""战术要义""剑术""柔术"和"兵操"等。学员在学习期间免费食宿，停支警饷，发给津贴。毕业后，非经警察厅许可，不得擅就其他职业，否则要"追缴饭银及所领津贴"。教练所设所长一人主持所中一切事务，事务员一人担任监学、文牍、庶务、会计事宜，教练十人讲授各科课程，班长、班副各二人兼充操科教习，另有柔剑术教习二人。所长虽有处理所内事务的全权，但关于学警斥革、毕业考试、款项出纳及物品购置等事，必须呈请京师警察厅核夺办理，不能擅自作主。

京师警察厅募警讲习所开办于1914年，每期一百五十人；以两周为一期，分两班讲习，学员为各区"溢额募警"和"新招募警"。讲授课程为"勤务须知""职务上语言方法"和"兵操"。授课完毕，考试一次，按考试成绩排列名次，各区队警察出缺时，即以记名在前者传补，未传补的仍要留所讲习，一个月以后仍未传补的即予斥退。募警讲习所设管理员一人，以警佐充任，设讲员二人，由京师警察厅职员兼任，设教操班长一人，班副四人，由巡官或巡长充任。

二　各区警察署的组织机构及其职权

清朝末年，内外城巡警总厅共辖二十三个区警察署（简称区署）。1914年8月，北洋政府内务部将其合并为二十个区，即中一区、中二区、内左一区、内左二区、内左三区、内左四区、内右一区、内右二区、内右三区、内右四区、外左一区、外左二区、外左三区、外左四区、外左五区、外右一区、外右二区、外右三区、外右四区、外右五区。在各区设置警察署，共有二十个。每个警察署均设署长一人（由警正充任），署员二至四人（由警佐和学习警佐充任），办事员若干人。署内分设总务、行政、司法、卫生四课和内勤、外勤、拘留三所。京师警察厅根据各区的不同情况分别为各区署配备人数不等的巡官长警，如中一区地处人口密集的繁华地带，配备的巡官长警人数最多，有巡官十一人、巡长四十四人、巡警四百八十人，合计五百三十五人。外左四区警察署配备的巡官长警人数最少，也有一百六十七人，其中巡官八人、巡长十七人、巡警一百四十二人。二十个区署共有巡官一百六十六人、巡长五百五十五人、巡警五千九百四十四人，全城合计六千六百六十五人。

区警察署是实际执行各区警务的机关，在京师警察系统中占有重要地位。为了强化区署的作用，京师警察厅对区署各类人员的权责职守和活动方式分别作出了详尽的规定。

区警察署署长、署员和办事员的职责权限是：署长承京师警察厅长官的命令，管理本区内的一切警务，负责分配和领导署内人员的工作，对他们的勤惰进行考察，并可就有章可循和无关准驳的寻常事件同京师警察厅所属各区、队、局、所往复行文。署员和办事员应承署长之命佐理区内事务。无论署长、署员，还是办事员，均应"常川在署"，指挥办理本区警务；因病因事必须离署的，应先期请假，由京师警察厅派员代理。区署文书的收发及分送，由文牍主任、巡官巡长或司书生办理。署长、署员和办事员应轮流稽查所管区域以及各个派出所，稽查方法分"明查"和"暗查"两种。"暗查"方法"以严密为要"，"明查"须着警服。稽查时，特别重视时间和地点，如"巡逻减少之时"、"大风和雨雪之时"、"人迹罕到之地"、"人众杂沓之地"、"小户杂居之地"。稽查时遇有重大事故，要及时向京师警察厅报告。[①]

巡官巡长的职责权限是，上辅署长，下督巡警。京师警察厅和各区署长官如有饬办事务，俱应遵奉办理，对巡警有约束之责，凡巡警有不遵章守望和巡逻的，都要及时纠正；屡教不改的，要禀明本署长官分别记过或斥革。路线巡官巡长对于自己负责的管界，每昼夜至少要巡查两次。

巡警每日工作十二小时，工作方式分守望、巡逻、值班三种，均由带班巡长率领。守望和值班须在指定处所，非有官长命令或追拿犯人，不得远离三十步以外。巡逻时遇有"聚会喧杂之事，演剧扰攘之所"，要及时禀报本区警察署，"请派专人弹压，以免滋事"。巡警在工作时要随身携带佩刀、捕绳、呼笛、小本、铅笔、快枪和名片。对于自己管辖地段的"道路之大小，街巷之短长，户口之多寡，人类之良莠，必一一熟记了然于胸，以便有

---

① 《重订区署办事规则》（1914年12月9日）。

事时易于办理"。①

巡警乍到一地，要留心记熟"街名、巷名，某街与某巷相通，某处人烟稠密，某处荒僻无人，某处有沟是明是暗，某处有桥是否破坏，某处有妓馆、饭馆、茶楼、酒店、烟店，某处有客寓是何字号，某处有衙署管理何事，某处有会馆、公所、学堂、教堂，某处有当店、金店、富商、官宅字号姓名"。对于管界内"曾经犯事有案者，聚赌抽头者，凶恶无赖遇事生风者，酗酒滥嫖者，素无正业游手好闲者，骤富暴贫者"以及所谓"住所无定徘徊各处者，多数下等人聚集之处者"等，都要留心防范，"观其行止，迹其往来"，随时记入日记簿中，以为司法巡警之助。②

镇压革命党人和革命人民的反抗是北洋警察的首要之责，因此对于所谓"结盟拜会散放飘布者""设坛习拳谋为不法者""刊贴谣帖煽惑人心者"和"捏造谣言鼓动众听者"等，都是要"当场拿捕"，毫不手软的。至于危害统治秩序的"开炉私铸销毁制钱者""身穿军衣冒充长官者""欲劫回被拘之人者"和"伪造票据银钱者"，也要严惩不贷。相反地，对"外国之官民兵弁"和"本地长官出入衙门者"则要"竭力保护"。此外，京师警察厅发布的《各区巡警职务章程》对"当差巡警应绝对禁止各事"、"黎明或傍晚时宜加意察看各事"、"应随时盘诘各事"、"在出火（火灾）之所应留心照顾各事"，均有详细规定。③

三 基层警察机构的组织及其职权

北洋政府时期的京师基层警察机构是指各区署下设的警察分驻所和派出所而言的。分驻所是统辖派出所的巡官处理内外勤务的办公处所，是区署和派出所的中间环节，组织并不严密，任务也不明确，主要是对派出所的活动进行指挥和监督，具体办理警察事务的是派出所而不是分驻所。

派出所的组织形式有两种，一是各区署把自己管辖的地区划分为若干段，在每段的守望地方设派出所，"以为各该段应勤长警轮班暂息及有事救援之用"，通称"各段派出所"，详称"某某区警察署第几段巡警派出所"。另一种是在各大街"冲繁之处"酌加守望派出所，"专备交通上守望巡警轮班休息之用"，通称"马路加设派出所"，详称"某某区警察署第几段加设

---

① 《重订区署办事规则》（1914 年 12 月 9 日）。

② 同上。

③ 《各区巡警职务章程》（1914 年 10 月修正）。

马路巡警派出所"。这类派出所是以弥补各段派出所守望警力所不及而设的，以管理交通为专责。这是它们与各段派出所的主要区别。

就组织结构而言，不论各段派出所还是马路加设派出所，均设巡长一人、委长一人、巡警八人。巡警有应勤警、暂息警、守望警和巡逻警的区别。所谓应勤警是指正在值勤的巡警；暂息警是正在休息的巡警；守望警以指挥车马行人为专责，站在马路或街道中心，除雨雪天气，不得进入避风阁；巡逻警以依照一定路线查察本段治安为专责。各段派出所的八名巡警中，每天有一人休息，一人备差，其余六人分甲乙两班，每班以六小时轮流巡逻守望，周而复始。巡长、委长也分甲乙两班，督率本所警务。

各段派出所巡长为一段地方治安负责人，负有实际责任，每昼夜要巡查本段地面四次以上，对设在本段附近的加设马路巡警派出所，他也有权不时前往巡查。如果他所管辖的地面出现了治安问题，应当及时报告本区警察署署长处理。如果在两区相邻或两派出所相邻的地方发生了事故或发现了犯罪违警之人，他应当到另一区或另一派出所处理；如果事故和犯罪违警之人是双方同时发现的，应当协同处理，不得自分畛域，推诿不管。如果在邻区和邻近派出所地段内发生了紧急重大事故，首先为本段长警发现，必须立即率领全体巡警前往处理，直到主管地段巡警到场后始能离去，并应向后者作出交代。如果本区内有火警及非常事件发生，接到急报后，只能令区署及分驻所不值班的长警前往应援；各派出所的长警一律不得调用。

派出所的活动受分驻所和区署的双重监督。分驻所统辖各派出所，每一派出所都由分驻所的两名巡官分管。这两名巡官分为内勤和外勤，每天都有一名巡官任内勤，另一名任外勤。担任内勤的巡官在分驻所或区署执行任务，担任外勤的警官每昼夜要巡查主管派出所两次以上，就派出所长警是否尽职和该地面发生的治安情况及时向区署报告。除此而外，各区署署长还另择长警，每日分昼夜数班，前往各段稽查。

京师警察厅对各派出所长警的管理主要是风纪管理。它规定"派出所内之长警无论昼夜均须身着制服"；"守望巡逻各警无故不得偷进所内"，"守望警须站在路之中央，注意往来人物事项，不准依靠木房站立，亦不准与所内暂息警接谈"；"暂息警不准在门前站立或远离"，"不准在所内擅自饮食"；"无论应勤或暂息长警概不准在门前滥买食物或吸纸烟"；"派出所

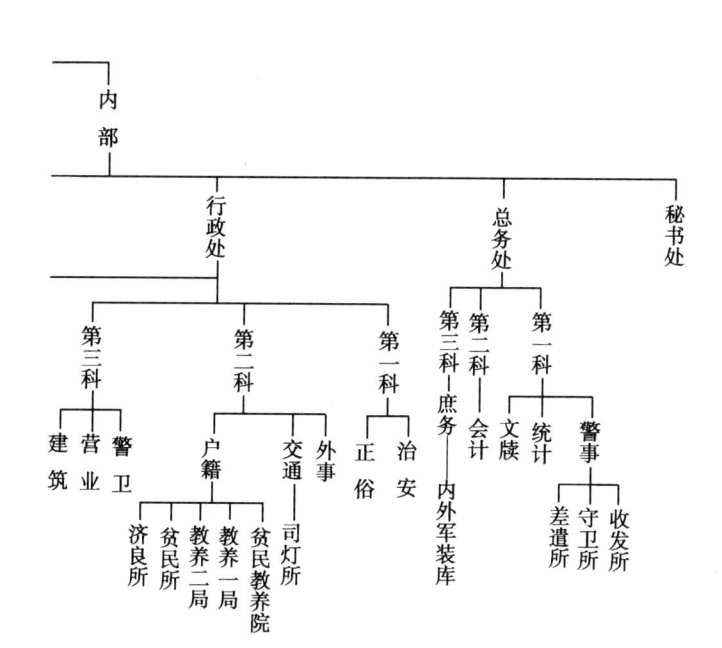

```
                                    内
                                    部
┌────────────────────────────────────┼────────────────────────────┐
行政处                                总务处                        秘书处
├──────────┬──────────┐              ├──────┬──────┐
第三科      第二科      第一科          第三科  第二科  第一科
├─营业      ├─户籍      ├─治安          ├─庶务  ├─会计  ├─统计
├─建筑      ├─交通─司灯所 └─正俗        └─内外军装库 └─文牍 └─警事
└─警卫      │  贫民教养院                                ├─收发所
            ├─外事                                        ├─守卫所
            │  教养一局                                   └─差遣所
            │  教养二局
            │  贫民所
            └─济良所
```

以内不准招集闲人及非应勤之人杂谈"等。① 这些看来十分琐碎的规定，服务于一个总的目的，即加强对人民群众实行警察统治的力量。

第二节　步军统领衙门

步军统领衙门始建于清朝初年，是直隶于朝廷的军事警察机构，拥有极大的权力。② 辛亥革命后，虽有裁撤之议，最终还是被袁世凯保存下来。本来袁氏的北京政权就是在极力维持旧有国家机器的基础上拼凑而成的，对步军统领衙门自然不愿舍弃，更何况袁氏希望有一个以上的统属不同的警察机关，使它们彼此牵制，同时又互为补充，便于为己所用。

北洋政府时期的步军统领衙门，其职权范围和管辖区域与清代无异。它虽设于京师，但与京兆尹公署无统属关系，与京师警察厅也只有横的联系，而直接听命于总统。步军统领衙门的职权虽与清代无甚差异，但其组织机构却有很大不同，而且前后也有变化。该衙门设步军统领一人，总揽各项事务；另设左翼总兵和右翼总兵为其助手。以上三人构成为步军统领衙门的实际首脑部。

步军统领大都是职业军人出身。首任步军统领乌珍任职不及数月，即于1912年7月病死，而由江朝宗署理，1913年7月由曾任国务总理的赵秉钧接任。同年12月，江朝宗再次出任步军统领。江朝宗，字宇澄，安徽省旌德县人，在任先后近五年。他和赵秉钧一样，同为袁氏的心腹之卒，1917年8月离任后，曾任迪威将军、临时参政院参政。接替江朝宗的是李长泰，字阶平，京兆武清县人，曾任直隶省大名镇总兵、冀南镇守使。他在1919年5月63岁时离任，而由王怀庆接替。王怀庆，字懋宣，直隶省宁晋县人，曾任直隶省冀南镇守使，离任后曾任京畿卫戍司令、靖武上将军、热察绥巡阅使兼热河都统。最后一任是聂宪藩，字维诚，安徽省合肥人，曾任宪威将军、山东烟台镇守使、安徽省长。这些人都是作恶多端的刽子手，缀成一幅令人作呕的群丑图。

步军统领衙门的内部组织由两厅、三科、一处组成，两厅即参议厅和总务厅，三科即军事科、执法科和军需科，一处即营翼总稽查处。

---

① 《管理派出所规则》（1914年12月修正）。
② 步军统领衙门的全称是提督九门巡捕五营步军统领衙门，掌防守、稽查、门禁、缉捕、断狱、编查保甲等事务。——著者

北京各区警察署署职员及巡官长警配置表

类别	中一区	中二区	内左一区	内左二区	内左三区	内左四区	内右一区	内右二区	内右三区	内右四区	外左一区	外左二区	外左三区	外左四区	外左五区	外右一区	外右二区	外右三区	外右四区	外右五区	合计
署长	1	1	1	1	1	1	1	1	1	1	1	1	1	1	1	1	1	1	1	1	20
署员 警佐	4	2	3	2	1	3	2	3	2	3	2	2	1	1	1	1	1	1	1	2	37
署员 警学佐习	1	1			2	1	1	2	2		1	2	1	2	3	2	3	2	2	1	26
巡官	11	5	9	11	7	5	7	6	12	9	6	10	8	8	8	9	7	9	9	10	166
巡长	44	22	35	34	29	36	36	31	33	37	25	15	19	17	30	22	26	19	25	20	555
巡警	480	199	424	406	308	263	403	316	385	392	298	232	210	142	228	257	293	233	240	255	5964
合计	540	230	472	454	348	309	450	357	435	442	333	261	240	171	271	292	331	265	278	289	6768

参议厅1919年以前称总参议厅，设总参议一人。1919年改称参议厅，设左参议、右参议各一人。

总务厅是步军统领衙门的日常办事机构，1919年以前设厅长一人，军事顾问一人，参事一人，参事行走五人，秘书三人，秘书行走一人；下辖机要、秘书、庶务三股，各股均设主任一人、二等科员一人，办事员二至四人不等，庶务股还设办事员行走二人，交涉员一人。1919年该厅改组，设厅长一人，秘书长一人，秘书四人，额外秘书一人，撤销秘书股，增设政务和统计两股，保存机要和庶务两股，共辖四股，各股仍设主任一人，科员一至二人，办事员二至四人，另有署办事员、学习办事员、额外办事员之设。

军事科设科长一人，1919年起增设副官一人，下辖征调、训练、考功三股，每股各设主任一人，科员一至二人，办事员若干人。有的股设有额外科员和额外办事员。

执法科设科长、副官各一人，下辖军法、刑事、民事三股，每股各设主任一人，科员一至三人，有的股设办事员三人。

军需科和以上二科一样，设科长、副官各一人，下辖收支、预算、官产三股，每股各设主任一人，科员一至三人，办事员若干人。

营翼总稽查处是一个庞大的机构，1919年以前设处长一人，坐办、襄办各一人，总侦缉长二人，预审官三人，帮审官二人，稽查官十九人，稽查员八人；下辖看守所，设看守长二人，办事员三人。1919年以后，改称稽查处，编制有所缩减，设处长一人，主任一人，办事员二人，稽查员一人，管狱员二人，守卫长一人。

就组织机构而言，步军统领衙门要比京师警察厅庞杂得多，除本部外，还设有若干附属机构，其中最重要的是总军械库、四郊车捐总局和将校研究所；1919年以后还开办了特别治疗所和东郊医院。

步军统领衙门指挥的是一支军事警察部队，管理枪支弹药需要一个专门的机构，这个机构就是总军械库。该库设总办一人，总稽查员一人，文牍收发委员一人，稽查收发委员一人，库官和副库官各一人，差遣员一人。

四郊车捐总局管理近郊交通，并借以敛聚民财，因而地位显赫，编制也很庞大。设总办一人，坐办、会办各一人，襄办二人，由文书、出纳、路工、卫生四课组成，每课各设主任一人。除课主任外，文书课设委员一人，办事员一人；出纳课设委员二人，稽查办事员一人；路工课设办事员一人，调查员八人，稽查员一人；卫生课设区官四人，调查员一人，稽查员一人。总局下辖四个分局，即东郊分局、西郊分局、南郊分局和北郊分局，每个分局均设委员负责。1920年后，四郊车捐总局机构缩编，只设总办、会办各一人，新增路工总稽查员一人，四郊各分局负责人改称主任委员。

将校研究所及其附设的弁兵训练所类似于内务部警政司管辖的高等警察学校和警察教练所，创设于1913年4月；"以划一教育程度，而求兵事之发达，发扬军人之精神为宗旨"。步军两翼和步军五营的官长弁兵都要入所肄业，不另招生，以三个月为一期，期满发给修业证书，仍回本营担任原职。将校研究所由营翼管带以下、小队长以上轮班入所，以五十名为足额。弁兵训练所由营翼兵士挑选粗通文理、年力强壮者入所，以二百名为足额。教练科目分学科和术科两大类，将校研究所的学科包括应用战术、战时国际法大纲、军制学、野外勤务、军人卫生学、马术教范、操典摘要；术科内容为教练及指挥、体操教练法、马术、射击和剑术。弁兵训练所的学科内容为陆军礼节、军队内务、卫兵服务规则、陆军惩罚令、军队卫生摘要、步兵暂行操法、军制摘要；术科内容为体操、射击、距离测量、枪剑术和乘马术。① 将校研究所设所长一人，副官一人，书记官兼教务长一人，教官七人，助教四人，副军医官一人，庶务员一人。

步军统领衙门统率一支庞大的武装警察队伍。这支队伍简称营翼，即步军两翼和步军五营。

步军两翼是步军左翼游缉队和步军右翼游缉队的简称。左翼游缉队司令部由左翼总兵、左翼翼尉、副翼尉、委翼尉和委翼尉行走组成。右翼游缉队司令部相应地由右翼总兵、右翼翼尉、副翼尉、委翼尉和委翼尉行走组成。

步军五营是步军中营、南营、北营、左营、右营五个游缉队的简称，统率机关为各自的参游衙门。除中营参游衙门由中营副将、参将、游击组成而外，其他四营的参游衙门各设参将和游击。各营参游衙门都下辖若干"汛"，每"汛"又设若干"哨"。如中营参游衙门下辖圆明园汛、畅春园汛、树林汛、静宜园汛和乐善园汛。南营参游衙门下辖西珠市口汛、东珠市口汛、东河沿汛、西河沿汛、花市汛和菜市口汛。北营参游衙门下辖德胜汛、安定汛、东直汛和朝阳汛。左营参游衙门下辖左安汛、河阳汛、东便汛和广渠汛。右营参游衙门下辖永定汛、阜成汛、西便汛和广安汛。总共二十三汛，每汛设都司或守备一人，指挥营兵，驻守巡逻。

1919年5月，王怀庆接任步军统领后，尤嫌营翼兵力不足以拱卫京师。同年6月，他以"京师四郊地方辽阔，原有队伍不敷分配"为由，呈请北

---

① 《步军统领衙门将校研究所附设弁兵训练所试办章程》，《政府公报》1913年4月。

洋政府最高当局批准，把冀南守备队马步六营调进北京，改编为京师四郊游缉队混成团，由王怀庆自兼团长，下辖步兵三营（步一营、步二营和步三营）、骑兵二营（骑一营、骑二营）和一个机枪连。[①]

作为军事警察机关的步军统领衙门，在其管辖的区域内，设有监狱和看守所，并在稽查处之下设有监犯习织毛巾工厂。对付贫民也是步军统领衙门的一项任务，由于贫民被认为是危害社会治安的隐患，步军统领衙门开办了四郊贫民工厂，专门收容居住和居留在四郊的、年在十四岁以上二十五岁以下的"穷困而无告者"，"由各该管营汛查明保送"。厂内分设制造、印刷、缝纫、纺织四组，强迫入厂贫民习艺，一般只供给伙食，不发津贴。[②] 此外，步军统领衙门还在朝阳门外观音寺、西便门外天宁寺、德胜门外严华寺、左安门内玉清观、安定门外茶棚庵、阜成门外慈明庵等十处开设粥厂，美其名曰"赈济贫民"，实际上也是维护京郊治安的一项措施。

步军统领衙门自设立之日起就负有刺探情报的职能。进入民国以后，这一职能进一步强化，不仅在袁世凯统治时期是这样，在袁世凯死后也是如此。因此说它是军事警察特务机关并不过分。步军统领衙门设有只对步军统领负责的侦查长和侦查员。侦查员通过各种秘密渠道获取情报，交由侦查长分类整理，逐日向步军统领直接报告，不经过任何中间环节。此外，步军两翼和步军五营也分别在各自的管界内进行特务活动，可谓无孔不入，上至军政要员的行止，下至普通百姓的巷议，无不摄入特务们的耳目。"五四"运动后，特务们密切注视北京大学的动向，生怕学生"闹事"，实行严密监视。如左翼游缉队1921年6月7日密报："北京大学学生并未出发演讲，售卖国货。"同月10日密报："北京大学于早九时，开学界联合会，议决：各校干事会轮流派人请愿；全体结队，赴国务院要求维持教育；请政府发放教育薪金，以维持现状；派代表发函到各团体，请政府饬交通部拨款。到会四百余人，至十一时毕会"等。很难说步军统领衙门的哪个机构的人员不搞特务情报工作，甚至连将校研究所的助教也有密探身份，竟然"冒险侦缉乱党"。[③]

1924年冯玉祥率国民军进驻北京，把末代皇帝赶出了紫禁城，被袁世

---

① 《步军统领衙门改编所属四郊游缉队委派官佐及支领经费等文件》，中国第二历史档案馆藏档案。

② 《四郊贫民工厂简章》，中国第二历史档案馆藏档案。

③ 《步军统领衙门情报单》，中国第二历史档案馆藏档案。

凯保留下来的步军统领衙门也于同年 10 月 5 日裁撤，京师四郊的警察事务遂由京师警察厅接管。京师警察厅把原步军统领衙门所辖京郊各营管界划分为四大区，每区设警察署，即东郊警察署、西郊警察署、南郊警察署和北郊警察署，其内部设置大体与市区各警察署相同。四大区之下又分数路，每路设警察分署，各分署由分署长、公署员主管本路事务，各署巡官四人，巡长十六人，巡警六十人，分配于城厢、村、镇执行警务。此外，还设有四郊马巡队和四郊侦缉队，[①] 从而彻底改变了原步军统领衙门的警务管理体制。

第三节　京师军警联合公所

北洋政府时期的京师军警联合公所的前身是京师军警联合会，它成立于宣统三年九月，时值武昌起义爆发，各省纷纷响应，先后宣告独立，反动势力分崩离析，京师为之震动，封建官僚政客及至皇亲国戚"昼夜纷逃"，"以致东西各车站无插足之地，各军分驻都城，军警冲突时有所闻，秩序为之大乱，整理尚无良方"。[②]

在这种情况下，时任民政大臣的赵秉钧邀集驻京各军高级长官姜桂题、段芝贵、冯国璋以及江朝宗、乌珍等各率所属中级以上军官，同京师内外城巡警总厅的官员一道，在东安门北池子成立了京师军警联合会，后改称军警会议公所，再改为军警联合公所，所址原设南罗鼓巷菊儿胡同，后迁锡拉胡同。

赵秉钧成立这个组织的目的，是为了"多方筹划，设法维持，以固中央根本之地"。也就是要弥合军警冲突，协调二者力量，共同对付革命，维护首都治安。当时京师军警联合公所由赵秉钧兼任总司令，京师所有军警皆归其指挥。公所每周举行两次会议，讨论内容"不外保守秩序，维持治安办法"。与会者的议案经表决后，由赵秉钧阅批，各军警当局分头执行。

南京临时政府成立不久，原清朝内阁总理大臣袁世凯摇身一变成了民国大总统，京师军警联合公所也和步军统领衙门一样，得以保存下来，并进一步修订了自己的章程。尽管修订后的章程为军警联合公所规定的宗旨是冠冕堂皇的，即所谓"联络感情，交流知识，保卫国家，巩固共和"。其实这只不过是掩人耳目而已。它的性质和任务是一以贯之的，与清末相比没有发生

[①]　《京师四郊编制大纲》（1925 年 1 月）。

[②]　《京师军警联合公所记事汇编·缘起》，第 1—2 页。

任何实质性的变化，如果说有什么变化的话，这种变化只表现在它所效忠的主子的身份与以前不同了，先前是作为清王朝内阁总理大臣的袁世凯，现在则是作为民国大总统的袁世凯了。

就性质而言，京师军警联合公所不是法定机关，而是驻京的军事机关和警察机关联合组成的团体。它的章程不由上级制定，它的钤印不由上级颁发，它的活动无须上级批准，它的大小负责人也不由上级任命，而由参加单位的代表推举产生，并且不支薪水，只有派驻公所的办事人员才领取车马费。但是，以上情况不能说明京师军警联合公所是独立于政府的机构，事实上它的成立和存在都是得到北洋政府有关当局和最高当局认可的，活动经费也来源于国库，它的预算要呈请大总统核发。

就其组织而言，顾名思义，京师军警联合公所是由驻京各军事机关和警察机关联合组成的。当时在京的军事机关和驻京部队都参加了该公所，如会议军事处、参谋部、陆军部、海军部、驻京各军队宪兵营、总理稽查营务处、京师一带稽查处、禁卫军各团营、拱卫军各路营、毅军、陆军第一师、第八师、第六师马队、军政执法处京卫军、高等副官处、京师宪兵营、京畿宪兵营等。参加联合公所的警察机关和警察队有：内务部、京师警察厅及各署队、步军统领衙门及各营翼、顺天府巡防队等。以上军警机关的高中级以上官员，都是军警联合公所的成员，即所员。所员享有提议发言权、请愿报告权、陈述意见权以及章程没有明确规定的议案表决权。所员应尽的义务有五项，其中以出席会议、执行决议、参加筹款三项为最重要，其次是"互相劝勉"、维持与整顿"所务"。

联合公所原设总司令一人，由赵秉钧充任，后改称联合总长，由荫昌（会议军事处总长）担任；另设议长和副议长各一人。由于公所的主要工作方式是会议，所以负有召集和主持会议之责的议长、副议长的地位就显得特别重要。议长一职一直由禁卫军营务处长、陆军少将李飞鹏担任，先后任副议长和代理副议长的是顺天营务处长、陆军少将姚捷勋和钱锡霖。在议长之下设总务、调查、评议三处，总务处设机要、文牍、支应、交际四科，每科二人；调查处和评议处不分科，各设调查员和评议员若干人。总务、调查、评议三处处长分别由黄汉湘（总统府军事咨议）、申振林（步军统领衙门左翼翼尉、游缉队统带）、陈亚鲁（京师宪兵营长）担任，至于各科科长、科员、调查员、评议员则分别由各军警机关派任，常驻公所，办理各项具体事务。

京师军警联合公所办理的具体事务甚多，其中包括军警"两界之联络调和事项","两界之共同维护秩序、保卫治安事项","两界之互相提倡、改良、迫促、进行事项","两界之欢迎招待事项"和"两界之殉公死义者遗族抚恤事项"。① 除开欢迎招待、抚恤遗族等内部事务而外，联合公所最重要的任务是协调关系，互通情报，强化威慑镇压力量，共同维护京师的治安秩序。然而联合公所只是议事机构，不负执行之责，负执行之责的是组成该公所的各军事机关和警察机关。

在北洋政府看来，京师军警联合公所的活动起码起了两个作用。其一是协调了军警关系，减少了军警冲突，"化争竞而为和平，拨乱反治何为而致此耶？非联合之力欤！""前清时代，京师军警常起冲突，意见之嫌，蓄之久而结之深。迨武昌起义，秩序紊乱之时，随至漫无约束，而两界之冲突亦遂益增之其恶感，若无良法美意调停其间，势必酿成大患而终不可治。京师之地为何地乎！倘生不测，谁职其咎？该公所成立以后，军警两界相遇者转而相亲，爱敬之态度较从前天渊迥殊"。② 其二是加强了统治人民的反动力量，由于"军警两界凡百事宜公共讨论，大家表决，然后施行"，使得它们"无怨无尤，齐尽服从之义，同怀保卫之心，秩序井井，感情密密，各省虽乱如弱絮，而京师独稳如泰山"③。

京师军警联合公所的活动引起了各地的注意，群起仿效，先后成立的地区性军警联合组织有天津军警团队联合会、山东军警联合会等。为了扩大影响，京师军警联合公所把自己的章程"印刷多份，分寄各省，俾得于军警会集地方，仿照设立"，并要各地军警联合组织同它"相互联系，每月须通信两次以上"，以期贯彻该所宗旨。

但是，京师军警联合公所的存在时间并不算长。1913年7月27日，北京警备处宣布"军警联合公所当然取消，所有公所原派各员应令回该原处当差，如本处需员办事，自可另行调派"④。这次"取消"虽未成功，联合公所得以暂时保存下来，但其活动已非昔日可比。1914年5月29日，袁世凯以海陆军大元帅的名义，下令军警联合公所"停办"，而由法定的军警会议所代替。

京师军警联合公所"停办"的原因看来主要有两条。一是，联合公所

---

① 《修订京师军警联合公所章程》，《京师军警联合公所记事汇编》第一类，第53—54页。
② 《军警联合公所记事录·缘起》，第5页。
③ 《军警联合公所记事录·叙》，第2页。
④ 《京师军警联合公所记事汇编》第一类，第29页。

的存在固然有助于统治力量的加强和对京师治安的维护，但它使各军警机关失去相互牵制的作用，不利于袁世凯的专制独裁统治，发展下去甚至会危及这种统治，这是它不可能长期存在的根本原因。二是，赵秉钧是京师军警联合公所的创始人，从1911年10月到1913年9月一直是这个组织的总司令，联合公所的命运是同他本人紧密联系着的。赵秉钧本是袁世凯的忠实走卒，倡议组织联合公所时，赵是袁氏内阁的民政大臣。民国后，赵又任袁的内务总长；唐绍仪内阁倒台后，被袁世凯任命为国务总理。在这期间，联合公所的活动十分活跃。不久，赵因宋教仁被刺案而失宠，于1913年7月16日被免职。就在他被免去国务总理之后的第十天，北京警备处根据北京警备地区司令官的命令宣布联合公所"当然取消"。这既是针对联合公所的，同时也是针对赵秉钧的。赵任联合公所的总司令，支配京师的军警力量，显然是袁氏所不能容许的。同年9月联合公所改组，公所总司令改称联合总长，由荫昌充任。赵于12月调任直隶都督，翌年2月暴死，联合公所失去依托，终于寿终正寝。

第十一章

地方警察机关

第一节 地方警察机关概述

地方警察机关是北洋政府整个警察机关体系的重要组成部分。它的设置以最高统治集团特定时期的政治需要为原则，而且也同当时的地方行政区划有密切关系，总的目的是使它更有利于建立和维护统治阶级所需要的社会统治秩序。

深知警政重要的袁世凯在窃国以后，通过心腹赵秉钧改组南京临时政府内务部，牢牢掌握了中央警权，紧接着对地方警察机关进行了多次改组。当时袁氏所需要的是"集中警权"和"统一警政"，以便确立和加强其军事独裁统治。这是当时改组地方警察机关的直接政治目的。民国初年地方警政的混乱局面，也是促成改组的重要历史动因。

1911年清王朝被推翻以后，各省区的警察机关编制不一，名称互异。有的省设置军事巡警总厅，有的省设置省会警察厅，而更多的省是沿用清朝旧制，在省城设巡警道以为警察行政管理机关，设警务公所以为警察实务领导机关，实则二者是一套人马。警务公所一般设总务、行政、司法、卫生四科，编核、事务、拘留、缉探四所，下辖若干区署、分驻所和派出所，附设马路工巡局、官医院、普济堂、济良所、楼流所和平民工厂。至于商埠，有的设警务公所（如镇江和上海闸北），有的则设巡警局（如上海南市）。县级警察机关的状况也很混乱，一般是在县民政长公署设警务课，办理该县巡警、户籍、营缮、卫生、消防事宜，但各县警务课的组织各有不同，有的县以警务课长兼警务长，有的县在警务课之外另设警务长，警务课的员额多无定制。此外，有的省（如江苏）则在县民政长所在地设巡警局。①

---

① 《江苏县市乡警务暂行章程》。

面对上述情况，掌握了全国政权的袁世凯及其北洋政府，基于"统一警政"和"集中警权"的考虑，于1913年1月发布《划一地方警察官厅组织令》，撤销各省区巡警道和警务公所，设立省会警察厅，同时撤销商埠巡警局或警务公所，改设商埠警察厅。淞沪一带，位置重要，合并南市和闸北两巡警局，改设淞沪警察厅，置厅长一人，并特命萨镇冰为淞沪水陆警察督办。全国县级警察机关一律改称警察事务所，由县知事遴选警务长，呈请委任，其他警察官吏由县知事直接委任。这是北洋政府对地方警察机关进行的第一次改组。这次改组的特点是，它涉及省以下各级警察机关，省城警察机关（省会警察厅）专管省城警务，各地县级警察机关由同级政府首长（县知事）负责，省内务司管理，从而大体上实现了地方警察机关在组织上和领导体制上的一致。

但是，这次改组仍然没有完全改变地方警制的混乱局面，在改组中虚应故事的情况普遍存在。更为重要的是，从1913年7月开始，袁世凯及其北洋政府用大约一年的时间，镇压了资产阶级革命派发动的"二次革命"和转战豫鄂皖陕甘五省的白朗起义，实现了国内的武力统一。在这种情况下，他们深感进一步加强警察统治的必要，决定再次对警察机关进行改组，遂于1914年8月29日发布《京师警察厅官制》《地方警察厅官制》和《县警察所官制》。这是进一步严密自上而下的警察网的重要步骤，依据省、道、县三级行政建制，建立相应的警察机关，并且明确规定了各级地方警察机关之间以及它们与地方各级政府之间的关系。这是北洋政府对警察机关的第二次改组。这次改组的主要特点是从法律上确立了自上而下的警察系统，显然这是北洋政府强化其警察统治的一个具体表现。事实也确是如此，三项《官制》发布后，京师警察厅、省会警察厅和商埠警察厅本身的组织状况有了明显的改善，反动警察职能得到了进一步的发挥。但是，基层警察组织，特别是县级警察机构，依然残缺不全，甚至名称也未能统一起来。这是袁世凯及其北洋政府所不能允许的，于是在三项《官制》发布不到一年的时间内，又进行了第三次改组。

第三次改组是从1915年7月开始的。由于袁世凯及其北洋政府认为各省警务之所以"尚欠完善""急需整顿"，是由于各省区虽然建立了自上而下的警察实务机关，但是还没有专设的警察行政管理机构，以致在一省的范围之内，缺少对警务的统一规划和领导，从而造成各自为政、警务混乱的局面，于是在同年7月30日，内务部呈奉袁世凯批令，发布了《各省整顿警政办法大纲》，要求各省建立警务处，"统筹全省警政，期收迅速统一之效"。

《各省整顿警政办法大纲》对于警务处的职权规定得颇为具体，但关于组织机构却语焉不详，十分笼统，难以执行，加以袁世凯帝制自为，失败毙命，北洋军阀由于失去总头目而争权混战，造成政局极度不稳，有的省已经设立的警务处也只是徒有虚名。针对这种情况，1918年1月23日内务部发布了《各省区警务处组织章程》，同年5月24日内务部通咨各省区《关于警务处组织章程实施应注意条件》，对警务处的组织作了较为具体的规定。经过1912年到1918年长达七年之久的不断改组，北洋政府时期的地方警察机构的设置才算趋于定型。

第二节 各省区警察机关

一 省区警务处

各省区警务处是依照1915年7月30日的《各省整顿警政办法大纲》陆续设立的。就其性质而言，它是警察行政管理机关，不指挥和参与警察实务。北洋政府设置这个机构的目的是为了"统一全省警务"和"整顿全省警政"，也就是要在北洋政府内务部的主持下，实现警权的集中，以便更有效地镇压革命党人和人民群众。

各省警务处的全称是：某省全省警务处，如江苏全省警务处，山西全省警务处，等等。警务处虽称处，但它同各省的政务厅、财政厅、教育厅、实业厅、省会警察厅、高等审判厅和高等检察厅处于同等的法律地位。警务处设处长一人（简任），在省长指挥监督下筹办全省警政。警务处成立后筹办的事项主要有五种：

其一，扩充警额。除省城和商埠而外，规定各县警察的最低限额，即大县三百人，中县二百人，小县一百人。全省警务处应保证各县警察名额只能高于而不得低于全国统一的标准数额，如果地方治安需要，应当筹集经费，随时增额，以加强地方警察的统治力量。

其二，分配警费。地方警察厅和县警察所的经费，由全省警务处统筹兼顾。按照规定，如果地方警察厅和县警察所的经费有入不敷出的情况出现，全省警务处"得呈请省长于政费项下酌量补助，或设法筹给"。

其三，警察培训。北洋政府内务部直言不讳地承认"警察程度幼稚"，要求各省警务处采取三种方式对各县警察进行培训：一是向该省省会警察厅调用巡警；二是距京津较近的各省，可商同京津警察厅"酌调警察，以资模范"；三是"督饬迅设教练所，更番教练，以蕲进步"。

其四，核订警章。省会和商埠警察厅厅长以及各县知事，都有权发布单行警察章程，为了保证各单行警察章程在内容上的统一，并不得与中央警察法规相抵触，"所有各项章程应送由该处核定施行"。

其五，督饬下属。各省警务处对于本省各警察厅和各县知事办理警政负有督察之责，警务处长要随时亲自巡视或派员视察，对地方警察机关的警务活动进行实地考核。警务处在筹办警务时，要呈报省长查核，推行警政的重要计划则要呈报内务部。①

《各省整顿警政办法大纲》关于成立警务处的目的及其职权的规定是相当明确的，但有关警务处的组织及其同省会警察厅、商埠警察厅的关系的规定却有失笼统，加以政局动荡，经费拮据，各省警务处设立的时间先后不一，个别省区设于1915年底，多数省区设于1916年至1917年间，有些省设置的时间更晚，如山东实际设于1920年，江苏实际设于1921年，新疆和广西则一直没有设立。

黑龙江和江西是设置警务处较早的省份。它们在筹设警务处的过程中向内务部提出了足以反映当时实际情况的带有普遍性的问题，一是警务处长与道尹的关系问题，二是警务处与省会警察厅、商埠警察厅的关系问题，三是警务处与县警察所的关系问题。所谓关系问题，主要是指权限的划分。权限不清，关系紊乱，成为各省警务处设立与活动的障碍之一。北洋政府内务部是本着"集中警权"和"整顿警务"的宗旨解决这些问题的。

首先，它削弱道尹对该地警察厅的直接指挥权，以加强全省警务处的职能。它规定："所有警察单行章程自应统由警务处考核，以归一律。惟商埠警察厅向归道尹直隶者，所订章程应分呈道尹备案，如道尹认为应行修正者，可会商警务处核定。"② 商埠警察厅办理地方警务和临时筹划机宜要受成于全省警务处，但由于道尹是地方行政长官，商埠又与道尹同处一地，所以商埠警察厅才"兼受"该管道尹的指挥。

其次，削弱省会警察厅和商埠警察厅的用人权，甚至县警察所警员的任用也必须有全省警务处的干预。在警务处成立以前，省会警察厅荐任职的任

---

① 《各省整顿警政办法大纲》（1915年7月30日）。
② 《关于分定道尹及警务处长权限案》（1916年2月22日内务部由复黑龙江巡按使），《现行警察例规》甲，第191页。

用一直由厅长呈由省长上报内务部办理，商埠警察厅荐任职的任用和县警察所警员的委任则由道尹核转。警务处成立后，省会警察厅对荐任职的任用要由厅长呈请警务处报省长核转，商埠警察厅则由厅长分呈道尹和警务处转报省长办理。道尹和警务处长都是县知事的上级，警务处长又是警政主管机关，所以县警察所任用警员时，要分别呈报道尹和警务处核转。

在警务处的职权问题解决以后，警务处的组织机构问题便提上了日程。1915年7月30日《各省整顿警政办法大纲》上规定警务处设处长一人，掾属若干人，并得酌用雇员。这样规定显然有失笼统，不便警政工作的推行。有鉴于此，内务部决定拟定《各省区警务处组织章程》。由于袁氏帝制自为和随之发生的护国战争以及袁氏毙命后的政坛风云，使得《组织章程》的制定一再拖延；直到1918年1月23日，《各省区警务处组织章程》才得以公布。这时距北洋政府决定设立警务处已经整整两年半，多数省区都已设立了警务处。

依照《各省区警务处组织章程》的规定，警务处下设第一、二、三科，至多不得逾四科，各科职权范围《章程》未作规定，而由处长酌量情形，呈由该省最高行政长官审查，由内务总长核定。警务处除每科设科长一人外，还设秘书一至二人，科员每科三人，视察长一人，视察员至多不得超过八人，技正一人，技士一至二人。秘书、科长、视察长和技正为荐任职，须由处长呈由该省省长咨请内务总长派充，科员、视察员和技士为委任职，须呈由省长咨请内务总长核准后委用。至于上述人员的职责范围，《章程》照例只作原则性规定："秘书承处长之命办理机要事务，科长承处长之命分掌本科事务，视察长、视察员承长官之命视察全省警务，技正、技士承长官之命办理技术事务，警务处得酌用雇员。"①《章程》授权各省区警务处制定各项办事规则，包括视察长和视察员的视察规则。

《各省区警务处组织章程》发布不久，同年5月24日内务部又公布了《关于警务处组织章程实施应行注意条件》。它规定各省（区）警务处应分别制定三个文件，即全省（区）警务处分科职掌规程、全省（区）警务处视察规则以及全省（区）警务处办事规则。但各省（区）警务处并没有完全照办，有的省制定了其中的两个文件，有的省只制定了其中的一个文件，更不用说认真地实施了。这种情况在北洋政府时期，特别是袁氏毙命以后，并非罕见，军阀混战，各自为政，往往使既定的法律成为具文。

---

① 详见《各省区警务处组织章程》(1918年1月23日)。

以阎锡山统治的山西而言，这个省只制定了《山西全省警务处视察规则》及其《施行细则》，其他《规则》均付阙如。山西全省警务处视察范围包括省会和全省各县，视察省会时主要注意"官警执行职务时能否遵守法令"和"巡警之布置于事实上是否合宜"。对全省各县警察机关的视察内容有二十三项之多，如"集会结社事项是否派警监查列报"，"调查户口是否详实"，"对违警者是否遵照违警罚法办理"，等等。其中也有诸如"警佐巡官有无劣迹、索贿、放烟、纵赌"，"串通劣绅恶棍鱼肉乡里"的内容，不过警务处视察员的主要职责还在于"奉令调查事项"和"特交密查事项"。

全省警务处是警政管理机关，负有监督包括省会警察厅在内的省内各级警察机关的职权，与在特定区域内执行警察实务的省会警察厅在性质上有原则区别，理应有其独立建制，才能发挥其法定职能。但是，由于当时"政费出入不敷"，经北洋政府国务院讨论决定，除东三省外，其他各省区的警务处处长一律由省会警察厅厅长兼任。这一决定发布后，"裁厅改处"之说盛传，加剧了警界的混乱。为此，1917年8月4日内务部在对甘肃省省长的咨复中指出："警务处长及省会警察厅长归一人兼任，系指处厅职务可以兼任而言，并无裁厅改处明文，倘以经费不敷，处厅事务尽可由处厅现任各员兼任，但权限仍须划分。"[①] 这实际上是要求除东三省以外的其他省区，实行处厅合一制度，即一套人马两块牌子。

事实表明，凡设立警务处的省区，都是这样做的，只有山东、浙江和云南三省没有完全照办。东三省虽被北洋政府当作例外情况处理，但它们从一开始就实行处厅合一制度，如：奉天全省警务处长一直由省会警察厅长王家勋兼任；吉林全省警务处长先后由省会警察厅长赵宪章、钟疏和王宝善兼任；黑龙江全省警务处长则先后由省会警察厅长王顺存、杨云峰、张仁、宋文郁、高云煜和刘德全兼任，警务处的各项事务也由警察厅的人员兼办。实行厅处合一制度的结果，削弱了警务处的职权，提高了省会警察厅的地位，使省会警务机关成为同时拥有指挥和监督全省警政职能的机构。

二 省区警察厅

辛亥革命后，各省省会的警察组织名称不一，体制紊乱，不少省（如山东、山西、江苏等）继续沿用清末设置的巡警道，有些省成立了省城警察厅（如奉天、吉林等），有的省虽然撤销了清末的巡警道，但还没有来得

[①] 《关于声明警务处、警察厅应分设案》（1917年8月4日内务部咨复甘肃省长，第3206号）

及在省城建立新的警察组织，而由省民政司或内务司管理警察事务。

1913年1月8日，袁世凯发布《划一现行地方官厅组织令》，决定在全国范围内撤销清末设置的巡警道及其警务公所，统一各省省城的警察组织的称谓，建立省会警察厅。各省省会警察厅多半是在1913年成立的，有的省在此之前设置的省城警察厅，也一律改称省会警察厅。

省会警察厅直隶于省长公署，管理省城警察、卫生、消防事宜，其组织机构虽与京师警察厅大体相仿，但由于省会与京师毕竟不同，二者也略有差异。

省会警察厅一般为三级结构，即省会警察厅、各区警察署和分驻所。如山西省会警察厅，内设两室四科，即总核办公室、总务科、行政科、司法科、卫生科、勤务督察长办公室，下辖五个区警察署、十一个分驻所以及警察队、消防队和小巷警察稽查事务所，附设马路工巡局。

这时由于警察厅官制尚未公布，各省省会警察厅虽然保持三级结构的组织形式，但相互差异甚大。如江苏省会警察厅下辖东西南北中五个区警察署，每个警察署各辖四个分驻所，另有消防队、骑巡队、清道队、警卫队、侦探队、铁路警察队、保安警察队。消防队又下辖五个分驻所，骑巡队又分东西南北中五路，清道队分东西南北四路，警卫队分警卫第一队和警卫第二队，与山西省会警察厅相比，机构要庞大得多。

《地方警察厅官制》于1914年8月29日发布。依据该《官制》，地方警察厅包括省会警察厅和商埠警察厅两类。因此，各省会警察厅的组织与活动要由《地方警察厅官制》调整。按规定，省会警察厅直辖于省长，设厅长一人，承省长指挥监督，总理厅务，并监督所属职员；为了执行法律教令或受法律教令的委托，有权发布单行警察章程，厅长对于所属职员发布的命令或作出的处分如认为违反法令，"妨害公益"或侵越权限，有权停止其施行或予以撤销。省会警察厅置警正四至八人，分掌警察事务；置警佐十至二十人，佐理警察事务；置勤务督察长，监督外勤勤务；置技正一人、技士一至二人，负责技术事务。省会警察厅有权酌用雇员，编制警察队，其分区和警察队的编制要由省长报内务部呈请大总统核定，办事细则也由省长报内务部核定。

《地方警察厅官制》着重解决的是省会警察厅厅长的隶属关系及其主要职权问题。至于它的组织机构和各部门的职能，则授权各省制定的细则或章程加以解决，内务部经由对细则和章程的核定权，来控制和掌握各省省会警察厅的组织与活动。

因此，《地方警察厅官制》发布后，各省纷纷制定本省省会警察厅的细则或章程报内务部核定。这些细则或章程只不过是当时各省会警察厅的组织与活动的条文化和具体化而已，修修补补，没有实质性的变化。不过从形式上看，省会警察厅的组织和职能还是比以前更加趋于完备了。

以江苏省会警察厅为例，《地方警察厅官制》发布以前的组织状况已如上述。《地方警察厅官制》发布以后，该省制定了《江苏省会警察厅办事细则》六章四十二条，经内务部核准后施行。就其组织机构而言，江苏省会警察厅包括内部组织、外部组织和特别组织。

江苏省会警察厅的内部组织是指警厅本部的组织结构而言的。该厅辖省城南京和下关商埠警区，设厅长一人，受巡按使（后改称省长）指挥监督，总揽厅务，并监督属员，执行警察事务。下设四科，即总务科、行政科、司法科和卫生科。每科设科长一人，科员三至四人，酬用雇员（一、二、三等助理员，一、二、三等书记员）若干人，可因事务繁简，随时增减。各科都有自己的特定任务。

总务科掌管的事务有机要、警事、统计、会计四项。机要是指：拟定各项警察章程，职员进退和功过的记录，密电密信及紧要通信的报告和处理，典守厅印，刊刻图记，文书的收发和保存，决定雇员缺额的增减以及不属于其他各科的事项。警事是指：巡警的招募、训练、考核和检查，决定各区警察署、看守所的设置和巡逻路线，巡官长警的特别派遣和功过的记录，长警的礼式和服式的管理。统计是指：编制各种图表册籍，编印统计报告书，调查该厅经办的应行编辑的一切事件。会计是指：编制预算，管理经费出纳，保管枪械，购置服装，建筑修缮，电话设置等。

行政科掌管的事务有治安、正俗、户籍、外事、交通、建筑、营业七项。属于治安范围的有：集会结社的核准和监督，水火灾的预防，危险物品的查禁，著作出版物的取缔，新闻检查，残废笃疾的救恤和贫民的"教养"，警卫的派遣及报告，消防服务和器材管理等。属于正俗范围的有：剧场、杂技、娼寮的稽查管理，各种赌博的查禁，淫秽书画和一切有妨风化物品的查禁，济良所的查察及领娶时的调查等。属于户籍范围的有：户口的调查和统计，学龄幼童的调查，婚嫁死亡的登记和调查，国籍变更的登记等。属于外事范围的有：各国领事员役和寄居外国人名籍居址的调查等。属于交通范围的有：道路、桥梁、沟渠和公共交通的督察，道路照明的稽查，马车、人力车容量容积的审查，各种标杆的安设和移置。属于建筑范围的有：官私建筑的审查和准驳，公共建筑的保护等。属于营业范围的有：店铺营业的准驳，开业歇业的登记，度量衡的检查，货币流通的调查，工场、当铺和估衣馆的管理，对市场和菜场的视察等。

司法科掌管的事务有警法、预审、留值、侦查四项。属于警法范围的有：违警科罚，传唤证人，取保省释，对司法警察的训练、分配和考核，预戒令的执行等。属于预审范围的有：刑事案件的预审，人犯的解送，法医诊断，对伤员的救护等。属于留值范围的有：对赃物、漂流物、埋藏物的保管，对被监视人、流浪人、失踪者、精神病患者、弃儿、迷儿的检查和看管，对拘留所的管理，对罚金缴纳和囚粮出纳的稽核等。属于侦查范围的有：搜查赃证，缉捕案犯，对遗失物、漂流物、埋藏物的侦查和起获等。

卫生科掌管的事务有清洁、防疫、保健三项。属于清洁范围的是：保持公共道路的清洁，管理垃圾场，检查居民洒扫情况，修缮公共沟渠、水井和水池，检查私有沟渠、水井和水池等。属于防疫范畴的有：传染病的预防和检查，公共厕所的设置、修缮和清洁消毒，食品卫生的检查等。属于保健范围的有：接种牛痘，管理医师营业，诊断娼妓健康，检验药品，检查药店营业，视察公私立医院，诊治拘留所待质人犯的疾病，诊治与鉴定因公负伤的巡官长警等。

江苏省会警察厅除上述四科外，设勤务督察长三人，其任务是分区监督外勤事务。由于南京地面辽阔，事务纷繁，特在勤务督察长之下设一等稽查员四人，二等稽查员二人，三等稽查员四人，一等巡长八人，二等巡长和三等巡长各六人，一等巡警六人，二等巡警和三等巡警各八人。这些人员均属该厅内部组织的范围。

江苏省会警察厅的外部组织是指该厅所属的各区警察署而言的。江苏省会警察厅就省城和下关商埠划为六个警察区，设置六个警察署，即东区警察署、南区警察署、西区警察署、北区警察署、中区警察署以及下关区警察署。各区警察署均设署长一人，由警正或候补警正充任，负责管理该区一切警察事务。各区警察署除设署长外，另设署员一人，以警佐充任，协助署长佐理管区内警察事务。

江苏省会警察厅的特殊机构是指该厅所辖的各种警察队和执行其他警察职能的机构而言的。北洋政府时期的警察队有武装警察队和非武装警察队两种。武装警察队按部队编制，是执行警察职能的特种武装力量，但它不是正规军，不属正规军系列，不设司令部之类的机构，不由各省最高军事长官指挥①，也不受陆军部管辖，而由各级警察官署直接领导。一般说来，武装警察队在各种警察队中占主导地位。江苏省会警察厅所设的警察队有：保安警察队，保安警察骑巡队，警卫第一队（守卫省长公署），警卫第二队（守卫省会警察厅），侦缉队和消防队。除侦缉队和消防队而外，其余都是武装警察队，其中以保安警察队为最重要，该队设队长一人，下设五个分队，各设分队长一人，分别驻守省会东西南北中五个警察区，执行镇压和威慑职能。

但是，也有些省设置的保安警察队不由省会警察厅管辖，而直隶于全省警务处，其活动范围扩及全省各地。如山西保安警察队就直隶于山西全省警务处，全省共有十个保安警察队，每队设总队长一人，下设三个分队，分队设分队长一人，第一分队长由总队长兼任。各分队驻扎地点由全省警务处酌量地方情形，随时指派。各分队要在自己的辖境内设置若干分卡，派警驻守，并要划定路线，派警分途巡查。驻扎各地的保安警察队的任务是，护送钱粮饷鞘，押送犯人过境，缉捕命盗案犯，盘查过往行人，协助各县稽查烟赌和弹压会场等。保安警察队与所在地政府无隶属关系，但对当地县知事的委托要及时办理，不得延误。保安警察队也有考核制度，分别情况予以奖惩。奖分提升、记大功、记功三种，惩分开革、降级、记大过、记过四种。

除警察队而外，省会警察厅还设有若干执行特种警察职能的机构，但各省情况不一：江苏省会警察厅于1914年9月设捐务处，经收各捐；山西省会警察厅设妓寮稽查所，征收妓捐，等等。

《地方警察厅官制》颁布的目的之一，是谋求实现各省省会警察机构的统一，从实际执行情况看，统一只是一定程度和一定范围内的事，具体表现在各省省会警察厅都有四科，都设督察人员，都有自己的武装警察队伍。但在事实上，它们的组织结构仍有不少差别。以山西省会警察厅、湖北省会警察厅、安徽省会警察厅和山东省会警察厅的比较而言，四者就有明显的不同。山西省会警察厅的内部组织为一厅、一所、四科，即辅佐厅长办理日常事务的秘书厅，执行督察任务的视查所以及总务、行政、司法和卫生四科。科下设股，有的股下设所。如司法科设第一、二股，第一股掌管刑事，兼管刑事所；第二股掌管警法，兼管拘

---

① 北洋政府时期，各省最高军事长官最初称都督，1914年6月改称将军，1910年6月改称督军，1925年又改称督办。

留所。而湖北省会警察厅的内部组织则与之稍有不同，四科之下各设课，有的课还兼管他课，如总务科下设警事、统计、会计三课，分别兼管考绩课、保存课和庶务课；行政科下设治安、户籍、交通三课，分别兼管风俗、营业、建筑、外事四课，司法课下设预审、警法两课；卫生科下设清洁、医务两课，兼管保健、化验、防疫三课；另设勤务督察长。安徽省会警察厅和山东省会警察厅仅设勤务督察处（队）和总务、行政、司法、卫生四科，科下无从属机构。

至于省会警察厅的外部组织，山西、湖北和安徽都把省城划分为若干警区，分别设置警察署，下辖若干分驻所。山东省会警察厅的外部组织与上述三省有较大不同，除城内设三个警察署、城外设五个警察署而外，由于济南和南京一样，是附带设有商埠的城市，所以在商埠区专设一个警察署，更由于胶济铁路和小清河的警察权也一并由山东省会警察厅行使，故而在小清河设一警察署，并把胶济铁路划分为六段，每段各设一警察署。

上述四省省会警察厅的特殊组织差异甚大。山西省会警察厅设有消防队、警察队（警察马队、警察步队和侦探队）、管理马路清洁卫生的清道队、管理乐户娼妓的小巷警察稽查事务所和训练学警的警察教练所。湖北省会警察厅设有警卫队（下辖两个分队）、兼管临时警察队的游巡队、兼管河防救火轮船的消防队、管理十大城门的城守队、保安队（下辖四个分队）、探访队、路工局、巡警教练所和拘留所。山东省会警察厅设有清道队、消防队、警察马卫队、侦缉队和胶济铁路游缉队。安徽省会警察厅的外部组织比较简单，只设巡警教练所和济良所以及由勤务督察长兼任队长的消防和侦探两队。山西、湖北、安徽、山东四省省会警察厅的组织结构图解如下页。

以下诸表说明，北洋政府时期各省会警察厅基本实现了组织形式的统一，但仍有相当大的差异。造成这种状况的原因在于《地方警察厅官制》关于省会警察厅的规定过于笼统，对它的组织结构及其职权范围未作任何规定，各省在依据此项《官制》制定本省省会警察厅办事细则时就失去了应有的准则。更为重要的是，军阀割据，把持政权，连年混战，也有碍省会警察组织的稳定和统一。不过，经过这次改组，省级警察机关还是得到了相应的法律调整，体制大体确定下来，在整个北洋政府统治时期，未再发生重大变化。

对省级警察机关来说，颁布《地方警察厅官制》的另一个目的，是强化对人民实行警察统治的力量。应当说，这个目的是达到了。从几个简单的

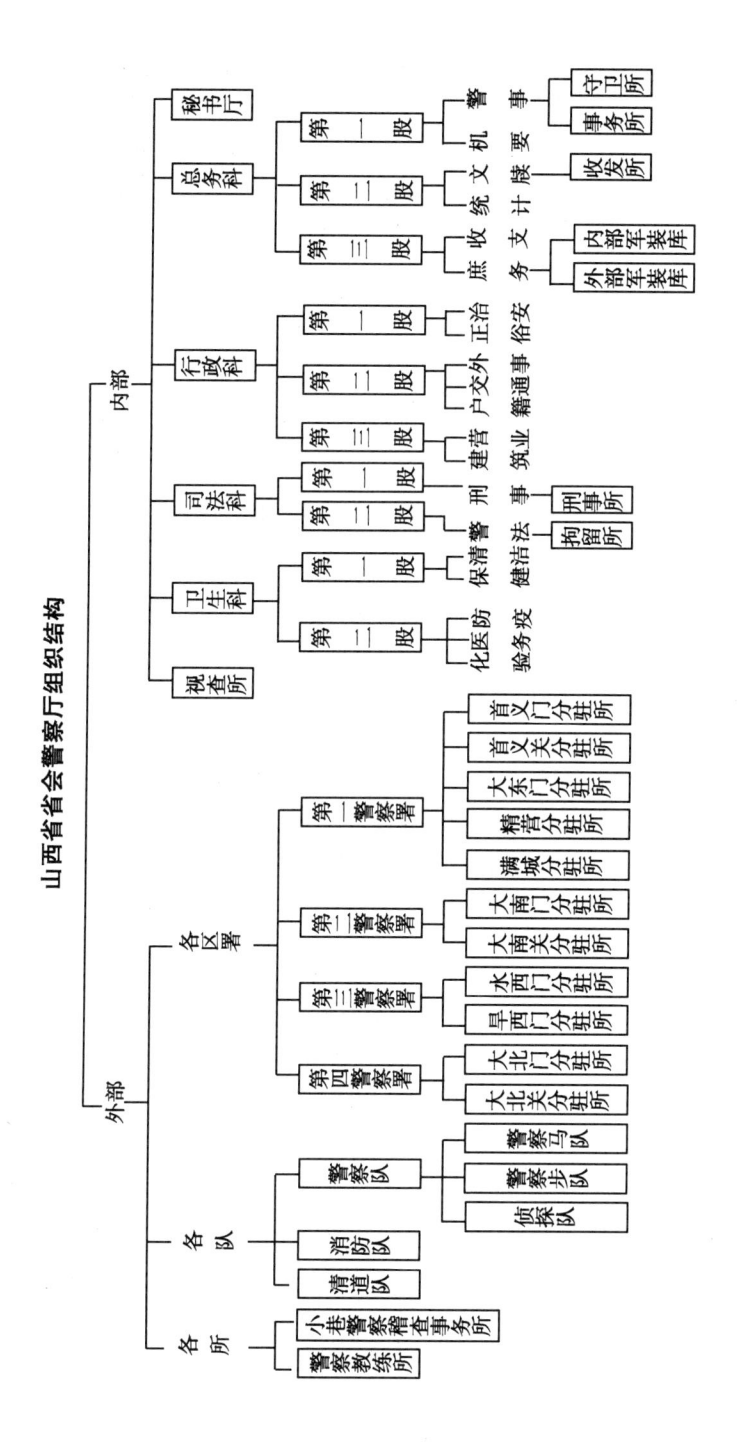

山西省省会警察厅组织结构

- 内部
  - 秘书厅
  - 总务科
    - 第一股 —— 警事机要 —— 守卫所、事务所
    - 第二股 —— 文牍统计 —— 收发所
    - 第三股 —— 庶务收支照 —— 内部军装库、外部军装库
  - 行政科
    - 第一股 —— 正治
    - 第二股 —— 户籍外交通事俗安
    - 第三股 —— 建筑营业
  - 司法科
    - 第一股 —— 刑事 —— 刑事所
    - 第二股 —— 警法清查 —— 拘留所
  - 卫生科
    - 第一股 —— 保健清洁
    - 第二股 —— 化验医务防疫
  - 视查所
- 外部
  - 各区署
    - 第一警察署
      - 首义门分驻所
      - 首义关分驻所
      - 大东门分驻所
      - 精营分驻所
      - 满城分驻所
    - 第二警察署
      - 大南门分驻所
      - 大南关分驻所
    - 第三警察署
      - 水西门分驻所
      - 旱西门分驻所
    - 第四警察署
      - 大北门分驻所
      - 大北关分驻所
  - 各队
    - 警察队
      - 警察马队
      - 警察步队
      - 侦探队
    - 消防队
    - 清道队
  - 各所
    - 小巷警察稽查事务所
    - 警察教练所

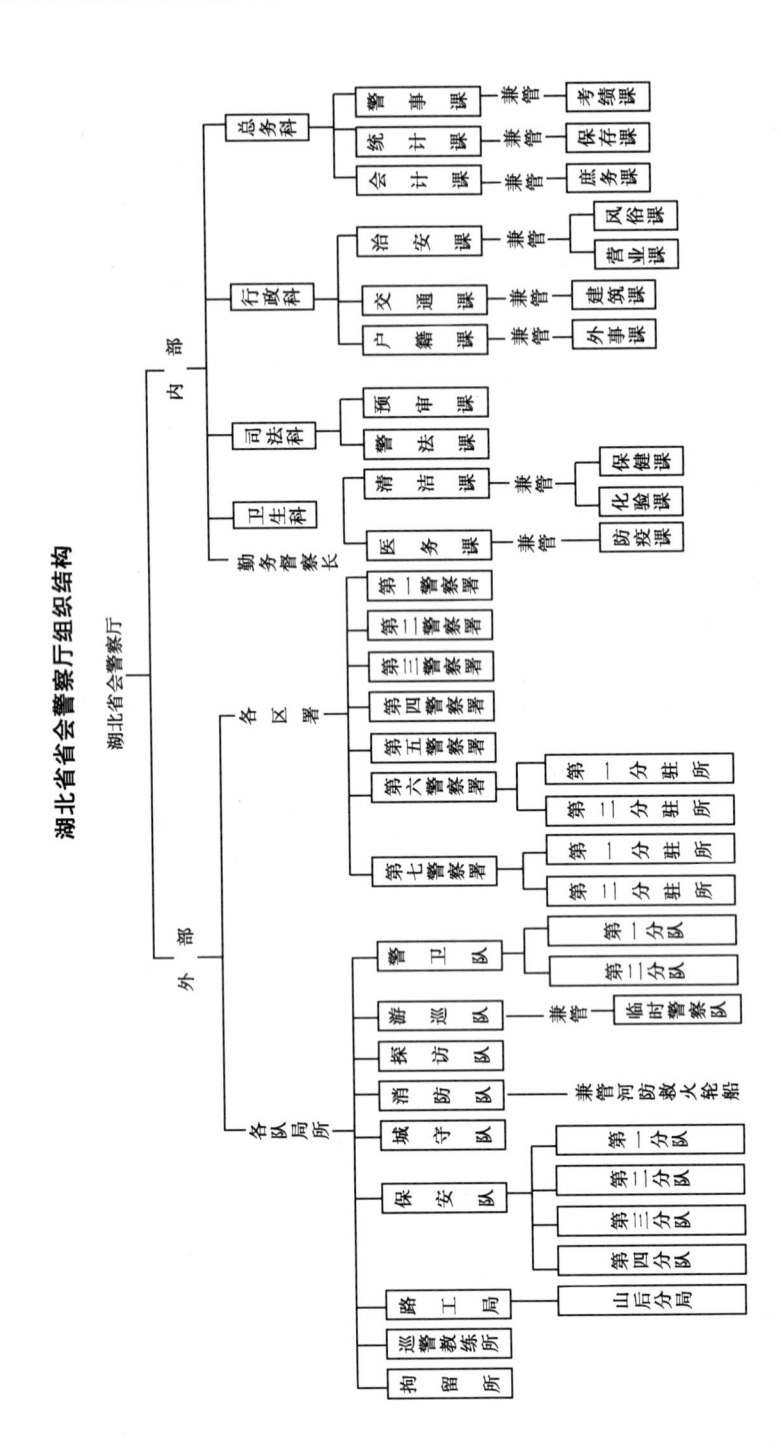

湖北省省会警察厅组织结构

湖北省省会警察厅
- 内部
  - 总务科
    - 警事课 —— 兼管 —— 考绩课
    - 统计课 —— 兼管 —— 保存课
    - 会计课 —— 兼管 —— 庶务课
  - 行政科
    - 治安课 —— 兼管 —— 风俗课／营业课
    - 交通课 —— 兼管 —— 建筑课
    - 户籍课 —— 兼管 —— 外事课
  - 司法科
    - 预审课
    - 警法课
  - 卫生科
    - 清洁课 —— 兼管 —— 保健课／化验课
    - 医务课 —— 兼管 —— 防疫课
  - 勤务督察长
- 外部
  - 各区署
    - 第一警察署
    - 第二警察署
    - 第三警察署
    - 第四警察署
    - 第五警察署
    - 第六警察署
      - 第一分驻所
      - 第二分驻所
    - 第七警察署
      - 第一分驻所
      - 第二分驻所
  - 各队局所
    - 警卫队
      - 第一分队
      - 第二分队
    - 游巡队 —— 兼管 —— 临时警察
    - 探访队
    - 消防队 —— 兼管河防救火轮船
    - 城守队
    - 保安队
      - 第一分队
      - 第二分队
      - 第三分队
      - 第四分队
    - 路工局 —— 山后分局
    - 巡警教练所
    - 拘留所

安徽省省会警察厅组织结构

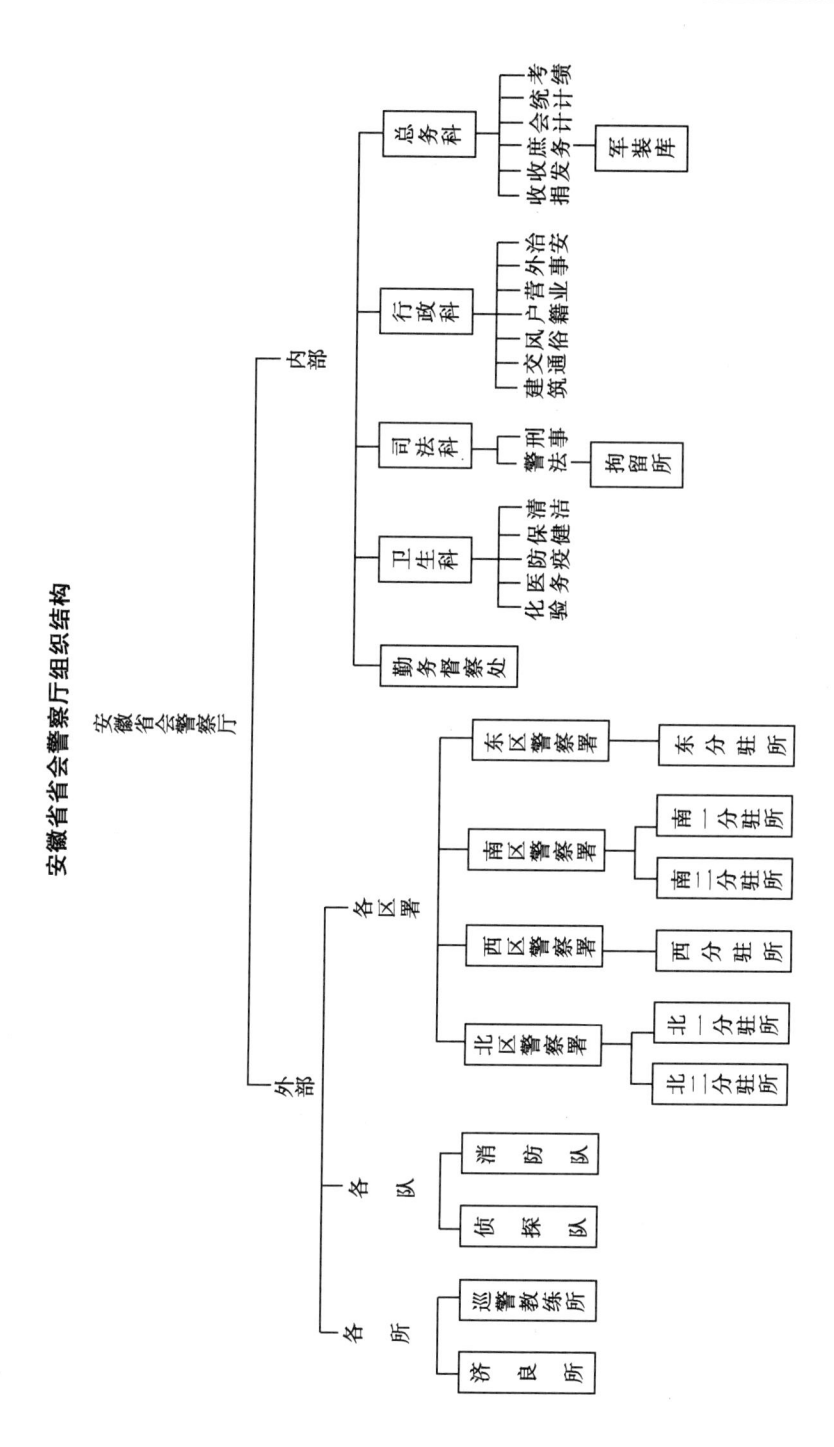

- 安徽省会警察厅
  - 内部
    - 勤务督察处
    - 卫生科
      - 清洁
      - 保健
      - 防疫
      - 医务
      - 化验
    - 司法科
      - 刑事警察 — 拘留所
      - 民事法警
    - 行政科
      - 治安
      - 外事
      - 营业
      - 户籍
      - 风俗
      - 交通
      - 建筑
    - 总务科
      - 考绩
      - 统计
      - 会计
      - 庶务
      - 收发
      - 收捐
      - 军装库
  - 外部
    - 各区署
      - 东区警察署 — 东分驻所
      - 南区警察署 — 南一分驻所、南二分驻所
      - 西区警察署 — 西分驻所
      - 北区警察署 — 北一分驻所、北二分驻所
    - 各队
      - 消防队
      - 侦探队
    - 各所
      - 巡警教练所
      - 济良所

山东省省会警察厅组织结构

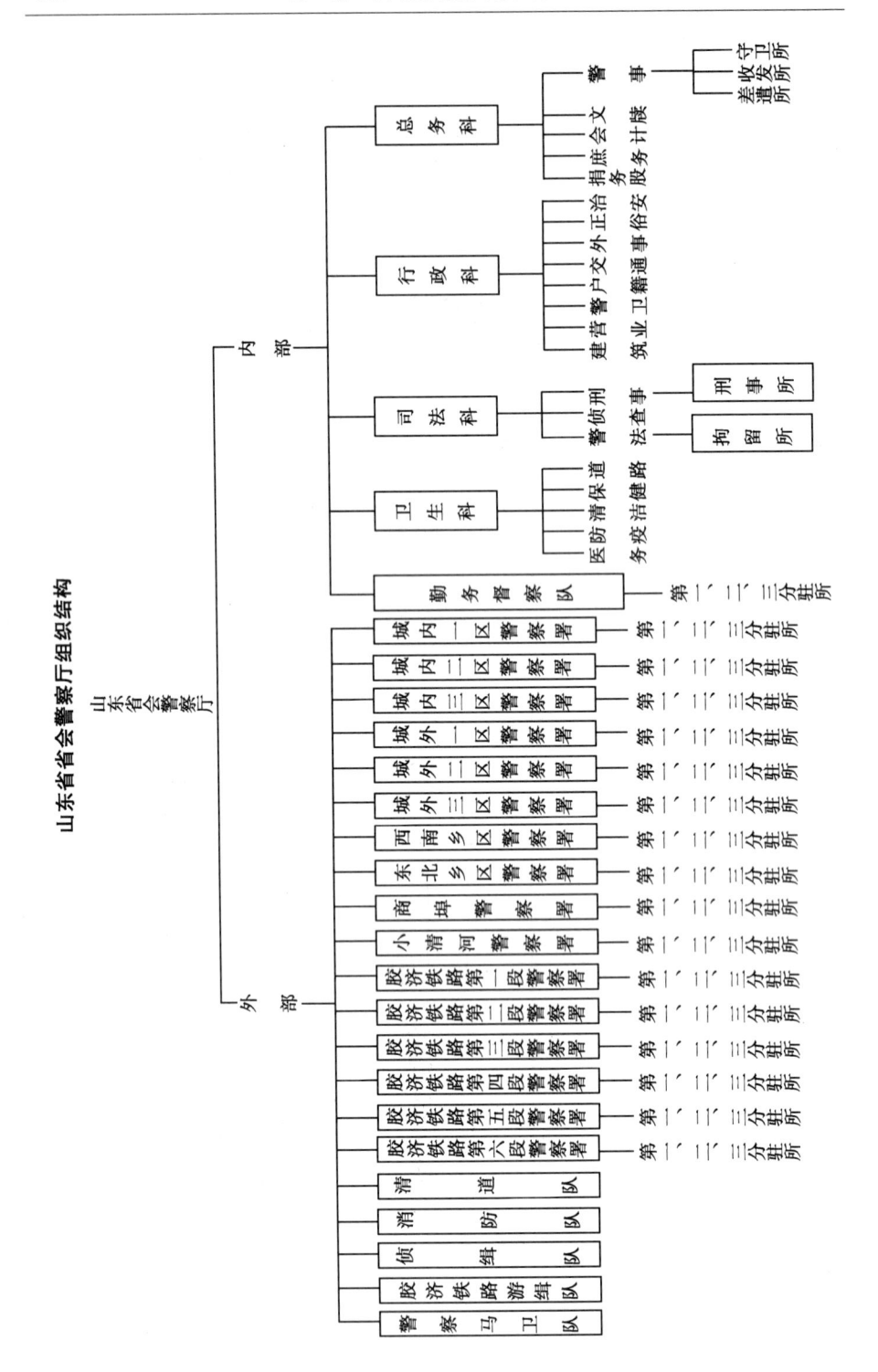

- 山东省会警察厅
  - 内部
    - 总务科
      - 警事
        - 宁卫所
        - 收发所
        - 差遣所
      - 公文
      - 会计
      - 庶务
      - 外交
      - 户籍
      - 警务
    - 行政科
      - 督建筑业
      - 卫生
      - 户籍
      - 外交
      - 正俗
      - 治安
      - 捐事
      - 庶务
      - 会计
    - 司法科
      - 警务侦查
      - 刑事法
        - 刑事所
        - 拘留所
    - 卫生科
      - 医务
      - 防疫
      - 清洁
      - 保健
      - 道路
  - 外部
    - 勤务警察队 — 第一、二、三分驻所
    - 城内一区警察署 — 第一、二、三分驻所
    - 城内二区警察署 — 第一、二、三分驻所
    - 城内三区警察署 — 第一、二、三分驻所
    - 城外一区警察署 — 第一、二、三分驻所
    - 城外二区警察署 — 第一、二、三分驻所
    - 城外三区警察署 — 第一、二、三分驻所
    - 西南乡区警察署 — 第一、二、三分驻所
    - 东北乡区警察署 — 第一、二、三分驻所
    - 商埠警察署 — 第一、二、三分驻所
    - 小清河警察署 — 第一、二、三分驻所
    - 胶济铁路第一段警察署 — 第一、二、三分驻所
    - 胶济铁路第二段警察署 — 第一、二、三分驻所
    - 胶济铁路第三段警察署 — 第一、二、三分驻所
    - 胶济铁路第四段警察署 — 第一、二、三分驻所
    - 胶济铁路第五段警察署 — 第一、二、三分驻所
    - 胶济铁路第六段警察署 — 第一、二、三分驻所
    - 清道队
    - 消防队
    - 侦缉队
    - 胶济铁路游缉队
    - 警察马卫队

统计数字，足以说明这一情况。湖北省省会警察厅共辖三万五千零二十户，十七万四百六十一人，省城有各种警察（包括警察官员，下同，消防队除外）共一千三百零六人，平均每二十六点八户有一名警察，或者说在一百三十点五个居民中就有一名警察。山西省省会警察厅共辖一万零二百一十七户、四万四千九百九十人；省城有各种警察七百一十四人（清道队除外），平均每十四点三户有一名警察，或者说，每六十三个居民中有一名警察。山东省会警察厅城内外九个警察署（不包括胶济铁路各警察署和小清河区警察署）共辖六万三千一百一十九户、二十二万七千八百四十八人；省城有各种警察一千五百一十五人，平均每四十一点六六户有一名警察，或者说，平均每一百一五十点三九个居民中有一名警察。[①] 这些数字说明了一个事实，即在作为一省政治、经济、文化中心的省城中，警察的作用已渗透到居民生活的各个角落，成为严密控制人民的一支重要的反动力量。

第三节　各道警察机关

道是北洋政府时期省以下县以上的行政单位，相当于地区。道设道尹，置道尹公署，隶属于省长公署。道尹为一道行政首长，统辖若干县。当时全国有二十二个省，三个特别行政区域（热河、绥远、察哈尔），共设九十三个道。各省区设置的道，数目不等，最少的设一道，如热河、绥远和察哈尔；设道最多的是甘肃省，共七个道；其次是广西省和广东省，各设六个道。[②]

道尹公署虽是一级行政机关，但其本身不单独设立警察组织。本节所称的各道警察机关，是指道尹公署所在地的警察机关，即商埠警察厅和地方警察局。

一　商埠警察厅

北洋政府时期的所谓商埠有两种，一是依照不平等条约开辟的通商口岸，一是因该地工商业发达而由中国政府开辟的商埠，称"自辟商埠"。在这两种不同性质的商埠，依照法律规定，均应设立警察厅。商埠警察厅所在

---

① 参见《中华民国五年湖北省会警务一览表》《中华民国六年山西省会警务一览表》《中华民国五年山东省会警务一览表》，中国第二历史档案馆馆藏档案。

② 《各省暨各特别区域所属道缺等差清单》，《内务法令例规辑览》第1册，第65—72页。

地，或者是各省会所在地，或者是道尹公署所在地。凡附带有商埠的省会，由于已设省会警察厅，商埠的警察事务由省会警察厅一并办理，不再设立单独的警察厅。① 如下关是根据不平等条约开辟的商埠，而它是江苏省会南京的一个区，其警察事务就由江苏省会警察厅设在下关的警察署统一办理。

起初，北洋政府内务部认定的商埠就是通商口岸，禁止在通商口岸以外的地方设立警察厅，即所谓"商埠地方系指通商口岸而言，非商埠而为繁盛之区，可就该管县办理警察，或就原有县警察酌量扩充经费，由地方负担，毋庸设厅"②。后来随着自辟商埠的出现，这项禁令才归于失效。

商埠警察厅和省会警察厅的组织与活动都由1914年8月29日公布的《地方警察厅官制》调整，二者均属地方警察厅的范围。该《官制》规定，"地方警察厅设于省会或商埠"，设于省会的地方警察厅称省会警察厅，设于商埠的地方警察厅称商埠警察厅。"地方警察厅与道尹驻在同一地方时，直隶于道尹，与省长驻在同一地方时，直隶于省长。"③ 根据这一规定，凡设于商埠地方的警察厅（商埠警察厅），均隶属于道尹公署，由道尹指挥监督。

商埠警察厅的组织结构及其职权与省会警察厅无异，设厅长一人，总揽厅务，监督所属职员。下设警正四至八人，分掌警察事务；警佐十至二十人，佐理警察事务。同时因监督外勤勤务的需要，置勤务督察长一人、督察员若干人，承厅长之命，分掌督察事务。此外，还置技正一人、技士一至二人，掌理技术事务。为了维持地方治安的需要，商埠警察厅得编制警察队。需要指出的是，商埠警察厅厅长的职权十分广泛，除开总揽厅务、监督属员之外，他还有权发布单行警察章程，处分所属职员，指挥警察队伍，停止或撤销属员发布的命令。商埠警察厅的办事细则，要由道尹呈请省长报内务部核定，而其分区和警察队的编制甚至要由道尹呈由省长咨陈内务部报请大总统核定。

商埠警察厅与省会警察厅一样，也由内部组织、外部组织、特别组织三个部分组成，各部分的职能也与省会警察厅各组成部分的职能相仿。其内部组织除设厅长一人而外，下设总务、行政、司法、卫生四科；外部组织为商

---

① 《关于省会附带之商埠、警察事务归一厅处理案》（1916年5月9日内务部咨复东巡按使，第2199号）。
② 《关于商埠设厅之解释案》（1913年10月3日内务部电复江西民政长）。
③ 《地方警察厅官制》（1914年8月29日）。

埠警察厅下属各区警察署；特别组织为各种警察队和其他附属警察组织。不过，多数商埠警察厅都把所属各区署、警察队和其他附属警察组织合称为外部组织，而无特别组织的区分。

以烟台警察厅为例，该厅的内部组织为总务科、行政科、司法科、卫生科和勤务督察处；科下不设课，也不设股，其具体事务由专人负责。总务科主管警事（辖差遣、收发、守卫三所）、文牍、会计、庶务（兼管军装库）；行政科主管治安、正俗、户籍、外事、交通、营业和建筑；司法科主管刑事（兼管待质所）、侦查和警法（兼管拘留所）；卫生科主管清洁、保健、防疫和医务。勤务督察处负责检查外勤事务。另设技正、技士，负责测绘技术事务，虽不设科，其法律地位与科同。外部组织为五署、三队和两所，即第一、二、三、四、五区警察署。其中一、二警察署各辖一个分驻所，三队为卫生、消防、探访三个警察队。此外还有警察教练所和屠兽检验所。

烟台警察厅共置职员三十六人，当时所谓职员是指该厅荐任、委任、管理员等警察官员而言的，不包括雇员。除职员外，在烟台警察厅各部门中工作的巡官长警共五百五十七人，两者相加，合计五百九十三人。当时烟台东西十一里，南北三点三三里，总面积为三十七平方里，共有一万零五百九十六户，六万三千五百一十七人，平均十七点八七户有一名警察，或者说平均每一百零七点一一人中有一名警察。①

安徽芜湖警察厅的组织机构与烟台警察厅略有不同，其内部组织虽设四科一处，但它属于科下设课的类型。如总务科下设分管考绩、统计、收发、译电的文书课和分管会计、庶务和捐务的收支课，该科还设有负责技术事务的技士；行政科下设分管建筑和交通的保安课和兼管营业的户籍课；司法科下设分管刑事和侦查的预审课和兼管拘留所的警法课；卫生科下设保健和医务两课。此外，还有勤务督察处。至于外部组织，芜湖警察厅把全市划为四个区（租界除外），各设警察署，每个警察署都设一个分驻所。另外设有保安队、消防队、巡缉队、马路工程局、查船所等。芜湖是依据光绪二年（1876）的《芝罘条约》辟为通商口岸的，光绪三十一年（1905）重订租界续约，把城外西隅辟为租界，芜湖警察厅在这里设有租界分驻所。

胶澳商埠是自辟商埠，胶澳商埠警察厅是自辟商埠中带有特殊性的警察机构。该商埠以胶州湾为中心，沿其周围划出陆地若干，以为胶澳商埠区。根据1898年3月《胶澳租借条约十款》，胶澳由德国"租借"，后被日军占

---

① 《中华民国五年烟台警务一览表》，烟台警察厅编制，中国第二历史档案馆馆藏档案。

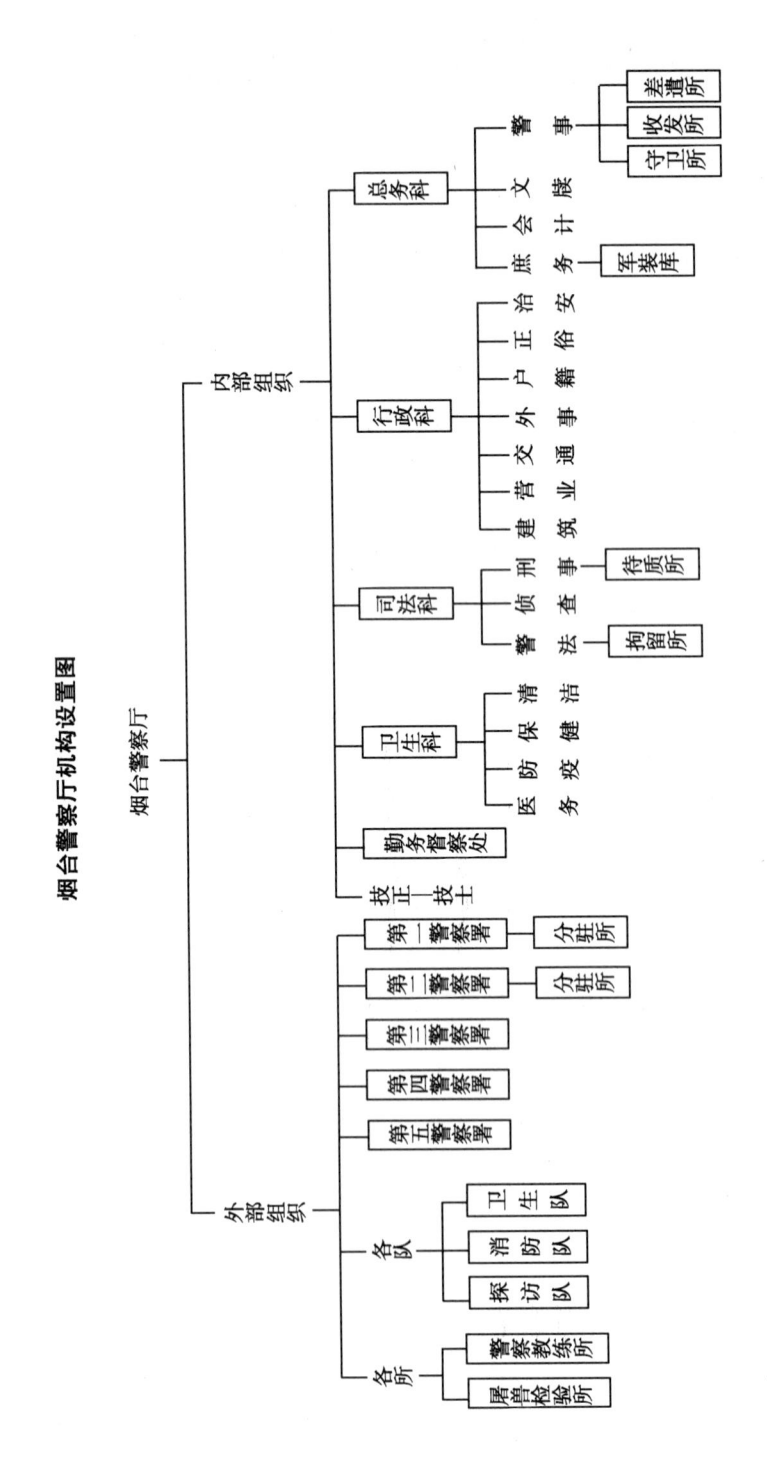

烟台警察厅机构设置图

```
烟台警察厅
├── 内部组织
│   ├── 总务科
│   │   ├── 警事 ── 差遣所/收发所/守卫所
│   │   ├── 文牍
│   │   ├── 会计
│   │   └── 庶务 ── 军装库
│   ├── 行政科
│   │   ├── 治安
│   │   ├── 正俗
│   │   ├── 户籍
│   │   ├── 外事
│   │   ├── 交通
│   │   ├── 营业
│   │   └── 建筑
│   ├── 司法科
│   │   ├── 刑事 ── 待质所
│   │   ├── 侦查
│   │   └── 警法 ── 拘留所
│   ├── 卫生科
│   │   ├── 清洁
│   │   ├── 保健
│   │   ├── 防疫
│   │   └── 医务
│   ├── 勤务督察处
│   └── 技正—技士
└── 外部组织
    ├── 第一警察署 ── 分驻所
    ├── 第二警察署 ── 分驻所
    ├── 第三警察署
    ├── 第四警察署
    ├── 第五警察署
    ├── 各队
    │   ├── 卫生队
    │   ├── 消防队
    │   └── 探访队
    └── 各所
        ├── 警察教练所
        └── 屠兽检验所
```

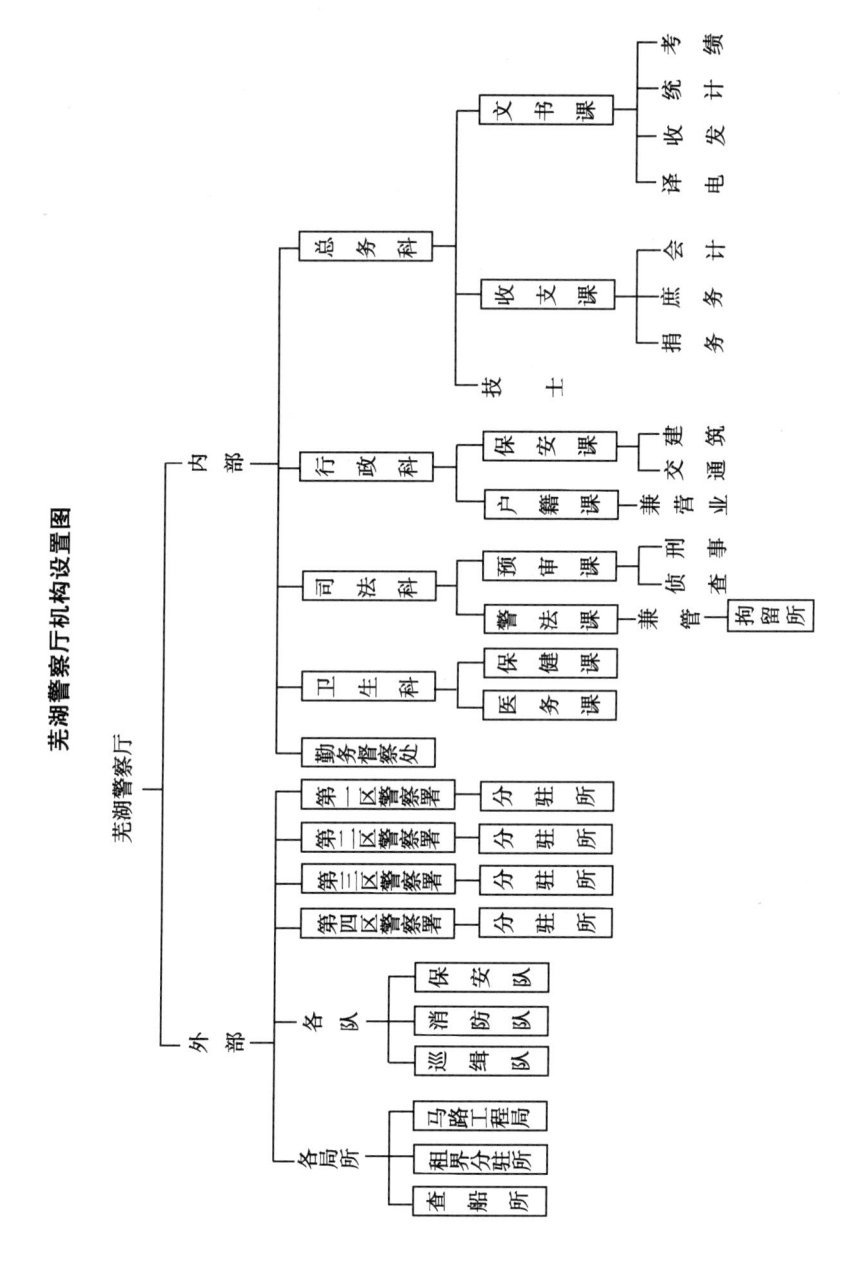

芜湖警察厅机构设置图

- 芜湖警察厅
  - 内部
    - 总务科
      - 文书课
        - 考绩
        - 统计
        - 收发
        - 译电
      - 收支课
        - 会计
        - 庶务
        - 捐务
      - 技士
    - 行政科
      - 保安课
        - 建筑
        - 交通
      - 户籍课
        - 兼营业
    - 司法科
      - 预审课
        - 刑事
        - 侦查
      - 警法课
        - 兼管 —— 拘留所
    - 卫生科
      - 保健课
      - 医务课
    - 勤务督察处
    - 第一区警察署 —— 分驻所
    - 第二区警察署 —— 分驻所
    - 第三区警察署 —— 分驻所
    - 第四区警察署 —— 分驻所
  - 外部
    - 各队
      - 保安队
      - 消防队
      - 巡缉队
    - 各局所
      - 马路工程局
      - 租界分驻所
      - 查船所

领，1922年12月10日由中国政府收回，定为自辟商埠。当时，"立法仅就目前所急，陆续颁定，甚或因利乘便，朝令夕改，而所取之标准，又多取法于德日，德之法令大都出之于殖民地长官之命令，所以处理殖民地者也。我国因袭而杂糅之，冀使原住侨民相安于固有之制度，故与他埠政令歧出"①。在警察机构设置方面，胶澳商埠虽然与其他商埠大同小异，但却保留有殖民地的残迹。如在胶澳接收之初，日本一方面交还青岛，撤退其军队和宪兵，另一方面，又在青岛总领事馆内设置日本帝国警察署，并在市内外设派出所九处。这当然是对中国主权的侵犯，但由于北洋政府腐败无能，虽然交涉经年，"仅得取消日警派出所之招牌"而已。

胶澳商埠警察厅与其他商埠警察厅大体相同。其内部组织为总务科、行政科、司法科和卫生科，并设勤务督察处和教练督察处，1927年聘德人安德河为警察顾问，兼司教练及侦缉事宜。其外部组织除设保安队、差遣队、消防队、侦探队和音乐队而外，原设四个警察署，即青岛警察署、台东警察署、李村警察署和水上警察署。1923年将青岛警察署一分为二，成立第一区、第二区警察署；1926年1月将水上警察署改称海西警察署，1928年7月添设四沧警察署。这样一来，胶澳商埠警察厅共有六个警察署。警察署下设分驻所和派出所。第一区警察署下设八个分驻所，第二区警察署下设六个分驻所，海西区警察署下设六个分驻所和四个派出所，另有"靖澳""安澳"两巡舰，台东区警察署下设三个分驻所，四沧区警察署下设二个分驻所，李村区警察署下设七个分驻所。

当时胶澳商埠共有居民十六万人，商埠警察厅有警察二千六百人，保安队警目三百一十一人，平均每五十五个居民中就有一名警察。但胶澳市政当局仍嫌警力不足，由于胶澳"居民华洋杂处，良莠不齐，在昔未经接受之前，素为宵小出没之所，近来市面萧条，人心不靖，胶东游击队甫经遣散，恐或潜回为患，尤当严加侦缉，冀弭患于无形"②。于是在警察和保安队之外，借助胶澳督办卫队和胶防司令所辖之第五师，以及海军陆战队、第八军第六十七师等，以维持地方治安。

这样一来，驻军、警察和保安队总计不下五六千人，他们"性质既殊，统属各异，同负治安之责，而彼此不能互相照应，力量虽厚，运用欠周"③，

---

① 《胶澳志》。
② 《胶澳商埠督办高洪恩关于组织军警察处呈文》，中国第二历史档案馆馆藏档案。
③ 同上。

形成了"军队愈多,警察乃愈难全其责"①的局面。在这种情况下,胶澳商埠督办高洪恩呈请设立了胶澳商埠军警督察处,以加强联络,统一事权,消除军警"畛域之见","弥逢"军警关系,维持军警法纪,以达"共维治安"之目的。

胶澳商埠军警督察处由驻扎该埠的海陆军警共同组织,设处长一人,督察员八人,副官兼教练官一人,书记官一人,军需一人,马弁四人,司书二人,司事一人。处长由胶澳商埠督办委任;督察员由胶防司令部、渤海舰队陆战队、商埠警察厅分别推荐,由督办委任兼充。该处置兵目一百人,由渤海舰队陆战队,胶防司令部各拨三十人,商埠警察厅拨四十人组成,每满半年或一年换拨一次,每次以二分之一为限。

军警督察处的活动以外勤督察为主,由一百名军警组成的督察队伍,每日分八班分途巡查,"以军人聚集出没之处所为主"。不论何处军警,如有扰乱秩序、违反法令之行为,由督察员送交原单位处罚;情节严重的,由督办公署召集军警会议议惩。军警会议由胶澳商埠督办、渤海舰队司令、胶防司令、商埠警察厅长、军警督察处长或他们的代表组成。②从形式上看,胶澳商埠军警督察处是治军治警而不治民的。实际上,它是通过治军治警达到治民目的的军警联合机构。

二 地方警察局

地方警察局是北洋政府时期警察机关体系中的另一个重要环节,早在民国初年已在繁华城市设立。1914年5月8日内务部规定:"警察局设局长一员,但认为职务,不作为实官。"这项规定说明警察局这种结构形式在当时业已存在。同年8月29日发布的《地方警察厅官制》规定:"商埠无设警察厅之必要时,得设置警察局代之。"这项规定成为设立地方警察局的最早法律依据。

有的县警察所就是根据这项规定改为地方警察局的,江苏省淮阴县就是这样。这个县为淮阳道道尹驻地,"地处冲要,与商埠无殊"。该县原设警察事务所,根据《地方警察厅官制》第一条第三项所称"无设厅之必要时得设置警察局代之"的规定,于1914年11月获准改为警察局,"以资震

---

① 《胶澳志》。
② 《胶澳商埠军警督察处组织章程》,中国第二历史档案馆馆藏档案。

慑"。① 江苏省铜山县也是以"地方重要，警力单薄"为由，根据上述规定，"呈请将警察所改为警察局，以维治安，而策进行"的。② 从淮阴和铜山两县改所为局的过程可以看出，改设警察局的地方不一定是商埠，"地方重要""地处冲要"，都能成为改所为局的理由，因为淮阴和铜山在当时既非通商口岸，也非自辟商埠。

1919年北洋政府进一步扩大设置警察局的范围。它在同年10月13日发布的《地方警察局组织章程》中明确规定，"警察局于商埠或商埠以外之地方设置之，管理该地方之警察、卫生、消防事项"③。

但是据历史档案记载，在整个北洋政府统治时期，全国各省设置的地方警察局，数量有限，屈指可数，统共不超过15个。其中以江苏省为最多，有南通警察局、淮阴警察局、镇江警察局、铜山警察局和淞沪警察局；其次是浙江省和湖北省，各有两个警察局，浙江省有兰溪警察局和永嘉警察局，湖北省有宜昌警察局和沙市警察局；京兆、吉林、安徽、山西和新疆各有一个警察局。它们是北京南苑警察局，吉林哈尔滨临时警察总局，安徽蚌埠警察局，山西河东警察局和新疆阿尔泰警察总局。这些警察局多数与道尹同驻一地，如淮阴警察局与淮阳道尹同驻淮阴，铜山警察局与徐海道尹同驻铜山，哈尔滨临时警察总局与滨江道尹同驻哈尔滨，等等。

北洋政府时期的地方警察局是地方警察厅的衍生物，没有地方警察厅设置于前，也不会有地方警察局继之于后，但二者也有其明显的不同点。

首先，就统属关系而言，地方警察局有异于警察厅。地方警察厅实行驻地统属原则，即与道尹同驻一地的地方警察厅直隶于道尹，与省长同驻一地的地方警察厅直隶于省长。地方警察局则不同，它们直隶于各省警务处，只有未设警务处的省份，才由道尹管辖。在设置地方警察局的各省中，新疆未设警务处，未设警务处的还有京兆地方。

其次，地方警察局有异于地方警察厅的另一个不同点是，地方警察厅只设于省会和商埠，地方警察局不仅可以设于商埠，而且可以设于商埠之外的城市，但层次较低。由于它管辖的地面小，人口少，事务简，因此，"其员额、费用应比照地方警察厅酌减"④。

---

① 《江苏省改设淮阴警局事项有关文件》，中国第二历史档案馆馆藏档案。
② 《铜山县警察所改为警察局有关文件》，中国第二历史档案馆馆藏档案。
③ 《地方警察局组织章程》（1919年10月13日），《中华法令汇纂》卷六。
④ 《地方警察厅官制》（1914年8月29日）。

最后，地方警察局局长和地方警察厅厅长二者的任命程序虽然大体相同，前者"由警务处长或道尹遴选合格人员"，经由该管最高行政长官（省长）"转咨内务部，呈请大总统派充"①；后者"由道尹呈由省长，咨陈内务部，荐请大总统任命；或由省长咨陈内务部，荐请大总统任命"②。但他们的职权范围却有很大不同。例如，地方警察厅厅长"为执行法律教令或依法律教令之委任"，有权发布单行警察章程，无须经过任何批准手续，也不附加任何条件。地方警察局局长在行使这项权力时就受到多种限制。依照规定，"警察局长有应行发布单行章程时，须将拟订章程经由警务处长或道尹，呈明该管最高长官核准。警务处长或道尹对于所拟章程认为不合或无必要时，得修改或中止之"。③

由于地方警察局的管辖范围和事务繁简难以同地方警察厅相比，所以它的组织结构也比地方警察厅简单得多。按规定，地方警察局只设局长一人，它虽也分科办事，但至多不得逾三科，每科置科长一人，科员二至三人，只有在必要时才设技术员一人、勤务督察员一至二人，但要由各科科员兼任。地方警察局如有分区必要，可就辖境以第一区、第二区的名称划分。各区设警察署，均置署长一人，署员一至二人。如因维持地方治安的必要，地方警察局可以组织警察队和消防队，各设队长一人。以上是《地方警察局组织章程》和《地方警察局分区编队通则》关于地方警察局组织机构的规定。事实上，不少地方警察局并没有完全按照这些规定办事，它们的组织机构远比上述规定庞大得多，仅以哈尔滨临时警察总局、铜山警察局和吴淞商埠警察局三种不同类型的警察局为例加以说明。

吉林哈尔滨临时警察总局设于哈尔滨道里，其编制方法分为内部、外部、特别三类。

哈尔滨临时警察总局的内部结构与《地方警察局组织章程》关于"置局长一人""分科办事至多不得逾三科"的规定不同，设局长、副局长各一人，下设四科一处，即总务科、行政科、司法科、卫生科和勤务督察处。除总务科置科长一人、科员三人而外，其他三科均置科长一人、科员一人，而不是《地方警察局组织章程》所规定的"每科置科长一人，科员二至四人"。尽管各科人员编制较少，但它们的职权却十分广泛。

---

① 《地方警察局组织章程》（1919年10月13日）。

② 《地方警察厅官制》（1914年8月29日）。

③ 《地方警察局组织章程》（1919年10月13日）。

总务科的职权是：各项警察章程的拟定，警员的进退赏罚和特别派遣，巡警的招募、训练和考核，典守印信，保存文卷，编辑警务报告，编制统计和预决算，经费出纳以及其他不属各科之事项。

行政科的职权是：集会结社的准驳，著作出版和书报检查，警卫的派遣，中外机构和各国领事馆员役的调查，剧场管理和娼寮稽查，中外户口调查，有妨风化物品的查禁，对残废笃疾者的救恤，营业，度量衡，货币流通和建筑修缮的管理，遗失物、漂流物和埋藏物的招领和处理，道路桥梁的整修，公共交通的管理，等等。

司法科的职权是：刑事案件的假预审和解送，赃证的搜查，案犯的缉捕，证人的传唤和取保省释，司法警察的分配派遣，违警科罚和行政处罚，预戒命令的执行，拘留所的管理，对罚金缴纳和囚粮出纳的稽查。

卫生科的职权是：道路清洁的保持，秽物容器和垃圾场的管理，住户整洁的检查，沟渠和水井的疏通和修缮，公共厕所的修缮、清洁和消毒，对医生、助产士及其他从事医疗营业者的管理，对药物制造和经营的管理，娼妓健康检查，传染病的预防，剧场、娼寮和公共营业场所的卫生管理，巡官长警的体格检查，拘留所人犯的诊治，饮食卫生的管理，对中外公私医院的视察，等等。[1]

勤务督察处是哈尔滨临时警察总局的一个重要机构，由勤务督察长一人和勤务督察员四人组成。其任务是对各区队巡官长警执行勤务的情况进行检查和监督，以各区署管界划分督察区域。督察长亲往稽查时，不分区域，随时抽查。督察员每日应检查的区域由督察长决定，分昼夜两班，每班二人。检查时，必要携带督察证，以资标识。稽查员的稽查因稽查方式不同分为两类，一是着装稽查，二是便衣稽查。所谓着装稽查，就是稽查人员身穿警服，公开执行稽查任务，稽查的人数、班次、时刻和地段都由勤务督察长预先明确规定。便衣稽查则不然，它是根据勤务督察长的特殊安排，针对特殊事件而进行的秘密稽查，稽查方法和稽查结果均不得泄露。

督察员在稽查时主要注意的事项是：各区署执行警务的方法及其管辖地面的情况；各区署对各项警务的安排和巡视路线的疏密；巡逻方法和守望方法；巡官长警的容装及其执行勤务是否适当；调查户口的详略和管理被监视人的方法；对巡官长警检查和训练的情况；火警扑救和交通管理的情况；卫

---

[1] 参见《吉林哈尔滨警察总局民国七年第一期报告书》，哈尔滨工艺教养所刷印，第三编规章，第1—8页。

生管理和传染病的预防方法。

哈尔滨临时警察总局特别重视冬防稽查和夜间稽查。这一点与其他警察机关并无不同。冬防稽查时间较长，分前夜、后夜两班，前夜从 5 时起至 10 时止，后夜从 1 时起至 7 时止。夜间稽查特别注意两件事，即巡逻守望有无空误，该管地面有无盗贼和形迹可疑的人和事。督察员所到之区署及各队，应在督察画到簿上签名，遇有重大事故要立即报告总局，一般事件径告该管区署及各队处理。①

哈尔滨临时警察总局的外部编制以数字冠之，共有四个警察署，每署置署长一人，署员一人，巡官四人，长警七人。署长承局长的命令管理本区一切事务，但以下两件事属于署长特定职权，无须请示，独立行使：一是分配和指导本区署人员的工作，并考察他们的勤惰；二是一般事件凡有章可循或无关准驳的，可与总局所属各署队往复行文。区署文件分最要、次要两大类，最要文件当日办结，次要文件不得逾二日，如有需要调查或有特殊情形的，不受此限。②

各区警察署除完成总局交办的任务外，其巡长警士的工作主要有两项，即守望和巡逻。

守望警察要站立于警察署门前或守望岗位上，凡目力所及之事，俱应收入眼底。各区警察署为守望警察设有"避风阁"，此种"避风阁"清末已有设置，非遇雨雪暴风天气不得入内。守望警察还有站立于街心以指挥车马行人的职责。所以北洋政府时期的守望警察既是治安警察，同时又是交通警察。

巡逻警察"巡行其所辖区内一定之路线，无故不准擅出路线之外"。由于守望岗位设于通衢大道，巡逻警察"系补守望之不及"，所以他们主要巡逻于小街曲巷及偏僻地段。

无论守望警察还是巡逻警察都有勤务规则所规定的"逮捕各事""保护各事""禁止各事"和"盘诘各事"需要注意。

所谓"逮捕各事"，是指守望警察和巡逻警察在执行职务时，如发现犯罪分子，要立即加以逮捕。除伤人性命、盗窃财物、奸拐诱逃、伪造票据、乘火打劫等现行的刑事犯罪分子必须及时捕获外，对于所谓"结盟拜会"

---

① 《哈尔滨临时警察总局勤务督察办事规则》，《吉林哈尔滨警察总局民国七年第一期报告书》，第 15—16 页。

② 同上书，第 9—10 页。

"非法集会结社"和"捏造谣言、煽惑人心"等一切具有政治色彩、不利于当局统治的言论和行为，更要严加取缔，立即逮捕。

所谓"保护各事"，居于首位的是对外国领事和本地长官的保护，"外国之官民兵弁经过街市者"均在严加保护之列。可见，"保护各事"与"逮捕各事"是相互为用的，意在维护中外反动派的既得利益和政治统治。

至于"禁止各事"，主要是指《违警罚法》规定的各种行为，如禁止强卖勒赊、随地便溺、深夜喧哗、酗酒滋事以及私入园囿采折花草，身患恶疾沿街乞讨，等等。

"盘诘各事"范围广泛，凡警察认为可疑之人和可疑之事均在随时盘诘之列，不仅"面有伤痕""衣有血迹"和"携带凶器"的要盘诘，就是对"男着女衣""衣服诡异""夜深疾走""目光不定""言语支离""男女私语"和"掩面潜行"的也不能放过。

哈尔滨临时警察总局的特别编制是指警察队和侦缉队而言的。它们都直隶于总局，由局长指挥。

警察队有保安警察队和保安警察马巡队之分。保安警察队设队长一人，巡长五人，巡警五十人，每十人为一排，由巡长率领；五排为一队，由队长率领。其任务是："分派门卫，看守拘留及递送公文各事，并临时派遣警卫，护送外勤诸务。"① 保安警察马巡队设队长一人，巡长三人，巡警三十人，每十人为一排，由巡长率领；三排为一队，由队长率领。其任务是："巡逻，查缉并弹压非常各勤务，或派遣递送紧要公文。"②

侦缉队是该局专门从事特务活动的武装警察组织，由侦缉队长、侦缉员和侦缉士组成，该队设队长一人，高等侦缉员四人，侦缉员四人，侦缉士二十人。侦缉队队长由局长直接指挥监督，领导侦缉员和侦缉士的活动，其侦缉案件的范围包括：在该局管辖地面发生的案件，在该局管辖地面以外发生的案件但案犯藏匿于该局管辖地面，外地官署移请协缉的案犯，在该局管辖地面内作案而逃亡他处需要跟迹追捕的案犯以及奉令严拿的要犯。侦缉队特别注意侦查"有暴动行为将扰害地方秩序者"、"有阴谋内乱行为者"以及一切"形迹可疑者"。他们广设耳目，"藉补保安警察所不逮"。虽说"该队以侦缉命盗及其他刑事案犯为主"，实际上却着力于缉捕反对北洋军阀统治的有志之士。在这方面他们拥有极大权力，必要时，"得以本人执照为据，

---

① 《哈尔滨临时警察总局保安警察队简章》。
② 《哈尔滨临时警察总局保安警察马巡队简章》。

知照就近区署或分驻所,凡在街巡逻守望之长警,立时协同搜查逮捕,事后补报"。① 对于非现行犯和各案逸犯,如果侦知"有犯罪确据者",也可"禀承局长,饬令搜查逮捕"。由于侦缉队负有特殊使命,总局为它规定了严格的纪律,"无论何人泄露秘密均从严惩办,其得财者以枉法赃论"。对于重大案件,规定破案缉捕期限,"逾期不获者,分别惩罚"。侦缉队虽然拥有很大权力,但对缉获的案犯不能在队审讯羁押,必须立即解送总局司法科。

在哈尔滨临时警察总局的编制中,警察教练所的地位有些特殊,既未列入内部编制,也未列入外部编制和特别编制。这个教练所与全国各地的警察教练所大致相同,不同点在于:第一,它只以募警未经教练者为培训对象,所以明确规定在课程安排上,"务求浅显","凡高深学理概暂从略",只讲授"职务上必要之学科及实务",如警察要旨、勤务章程、兵操、柔术之类。第二,由于哈尔滨是沙皇俄国侵略中国的一个重要据点,俄国十月革命后又有大批白俄涌入,中国警察必然要同他们打交道,所以警察必须会讲俄语,在教练所应授科目中也有"俄语及浅近俄文"一项。第三,学警毕业后,非经警察总局许可,不得擅就他差。毕业学警作为三等警分派各区服务,成绩优异的以二等警记名升补。

铜山警察局与哈尔滨临时警察总局不同,属于另一类型。它是由县警察所改为警察局的。1919年,铜山县知事以彭城历来为兵家必争之地②并地理重要、警力单薄为由,依照《地方警察厅官制》第一条第三项的规定,③ 经由江苏省长公署,咨请北洋政府内务部批准,于同年8月将原设铜山县警察所改为铜山县警察局。局内设警佐四人,分为总务、行政、司法、卫生四科。"每科设书记一人,由科员领之,分任佐助各主管科事务,其员额暂以总务兼行政、司法兼卫生,以期于经费事实两有兼顾。"此外,还设有文牍员一人,勤务督察员一人。四名警佐分别负责总务兼行政、司法兼卫生、文牍和勤务督察的工作。

1917年10月,原铜山县警察所已将城关内外划为五个区,每区设一名

---

① 《哈尔滨临时警察总局侦缉队章程》。
② 铜山县公署驻徐州,古称彭城。
③ 《地方警察厅官制》第一条第三项的内容是:"商埠无设警察厅之必要时,得设置警察局代之,其员额费用比照地方警察厅酌减,由该管道尹呈请省长,咨陈内务部核定之。"铜山并非商埠,可见当时设置警察局的地方不一定是商埠。——著者

一等巡官主持警务。1919年所改局以后，警察局辖境仍旧划为五区，"命名曰铜山县警察第一区、第二区，以次顺推至第五区。每区将原有之一等巡官改名为区员，主持所管区内事务。区员之下仍旧设巡官一、书记一，以资助理"。至于长警人数，原有二十五排，新添九排。"此项旧有新添之长警即以之分配于本局各区，其分配方法，按地之繁简，定长警之多寡。"第一区、第二区和第三区"地处城内，户口整齐，各派五排"。第四区所辖南关近郊一带，地面事务较繁，分配长警六排；第五区辖陇海车站，商店林立，户口殷繁，五方杂处，辖境特殊，分配长警七排。

除各区外，铜山县警察局设有保安队、骑巡队（兼差遣）、消防队和卫生队，长警共六排，其中消防和卫生两队，各有长警二十二人。[①]

吴淞警察局（亦称吴淞商埠警察局）属于第三种类型。吴淞原为军事区域，地当海口，淞沪警察厅在这里设有第六警察署，管理警政事宜。吴淞自开辟商埠以来，厂肆渐增，户口日众，原有警额和警察组织形式已不符需要，督办吴淞商埠事宜的张謇呈请北洋政府最高当局，于1923年3月将淞沪警察厅第六区警察署略予扩充，改名为吴淞商埠警察局。

吴淞商埠警察局设局长一人，掌管警政并助理埠政，局内分设第一、二两科，第一科主办总务、行政事项，第二科主办司法、卫生事项，每科置科长、科员、侦探各一人，书记若干人。局下分设两区，即第一区和第二区，每区置区长、巡官、书记各一人，分掌区内一切事务。

吴淞商埠警察局与哈尔滨临时警察总局和铜山县警察局的最大不同点在于，它不能独立行使警察职权。它虽然在组织上脱离了淞沪警察厅，不再是后者的一个区，但其活动不仅要由吴淞商埠督办统率，而且要受到淞沪警察厅的节制。淞沪警察厅厅长可以向它发布特别命令，"交办事件"。吴淞警察局局长"凡关于行政各事件，大者应请示淞沪警察厅厅长核办"，"职员之进退应随时呈报淞沪警察厅长送示办理"，他所制定的各项警察章程也要呈报淞沪警察厅厅长核准，至于埠务监察、工程建筑、调查土地户口、保管官公财务、经收各项税捐，固然由商埠督办指挥办理，但其中"与行政有关系者，并应分报淞沪警察厅长"。吴淞商埠警察局的用人行政大权，也完全操之于淞沪警察厅，其实际地位和区警察署并无多大差别，甚至连违警罚款也要如数解送淞沪警察厅。[②]

[①] 《铜山县警察所改为警察局事项有关文件》，中国第二历史档案馆藏档案。
[②] 《吴淞警察局有关文件》，中国第二历史档案馆藏档案。

北洋政府时期地方警察局尽管为数不多,却有三种不同的类型。有的县虽然形式上完成了"由所改局"的过程,但情况依旧,如南通早在1916年就已改所为局,但至到1920年"内部编制未更,钤记未改,局长亦未荐委,致外间有不所不局之訾议"。① 充分说明当时的警制复杂而紊乱。这种情况愈到基层愈是严重,法律规定是一回事,实际做法往往又是另一回事。

第四节 各县警察机关

一 警察所

北洋政府时期,县级警察机关极为混乱,不仅省与省不同,就是一省之内,各县也有很大差异,而且变化无常,不断更换名称,当时有人在评论民初的县级警察机构时认为:"大率形式略具,名不副实,求其完备,更属为难。"② 这种说法不无道理。

从总体说来,北洋政府时期县级警察机构经历了警务课、巡警局、警察事务所和警察所四个发展阶段。当然,有些县只经过三个阶段,甚至两个阶段,情况极不一致。

警务课是辛亥革命后一些县的警察机构,如江苏青浦、海门、泰县、昆山、如皋、泰兴、桃源、丰县、沛县、砀山等县,都曾设有警务课;置课长一人,课员数人,在县民政长领导下,掌管全县警务。

警务课之设为时甚短即为县巡警局所代替,如江苏金坛巡警局、无锡巡警局、江浦巡警局、常熟巡警局等。依据《江苏县市乡警察暂行章程》,"各县警务行政以民政长负完全监督之责任"。在县民政长所在地设巡警局一所,置警务长一人,警务员二人,巡记二人。辖区太广的巡警局设若干巡警分区。巡警分区有两种,即城区和乡区。城区每分区设区长一人,区员二人,巡记一人;乡区每区设区员一人,巡记一人。人户较多、区域较广的乡区下设巡警派出所。

县巡警局的存在时间也不长。1913年北洋政府发布《地方警察官厅组织令》。依据该《组织令》第一条第二项的规定,各县警察机关一律改称警察事务所,由县知事监督指挥,办理县属警察事务。各县警察事务所的警察

---

① 参见张謇《张季子九录》。
② 《江苏省内务行政报告书》下编,第221页。

名额，依据它所支配的警察经费的多寡而分为三级：甲级县一百六十人，乙级县一百三十人，丙级县一百人。以江苏为例，该省的甲级县有江都、宜兴、武进、无锡等九县；乙级县有仪征、东台、宝应、沭阳等三十一县；丙级县有江宁、上海、句容、丹徒、宝山等十八县。山西省则把所属的一百一十七个县划分为三等：一等县二十三个，二等县四十五个，三等县四十九个。①

县警察事务所设于县行政公署内，钤记由县知事遵照省令刊给。其内部结构各县差异甚大。以上海县和宝山县为例，这两个县是位于长江三角洲的邻近县，都与淞沪警察厅辖区接壤，但其内部结构却有较大不同。虽然两者都设有警务长作为警察事务所的负责人，但在警务长之下，宝山县只设警务员二人，巡记一人，巡士三十人；巡士每十人一排，置巡长一人督率。上海县则不同，除警务长外，设有警务行政员一人，警务司法员一人，会计兼庶务员一人，稽查兼卫生员一人，司书生二人，侦探二人，听事二人，巡长二人，巡警二十人。警务行政员掌理警察行政，典守钤记，批答函牍，收发文书，制备图表，登录长警功过、升降和赏罚等。警务司法员掌理警察司法、假预审、拘留和监视等。会计兼庶务员掌理出纳银钱，支放薪饷，备置物品，稽查各区报册等。稽查兼卫生员负责视察各区警务状况以及防疫、清洁、保健等事项。司书生缮写文稿表册，侦探侦查地方发生的一切事件。听事负责各项杂役。②

上海县警察事务所同宝山县警察事务所相比，其内部结构虽然较为完善，但它的基层组织却没有宝山县周密。宝山县把自己的所辖区域划分为若干警察分区，市区（相当于镇）设区长，乡区设区员，在县知事和警务长的指挥监督下主持一区警务。各分区因地势之必要得别设警察派出所，仍由该管警区管辖。至于各警察分区的警额，一般情况是，市区至少设警二十人，乡区至少设警十人。③

上海和宝山均为江苏省所辖县，其警察机构尚且如此歧异，其他各省的情况可想而知。以山西省为例，这个省的一百一十七个县都与上海、宝山一样，设有警察事务所，但内部结构却不相同，山西省各县除设警务长一人外，另设巡官一至四人，雇员一至二人，巡警、马巡长、马巡警各若干人。

---

① 《山西省办理警务各项事绩报告》（1913），中国第二历史档案馆馆藏档案。
② 《上海县警察事务所暂行章程》，《江苏省内务行政报告书》下编，第234—235页。
③ 《宝山县市乡警察组织规程》，《江苏省内务行政报告书》下编，第235—236页。

榆次是山西的一等县，在警察事务所之下不设警察分区，而设四个分驻所和十三个守望所，应勤人员五十一人。警察事务所的主要任务看来只有两项，即巡缉和守望。1913年，山西全省各县城关有马步长警六千一百二十四人，"马巡长、马巡警、步巡长专事巡缉，带排稽查"，"所有步警均按三人一班，分配守望，全省设守望所一千一百一十三处，计有守望巡警三千三百三十九人"①。除守望所外，还设有专供巡警使用的为数众多的避风阁。

县级警察机构内部设置的紊乱，自然不利于袁世凯集中警权以加强警察统治的方针的实现。于是他在1914年8月29日以教令第123号公布了《县警察所官制》。从这时起，北洋政府县级警察机构随成定制。

《县警察所官制》总共七条，不足一百七十字，内容十分简略。它撤销了各县的警察事务所，规定全国各县均设警察所管理一县的警察事务；无设警察所必要的县，以地方保卫团代替。县警察所设所长一人，由县知事兼任，所内置警佐一至三人，根据所长的命令办理警察事务，必要时可酌用雇员，并可在该所辖区内的繁华地区设警察分所，由警佐任分所长。县警察所的办事细则由所长拟定，由道尹报省长核定。② 显然，这个《官制》存在不少问题。首先，县知事兼任警察所长的规定不符合实际，难以行得通；其次，没有规定警察所的内部组织，设置警察分所的规定也极不确切。

因此，在《县警察所官制》发布后，北洋政府内务部不得不一再作出关于县警察所的解释案和变通案。这些解释案和变通案实际上改变了《县警察所官制》规定的若干内容。如1916年6月24日北洋政府内务部指出："县警察所范围以内之事，均归所长主管执行，县知事仍应处于监督地位。其事务较简之县，无设置警察所长专员之必要者，仍应由县知事兼任。"③ 这就是说，除"事务较简之县"而外，县知事不再兼任县警察所长，只履行监督的职能。至于县警察所及其分所的关系，1914年10月17日内务部电复黑龙江巡按使时指出："县警察所为一县警察之总机关，分所为补助之分机关，与向例警察总机关以下分设之区署性质相同，非区以下所分之派出所可比，县警察所或分所管辖之下，亦得划分地域，酌设派出所。"④ 这项变通性的规定也突破了《县警察所官制》的内容，不过在实践中并没有完

---

① 《山西省办理警务各项事绩报表》，中国第二历史档案馆藏档案。
② 《县警察所官制》（1914年8月29日）。
③ 《关于县警察所官制变通案》（1916年6月24日内务部呈奉大总统发交国务院函知照准）。
④ 《关于县警察所官制解释案》（1914年10月17日内务部电复黑龙江巡按使）。

全执行。

尽管《县警察所官制》问题不少，疏漏甚多，它毕竟是北洋政府时期各县设立警察所的法律依据。依据此项《官制》，全国各县以原有的警察事务所为基础，相继建立了警察所，但进展速度缓慢，大体上到1917年前后方告完成，其内外部组织基本仿照京师警察厅和省会警察厅的模式，同警察事务所相比有较大的变化。

以直隶各县为例。直隶是清末创办近代警政的样板，备受当局推崇。到了北洋政府时期，它依然保持着样板的地位。清光绪年间，保定全省警务处成立后，即曾分饬直隶各县创办警察，每县各设正副巡官各一员。行未数年，又改设警务长一员，以县知事为警察监督，内设四股办公，后来由于"时变世迁，警局之单设与归并迭为消长，亦非一次，而四股之名称亦随之没灭殆尽"①，直到1917年才把警察所的内部组织统一起来。

直隶各县警察所均设一所、四股、一处。所谓所，即分所，相当于县警察所办公室，辅佐所长办理一切事务。四股，即第一、二、三、四股，第一股承办收发、文牍、教练、总务、统计、会计和庶务；第二股承办消防、建筑、营业、交通、户籍、外事、治安、正俗和警卫；第三股承办侦查、刑事和警法；第四股承办医务、保健、化验、卫生、防疫、道路、沟渠和厕所。显然，这四股是同京师警察厅和省会警察厅所设总务、行政、司法、卫生四科相对应的。另外，各县警察所和京师警察厅、省会警察厅一样，设有勤务督察处，督察外勤事务。

直隶各县警察所的外部组织包括区和队两个方面。从清末宣统年间开始，直隶各县一律划分为东、西、南、北、中五区，每区各设分驻所，每个分驻所各辖五个派出所，共有二十五个派出所。到了北洋政府时期，此制沿用不改。不过各县拥有的巡官长警人数各不相同，如昌黎县警察所有巡官七人，巡长十七人，巡警一百四十一人，总计一百六十五人。冀县警察所有巡官九人，巡长二十一人，巡警一百九十五人，总计二百二十五人。遵化县警察所有巡官五人，巡长十八人，巡警一百三十人，总计一百五十三人。平均每个分驻所有巡官一至二人。② 至于县警察所的队，包括保安警察队、保安警察马队、侦缉队和消防队。但是，直到1917年，直隶各县警察所还没有把侦缉队和消防队组建起来。

---

① 直隶各县《警务一览表》，中国第二历史档案馆馆藏档案。
② 同上。

二 警察队

北洋政府时期，各县因维持地方治安的必要，除依照《县警察所官制》设置普通警察外，还设有警察队。此项警察队属武装警察性质，受县警察所所长节制、调遣，是县警察所外部组织的组成部分。其主要任务是"清除盗匪，预备非常"。编置县警察队的法律依据是北洋政府内务部1918年2月26日公布的《县警察队章程》。依照该《章程》的规定，县警察队由各县原有警备队改编而成。[①] 也就是说，警备队是县警察队的前身。其实，早在该《章程》发布以前，有的省已经在所辖县设置了警察队。

警备队始建于1914年。同年2月，四川省民政长陈廷杰以该省"盗匪充斥"为由，"陈请筹设县警备队，以资保卫"。袁世凯批准了这一请求，并下令全国各县一体仿办，这是筹设警备队之始。

北洋政府十分重视警备队，对它寄予厚望，要用它来"辅助陆军及警察权力之所不及"。"比年以来，兵革频仍，伏莽未靖，陆军征调，防务空虚，警察捍御之力薄，端赖此项警队，择要填扎，俾资震慑。"[②]

警备队自筹设之日起，就存在一个管辖问题，长期得不到解决。1914年6月23日，北洋政府最高当局发布的《各省军政民政长官管辖军队权限条例》规定："巡防、警备等队均归省长管辖。"同年9月6日修正公布的《道官制》规定："道尹受省长之命令，对于驻扎本道之巡防、警备各队得节制调遣之。"同日修正公布的《县官制》规定："知事于驻扎本县之警备队得调用之。"直到1916年，北洋政府仍在解决警备队的管辖问题，重申省长对警备队拥有管辖权。同年8月19日，在其公布的《关于陆防军队分别管辖案》中规定："陆防军队向由军民两署分别管辖，军兴以来不无变更，此后仍应划清权限，陆军归督军管辖，警备、巡防各营队归省长管辖。"北洋政府一再强调警备队由省长管辖，意在不使这支队伍落入各省督军之手，但这并不能束缚地方军阀的手脚。他们从一开始就插足警备队，甚至直接组织全省的警备军。山西督军阎锡山就是这样做的。

阎锡山组织的山西警备军是一支庞大的武装队伍，与"各自提拨自治团练经费，筹办警备队，由县知事自行招募，督率调遣"[③] 的原旨大相径

[①] 《县警察队章程》，《法令辑览续编》第二册，第八类，第37—38页。

[②] 《山西警备队》，中国第二历史档案馆馆藏档案。

[③] 《县警察队章程》，《法令辑览续编》第二册，第八类，第37—38页。

庭。警备军设办事处，置处长一人，副官二人，执法官、军需官各一人，稽查四人；下设南路统领部、北路统领部、河东卫戍司令部和代北卫戍司令部，先后招练马步二十一营，1917年裁编为十五营，其中步队五营，马队六营。①

北洋政府虽然重视警备队，"所须经费，多由国家担任补助"，但它成立后所起的实际作用并没有使北洋政府感到满意。1917年4月召开的北洋政府时期唯一的一次全国警务会议，鉴于许多地方的警备队"招募不足"，往往"利用以充他务"，没有发挥警备队应起的作用，而且"流弊滋生，收效殊寡"，建议内务部将其改编为保安警察队，分布城乡，执行警察职务，管辖权划归各省警务处，"使县镇警察不必筹款而自扩充"。内务部正在核办这项建议时，福建省长李厚基咨请将该省各县警备队一律改编为警察队，由全省警务处会同该管道尹指挥。② 在这种情况下，北洋政府内务部遂于1918年2月26日呈准发布《县警察队章程》，规定全国各县组建警察队，以原有警备队为基础进行改编。多数省区是这样做了，但是也有一些省区并没有按章办事。

山西本来就有一支庞大的警备军。由于北洋政府反复强调区分陆防军队的管辖权，全国警务会议又有改编警备队为保安警察队之议，阎锡山随以警备队"统领长官既无学识，士兵亦复糅杂，历年防剿土匪，无役不以陆军为主"，警备军"未能归县指挥，尤未便悉数裁遣"为由③，而于1917年12月将其改编为两团，正式并入陆军。因此，在山西，县警察队并不以警备队为前身，而是另行组建的，因为在1918年2月26日北洋政府内务部呈准发布《县警察队章程》以前，警备军形式上已不复存在。

京兆各县警察队同山西一样，也不是以警备队为基础改编的。京兆地区原设马步巡防队，由京兆尹直接统辖。1914年5月改编为警备队，总司令由京兆尹兼任，设总司令处，副司令常川驻处，督同处员分科办事。警备队分为东西南北四路，每路担任五县防务，另外设有巡缉队。1923年5月，警备队变易名称，改称守备队；总司令处改称总司令部；巡缉队改编为中路，计有东西南北中五路。守备队总司令部设总司令一人，由京兆尹兼任，另设副司令和参谋长各一人，办事机构有参谋处、副官处、军务科、军法科

---

① 《山西警备队》，中国第二历史档案馆藏档案。
② 《内务部呈拟订县警察队章程缮单呈鉴文》，《法令辑览续篇》第八类，第39页。
③ 《山西警备队》，中国第二历史档案馆藏档案。

和军需科。1926年11月26日，京兆守备队又改称警备队，名称频改，实质依旧。1927年8月29日，该队由于"经费支拙，枪械缺乏"而宣布撤销，只保留总司令部和卫队连的空架子，始终没有按照《县警察队章程》改编为警察队。①

其他各省的情况又有不同，可谓千差万别。直隶各县警察所在《县警察队章程》发布以前，既有保安警察队，又有警备队，二者同时存在。以冀县、昌黎、遵化三县为例，这三个县的警察所均辖有保安警察马队和警备队。它们都是县警察所外部组织的组成部分。冀县警察所的保安警察马队共三十人。其中巡官一人，巡长一人，巡警十七人。② 直隶其他各县的情况大同小异。《县警察队章程》发布后，这些县的警备队一般改编为保安警察队，仍由县警察所直接指挥。

河南各县的情况差异甚大，如西平县于武昌起义后，"为保护城池计，创设城防局"，"养勇百名"；1914年改称清乡局，全县划分东西南北中五区；1915年改清乡局为警备队；1918年改称巡缉营，"县知事自为领官，下分三队，置队官，巡兵共二百名"；1922年，"改巡缉营为武装警察，编制仍旧，又改为保安警察"。③ 确山县在宣统三年设有团防营，1914年改编为警备队，设队长一人，分队长二人，目兵一百人；1919年由县知事改编为巡缉营，下辖三队，设领官一人，队官三人，队长六人，目兵二百四十人；1922年才改编为武装警察队，设队长一人，巡官二人，巡兵一百三十二人；1923年又改称警备队。④ 滑县又是另一种情况。这个县本来就没有警备队，县警察队是由巡缉营改编而成的。这个县在1918年把民间治保组织守望社改编为巡缉营，设正领官一人，由县知事兼任；1922年巡缉营改编为武装警察马步兵各一队；1925年才改为由县警察所指挥的保安警察队。⑤

山东各县的警备队一般是奉令募编而成的，时间先后不一；有的根本没有改编为警察队，有的划归警察所管辖的时间甚晚。平度县警备队成立于1918年，1921年改为武装警察，1925年复改称警备队，又名预备军，最后改称保安队，由县知事任总队长，始终没有改编为警察队。⑥ 莱阳县警备队

---

① 《京兆警备队改组及裁撤经过情形有关文件》，中国第二历史档案馆藏档案。
② 冀县、昌黎、遵化三县《警务一览表》，中国第二历史档案馆藏档案。
③ 《西平县志》卷三十二。
④ 《确山县志》卷八。
⑤ 《重修滑县志》（二）卷十三。
⑥ 《续平度县志》（一）卷六。

奉命募编于 1914 年 9 月，由警佐率领，不设队长，有警兵百人，嗣后减为五十四人，1915 年 5 月裁撤，1918 年奉令复设，专司剿捕盗匪，有官佐、目兵、夫役二百五十四人，分驻城乡及各要镇；1921 年 5 月改编为警察队，计两大队六分队，每一大队辖三分队，有官佐、目兵、夫役二百三十一人，1925 年 11 月奉省令改编为预备军，其中第二大队全部官兵一百零三人编隶军队，开拔赴省，县内仅余第一大队所辖三个分队；1926 年增设两个分队，直到 1928 年 2 月才并入县警察所，成为县警察统辖的警察队。①

第五节　警察辅助组织

一　地方保卫团

地方保卫团是由地方官署领导和监督的、以原有乡团保甲为基础的、被农村土豪劣绅所把持的基层武装治保组织，始创于 1914 年。它作为警察辅助组织，是封建的乡团保甲在中国半殖民地半封建社会中的自然延伸和畸形发展。组建地方保卫团是北洋政府总结历代封建统治阶段编练保甲的经验，为强化社会治安而采取的一项重要措施，后来被国民政府继承下来，成为同中国共产党领导的革命根据地人民民主政权作斗争的一支残暴的反动力量。

1914 年 5 月 20 日，袁世凯以教令第七十号，公布了《地方保卫团条例》，② 该条例共六章二十七条，为在全国范围内组织地方保卫团制造了法律依据。同年 10 月 4 日，袁世凯又发布《关于整顿团防案》的命令，明确道出了组织保卫团的目的在于镇压人民群众的反抗："当此盗匪充斥之际，必人人各尽其捍卫桑梓之责，始足以促公众之安宁。"他指令地方行政长官"慎选"所谓"正人"，以"共担义务"，对保卫团要"优于礼貌，以崇其体"，"宽假事权，以尽其能"，如果办事得力，"勤能卓著"，应当"量请褒扬"，要求地方行政长官"分饬所属，切实遵行"。充分表现了袁世凯对保卫团寄予的厚望和组建保卫团的急切心情。接着，北洋政府内务部根据袁世凯的申令，向各省区发出咨文，要求各省区最高行政长官依照《地方保

---

① 《莱阳县志》（一）卷二。
② 见《内条法令辑览》第四册，第十三类，第 133—137 页。

卫团条例》第三条的授权①,"拟具施行细则,咨报内务部备案,并将在事员绅名册,一并造报,以凭稽考"。"至于未成立地方,应酌量设置,分别咨部备案。"② 在袁世凯和北洋政府内务部的一再催办下,各省区地方保卫团相继建立起来。

《地方保卫团条例》明确规定,"凡县属未设警察地方,因人民之请求及县知事认为需要时,得报明本省长官,设立保卫团。"实际上,由于北洋政府急于要用地方保卫团弥补警察机关镇压力量之不足,所以在执行中,不仅县以下未设警察机关的地方组建了地方保卫团,就是在设置了警察机关的地方也同样组织了地方保卫团,而且根本无须所谓的"人民请求",也不必"县知事认为需要",何况《条例》第十七条还有"各团所在地有已设警察区者,得协同警察助理之"的规定。可见,组织地方保卫团是强制性的法律措施。

地方保卫团以县知事为总监督,并由县知事遴选地方绅商协同办理。除未成年人,家无成丁者,老弱残废者以及"因事故不能服务"经总监督允许者外,每户出一人编入保卫团。保卫团依照本团户数编列:十户为一牌,置牌长一人;十牌为一甲,置甲长一人;五甲为一保,置保董一人。每团设团总一人,由县知事兼总监督遴委;保董、甲长、牌长,由团长报请总监督委任。团丁由保董督率教练,全团教练由团总确定时间,各团合练由总监督确定时间,农忙时停止教练。

地方保卫团既然是警察的辅助组织,必然要履行警察机关的某些职权。其职权主要有二:

其一,"编查户口"。各团户口由保董督同甲长和牌长挨户清查,由团总缮具清册,正册交县转报省长,副册留团备查。遇有死亡、迁移、外出、出生和寄居,要随时修正表册。在清查户口时,特别注意外来寄居者和无业游民,随时查察,另列专表报告。

其二,"围捕匪徒"。各团遇有"匪警"时,由团总召集团丁围捕,解送总监督讯办。团内住户有藏留"盗贼"或寄存赃物时,由团总、保董等确查,移送总监督惩办。《地方保卫团条例》虽有"不得违法私讯"的规

---

① 《地方保卫团条例》第三条规定:"各省得就本条例所定大纲,参合各该地方情形,拟具施行细则,呈报内务部备案"。

② 《湖南巡按使咨陈内务部饬令赶办团防一案之通饬所属妥为筹办文》,中国第二历史档案馆馆藏档案。

定，实际上是一纸虚文。

为使地方保卫团充分发挥警察辅助组织的功能，《条例》规定了对"有功人员"的奖励办法。凡"检获著名巨匪或悬赏缉拿之巨匪讯明惩办者""登时捕获抢劫之盗匪者""团内无盗贼土匪踪迹者"和"协同他团捕获盗匪者"，由总监督核给奖励。其中"功绩卓著"的，由总监督呈明省长核奖。"因捕拿盗匪被伤或毙命者"，由总监督呈明省长，照警察抚恤章程办理。

在规定奖励办法的同时，对犯有过失和玩忽职守的人员也规定了惩罚措施。凡"容慝盗匪者""团内发生抢劫重案未能登时捕获者"和"偷惰不能得力者"，由总监督依据情节轻重予以惩罚或撤革，罪情重大的要报请省长处理。

以上就是《条例》规定的组建保卫团的基本原则。各省区依据这些原则各自制定适用于本地区的《施行条例》，咨报内务部备案。制定《施行细则》较早的是贵州省，它被作为样板加以推广。接着京兆地方、吉林省、奉天省、江苏省和其他一些省区也先后制定了各自的《施行细则》。由于这些《施行细则》都是结合本地区的情况制定的，所以在具体规定和做法上不尽相同，其基本特点是：

第一，除京兆地方外，凡组建地方保卫团的省区，大都设置省一级的地方保卫团督办机构；在贵州称"保卫团总局"，在吉林称"全省保卫团督办处"，有的省则称"保卫团总办事处"。其任务是统一领导地方保卫团组织。但是，省保卫团督办机构的内部组织各不相同。贵州保卫团总局设局长一人，督练官一人，教练官二人，文牍员二人，庶务员一人。总局长和督练官由巡按使委任，其他各员由总局长会同督练官委任。吉林全省保卫团督办处则以省长为督办，设处长一人，副处长二人，提调一人，办事员若干人，均由督办委任。督办处的具体职责是：编制全省保卫团各项章则表册，主持全省保卫团的改编，稽查全省保卫团的收支经费，核办保卫团职员的功过等。

第二，具体规定地方保卫团职员的资格以居住年限、一定学历和资产多寡为先决条件。贵州省规定，团总必须是在该地连续居住六年，拥有五千元以上财产，具有中学以上毕业学历或具有同等学力，或曾担任行政司法官吏一年以上，或办理"地方公益"一年以上，年满三十岁的人。京兆地方规定的条件是，居住该地连续二年以上，拥有三千元以上财产，中学以上学校毕业或具有中学同等学力，或曾任官吏办理行政司法一年以上，或办理"地方公益"三年以上，年满三十岁的人。保董、甲长、牌长虽然不以学历和资历为任职要件，但必须在该地居住二年以上，并且拥有不动产。显然，只有土豪劣绅和反动官吏才有可能充任团总等职务。仅此一点就决定了地方保卫团的反动性，尽管地方保卫团团丁的绝大多数是一贫如洗的劳动农民。

第三，强调保卫团在执行职务时要同反动警察当局紧切配合，充当反动军警的助手。《京兆地方保卫团施行细则》在总则中规定："京兆地方保卫团与各该地方警察及现驻该处警备队有互相协调之义务。保卫团在执行职务时，有与军警相联系者，由总监督会商各军警长官办理，但调动军队在一日以上者，须报明京兆尹查核。"《地方保卫团贵州省施行条例》也规定："保卫团执行职务时，有与陆海军或省警备队相关联者，报由监督会商驻扎军官办理，但遇事变紧急，军队较近，不及报由监督会商时，得由该团团总就近请求该地军官办理，一面报告监督备核。"① 不仅如此，反动军警当局还有权直接干预地方保卫团的内部事务。1920年6月，吉林全省保卫团实行改编，改编事务概由县知事督同警察所所长办理，就是明显的例证。有的地区，警察还担负着稽查保卫团活动的任务。在京兆地方，于各县治所在地设保卫团公所，除县知事兼任总监督外，另设总稽查一人，以警备队队官充任；各区设稽查一至二人，以本区警佐或驻在地的警备队队长分别兼任；他们秉承总监督的命令稽查地方保卫团团务。因此，地方保卫团虽然在组织上自成系统，但他们的组织与活动无不在反动警察当局的控制之下，是反动警察当局的忠实附庸。

第四，地方保卫团团丁抽自当地住户，但各地抽丁方法不同，编练方法各异。在京兆地方，"团丁以该团住户年满二十岁以上五十岁以下之男子，按户指定一人充之"。如被指定的男子不能担任团丁，可以"出资雇丁，代为服务"。而在吉林省，"凡种本地二十垧及租种土地四十垧，或有资产五千元之户，必须出团丁一人（年龄二十岁以上四十岁以下），若种本地六十垧及租种地八十垧，或有资产一万元之户，必须出团丁二名"。如果该户无适当男子或因故不能充当团丁的，要按照团丁数目，责令出枪一支或两支，供地方保卫团使用，不准出资雇丁。这两种抽丁方法，看来截然不同，但不论哪一种，都只有利于地主豪绅，而不利于无地少地的农民。

从各户所抽团丁，一般分正丁和次丁两种，"正丁未满年限（五年）而出额时"，由次丁补充。在京兆地方，还把团丁划分为两个部分，四分之一为编练团丁，四分之三为守望团丁。编练团丁按照警备队的编制组织，设正

---

① 《地方保卫团条例贵州省施行条例》（1915年12月3日），《法令辑览》第八类，第86页。

队长、视甲长、正目、视牌长、正丁、视正丁，除农忙期间外，由队长定期召集训练，遇有"匪警"，与军警一起出动，在青嶂冬防期间，则联合军警，随时"会哨"。守望团丁只在冬季农闲时，由甲长调集教练，辅助编练团丁，就地守卫。

第五，地方保卫团的经费均系"就地筹集"，实际上对广大农民肆意勒索，如屠捐、斗息以及各种杂捐都是地方保卫团的经费来源。吉林省还就原有垧捐原额增加三分之二作为地方保卫团的经费。京兆地方保卫团则以青苗会费、募款和罚锾为其收入，团丁在受训期间还要自带干粮，作战时由本村供给饮食。在奉天省，"公征私派，皆取诸农。有按亩摊派者，每亩多到一角以上或七、八分，五、六分；亦有按锄头、门户摊派者，名目不一，县与县殊，保与保异，全省摊款在四百万元以上"[①]。沉重的超经济剥削压得农民喘不过气来。地方保卫团的办事人员又为无给职，"津贴亦微，自好者不为，愿为者非藉以凌人，即从中取利"[②]。出力的是农民，出钱的是农民，受害的也是农民，而地方保卫团所保护的则是地主豪绅和代表他们利益的反动政权。

二 商团

北洋政府时期，在一些工商业较为发达的城镇中，活跃着一支由商人组织的武装队伍。这就是作为警察辅助组织的商团。早在北洋政府成立之初，这类组织就以各种不同的名目出现，如北京的京师商务总会经陆军部批准成立的保安商队[③]，扬州商会组织的商团体操队[④]，等等。1917年3月，中华商会联合会呈经内务、陆军、农商三部批准，公布了《商团组织大纲》，决定全国各地的商会"得依地方情形组织商团"。[⑤]

商团的出现不是偶然的。它以我国工商业的发展为前提，既反映了商人维护自身利益的要求，同时也反映了北洋政府利用商人的力量，建立特殊武警组织，以维护其统治秩序的愿望。商团具有浓厚的封建色彩，是资产阶级右翼勾结北洋军警，防范和镇压人民大众的组织形式。

---

① 《奉天全省警甲报告书》卷上，1925年版，第196页。
② 同上。
③ 《临时政府内务行政纪要》第三类，警政事项。
④ 《扬州商团组织章程》，中国第二历史档案馆馆藏档案。
⑤ 《商团组织大纲》，《法令全书》1917年第4册。

河南禹县商会在其组织商团的呈文中把它的意图说得十分清楚："禹县地居豫省之中，先年尚少匪患，迨至前清末叶，俗敝风习，萑苻日滋，泊乎民国，匪势猖獗，致有白匪①陷禹之患，迄今时越七载，大局未能肃清，匪势迄未消灭。"禹县虽有巡缉营、巡缉队等警察武装，"第以西北西南，界连密、登、汝、郏等县，山麓丛歧，犬牙相错，向为刀匪出没之地，各边区时受外匪扰害，常驻游击，为处既多，兵力单薄，飘忽奔窜，乘陷蹈虚，乡间既已受害，城防因之戒严，加兵力不充，更复不时出发，人心不免恐惧"。面对这种形势，"商民人等纷纷要求组织商团"，禹县商会"迭经召集商民各界共同讨论，咸以时势所迫，非办商团不足以为军警之辅助"。② 禹县商团就是基于这种目的建立起来的，其他各地商团也莫不以"辅助军警，维持市面，弹压乱匪"为宗旨。

商团由当地商会出面组织，并要按照1917年3月《商团组织大纲》的规定，履行一定的程序。首先由商会会长拟出该地商团组织章程、操生名额、在队规则、课程表、职员表，请由各该地方当局转呈省长核准，然后由省长分别咨送内务、陆军、农商三部备案，同时报明当地军事长官存案备查。商团经过以上手续成立后，受当地县知事的监督，由商会会长指挥。

商团的内部组织均按陆军编制，并有所简化，一般设团长一人，团副一人，教练长一人，教练员若干人，总稽查一人，稽查员若干人，书记和庶务各一人，下设队和排，队排各设队长、排长和司务长。有的商团（如扬州商团）还设有消防队和军乐队。③ 由于商团职员的地位和作用不同，产生的方式也不相同。团长由商会会董选举产生；总稽查和稽查员从商会会董和会员中选任，如河南省林漳县商团总稽查即由商会会董兼商事公断处评议员担任，三名稽查员都是商会会员，商店经理；④ 教练长由商会会长会同商团团长聘请陆军出身，确有军事学识者充任，并须由地方长官呈报省长转报北洋政府陆军部备案。商团的其他职员，由商团团长商同商会会长遴选，由商会会长任用。

商团职员一般均有明确分工。团长筹划经费，总理团务，命令操生出队、出防、戒严，拥有处分该团一切事务之权；团副协理团务，团长因事缺

---

① 指白朗起义。——著者
② 《河南省禹县及新野、临漳等县商团组织有关文件》，中国第二历史档案馆馆藏档案。
③ 《扬州商团组织章程》，中国第二历史档案馆馆藏档案。
④ 《临漳县商团简章》，中国第二历史档案馆馆藏档案。

席，有代表团长负完全责任之权。团长、团副的任期由各地商团章程自行规定，如《扬州商团章程》规定，"团长、团副依照商会法，由商会会董投票选举，以二年为一任，连选连任"。教练长是商团的重要角色，他秉承团长的指令，命令各操生出队、出防、会操，指挥队长、排长，监督训练，安排课程等；总稽查则承教练长的命令，督同各稽查员稽查操生勤惰，管理请假，查察军械服装。

商团的一般成员不称士兵，而称操生。操生必须具备法律规定的三个条件，即年满十六岁以上三十五岁以下，"品性纯正"，确有商店职业。① 有些商团规定的加入商团的条件更为具体，如扬州商团规定，除年龄条件外，操生必须"体健行端，粗通文义，确无嗜好"，而且必须取具自愿书和保证书，然后才能"入团练习"。在加入商团的条件中，从事商店职业是前提条件。所谓从事商店职业，是指"现时开设店铺"的店主和"在店铺内服务"的伙友和学徒而言的。实际上，店主成为操生的绝无仅有，伙友也为数甚少，绝大多数操生来自于学徒。据统计，临漳县商团共有操生七十一人，其中没有一人是店主；伙友占十三人，其余五十八人都是学徒。② 商店店主、经理之类是商团的主人，主要出任商团团长、团副、稽查等职务。

加入商团的操生按陆军步兵编制，虽然一般编为队和排，也有编为排和棚的，情况并不完全相同。至于设多少队（排）和排（棚）以及操生定额的多寡，则由各商团根据本地情况而定。如扬州商团下设四队，每队辖四排，除军乐队和消防队而外，计有操生三百六十人。③ 武进县商团也以队、排编制，操生定额为三百五十人。④ 临漳县商团则以排、棚编制，计两排六棚，每棚操生十四人，操生定额八十四人。⑤ 名义上，各队长、排长和司务长一般均从操生中考选，然后由商团团长分别令充，实际上各队长都由曾经担任过警察职务的商会会员或会董担任，排长从操生中产生。如临漳县商团相当于队的两个排的排长，一个曾任巡缉队正目，另一个是曾任巡警伍长的商会会董；在相当于排的六个棚中，设正副目十二人，其中伙友五人，学徒七人。⑥

---

① 《商团组织大纲》，《法令全书》1917年第4册。
② 《临漳县商团操生表》，中国第二历史档案馆馆藏档案。
③ 《扬州商团规则》，中国第二历史档案馆馆藏档案。
④ 《武进县商团修订章程》，中国第二历史档案馆馆藏档案。
⑤ 《临漳县商团简章》，中国第二历史档案馆馆藏档案。
⑥ 《临漳县操生表》，中国第二历史档案馆馆藏档案。

操生有在团操生和非在团操生之别，从加入商团之日起的三年内为在团操生，前一年半（分三个学期）为训练期，后一年半为服务期。训练期间的操生称在队操生，服务期间的操生称服务操生，所以在团操生又分在队操生和服务操生两种。三年后操生出团，称非在团操生。

训练期间的在队操生要用三个学期的时间集中教练。教练的内容和方法由商团团长自定，各地不尽相同。一般说来，教育内容包括学科和术科两大类。"学科教练之要旨，以养成操生之军事知识。术科教练之要旨，以陶冶精神，养成操生之军人服务，以尽维持市面、弹压乱匪之责任"。[1]学科的主要课程有：步兵操典、射击教范、战术初步、旗语字母、步枪学、急救法、卫生学等。术科的主要科课有：精神讲话，陆军礼节，商律摘要等。

商团是武装团队，实弹射击是教练的主要内容之一。在队操生学习三个月后领取枪支，接受实弹射击训练。领取枪支时，操生要填具领枪证，由所在商店店主签字盖章，在操练时间之外，负保管枪支之责。子弹的领取也有严格手续，凡实习射击和出防之前，经教练长开明领用子弹数目，由团长核准发给。事后照射击管理规则，将耗弹实数报明团长，余存子弹当即收缴，平时概不发放。至于枪支的来源，《商团组织大纲》有明确规定："商团之枪械，平时按照所编团额人数，请由该管地方长官呈请省长，咨由内务、农商两部转咨陆军部核准，缴价给领。因临时有紧急事实发生，必须添置时，得由商会会长呈明详细情形，备价酌情添领，以资保卫。"[2] 这项规定说明领取枪支的两种情况，一是平时的"缴价给领"，二是发生紧急情况时的"备价添领"，不论哪种情况，枪价都由商会在各商号中筹集。但实际做法与法律规定有相当大的距离。如扬州商团有枪二百支，是由当地军事长官发给的；临漳县商团的枪支则由"会员中生意殷实、资本较大者购置"，不敷使用部分"暂借城防局枪支，以资防守，俟筹有款项，再缴价给领"。[3]

为了加强对商团枪支的管理，商团所有的枪支都要呈明地方长官烙印编号，每年年终要将枪支的种类、数量和添置年月详细列表，报由地方长官呈经省长，分咨内务、陆军、农商三部和商团所在地的军事长官以备考核。

商团虽然不是军队，也不是警察队，但由于它是按照陆军步兵编制的武

---

[1] 《商团组织大纲》，《法令全书》1917年第4册。
[2] 见《法令全书》1917年第4册，第九类，第16页。
[3] 《临漳县商团简章》，中国第二历史档案馆藏档案。

装团队，所以各地商团分别规定有操生必须遵守的服务规程。各项纪律和奖惩办法，具体内容大同小异，不尽相同。

以临漳县《商团操生服务规则》为例，该商团规定操生除操练外，要分班"值勤"。全队操生共八十四人，分两排，每昼夜分四班，每班值勤六小时。值班操生有"值岗"和"巡查"之分，上班时以锣声为号，遇有紧急情况，鸣锣十二响，大炮连三声，除值班操生外，其他三班操生要飞速到达团部，听候命令。商团特别强调操生必须服从命令，违者重办。有的商团的做法则有所不同，如扬州商团仅在"弹压乱匪"时才"随时出防"，在"戒严冬防时"，于城内各繁华街道配备"步哨"和"动哨"，或者编成若干巡查队进行巡逻，"用以辅助军警"。"出防"的召集分"预期召集"和"临时召集"两种，"皆于操生所在商店召集之"，撤防及停止勤务则于团内"以牌示宣布"，不以鸣锣为号。有的商团还规定，出团操生也有应召出防的义务。如武进县商团规定，遇有地方特殊事故，在团操生不敷分配时，凡曾毕业的操生，"均得召集，以尽维持弹压之责"。①

商团的纪律是同它的各项规章制度分不开的。有些规章制度已如上述，这里值得一提的是请假制度。操生虽按陆军编制，但毕竟不是军人，吃住均在商店，同时又受店主约束和支配，所以各地商团大都规定有请假制度。如"操生不得因细故请假"；"每次请假不得逾三日，一个月内请假不得逾一星期，婚丧病假临时核准期限"；"请假时要在团内领取请假单，叙明理由，加盖商号图记，经教练长核准后，由值日操生登入请假簿"。

操生不守规则，不遵命令，不守纪律，就要受到处罚。处罚办法也由各商团自定，一般分为四种，即革退、罚金、记大过和记小过。凡违抗命令、在外招摇、擅自放枪、染有嗜好、冶游生事，或积大过三次的，予以开革，收回枪支，并追缴服装费；如操生无故退学及中途退学，除追缴枪支、服装外，酌其情节轻重处以罚金，无故退学的，从入团之日起计算，每月罚缴五元；身着商团制服在外冶游，骂詈同学，未经请假旷课七日的，记大过；玩忽学业，旷课三天，上课喧哗或发生口角的，记小过。奖励有给物和记功两种，凡巡防、查防、守防功劳显著的，由团长会同商会会长酌给奖励。如盘获"奸细""巨匪"，由商团呈请地方长官从优给奖。如因公受伤，医药费准予报销。如因伤致成残废笃疾的，分别给予奖金。因公积劳病故的，给钱四十吊，因公殒命的，给钱一百吊。后来，一律按《警察官吏恤金给予条

---

① 《江苏省武进县商团修订章程》，中国第二历史档案馆馆藏档案。

例》办理。

办理商团需要经费。经费从何而来,北洋政府的《商团组织大纲》只规定"商会会董监察商团筹划经费"。这就是商团经费由商团自筹的原则。至于商团如何筹划,北洋政府则不予过问,也不予补贴。[①] 实际做法并非完全如此。商团经费一般分为经常费和临时费两种。经常费包括各种日常开销,要造具预算表,由商团会同商会会长向各商户摊派,并由商会会董互选四人进行管理,按月开支。临时费既然是商团经费的一种,理应也由商户摊派,由于北洋政府是组织商团的倡导者,实际上也给商团一定数量的财政补助,有的商团规定,不在经常范围以内的经费开支,如系正当需用,商团团长可会同商会会长商请县长同意后,即可在县公署报销。不仅如此,即使是经常费,也可向县公署要求补助。有的商会章程规定:"经常费由各商负担,现因入不敷出,拟请查照成案,在巡警铺捐项下提拨三成,以资挹助。"可见,北洋政府不仅是商团的倡导者,而且是商团在经济上的支持者。它千方百计地扶植和推动商团的发展,使其成为对付人民群众的得力工具。

虽然由于北洋政府时期地方派系林立,各自为政的情况普遍存在,许多地方没有按照规定建立起各自的商团组织,但是,已经建立的商团的确没有使北洋政府失望。它们的活动说明自己是名副其实的反动军警的忠实助手,在破坏和镇压革命方面甚至起了急先锋的作用。广州商团暴动对以孙中山为首的广州革命政府造成的严重威胁,就是其中最突出的事例。

广州商团是一支装备精良的反动武装队伍,由英国汇丰银行买办陈廉伯和佛山大地主陈恭受指挥,并受到滇军范石生部、福军李福林部的支持,一贯为非作歹,与革命为敌。1924年8月,由于广州革命政府扣留了商团向外商订购的枪支,于是商团煽动全省罢市,并在10月10日广州各界庆祝辛亥革命十三周年之际,公然向游行群众开枪,打死二十余人,伤数十人。事发后,他们又封锁市区,构筑工事,张贴"打倒孙(中山)政府"的标语,准备配合陈炯明夺取革命政权,气焰十分嚣张。当日晚,孙中山宣布成立革命委员会,指挥镇压商团叛乱。10月14日至15日,黄埔军校学生和部分回师广州的北伐军同时向广州和佛山的商团发动总攻击,商团叛乱才被镇压下去。

---

① 《扬州商团组织章程》,中国第二历史档案馆藏档案。

三 保甲

确立于宋代的保甲制度本意是为了"寓兵于农"。但后来它的性质和目的逐渐发生变化，而与赋役、警卫、户政紧密地联系起来，维护地方治安则成了保甲的第一要义。到了清代，各省设有专管保甲事务的保甲局，不过随着清末近年警察制度的确立，各省保甲局相继裁撤，保甲之制遂不著于政令，但基层保甲组织以其改变了的形态依然存在。北洋政府统治时期，不少省区的地方保卫团就是以保甲为基础建立起来的。这个时期江苏的"农民自卫军""公安团"，湖南的"挨户团"，江西的"靖卫团""村防队"，安徽的"团防""乡团""民团"，四川的"齐团"等，也无不是以传统的保甲模式略加改造而建立和发展起来的警察辅助组织。

以四川为例，1912年10月成立了"齐团"，又称"点团"。它依照保甲方法，编订户口，抽选壮丁，每户一人，然后确定牌头、甲长、保正。团丁平时要到团局操练，有事则听从调遣。没有编入"齐团"的丁壮，也要四处"逡巡"。1924年，由南川县发起组织了有津县、巴县、綦县齐团参加的津巴綦民齐联合会，拥有枪械四万余支；不久又成立了四川民团联合会，"打土匪"、"驱滥军"，声威大振，成为四川警察的得力助手。江苏的"公安团"也是与地方政权紧密结合并受地方政权指挥的保甲组织，各县公安团依照村制户口调查，男子十八岁以上的，一律编入公安团为团丁。公安团的组织形式是，每闾为一牌，以闾长为牌长；数闾为一甲，以村副为甲长；每一编村为一村团，以村长为村团长；每市（相当于镇）、乡、区为一区团，以市、乡、区长为区团长；每县为一总团，以县知事为总团长，以县警察所所长为总团副。其他各省区的保甲组织，名目虽有不同，情况大体相似。

由此可见，北洋政府时期的保甲，不论其组织形式如何，它们不操之于官，便操之于绅，甚至操之于棍痞。正因为当时的保甲组织为官、绅、痞所掌握，所以"生杀予夺，民之所能自存者几希，民之所能自主者几希，民之所能以自致其治者亦几希矣！"[①] 这说明，保甲组织虽然存在于民间，它的成员也来自于普通百姓，但作为官绅痞把持和操纵的组织，有时甚至是拥有武装的特种组织，却是一种高高地凌驾于社会之上的与人民为敌的反动力量。北洋政府扶植和利用它作为警察的辅助组织，用以钳制和宰割人民群

---

① 闻钧天：《中国保甲制度》，商务印书馆1936年版，第365页。

众，也就不是偶然的了。

尽管从总体说来，在北洋政府统治时期，由于近代警察制度的推行和地方保卫团的设立，原有的保甲组织逐渐改变了早先的形态，并且继清末之后呈现出颓废的趋势，但在有的省区也有一定程度的发展，甚至出现了"警"（警察）"甲"（保甲）并立，进而实现"警甲合一"的局面，其中最典型的要算是奉天省了。

军阀张作霖治下的奉天省是北洋政府时期保甲最发达的省份，从警甲关系而言，1918年至1923年12月为"警甲并立"阶段，1923年以后为"警甲合一"阶段。

本来这个省早先设有地方保卫团。1918年撤销后，改编为保甲。但"行之数年而成效未著"，虽然甲丁人数大县逾万，小县数千，由于"不编不练，名册徒存，平日预防几无设施，临时戒备仍须另雇，匪多各县则编成游击队，队丁尽系招募，与保甲性质迥殊，一经遣散，即不为匪，亦游荡失业"。而保甲"在职人员本无薪水，即津贴亦微，自好者不为，愿为者非藉以凌人，即从中渔利……其办理最善各县亦不过虚应故事"。[①] 针对这种情况，1922年9月，该省发布《奉天保甲试办章程》，对各级保甲组织进行整顿，整顿后的奉天保甲呈现以下主要特点。

（一）自上而下地建立了一套与各级警察机关相对应的严密的保甲网。奉天保甲最突出的特点是组织严密，有章可循，其组织体系由省、县、保甲区和保四级构成。省设奉天全省保甲总办公所，设总办、会办各一人，承省长之命办理全省保甲事宜。在总办、会办之下，配备参事若干人，另设第一、二、三科。第一科掌管文牍，保存案卷，收发文件以及会计、庶务事宜；第二科掌管清理户籍，编查丁额以及统计、编辑事宜；第三科掌管训练、防剿、械弹、服装、稽查、考核、恤赏等事宜。此外，还设负责巡视、稽查和训练事宜的视察员十人，办理缮写、印刷事宜的录事长四人，录事十二人。为了应付日常杂务，总办公所设差遣队长一人，马步兵各十人，差弁四人，夫役十四人。

奉天各县均设保甲事务所。所长承保甲总办的命令和县知事的监督办理全县保甲事务，设教练兼稽查员一人，负责稽查、训练和防剿事宜；设文牍、书记各一人，负责办理文牍、会计、庶务等事宜；另设马甲丁和夫役各

[①] 《呈军省两署为遵令筹拟整顿保甲事宜并筹收经费办法先将大概情形报请核示文》（1922年10月14日），载于《奉天全省警甲报告书》卷上，第196—197页。

二人。

各县依户多事繁和户少事简为原则，划分为若干保甲区。每个保甲区均设保甲事务分所，由区保长主持工作，设书记、公役各一人，步甲丁四人。事务繁要、区域辽阔的保甲区，设马甲丁二人，专任传达。

每一保甲区下辖若干保，以三村或五村为一保，每保设保长一人，监督各甲长、甲丁办理各项具体事务。所有编练甲丁、防剿盗匪，保长都必须亲自督率。

保以下设甲，甲设甲长。甲长有常备甲长和散在甲长的区别。常备甲长由保长从常备甲丁内选任；散在甲长的情况有所不同，每村（屯）以十户至二十户设散在甲长一人，"补助常备甲长甲丁之不逮，自行清查户籍，以清盗源，而保治安"。甲丁也有两种，即常备甲丁和临时甲丁。按规定，一等县常备丁额和临时丁额各为四百人，二等县各为三百人，三等县各为二百人，四等县各为一百人。

（二）明确规定保甲人员的资格。各级保甲头目都由同级政府遴选委任或批准。除奉天全省保甲总办公所总办、会办由省长委任外，各县保甲事务所所长由该县知事遴选三人，呈请省保甲总办公所总办择一人委任，此人必须籍隶本县，三十岁以上五十岁以下，有军警专门学识，曾充委任职三年以上，或曾任军队连长和警察区官以上，或曾办理保甲、保卫团三年以上。

各县的区保长由县保甲事务所所长拟选，呈请县知事委任。其条件是，必须是本区土著，拥有中等家资，年在三十岁以上四十五岁以下，曾充军警初级官职，或曾办理保甲、保卫团三年以上。

各保保长须是本保土著，年在三十岁以上四十五岁以下，曾充军警各差，由县保甲事务所所长督同区保长遴选派充。

以上情况表明，从保甲事务所所长到各保保长均属官绅痞之类，一般都是反动军警出身的地头蛇。

（三）明确规定抽丁和服役的规程。按规定，除在校学生、现任公吏（区长、村长等）、独生子、残废者和家无恒产以身佣工者外，凡年满二十岁到四十岁的男子，均为壮丁，都有充当甲丁的义务，要列入散在壮丁名册。依据"一户不抽二丁"的原则，每户只出一人，以供选用。甲丁分为常备丁和临时丁两种，用抽签的方法从散在壮丁中抽编，凡中签的壮丁要列入现役甲丁名册。如果壮丁在外供职，外出行商以及久病体弱不能服役的，可以"委人代役"。"代役者"必须是年力精壮的本保土著；"委人者"要支付"代役者"一定数量的补助费。"委人代役"实际上是反动政府为地主豪绅及其子弟逃避抽丁而打开的方便之门。

常备丁和临时丁的服役方法不同。各保的常备丁分为两班，每班服役六个月。第一班由4月1日起到10月1日止，第二班由10月1日起至次年4月1日止，届期轮换。临时丁只在夏防（青纱帐起）和冬防（旧历年关）期服役，夏冬两防期不超过三个月。各县甲丁在服役时使用的枪械均系自带；不能自带的，向有枪之家商借。保甲活动经费全部由地方政府开支。

（四）规定了对保甲人员的赏罚办法。为了鼓励保甲人员忠于职守，奉天地方当局规定，对于措置有方、办事认真的保甲人员，境内无盗贼土匪踪迹的保甲人员，能够在规定期限内破获盗贼的保甲人员以及因捕拿盗匪负伤或殒命的保甲人员，县知事可以呈请保甲总办公所酌给奖恤。保甲缉匪赏格分为五等，其中以"能破获谋为不轨之乱党教匪者"奖给最多，"能破获悬赏著名之巨匪者"次之。保甲人员因缉匪窃亡，其恤金按照警察恤金条例办理。

在规定赏格的同时，奉天地方当局对于失职的保甲人员也规定了惩罚措施。对于保甲人员中"措置乖方、办事不力者"，"境内迭出枪案、防卫不力者"，"境内有盗匪隐慝而不能查出拿获者"，"甲丁与盗匪通气而不能查出究办者"，"玩忽公务或遇紧急事故临调不到者"等，县知事有权要求保甲总办公所酌予惩罚。

经过这次整顿，奉天保甲在组织上趋于严密，在活动上有了"起色"，但它们依然是各级政府控制之下的与警察机关并立的组织。而就其活动性质说来，却与治安警察的职能甚少差异。为了从组织上加强警察和保甲的联系，同时强化二者的作用，1923年12月，奉天全省警务处与奉天全省保甲总办公所实行合并，同处办公，改名为奉天全省警务处兼保甲总办公所，简称处所，在省一级实现了"警甲合一"。"警甲合一"的实质是，警察直接控制保甲，保甲完全依附于警察。

"警甲合一"首先表现为组织上的"合一"。实即取消奉天全省保甲总办公所的原有机构，而由奉天全省警务处取代，由警务处长兼保甲总办；处所分设四科，同时办理警甲事务。如第一科承办警甲官吏之考绩、黜陟、迁调、委任、请奖、编制、统计等事宜；第二科承办警甲官员违法被控、获盗讯办、管理外侨等事宜；第三科承办警甲剿匪、请恤、修理枪弹、考核盗案等事宜；第四科承办警甲预决算、勤务、防务等事宜。处所设视察长一人，视察员若干人，担负对全省"警"与"甲"的视察任务，如警甲的编制、教练、服务、服装、枪弹、经费的使用、器具的分发及保管等。①

虽然"警"与"甲"在省级实现了"合一",县以下仍属分立状态,但二者在基层的关系要比处所成立以前密切多了。奉天省地方当局采用警甲临时游击队的形式把各县的警与甲有机地联结起来,以充分发挥二者互为补充的作用。奉天各县警甲临时游击队是以所谓"剿捕得力,调遣迅速,保护地方安全"为宗旨的,它由各县原有之警察和甲丁两部分混合组成,每县视警甲人员多寡及当地治安状况分别设置若干警甲临时游击队。每队设队长一人,分队长一或二人;队长以警察队官、区官、区保长或保甲教练员委充,分队长以警察分队长、巡官或保长委充。各县的警甲临时游击队由各该县的县知事督同警察所长和保甲事务所所长指挥调遣,并在县警察所所长和县保甲事务所所长二人中,择其"畅晓戎机,长于击捕者"一人为临时正指挥,另一人为临时副指挥。② 这种警甲联合虽是临时性的,其目的也是为了完成特定的剿捕任务,但这已与警甲分立的状态有所不同,可以视为过渡型的"警甲合一",或者说是从"警甲并立"向"警甲合一"过渡的中介形式。

---

① 《奉天全省警务处兼保甲总办公所分科办事细则》,《奉天全省警甲报告书》卷上,第3—6页。

② 《奉天各县改编警甲临时游击队简章》,《奉天全省警甲报告书》卷上,第45—46页。

第十二章

警察的来源和警察官的任用

第一节 警察的资格和招募

北洋政府成立初期，一般警察虽然来自民间，但其招收办法因地而异，没有一定之规，处于无章可循的状态，直到1917年11月内务部才决定在全国范围内实行统一的巡警招募制，并且发布了《招募巡警章程》。[①]

巡警的招募由各地警察机关自行主持，招募的对象仅限于20岁以上35岁以下的男子，女子不得应募，所以在整个北洋政府统治时期，无女警存在，女警是在国民党统治时期产生和发展起来的。

应募的男子必须具备一定条件，如，在国民学校（小学）以上毕业，身高5尺以上，身体健康，五官端正，听力视力正常，语言清楚，等等。但是，只要具备年龄和健康条件，"粗通文义，熟悉本处地理及地方情形"，即使未在国民学校毕业，也可以应募。因此，当时的一般警察文化水平极低，素质极差。虽然按规定"曾犯徒刑以上之罪者""素无正业并无确定住所者""素有暗疾或精神病者""曾充军警因事斥革者"以及"其他查缉有案者"，不得应募。但实际应募之人多为地痞流氓和生活无靠的贫民，一般百姓对警察职业是不屑一顾的。

应募者一般要经过"身体检查""文字试验"和"口头问答"三种考查方法，合格的才能录取，不过"曾在学校毕业者得免文字试验"，"曾受教练之退伍军人领有凭证者得免身体检查"，这就使得应募考查徒具形式。有时地方警察机关需要具有特种技能的人员，如会驾驶船只的人，会游泳的人，粗通外语的人等，需要这类人员的警察当局可以"特别招募"。

[①] 《招募巡警章程》（1917年11月1日内务部通咨第4606号），《现行警察例规》甲第357页。

应募者经考查录取后，称为募警。募警要向招募的警察机关提交"妥实保结"，以避免经常发生的中途流失。一般说来，募警不能直接上岗"服务"，必须进入当地警察机关开设的巡警教练所，经过为期半年的专门训练，毕业合格的，才能补充为正式巡警，成绩优秀的，以巡长记名，尽先补用。在所接受训练的募警，统称为学警。

北洋政府时期的一般警察分为三等，即巡官、巡长、巡警，简称巡官长警，他们不属于警察官吏的范畴，而与清末的警兵类似，可以逐级拔升。巡警处于一般警察的最底层，直接欺压民众，为民众所切齿，而在警察组织内部，又往往被其长官视为奴仆，随便役使，任意打骂，甚至沿用清朝下对上和上对下的一套封建礼节（如跪拜等），污辱巡警人格，社会地位低下，如此等等造成巡警招募的困难。针对这种情况，1917年10月18日北洋政府内务部制定《尊重巡警品格办法》，规定"长官非因公事不得役使巡警"，"巡官长警有过犯时除分别照章惩办外，不得加以凌辱或骂詈"，"对于长官应行警察敬礼，长官须依式答礼，并不得沿用旧俗下敬上之礼"，"对于长官之称谓，以官或以职，不得沿用旧俗下对上之称谓"，在给巡警以奖励时，"不得用赏赐等字样"。① 这些规定对于破除旧俗可能会有一定的作用，但却不能改变巡警低下的社会地位。

第二节　简任警察官的资格和任用程序

北洋政府时期，警察机关的人事管理制度庞杂而多变，先后颁布的有关法规数以百计，其中既有中央政府发布的适用于警察机关的人事法规，也有内务部发布或呈请发布的人事法规，这些法规关于警察官任用的规定，前后矛盾，歧异甚多，而且经常修订，废立频仍，不过总的来说还是有章可循的。

当时的警察官分为简任职、荐任职和委任职三种，共九等，其中简任职警察官两等（一等、二等），荐任职警察官三等（三等、四等、五等），委任职警察官四等（六等、七等、八等、九等），各有其不同的任用资格和任用程序。

京师警察厅总监和各省区警务处长属于简任警察官范畴。由于京师警察厅总监掌管首都治安，地位显要，由大总统直接任命，内务部及其警政司无

---

① 《政府公报》（1917年10月29日）。

权干预。各省区警务处长的任用则由专门的法律予以调整。

各省区警务处长的任用实行"预保存记，缺出请简"的制度，只有下列九种人才享有预保资格：

"1. 现任内务部荐任职，历办警政五年以上，著有成绩者；

2. 现任京师警察厅都尉、地方警察厅厅长，历办警政五年以上，著有成绩者；

3. 现任京外警察厅警正，历办警政五年以上，著有成绩，并警法（学校）毕业者；

4. 现任简任文职或高等军职，历办警政五年以上，著有成绩者；

5. 现任各部院荐任职，曾办警政五年以上，著有成绩，并警法（学校）毕业者；

6. 曾任简任职警察官吏，历办警政三年以上，著有成绩，并警法（学校）毕业者；

7. 曾任高等军职，历办警政五年以上，著有成绩，并陆军（学校）毕业者；

8. 曾任京外高等荐任职警察官吏，历办警政八年以上，著有成绩，并警法（学校）毕业者；

9. 有简任职相当资格，历办警政八年以上，著有成绩，并警法（学校）毕业者。"[1]

对于上述九类人员，强调的是资历及其在警界任职的年限，而主要不是学历，学历只是附加条件，学历的内涵相当广泛，不论在警察学校毕业还是在政法学校或陆军学校毕业均算合格。同时，军职和警职是相通的，担任过高等军职的人员，只要毕业于陆军学校，并且办理警政五年以上，也就具备了出任简任职警察官的资格。事实也的确如此，北洋政府时期各省区警务处处长，多数系行伍出身。

但是，具有简任警察官资格的人，如果"曾受褫夺公权处分尚未复权者"，或"曾受夺官或褫职处分尚未开复者"，或"亏欠公款尚未缴清者"，或"年力衰弱不胜职务者"，一概不得任用。[2]

符合简任警察官资格的人员，要经过法定主管机关的预保，才有可能被任用。预保的方式主要有两种：一是由主管警政的内务部从符合法定资格的

---

[1] 《警务处处长预保资格》（1915年8月12日内务部呈准公布）。

[2] 《文职任用令》（1915年4月9日公布）。

人员中遴选数人，造具详细履历，分别说明他们办理警政的成绩，并"加具切实考语"，开单呈请预保；二是由各省区最高行政长官根据本地情形，按照法定资格遴选一、二人，开具履历、成绩和考语，呈请预保。① 被预保的人员，不论经过以上哪一种预保方式，均须经大总统核准，然后国务院才能存记。大总统也有权发布特别命令，把自己认为合适的人选交国务院存记。

一旦有的省区警务处处长缺出或有新设警务处处长员缺的必要时，内务部就可提出简派的请求，这时国务院应将早先存记的全部人员按照一定顺序开出清单，由大总统圈选简派。在清单上首先列出的是大总统特命国务院存记的人员，其次才是内务部和各省区预保存记的人员。

第三节　荐、委任警察官的资格和任用程序

北洋政府时期，荐、委任警察官的任用由多种行政法规予以调整，其中包括《文职任用令》（1915年9月30日）、《文职任用令施行令》（1915年9月30日）、《荐任文职任用程序令》（1915年9月30日）、《委任文职任用程序令》（1915年9月30日）、《国务总理呈请厘定各官署荐任职缺依类序补办法文并指令》（1916年11月21日）、《铨叙局呈拟变通荐任文职任用办法请提交国务会议议决文》（1916年9月28日）等。② 这些行政法规多发布于袁世凯统治时期，内容庞杂，流于形式，实际运用缺乏必要保障，而一些变通措施又改变了原先的规定，形成了有法难依的混乱局面。

为了摆脱困境，北洋政府内务部综合了以往的有关规定，并且加以系统化，于1924年8月1日呈准公布了《警察官任用暂行办法》，③ 基本上统一了荐委警察官的任用资格和任用程序。这时距北洋政府倾覆之日已为期不远。

依据《暂行办法》的规定，符合荐任职警察官资格的人员有以下十二类：一是曾任荐任职警察官的人员，他们必须是曾经依照任用程序，经内务部荐请，并领有荐任职警察官任命状或部照的人员；二是警官高等学校毕业，实习期满，经该管长官呈请内务部核准发给执照的人员；三是地方警察

---

① 《内务部拟定预保各省警务处处长资格及预保办法》（1915年8月18日）。
② 参见《内务法令辑览》第二册，第五类，第二章。
③ 中国第二历史档案馆馆藏档案。

传习所毕业，依照奖励规则，享有荐任资格，经内务部核准，发给执照的人员；①四是京师或各省高等巡警学堂及京师警察学校三年以上毕业，领有文凭，在内务部注册有案，办理警务有成绩的人员；五是现任委任职警察官三年期满，著有成绩，经内务部依照考绩办法呈准，以荐任职警察官升用，并发给执照的人员；六是在警察官署中享有荐任待遇，经内务部核准，发给执照的人员；七是警察学校简易科毕业，领有文凭，并曾任相当于荐任警察官职务满三年以上的人员；八是在国立或教育部认可或指定的专门学校，修习政治、法律学科三年以上毕业，领有文凭，并曾办理过警务的人员；九是曾在陆军学校毕业，领有文凭，现任荐任以上陆军军职（军官之少校以上，军职之营长以上），并曾办理警务二年以上的人员；十是荐任以上文职，曾办警务三年以上的人员；十一是曾办警务五年以上，著有特别劳绩，经内务部专案呈准，以荐任警察官任用，并发给执照的人员；十二是曾任简任警察官或奉令准以简任警察官存记的人员。

从上述荐任警察官的任用资格可以看出，当时着重强调的是学历和资历，采取学历和资历并重的方针。由于北洋政府时期"警察人材尚虞缺乏"，军职人员就成为警察官的重要来源，但他们也须具备军校毕业和曾办警务两个条件，并非一切军职人员均可出任警察官。

至于委任职警察官的任用资格，依据《暂行办法》的规定，限于以下六种人员：一是曾依法定任用程序，经内务部核准委任，并给有部照的人员；二是地方警察传习所毕业，依照奖励规则，享有委任资格，经该主管长官报内务部核准，发给执照的人员；三是现充警察官署委任待遇警察职，经内务部核准有案的人员；四是警察学校修业一年以上，得有文凭，并曾任相当于委任警察官职务满一年以上的人员；五是现任最高等巡官三年期满，著有成绩，经内务部呈准，以委任警察官升用的人员；六是曾办警务三年以上，著有特别劳绩，经内务部专案呈准，以委任警察官任用的人员。在以上六种人员中，第五种是专为有警士（巡官、处长、巡警）身份的人设置的，目的是使其"登记有途"，鼓励他们为当局效力。

对于荐委任警察官的任用程序，《暂行办法》也作了统一的规定。各警察官署遇有荐委任警察官缺出，由该管长官从上述具有荐委任资格的人员中遴选，详叙履历及其办事成绩，并要加具切实考语，连同证明文件，报送内

---

① 详见《内务部呈大总统拟具地方警察传习所学员毕业奖励规则缮单请鉴核文》（1917年1月6日）。

务部，然后由内务部转交国务院铨叙局审核，凡经审核合格的，如设荐任职警察官，由内务总长呈报大总统任命，如设委任职警察官，则由内务部通知该管长官委任。凡属新任命的荐委任警察官，除警察厅厅长外，如果早先不在该警察官署服务的，都要先行"试署"，俟一年期满后，"再呈请补实"。

北洋政府时期，各警察机关已普遍使用技术人员，并设有技正、技士、技术员等职务，对这类人员有严格的学历要求。按规定，警察机关的荐委任技术人员必须从警察高等学校技术专业毕业，实习期满，或经教育部指定和认可的技术专门学校三年以上毕业，得有文凭的人员中遴用，他们的任用程序与荐委任警察官相同。

总的来说，荐委任警察官也如同简任警察官一样，在任用程序上，一般说来还是能够照章办事的，在任用资格的掌握上则往往有较大出入，这正表明了当时警政的腐败。虽然北洋政府最高当局曾屡次声称"无论何项文职均以考试或甄用合格者为进身正规"，但文官高等考试和文官普通考试有名无实，内务部虽然成立了普通文官甄别委员会，① 以对未经文官考试而任命的官吏进行考核，实际上形同虚设，甚至连《暂行办法》对此也未曾提及，北洋政府发布的一系列变通措施，也未能改变警察官的任用"臆为出入，致滋徇滥"的局面。②

---

① 详见《内务部普通文官甄别委员会执行细则》（1914 年 8 月 6 日）。
② 《兼代国务卿呈据铨叙局详称委任文职升途拟明定限制办法文并批令》（1915 年 12 月 11 日）。

第十三章

警察服制、抚恤和奖惩

第一节 服制

北洋政府时期的警察服制始定于1913年,至南京国民政府成立后的1928年,其间虽然经过若干次修正,但大体说来,只有两次大的变化,这样就形成了两代警察服制,第一代警察服制参考清末警察服制而定,尚称简约,第二代警察服制是第一代警察服制的发展,愈益复杂。不论第一代或第二代警察服制的确定,都以严格的官阶等级为基础。

一 第一代警察服制(1913—1918)

1913年5月15日,袁世凯以教令第28号发布《警察服制令》,这道服制令发布不到四个月,袁世凯又于同年9月13日以教令第35号加以修正,遂形成北洋政府时期的第一代警察服制。第一代警察服制分礼服和常服两种,各由帽、衣、裤、靴、肩章、佩刀六件组成。

(一)礼服

礼服帽、衣各分四级,京师警察厅总监为第一级,京师警察厅督察长、处长和地方警察厅厅长为第二级,京师警察厅队长、警正、署长,地方警察厅督察长以及荐任各官为第三级,京师警察厅警佐、分队长、地方警察厅科员、署员为第四级。各级礼帽均由黑色毛织品制作,帽正(即帽徽)径八分,金五角星,绕以嘉禾,总纵一寸五分,横二寸;眼庇(即帽沿)革质,表黑、黑萌黄;帽袢平金带,里革,左右金色圆纽各一个;帽章依级别而定,第一级帽章四分宽平金带上下各一条,中间一分宽金线二条;第二级四分宽平金带二条,中间一分宽金线一条;第三级四分宽平金带二条;第四级四分宽平金带一条。

礼衣质地与帽同,扣为金色圆形;领章第一级满平金,两端各缀四分径金星五个,第二级缀四个,第三级缀三个,第四级缀二个;袖章第一级高三寸，满平金，其上缀四分径金星五个，第二级缀四个，第三级缀三个，第四级缀二个。肩章全金，长五寸五分，后幅宽一寸八分，前幅作四寸径圆形，圆端边围镶金绳，缀三寸长金线绳两层，后端有纽一个，第一级平面缀金星五个，第二级缀金星四个，第三级缀金星三个，第四级缀二个。巡官长警肩章为黄色，巡官缀银星三个，巡长缀银星二个，巡警缀银星一个。

礼裤各级均同，质地与礼衣同，侧章为八分宽平金带左右各一行。（参见图式）

佩刀限警察官使用，各级均同，柄用黑鲛鱼皮，缠以镀金丝，两端饰镀金镂嘉禾，刀带宽六分，里红革，圆扣镀金，中具镂嘉禾金星，刀绪金线长三寸，上结金绒箍。

（二）常服

常帽各级均同，冬季用黑色呢，夏季用土黄色斜纹布，严冬之际用黑色皮革，帽祥为黑色革，左右金色纽各一，帽章冬季用白绒一条，夏季用黑丝带一条，宽与帽边等，帽正、眼庇与礼帽同。

常服分七级（包括巡官、巡长、巡警），质地与帽同。领章由黑色呢制作，边宽均一分，第一级缀四分径金星五个，第二级缀四个，第三级缀三个，第四级缀二个，第五级（巡官）缀银星三个，第六级（巡长）缀银星二个，第七级（巡警）缀银星一个。袖章缝于袖之外方三寸之处，黑色，有三分宽丝带二条，一分宽二条，随袖之底缝折而下，至袖口上，第一级上缀四分径金星五个，第二级三分宽带二条，一分宽带一条，金星四个，第三级三分宽带二条，金星三个，第四级三分宽带一条，金星二个，第五级三分宽带一条，银星三个，第六级银星二个，第七级银星一个。肩章有黑色呢制作，长三寸五分，宽一寸五分，后端角斜切，四周镶金线，后端缀一金色纽，第一级有金星五个，第二级有金星四个，第三级有金星三个，第四级有金星二个，第五级（巡官）四周镶黄色，有银星三个，第六级（巡长）左肩附某警察署字样，右肩附号数，第七级（巡警）与第六级同。

常裤的质地与衣同，无侧章，各级均同，乘马时着短裤。

靴分长、短两种，长靴用黑革制作，长至膝，后附刺马轮。

佩刀各级均同，制式与礼服刀略同。

外套各级均同，用黑色呢制作，领为黑色绒，严冬之际用黑色皮领，袖之外方三寸处缝白绒一条，宽一分，并附各级常服相当之肩章。（参见图式）

水上警察、消防警察和警察队的服制与普通警察同，仅以臂章相区别，臂章均用白色绒布制作，水上警察臂章为三折水波形二道，每道幅四分，横总宽三寸；消防警察臂章为二绒相交形，每绒幅三分，总高三寸，宽二寸五分。警察队臂章为两折形，银端向下，幅二分，横总宽三寸。①（参见图式）

二 第二代警察服制（1919—1928）

袁世凯死后，北洋政府于1918年6月29日下令对第一代警察服制进行修正，总揽全国警政的内务部并于同年9月25日发布《警察服制执行细则》，从1919年1月1日起施行。② 经过再次修正的警察服制，是为第二代警察服制，沿用至北洋政府垮台时为止。

第二代警察服制较之袁世凯统治时期确定的第一代警察服制更为复杂，等级愈益森严，内务部警政司官员自此开始着装。

第二代警察服制分大礼装、礼装和常装三种，每种服装又分若干级，以与官阶相适应。③

（一）大礼装

各级警察官和内务部警正司官员及其特派人员参加庆典、祀典、国葬、谒见、新年祝贺以及其他重要公礼或公宴时着大礼装；巡官长警参加重要典礼或"仪式上之集合"时也着大礼装。

各级警察官的大礼装由帽、衣、裤、靴、刀五件组成，依官阶高低分为四级。简任警察官中的京师警察厅厅长、各省区警务处处长和警察厅厅长着第一级大礼装；荐任警察官中的京师警察厅都尉、地方警察厅厅长和水上警察厅厅长着第二级大礼装；荐任警察官中的京师警察厅、地方警察厅和水上警察厅的警正、技正和兼任警察所所长的县知事着第三级大礼装；委任警察官中京师警察厅、地方警察厅和水上警察厅的警佐、技士和县警察所的技士着第四级大礼装。

上述四级大礼装的帽、衣、裤均由黑色毛织品制作。帽徽第一级至第四级均为八分径金星，绕金色辅嘉禾，纵一寸五分，横二寸。帽袢宽五分，表平，金里，红革，左右缀五分径金色圆纽各一枚，第一级至第四级相同。帽

---

① 参见《法令全书》1913年第2期，第十九类服制，第1—7页。
② 《警察服制施行日期令》（1918年9月25日内务部令第114号），《现行警察例规》第一编，甲第981页。
③ 《警察服制》（1918年6月29日大总统令公布教令第25号再修正）；《警察服制执行细则》（1918年9月25日内务部令第115号）；《现行警察例规》第一编，甲第929—948、983—992页。

檐均为革质，表黑，里墨绿。帽缨均为犀尾，白色，柱高八寸。帽章最能表现警察官的官阶等级。帽章第一级至第四级纵前后左右各二分宽金辫一道，至帽顶交成十字；第一级横二分宽金辫一道，二分宽金带二道，一分五厘宽金带三道，共六道；第二级横一分五厘宽金带二道，余同第一级，共五道；第三级横一分五厘宽金带一道，余同第一级，共四道；第四级横二分宽金带一道，一分五厘宽金带一道，余同第一级，共三道。上衣长至膝，袖长至腕，对襟，有纽七枚，径七分，金色，圆形，后下端开，左右有纽各一枚。上衣有领章、袖章和肩章。领章五分宽，金色，辅嘉禾，一至四级同。袖章第一级缝三寸宽，金线织物，缘六分宽，金色，辅嘉禾，缀三分宽金带二道，二分宽金带三道；第二级有二分宽金带二道，余同第一级；第三级有二分宽金带一道，余同第一级；第四级有三分宽金带一道，二分宽金带一道，余同第一级。肩章金地，总长五寸五分，后端直幅截角，宽二寸，前端椭圆，横径四寸，缘金线，垂三寸长金绒穗，两层，平面缀七分径金星五枚，五分径金色圆纽一枚；第二级有金星四枚，余同第一级；第三级有金星三枚，余同第一级；第四级有金星二枚，余同第一级。裤有侧章，分宽金带，左右各一道。靴由黑色皮革制作，长过踝，系带，一至四级同。刀身长二尺一寸，柄长五寸，饰玳瑁，缠金丝，脊和锷均铜质，金色镂嘉禾。（参见图式）

　　内务部警政司简荐委任警察官及特派人员的大礼装与一般简荐委任警察官基本相同，仅领章、袖章和肩章有所区别。领章缘一分宽，白色，两端各缀七分径金星五枚，第二级四枚，第三级三枚，第四级二枚。袖章第一级缀三分宽黑带二道，二分宽黑带三道；第二级缀二分宽黑带二道，余同第一级；第三级缀二分宽黑带一道，余同第一级；第四级缀三分宽黑带一道，二分宽黑带一道。肩章质色与衣同，直幅长四寸，宽一寸七分，后端截角，缘金色，缀五分径金色圆纽一枚，七分径金星五枚；第二级缀金星四枚；第三级缀金星三枚；第四级缀金星二枚。裤无侧章，一至四级相同。（参见图式）

　　巡官长警分三级，即巡官、巡长和巡警。他们的大礼装也由帽、衣、裤、靴、刀五件组成。帽、衣、裤均由黑色毛织品制作。帽徽绕金色镂嘉禾。帽章前后左右各有二分宽黄辫一道，至帽顶交成十字；横二分宽黄辫一道，第一级有一分五厘宽黄带三道，第二级二道，第三级一道。帽缨柱高七寸。领章由紫绒制作。袖章缝二寸宽紫绒，缀二分宽黑带三道，第二级二道，第三级一道。肩章黄地，总长五寸五分，后端直幅截角，宽二寸，前端椭圆，横径四寸，缘黄绒，垂三寸长黄绒穗，两层，平面缀七分径银星三枚，五分径金色圆纽一枚；第二级缀银星二枚，第三级一枚。裤有侧章，五分宽黄带，左右各一道。靴与警察官同。刀柄饰黑角，刀身长一尺九寸。（参见图式）

（二）礼装

各级警察官和内务部警政司官员及其特派人员参加一般公礼、公宴、庆吊、交际宴会以及初次见上官时着礼装，巡官长警参加一般典礼时也着礼装。

各级警察官的礼装同样由帽、衣、裤、靴、刀五件组成。帽由黑色毛织品或棉织品制作，帽徽、帽袢和檐与大礼装相同。帽章有白绒一道，与帽墙等。衣长过胯，袖长至腕，对襟，缀纽七枚，后下端开，左右纽各一枚，胸部袋左右各二个，左方下端开附暗沟。领章缘一分宽，白色，第一级两端各缀一分径金星五枚，第二级四枚，第三级三枚，第四级二枚。领章缀三分宽黑带两道，第一级另缀二分宽黑带三道，第二级二道，第三级一道。袖章缀三分宽黑带两道，第一级另缀二分宽黑带三道，第二级二道，第三级一道。肩章黑色，直幅长四寸，宽一寸七分，后端截角，缘金色，缀五分径金色纽一枚，第一级另缀七分径金星五枚，第二级四枚，第三级三枚，第四级二枚。裤无侧章，膝以下外方开，缀黑色圆纽七枚。靴长至膝，后附马刺，四级均同。刀与大礼装刀式基本相同。（参见图式）

内务部警政司官员及其特派人员的礼装和各级警察官的礼装大体相同，不同之处在于：领章平金，宽与领齐，各长二寸五分，末钝角。肩章金地，缀七分径银色辅星五枚，中心金色，余同各级警察官肩章，第二级缀星四枚，第三级缀星三枚，第四级缀星二枚。靴与刀和大礼装的刀、靴基本相同。

巡官长警的礼装与其大礼装大体相同，不同之处是，帽袢用黑色皮革制作；领章缘一分宽，白色，第一级两端各缀七分径银星三枚，第二级二枚，第三级一枚。袖章不缀紫绒。肩章缘黄色，其第三级左缀官署名称，右缀号数。（参见图式）

（三）常装

不论警察官、内务部警政司官员还是一般巡官长警，在执行公务时，一律着常装。常装又分寒季装和热季装（包括春、夏、秋）两种，寒季装与礼装相同，但为土黄色，用毛织品或棉织品制作。热季装又有两式。

各级警察官、内务部警政司官员及其特派人员的热季装第一式帽、衣、裤均为土黄色，制式与礼装基本相同，不同之处是：帽章为白绒一道，宽与帽墙等，上有白带一道。裤无侧章。第二式衣裤为白色，帽为土黄色。

巡官长警的热季装第一式帽、衣、裤也为土黄色，第二式帽为土黄色，衣裤为白色，遇雨着短裤。

除帽、衣、裤、靴、刀而外，警察服装还有若干"附件"，如臂章、外套、雨衣、帽罩、耳暖、风镜、手套、领衬、袖衬、裹腿、马具等。"附件"的使用也有一定程式，如规定巡官以下或与巡官以下等级相当的警察队和消防队的队员着常装时，必须束用裹腿。

第二节　抚恤

抚恤是警察官吏在符合法律规定的条件下应当享有的物质待遇。北洋政府重视警察官吏的抚恤工作，颁有专门的抚恤条例①，当时出版的《内务公报》，每期都载有抚恤人员一览表，详细列举全国范围受到抚恤的警察官吏的情况以及他们享有的抚恤待遇，这样做的目的，无非是鼓励警察人员死心塌地地为北洋政府的反动统治卖命。

北洋政府时期的警察恤金分为三种，即一次恤金、遗族恤金和终身恤金。凡因公死亡、积劳病故和因公负伤的警察官吏，都享有领取恤金的权利。因公死亡的，除发给一次恤金外，另发遗族恤金五年。积劳病故的，除发给一次恤金外，另发遗族恤金四年。因公负伤已成残废的，发给终身恤金。因公负伤未成残废的，除酌给养伤费外，发给一次恤金。

"因公死亡""积劳病故"和"因公负伤"都有法律规定的不容随意解释的特定含意，从中也可以看出北洋政府设置恤金的用意。所谓因公死亡，首先是指"镇压内乱、缉拿盗匪、侦探要案遇害死亡者"，政治含义非常明确，然后才是其他因公死亡事件，如"因公差委、忽罹水火等灾或误触弹药死亡者"，"因公差委，在洋海江河及各处危险地遇险死亡者"，"人民械斗，车马惊逸，禁止阻遏，受伤死亡者"，"电线折断、拦护人民，触电死亡者"，"桥坍墙圮，拦护人民，复压死亡者"，以及其他"因公与前列之事实相类，受伤死亡者"。所谓积劳病故，是指"因防验时疫而传染病故者"，"严寒盛暑，因公勤敏，染病身故者"，"警察官在职满10年以上，巡官长

---

① 《警察官吏恤金给予条例》（1914年7月3日）；《警察官吏恤金给予条例施行细则》（1914年12月6日）。

警执行勤务满20年以上，办理公务勤劳卓著，染病身故者"。因公负伤则分为因公负伤已成残废和因公负伤未成残废两种。

抚恤金额因警察官吏的等级不同而有所区别。例如，由于因公死亡发给的一次恤金，简任警察官为八百元，荐任警察官为六百元，委任警察官为四百元，巡官为三百元，巡长为二百元，巡警为一百元，遗族恤金分别为以上数额之半。再如，由于积劳病故而发给的一次恤金，简任警察官为四百元，荐任警察官为三百元，委任警察官为二百元，巡官为一百五十元，巡长为一百元，巡警为五十元，遗族恤金分别为以上数额之半。

遗族恤金发给死者的家属，但须按法定的顺序发给，其顺序是，死亡者之妻，妻不在时其子，妻、子俱不在时其父母，妻、子、父母俱不在时其祖父母，妻、子、父母、祖父母俱不在时其子之妻，妻、子、父母、祖父母、子之妻俱不在时其孙，妻、子、父母、祖父母、子之妻及孙俱不在时其孙之妻。

终身恤金只发给因公负伤已成残废的警察官吏，所谓残废是指因公负伤致成下列情况之一的警察官吏：毁坏视能，毁坏听能，毁坏语能，毁坏一肢以上，毁坏生殖机能，精神丧失，重伤面容。凡具有以上情况之一的，即认定其丧失劳动能力而发给终身恤金。此项恤金的发给，自残废之年起，至死亡之日止。

领取警察恤金需要履行法律规定的程序，由于恤金的种类不同，发给的对象不同，法律规定的程序也有所不同。警察官吏如系因公死亡或积劳病故，一般应由该管最高长官（省长、都统）将此人姓名、履历、住址、在职年数、死亡或病故经过、给予恤金的年限，以及遗族姓名、年龄和住址，书面呈报内务部，因病死亡的，还要附医生诊断书。警察官吏如果因公负伤，也需由该管最高长官以书面方式将此人的姓名、履历、住址、受伤原因、已否残废、给予恤金的种类，呈报内务部。以上报告经内务部审核后，受恤人如系警官以上人员（筛任、荐任、委任警察官），由内务部呈报大总统批准；受恤人如系警官以下人员（巡官长警）则由内务部决定，咨复各该管最高长官办理，每年汇呈大总统一次。一旦决定给予恤金，该管最高官署就要依照内务部所定式样，发给受恤人恤金证书。

恤金证书是受恤人领取恤金的凭证，由于恤金的形式不同，使用的方法各异。一次恤金自发给恤金证书之日一个月内领取，受恤人领取恤金时，随即缴还原发恤金证书。遗族恤金和终身恤金则由受恤人按季领取，在领取恤金时，要呈验恤金证书。遗族恤金领取人在最后一次领取恤金时交还恤金证书；终身恤金领取人的恤金证书，在其死亡后由遗族交还。

受恤资格既可以停止，也可以继承。如果受恤人被宣告褫夺公权或者丧失国籍，则其受恤资格自然停止。至于受恤资格的继承，则是专指遗族恤金而言的。例如，警察官吏因公死亡，其妻依法享有在五年内领取遗族恤金的权利，如果其妻在不到五年的时间内死亡，则其子依法定顺序取得受恤资格，直到五年为止。具有继承受恤资格的家属，要在前受恤人死亡时，呈请该管警察官署更换恤金证书。

警察官吏的抚恤是在袁世凯统治时期成为定制的，后来逐步推广，1915年8月推及于警备队全体官兵[1]，1917年5月推及于内务部警政司全体职员[2]，后来又推及于地方保卫团，地方保卫团上自团董、团总，下至一般团丁，一律享受与警察官吏同样的抚恤待遇。

除上述通行于全国各警察机关的三种恤金而外，有的地方警察机关还制定了只适用于该管警区的单行抚恤办法，《京师警察厅巡官长警殓埋费给予办法》就是其中的一例。依据此项办法，除已领取恤金者外，该厅在职病故的职员和巡官长警有权向京师警察厅领取殓埋费，数额以服务年限多寡而定。在职未满五年的，其殓埋费比照其本人一个月的月饷发给；在职五年以上未满十年的，其殓埋费比照其本人两个月的月饷发给，在职十年以上未满十五年的，殓埋费比照其本人三个月的月饷发给；在职十五年以上的，其殓埋费比照其本人四个月的月饷发给。上列人员，除月饷外另有加饷的，应一并计算，但代理或试署的巡官长警，其所得的加饷不计其内。[3] 以上办法只适用于在职的巡官长警，已经离职或转任其他岗位的，不享有此类待遇。

第三节　奖惩

奖和惩都是行政措施。北洋政府利用奖"优"罚"劣"的手段，整饬警察队伍，提高警察行为的效率，增强对人民的统治力量。在这方面，当时的中央和各省区都做了大量的工作，颁布过一些单行法规，使奖惩呈现出不同的层次。

---

[1] 《关于警备队援用警察官吏恤金给予条例案》（1915年8月30日）。
[2] 《关于内务部警政司职员援照警察官吏恤金给予条例给恤案》（1917年5月2日）。
[3] 《京师警察厅巡官长警殓埋费给予办法》（1925年4月1日），中国第二历史档案馆馆藏档案。

就中央政府来说,奖励主要是精神上的奖励,它适用于全国范围内的一切警察人员,包括各级警察官吏在内,而惩戒的情况则有所不同,只适用于委任职以上的警察官。

北洋政府对警察人员实行精神奖励的主要形式是颁发警察奖章。当时中央政府颁发的奖章种类繁多,除各种勋章外,有内务奖章、河工奖章、陆海军奖章、司法部奖章、财政部奖章、交通部奖章、农商部奖章等,警察奖章是其中的一种。警察奖章共分三等十一级,即一等五星特饰警察奖章,一等五星警察奖章,一等一、二、三级警察奖章,二等一、二、三级警察奖章,三等一、二、三级警察奖章。(参见图式)

有资格被授予警察奖章的人限于以下四类:

第一类:有特殊"劳绩"的警察官吏。所谓特殊"劳绩"是指具有下列情况之一的人,即:在发生非常事变时,能够竭力防卫或镇抚,使地方重获安宁;发觉或缉获"阴谋内乱"犯罪;发觉或缉获"危害政府"或地方长官的犯罪;发觉或缉获"外患罪"或"妨害国交罪";缉获逃走监犯或刑事被告人;尽瘁职务,奋不顾身;对其他警察机关的请求能竭力相助,等等。

第二类:具有一定年资,且有"优良成绩"的警察官吏。具体说来,警察官在职连续工作五年以上,巡官长警在勤连续工作十年以上。

第三类:退职的警察官吏,以及受警察长官的委任从事警察职务的官绅,他们当中的"著有劳绩者",也可以被授予警察奖章。

第四类:本人虽未受警察长官的委任,但"竭力警察事务"或资助警察经费,被认为对警察行政有裨益的人。

由于警察奖章等级不同,发放也有一定次序。简任警察官初授一等一级,可因所著资劳,累晋至一等五星特饰奖章;荐任警察官初授一等三级,可因所著资劳,累晋至一等一级,并可特晋至一等五星奖章;委任警察官初授二等三级,可因所著资劳,累晋至一等一级;巡官长警初授三等三级,可因所著资劳,累晋至二等一级。

警察奖章须依一定程序授予,除由内务总长特给外,一般应由该管长官将受奖人姓名、事迹、履历报内务部查核,然后分别授予。警察奖章对同一人,在一年内不得授予两次,可以终身佩戴,本人死亡时无须缴销。

除内务部颁发的警察奖章外,有些省,如直隶、福建、奉天、山西等,起初曾自制警察奖章或者名誉奖章,在各该省范围内发放,从而与内务部警察奖章名称相混,1916年至1917年,内务部咨复有关各省,一律改为警察奖牌。

警察官属于文官范畴，对警察官的惩戒依照1918年1月18日公布的《文官惩戒条例》进行。《条例》规定，凡违背职务、废弛职务，有失官职威严或信用的文官，要交付惩戒委员会予以惩戒。当时的惩戒委员会有两种，即设于中央政府所在地的文官高等惩戒委员会和设于中央及各省的文官普通惩戒委员会。文官高等惩戒委员会议决对简任官和荐任官的惩戒，而文官普通惩戒委员会则议决对委任官的惩戒。总揽全国警政的北洋政府内务部和负责首都警察事务的京师警察厅都设有文官普通惩戒委员会。

惩戒处分划分为五等，即褫职、降等、减俸、记过和申诫。褫职就是褫夺现任官职，并停止任用，停止任用期限在二年以上六年以下。褫职人员在褫职后因为办理其他公务而有"异常劳绩"的，满一年以上，可以撤销其褫职处分。降等就是依其当时的官等，降等改叙，自改叙之日起，一年后才能叙进。受降等处分的人，如果无等可降，则减其月俸的三分之一，以一月以上一年以下为限。减俸就是依其当时的月俸减额支给，其数额为月俸的十分之一以上四分之一以下，期限为一月以上一年以下。记过由该管长官登记，一年内受三次记过处分的，由该管长官改为减俸。最轻的处分是申诫，由该管长官以训令的形式公布。在上述五种惩戒处分中，前三种（褫职、降等和减俸）属惩戒委员会的职权范围，由惩戒委员会讨论决定。①

对警察官进行惩戒必须经过法定程序。特任官有应付惩戒的行为时，直接由大总统交付文官高等惩戒委员会审查；简任官和荐任官有应付惩戒行为时，由国务总理呈请大总统交付文官高等惩戒委员会审查；委任官有应付惩戒行为时，由该管长官交付文官普通惩戒委员会审查。② 事实上，在整个北洋政府统治时期，奖多惩少，"国家对于官吏褒奖之典，日有所闻，惩戒之方，未经实举"，故而造成"泄沓之风日长，玩偈之象渐滋"的局面，③ 吏治极端腐败。

至于对巡官长警的奖惩，一般由当地警察机关自定章程。京师警察厅于1913年至1915年先后发布《巡官长警赏罚章程》《冬防暂行巡官长警赏罚条例》《巡官长警保护电线赏罚规定》和《巡官长警拿获烟赌各犯奖赏章程》，并且沿用清末颁布的《侦缉队赏罚章程》。其他各省区和地方警察机

---

① 《文官惩戒条例》（1918年1月18日）。
② 《文官惩戒委员会编制令》（1914年1月21日）。
③ 《文官高等惩戒委员会国呈拟具本会与各该长官享权限办法并批》（1914年3月4日）。

关大都仿照京师警察厅的做法，各自制定和公布适用于本地区巡官长警的赏罚规程。如山西省会警察厅制定的《警察官吏奖惩简章》，哈尔滨临时警察总局制定的《巡官长警赏罚章程》等，内容有简有繁，大同小异。

以哈尔滨临时警察总局为例，该局所定之赏分为五种，即拔升、记升、奖银、记功、奖谕。有下列情况之一的予以拔升：查获本地或邻封杀人案、强盗案、放火犯、强奸案内正犯者；侦获秘密组织、"叛乱机关"确有证据者；查获"谋叛"有证据之重犯者；查获私造私毁国币者；查获伪造、变造通用票据者；查获私造或贩运军火接济"乱党"及盗匪者；缉获重大窃盗案三起以上而有赃据者；因公奋不顾身而受重伤者，等等。拔升一般不得逾一级，有特别"功绩"的不得超过二级。有下列情况之一的予以记升：查获本地或邻封杀人、强盗、放火、强奸案内从犯者；查获拐卖人口犯罪者；查获匿名揭帖、煽惑人心、希图扰乱之主犯者；查获贩卖或私藏大宗鸦片者，等等。有下列情况之一的给予奖银：查获吸食鸦片者；查获开场聚赌者；奋力救火使不致延烧者；救护自尽及遇危害使不致殒命者，等等。有下列情况之一的，查核案情轻重，分别记功或记大功：在场协助拿获各项人犯者；查获身着军衣冒充官长者；查获撞骗讹诈者；查获掏摸绺窃者；查获聚赌者；查获私运、私售违禁品者；扭获惯窃情节较轻者；车马惊逸奋勇截获者。事迹不在记功之列者，则传令奖谕（嘉奖）。

对巡官长警的处罚分为五种，即斥革、降级、罚饷、记过和申斥。故意违反警局禁令情节重大的，违抗上级命令的，贻误紧要公事、擅离职守、逾假不归、包庇娼赌、调戏妇女、诈骗财物、酗酒滋事、徇情纵放、监守自盗、请人顶替当差等，一律予以斥革。违反刑法者，斥革后移送司法机关讯办；犯违警罪的，除斥革外，仍按律科罚。遇事不能尽职，贻误寻常公事，逾限未获案犯，在管界内一月发生窃案三起均未破获，守望巡逻不遵指定处所路线的，给予降级处分，轻者降一级，重者递降。对于因过失或误解而违犯警局禁令、损坏官发物品，身着警服乘坐马车或人力车，以及请假逾三日以内的，要根据不同情况，分别罚饷。不排解人民争斗，对待人民言出蛮横，户口变动不报明本管长官，服务时倚坐、盹睡或与人闲谈，以及无故进入民宅或窥视他人庭院的，分别轻重，予以记过或记大过处分。初犯轻微过失的，予以申斥，申斥三次作为记过一次，记过三次作为记大过一次，记大过三次者降级，无级可降的，依照罚饷例从严论处。

不难看出，对一般巡官长警的奖惩主要限于精神方面，同时也包括有物质成分，如奖银、罚饷之类。至于对巡官长警侦破烟赌各案进行的奖赏则只限于物质方面，不过京内外的做法有所不同。

京外侦破的烟案（包括鸦片、吗啡、高根、海洛因等）和赌案，应将没收的财物随案送交司法机关，警察机关不得截留。然后由司法机关依照规定的程序，将烟案罚金的一部、赌案没收钱财的全部或一部作为赏金，发给破获该案的警察人员。按当时规定，烟案罚金二十元以下的，提取六成充赏；五十元以下的，提取五成充赏；五百元以下的，提取四成充赏；千元以上的，提取三成充赏。赌案没收的钱财数额在二十元以下的，全部充赏；五十元以下的，六成充赏；五百元以下的，五成充赏；千元以下的，四成充赏，千元以上的，二成充赏。案件判决确定以前，司法机关无权发放赏金，只有在案件判决确定后，才能把赏金交原办警察机关，发给破获该案的警察人员，并于月终列表公布，经高等检察厅呈报司法部备案。①

京师巡官长警侦破烟赌各案的奖赏办法与京外略有不同，它根据不同情况，分为"提成充赏""酌奖"和"特奖"三类。破获的烟赌各案送交法庭以后，烟案的罚金和赌案的没收钱财由法庭按照京外的充赏办法提成，移送京师警察厅，然后由京师警察厅再按自定的核奖成数发给侦破该案的警察人员，六成充赏的给奖五成，五成充奖的给奖四成，四成充奖的给奖三成，三成充赏的给奖二成。赌案没收财物全部充赏的，给奖六成；六成充赏的给奖五成；五成充赏的，给奖四成；四成充赏的，给奖三成；二成充赏的，给奖一成。总之，提成充赏的金额并不全部发给侦破烟赌案件的警察人员，而只发给其中的一部分，下余部分由京师警察厅留作"酌奖"和"特奖"之用。

所谓"酌奖"，是指烟案之未处罚金，或虽处罚金因无力缴纳而改为拘役，以及赌案无钱财可以没收时，由京师警察厅从储存该厅的充赏余额中分别酌给警察人员的奖赏，无明确数额。由于侦破烟赌各案手续繁杂，缉捕困难，并因而发现其他案件情况的，各区队可向京师警察厅申请"特奖"，特奖金额也从该厅储存的充赏余额中支给。②

---

① 《烟案罚金及赌案没收钱财充赏办法》（1914年5月21日）。
② 《巡官长警拿获烟赌各案奖赏章程》（1915年5月23日）。

第十四章

警察的种类及职权

第一节 司法警察

司法警察是执行司法职能的警察人员，最早出现于清朝末年，北洋政府成立后沿设不改。司法警察的出现不仅是清末警政改革的产物，而且与当时进行的司法体制改革有密切关系。1906年（光绪三十二年），清政府改变了中央刑部、大理寺、都察院和地方各级行政长官掌握司法审判权的司法与行政合一的体制，设大理院和各级审判厅为行使审判权的专门机关，同时在大理院和各级审判厅，相应设立各级检察厅，对刑事案件实行侦查，提起公诉，监督判决的执行。司法警察就是适应审检二厅履行职务的需要设置的，宣统二年（1910），经法部奏定，发布了《检察厅调度司法警察章程》八节八十条，这个章程于1914年4月经北洋政府增订，继续适用。[①]

依照增订后的《检察厅调度司法警察章程》，除开地方检察官享有调度司法警察之权而外，京外的宪兵队长官、警察厅厅长、京兆尹、道尹、县知事在各自的辖区内也享有同样的权力，地方审判厅的预审推事在预审时也有调度司法警察之权。

司法警察的任务是秉承上述官员的指示，实施对犯罪的侦查，具体说来，有以下几项内容。

一 逮捕人犯

对现行犯，司法警察可径行逮捕，除违警及属于行政处分者外，一律由警署备文录供，移送检察厅办理。对于现行犯供出的案内要犯或警察侦知的案内要犯，如不及时逮捕，有逃匿或湮灭罪证之虞的，可先行逮捕，并将讯问口供录送检察厅。对于非现行犯的逮捕，要有检察厅签发的"印票"（逮

[①] 《现行警察例规》第八编第一章，己1页。

捕证）；对于已经起诉的案件，要有审判厅的"印票"。遇有刑事重要案件，不论案件发生地是否在本管区，一经检察厅调遣，司法警察必须立即办理，如果刑事被告人不在本地面，而仍在同一审判厅辖境内的，要请该处司法警察协助，如在其他审判厅辖境内的，一方面请该处司法警察协助，另一方面，报告本厅检察官。如果应予拘传的本国人在租界或外国船舶内居住的，由检察官派遣司法警察将"印票"送交该国领事签署后，前往拘传。由于当时一些帝国主义国家在中国享有领事裁判权，这些国家的公民在中国境内犯罪的，要由司法警察搜集证据，报告检察厅，将人犯拘送附近通商口岸之该国领事讯办。外国人在租界内对中国人犯有罪行的，司法警察应报告检察厅，由该国领事按照不平等条约的规定办理。

二 搜索证据

司法警察通过两种搜查方法获取证据，一是进行搜查，二是会同搜查。

所谓对证据的进行搜查，是指司法警察人员在警署对现行犯讯问时发现的证据，对向警署告诉、告发或自首的人应行查取的证据，以及警察侦查所得的证据。

所谓会同搜查，是指审判厅或检察厅在应行查取证据时，知照该管警署，转饬司法警察人员，会同进行的搜查。

司法警察在搜查证据时，要听从检察官的调遣。除犯罪地和证据所在地而外，对家宅、船舶等处进行搜查，须经户主许诺。搜查家宅以确有窝藏为限，日出前日落后，非经户主许诺不得搜查。搜查时要有户主或其亲属在场，或令地保邻右为见证人，搜查报告须有在场人的签字画押。司法警察搜查后，应将犯罪的原因、方法、情状、时日、地点及被害人状况、被告人的姓名、年龄、职业、住址、人证、物证等呈报检察厅。遇有命盗重案，除逮捕犯罪人外，一切证据均应妥为保存，勿使湮没或移动位置，以待检察官莅勘。

三 押送人犯

司法警察押送的人犯包括：检察厅或预审推事委命逮捕的人犯，查获送案的人犯，取保听传的人犯，检察厅发送监狱候决的人犯，检察厅发交习艺所的人犯，监候待质送往监狱的人犯，因上诉提审的人犯，以及执行死刑的人犯。司法警察押送人犯必须遵守发送期限，不得违误。共犯人犯要分别押送，必须同时押送的，要严加看管，以防通谋串供。押送人犯的时间，春秋两季从上午9时至下午4时为限,夏秋两季从上午10时至下午6时为限,要犯不在此限。被护送的人犯,如果中途脱逃,司法警察应立即报告该处警署协同缉拿,同时报告原派官署。

四 取保传人

所谓取保传人,是指传讯取保候审的刑事被告人或其他刑事诉讼关系人。轻微刑事案件的被告人应行候讯的,司法警察责令其取具保结,如果无保可取的,则送原审判机关收管,或者报请检察厅责令呈缴保证金,在外候审。案内人证需要取保的,也由司法警察按其住址责令就近取保,保证随时听传到案,如其无保可取,则令地保管束,听候审理。如果妇女犯罪可以取保的,由司法警察责付本夫管束,无夫的,责付亲属或邻里管束,听候审理。传讯取保人及证人到案时,司法警察应于24小时前通知本人,被传不到的,应报明检察官处分,传讯被告人或其他诉讼关系人时,司法警察应以"厅票"(传票)为凭。

五 检验尸伤

检验尸伤时,司法警察应俟检察官到场会同办理,未经检察官相验以前,尸体应由警署派人看守,同时传集尸亲人证,做好勘验的准备。

六 接受呈词

关于命盗杀伤案件,警署得接受呈词,经本管长官阅看后,转送检察厅办理,不得积压搁延,呈词格式如与法定诉状不符,可令其更正,然后接受。民事诉讼警署概不受理,如有误投警署的,应令诉讼人前往该管审判厅投诉。[①]

司法警察是检察官的辅佐,协助检察官执行上述司法职务,在执行职务时必须身着警察服装,如不着装则要携带所奉公文或"厅票",以便随时展示。他们要严守案件秘密,以防犯人逃匿或湮灭罪证,并且不得毁害被害人及同案人的名誉,不得滥评他人阴私,不得有需索虐待作弊,按照"厅票"规定的期限执行任务,如果不能如限执行,必须呈请展限,一旦执行完毕,应将"厅票"缴回。司法警察的一部分常驻检察厅,以便后者随时调遣,数量由检察厅酌定。这部分司法警察的薪饷及其执行职务所需费用,概由检

---

① 《检察厅调度司法警察章程》(清宣统二年四月初四日法部奏定)。

察厅支付，其功过赏罚也由检察厅核定，不过核定后要送交派出的警察机关按照有关规定统一办理。

当时的检察机关实行指挥证制度，凭指挥证调动司法警察执行职务，指挥证由北洋政府司法部印制。在京师，指挥证由司法部填写盖印，交发京师各级检察厅的检察官使用；在京外，指挥证由司法部盖印，发交各省高等检察厅填写转发，填写的内容包括持证检察官的姓名及证号。检察官不得滥用指挥证，否则要按滥用职权论处。指挥证每司法年度更换一次，如有遗失，除登报声明作废外，得申请补发。①

第二节　卫生警察

北洋政府不设卫生部，全国卫生事宜由内务部总揽，内务部设卫生司为全国卫生事宜的主管部门，地方各级警察机关均设第三科，配合当地政府，负责各该地区的卫生事务。因此，从总体说来，警察机关又是管理公共卫生的机关。

当时的警察机关对卫生事务的管理有以下基本特点：第一，从法律地位来说，内务部卫生司是卫生管理的中枢机构，但实际上大量的卫生管理工作，包括卫生法规的制定和执行，主要由地方各级警察机关主持，京师警察厅的地位尤为重要，它所制定的各种卫生规程，一般为其他地区的警察机关所仿效。第二，中央内务部和地方各级警察机关制定了大量的卫生法规，内容详简不一，其中不少是技术性规范，由于政治腐败，大都不能落到实处，根本无法改变经济文化落后和人民生活极端贫困所造成的不卫生状况。第三，卫生事务虽由警察机关主持，但在整个北洋政府时期没有组成一支以管理卫生事务为专责的警察队伍，所谓卫生警察，是指警察机关的职能而言的，和具有独立建制的铁路警察、水上警察、矿业警察乃至消防警察等，显有不同。第四，卫生警察的职责十分广泛，涉及清道、防疫、化验、医院、药品、饮食、理发、浴堂、屠宰、娼妓、埋葬、禁烟等各个方面，其中主要的是环境卫生、药品管理、食品卫生和时疫防治。

环境卫生：在当时，环境卫生的概念相当狭窄，主要是指清道（保持街道清洁）而言的。清朝末年，京师内外城巡警总厅负责清道事务，建立了一支清道队伍，并于宣统元年（1909）公布了《清道细则》四十二条，

---

① 《检察厅指挥司法警察证暂行条例》（1912年12月3日）。

规定"清道事务以总厅为监督机关,以各区为执行机关"。"各区于所辖境内清道事务,得命巡官长警妥慎处理"。巡官长警"承区长、区员之指挥命令经理清道事务,对于清道夫役有督催干涉之权"。[1] 清末形成的这套由警察管理环卫的体制,原封不动地被北洋政府全盘继承下来,未作任何实质性改变,1913年11月14日公布的《京师警察厅改订管理清道规则》九章四十八条,只不过是清末《清道执行细则》的翻版,稍加补充修正而已。这个《管理清道规则》同样为各地警察机关所仿效。

北京的清道事务由京师警察厅各区警察署(简称区署)领导,京师警察厅卫生处发布环卫规则并负稽查之责。当时北京全城有清道夫一千四百九十五人,每二十人编为一队,每队设夫头一人,共有夫头七十五人,额设夫役不敷使用时,临时增加。

清道夫役待遇低下,工作繁重,受人歧视,形同苦役,人身自由受到限制,甚至住处也由警察管理。按照当时的规定,凡愿充当清道夫的人不仅必须详开姓名、年龄、籍贯和住址,而且要取具切实铺保或妥实保人。秋冬两季每日工作九小时,春夏两季每日工作达十一小时。工作时,必须身穿带有清道夫特殊标志的服装。因事因病请假,要呈请警察署长批准,不得逾限不归,并要请人代理工作。所有清道夫役都要接受"点检","点检"分定时、临时两种。定时"点检"每日在区署列队进行,每三个月调集京师警察厅进行;临时"点检"由京师警察厅随时以命令合集。"点检"时所有夫役必须到场,具体内容包括检查夫役人数、年龄、服装、身体和所用器具。

警察当局对清道夫头和夫役实行薄奖重罚原则,由各区署呈报京师警察厅具体办理。清道夫工作勤奋三个月以上的,加做夜工依限完竣的,大雨雪后平治道路便利行人的,夫头酌赏一角至三角,夫役酌赏五分至二角,仅此而已。但是,遇有过犯,如无故旷工、将清道器具横置道路致碍交通,甚至在工作时无故与巡警接谈,都要受到申饬、罚饷直至斥革的处分。对于"作工时嘻聚谈笑或高声歌唱者""休息时躺卧路侧或墙隅者""以污水垫泼道路者",则要"解署罚办"。[2]

清道夫役的主要任务是按照区署规定的路线,在马路及其两侧、街巷胡同和沟渠陂塘堤岸进行清扫。此外,平整路面,疏通沟渠,灌溉路旁树木,也是清道夫役的任务。清除垃圾是城市环卫的重要内容之一,当时的京师警

---

[1] 《清道执行细则》(宣统元年闰二月二十六日)。
[2] 《京师警察厅改订管理清道规则》第八章《赏罚》。

察厅备有马拉土车，由各区署划分地段，每一地段分配一辆土车，清道夫清扫的街道垃圾随时由土车运往区署指定的地点，居民的垃圾也由土车运出，土车每日两次绕行该管地段，以摇铃为号，各户闻铃声即将垃圾抬出，倾倒车内，然后由土车运出城外。无论京师还是其他城市都用这种原始的、落后的处理垃圾的方法，显然不能解决环境卫生问题。

太原是山西省会，也是华北地区屈指可数的大城市，每日垃圾平均在七千三百余立方尺，但"无一定消纳处所，率由人家随意倾倒，一篑之覆，渐成九仞，以致大街小巷举目累累"。要把这些垃圾及时运出城去，需土车一百一十辆，车夫百二十人，但当时仅有土车十二辆，车夫七十余人，显然不敷需要。警察当局随以增募清道队为由，仿照灯捐、铺捐办法，向各户摊派灭渣捐，敲榨百姓。①

药品管理：药品管理也属警察机关职权范围，它包括药品生产管理、药品经营管理和药品使用管理三个方面，1915年10月10日北洋政府内务部颁行的《管理药商章程》对上述三个方面分别作出了概要的规定，它实际上是民国时期发布最早的一部药品管理法规。当时的药商是指药店、卖药行商和制药者而言的，凡为药商者，都要开具姓名、年龄、住址和营业地址，呈报当地警察机关注册，发给执照后才能经营，药商的全部活动都在当地警察机关的直接或间接的控制之下。

药品生产者（即当时所谓制药者）炮制的各种药品，都需呈送该管警察机关查验，剧毒药品要按月上报生产数量。在配制丸、散、膏、丹、药饼、药胶和药水时，如非按照成方，药品生产者要将药品连同药方呈报警察机关查验批准，然后才能销售。

警察机关对药品经营提出的主要要求是，凡经营中药的药店，所用店伙必须熟悉药性，经营西药的药店，每店至少要有一名药剂士，只有在国内外药学校或医学校毕业领有文凭的，或者有药学经验、呈经官厅考试及格发给证明书的，或者曾在医院管理配药三年以上的，或者曾在药店练习配药五年以上的，才有资格成为药剂士，由警察机关核发证书。药品经卫生人员查验，认为有碍卫生，有伤风俗或作伪时，由该管警察机关禁止制造、贮藏和售卖，并将违禁药品销毁，药商购置和贮存剧毒药品时，要将药品数量详载簿册，以备警察机关查验。

药品的使用也有严格要求，药店在接受医方配药时，对药品、分量及病

---

① 《山西警务处整顿全省警察计划书》（1919）。

人姓名、年龄、住址、医生姓名均应注意,遇有疑问或处方不当时,要问明开方医生。所开中药如有缺少,请医生另易他药,店伙或药剂士不得任意省略或更易。剧毒药品售卖的数量和剂数,必须有医生署名盖章的处方才能售予,该处方应保存十年,以备查核。

食品卫生管理:北洋政府及其内务部没有制定出统一的适用于全国范围的食品卫生管理法规,对食品卫生的管理也由各地警察机关负责。就北京地区而言,清朝末年,京师内外城巡警总厅曾先后发布过《管理饮食物营业规则》(宣统元年二月二十一日)、《各种汽水营业管理规则》(宣统元年四月二十五日)、《管理各种汽水营业执行细则》(宣统元年四月二十五日)、《管理牛乳营业规则》(宣统二年三月十日)等,可以认为这是中国近代史上最早的一批饮食卫生管理法规。北洋政府成立后,京师警察厅对于这些法规或者予以沿用,或者稍加修改,内容没有实质性的变化。例如,清末京师内外城巡警总厅制定的《管理饮食物经营规则》计十条,到了北洋政府时期增至十四条,篇名仍旧,内容大都照抄不误。[①] 这说明北洋政府时期的食品卫生管理不论在体制上还是方法上都是清末做法的延续,没有明显的进步,仍然停留在极为原始的水平上。

北洋政府时期的食品卫生管理着眼于经营而忽视生产,这是由食品生产的落后状况决定的,当时似乎还没有机械化的生产食品的大型企业,所以饮食卫生的管理主要限于饮食业,即饭庄、饭馆、酒铺、附带售卖酒食的旅店、棚摊,以及售卖食品的小贩等。京师警察厅不准售卖的食品包括:病死或腐烂的牛、羊、猪、鹅、鸭及其他禽类,陈腐的鱼虾及其他水族,坏烂的瓜果蔬菜,陈腐及污秽不洁的浆酪饮料,加有毒汁药料的酒类,色味皆恶的过宿生熟食品,等等。熟食不得以铅质器具煮卖,并须盖护纱罩、纱橱,以防尘土和苍蝇;店铺所用刀、锅及其他用具要勤加拂拭,保持清洁,不任生锈;所用水缸须每日洗刷一次。违背上述卫生要求的,警察当局有权干涉,使之改进,不听劝告的,按违警律(后改称违警罚法)的有关条款科罚。

至于对生产厂家的卫生管理,当时只有两类,一是汽水厂,二是牛奶厂。这两种工厂开业之前均需呈请警厅派员检查厂房结构和卫生条件。汽水厂所用之水,必须清洁,至少煮沸三十分钟,果汁必须新鲜,不得使用含有毒性的香料、颜料及防腐剂;凡污浊变质、有沉淀物、含有毒性颜料、香料和防腐剂的汽水不得出售。汽水厂家应将制造者姓名、厂名、地址详细开

[①]《京师警察厅管理饮食物营业规则》(1917年6月)。

列，封缄瓶上。牛奶厂所饲奶牛要由警厅派员检查烙印，凡患有疾病的奶牛不准榨取牛奶，凡已腐败、脱去油脂、掺水、有异味异色的牛奶不得出售。患肺结核或其他传染病的人不得在牛奶厂工作。尽管警厅为牛奶厂的生产程序规定得相当具体，甚至连奶牛患病也要及时报告警察官署，但是对牛奶消毒却毫无要求，这显然是乳品卫生的极大缺陷。

时疫防治：时疫防治也属警察机关职责范围，在中央，由内务部卫生司总揽事务，在地方，由各级警察机关的卫生处（科、股）具体负责。当时的所谓时疫防治，是指对各种传染病的预防和治疗而言的。由于军阀混战，政局动荡，生产衰退，民不聊生，各种疾病随之流行，对人民的生命健康造成极大威胁。1916年3月12日，北洋政府公布《传染病预防条例》，把霍乱、赤痢、伤寒、斑疹伤寒、天花、鼠疫、白喉、猩红热等列为应予严加防治的传染病，规定在传染病流行地区或有流行之虞的地区设置检疫委员，担负检疫预防事务，并可由地方行政长官宣布采取健康诊断、尸体检查、隔绝交通、限制或禁止群众集会、对水源进行消毒等措施。传染病患者的尸体要在距城市及人烟稠密地区三里以外处埋葬，"埋土须深至七尺以上，埋葬后非经三年不得改葬"。但是，这些规定在反动统治下，不可能得到认真施行，取得任何积极的效果。

就在《条例》发布的当年，广东和东北三省发现肺疫（黑死病），死者无数。《条例》发布后两年，即1918年初，绥远五原萨拉齐发生大规模肺疫，不及两月，蔓延数省，顿时"隔离家屋、遮断交通，居民商旅顿罹惨痛，咨嗟怨讟，道路相闻"，病亡之人不计其数。[①] 仅山西省，三个月内死亡数千人，"往往有一村一家全数死亡者，伤心惨目，不忍言状"[②]。面对这种状况，北洋政府内务部不得不成立防疫委员会，会同外交、财政、陆军、交通各部共同筹议防疫办法，决定在疫区设置检疫事务所，由专业医务人员担任检疫委员，在警察机关的配合下，秉承地方行政长官的命令，办理检疫、预防事项。[③] 与此同时，内务部发布《火车检疫规则》八条，规定在铁路沿线地区设检疫委员或检疫事务员，发现传染病人或疑似传染病人时，立即将该病人移送传染病院或隔离所治疗，发现因传染病死亡的尸体时，要对

---

① 山西警察厅《整顿全省警察计划书》，《山西警察报告书》第二编第88.214页。
② 同上。
③ 《检疫委员设置规则》（1918年1月16日）。

同车旅客进行消毒，甚至可将车辆锁闭，禁止乘客出入，以防疾病蔓延。[1]

根据《火车检疫规则》的原则规定，京汉铁路在保定、顺德各设防疫院一所，在石家庄设检验所一处，凡在石家庄搭车的旅客必须在检验所留住五天，经医生查明，实无疫症，发给凭照，才能购票登车，如患疫症，当即扣留治疗。每次客车均挂医药车一辆，查验车一至三辆，车到站后，乘车旅客先登查验车，经检查无染疫可疑者方准进入寻常车箱，可疑者入医药车箱治疗。[2] 火车检疫也是在警察的严密监督和配合下进行的。

第三节 消防警察

消防一词引自于日本，中国古称火政。中国近代消防警察组织始建于清朝末年，1902年（光绪二十八年）天津南段巡警总局成立，下设消防队，这是我国近代史上最早设立的消防警察队，1910年（宣统二年）改组为消防总署。

北京的消防警察组织成立于1903年（光绪二十九年），晚天津一年。1905年（光绪三十一年）京师工巡总局改组为内外城巡警总厅后，设消防处，有队兵一百五十八人。此后又有所谓北京消防公所，到1908年，该所共辖消防警察三百二十六人。

随着天津、北京近代消防组织的建立，不少地方起而仿效。为了统一全国消防事宜的管理，1904年（光绪三十年）设立的巡警部，在其警政司之下置"消防队总理"，总揽全国消防行政。清末消防处于草创时期，尽管组织简陋，手段落后，收效甚微，但作为中国近代消防事业的开端，仍有其不容抹杀的意义。

北洋政府时期的消防组织和消防管理，基本沿用清末的体制，所不同的是，消防组织的名称稍有变化，消防组织的设置更为普遍，消防警察队伍有了较大发展，消防器材也日趋机械化。就组织结构而言，在中央，由内务部警政司总揽消防行政，京师和各省区、商埠及地方警察局（所）设消防处（科）。

以京师警察厅为例，该厅所设消防处的职权是："一、关于消防员弁之配置及进退赏罚事项；二、关于消防区域及机关之设置废止事项；三、关于

---

[1] 《火车检疫规则》（1918年1月16日）。
[2] 《京汉铁路检疫暂行细则》（1918年2月8日）。

器械之管理事项。"① 处内设二科，第一科主管文牍、庶务和会计，第二科主管卫生、军需和器械。处下设6个消防分队，分管京师6个消防区域。消防区域依附于巡警区域，每个消防区域包含三至六个巡警区域（区署），一旦发生火警，二者相互策应。第二、三、五、六消防分队还各下辖一个消防分遣所。

各消防分队所辖面积和人户各不相等。消防第一分队管辖面积为三十一点六平方里，二万二千八百三十户；第二消防分队为二十一点一平方里，一万八千四百四十三户；第三消防分队为二十九点九平方里，二万二千五百八十七户；第四消防分队为三十一点一平方里，人户也与第一分队相当；第五消防分队为二十九点八平方里，二万六千四百零四户；第六消防分队为五十平方里，二万九千四百一十八户。这六个消防分队分别设于故宫文华殿、西安门内大街、正阳门外甘井胡同、宣武门外梁家园、西四牌楼广济寺和东安门外灯市口。四个消防分遣所分别设于地安门内东高房、崇文门外东柳树井、西直门内新街口和东四牌楼宝泉局。六个消防分队除各设分队长一人外，下辖消防机关士、消防目、消防副目、放水手、驭马手、喇叭手、旗灯手、运转手和看护手等，总计六百七十五人，另有机修工匠三人和掌管蒸汽唧筒的机关手六人。

北洋政府初期，北京消防警察称消防队兵，用招考的办法募集。凡年在十八岁以上二十五岁以下、身长五尺以上六尺以下、目能远视、身无暗疾、粗通文理、未受刑事处分的人，均可报考。报考时要有荐举书和志愿书，荐举书意在证明报考者具有充当消防警察的资格，志愿书实即保证书，保证被录用后遵守京师警察厅关于"消防职务上之规则"，并附呈誓约和履历书。被录取为消防队兵者，均按军队方式生活，每晨闻号声起床，列队接受检查，晚上就寝前还要点名。京师警察厅消防处处长对各消防分队和分遣所随时巡视，消防处各科科长和科员每日必须巡视两次以上，检查各分队长执行勤务状况、火警出场准备，进行管区内地理、水利调查，传达上级"训词"等。遇有火警，他们要赴火场巡视，并要会同分队长及该管警区填写报告。消防分队长对该管段和分遣所每月必须巡视六次以上，检查消防器材，告诫消防注意事项。

京师警察厅设有望火台，内置大钟，按照规定的信号，及时报告火警。如火警在距望火台半里以内，则发"近火信号"（乱点）；各消防区遇有大

---

① 《京师警察厅官制》（1914年8月29日）。

火，必须各消防分队一齐出动时，则发"总出信号"（三点），此外还有"水会应援信号"、"非常信号"和"火熄信号"等，报警方式相当原始，后来随着电话的推广，情况才慢慢发生变化。

京师警察厅各消防分队使用的消防器材较清朝末年已有较大进步，当时计有大蒸汽唧筒一架，小蒸汽唧筒二架，腕力唧筒十一架，水管马车两架，水管车二十辆，救助梯十一架，救助袋七个，长斧八十八柄，短斧六十六柄，水盛一百五十四个，水管二百二十个，马二十六匹。消防警察赶赴火灾现场后，可以启用一切水源，包括自来水和官私水井，由于自来水尚未普及，主要使用的还是井水，在使用井水时，如果井亭、井台、铁木栅栏成为障碍，可以酌情拆除。

由于北洋政府内务部没有颁布施行全国的消防条例，京师警察厅关于消防组织和消防管理的一套做法就为各地警察机关所借用，其间虽有某些差别，大同小异而已。如山西省会太原，消防队也附设于省会警察厅内，由队长、巡官、巡长、消防警组成，队长由警察队长兼任，受厅长指挥，监督防救火灾，并管理队内一切事务。巡官受队长指挥，办理消防事宜。巡长则兼任消防技手，管理水机教练，督同消防警扑灭火灾。消防队备有带链铁钩、水柜、水机、水具、水枪、钩杆、梯子、筒担、竹帽、火钩等消防器械，并在省城大钟楼设警钟一口，守望人员发现火灾，立即敲钟，当时太原划为四区，第一区地段发生火灾时敲一下，第二区地段发生火灾时敲二下，余类推。消防队员平时要接受训练，操习水机，维修和添置消防器材，熟记管区内街道和水井的位置，在钟楼上昼夜值守，未经许可不得擅离岗位，一旦发现火情，消防队长要立即带队驰救，同时急报警察厅长。消防队到达火场后，立即架机扑救，如果屋内有误遗儿童和残疾人，须抢先救出，如系官署局所失火，要抢救案卷文件及其他重要物品，如果火势猛烈，可向附近区署求援。火灾扑灭后应将扑救情形报告警察厅长，不得收受火灾事主及其他关系人的酬谢。消防队员救火有功，分别酌赏；死伤者给予医恤；废弛职务、延误时机、不听指挥、乘灾暗窃的，要予以惩处。

山西省会太原在实践中形成了一套维护火场秩序的做法，此项任务由省会警察厅及其各区署承担。厅署闻知火警后，立即召集巡官长警携带灭火器材驰赴火场，协助消防队灭火，协助方法有三：一是防卫，即在距火场40丈以外的地方设置防火线，在火线内巡逻，严禁行人车马入内，以保证灭火不受干扰，得以有秩序地进行。如果官署、学校、祠庙和外国人侨居地发生火灾，要派置巡警固守。火线以外的岗警则禁止行人车马在消防队及其他援救者的必经之路上通行。二是扑救，即用器械扑灭火灾或拆断火路，如需拆除邻近房屋，应经长官同意。三是保护，即援救被难人并搬运其财产，脱离火场。

北洋政府时期，消防警察组织在一些大中城市逐步扩广，沈阳、昆明、武汉、济南、桂林、青岛、万全（张家口）、南宁、镇江、宁波等城市相继建立了消防队，如广西省会南宁的消防队创设于1915年，内部组织简单，只设队长一人，教练和文书各一人，队警四十人，备有水龙一架，1917年建望警楼一座，悬警钟一口，以钟声点数区别火场方位，1922年队警增至六十人。

虽然当时的消防警察组织有了一定程度的发展，但远非一切城镇都建立了这样的组织，在没有建立消防警察组织的城镇，主要依靠水会这样的民间消防团体扑救火灾。水会是与官方消防机构（消防队）对应的另一种消防形式，即使在建立了消防警察组织的城市，这种消防形式仍有其不容忽视的作用。

水会又称水社、水局、救火会，明清以来已在许多城镇普遍设立，但发展极不平衡。直隶各县有水会八十四个，有些县，如宝坻、河间、遵化、东光、徐水等只设一个水会，有的县如文安则有十个水会，这些水会多数创设于清朝咸丰、同治、光绪年间，北洋政府时期被延续下来。它们的经费来源各不相同，有人社商号捐助、会员捐助、临时摊派、被灾者捐助、在需款时由本街住户均摊等多种形式。会员人数少者二三十人，多者达六百人。消防器材一般比较陈旧，有的甚至只有水桶数只。北京的消防警察队伍堪称强大，但在发生火灾时也往往借助于水会，当时在北京的一些繁华街道，如前门大栅栏、琉璃厂街、东单牌楼、西单牌楼、王府井等，都设有水会，总计二十多处，会址多设在火神庙内，均系绅商合办性质，商人所起作用十分突出。就消防警察和水会的社会功能而言，二者恰成逆反状态，在没有建立消防警察组织的城镇，水会的社会功能表现得异常明显，在已经建立了消防警察组织的城镇，水会只起辅助的作用，消防警察组织愈强大，水会的社会功能就愈小。

第四节　铁路警察

中国铁路警察始建于北洋政府初期，当时总揽全国铁路行政的领导机关是中央交通部。依据1912年8月19日公布的《交通部官制》，该部对铁路、邮政、电政、航政实行集中统一的管理，"监督所辖各官署及全国关于交通电气事业"①，地方政府不得干预。1916年8月31日，交通部公布的《国有铁路编制通则》进一步明确规定："国有铁路置管理局或工程局，直隶于交通部。"② 工程局掌理全路勘测、建筑、设备、会计及其他附属事项，竣工后改为铁路管理局。各铁路管理局一律设总务处、车务处、工务处、机务处和会计处，分管有关事务。

由于交通部对铁路实行不同于其他部门的集中统一的管理，铁路警察（简称路警）也自成系统，既不受中央内务部领导，也不由地方警察官署督率，而是交通部及其各铁路管理局的组成部分。

由于最初确定的组建路警的原则是"各路自设巡警，以资保卫"③，这就决定了铁路警察的管理体制必然有一个由分散到逐步统一的变化过程。以京汉铁路为例，1912年已设有铁路巡警，每年耗资八万余元，但"警务废弛，徒具形式"，负责全路警务的总巡官，"除承转外，无所事事，几同虚设"。同年7月，经过改组，撤销了全路总巡官，划分全路为三个总段，直隶于路局总管理处。第一总段从北京前门至顺德府，总巡官驻保定；第二总段从顺德府到郾城县，总巡官驻郑州；第三总段从郾城县至汉口玉带门，总巡官驻大智门。每一总段除总巡官外，各设分巡官三人，分管一定地段的警务。全路共设总巡官三人，分巡官九人，长警三百九十六人。长辛店铁路工厂、郑州铁路工厂和江岸铁路工厂也各设护厂巡警，共六十九人，此外还添设护送客车长警和押护货车长警九十八人。这时京汉铁路管理局还没有建立起管理警务的专门机构。

后来，京汉铁路管理局以及其他一些铁路管理局，如津浦铁路管理局、京奉铁路管理局、京绥铁路管理局、吉长铁路管理局、四洮铁路管理局等，先后在其总务处之下设置警务课，负责全路警察事宜。但是，也有一些铁路管理局，如广（州）三（水）铁路管理局、株（洲）萍（乡）铁路管理局等，甚至连警务课的机构也没有建立起来，中央交通部也没有总揽全国铁路警务的专门机构。这说明，当时铁路警察的组织机构和管理体制还处于极不完备的初创时期。

---

① 《现行警察例规》第五编第三章，戌291页。
② 同上书，戌305页。
③ 《关于铁路巡警特别犯罪适用军律案》（1916年2月24日），《现行警察例规》第五编第三章，戌451页。

1921年以后，随着铁路运输事业的发展和北洋军阀加强反动统治的需要，铁路警察的组织机构也日趋严密。1923年8月，交通部设立了"办理国内各铁路一切警备事宜"的铁路警备事务处，作为督率全国铁路警政的首脑机关，由交通部次长兼任处长，另由部长委派副处长和专任副处长各一人。该处设三股一所，第一股掌理考绩，第二股掌理情报，第三股掌理勤务，教练所掌理路警的培训。此外，铁路警备事务处还设有"稽核警务一切用款事项"的稽查专员，必要时还可呈请部长批准，雇用"于铁路警备有经验"的外国人担任视察或教练所的教练。铁路警备事务处的经费由交通部核定后，分令各国有铁路管理局拨解。①

在交通部铁路警备事务处成立以前，各国有铁路管理局的警察机构先后进行了调整或改组。一般做法是，撤销隶属于总务处的警务课，设置与铁路管理局所属各处平行的警察处，如津浦铁路管理局警察处，汉粤川铁路管理局警察处等。警察处处长由交通部派充，承铁路管理局局长之命管理全路警察事宜，指挥监督所属职员长警。警察处内部结构较之过去也更为严密，以津浦铁路管理局警察处为例，该处设第一、二、三课，课长由局长呈请交通部派充，承长官之命，分掌各课事务。第一课掌管机要、规章的撰拟，钤记的典守，文件的收发与编存，职员长警的调拨、分配、考绩、进退与赏恤，以及军械、服装、统计、会计、庶务等；第二课掌管警察的考选与教练，对勤务的监督、侦查及移送案犯，以及违警处分等；第三课掌管治安保卫、风纪维护、卫生防疫、救济伤亡，以及消防事项。全路警察分设三个总段，总段长由铁路管理局局长呈请交通部派充；每个总段又按事务之繁简，区域之广狭，酌设若干分段，分段长由铁路管理局局长派充。警察总段设巡查员和书记，警察分段设巡官和书记，各以其事务之繁简，由警察处长核定人数，呈请局长派充。这样一来，就在津浦铁路管理局之下形成了包括警察处、警察总段和警察分段在内的三级路警管理体制。其他铁路管理局也采取与津浦铁路相同的路警管理体制，如汉粤川铁路管理局设有警察处，而在该路湘鄂线设两总段、四分段。

依据1921年10月12日交通部公布的《修正汉粤川铁路湘鄂线警察暂行规则》②，除铁路管理局警察处长而外，铁路警务人员还有：总段长，分段长，巡官，一、二、三等书记，一、二、三等巡长，一、二、三等警察，

---

① 《交通部铁路警备事务处规则》，《法令全书》十二年第三期第五类官制，第5—10页。
② 《法令全书》1921年第四期，第五类官制，第5—12页。

他们分别由具有不同资格的人员担任。

只有在本国或外国高等警官学校修学三年持有毕业证书的，或者在上述学校修学一年半以上，曾任高等警官满二年的，或者在陆军高等学校毕业，得有证书，并且有警察经验的，或者曾在本路担任分段长二年以上，成绩优良的，才有资格充任总段长。凡具有充当总段长各项资格之一的，或者在本国或外国警官学校修学一年，曾任警官二年的，或者在陆军中学以上学校毕业，得有毕业证书，并且有警察经验的，或者曾充本路巡官及一等书记三年以上，成绩优良的，才有资格充任分段长。凡具有充任分段长各项资格之一的，或者在本国或外国警官学校修学一年以上，得有毕业证书的，或者曾充陆军排长以上军职满二年，具有警察经验的，或者曾充本路一等巡长及二、三等书记三年以上，成绩优良的，才能充任巡官。凡文理优秀并具有警察学识的，或者曾充本路二等书记二年以上，成绩优良的，才有资格充任一等书记官。只有文理通顺，书法端正，具有警察学识的，或者曾充本路三等书记二年以上，成绩优良的，才能充任二等书记官。巡长必须由铁路教练所毕业生或经考试合格的人员充任。

巡警由铁路管理局警察处统一招募，其条件是：年在二十岁以上四十岁以下，粗识文字，"身家清白"，身体强壮，语言清楚，并通该地方言。巡警入选后，必须开具详细履历，声明两年内不得无故辞差，并且要取具妥保，如有逃亡，唯保是问，然后由警察处分别派往各段驻扎。

我国东北地区的铁路警察组织与内地不同，1917年以前，中东铁路的警权掌握在沙皇俄国手中，哈尔滨和铁路沿线一带的市政警察与铁路警察没有明确划分。1917年10月俄国十月革命推翻了沙皇的专制统治，中国地方政府乘机收回了中东铁路的护路权，翌年（1918）2月，北洋政府在哈尔滨设立督办东省铁路公司事宜公所（简称督办公所），并建立了临时警察总局，但华俄警察仍然设岗对峙。同年7月，沙俄中东铁路局长霍尔瓦特在俄境的四站成立全俄临时政府，自任摄政，不久与高尔察克政权合并，高尔察克复灭后，霍尔瓦特重返中东路。1920年3月，中东铁路工人举行大罢工，霍尔瓦特被迫离职，结束了他在中东铁路近二十年的统治，中国地方政府随即解除白俄军警武装，并在哈尔滨警察总局内设立路警处，但所有白俄警察均仍暂时雇用。1920年10月，中国政府与名存实亡的道胜银行签订东省铁路续订合同。依据合同，中国代表参加了中东铁路董事会和局务会，中东铁路实权仍由白俄分子把持。1921年2月12日，路警管辖权问题被提交中东铁路董事会议决，由路警处处长会同路局局长拟订路警章程，经东省铁路督办审阅后，交董事会核定通过，同年6月1日，东省路警实行改组，设路警处于哈尔滨，"凡关于妨害铁路沿线安全与秩序及铁路财产者，铁路警察得随时侦捕之"。

东省铁路路警处是一个庞大的工作机构，设处长一人，管辖东省铁路全线警察事项，并监督所属各职员；设华俄副处长各一人，协助处长办理一切事务。处长直辖于东省铁路督办，但关于铁路的保护及维持安全与秩序，得受管理局局长的指挥，对于发生的事件，应随时向管理局局长报告。路警处设总稽查一人，承处长命令稽查全路警察事宜。处长、副处长之下设秘书二人，科长三人，科员十八人，会计主任一人，卫生主任一人，技正、技士各一人，稽查长一人，稽查员九人，差遣员六人，办事员六人，译员十二人。路警处还设有俄人秘书二人，副科长三人，科员七人，稽查员四人，译员四人，办事员十人。路警处设科治事，分担相应事务。第一科掌管总务，第二科掌管内勤，第三科掌管外勤。

东省铁路内勤与外勤的概念与北洋政府警察法规确定的内外勤概念不同，它以铁路沿线的防卫为外勤，而以守护铁路资产、金库、机器、材料、工厂为内勤。东省铁路全线外勤分六大段，每段各设警察署，置段长一人，华俄副段长各一人。路警处为防护东省铁路各机关、工厂、材料厂及金柜，在哈尔滨专设内勤铁路警察，内勤警察分为四区，每区设俄区长一人，华俄副区长各一人。为了保护公司、路局以及铁路资产，在哈尔滨特设两个警察队。属于铁路沿线各段的工厂、材料厂及金柜，由外勤警察守护。除警察队官警均系华籍外，其余内外勤长警均系华俄并用，计有华籍长警一千五百一十五人，俄籍长警七百二十九人。此外，路警处还设有路警教练所，由中央交通部路警养成所毕业人员担任教练，抽调各段队警察轮班教练，三个月为一期，毕业后。按考试成绩，定为一、二、三等警察。①

1924年9月，随着《中俄解决悬案大纲》和奉俄协定的签署实施，才彻底改组了包括路警机构在内的中东铁路的各级组织，清除了反动的白俄分子，结束了沙俄分子对东省铁路警权的控制。

北洋政府对铁路治安的管理是不断加强的，逐步制定了强化铁路治安的规范性文件，起先由各铁路管理局发布适用于各该路的警察规则，中央交通部在综合归纳这些规则的基础上，于1922年11月4日制定和颁布了通行全

---

① 《督办东省铁路公司事宜公所函》（东字第2951号），中国第二历史档案馆馆藏档案。

国的《铁路警察服务规则》，对铁路警察的职权范围和警卫规程作了详尽规定。①

铁路警察对于轨道、桥梁、工程、材料、电线、厂站、仓库以及行旅、货物、列车开驶均有保护之责，但以该管铁路界线为限，非奉有长官命令或追捕人犯不得越界，严禁干预外事。在铁路界限以内，遇有违警及拘捕刑事罪犯，要报告长官核办，但刑事案件应转送司法机关办理。在车内拘捕的人犯，应由警察长官解交最初应停车站的司法衙门办理。如有被追捕的罪犯逃入铁路界内，铁路警察应会同地方警察共同追捕。查获携带违禁物品（无护照之枪弹、私运炸药炸弹、私运制造火药的原料、鸦片、吗啡、有伤风化的书画玩具等），应连同人犯一并扣留，分别情况，酌情办理。

铁路警察值勤方式分守望、巡逻、护车三种。

守望须在固定地点，不得擅离职守。守望又分站台守望、票房守望、轨道守望、厂栈守望四种。站台守望巡警负有维持站台秩序之责，对于酒醉者、疯癫者、未满12岁之幼童、"妇女无人跟从或携带妇女幼孩神色仓皇者"、携带违禁物品者、"徘徊站台窥探他人行囊者"，传染病患者，以及"其他形迹可疑者"，要悉心防范，或报告长官相机办理。对于查获的绺窃物件，如失主说明件数、形状、查验无误，应将原物送交失主，但应问明失主姓名、住址或索取名片备查。"所获窃犯应即带回警所，听候长官核办"。"查获违禁物品，应将携带之人连同物件带至警所核办"。

票房守望巡警的任务在于维持票房购票秩序。凡持伪造、变造货币购票的，"应即带至警所核办"。对于"公然持枪及其他危险物欲入票房者"，"夜间结伙在票房附近观望者"，"深夜携带物件出入票房者"，要特别注意防犯。

轨道守望巡警所应注意的是轨道上有无阻碍行车的障碍物，以及轨道附近有无危及行车之处。如果轨道内或轨道附近有堆积物，轨道守望巡警有权责令有关人员从速迁移；列车过往时，禁止行人横穿轨道，以防不测；"轨道附近有无盗匪聚集，须随时严密防范，守望山洞桥梁，尤须严防盗匪"。轨道上的螺丝钉、道钉，如果"未经旋紧按好，宜随时报知工人赶办，倘有损坏钢轨、缺少螺丝等事，须立时知照工人，报明工务员办理"。"轨道上如有损坏及各项危险之事，因火车将到，不及修理，宜表示危险，以止车来，并宜即时通知站员办理"。

---

① 《法令全书》1922年第4期，第十六类交通，第9—26页。

确保工料、车厂、货栈的安全是厂栈守望巡警的职责。工役、脚行人等入厂做工，"应凭各该局所发铜牌或号衣，不著号衣、未带铜牌者，应禁止入内"。厂栈员役携带材料物件出厂，巡警要查明有无凭单，询问缘由，记录在案。厂栈员役违背警规，要呈明长官核办，不能进行干涉。对于火情，厂栈守望巡警也有查察之责。

巡逻是铁路警察执行勤务的重要方式之一。它"补值岗所不及"，职责与守望相同。巡逻以一定岗位为界，自出发的岗位起，到最终岗位止，每经过一个岗位，都要互换巡逻牌号。巡逻牌号载明岗位号数，分黑底白字，白底黑字两种，白字黑底牌号由守望巡警携带，黑字白底牌号由巡逻巡警携带，互换后，各于退勤时缴还警所。巡逻巡警按照一定路线，在守望巡警每次站岗时间内出巡一次，对于桥梁、石垛、山洞、岔道、涵洞、河堤、轨道、道钉等须特别留意，如有损坏缺少，要报明工务员办理；遇有偷窃轨道附属物品或损坏道路、电线、电杆的，应立即拘至警所，报告长官核办。

护车也是铁路警察执行职务的重要方式，分守护客车和守护货车两种。守护客车警察"随时查察有无窃盗匪类，深夜乘客熟睡，宜督察看车夫役加意防犯，乘客上下时，尤宜特别注意，遇有在车上行窃之人，应加以盘查，并监视其行动"。车上查获窃犯应妥加看管，解交获犯后最初应停车站警察长官，转送司法机关办理。行车时，"如遇有窃盗要犯跳下跑逸，得商请车队长将车暂停，以便即行追缉，但以不误前途行车为限"。守护货车警察的主要职责是随时查验"货车封志"，保证货物安全，不致被盗或丢失，货车经过各站，停留6小时以上时，应由该站站长及厂警签收货物，注明查验接受情形，待货车起行时，再由车队长和护车警察接受。

第五节　水上警察

随着沿海和内河水上运输的发展，设置水上警察的需要日益迫切。北洋政府时期，水上警察的确立及其沿革，大体上经历了三个阶段。从1912年到1915年3月为第一阶段，在这个阶段上，濒海沿江一些省份，先后把清末水师改组为水上警察，创设伊始，无章可循，内部结构极为紊乱。从1915年3月到1919年10月为第二阶段，当时由于北洋政府颁布了《水上警察厅官制》，使各省水上警察的领导体制和组织结构大体趋于一致。1919年以后为第三阶段，同年10月15日，北洋政府内务部发布《地方警察局组织章程》，翌年1月21日，内务部鉴于"水上警察与地方警察细目容有不同，大体原属共贯，该项章程适用于水上警察并无抵触之点"，因而规定："嗣后各省区水上警察一律适用《地方警察局组织章程》，以免分歧。"① 并且进一步明确了水上警察必须遵行的各项制度。

把清末水师改组为水上警察的主张，最初是由副总统领湖北都督黎元洪提出的。长江水师本是清末水上武装力量，同治初年曾国藩创设，后归海军部统辖，早已腐败不堪。民国成立后，长江水师依然存在，机构未变，仍沿旧制，总司令由李燮和充任。

1912年8月，黎元洪电请改鄂省长江及荆襄水师为水上警察，脱离军事系统，由该省民政长节制，得到袁世凯的批准。老谋深算的袁世凯基于集中警权以加强独裁统治的目的，于同年8月15日在撤销长江水师总司令一职的同时，下令任命江苏外海统领黄汉湘为长江水巡总稽查，以直接控制湖北、江苏、江西、安徽、湖南等沿江五省的水上警察力量。

黄汉湘到职后，积极活动，向沿江五省摊派款项，筹组长江水巡高等学堂，遭到五省都督的强烈反对。12月19日，湖北都督黎元洪、江苏都督程德全、江西都督李烈钧、湖南都督谭延闿、安徽都督柏文蔚联名致电袁世凯，以长江水巡总稽查之设"不合官制"、"不分权限"和"虚縻款项"为由，坚决要求撤销。五省都督在电文中说："前清水师，因系独立，故设专官，今既改组水巡，划归各省指挥监督，责有专归，更设总稽查，试问职属何等？"② 态度极为强硬。在这种情况下，袁世凯不得不下令撤销总稽查一职。这是北洋政府时期，中央和地方争夺警权的一场激烈争斗。

撤销长江水巡总稽查一事，不仅没有影响反而加速了水师改组为水上警察的进程。1912年9月到翌年2月，水师改组为水警不仅在长江流域得到了实现，而且推及于其他各省。北洋政府海军部宣布，水师改组为水上警察，自应由内务部管辖，内务部认定，水师名目繁多，不限于沿江五省。于是内务部和海军部经过会商，于1912年12月19日联合向各省都督发出指示电，要求各省仿照湖北成案，将水师一律改为水上警察。1913年2月22日，北洋政府内务部发布《长江及其他水师改组令》，规定"长江及其他水师改为水上警察，设水上警察厅管辖之"。"水上警察厅依画一现行地方警察官厅组织令之例办理"。"水师之关联数省时，应由关系之省协商编制，

---

① 《内务部呈请将黄河水上警察照章设局并通行各省区嗣后水上警察局一律适用地方警察局组织章程文》（1920年1月27日），中国第二历史档案馆藏档案。
② 《长江水师改组水上警察等文件》，中国第二历史档案馆藏档案。

但关联之省就事实上之必要，得依省之辖境，分设水上警察厅"。①

当时先后被改组为水上警察的水师有：

奉天省北洋亲军水师警务河防营。

江苏省南洋续备督标水师前营，南洋续备新胜水师营，金陵巡警水师，铭字水师营，江南提督六营，苏松镇标四营，狼山镇标三营，福山镇标三营，江北淮海水师防营，江北提督四营，狼山镇标三营。

安徽省淮河水师三营，巢湖水师营。

山东省利捷水师、西湖水师。

河南省豫安水师。

陕西省黄金峡炮船。

福建省督水营练兵一队，闽安营练兵二队，海坛营练兵二队，南澳左营练兵一队，铜山营练兵一队，镇海水师营，福强军左路后营，福安水军三营，督标二营，水师提标五营，南澳镇标二营，福宁镇标三营。

浙江省内河巡防水师六营、枪划营、飞划营，太湖巡防营，游击先锋队，游击三队，绍河水师巡防队，上江水师巡防队，瓯江水师巡防队。

江西省内河水师六营，赣防水师三营。

湖北省巡沔湖河炮船，省河护运炮船。

湖南省先锋水师五营，飞翰水师五营，长胜水师五营，澄湖水师五营。

四川省巡船。

广东省水提亲军三营及先锋卫队，广安水军二营，惠安水军三营，诏安水军四营，水师提标七营，碣石镇标三营，南澳镇标三营，高州镇标三营，北海镇标二营，琼州镇标四营，两广督标营，顺德营。

广西省抚标中军四营，抚标左军三营，抚标右军四营，抚标后军四营。

贵州省镇远水师，镇静水师。

水师改组为水上警察后，由于当时北洋政府还没有来得及颁布水上警察官制，各地水上警察基本上仍然沿袭水师原有建制，所不同的只是任务、性质和领导关系发生了变化，由原来海军部领导的、独立于地方政府的、单纯执行军事任务的机构，改变成为由内务部领导的、地方行政官署管辖的、维持水上"治安"的机构。

以奉天省为例，该省于1914年7月由原北洋亲军水师警务河防营及靖海、快马、铁龙、经武四轮船改组成立了奉天水上警察局，后因海上多事，

---

① 《长江及其他水师改组令》(1913年2月22日)。

增设海巡帆船七只，分防沿海各口岸，梭巡缉捕。水上警察局设局长、副局长、庶务兼会计、文案、司法、收发各一人，书记二人，侦探三人，局役四人，伙夫二人。局本部在编人员共十八人，其下仍沿旧制设左、中、右三队及海巡队和舰队。左队备有巡船八只，铜炮八尊，手步枪七十三支，长警夫役八十九人。中队备有巡船六只，舢板七只，铜炮四尊，钢炮四尊，长警夫役四十三人。右队备有巡船八只，铜炮八尊，步枪七十三支，长警夫役八十八人。海巡队备有帆船七只，铜炮七尊，手步枪七十一支，长警夫役八十四人。由四艘轮船组成的舰队备有钢炮七尊，长警夫役五十八人。合计船四十一只，炮三十六尊，枪二百七十五支，长警夫役三百七十八人。在当时，这是一支相当可观的水上武装警察队伍。

在水师改为水警的推动下，有些原先未设水师的濒水地区也开始自定章程，试办水警。山东省济宁道就属这种情况。山东西南部南阳、昭阳、独山、微山四湖紧密联结，绵延数百里，济宁道尹公署决定"试办水警，专以防剿肃清湖匪为唯一目的"，招募"枪溜"①船二百只，民船二十只，分驻各湖。巡湖水警设管带一人，帮带一人，队长四人，稽查员二人。每十只船编为一棚，设棚头一人；每五棚编为一队，设队长一人。各船除原有枪支外，另发快枪二十支。管带、帮带、队长、稽查员均由济宁道尹委任和管辖，并受兖州镇守使及济宁、鱼台、滕县、峄县等沿湖各县县知事指挥调遣。水警管带率同帮带、队长指挥各船，从济宁南湖经南阳、昭阳、独山各湖至微山湖，往返巡缉湖面，不能任意停泊。各船据守地点和分驻地点，要由管带呈请道尹决定。水警除巡缉湖面外，不得干涉地方事务，在湖面或湖滨缉获的人犯，要移送该管地段的县公署讯办，不能擅自拘留审问，湖内如有"股匪窜扰"，有权请求沿湖驻军协同围剿。② 山东省济宁道试办水警的情况也说明，当时水上警察的建制是因地而异的，该道"试办水警"的期限为三个月，以后不了了之。

1915年3月30日《水上警察厅官制》的颁布为统一全国水上警察的建制提供了法律依据。依照该《官制》的规定，为了"维持水上治安之必要"，在濒海、沿江、滨湖、通河的要冲地点，设置水上警察厅。其领导关系是：水上警察厅与道尹驻在同一地方时，直隶于道尹；与省长驻在同一地

---

① 枪溜，长年生活于湖上的渔民，以射猎水鸟为生，谙水性，娴枪击。
② 《山东省济宁道试办水警简明规则》、《山东省济宁道巡湖水警办事细则》，中国第二历史档案馆藏档案。

方时，直隶于省长；水上警察厅的管辖区域及于数道时，也直辖于省长。由于事务较简，没有必要设置水上警察厅的地方，或设水上警察局，或由附近警察厅（所）代管水上警察业务。

水上警察厅置厅长一人，秉承道尹或省长的命令，指挥督率该厅事务，监督所属职员，有权发布单行警察章程。直隶于道尹的水上警察厅厅长，由道尹呈由省长咨陈内务部，荐请大总统任命；直隶于省长的水上警察厅厅长，由省长咨陈内务部，荐请大总统任命。水上警察厅置警正二至四人，承长官之命分掌水上警察事务；置警佐六至十二人，承长官之命佐理水上警察事务；必要时置技工一至二人，掌理技术事务。水上警察厅可以设立水上警察队，水上警察队的编制以及水上警察厅分区办法，由省长或由道尹呈由省长，咨陈内务部。呈请大总统核定。水上警察厅办事细则要报请内务部核定。①

各地水上警察机构依照《水上警察厅官制》先后进行了改组，以山东水上警察而言，该省分设沿海水上警察厅和南运湖河水上警察局两个水警机构。

山东沿海水上警察厅成立于1914年8月，管辖区域以山东沿海为限。《水上警察厅官制》颁布后，于1917年初实行改组，改组后设厅长一人，警正二人，警佐五人，下设二科，第一科掌管机要事项、典守印信、拟定章则、传达报告、预算决算、枪械购置、文书印刷等；第二科掌管舰队调遣、缉捕案犯、违警科罚、群众陈诉、刑事案件的假预审及刑事案犯的解送、水警员兵伤亡请恤，以及水上卫生等。每科置科长一人，以警正充任，承厅长指挥，监督办理本科事务。第一科置科员三人，第二科置科员二人，均以警佐充任，承厅长指挥监督和科长的指导，分理本科事务。为了侦查案件和缉捕人犯，山东沿海水上警察厅置侦探员二人，督率侦探十人，承厅长指挥，分布于各繁要海口和通商口岸，侦查要案，并受厅长特别委托，稽查该厅下属机构的警察事务。

此外，山东沿海水上警察厅还设有厅署警卫队和以舰船为本位的游击队。警卫队由第一科科长督导，其任务是守卫厅署、送达文书、奉捕犯人及收受解送等，该队由水巡长一人、水巡二十人组成。直隶于沿海水上警察厅的游击队是水上警察队的一种组织形式，队长由第二科科长兼任，下设三个支队，即第一、二、三游击队，每支队各设分队长、大副、大车、二车、炮

---

① 《水上警察厅官制》（1915年3月30日），《现行警察例规》八编，甲225—227页。

目各一人，正副管油二人，掌舵工二人，水巡十四人。水上游击队游弋洋面，所有舰内一切事务及追捕盗船、缉击"盗匪"，均由分队长主持，大副帮同分队长办理巡缉事宜，有指挥水兵之权。

由于山东沿海水上警察厅所辖海面辽阔，为了便于管理，划分六区。东自威海起西至蓬莱天桥口为第一区，西北自威海起南至五里岛为第二区，南自青岛起北至五里岛为第三区，东自蓬莱天桥口起西至潍县白浪河为第四区，东自白浪河起西至无棣埕子口为第五区，南自安东卫起北至青岛为第六区。每区设区长一人，并兼任该区巡缉队长。巡缉队也是水上警察队的一种组织形式，除区长兼队长一人而外，六个巡缉队各由水巡长一人、水巡三十人组成。水上治安事务概由各该区区长兼巡缉队长负责，水巡长则承区长兼巡缉队长的指挥，管理巡船维修，捕拿人犯，教练与考察水巡。

对水巡的教练分平时教练和会哨教练两种。平时教练以区队为单位进行，各队水巡都要轮流训练，由区长兼巡缉队长担任教官。会哨教练每半年举行一次，由厅长召集，以烟台为集中地点。教练内容包括警察讲义、水警章程、各种法令、驾驶训练以及操法、地理等。

山东沿海水上警察厅加强对水警的训练，其主要目的是为了对付革命党人及其组织，凡"能侦获内乱要犯或著名党匪者"，以及"侦获党匪大宗军火者"，均可专案特别请奖。对于"值非常事变时，竭力防卫或镇抚，使地方得获安全"，"发觉或缉获关于阴谋内乱犯罪"，"发觉或缉获关于加危害于政府或地方长官犯罪"，"发觉或缉获关于外患国交犯罪"的出力人员，要分别按照《警察奖章条例》请奖。①

山东省除设沿海水上警察厅以负责山东沿海水上治安而外，还设有南运湖河水上警察局。南运湖河水上警察局是按照《水上警察厅官制》的规定，参酌沿河地方情形，以原利捷水师和西湖水师为基础改组而成的，其管辖范围，自东平县十里铺起，至峄县梁旺城止，计程五百四十二华里。该局设局长一人，由济宁道尹兼领，下设第一、二两股和勤务督察长一人，均由道尹公署掾属兼任。由于南运湖河区域辽阔，划分三区，每区各设一警察署。第一区警察署驻济宁县城，南自滕县夏镇北至济宁县城为其管辖区域，共一百八十华里；第二区警察署驻东平县安山镇，南自济宁县城北至东平县十里铺为其管辖区域，共一百九十九华里；第三警察署驻滕县夏镇，南自梁旺城北至夏镇为其管辖区域，共一百六十三华里。每区各设区长（或称警察署长）

---

① 《山东沿海水上警察厅编制及办事规则》，中国第二历史档案馆馆藏档案。

一人（以警正充任），警察队长一人（以警佐充任），书记一人，一等水巡长四人，二等水巡长四人，水巡三十二人，巡船四艘，夫役四人。各区次要地方，如真阳镇、袁口镇、韩庆等处，则设警察署分驻所，随时派拨巡船游弋。另外，南运湖河水上警察局设有水上警察队，置队长一人，正目三人，副目三人，警兵二十四人，火夫三人。

南运湖河水上警察局局长及其所属职员各有一定职权。局长总揽全局事务，有权发布单行章程。第一、二股股员承局长的指挥监督，办理本股事务，第一股掌管文电机要、保管印信、编纂册籍、编制预决算，以及统计调查事宜；第二股编辑章制、审讯违警人犯、批饬警务诉讼及水上卫生。督察长承局长的指挥监督，视察各区工作人员的勤惰，有权直接或会同各区警正指挥巡长以下各员，有事得径行报告局长核办。水上警察队长的职责是侦缉要案、逮捕人犯。

警察队的职务"以侦探秘密、维持水上治安为要义"。"警察队散在各处，履行职务时，不拘告发、风闻及其眼见之事，每日均须报告长官，但遇非常紧急事件不暇报告时，可以面陈"。如果说警察队是公开的特务机关，目标对外，由道尹（南运湖河水上警察局局长）直接遴选派充的暗查员，则是秘密的特务分子，用以钳制警局内部的工作人员，即所谓"通声气而资整顿"。暗查员所到之处，务必保守机密，非有十分必要，不得与各区负责人"擅相交接"，他的报告"须以缜密确实为宗旨，不得稍徇情面，致涉偏倚"。调查的内容包括"各区官警办事之勤惰"，"各区地面之情形"，"水警应兴应革之事项"，甚至连官警"私人之品格"也纳入暗查员的视野。① 山东沿海和湖水上警察的设置情况表明，《水上警察厅官制》颁行后，全国水警体制及其隶属关系已大体趋于一致，但水警组织的内部结构仍然千差万别，因地而异，缺乏一定之规，《水上警察厅官制》也未作明确规定。1919年10月13日北洋政府内务部拟定的《地方警察局组织章程》为解决这一问题提供了法律基础。

1920年1月，河南省长赵倜咨请内务部将该省黄河水上警察照章改局。咨文说，黄河水上警察"创设伊始，因无适用官制，仅名曰黄河水上警察，内部组织仅有总巡官、队官，……现拟援照《水上警察厅官制》第一条第三项办法，就原有预算酌量匀配，将该警察改为黄河水上警察局，设局长一员，以下设主任、助理、办事员各一员"。并将黄河流经河南地段划为第

---

① 《南运湖河水上警察局编制简章》，中国第二历史档案馆藏档案。

第十四章 警察的种类及职权

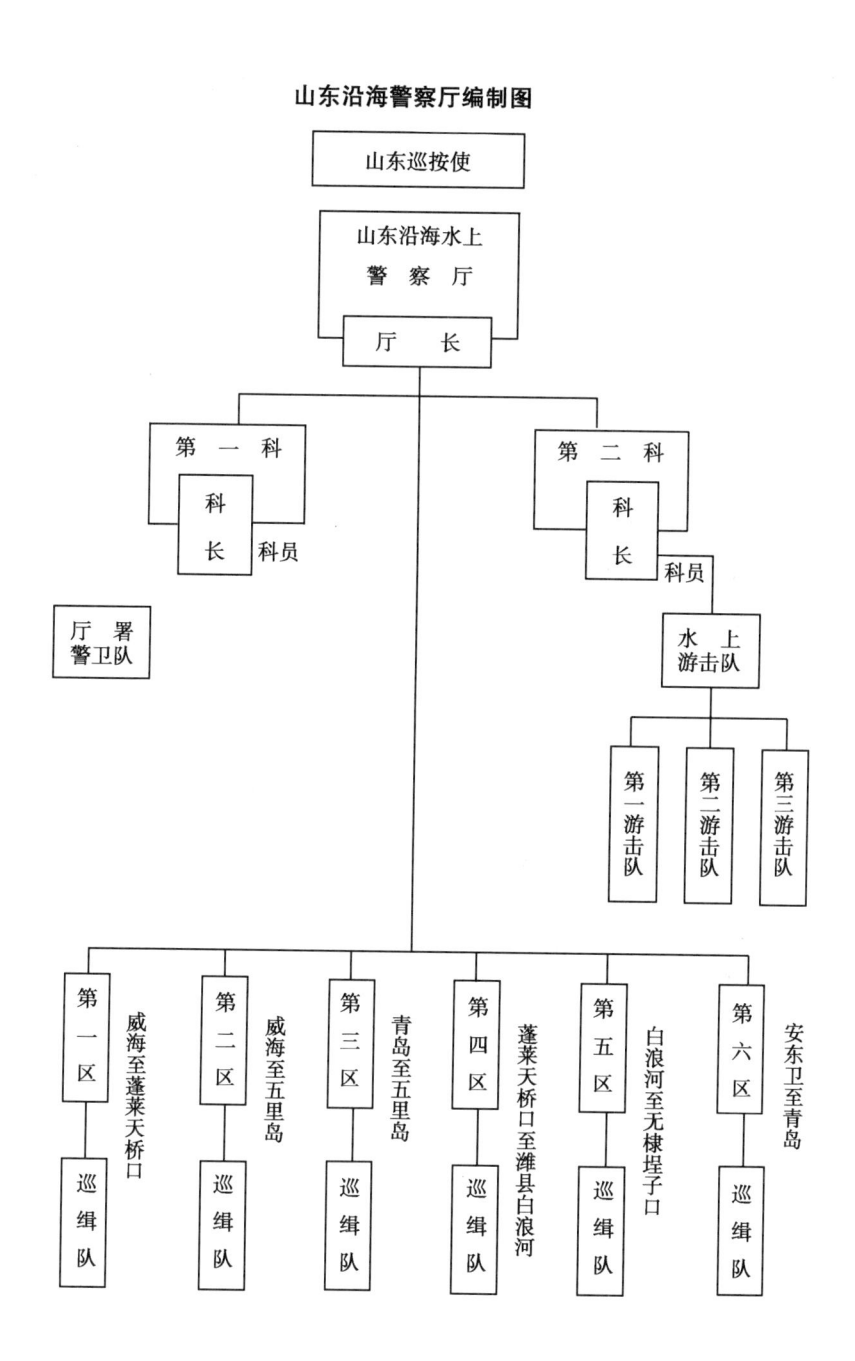

山东沿海警察厅编制图

```
                    山东巡按使
                        │
                山东沿海水上
                  警　察　厅
                        │
                      厅　长
          ┌─────────────┴─────────────┐
        第一科                      第二科
       科长 科员                   科长 科员
                                      │
   厅署                            水上
   警卫队                         游击队
                          ┌───────┼───────┐
                      第一游击队 第二游击队 第三游击队

  ┌──────┬──────┬──────┬──────┬──────┬──────┐
 第一区  第二区  第三区  第四区  第五区  第六区
 威海至  威海至  青岛至  蓬莱天  白浪河  安东卫
 蓬莱天  五里岛  五里岛  桥口至  至无棣  至青岛
 桥口            　　    潍县白  垞子口
                        浪河
 巡缉队  巡缉队  巡缉队  巡缉队  巡缉队  巡缉队
```

南运湖河水上警察局组织机构示意图

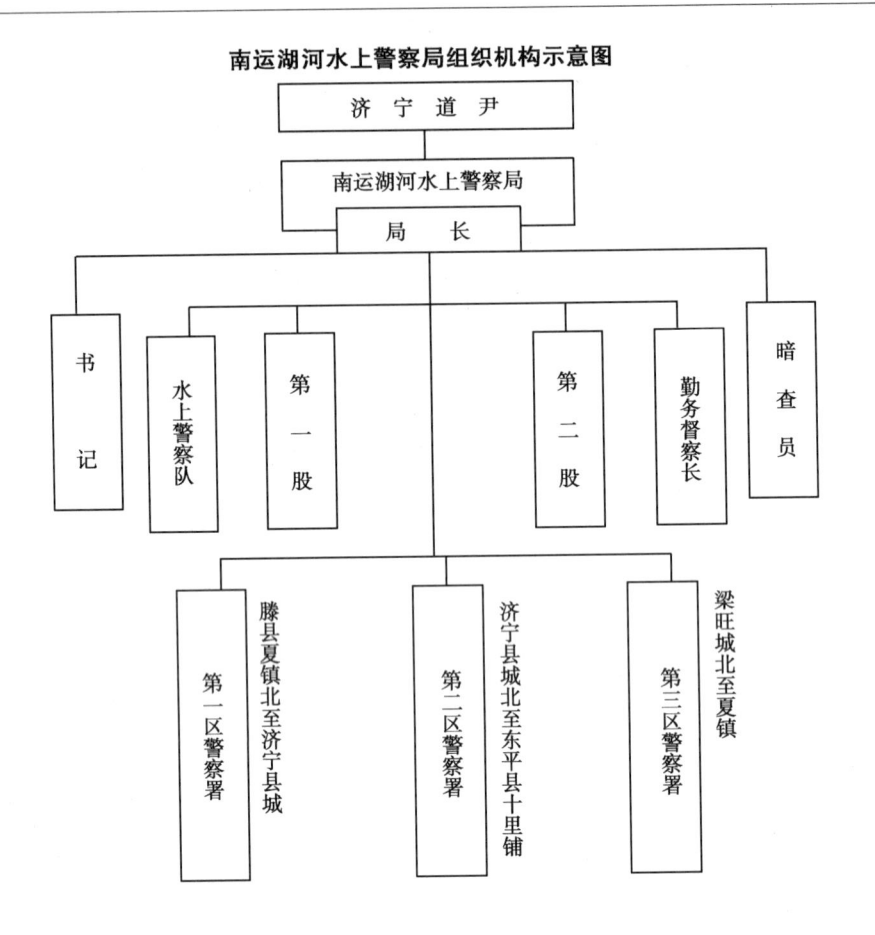

```
                    济宁道尹
                       │
              南运湖河水上警察局
                    局　长
    ┌────┬──────┬──────┼──────┬──────┬────┐
   书   水上    第      第    勤务   暗
   记   警察    一      二    督察   查
        队      股      股    长     员
                │       │      │
            第一区   第二区   第三区
            警察署   警察署   警察署
         （滕县夏镇 （济宁县城 （梁旺城
          北至济宁   北至东平   北至夏
          县城）     县十里铺） 镇）
```

一、二两区，京汉铁路以下为第一区，以上为第二区，分区驻巡，以队长兼任区长，每队辖驳舰二艘，巡船四只，长警舵夫共五十人。

北洋政府内务部对河南省黄河水上警察改局方案表示赞同，但对该省黄河水上警察局的内部结构提出异议，认为"该局编制于局长以下设主任、助理员各员，稍有未符"，应当根据部颁《地方警察局组织章程》，在局长以下设科治事，每科置科长一人，科员若干人，承办各科事务。内务部明确规定，"嗣后各省区水上警察局一律适用《地方警察局组织章程》，以免纷歧"。[①] 至此，北洋政府时期水上警察的领导关系、组织体制乃至内部结构才基本统一起来。

---

① 《河南省长赵倜咨请内务部将黄河水上警察照章改局等文件》，中国第二历史档案馆馆藏档案。

第六节 矿业警察

中国矿业警察始建于 1915 年，起初称矿场警察，不久改称矿业警察，简称矿警。矿业警察的出现不是偶然的，它是适应近代采矿业的发展，为维护矿商的利益设置的。"中国矿产素富，比年以来，商民集资开采，日渐增多，矿工人数，动逾数千，负贩之徒，亦复萃集，势非设警察机关殊不足以保卫而维持秩序"。"矿警设立之宗旨，自以保护矿场为唯一职务，凡天灾事变之发生与工人盗匪之滋事，其利害既直接关系于矿商，势须随时随事与之协议，自与普通警察微有不同，故不得不有特别之规定"。[①]

矿业警察与普通警察不同之处在于：第一，矿业警察只设于矿区，并且只在矿区行使警察职权，不能干预地方事务；第二，它的主要职责是对付矿工，维护矿主的利益；第三，矿业警察在矿区内所采取的维护治安的措施，要与矿主"接洽"，实即接受矿主的指挥；第四，矿业警察经费不纳入国家预算，全部由矿主负担。

北洋政府先后颁布过两个矿业警察法规，即 1915 年 12 月 2 日《矿场警察局所组织章程》和 1918 年 4 月 9 日《矿业警察组织条例》，后者是对前者的补充和修订。[②] 北洋政府的矿警建设以其颁布的两个单行条例而被划分为两个阶段，1915 年至 1918 年为初创阶段，1918 年至 1928 年为定型阶段。

在矿警的初创阶段，各矿场是否设置矿警，完全由矿业公司决定。凡决定设置矿警的矿业公司，应禀请该管地方道尹或县知事，由后者咨请省财政厅备案。"矿务较繁、财力较充之矿场"，设矿场警察局，简称矿警局；"矿务稍减、财力未裕之矿场"，设矿场警察所，简称矿警所。局所无隶属关系。矿场范围较广的矿警局或矿警所，可以设置分局或分所。无专设矿警必要的，由矿业公司呈请县知事拨派巡官长警执行矿警职务，并归附近市镇警察官署管理。矿警局长和矿警所长的任命方式不同，矿警局长由道尹呈请巡按使（后改称省长）从具有警正资格的人员中委任，并报内务部备案；矿警所长则由县知事从具有警佐资格的人员中遴选，报请道尹委任，并向巡按使备案。矿警局（所）长拥有较大职权，可以自行裁决矿场内发生的违警

[①]《修正矿场警察局所组织章程说明书》，中国第二历史档案馆馆藏档案。
[②]《矿场警察局所组织章程》（1915 年 12 月 2 日），载《民国法令辑览》第八类内务；《矿业警察组织条例》（1918 年 4 月 9 日），载《内务法令例规辑览》第 4 册。

案件，但刑事案件要送请县知事核办。

1917年4月4日，北洋政府农商总长谷锺秀向内务总长范源濂发出咨文，建议修正《矿场警察局所组织章程》，理由是：

第一，"矿场警察虽然借助于地方官厅，而各省财政厅为兼理矿务机关，自不能不予实权，原章程于财政厅职权未甚注意"。

第二，"矿场警察经费系由矿商负担，故其设立自应俟矿商之请求，然亦有时必须设立，而矿商为避免负担起见不肯请求，于矿业及治安上殊有重大之关系，势不得不有矿务监督之强制，原章程对于矿场警察之设立，俱出矿商之请求，而未有官厅之指导，恐难收因时制宜之效"。

第三，"矿场警察经费既由矿业公司筹给，则该公司对于经费支出自应有以闻知，且所需经费亦应编有预算，庶不至有滥用之弊，原章程仅令矿业公司负担所需经费，而无编制预算通知矿业公司之规定"①。

根据以上理由，农商部以《矿场警察局所组织章程》为基础，提出了修正草案二十四条，着重点在于强化矿区治安，所有矿区都必须设立警察机构，并加强对这些机构的领导和监督。

农商部的修正草案经内务部提交警务会议讨论，复经国务院法制局核订，最后决定由内务部另拟草案，定名为《矿业警察组织条例》，前后历时一年，于1918年4月12日由大总统以教令公布施行，共七章十九条。②1920年2月29日，北洋政府内务部对该条例第六条（矿警局所长的任用）和第七条（矿警局局员和矿警所所员的任用）又进行了局部修订。《矿业警察组织条例》是北洋政府时期矿警机构定型阶段的法律依据。

一　设置矿业警察的目的和手续

依据《矿业警察组织条例》的规定，设置矿业警察的目的是为了"维护矿区秩序及安全，并保护矿业上之利益"。实即维护矿主的利益。设置的方法有两种：

（一）矿业公司呈请设置。矿业公司在呈请设置矿业警察时，要向省实业厅提出书面请求，由省实业厅会同省警务处核准，然后经省长报送内务、农商两部备案。

（二）省实业厅或警务处责令设置。如果矿业公司不提出设置矿业警察

---

① 《农商部修正矿场警察局所组织章程说明书》，中国第二历史档案馆藏档案。
② 《内务部咨农商部修正矿场警察局所组织章程一案》，中国第二历史档案馆藏档案。

的请求,而省实业厅或警务处认为该矿业公司在其矿区内有设置矿业警察必要时,可以责令该矿业公司提出设置矿业警察的请求,矿业公司必须照办。

二 矿业警察的组织机构

北洋政府时期的矿业警察机构为矿业警察局和矿业警察所,它们均可根据需要酌设分局或分所,但事先须经省警务处会同实业厅批准。

矿业警察局或警察所分别设局长或所长一人,综理该管矿区警务,指挥监督所属职员。局长由警务处会同实业厅从具有警正资格的人员中遴选,呈由省长转咨内务部查核,呈请大总统派充。所长由警务处会同实业厅遴选具有警正或警佐资格的人员委充,但须报省长转咨内务部查核批准。

矿业警察局或矿业警察所分别设局员或所员,承局长或所长之命办理警察事务,局员由局长遴选,所员由所长遴选,均须具有警正或警佐资格,并且要报请省警务处会同实业厅委派。此外,如因事务需要,矿业警察局或矿业警察所也可聘用雇员。

以上是《矿业警察组织条例》关于矿业警察官署及其人员任用程式的规定。但事实上,在整个北洋政府统治时期,各地矿业公司设置矿警机构的屈指可数,少数设有警察机构的矿业公司也都采取矿业警察所的组织形式,没有一个矿业公司设置矿业警察局这样的机构。

《矿业警察组织条例》颁行后,依照规定设置的矿业警察所有:湖南益阳久通矿业公司的益阳板溪地方矿业警察所,安徽繁昌裕繁铁矿公司的桃冲铁矿矿业警察所,河北磁县怡立煤矿公司的磁县西佐村矿业警察所,河南修武县中原公司的焦作矿业警察所,河南汤阴县时利和煤矿公司的寺湾矿业警察所,山东淄川县鲁大公司的淄川矿业警察所,江苏句容县中国水泥公司的龙潭矿业警察所,江苏东海县泰昇金矿公司的羽山矿业警察所,安徽当涂县益华铁矿公司的北乡矿业警察所等。

各矿业公司的矿业警察所的人员编制和经费开支因地而异,以益华铁矿公司的北乡矿业警察所为例,该所设所长、巡官、雇员各一人,巡长六人,警察六十人,伙夫六人,夫役二人,共七十八人。这是一个有相当规模的矿警机构。按规定,矿业警察经费,包括薪饷、服装、恤赏等,全部由矿业公司负担,为此,益华铁矿公司每年要为其呈请设置的警察所开支大量经费,除办公费外,薪饷和服装费合计八千多元,奖赏金和抚恤金也由公司筹给,此外还为警察所购置快枪六十六支,支洋三千二百元。

三 矿业警察的管辖区域及其职权

矿业警察所虽然是矿业公司呈请设置的，但它无权规定矿业警察所的管辖区域，这种权力只属于省警务处和实业厅，矿业警察所只能在省警务处会同实业厅确定的区域内行使警察职权，除维护矿场秩序和安全外，不得干涉地方事务。

矿业警察的职权由《矿业警察组织条例》规定，各矿业公司警察所所长根据《条例》规定的原则，结合本矿区的情况，分别制定具体规则，呈报省警务处和实业厅，经内务部和农商部核准后施行。

以华益铁矿公司的北乡矿业警察所为例，由它制定并报部核准的《北乡矿业警察所取缔规则》共十四条，详尽地规定了矿警的主要职权。①《规则》表明，矿警的首要任务是镇压工人的反抗和所谓的"不轨行动"。它规定，"矿工及夫役等，如有聚众要挟、强索报酬、同盟罢工等事，……矿警应到场弹压"。矿工"如有狂暴行为""酗醉""喧扰"，矿警也"得强行制止"。矿工"如在地方有骚扰情事或有不当之行为"，矿业警察所应商同矿业公司对矿工进行"驱逐"。其次，维护矿主的财产不受侵犯也是矿警的重要职责。矿警要随时查看矿区内的一切建筑，"认为有危险之虞时"，通知公司采取相应措施。对于矿用铁路、码头，矿警要轮流巡逻，藉资保护。"遇有盗窃枕木、钢轨、材料等事，一经查获，即送地方官惩办"。当然，矿警也负责维护矿区的公共安全和生产秩序。"矿区如备有炸药，应令公司妥为储藏，其使用时，并应先知照警察所布告，以免惊扰"。"地方人民如有在铁路及码头等处游玩，阻碍业务时，警察得令其退出"。如果在铁路、码头上堆积瓦砾、石片，"危及行车时"，矿警可按《违警罚法》处理。

四 矿业警察与普通警察的关系

虽然矿业警察只能在"警务处会同实业厅指定的矿业警察区域内"行使警察职权，不得干预地方事务，但这并不是说矿业警察与地方上的普通警察不发生任何业务上的联系。恰恰相反，为了共同对付矿工，维护矿区"治安"，《矿业警察组织条例》规定，"矿业警察官署与普通警察官署平时应互相联络"。普通警察在矿区执行任务或进行调查，矿业警察应当尽力协助，提供情况。如果矿工或矿业公司在矿区外发生了问题，矿业警察所应通

---

① 《北乡矿业警察所取缔规则》，中国第二历史档案馆馆藏档案。

知普通警察官署处理；如遇特殊情况，普通警察官署单独处理"力有未逮"，可以请求矿业警察官署协助，这时矿业警察官署"应即援应"；"若事机紧迫"，普通官署得"进行处理"，同时迅速通知矿业警察官署。对于矿工在矿区内发生的事件，矿业警察官署应与矿业公司"接洽办理"，矿业公司的意见举足轻重。如果矿区内发生了非常事件，诸如同盟罢工等，矿业警察官所不仅可以请求普通警察协助，甚至有权要求附近驻军和地方保卫团予以支援。在矿工面前，反动军警是狼狈为奸、沆瀣一气的。

第十五章

警察教育

北洋政府为了强化反动警察的作用，以镇压人民群众的反抗，十分重视警察教育，认为"整理内治以警务为先"，而"振兴警政以人才为亟"。①

北洋政府时期警察教育的特点是，把警察教育和集中警权紧密地结合起来，力图使警校成为培养维护北洋军阀反动统治的忠实工具的场所，通过警校毕业学生牢牢控制中央和各省区的警权，排斥一切具有进步思想的人士渗入各级警察机构，避免警权旁落，以充分发挥警察机构的镇压职能。在警校的设置上，则着力加强中央一级的警察教育，从人力、物力、财力上给予切实保障，同时不放松对在职警员的培训，从而完全改变了清朝末年"学堂多，则遴选必不精，系统纷，则精神必不彻"的局面。②从袁世凯上台起，"统一教育，集中警权，注重实用，以期整饬地方警政"，就成为历届北洋政府推行警察教育的基本方针。

本着这一方针，袁世凯窃据民国大总统之职不久，内务部就于1912年10月发出通令，决定在京师（北京）设立警察学校，将各省原有警察学堂一律裁撤。1913年1月6日和3月2日，袁世凯先后发布《警察学校教务令》和《警察学校组织令》，表明了北洋政府最高当局对警察教育的关注。1915年1月25日，北洋政府"准地方之现状，应时势之要求，务期实际运用，为整饬地方警政之计划"，决定在中央设立地方警察传习所，以培养各省在职警务人员。1916年11月30日，中央内务部"为统一全国警政起见"，依据《地方警察传习所章程》的规定，要求各省在省会设立警察传习所一处，以"养成警察模范人才"。1917年2月20日，兼署内务总长范源濂呈请总统黎元洪批准，以原警察学校为基础，成立高等警官学校。与此同时，各地巡警教练所也相继成立。至此，北洋政府时期包括高等警察教育

---

① 《内务法令辑览》第十三类，第13页。

② 同上。

（警官高等学校）、初等警察教育（巡警教练所）和特殊警察教育（警察传习所）三个基本环节在内的警察教育体系趋于形成。

第一节　高等警察教育

　　创设于1917年2月22日的警官高等学校，是北洋政府培养高等警官的专门学校，设于京师（北京），直辖于中央内务部，由该部警政司司长随时监督，校长也由内务部直接委派。它的前身是内务部警察学校。

　　内务部警察学校是根据袁世凯于1912年11月29日签署、翌年3月2日公布的《警察学校组织令》设立的，学员分甲乙两种，甲种生来源于中学毕业生或具有同等学力的人，乙种生来源于现任委任警察官或具有委任资格的人。甲种生以二百人为定额，学制三年，一切费用均由学生自理，入学时须填具志愿书和保证书；乙种生由警察行政长官推荐入学，每月发原俸一半，学制一年半。该校课程设置比较简单，组织也很松散，不能适应北洋政府对高级警察官吏的需求，但却为这个时期的警察教育打下了基础。

　　警官高等学校与警察学校不同，它组织严密，自成一体，设校长、教务长、总队长、分队长、助教及各科主任。校长综理校务，监督指挥所属职员，制订教育计划，整饬学校纪律，执行对学员的奖惩。教务长秉承校长之命管理教务，协助校长制订教育计划，并督率执行，负责各种讲义的编订和课时的安排，对学员的成绩进行考核。总队长承校长之命负责全校军事课程的讲授和术课的训练，并商同教务长管理学校风纪。分队长分任各班学员术科的训练及风纪的纠正。助教辅助总分队长分任各班学员的教练事宜。此外，该校分设文书、课程、会计、庶务四科，各置主任办事员一人，办事员及雇员若干人，具体承办各该科事务。

　　除军事课程和术科教练设有在编的总队长、分队长和助教负责外，对于担任其他课程的教授，一律实行聘任制，由校长发出聘书，聘书具体规定学校和教授双方的权利和义务。

　　警官高等学校被视为北洋军阀统治时期施行警察教育的最高学府，"以教授警察实地应用各学科，养成警察官吏高等学识为宗旨"[①]，其施教方针也不同于一般警校，它首先强调要培养学生"因时应变之能力"，能在任何情况下死心塌地地为北洋军阀的统治效劳，故而在课程的设置上，有关警察

[①]《警察高等学校章程》（1917年2月22日内务部呈奉大总统指令第297号照准）。

学的科目居于首要地位,不仅要求阐明学理,而且特别讲究实务,"以期学以致用,因应咸宜"。其次,要求学生熟知法律,因为"警察官吏非以娴习法政不为功"。"法政课程当以本国国情及现行法令为讲述之根据",对于与警察业务有关的法规,要"繁征博引,逐项指陈,俾使实际适用"。使学生掌握法律,是充分发挥警察的镇压职能的必要条件之一。再次,"警察责任在于保卫地方,欲尽保卫之职责,赖有和平之武装"。因此,军事课程与警察的作用息息相通,"亟启加意讲求,俾储实力",使他们在镇压人民群众时"具有指挥督率之能力"。最后,算术、测量、外语也是警察执行职务时所必需的知识,"当择其切于警察实用者"加以讲授,"庶几学问游艺,蔚成完材";至于学生的思想品德,只要求他们"尊品格,重自修……矫正惰偷之习",肯于为北洋军阀卖命。按照这种教育方针培养出来的警察官吏,只能是反动统治阶级手中的得力工具。

为了贯彻这一施教方针,同时也为了集中警权,察官高等学校采取特殊的招生办法,即学生的三分之二在京招收,其余三分之一由各省区依格考选,并须呈报内务部复验后才能入学。报考者必须是年在二十岁以上三十五岁以下的法政学校一年半以上毕业或警察学校一年以上毕业的学生,或者是陆军学校及陆军预备学校毕业或陆军中学以上毕业的学生,不具备以上资格的,不准报考。入学考试分别在京师和各省区最高行政长官所在地举行,并分别由内务总长和各省区最高行政长官指派的委员主持。报考时,应试人员要填具志愿书两份,由担任现职的机关工作人员证明资格,并要呈验毕业证书。入学考试分笔试和口试两种。笔试时,法政学校和警察学校毕业生加试"法政大意",陆军学校毕业生加试"军事学大意"。笔试及格者,榜示后参加口试。笔试、口试都合格的要进行体检,体检的合格标准是:身长4尺8寸,胸围占身长二分之一以上,体重75斤以上,容貌体势端整。符合以上标准的考生,才能被录取为警官高等学校的学员。

警官高等学校实行三年制,学员在三年内必须学完十九门功课,即法学概论、宪法、行政法、国际法、刑法、诉讼法、法院编制法、违警罚法、警察法、卫生学、消防学、勤务要则、统计学、舆地学、算学、外语、体操、武术马术以及校方认为必修的其他课程。毕业前,学员应轮流去京师警察厅署实习一个月。

学员的学业成绩分平时、临时两种。平时成绩由教授、总队长、分队长及管理员每日考查学员勤惰情况,记分数于考勤表。临时成绩由考试方法测定,考试又分学期考试和毕业考试两种,学期考试于学期结束时由校长、教务长会同教授主持。毕业考试由校长呈明内务部派员会同校长、教务长、教授主持。考试成绩的评定分甲、乙、丙、丁四等，八十分以上为甲等，七十分以上为乙等，六十分以上为丙等，不足六十分的为丁等。毕业考试成绩为甲、乙、丙三等的为及格，发给毕业证书，毕业考试成绩为丁等的为不及格，发给修业证书。学员在一学期内请假二十小时的，减学生成绩总平均一分，超过二十小时的，每十小时递减半分，旷课的加倍减分。记过一次的，减学业成绩总平均一分；记大过一次的，减学业成绩总平均三分。反之，记功一次的，加学业成绩总平均一分，记大功一次的，加学业成绩总平均三分。

警官高等学校按照军事学校的办法对学员实行严格的控制和管理，学员必须依照警察服制的规定购置与穿着警服，遵守学校规定的各项制度和礼节，枪械、图书的使用也必须合乎既定程式。执行奖惩是警官高等学校管理工作的重要环节。对学员的奖励分记功、记大功、实物奖励、现金奖励四种，凡各科考试及格并有二科以上满分的，或一学期内除例假外并不请假的，或一学期内并无违反规则或旷怠情形的，给予记功奖励；凡各科考试及格，并有四科以上满分的，或术科成绩特别优秀的，或记功三次以上的，给予记大功的奖励；学员在一学年内两次学期考试均列前三名的，给予实物奖励（图书、文具等）；学员在一学年内两次学期考试均列第一名的，给予现金奖励，以一学期的学费为最高限额。

对学员的惩戒分申诫、记过、记大过、退学四种。学员违反校规情节较轻的，予以申诫处分；违反校规不服申诫的，或考试时有三科不及格的，或对学校当局傲慢失礼的，以及穿着警服招摇于茶楼酒肆及公共游乐场所的，予以记过处分；詈骂好斗的，在校外滋事的，考试作弊的，以及记过三次以上的，予以记大过处分。按规定，功过可以抵消，但以功过相等为限。学生中，凡"性情骄纵、行为悖谬、不堪教训的，侮辱师长及管理人员屡教不悛的，聚众要挟、藉端罢学的"，身患痼疾或沾染嗜好的，三个学期考试成绩均列丁等的，欠缴两个学期学费的，记大过三次以上的，予以退学处分。此外，北洋政府为了防止进步思想对学生的影响，严禁一切学生参加政治党派，从事任何政治活动，对于参加政党的学生，责令校方"切实告诫，如屡教不悛，应即按照学校管理规则予以惩戒，或令其退学"[①]。

---

① 《关于严禁学生入党案》（1913年8月28日教育部训令第35号），《现行警察例规》第二编，乙一。

第二节　初等警察教育

　　北洋政府时期的初等警察教育又称普通警察教育，在内涵上经历了两个阶段的不同变化。1917年11月以前，初等警察教育是指对在职巡警和新募巡警的教育，而以培训在职巡警为主；1917年11月以后，则把巡警的招募和训练紧密联系起来，主要是指对新募巡警的教育，北洋政府培训一般巡警的学校称为巡警教练所，是短期培训班性质的机构。

　　早在清朝末年，各省城、商埠和府、直隶州即已开办过巡警教练所。辛亥革命时期，南京临时政府内务部主办的警务学校也附设有巡警教练所。北洋政府成立后，巡警教练所先后在各省的县一级设立。以江苏省为例，该省曾颁《江苏省暂行巡警教练所简章》和《江苏省暂行各县警察教练所细则》。① 依据《简章》和《细则》，"教练所为训练本县各区巡警而设，故定名为某县巡警教练所"。"教练所学生定额百名（参酌地方情形，得由民政长加减），概由本地方募集选定"。这样看来，巡警教练所似乎是专门培训新募巡警的场所。其实不然，江苏各地巡警教练所的实际做法是，从各区未曾受过专门训练的巡警中抽调若干人，轮流入所培训，他们和新募巡警在教练所中各占一半。《细则》说得很清楚，"原有之警察未经训练者，须分期抽调，入所教练"。"原有之警察虽曾受教练而未及格者，亦应抽调入所补习"。只有在不满规定额数的情况下，才"招募足额，先行教练"。江苏省宝山县《巡警教练所简章》明确规定："教练所之学警，就原有巡警更番教练之。"②

　　就学制而言，江苏各县的巡警教练所和全国其他省区的教练所一样，都是三个月，每一个月为一学期，讲授的科目大同小异，主要有：刑法大意、违禁律、警察要领、行政警察大意、司法警察大意、侦探学、本县地理和体操。三个月终了，考试及格，发给毕业证书。

　　巡警教练所设监督一人，由县知事兼任，所长一人，一般由县警察事务所警务长兼任，教习三人，书记员一人。对于入学警生，不论新招或在职巡警，一律由教练所发给膳宿制服，不另支薪。警生毕业后，实习两个月。学科成绩与实习成绩均列最优等（平均八十分以上）和优等（平均七十分以

---

① 《江苏省内务行政报告书》，1914年11月版，第209—210页。
② 同上书，第210—211页。

上）的，派充巡官；及格的（五十分以上），派充警士；不及格的，留所补习，或发给修业证书，派充预备警士。从1912年4月到1913年5月，江苏各地先后开办巡警教练所的县计有：江都、泰县、常熟、昆山、上海、宝山、武进、无锡、丹阳、金坛、海门、清江、盐城、沛县等，不到全省60个县的三分之一，其中江都、海门两县还是清末开办的。

1917年4月召开的全国警务会议总结以往的做法，决定把巡警的招募和训练统一起来，拟订了《招募巡警大纲》和《教练巡警大纲》各一件。北洋政府内务部对这两个大纲核查后认为，"招募事宜应注意者三，一资格，二考验，三保证。关于教练事宜应注意者亦有三，一课程，二设置，三期限。意在规定标准，以期全国划一"。它还以大纲作参考，制定了《招募巡警章程》和《巡警教练所章程》，于同年11月1日通咨各省区贯彻执行。①

此后的巡警教练所与北洋政府初期的巡警教练所的不同之处在于：第一，巡警教练所成为主要培训新募巡警的场所，培训在职巡警的任务居于次要地位。一切新募巡警，必先入所学习，毕业后才能分配工作。第二，巡警教练所的设置也有较大变化，除开县警察所设立的教练所而外，省会、商埠和各道的警察厅局也得在其所在地各设巡警教练所一处。如果独立举办有困难，可以联合设置，其设置地点由省长或警务处长确定。教练所由同级警察官署领导，所长和教员也由同级警察官署的职员兼任。第三，教练的科目有所调整，操练和警察要领被提到首要位置，其次才是讲授违警罚法、现行警察法令、勤务须知、刑法大意和军事大意。在省会和商埠，还增设驾驶术、游泳术和外国语。教练所所需课本也由内务部统一领发。第四，对巡警教练所毕业生的待遇也作出了统一的规定。凡募警在教练所学习三个月考试及格的，可以补充为"正警"，即成为正式巡警；考试成绩优异的，得以巡长记名，尽先补用。在职巡警经过教练所三个月的学习，毕业考试成绩优秀的，酌予拔升，不及格的，下期再令补习，仍不及格的，予以除名。各级警察官署按照统一的要求普遍设立巡警教练所，是北洋政府推行警察教育的一个重要步骤。

京师警察厅按照中央内务部的要求，也设有巡警教练所。与各省区不同的是，除巡警教练所而外，京师警察厅还增设募警讲习所一处。巡警教练

---

① 《内务部通咨各省省长特别区长官警务会议议决关于巡警一案经本部酌加采择，订定招募及教练所章程请通行所属切实施行文》，《内务法令辑览》第4册，第24页。

和募警讲习所均属初等警察教育的范畴，但它们在对象、学制和待遇方面存在较大差别。巡警教练所以"现充募警未经训练者"为对象，募警讲习所则以京师"各区溢额募警及嗣后新招募警"为对象。巡警教练所学制三个月，分甲乙两班，每班一百二十人，学习科目有警察要旨、勤务须知等十二门，考试及格的发给毕业证书；而募警讲习所的学制仅为两周，定额一百五十人，学习科目限于勤务须知、职务语言和兵操三门，尽管学习结束时须举行考试，但不发给毕业证书。巡警教练所学警毕业后，作为三等警分发各区队服务，成绩优秀的，以二等警记名升补，未经京师警察厅允许，不准擅就他差。学警入所后停支巡饷，每月发给少量津贴，衣食住宿由教练所负担，因故意违反规章而斥革的或自愿退学的，要追缴饭银和所领津贴。募警讲习所学警经两周训练后考试一次，如遇各区队警兵出缺，即按一定顺序传补，未能传补的，仍然留所训练，一个月后训练显无成效的，即予斥退。募兵入所后，照支月饷，饭银由月饷中扣除。① 京师警察厅同时设置两个施行初等警察教育的机构，表明北洋政府对维护首都"治安"的高度重视。

第三节 特殊警察教育

北洋政府时期的所谓特殊警察教育是中国警察教育史上特有的一种教育制度，具有不同于一般警察教育的特定涵意。举办特殊警察教育的主要目的，在于培养从事警察教育的师资力量，即可谓"整顿全国警政，先从模范入手"。因此，我们可以把它称之为警察师范教育。这种警察教育起始于1915年1月袁世凯执政时期。

1915年1月20日，北洋政府内务部在致袁世凯的呈文中说："国家内政之振兴，首在地方警察之整饬，而欲刷兴警政，非有根本之计划，无以树划一之规模。"它认为，以往的警察教育"学非所用，用非所学，病在骛虚名而昧实际"。"今欲求三年之蓄艾，谋根本之改良，必以养成模范人材为入手之办法。"② 也就是说，要把兴办警察师范教育作为加强北洋政府警察统治的一项根本措施，其具体做法是，在中央设立地方警察传习所，学员毕

---

① 参见《京师警察厅巡警教练所章程》、《京师警察厅募警讲习所章程》，载《法令辑览》第四册，第218—224页。
② 《呈大总统整顿全国警政拟订地方警察传习所章程缮单具陈文》（1915年1月20日），《内务法令辑览》第四册，第17—18页。

业后被分配到各省设立的警察传习所担任教职，或者就任督察委员，分赴所属各地巡视警务，而各省警察传习所毕业学员则被分配到基层警察教练所担任教职，或者出任督察委员，分赴所属各地巡视警务，从而使"中央与地方之警察计划衔接一气，脉络贯通，全国警政斠于划一"①。可见，"统一警政，集中警权"也是北洋政府兴办特殊警察教育的重要目的之一。对于中央内务部的这项计划以及它所拟定的《地方警察传习所章程》二十一条，袁世凯欣然照准，《地方警察传习所章程》遂于同年1月22日公布施行。

地方警察传习所设于京师北平，直辖于中央内务部，学员必须是富于实际经验的现任警职人员和曾修警法学科、熟悉地方情形的人员，由各省巡按使和京兆尹分别选送，人数以十人以上二十人以下为限。此外，内务部也有权特送，人数不限。学制一年半，在此期间，学员要学完具有实用价值的十二门法定学科，即违警律释要、刑律释要、现行法令大意、地方自治要意、舆图略释及测绘纲要、条约须知、田赋调查要义、户籍检查法、社会教育大意、侦查心得、勤务须知、警察礼式及体格练习法。所长和教务主任可以增设他们认为学员应当学习的其他科目。内务部对特殊警察教育实行统编教材制度，十二门法定学科的教材均由内务部分门编辑，定为范本。学员入学后，服装由传习所发给，来往旅费由各省列入预算，膳宿费由学员自筹，但学员中的现任警职人员得由各省按月支给半薪作为津贴。学员毕业后，由内务部发回原省，在该省警察传习所担任教职，或者担任督察委员，巡视警政，向该管行政长官报告。内务部特送学员，也一并分发各省任用。

北洋政府对地方警察传习所的毕业学员，实行按考试成绩分列予以升拔的奖励制度。凡毕业考试成绩列为最优的（总平均八十分以上），如其是现任荐任警察官的，以应升之阶记名，并以督察长尽先委充；如其是现任委任警察官的，以科长或相当于科长的职务尽先委充；如其不是现任警察官，但有荐任文官资格的，以督察长、科长或与科长相当的职务尽先委充；如其不是现任警察官，但有委任文官资格的，以科员或相当于科员的职务尽先委充。凡毕业考试成绩列为优等的（总平均七十分以上），如其为现任荐任警察官的，以督察长尽先委充；如其为现任委任警察官的，以科长或相当于科长的职务委充；如其不是现任警察官，但有荐任文官资格的，以督察长、科长或相当于科长的职务尽先委充；如其不是现任警察官，但有委任文官资格

---

① 《呈大总统整顿全国警政拟订地方警察传习所章程缮单具陈文》（1915年1月20日），《内务法令辑览》第四册，第17—18页。

的，以科员或相当于科员的职务尽先委充。凡考试成绩列为中等（总平均六十分以上）的，如其为现任荐任警察官的，以督察长委署；如其为现任委任警察官的，以科长或相当于科长的职务委署；如其不是现任警察官，但有荐任文官资格的，以科长或相当于科长的职务委署；如其不是现任警察官，但有委任文官资格的，以科员或相当于科员的职务委署。地方警察传习所毕业学员，不问其考试成绩如何，如其不是现任警察官，但有荐任或委任文官资格的，分别授予候补警正或候补警佐的职衔；如其为现任委任警察官但有荐任资格的，以警正在任候补。凡授予候补警正、候补警佐及在任候补警正的，担任教职一年期满，由该管长官考核成绩，分别等次，补授实缺。① 北洋政府从举办警察师范教育入手，通过地方警察传习所，培养和提拔大批警察骨干，然后派往全国各地，以实现其"统一全国警政"的目的。

但是，内务部地方警察传习所存在时间不长，仅只举办一期，1916年12月第一批（也是最后一批）学员毕业后随即停办。在这批学员毕业之前，中央内务部于1916年11月经总统批准，颁行《各省警察传习所章程》，要求各省在1917年7月以前一律设立警察传习所。

就其性质而言，各省警察传习所也属警察师范教育的范畴，是北洋政府时期警察师范教育的第二个层次。

各省警察传习所设于各省省会，直辖于各省警务处处长，未设警务处的，直辖于省长。传习所所长虽然由省长委派，或由警务处处长呈请省长委派，但传习所教务主任和各科教员（操科除外），必须由内务部地方警察传习所毕业学员兼任，在内务部颁定课本以前，各科教材也由他们参照地方警察传习所课程予以编订。

各省警察传习所主要以现任警佐及巡官为招收对象，由省长或警务处长于所属厅县保送，每厅不少于十人，每县不少于一人，无须经过考试，此类学员占学员总人数的三分之二。此外，警察学校一年以上毕业生和法政学校一年半以上毕业生可以报考，由省长或警务处长审定资格，考试合格方准入所，此类学员人数不得超过总人数的三分之一。学员入所后学习十三门课程（现行法令大意、违警罚法释要、勤务须知、刑律释要、侦查心得、地方自治释要、条约须知、简易测图、舆图略释、户籍调查法、征兵释要、指纹法、操练），学制一年，每四个月举行期考一次，毕业时由所长、教务主任

---

① 《地方警察传习所学员毕业奖励规则》（1917年1月9日），《现行警察例规》第二编，乙53—54页。

及各科教员核定成绩，合格者发给证书。

各省警察传习所学员毕业后，依其原有资格，分别任用。毕业学员系警佐及巡官的，仍回原单位任原职，同时兼任巡警教练所教习，如其不是现任警职人员，由警务处分配到所属厅县担任巡警教练所专职教练。教练的方法，按照内务部颁发的《巡警教练所章程》办理。担任专职教练的毕业学员，由警务处分别酌定薪额，兼职教练酌加津贴。担任教练以6个月为一期，期满后，由警务处遴委警察传习所原任教员考核成绩，成绩优良的，分别情况予以奖励：凡现任警察厅警佐的，以候补警正记名委署；现任各县警佐的，以各警察厅警佐记名调充；现任学习警佐的，以警佐记名升补；现任巡官的，以各县警佐或各警察厅学习警佐记名升用；现任巡长的，以巡官记名升用；非现任警职人员的，以各县警佐或警察厅学习警佐记名委署，其具有荐任资格的，仍留原职。第一期教练期满后，各地如有需要，警察传习所毕业学员仍应继续在巡警教练所担任教练。[①] 以上情况说明，各省警察传习所毕业学员的基本职责在于从事警察教育，同时也说明，各省警察传习所和中央内务部设立的地方警察传习所一样，都是北洋政府在一个时期内采取的暂时措施，不能看作是贯穿于整个北洋政府时期的固定制度。

---

① 《各省警察传习所章程》（1916年11月14日），《内务法令辑览》第十三类，第22页。

第十六章

几种警察法规的颁行及主要内容

1912年4月1日，袁世凯在中外反动势力的支持下，取代孙中山，在北京就任大总统，从此开始了长达十七年的北洋军阀政府的反动统治。

如果说，在清朝末年，北洋军阀的总代表袁世凯一手抓军权，一手抓警权，为的是钳制清政府就范，同时与以孙中山为代表的革命力量相抗衡，那么，在他窃据民国大总统的宝座以后，则变本加厉地利用手中的军权和警权作为整个国家机器的两根重要支柱。为使警察有效地服务于封建法西斯的独裁统治，袁世凯在任期间，连续发布一系列的警察法令，尽管袁世凯死后历届北洋政府的首脑人物更换不迭，但这些警察法令一直保持着它们的效力。

第一节 违令罚法

《违令罚法》于1914年7月14日由参政院议决通过，袁世凯申令公布，共五条。所谓违令，是指违反大总统发布的命令或违反大总统指示地方官署发布的命令而言的。凡违反上述命令的行为，都要依照《违令罚法》的规定予以惩处，突出地反映了对袁世凯独裁权力的维护。

《违令罚法》规定，凡违反大总统发布之命令的，得处一年半以下之徒刑，或二个月以下一日以上之拘役，或二百元以下之罚金。凡违反大总统指示地方长官发布之命令的，得处八个月以下之徒刑或二个月以下一日以上之拘役，或百元以下之罚金，具体罚则由大总统以教令规定。应处徒刑的，由法院审判；应处拘役罚金的，由该管行政官署即决。违反命令需要加重或减轻处罚的，加重减轻不得超过所定罚则的四分之一。

1914年11月26日，袁世凯以教令第142号发布了《违令罚法第二条罚则令》，对违反大总统指示各地方长官发布的命令的行为规定了具体惩罚措施。依据该教令，各地方长官依据大总统的指示发布的命令统称为单行章程。凡违反单行章程的行为，均应依照该教令规定的罚则分别予以惩罚。违反京兆及省单行章程的行为，处以六个月以下的徒刑，或二个月以下一日以上的拘役，或一百元以下一元以上的罚金；违反道单行章程的行为，处以二个月以下一日以上的拘役，或八十元以下一元以上的罚金；违反县单行章程的行为，处以一个月以下一日以上的拘役，或六十元以下一角以上的罚金；违反地方警察厅单行警察章程的行为，处以一个月以下一日以上的拘役，或六十元以下一角以上的罚金。因维持地方"治安"的必要，各该管辖行政区域内单行章程或单行警察章程需要加重处罚至徒刑八个月以下时，应由各该管行政长官呈请大总统核定。

《违令罚法》是强化袁世凯封建法西斯独裁统治的反动法令，同时也适应历届北洋政府的需要，所以1916年6月6日袁世凯死后，以冯国璋为大总统的北洋政府的内务部于1918年7月27日通咨申明："《违令罚法》既无废止明文，自应继续有效，拟定各种单行章程关于罚则之规定，仍得依据《违令罚法》办理。"[①]

第二节　治安警察法

北洋政府的《治安警察法》原称《治安警察条例》，1914年3月2日由袁世凯以第28号教令公布施行，同年8月29日经参政院追认后，袁世凯申令改称《治安警察法》。该法共四十一条，是北洋政府取消辛亥革命成果，向人民的民主自由权利进攻的重要标志，也是北洋政府初期颁布的主要警察法规之一。

1912年3月31日，参议院议决通过，由临时大总统孙中山公布的《中华民国临时约法》，是中国近代史上一部资产阶级民主主义的宪法，它总结了辛亥革命的成果，同时也规定了人民享有的各项民主自由权利。《临时约法》第二章规定，"人民有言论、著作、刊行及集会结社之自由"，"人民有请愿于议会之权"，"人民有陈诉于行政官署之权"，等等。虽然由于时代的局限，这些规定未尽完善，但毕竟是具有历史意义的一大进步。《治安警察法》逆历史潮流而动，打着"维持公共之安宁秩序及保障人民之自由幸福"的幌子，设置种种限制和障碍，事实上一笔勾销了人民依法享有的各种民主权利和自由。

《治安警察法》的着重点在于防止人民武装反抗和限制人民的政治自由

[①] 《现行警察例规》下册，丁27页。

两个方面，它规定对下列事项行使治安警察权："制造、运输或私藏军器爆裂物者"；"携带军器爆裂物及其他危险物者"；"政治结社及其他关于公共事务之结社"；"政谈集会及其他关于公共事务之集会"；"屋外集合及公众运动游戏或众人之群集"；"通衢大道及其他公众聚集往来场所黏贴文书图画，或散布朗读，又或为其他言语形容，并一切作为者"；"劳动工人之聚集"。这些规定显然是为维护和强化北洋军阀的反动统治服务的。

北洋政府特别害怕人民占有武器，对他们实行武装反抗。《治安警察法》规定，除依法令制造、运输军器及爆裂物者外，任何人不得制造或运输军器及爆裂物，否则警察官吏应将其军器、爆裂物扣留，并可对嫌疑犯进行搜索；除现役军人、警察官吏及其他依照法令可以携带军器者外，任何人不得携带或私藏军器，否则警察官吏应将其军器扣留，并可对嫌疑犯进行搜索。违反禁令制造或运输军器及爆裂物者，依《暂行新刑律》第二百零叁条的规定，处二等（十年未满五年以上）或三等（五年未满三年以上）有期徒刑；私藏军器及爆裂物者，依《暂行新刑律》第二百零肆条的规定，处三等、四等（三年未满一年以上）或五等（一年未满二月以上）有期徒刑；私自携带军器者，处二十日以下之拘留，并科二十元以下之罚金。

结社被北洋政府视为禁忌。《治安警察法》把结社分为政治结社和非政治结社两大类，严禁未成年人、妇女、军人、警察、僧道、小学教师、在校学生和被褫夺公权尚未复权的人参加政治结社，否则应受罚金处分。政治结社应于其组成之日起三日内向当地警察官署报告其名称、规约和办事机构。非政治结社即"关于公共事务之结社"，虽然与政治无涉，行政官署认为必要时，也应向警察官署报告其名称、规约和办事机构。如果警察官署认为政治结社或非政治结社的宗旨"有扰乱安宁秩序之虞者"、"有妨害善良风俗之虞者"，以及"其他秘密结社者"，有权下令将其解散，并处一年以下有期徒刑。

北洋政府严格限制集会自由，《治安警察法》把集会分为"政谈集会"和"关于公共事务之集会"两种，凡未成年人、妇女、军人、警察、僧道、小学教师、在校学生和被褫夺公权尚未复权的人，均不得参加政谈集会，违者处以罚金。政谈集会要在集会前十二小时由发起人向警察官署呈报开会的时间和地点，逾期不集会的呈报无效。关于公共事务之集会，虽然与政治无涉，行政官署认为必要时，也得向当地警察官署预先呈报。在举行集会时，警察官署有权派遣警察官吏，身着警服，到场"监临"，集会发起人应在会场设置"监临席"。在集会进行中，如果"监临"集会的警察官吏认为会上的发言涉及未经公判的刑事案件，或禁止旁听的诉讼案件，或煽动、庇护犯罪人，援救或陷害刑事被告人，以及"有扰乱安宁秩序或妨害善良风化之虞的"，得终止其发言或下令解散集会，不遵守终止或解散命令的，处五个月以下的徒刑，或十元以上五十元以下的罚金。《治安警察法》甚至对议会议员的集会也有限制，议会议员为了预备选举，只能在投票前五十天内举行有选举人和被选举人参加的集会。

《治安警察法》把游行称为"屋外集合"，凡"屋外集合"应于二十四小时前由发起人出名，向该管警察官署呈报集合"场所""年月日时"和"须经之路线"。如果警察官吏认为"屋外集合""有扰乱安宁秩序之虞者"或"有妨害善良风俗之虞者"，得下令禁止或解散，不遵守警察官吏命令的，要处以二十日以下之拘留，并科二十元以下之罚金。北洋政府对"公众运动游戏"也严加限制，事先必须向警察官署呈报，否则要对发起人进行惩罚。

北洋政府不能容忍工人阶级的觉醒，严禁劳动工人集会，凡涉及"同盟解雇""同盟罢工"和"强索报酬"（改善工人生活，提高工资待遇）的工人集会，以及所谓的"扰乱安宁秩序""妨害善良风俗"的工人集会，警察官均得下命禁止，违者处五个月以下的徒刑或五元以上五十元以下的罚金。

《治安警察法》是北洋政府时期的特别刑法，各地审判机关均可适用。该法的颁行固然充分地暴露了袁世凯个人作为封建法西斯独裁者的真面目，同时也说明，在北洋政府统治下，人民毫无民主权利和自由可言，敌视和镇压人民的北洋军阀统治在本质上是极其虚弱的。

《治安警察法》颁行后，不断遭到各界民众的强烈反对。1922年，蔡元培等联名写信给北洋政府，要求立即废止《治安警察法》。1926年2月，南京国民会议促成会向北洋政府临时执政段祺瑞发出快邮代电，要求废止《治安警察法》，指出："治安警察法乃袁贼欲帝制自为而制定颁布者，其剥夺人民自由，制裁人民之行动，天下共见，人皆切齿。窃思执政动辄示于人曰：吾当以民意为依归，吾应以国家为前提，而对此背逆民意主治安警察法乃不即废止而犹保存之，援用之，使全国民众的人权横遭祸国殃民者之蹂躏，不知果何存心而若斯乎！"[①]

[①]《南京国民会议促成会要求废止治安警察法及颁布工会条例代电》，中国第二历史档案馆馆藏档案。

第三节　预戒法

《预戒法》原称《预戒条例》，1914年3月3日袁世凯以教令第30号公布施行，同年8月29日参政院追认后，袁世凯申令改称《预戒法》。[①] 这是北洋政府钳制和镇压人民的又一项重要警察法规。

所谓《预戒法》，是对公民的既未构成犯罪也未违反违警罚法的某些言论和行为预先施以惩罚的法律。《预戒法》的最大特点是被惩罚言行的不确定性和惩罚的随意性，北洋政府可以利用这项法律任意惩罚它认为需要惩罚的人。

《预戒法》共十四条，其主要内容是：

一　发布预戒命令的行政官署

有权发布预戒命令的行政官署是警察厅和县知事。蒙藏地区和其他未设警察厅和县知事的地方，该地方行政官署有权发布预戒命令，与警察厅和县知事享有同样的职权。

二　预戒命令适用的对象

对于有下列言行的人，警察厅或县知事得向其发布预戒命令：
（一）无一定职业，常有狂暴之言论行为者；
（二）妨害他人集会，或欲行妨害者；
（三）不问公私，干涉他人之业务行为，妨害其自由，或欲行妨害者；
（四）不知检束，常有破坏社会道德，或阻挠地方公益之言论行为者；
（五）意图为上述第二项、第三项之妨害，而有使用第一项、第四项情形之人者。

以上是《预戒法》第三条规定的内容。不难看出，这些规定多半是不确切的，含糊其辞的。例如，何谓"常有狂暴之言论行为者""欲行妨害他人之集会者""欲行妨害他人之自由者""不知检束，常有破坏社会道德之言论行为者"等，都缺少明确的内涵，这就使北洋政府当权者的执法官吏得以上下共手，肆意地压制人民。

[①]　《预戒法》（1914年3月4日公布《预戒条例》，1914年8月29日改法），《内务法令辑览》第十三类，第63—70页。

三 预戒命令的内容

警察厅或县知事依据上述预戒命令不同的适用对象,分别向他们发出内容不同的预戒命令。

(一) 对于第一种预戒命令的适用对象,得命其在一定期限内从事合法的职业。

(二) 对于第二种预戒命令的适用对象,得命其不得妨害他人的集会。

(三) 对于第三种预戒命令的适用对象,得命其不得以任何借口索取他人财物或提出不正当的要求,也不得强人会晤,或利用胁迫性质的信件和其他威吓方法改变他人的意见,或妨害他人的业务及其自由。

(四) 对于第四种预戒命令的适用对象,得命其时加检束,不得蔑弃道德或阻挠公益。

(五) 对于第五种预戒命令的适用对象,得命其不得利用特定的第三者(无一定职业常有狂暴之言行者和不知检束常有破坏社会道德或阻挠地方公益之言行者)妨害他人集会或业务及其一切自由,并且不得以财物扶助已受预戒命令的人。

四 违犯预戒命令的罚则

凡违犯预戒命令的受预戒命令人,警察厅或县知事有权分别不同情况给予行政处罚。

(一) 对于第一种受预戒命令人,如在一定期限内未能从事合法职业,处以十日以下之拘留或十元以下之罚金。

(二) 对于第二种受预戒命令人,如仍妨害他人集会,处以十五日以下之拘留或十五元以下之罚金。

(三) 对于第三种受预戒命令人,如仍索取他人财物或提出不正当要求,强人会晤,以及利用胁迫性质的信件或其他威吓方法改变他人意见,或妨害他人的业务和自由,处以二十日以下之拘留或二十元以下之罚金。

(四) 对于第四种受预戒命令人,如有蔑弃道德或阻挠公益之言行,《预戒法》未规定惩罚办法。

(五) 对于第五种受预戒命令人,如仍利用特定第三者妨害他人集会或其业务和自由,并以财物扶助已受预戒命令人,处以二十五日以下之拘留或二十五元以下之罚金。

五 预戒命令书

警察厅或县知事发布预戒命令时,应将预戒命令书送达受预戒命令人,并且要在该地方张贴公布,以资警示。预戒命令书的内容包括,受预戒命令人的姓名、年龄、职业和住所,所犯情事,预戒命令本身,发布预戒命令的时间(年月日),发布预戒命令的官署等。

视察受预戒命令者月记表										
姓 名	执行年月 执行署名 命令各条 本 籍 住 所			民国　年　月　日 警察署 　　第　条第　款 省　县于　年　月　日生 区　街　胡同　门牌　号巷						
	人相	身长 肉面 额眼	鼻耳 口 声音	特征						
行 状	一　年			二　年			三　年			
	月次	行状	视察 署名	月次	行状	视察 署名	月次	行状	视察 署名	
	一月			一月			一月			
	二月			二月			二月			
	三月			三月			三月			
	四月			四月			四月			
	五月			五月			五月			
	六月			六月			六月			
	七月			七月			七月			
	八月			八月			八月			
	九月			九月			九月			
	十月			十月			十月			
	十一月			十一月			十一月			
	十二月			十二月			十二月			
撤　销									
备　考									

受预戒命令人自接到预戒命令书之日起三年内，直接处于警察官署的严密控制之下。三年以内，受预戒命令人的住址如有迁移，须于迁移前24小时报告警察官署，并要在迁移后24小时内向新住址所在地的警察官署报到；警察官署得指定"义务报告人"随时监视受预戒命令人的言行，如果受预戒命令人有留宿或同居情况，应于24小时内向警察官署报告，警察官署接到报告后，可以提出询问，"义务报告人"应据实陈述，报告不实的处30元以下之罚金。对于受预戒命令人的表现，警察官署得按年逐月填入《视察受预戒命令者月记表》，如果此人在受预戒命令一年后确有"悛悔情况"，警察官署得撤销其预戒命令，除通知本人外，并于该管地方公布。

第四节　出版法及其他限制人民言论自由的法规

袁世凯上台后，加紧推行封建独裁统治，颁布了一系列旨在限制人民言论自由的警察法规，出版法便是其中主要的一项。本来，出版法应当是保障著作人和出版人合法权益的法律，但是到了袁世凯手里，它就成了单纯实行警察专横的法律武器。

北洋政府的《出版法》于1914年12月4日经参政院议决，由袁世凯申令公布，共二十三条，其基本内容是：

一　出版的概念和出版物的呈报程序

依据《出版法》的规定，凡以出售或散播为目的，用机器或其他化学材料印刷的文书图画，均是出版。出版关系人为著作人、发行人和印刷人，作者和拥有著作权的人为著作人，经营文书图画销售的人为发行人，印刷厂的代表为印刷人。出版的文书图画都要载明著作人的姓名、籍贯，发行人的姓名、住址及发行的年月日，印刷人的姓名、住址、印刷的年月日和印刷厂的名称，以便警察当局审查。凡未载明以上各项的，警察当局有权处发行人五十元以下五元以上之罚金。

出版物应于销售或散发前由发行人和著作人联名呈报当地警察官署，非卖品则由著作人或发行人一人呈报，一式两份，其中一份由该管警察署审查，另一份由该管警察署报送内务部备案。由学校、公司、局所、寺院或会所的名义出版文书图画的，要以该单位的名称呈报。编号依次发行和分数次发行的出版物（如刊物、丛书等），应于每次发行时呈报。出版无主著作时，应预先登报，俟一年内无人承认，才能呈报。已经备案的出版物，再版时如有修改，增减或添加注释，插入图画的，应当重新呈报。即使是国家机关的出版物，如果其内容越出了该机关的职责范围，也必须向内务部备案。由此可见，北洋政府的警察当局对出版事业的控制是何等严密！凡是应当呈报而没有呈报的，要给发行人以罚金的处分。只有信柬、会章、校规、族谱、公启、讲义、契券、凭照、号单、广告、照片之类的出版，才无须呈报，但其内容不得越出禁止出版的范围，否则警察当局仍然有权干预。

二　禁止出版的范围

《出版法》严格禁止有损于北洋政府统治的文书图画的出版，首先是禁止出版"淆乱政体"和"妨害治安"的文书图画。就内容而言，在被禁止出版的文书图画中，还包括所谓"败坏风俗者"、"煽动曲庇犯罪人、刑事被告人或陷害刑事被告人者"、"轻罪重罪之预审案件未经公判者"、"诉讼或会议之禁止旁听者"、"揭裁军事、外交及其他官署机密之文书图画者"和"攻评他人阴私、损害其名誉者"等。在外国发行的违反以上规定的文书图画，禁止在国内出售和散发。凡出版、销售或散发含有上述内容的文书图画的，该管警察官署得没收其印本和印板。

此外，《出版法》还规定了相应的严厉惩罚措施。如出版"淆乱政体"和"妨害治安"的文书图画的，除没收其印本和印板外，处著作人、发行人和印刷人以五等有期徒刑或拘役；出版含有"败坏风俗"和"煽动曲庇犯罪人、刑事被告人或陷害刑事被告人"等内容的文书图画的，除没收其印本和印板外，处著作人和发行人以一百五十元以下五十元以上之罚金；出版"攻评他人阴私、损害其名誉"的文书图画的，经被害人告诉，依刑律处断。警察当局提起公诉的期间，自发行之日起以一年为限。

《出版法》属警察法规，有关出版事宜，由各地警察官署行使职权。但是，当时也还有一些地方没有设置警察官署，在这种情况下，有关出版的案件，则由县知事处理。

为了强化警察对出版事业的控制，北洋政府内务部于1917年10月13日发出第4155号通咨，指出"书籍之出版在本人，固负有呈报之义务，即警察机关亦负有检查之责任"。要求各地警察机关"布告人民，所有在出版法公布以后已经出版之文书图画，未经在警察机关备案者，应即一律各赴该管警察机关依法补行呈报，嗣后出版之文书图画，……均需依照出版法核办"。应当呈报而不呈报的,"应受违反之处罚"。①

颁布《出版法》是北洋政府限制人民言论自由和学术自由的一项主要措施,另一项措施就是实行新闻检查。早在辛亥革命时期,南京临时政府就制定过《报纸条例》,目的是制止和取缔反动势力对革命政权的诋毁和攻击。这个条例一经公布,就受到来自各个方面的反对,其中也包括一些具有资产阶级民主主义思想的人的批评,认为它不符合"新闻自由"的原则,临时大总统孙中山接受了这个意见,断然下令废除了《报纸条例》。这个事实固然表现出了资产阶级革命派对待反革命言论斗争不力,同时却也表明了他们是"新闻自由"原则的真诚信奉者。到了北洋政府时期,大大小小的军阀们毫无民主意识,不知新闻自由为何物,凡是违背他们意旨的言论,一律视为洪水猛兽。1912年8月15日,北洋政府内务部通咨各省,"查明各属新旧报纸",不论过去是否已经呈报,都要开列报纸"名称、发行所、经理人、编辑人、印刷人及出版日期",报部核查。1916年7月16日,北洋政府国务院致函内务部,规定各报馆只能发布"院部和官署明告"之消息,否则就是"任意造谣或刺探泄露",要"如律科罚"。② 同年9月21日,内务部警政司呈奉总长孙洪伊批准,制定了实行新闻检查的警察法规《检阅报纸现行办法》。③

《检阅报纸现行办法》共七条,规定在内务部警政司设专员二人,凡首都出版的报纸各购取一份,外省和国外出版的报纸就需要选购,逐日查阅。检查时,特别注意涉及宪法和法律的消息报道,以及关于国会、政府、外交、财政、实业、交通、军政、司法、教育的消息报道,然后分门别类,按日剪贴成册,呈送内务总长和次长核阅。新闻检查专员(即所谓"检阅员")如果发现各报对内务部活动的报道"确有不实",应在剪报簿内记明,经内务总长和次长核阅后,以警政司名义发函,责令更正,如果事关重大,由内务部用部令行知首都警察厅或地方警察查办。

---

① 《关于解释著作与出版之差异令人民依法呈报出版案》,1912年10月3日内务部通咨第4155号,载《现行警察例规》第三编,丙91页。
② 《关于院部及官署不关机密之日行事件明告报馆宣布案》,1916年7月16日国务院函致内务部第378号。
③ 《现行警察例规》第三编,丙97页。

第五节 违警罚法

北洋政府的《违警罚法》是以《大清违警律》为蓝本修改补充而成的。《大清违警律》是我国近代警察史上第一部关于治安管理处罚的警察法规，颁行于1908年（光绪三十四年），为北洋政府继续援用，"数年以来，间有事实发生，为原有条文所不载，适用时致多困难"。因此，1915年北洋政府政事堂法制局起草了违警罚法案，"大体悉依现行之违警律，惟第一章总纲中有违警律所未规定而又未能适用刑法总则者，一一增入或修改，第二章以下亦有增修之处"。然后将法案稿本移送内务部征求意见，与此同时通令京内外各警察机关，要求他们对"违警律未尽完善"的问题提出意见，"以为采择修订之准据"。① 修订后的《违警律》改称为《违警罚法》，于1915年11月7日经参议院议决通过，由袁世凯公布施行。

《违警罚法》计九章五十三条，第一章总纲规定了违警罚法的一般原则，第二章至第九章分别规定了各类违警行为以及处罚办法，其主要内容是：

一 关于《违警罚法》的适用原则

《违警罚法》只适用于该法明确规定的、并在该法颁布后实施的违警行为。《违警罚法》和其他警察章程"无正条者，不论何种行为，不得处罚"。

对于下列五种违警者不予处罚：未满十二岁者，精神病人，因救护自己或他人于紧急危难而致违警者，因不可抗拒力而致违警者，违警未遂者。

二 关于共同违警

二人以上共同实施的违警行为称共同违警，共同违警的主体有正犯、从犯和造意犯之分。

二人以上共同实施违警行为的都是正犯，各科其罚；在违警行为实施前或实施中帮助正犯的为从犯，从犯减一等处分；唆使他人实施违警行为的是造意犯，造意犯准正犯论。唆使造意犯者，准造意犯论。唆使或帮助从犯者，准从犯论。

---

① 《法制局函内务部》，中国第二历史档案馆馆藏档案。

三 关于违警罚则

违警罚则分主罚和从罚两大类。

主罚有拘留（十五日以下一日以上）、罚金（十五元以下一角以上）、训戒三种。拘留由警察官署确定并执行，违警者于拘留期间过半后确有悔悟表现，可随时释放。判定罚金后，违警者应于五日内缴纳，逾期不愿缴纳或无力缴纳的，每一元宜拘留一日。

从罚有没收、停止营业和勒令歇业三种。没收之物包括供违警所用之物和因违警所得之物。旅店、茶馆、酒肆、游览处所犯有违警行为的，警察官署得以职权停止其营业十日以下；如果在一定期间内（六个月）累犯（三次以上）同一违警行为的，得勒令歇业。

四 关于处罚程序

对违警人，警察官署得发出传票，自传票送达之日起三天内，违警人必须到案，逾期不到案的，警察官署得径行决定处罚。如果违警人有重要事务在身，确知其姓名住址，又无逃亡之虞的，可在稍后发出传票。对于现行的违警人，无须传票，由警察进行传案。违警的起诉、告诉、告发期间，自实施违警行为之日起，以六个月为限；满六个月未执行处罚的，免除处罚。

五 关于违警的种类

依照《违警罚法》的规定，违警行为分为以下八大类：

妨害安静的违警行为：如未经官署准许制造、贩卖烟火，在人烟稠密之处燃放烟火，私自携带凶器，散布谣言等。

妨害秩序的违警行为：如违章建筑，违章经营工商业，违章开设剧院及各种游览处所，损毁林木、路灯，深夜无故喧哗，藉端滋扰铺户等。

妨害公务的违警行为：如在官署及其他办公处所喧哗不听禁止，揭除或损毁官署告示等。

诬告、伪证及湮没证据的违警行为：如诬告他人违警或伪为见证，藏匿违警人或使之脱逃等。

妨害交通的违警行为：如妨害邮件、电报的递送，损坏邮务专用物，车马夜行不燃灯火等。

妨害卫生的违警行为：如在人烟稠密处开设粪厂，损毁明暗沟渠，在道路、公共处所便溺等。

妨害他人身体财产的违警行为：如施暴行于人尚未造成伤害，采摘他人树木，践踏他人田园，强买强卖物品等。

妨害风俗的违警行为：如游荡无赖、行迹不检、僧道恶化、流丐强索，暗娼卖奸、代为谋合，容留止宿，演唱淫词淫戏，污损他人墓碑，佣人对雇主有狂暴言行等。

应当指出的是，《违警罚法》的某些规定，如散布谣言，私自携带凶器，游荡不事正业，以及"群众会合，警察官署有所询问，不据实陈述，或令其解散不解散"等，与《暂行新刑律》《治安警察法》和《预戒法》有所重复，其所以如此，无非是为了使这些法律"相辅而行"[①]，以加强对人民的统治。

[①] 《政事堂法制局致内务部函》（1915年18日），中国第二历史档案馆馆藏档案。

社科学术文库

LIBRARY OF
ACADEMIC WORKS OF
SOCIAL SCIENCES

中国近代警察制度

下 册

韩延龙　主　编
苏亦工　副主编

中国社会科学出版社

目 录

·下 册·

第三编　中国近代警察制度的发展
（1927年4月—1949年9月）

第十七章　1927年后警察制度的发展变化 ……………………………（417）
　第一节　国民党政权的建立 ……………………………………………（417）
　第二节　国民党统治时期警察制度的基本特征 ………………………（420）
第十八章　中央警察机关 ………………………………………………（427）
　第一节　内政部的组织及职权 …………………………………………（427）
　　一　内政部的地位及隶属关系 ………………………………………（427）
　　二　内政部的组织机构 ………………………………………………（428）
　　三　内政部的职权 ……………………………………………………（429）
　第二节　警察行政中枢机构——警政司的体制和职权 ………………（431）
　第三节　全国警察总署的成立及法律地位 ……………………………（435）
第十九章　首都警察机关 ………………………………………………（440）
　第一节　首都警察机构的沿革 …………………………………………（440）
　第二节　首都警察厅的内部组织 ………………………………………（441）
　第三节　首都警察厅的外部组织 ………………………………………（445）
　第四节　抗日战争时期重庆市警察局的特殊地位 ……………………（448）
第二十章　地方警察系统 ………………………………………………（451）
　第一节　省级警察机关 …………………………………………………（451）
　第二节　省会和市警察机关 ……………………………………………（456）
　　一　院辖市警察机关 …………………………………………………（457）
　　二　省会警察机关 ……………………………………………………（461）

三　省辖市警察机关 ………………………………………………（470）
　第三节　特别警察组织 ……………………………………………（473）
　　　一　行政区公安局 …………………………………………………（473）
　　　二　特种公安局 ……………………………………………………（473）
　第四节　县警察机关 ………………………………………………（474）
　　　一　县警察局 ………………………………………………………（476）
　　　二　警佐室 …………………………………………………………（477）
　第五节　区、乡、镇警察机关 ……………………………………（478）
　第六节　"警管区"制的建立和发展 ……………………………（482）
　第七节　水上警察机构 ……………………………………………（485）
　第八节　其他具有警察性质的组织 ………………………………（489）
　　　一　宪兵 ……………………………………………………………（489）
　　　二　武装警察队 ……………………………………………………（490）
　　　三　保卫团及地方自治武装 ………………………………………（494）
第二十一章　专业警种的设置及职能 …………………………………（498）
　第一节　刑事警察 …………………………………………………（498）
　第二节　外事警察 …………………………………………………（500）
　第三节　司法警察 …………………………………………………（503）
　第四节　消防警察 …………………………………………………（505）
　第五节　驻卫警察 …………………………………………………（507）
　第六节　税务警察和盐务警察 ……………………………………（509）
　　　一　税务警察 ………………………………………………………（509）
　　　二　盐务警察 ………………………………………………………（513）
　第七节　矿业警察、渔业警察、森林警察 ………………………（514）
　　　一　矿业警察 ………………………………………………………（514）
　　　二　渔业警察 ………………………………………………………（516）
　　　三　森林警察 ………………………………………………………（517）
　第八节　铁路警察 …………………………………………………（518）
　第九节　交通警察、公路警察、航空警察 ………………………（521）
　　　一　交通警察 ………………………………………………………（521）
　　　二　公路警察 ………………………………………………………（522）
　　　三　航空警察 ………………………………………………………（523）
　第十节　政务警察和卫生警察 ……………………………………（525）

一　政务警察 …………………………………………………………（525）
　　二　卫生警察 …………………………………………………………（527）
第二十二章　女警的产生与发展 …………………………………………（530）
　第一节　女警的由来 ……………………………………………………（530）
　第二节　女警的发展及作用 ……………………………………………（532）
第二十三章　警务人员的任用、待遇、考绩与奖惩 ……………………（537）
　第一节　警官的任用资格和任用程序 …………………………………（537）
　　一　1928年7月到1933年3月间的警官任用制度 …………………（537）
　　二　1933年4月到1935年11月间的警官任用制度 ………………（538）
　　三　1935年11月后的警官任用制度 ………………………………（539）
　第二节　警长警士的录用条件和录用办法 ……………………………（541）
　第三节　警官、警长的俸给与薪饷 ……………………………………（543）
　　一　警官的俸给 ………………………………………………………（543）
　　二　警长警士薪饷 ……………………………………………………（546）
　第四节　警务人员的抚恤与退休 ………………………………………（549）
　　一　1927年9月到1934年3月间的抚恤与退休制度 ………………（549）
　　二　1934年3月至1943年11月间的抚恤与退休制度 ……………（550）
　　三　1943年11月后的抚恤与退休制度 ……………………………（551）
　第五节　警务人员的考绩与奖惩 ………………………………………（553）
　　一　警务人员的考绩 …………………………………………………（553）
　　二　警务人员的奖惩 …………………………………………………（556）
第二十四章　警察服制和警长警士服务规程 ……………………………（560）
　第一节　警察服制 ………………………………………………………（560）
　　一　第一代警察服制（1927年12月—1928年11月）………………（560）
　　二　第二代警察服制（1928年11月—1937年7月）………………（561）
　　三　第三代警察服制（1937年7月—1947年11月）………………（565）
　　四　第四代警察服制（1947年11月3日施行）……………………（567）
　第二节　警长警士服务规程 ……………………………………………（569）
第二十五章　警务人员的教育训练 ………………………………………（571）
　第一节　高级警政人员的培训 …………………………………………（571）
　　一　宗旨 ………………………………………………………………（572）
　　二　学制及学科 ………………………………………………………（573）
　　三　招生制度 …………………………………………………………（574）

四　考试制度 …………………………………………………（577）
　　　五　实习制度 …………………………………………………（577）
　第二节　初级警察官吏的教育 ……………………………………（578）
　　　一　宗旨 ………………………………………………………（579）
　　　二　学制 ………………………………………………………（580）
　　　三　课程 ………………………………………………………（580）
　　　四　招生制度 …………………………………………………（581）
　　　五　学生待遇 …………………………………………………（582）
　　　六　考试制度 …………………………………………………（582）
　　　七　实习制度 …………………………………………………（583）
　第三节　长警的培训 ………………………………………………（583）
　　　一　宗旨 ………………………………………………………（584）
　　　二　学制 ………………………………………………………（585）
　　　三　课程 ………………………………………………………（585）
　　　四　招生制度 …………………………………………………（586）
　　　五　学警待遇 …………………………………………………（586）
　　　六　考试制度 …………………………………………………（587）
　　　七　实习制度 …………………………………………………（587）
第二十六章　特务组织——中统和军统 ……………………………（588）
　第一节　中统的组织体系与活动 …………………………………（589）
　第二节　军统的组织体系与活动 …………………………………（593）
第二十七章　警察法规的制定和实施 ………………………………（599）
　第一节　警察法规概况 ……………………………………………（599）
　第二节　违警罚法 …………………………………………………（602）
　第三节　《维持治安紧急办法》和《非常时期维持治安紧急
　　　　　办法》 ……………………………………………………（617）
　　　一　《维持治安紧急办法》 …………………………………（617）
　　　二　《非常时期维持治安紧急办法》 ………………………（618）
　　　三　《非常时期维持治安紧急办法》是《维持治安紧急办法》
　　　　　在抗日战争时期的继续和发展 …………………………（620）
　第四节　《假释管束规则》和《保护管束规则》 ………………（622）
　　　一　《假释管束规则》 ………………………………………（622）
　　　二　《保护管束规则》 ………………………………………（623）

附录：主要参考文献 …………………………………（625）
图表索引 ……………………………………………（633）
服制图式 ……………………………………………（636）
后记 …………………………………………………（745）

· 下 册 ·

第 三 编

中国近代警察制度的发展

(1927年4月—1949年9月)

第十七章

1927年后警察制度的发展变化

第一节 国民党政权的建立

辛亥革命失败以后，以袁世凯为首的北洋军阀集团窃取了对全国的统治权，倒行逆施，实行封建的军事独裁统治。与此同时，以孙中山为首的中华革命党人及其他进步人士在广大人民群众的支持下，继续进行反对北洋军阀集团的正义斗争。1924年1月，孙中山在广州召开了中国国民党第一次全国代表大会，改组了国民党并重新解释了三民主义。1925年7月1日，中华民国国民政府在广州宣告成立，次年7月9日誓师北伐。北伐军一路势如破竹，迅速瓦解了北洋军阀政权的统治基础。1927年4月18日，蒋介石集团窃取北伐成果，在南京成立了国民政府，胡汉民为主席、蒋介石为总司令。然而在这以后，中国的政治形势仍然十分复杂，有人指出"汪蒋胡三领袖天各一方，合而不作"①，说得十分形象。在当时的中国大陆上，有三个国民党党部、三个政府和五股军阀势力。这三个党部是：上海的西山会议派国民党中央党部，武汉的以汪精卫为首的国民党中央党部和南京的以蒋介石、胡汉民为首的国民党中央党部。三个政府是：以张作霖为首的奉系北京政府，以汪精卫为首的武汉国民政府和以蒋介石为首的南京国民政府。五股军阀势力是：以张作霖为首的奉系军阀集团，统兵30多万，盘踞东北及平、津等地区；以阎锡山为首的晋系军阀集团，统兵20多万，盘踞山西地区；以冯玉祥为首的西北军阀集团，统兵20多万，盘据河南、西北地区；以李宗仁为首的桂系军阀集团，盘踞广东、广西等地区；以蒋介石为首的黄埔系军阀集团，统兵40多万，占据了江浙等地区。用民国时期学者的话来说，当时的"中国地图简直是五颜六色"②。足见当时政治、军事斗争的错综

---

① 陈之迈：《中国政府资料讲义·中央政治会议特务委员会》。
② 陈之迈：《中国政府》第1册，第50页。

复杂。

对比而言，在为数众多的政治派别和军事力量中，蒋介石集团毕竟占据了很大的优势。首先，从它所统治的地区来说，是当时中国经济上最富庶的江浙地区，有江浙财团作为经济上的后盾；其次，从其所统率的军队来看，主要是由黄埔军校培养出来的人员所组成的，具有较强的近代意识，实力也相对强大；最后，从这个集团的首领蒋介石个人来说，也要比其他各种政治角色高明得多。1927年8月，蒋介石为了达到独霸中国的目的，以退为进，宣布下野，实现了"三党统一"、"宁汉合流"。继而又取得了美帝国主义的支持，重新上台。施展金钱收买和武力胁迫的两面手段，远交近攻、合纵连横击败了奉系军阀张作霖，形式上"统一"了全中国。1928年10月，国民党中常会决定改组国民政府，成立五院制政权，蒋介石当上了国民政府主席、陆海空军总司令，集党、政、军大权于一身，正式开始了蒋家王朝的统治。

纵观蒋介石政权对中国大陆长达二十二年的统治，可以看出，这个政权的基础始终不曾稳固，经常遭到来自四个方面力量的打击。其一是来自统治集团内部各派系的争权夺利，如桂系的时叛时附、晋系的争斗、东北军的挑战等。其二是来自爱国知识分子及广大人民群众争民主、争自由、争生存权利的斗争。其三是来自中国共产党领导的红色武装的打击。其四是来自境外，特别是日本帝国主义的侵略。

上述四种势力，就其对这个政权所构成的威胁程度而言，以中国共产党领导的红色武装为最大。同样，就国民党政权所采取的镇压措施来看，也以针对共产党的最坚决、最残酷。

我们将国民党政权统治大陆的二十二年划分为三个时期，分段考察这个政权所面临的主要问题：

十年内战时期：1927年4月至1937年7月。这个时期是国民党政权建立和发展的最初时期，也是最重要的时期。以蒋介石为首的南京政府通过政治、军事等手段逐步分化瓦解了各个地方军阀的势力，加强了其在全国的统治地位。以张学良为首的奉系军阀"换旗易帜"，"归顺"了蒋介石的中央政府；经过中原大战，以冯玉祥为首的西北军阀集团迅速崩溃；阎锡山的晋系军阀势力和李宗仁的桂系军阀势力虽依然存在，但实力受到了很大削弱，已不能构成对中央政权的致命性威胁。中国共产党领导的工农红军在广大农村地区建立的武装割据的红色政权与国民党以大城市为中心的白色政权的对立，逐渐上升为这个时期的主要矛盾，蒋介石政府经过五次"围剿"，迫使中国工农红军撤出江西中央革命根据地，经过二万五千里长征转移到陕甘宁地区，但红军的实力已受到了大幅度削弱，而蒋介石的中央政权却得到了进一步巩固。

抗日战争时期：1937年7月至1945年8月。1936年底发生的西安事变，是十年内战进入尾声的标志。蒋介石政府在全国军民的同声要求下，被迫决定停止内战、一致抗日。1937年7月7日发生的卢沟桥事变，揭开了全国性抗战的序幕。此后，中国人民经过八年浴血奋战，终于赶走了日本帝国主义。抗日战争时期，是国民党政权发展的鼎盛时期。在国内，几乎所有抗日力量都接受了它的领导，并承认它是代表全国人民进行抗日的唯一合法政府；在国际上，它得到了以英、美、苏为首的各反法西斯国家的支持，并把它列为"四强"之一。在这个时期，虽然国内各派政治势力之间仍然不时发生摩擦，但基本上都能团结在统一战线之内，共同对敌。

第三次国内革命战争时期：1945年8月至1949年10月。抗日战争胜利以后，国共两党的对立再次转化为主要矛盾并进行了长期激烈的武装斗争。这个时期，是国民政权最后发展和迅速崩溃的时期。国民党政权由于内部的腐败、经济凋敝以及不得人心的政治高压政策，瓦解了自身的统治基础，在中国共产党及其领导下的武装力量的猛烈打击下，最终导致了在军事和政治上的彻底失败。

与上述三个历史时期的基本特点相一致，国民党统治时期警察制度的发展过程也大体上可以划分为三个阶段：

第一阶段，即十年内战时期。国民党当局对北洋政府遗留下来的警察制度加以接收并进行了改造，使之成为维护国民党一党专制和蒋介石个人独裁的重要工具。由于这个时期，各派系的军阀割据一方，相互混战，对中央政府发布的警察政令采取不同程度的抵制态度，阻碍了警察制度的建设，使得警察制度在全国的发展极不均衡，几乎省各一制，千差万别。随着这个时期社会主要矛盾的发展，蒋介石政权把警察活动的主要矛头指向了中国共产党及其领导下的武装力量。"剿共"成为这个时期警政建设的中心任务之一。

第二阶段，即抗日战争时期。在这个时期，尽管国民政府统治的区域在日本侵略者的蚕食和分割下不断萎缩，但是警察制度的建设仍然在国统区内继续进行，而且得到了较大程度的发展，逐渐向统一化、规范化方向迈进。正如没有完全停止对中共的武装进攻一样，警察迫害也少有收敛。当然，这个时期警察活动的矛头还指向了汉奸、卖国贼等反动势力，并发挥了一定的作用。

第三阶段，即解放战争时期：随着国共两党的矛盾再次上升为主要矛盾，警察专横的主要目标也集中指向了中国共产党。这个时期，国民党政府大大加快了警政建设的步伐，试图以此来支撑其风雨飘摇的政权。面对广大人民群众反独裁、反专制、争民主、争自由的正义呼声，国民党当局并没有从积极的方面考虑应对措施，而是一律予以严厉的警察镇压。但是事与愿违，法西斯式的警察统治非但没能挽救这个政权，反而进一步加速了这个政权的垮台。伴随着国民党政权的倾覆，蒋介石政府苦心经营了二十二年的警察制度在中国大陆也一朝付之东流。

第二节 国民党统治时期警察制度的基本特征

国民党统治时期的警察制度是在间接继承清末和直接继承北洋政府警察制度的基础上建立和发展起来的。就本质而言，这三者一脉相承并没有什么根本的不同。但是，由于时势的变迁，20世纪20年代至40年代与以往两个时期相比，具有着不同的时代格局。

1917年俄国十月革命一声炮响给中国送来了马克思列宁主义，中国共产党领导的反对国民党政权的斗争与广大人民群众争民主、争自由、争民族独立的正义斗争汇流，形成了时代的主旋律。与此相对立的是：国际法西斯主义与国内封建专制主义合流，形成了具有中国特色的封建法西斯主义。这两种对立的思潮在政治、经济和军事等各个领域的撞击和抗争扩展开来，弥漫于社会的各个方面，这就不能不给国民党统治时期的警察体制打下新的时代烙印。

第一，警察机构的设置及其活动以反共、反民主为主要目标。国民党政权几乎从其创立时起，就面临着中国共产党及其所领导的革命武装的挑战。1927年8月，中国共产党在南昌发动武装起义，先后建立了井冈山等革命根据地。对此，蒋介石政府当然不肯坐视。除了对红色区域发动军事围剿以外，还试图将各级警察组织建设成为打击中共的有生力量。南京国民政府内政部在一份提案中明确指出，"防遏匪共"是国民政府内政建设的基本方针。这份提案写道："中国今日之大患，一为敌国外侮，一为匪共潜滋，盖社会秩序之破坏由于匪共横行，而此实为产业不振，农田荒芜，战争、饥馑、贫弱、破产……之总因；故欲中国之和平与向上，即应自肃清匪共以安定社会始。肃清匪共之治本办法，固应由政治及经济各方面除去制造匪共之原因；而他方宜建树一足以防遏匪共发生存在之伟大力量，尤属必要。以军队进剿虽不失急则治标之道，要可收效于一时，未能期功于久远也。"①

1928年，国民政府内政部为了"剿共"的需要，决定在各省编练规模庞大的武装警察队，授以军事知识，派往各地驻防。1931年"九一八"事变以后，内政部秉承蒋介石"攘外必先安内"的旨意，指令各省加紧训练和扩大警察队，集中力量"围剿"红色根据地，其中尤以江西最为突出。该省不仅很早就建立了拥有五个团的省武装警察队，而且除"保卫城防"和"绥靖地方"外，它们主要是直接配合国民党军队进攻中央苏区。1932年，豫鄂皖剿匪总司令部公布了《剿匪区内各县编查保甲户口条例》，督促豫鄂皖边区各县迅速将本地的保甲组织建立起来。并明确规定：保甲壮丁"遇有军警搜剿匪共或攻剿匪共时，应受军警官长之指挥，尽力协助。于搜剿已达本区域以外时，亦应受军警长官之指挥，互相应援"。本来，从1929年起，国民党政府即开始在各县推行保卫团制度，事实上已经将保甲的精神容纳了进去。但是，由于豫鄂皖三省剿匪总司令部在"剿共"过程中，"深感于自治组织之层级过多，运用不灵，关系法令殷繁，办理匪易"，于是乃重新在该地区推行保甲制。此后各地纷纷仿效豫鄂皖的"经验"在全国范围内重新推广起保甲制来。可见，保甲制度的重新推行与"剿共"是直接相关的。

在完善地方保甲制度的同时，国民党政府还决定对各地方的地主武装进行整顿，1933年颁布了《剿匪区内各省民团整理条例》，规定各县地方武装一律改编为保安队、壮丁队或铲共义勇队，目的在于将各地方的地主武装集中在警察指挥之下，共同"围剿"中国共产党领导的工农武装。该条例明确规定："保安队负责本县清剿匪共、维持治安之责任。"各县保安队接受政治训练的科目之一就是："共产党祸国殃民之揭破"，反共旗号十分鲜明。同年初，国民党政府为加紧"清剿"长江流域各省的红色武装，还决定在汉口成立"长江各省水警总局"，统一管理四川、湖南、湖北、江西、安徽、江苏、浙江等七省的水上警察力量，以期在"剿共"过程中协调行动，相互应援。

国民党统治集团除了对中国共产党及其所领导的军队不断发动进攻以外，对广大人民群众争民主、争自由、争民族独立、争生存权利的斗争警察也一律予以残暴的镇压。例如，1935年12月9日，北平爱国学生六千多人走上街头掀起了声势浩大的抗日救亡运动。对此，国民党政府非但不予支

---

① 沈乃正：《中国地方政府资料》第五编，第二类，"公安事项"，第44页。

持，反而出动大批军警用木棍、大刀和水龙等凶器向赤手空拳的学生进行猛烈袭击。此后又用暴力手段将赴南京请愿的学生强行押解回上海。抗日战争胜利后不久，大后方的人民掀起了大规模的反内战斗争。1945年11月25日晚，昆明几所大学的学生自治会在西南联合大学举行时事晚会，讨论停止内战的问题。国民党当局派遣特务混入会场，干扰会议的正常进行，并向会场上空发射步枪、机关枪和小钢炮以示恐吓。次日，昆明三万多学生为反对内战和抗议军警暴行宣布总罢课，提出停止内战、保障人权、建立民主联合政府等口号。当学生队伍在街头进行宣传时，遭到国民党特务的殴打和追捕，致使许多学生受伤。12月1日，大批国民党军队和特务分路围攻西南联大、师范学院，毒打学生和教师，并向学生集中的地方投掷手榴弹，炸死学生、教师4人，伤10余人，制造了震惊全国的"一二·一惨案"。1946年7月，国民党当局还指使特务在昆明暗杀了中国民主同盟领导人李公朴和闻一多。诸如此类的暴行充分暴露了国民党当局警察统治的真实嘴脸，遭到了所有爱好和平、民主的人们的唾弃。

第二，警察与宪兵、特务结成三位一体的恐怖势力。国民党统治时期的警察事实上有狭义和广义两种概念。狭义的警察即通常所说的行政意义上的警察，而广义上的警察则包括宪兵和特务在内。从狭义的角度看，警察与宪兵、特务的联系一方面表现在组织上的相互渗透。如特务分子通过各种渠道进入警察机关，并在其中占据重要地位发挥决定性作用。抗日战争胜利以前，"CC"派把持了全国警察中枢机构——内政部，"CC"派人物张厉生当上了内政部长，内政部甚至一度被视为中统局的外延机构。与此同时，军统特务也不断把魔爪伸向警察机关，通过各种手段攫取警政大权。军统头子戴笠始终把警察视为其势力范围内的业务。军统局从复兴社特务处时起，就控制了一些警察要害部门的职位。如首都警察厅厅长王国磐、杭州警官学校校长赵龙文都是该特务处的特务。军统局成立后，由该局第三处控制警察，第三处称为特务行动处，该处的警政科，就是国民党警察的最高领导。各省市的警察局局长多由该科委派。抗战开始后，戴笠更是千方百计地争夺警察领导权，组织了所谓"中国警察学会"，派遣专人负责组织联络工作，大肆搜罗警官，招兵买马并发行月刊，为其夺取警察领导权制造舆论。抗战胜利后，戴笠迫不及待地要把全国警察权抓到手，试图将警察行政完全纳入军统局的体系。在他写给蒋介石的一份"全国建警计划"中，要求成立中央警察总监部，由他出任总监，其他重要职位也要一一由他来安排。戴笠死后，军统大头目唐纵（军统局帮办）又代之而起。1946年，唐纵当上了全国警察总署署长同时兼任国防部保安局局长,集全国警察、保安业务于一身。在此前后,军统局撤销后被裁汰下来的大批特务也纷纷被转业到各级警察机关中去,军统特务对警察机关的控制日渐加强,国民党警察机构的法西斯色彩也愈加明显。戴笠的老对手——中央警官学校教育长李士珍曾经抱怨说:"特务工作与警察工作每混为一谈,致使民心不安、隐忧堪虞。"① 周恩来同志一针见血地指出过,"军统局"的组织触角最广,……全国的整个警察系统除少数几省外,都在其控制之下。

至于警察与宪兵的联系,那就更加密切了。宪兵既是军事警察,同时又兼行政警察和司法警察;与此相对应,普通警察也兼军事警察的职能。二者在业务上相互交叉,有时候甚至密不可分。

另外,警察与宪兵、特务的结合还体现在这三者在执行镇压的职能时,协同动作、紧密配合、互为一体。很长一段时间里,军统局、中统局、宪兵司令部和警察机关的首脑每月举行一次联席会议,共同研讨对付中国共产党和镇压爱国民主运动等问题,以便采取统一行动。地方各省也有类似的联席会议。国民党统治时期发生的大量流血事件,许多就是由这三家共同谋划制造的。例如,1947年,台湾人民举行了反对国民党屠杀台北市民的"二·二八"起义。起义风暴迅速席卷全岛并在大部分地区一度取得胜利。国民党政府一方面调遣大批军队进行武装镇压,同时还指使警察、宪兵、特务与军队采取联合行动,共同镇压台湾人民的正义斗争,实行血腥的大屠杀。据记载,从3月8日到16日的短短几天里,被屠杀的起义群众竟达万人以上。1947年5月20日,南京、上海、杭州、苏州、天津等地学生:举行"反饥饿、反内战、反迫害"的示威游行。警察、宪兵、特务串通一气,疯狂镇压学生爱国民主运动。他们狼狈为奸、大打出手,殴伤一百六十余人,逮捕二十余人,制造了骇人听闻的"五·二〇血案"。1949年3月28日,首都卫戍总司令部得到宪兵司令部第二处、首都警察厅刑警总队、教育部督学室的报告,获悉南京大学生将在4月1日举行示威游行。于是紧急制订了一个联合镇压计划。决定4月1日凌晨在各学校附近临时戒严,组织三层包围圈封锁各学校。第一层由民众自卫队组成,第二层是警察,第三层是军队,严禁学生出校门。这项计划后来虽然由于代总统李宗仁的阻止而未能付诸施行,但警察与宪兵、特务之间的密切关系从中已不难看出。

第三,实行"国防中心主义"的建警方针。国民党统治时期,警察不

---

① 《中央警官学校十周年纪念特刊·建警概况》。

仅与宪兵、特务紧密勾结，警察与军队之间也存在着千丝万缕的联系。在口头上，国民党当局承认警察应与军队并重，"军队应为领袖扬威于海外，警察应为领袖宣德于国内"①。甚至蒋介石也说："军队之作用在攘外，警察之作用在安内。军队与警察有如飞机之两翼，缺一不能飞。"② 但是实际上，在蒋介石以"军事第一"，实行军事独裁的情况下，一般当权者的心目中，警察不过是无足轻重的、军队的附庸而已。内政部警政司在一份改进警政的计划中指出："今后警卫制度应采'以国防为中心'之原则"，"故'国防中心主义'下之警卫，其统辖权应由内政兼寄于军令之下，俾得与国防要求适合，而迅速实施，自亦当然之结果。"③ 由于警察和军队在维护国家政权方面的同一性，它们二者在性质上的差异就常常被忽视。一方面军队常常可以获得与警察同等的权力。例如，1936年2月20日颁布的《维持治安紧急办法》、1940年7月24日颁布的《非常时期维持治安紧急办法》、1937年9月4日颁布的《危害民国紧急治罪法》及1939年5月3日修正公布的《惩治盗匪暂行办法》等法规就赋予了军队与警察同等的维持治安权和执行逮捕权，军队甚至还享有警察所不具有的司法审判权。另一方面，警察机关成为安插闲余军人的场所，使得素质本来就很低劣的警察队伍变得更糟。国民党统治时期，军队是警察人员的重要来源之一，确切些说，警察机关是安置闲余军人的主要场所。据1934年的统计，各省市警察官吏中，军人出身的占20%左右。④ 由于这份统计比较粗糙，实际上军人所占的比重可能还要高得多。抗日战争时期，国民政府放宽了对各战区军官转任警官的限制，对不具备警官任用法定资格的军官，可以根据其经历和能力分别任用为简、荐、委任各级警官。抗战胜利后，1947年6月，国民党政府制定的"建警方案"开宗明义，规定"本方案以配合整军计划……"为主旨，"本方案之实施，应尽量容纳复员军官，但以不影响提高警察素质及地方财政为原则"，"复员军官转任警官之人数以四万人为范围"。有人估计，战后全国各地需要警官人数共计在十一万二千人左右。⑤ 如果这其中有四万人来自军队，军人出身的警官至少占警官总数的三分之一以上。在这种前提下，要保

---

① 《建警计划草拟经过之简述》，中国第二历史档案馆藏档案。
② 叶世畴：《国民党警察总署概况》，《广东文史资料选辑》，第26辑。
③ 《中国警察行政》，第225页。
④ 《内政年鉴》二，第48页。
⑤ 《建警计划草拟经过之简述》，中国第二历史档案馆藏档案。

证警察素质不受影响只能是一句空话。不难设想，军官大量转任警官，不可避免地要把军人简单粗暴的作风带到警察队伍中来。而这些复员的军官大多属于行伍出身，所受教育程度很低，尽管在转任警官之前曾经受过短期的警察业务培训，但也不过是走走过场而已，真正接受的警察知识微乎其微。李士珍曾说过："我国办理警察已有四十余年的历史。可是与欧美先进各国比较，真是瞠乎其后。即从事警察的人，也常有每况愈下之感。""回顾我国的警察，不要说大学毕业生，就是连小学没有毕业的都很多。偏避地方的警察，其素质的低下，更是不堪设想。"[①] 显而易见，国民政府推行的建警服从建军的方针大大阻碍了警察队伍素质的提高。

第四，警察与保甲相辅相成，互为补充。保甲制度是中国封建社会的产物，数千年来相沿不改。国民政府建立以后，为了反共和加强对基层人民的控制，继续推行这一制度。1932年首先在靠近红色根据地的地区建立起来，不久普遍施行于全国。1932年8月，豫鄂皖"剿匪"总司令部颁布了《剿匪区内编查保甲户口条例》，规定保甲的编组以户为单位，户设户长；十户为甲，甲设甲长；十甲为保，保设保长。各保就该管区域内原有乡镇界址编定，或合并数乡与数镇编成一保，但不得分割本乡或本镇之一部编入其他乡镇的保内。如一乡一镇中住户过多，编成二保以上者，由各保共设保长联合办事处，并设联保主任。保甲编定后，要订立《保甲规约》，保长、甲长一律签名，并绘制保甲所管区域图，载明本区域内乡镇村名，连同签名之规约上报区长转呈县长。保长、甲长和联保主任形式上是在保甲内或保长之间公推，但甲长须由区长加委，呈报县长备案；保长由区长呈报县长加委并由县长呈报省民政厅或省保安处以及该管行政督察专员公署备案。可见，保甲的各级组织完全由官方控制。从表面上看，国民党统治时期的保甲制度与以往相比并没有什么根本的差异；所不同的是，这时期的保甲与警察及地方自治武装紧密联系。在国民党统治者看来："保卫团为农村警察之变相，保甲则系吾国古代警察之遗型"。蒋介石曾提出："用学识，能力均好的警官来组织、训练、监督、指挥保甲队团。"根据蒋介石的这一主张，国民党政府内政部制定的建立保甲制度的基本方针是，"以保甲，保卫（团）、保安（队）寄托于警察系统之内，以警察为保甲之重心，作保安团队之基干，藉警察制度促进保甲，以期行政组织之完密，藉警察官吏训练保安团队，以期指挥运

---

① 《目前警察有关的几个重要问题》，载《中央警官学校十周年纪念特刊》，中国第二历史档案馆馆藏档案。

用之敏活。……务期警察、保安、保卫、保甲四位一体。庶几治安制度，渐臻画一，而警卫之真效用，予以发挥"。[①] 不难看出，内政部制定的上述方针无疑是将保甲视为警察的外围组织，成为警察机关在基层社会特别是不便设立警察的广大农村地区的触角。根据有关法律的规定，保甲作为基层治安组织，在许多方面直接行使警察职能，辅助警察维持地方"秩序"，清查户口，稽查出入境居民，检查奸宄，参与搜捕"罪犯"，负责编制门牌，并为严密控制和监视人民，强令各户户长签名加盟"保甲规约"、出具联保连坐切结，实行"联保连坐"。保甲组织不但辅助警察执行上述职责，而且在未设置警察机构的乡村可以代行警察的一切职权。从这种意义上说，它实际上是一级警察机关。而警察对保甲则负有指导帮助之责，如派遣警察官吏巡回指导保甲的工作，凡属"关于联保连坐切结之抽查及核行"，"关于保甲规约及保甲会议决议案之执行"，"关于保甲会议秩序之指导及维持"等，警察机关都要"负责切实协助"。总之，警察指导保甲，保甲辅助警察，二者互为补充，紧密结合，从而建立起从城市到乡村，从中央到基层的多级治安防范网络。

[①] 《浙江警务视察报告》，《内政公报》第8卷，第14期。

第十八章

中央警察机关

第一节 内政部的组织及职权

实行国家集权主义的建警方针,由中央政府统一管理全国的警政建设,可以说是清末创办警察以来中国历届政府所一贯坚持的一个重要原则。从清末的巡警部、民政部到北洋时期的内务部直到南京国民政府时期的内政部,前后相连,一脉相承。如果说南京国民政府内政部是清末民政部、北洋政府内务部的继续和发展当是不为过的。

1927年蒋介石集团定都南京以后,改原北洋政府内务部为内政部,统管全国的警察事务。此后22年里,尽管内政部的隶属关系、组织及职权几经调整,但其作为全国警政最高主管机关的地位却始终未曾变动过。

一 内政部的地位及隶属关系

根据1928年3月30日初次公布的《国民政府内政部组织法》的规定,内政部直属于国民政府。当时的国民政府受国民党中央执行委员会的指挥和监督,管理全国政务,下设内政、外交、财政、交通、司法、农矿、工商等部及最高法院、监察院、考试院、大学院、审计院、法制局、建设委员会、军事委员会、蒙藏委员会、侨务委员会等机构。其中,内政部居于各部院局会之首,与后来的监察院、考试院处于平等地位。时隔不久,1928年6月8日,晋系军阀商震部开进北京城,阎锡山接受国民政府任命,就任京津卫戍司令,完成了第二次北伐。8月29日,胡汉民在香港发表谈话,认为中国已进入训政时期,应"彻底实施五权宪法"。根据孙中山的理论,建国应分为三个时期,即军政时期、训政时期和宪政时期。国家政治大权应分为九种,前四种是:选举、罢免、创制、复决,属于人民,称政权或"权";后五种是立法、行政、司法、考试、监察,属于政府,称治权又称"能"。政权与治权的适当配合即可以达到理想的治国目标。军政时期由军政府代行政权和治权，通过武力完成国家的统一。训政时期，人民仍不能直接行使政权，而是接受训练，逐渐养成行使政权的能力。最后到了宪政时期，根据宪法实行大选，还政于民，人民能够行使政权，建国大业也就以告完成。

1928年8月，国民党二届五中全会在南京召开，正式宣布全国进入训政时期，决定逐次建立行政、立法、司法、考试、监察等五院。9月，国民党中央常务委员会决定以五院组成国民政府，受国民党的指导和监督，执行训政职责，立五权宪法之基础，即以此原则交由法制局起草国民政府组织法。10月，国民党中央执行委员会讨论通过了五院制国民政府组织法，并交国民政府公布。根据这项法律，新组成的国民政府分为行政、立法、司法、考试、监察五院，总揽国家的治权。行政院是国民政府的最高行政机关，以下设各部分掌各项行政职权，内政部即属于其中之一。根据法律规定，内政部始终是行政院中的首席部。首席部的法律意义是，在行政院院长、副院长均不能执行职务时，即由内政部部长代理。当然，事实上并不一定如此。例如1937年秋，行政院院长蒋介石、副院长孔祥熙均因故不能视事时，行政院院务是由当时的外交部长王宠惠代理的。很长时间里，内政部的首席部地位并没有受到足够的重视。直到抗日战争全面爆发以后，蒋介石才逐渐认识到内政部的重要性，并对之进行了一些改组。

二 内政部的组织机构

1928年内政部刚刚成立时，设部长、次长各一人。部长负责"综理本部事务，监督所属职员及所辖官署"；次长辅助部长掌理部务。同年11月，根据新颁布的国民政府组织法的规定，次长增加为两人，一为政务次长、一为常任（务）次长。以下又设参事若干人，负责拟订有关该部主管的法律和命令等事项。参事以下，又分设秘书、司长、视察、技正、技士、编审、科长、科员、办事员等职位，并可使用若干雇员。

内政部的内设机构前后变化较大。1928年3月底初设时，只有一处四司，即秘书处、民政司、土地司、警政司、卫生司。各处司下分别设四科。1928年5月，撤销秘书处下设的各科，同时增设总务处，总务处下设四科，分担了秘书处的大部分职权。同年11月，又裁撤秘书处，增设统计司和礼俗司，改总务处为总务司。而原设的卫生司则从该部分离出去，成为与之平行的卫生部。1930年11月，卫生部又并入内政部，改称卫生署。

除统计司和礼俗司各设三科外，总务、民政、土地、警政四司仍各设四科。1936年，总务司缩编为三科一个会计室；民政司扩为五科；土地司更名为地政司，缩为三科；统计司降格为统计处，增设技术室。1938年又增设禁烟委员会。1940年卫生署又独立出去，1942年，地政司也独立出去改称地政署。同年6月，内政部又增设了户政和营建二司，裁撤了统计处。1946年7月，增设方域司，次年裁撤户政司，改设人口局。

伴随着接连不断的机构调整，内政部部长、次长的人事更动在行政院各部中也最为频繁。"以致难以有一个一贯的方针与政策。同时，过去许多有关地方制度的法规，尤其是出自立法院者，陈义过高，扞格难行，以致推行不易收效。这虽非内政部本身之过，但也时常被人认为它缺乏成绩而对它不加重视。"①

截止到1949年国民政府迁台以前，内政部的内设机构总计有八个单位：

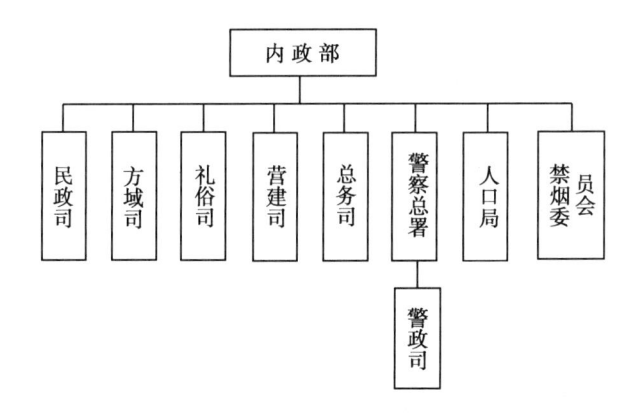

```
                        内 政 部
  ┌────┬────┬────┬────┬────┬────┬────┬────┐
 民政  方域  礼俗  营建  总务  警察  人口  禁烟
  司   司    司    司    司   总署   局   委员会
                              │
                            警政司
```

三　内政部的职权

南京国民政府内政部的职权十分广泛，也十分庞杂。1928年3月30日首次公布的《内政部组织法》规定内政部的职权是主管全国的土地、水利、人口、警察、选举、国籍、宗教、公共卫生、社会救济等项事务。同年11月20日修正公布的《内政部组织法》规定内政部主管全国的内务行政事务。以后历次修正公布的《内政部组织法》对内政部职权的规定始终未予变更。但是实际上，内务行政包含的范围却在不断地变化，总的趋势是不断缩小。大体上可以概括为以下几个方面。

---

① 陈之迈：《中国政府》第2册，第19页。

第一，民政管理：民政管理的内容主要包括两个方面。其一是地方行政的指挥，即地方行政组织的厘定，经费的筹划，人员的任免、训练、考核、奖惩以及对地方行政的指导和监督等；其二是对地方自治的监督，包括选举，地方自治规划的监督指导，地方自治人员的训练、考核、奖惩，地方自治经费的筹划监督等。以上事务均由民政司负责。此外，在很长时期里民政司还负责全国的户籍、人口、国籍、征兵等事项。

第二，人口、户籍、国籍管理：这类事项原由民政司负责，1942年6月8日，增设户政司，上述事项即划归户政司。该司掌管制定户籍行政制度，计划、督导户籍行政设施，任免、训练、考核、奖惩户籍行政人员，设计、审核户籍行政图表，管理姓名更改，规划国民身份证，核发海外中国侨民国籍证明书，变更国籍及调查登记外国侨民等事项。从民政司成立的这一年起，户籍、行政被列为内政部的中心工作，受到特别重视。

第三，礼俗管理：礼俗事项最初由警政司负责，1928年11月成立礼俗司，即改归该司负责。礼俗管理的中心目的是"移风易俗"。具体内容是：执行由教育部礼乐馆制定的礼制乐典，厘定服制、纪念典礼，辅导改善民俗，褒扬、奖励、抚恤人民，指导公共娱乐设施，管理国葬、公葬及公墓，管理不属于其他部会负责的宗教事务，登记管理先哲、先烈、祠宇及寺庙，调查、登记、保护名胜古迹及古物等事项。

第四，工程管理：1942年6月，增设营建司以后，管理全国的工务行政成为内政部的一项重要职权。工程管理的任务是：执行《建筑法》《都市计划法》等法规，计划、考核营建工程的行政事务，审核及指导都市、港埠、乡村建筑计划，设计、审核公私建筑标准图案，审核、指导公私建筑工程及平民住宅工程，指导、管理自来水工程、沟渠工程及其他公用工程，指导兴建公园及民用防空工程，审核、指导市县道路、桥梁、堤坝、码头及其他公共工程，计划、督导居室工业，登记管理建筑师及建筑业，监督其他机构主管以外的民营公用事业。

第五，疆界管理：1946年7月方域司成立后，开始负责测量、勘察全国疆界，处理疆界纠纷，划分、调整、测量地方行政区域及自治区域，厘定地方行政区域名称及治所，调查、搜集、保管各级行政区域资料并编印图志，审查水陆地图等事务。

第六，土地管理：土地管理由土地司即后来的地政司负责，掌管全国各级土地管理机构的组织和经费，土地管理人员的训练、任免、考核、奖惩，土地的调查、测量、登记，土地的使用、估价及税率，土地的征收；地权的限制和分配及移民实边等事项。此外，在土地司时期（未更名为地政司以前）还主管水利方面的一些事项，如水利调查、测绘，水源、水道的保护，水灾防御等。1942年地政司升格为地政署，直隶于行政院。此后，土地管理的职权不再属于内政部的管辖范围之内。

除上述六项内容外，内政部还主管全国的警察、禁烟、内政统计等事务，并曾几度管理过卫生业务等。

由于内政部是行政院下属的一个部，在地位上与各省及行政院直辖市政府平行，因而在行使各项内政职权时就遇到了很多的限制。在法律上内政部就主管事务对于各地方最高级行政长官之命令或处分认为有违背法令或逾越权限者，必须经过行政院会议议决后方能停止或撤销。这样，内政部对地方最高级行政长官执行本部事务的指挥、监督职权实际上是间接的。内政部不能直接向地方政府发号施令而必须经过行政院中转。可以说，这是内政部行使职权的一个重要特点。

第二节 警察行政中枢机构——警政司的体制和职权

内政部是全国警政的主管机关，警政司是其下设的具体执行机构。

警政司作为全国警察行政的中枢机构其制度由来已久。清光绪三十一年（1905）成立巡警部后即设有警政司，当时的警政司职权范围还比较小。1906年巡警部改为民政部后，仍设警政司，并将原巡警部下设的警法司、警保司、警学司、警务司等四司并入，警政司遂成为全国警察的中枢行政机构。北洋政府时期，警政司隶属于内务部，职权大体依旧。国民政府成立以后，继续沿用这一制度，"此项机关，在前清末叶，设置民政部以后，即改归管辖，以警政司为其佐理，沿用至今，迄未变更"[1]。直到抗日战争结束以后，1946年6月警察总署成立时，警政司的地位才被取代。但是到了1949年5月，国民党政权濒临崩溃前夕，各地警察组织纷纷解体，警察总署又缩编为警政司。

1928年4月，国民政府内政部成立，下设四司，警政司即属于其中之一。根据1928年3月30日公布的内政部组织法的规定，警政司负责掌管全国的治安警察、民团、出版物、礼制、宗教，保护名胜古迹及禁烟等

---

[1]《内政公报》第4卷，第29期。

六项业务。其后的若干年里,警政司的职权范围逐步发生变化,总的趋向是单一化、专业化,原有六项业务中的礼制、宗教、保护名胜古迹及禁烟等三项先后改由其他机关负责。1943年10月公布的内政部组织法规定了警政司的九项职权,即:其一,厘定警察制度,设置警察机关事项;其二,任免、考核、抚恤警察官吏;其三,厘定警察经费,配置保管警察装备、器械;其四,管理警察教育事项;其五,管理行政警察;其六,管理保安警察;其七,管理经济警察;其八,负责出版物及著作权的登记注册;其九,其他警察事项,等等。显然,警政司的职权更集中于警察本身的组织、管理和社会治安方面。受内政部职权行使方式的限制,警政司与全国各级警察机关的关系不是上下级式的隶属关系,而是业务指导关系,警政司制定的各项政令不能直接生效,必须经由内政部转请行政院下达。

警政司设司长一人,简任,主管本司各项事务。以下设四科,各科设科长一人,荐任。科员若干人,委任。最初设立的警政司,其四科的职掌分别是:第一科负责公安机关设置及区划配置,警察官吏的任免、奖惩、抚恤及身份,警察成绩的考查,警察教育及训练,厘定警察经费及编制,厘定保卫团编制及训练,剿匪清乡,厘定保卫团权限及经费,以及该司其他各科不管的事务。第二科负责特种行业管理,如交通、风俗、营业、建筑、狩猎、铁道、盐场、森林、矿山、渔业、卫生等类警察事项;灾难管理,如水灾、火灾、消防等事项;危险物品管理,如对军器、爆裂物等物品的管理;违警处罚;强制处分;清查出版物,预戒,非常警察及外事警察等项业务。第三科负责厘定通礼,褒扬义烈,改良风俗,管理寺庙以及处理教会立案事项,布教及讲演取缔事项,戏曲改良事项,调查及保存名胜古迹事项,保存古物及考核古物陈列所、古物保存所事项等。第三科的职掌后来由增设的礼俗司全部接管。第四科负责禁烟事项,包括调查、检查并禁止种植、输入、运输、销售和吸食鸦片、吗啡、高根、海洛因及其他各种毒品。第四科的职掌后来转入增设的禁烟委员会。1931年6月,内政部调整各司分科职掌,将原属于警政司第一科负责的警察教育、训练,保卫团的编制、训练及其权限、经费等项业务划归第二科负责;第三科专管新闻出版检查,包括:图书版权的注册、保障事项,出版物的检查事项,新闻、杂志的登记事项等,此外第三科还负责户口调查、人事登记等事项;第四科接管了原属于第一科的剿匪、清乡,原属于第二科的非常警察、违警处罚、集会结社及危险物品管理等业务。1936年10月,内政部再度调整各司分科职掌,但对警政司所属各科的调整不大。第一科的职掌基本未予更动；第二科增加了"司法警察规划设施"和"广告管理监督"两项职权，取消了有关保卫团的各项职权；第三科增加了"戏剧、电影审核取缔"一项内容；第四科的职掌增加了"国民军事训练及征兵规划设施"和"地方团队编制监督"两项内容。

国民党统治时期，内政部作为全国警察管理的最高机构除下设有负责警察行政事务的警政司外，还直辖有首都警察厅、中央警官学校等警察机构。1928年10月，内政部还设立了警政专门委员会。该委员会是根据同年3月底公布的内政部组织法第十七条"内政部因事务上之必要得设置专门委员会"的规定而设置的，其宗旨是"改进全国警政"。警政专门委员会的组成最初没有定额，后来内政部议定由委员十三人组成。委员由内政部长聘请专家或内政部职员充任。警政司司长为当然委员，在首都聘任委员四人，从京外聘任委员八人，任期暂定为一年，均为名誉职。委员会设主席一人，由警政司司长兼充。委员会每三个月召开一次会议，由内政部长召集，在必要的时候，可以召开临时会议。委员会讨论的事项是：内政部长交议的事项；委员提议的事项。委员们除出席会议外，可以随时提出意见并有义务答复委员会的咨询。委员会讨论议决的事项由主席随时呈报内政部长裁夺。从警政专门委员会的性质看，它不是一级行政机关，只是一个咨议性机构，只有讨论问题、提出建议和答复咨询的义务。警政专门委员会从1928年10月成立起，到1931年底止，实际上并没有真正组织起来，也没有开展什么工作。实际被聘任的委员只有汪大燮、熊开先二人，三月一次的会议也未曾召开过。因而只是名义上的存在，最终不得不无形废止。

抗日战争全面爆发以后，内政部还成立了直属的警察总队。其任务是：第一，负责中央各机关的警卫，其范围包括中央各院、部、会及其他中央各机关，元首及领袖行辕，驻华各国使馆、领事馆及其他外宾驻所，其他重要集会场所；第二，协助推进地方警务，内容包括各重要地区的警备，维持交通秩序及担任巡逻、勤务，防范汉奸、间谍，各项警察技术合作，协助进行户口调查，以及内政部交办的各种事项；第三，战区地带服务，内容包括救护，疏散难民，维持地方秩序，组织、训练民众，协助征发，警备军事交通路线，警备军需有关场所，协助进行防空，查缉奸宄及其他应当协助的事项；第四，在新收复地区服务，内容包括抚恤流亡，宣慰民众，登记户口，编查保甲和协助清乡，组织、训练运用壮丁，执行戒严命令，严防盗匪奸宄，协助救济，协助救护防疫卫生设施，协助进行防空等事项。上述各项任务必须奉内政部的命令方能执行。抗战结束以后，内政部警察总队扩编为两个警察总队，即内政部第一警察总队和内政部第二警察总队。内政部第一警察总队的主要职责是：国境警察、刑事警察、外事警察的储备及业务的协助办理；重要地区治安的协同绥靖；中央机关的警卫，驻防区内警察行政的协助；临时命令派遣等事项。第一总队设总队长一人，简任；副总队长一人，荐任或简任；总队附一人，荐任。总队部内设四组、三室。四组是：警务组，负责警察行政事项，后来还兼管情报及机要、文件；督察组负责督察内外勤务（后改参谋组）；训练组（后改政工室）；总务组（后改经理室）。以上各组分别设主任一人，荐任；组员、办事员各三至五人；录事二至四人。三室是：人事室，设主任一人，荐任，主任科员三人，科员三至六人，助理员五至七人，录事二至四人；会计室，设主任一人，荐任，科员四至六人，办事员六至十二人，录事二至五人；统计室，设主任一人，荐任，科员二至三人，办事员二至三人，录事二人。除上述单位外，总队部还设有警长，办事员，录事各若干人办理文书、机要及所属各组室的事务。此外，总队还设有警察训练所、医务所、修械所等机构。根据1947年5月制定的《内政部第一警察总队组织规程》的规定，该总队下设五至七个大队，一个直属中队。但是到1948年12月，第一总队的实际编制与规程的规定有了很大的不同。总队下设三个支队，九个大队、一个直属中队。每支队设支队长一人，荐任，办事员二至三人，录事二至三人，每支队下辖三个大队，第一支队负责清剿，第二支队负责警卫，第三支队为机动部队。支队之下为大队，大队设大队长一人，荐任，大队副、办事员各一人，录事一至二人，每大队下辖三个中队。每中队设中队长一人，委任，中队副、办事员各一人，录事一至二人，每中队下辖三个分队。每分队设分队长一人，委任，每分队下辖三个班。每班设正副班长各一人，警士十四人。该总队官警总数达五千人左右。

  第二警察总队的职责和组织与第一总队大体相同。所不同的是，在分工上，第二总队的一个重要职责是对中央机关及其所属单位的"驻卫"和维护陪都重庆等重要地区的治安。在组织上，第二总队下设六至八个大队、一个直属大队，每大队下辖四个中队，直属大队下设通信、骑巡、车巡、机枪四个中队。第二总队的官警总数也在五千人以上。这两个总队合在一起的人数则超过万人，是一支相当庞大的机动武装警察部队。

中央警察机关系统表（1938年）

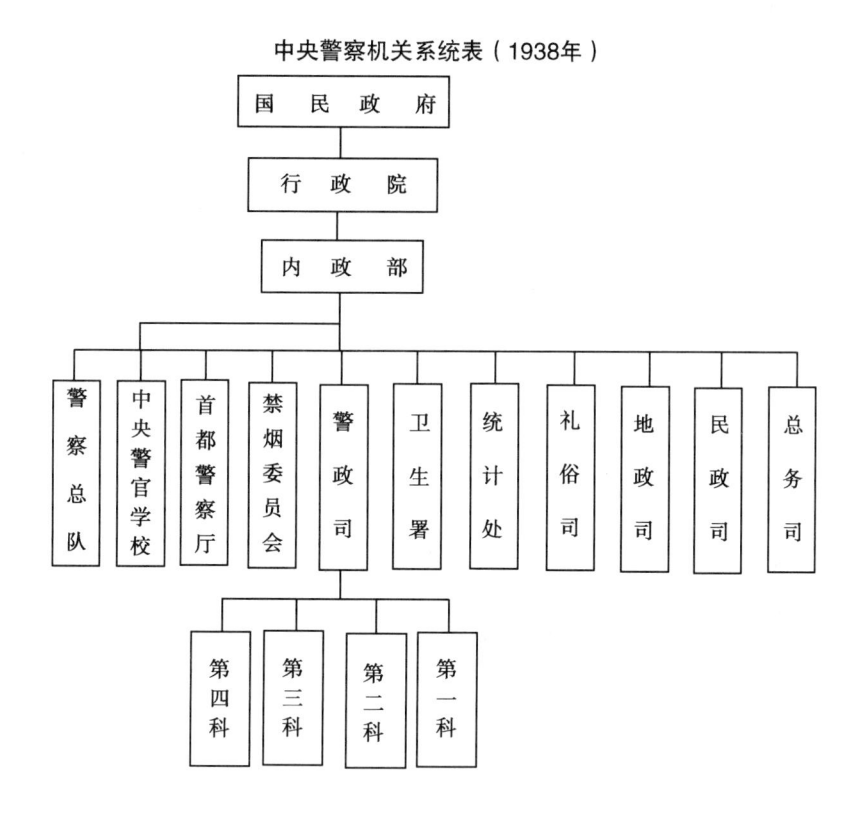

```
国民政府
  │
行政院
  │
内政部
  │
  ├─ 警察总队
  ├─ 中央警官学校
  ├─ 首都警察厅
  ├─ 禁烟委员会
  ├─ 警政司 ──┬─ 第四科
  │          ├─ 第三科
  │          ├─ 第二科
  │          └─ 第一科
  ├─ 卫生署
  ├─ 统计处
  ├─ 礼俗司
  ├─ 地政司
  ├─ 民政司
  └─ 总务司
```

第三节　全国警察总署的成立及法律地位

早在1928年，蒋介石就曾说过："警察在国家的地位，比军队更重要，军队只是对外，在国防上保护国家；警察都是对内，要在国内维持秩序，保护百姓的生命。"[①] 蒋介石这番"攘外唯军、安内唯警"的讲话曾使得许多热心警政的人士感到鼓舞。一些警政大员及警察理论家鉴于自清末以来警政发展过于缓慢，曾多次提出在中央建立统一的警察专管机构的建议。内政部在一份"整顿警政案"中指出："我国办理警察已有三十余年之历史，然一较今日之成绩，依然未臻完善者，溯其原因，大抵清末设置警察，事属创办，殊乏宏远规模，光复以后，亦只罅漏补苴，仍少整个计划，国民政府成立，虽惩前毖后，一革从前之旧制，于首都、省会、特别市及市县一律置公安局，并重新制定关于警政各种法规，以谋彻底改革，无如有少数省份，又

---

① 张其昀：《中华民国五十年史论集》第1册，第189页。

各因其特殊情形,请求变通办理,以致中央改警政之主张,未能贯彻,此症结之所在,亦其窳败之所由来也。"① 有人指出:"我国办理警政有三十余年的历史,但是过去的警政,都是因陋就简,说不上有整个的计划,国民政府成立后,虽然重新整顿,改订各种关于警政的法规,但因各省多数是具有特殊的情形,纷纷请求变通办理,以致未能将全国的警政,彻底改革。全国警政之不进步,考其最大原因,实为警察机关的编制未能划一。""警察之优劣,视乎警察机关之统一和警察机关之健全与否为定。"建议在当时财政万分支绌的情况下,警政建设应分两步走,第一步可以考虑"为统一警政起见,可沿卫生署先例,设警政署,统一全国警政事务,该署为一独立之机关,附属于内政部之内"。进而可以考虑第二步:"我国如欲积极整顿警政,当将警察机关扩大,中央政府当援创设铁道部的先例,在中央创设警政部,其目的使其能将全国警政统筹统治;扩大警察权,使他的职权得以自由行使,如此则将来全国的警政有划一的方针,各省市的警察机关,一方面受中央警政部的指挥,一方面受辖于各省市政府。"②

1931年,南京国民政府曾决定设置警察总监,并委派吴铁城为警察总监,但是实际上没能组织起来。当时的一种对立观点认为:"警政为内务行政的重要部分,若舍警政而言内政,则内政的包括,正属有限,且光绪末年,我国曾有巡警部的设立,后来因为政治的进化,知道警政实为内政的一端,东西各国,均没有设立专管机关,乃将其原有职掌,归并于民政部"。③ 直到抗日战争胜利以前,内政部警政司始终是全国警察行政的中枢机构。但是由于警察组织体系的混乱,很大程度上阻碍了警察制度的发展,还是不断有人提出加强中央警察机关的建议。1943年1月,中央警官学校教育长李士珍在他拟写的建警意见中指出:"目前警察系统组织混乱不一,以致警察本身业务,每为其他机关代庖,而警察所作之工作,又多为警察不相干之业务。……故今日之建警,当先从确立系统着手。"④ 他认为:"战前各国警政,以法、奥、日办理最善,奥国之中央警察机关,设保安部,对于警政部,德设警政局,日设警保局,均相当于警政署。"因此建议:"在战时不增加机构之原则下,拟请先将内政部之警政、户政两司,合并成立警政署,

---

① 沈乃正:《中国地方政府资料》第五编,第二类"公安事项"。
② 《中国的警察》,第129、131、132、165页。
③ 《内政公报》第4卷,第29期,《改善警察组织》。
④ 《中央警官学校十周年纪念特刊》"建警概况",中国第二历史档案馆藏档案。

于本年六月（1943）前成立，俾专责成，以赴事功。"① 由于当时所处的战争环境，国民政府没有立即采纳李士珍的建议。抗战结束后不久，国民政府即决定按照李士珍的设想，成立警察总署，提高地位，扩大机构，以加强对全国警察业务的管理。

1946年6月19日，国民政府公布了《内政部警察总署组织法》，同年8月15日内政部警察总署正式组织成立，接管了前警政司各单位的全部业务，其作用在于加强中央警政机构，以指挥、督导全国警政的推进。此举被时人视为"我国警察史上划时代之改制"②。

警察总署与前警政司相比有了一定的变化。首先，从隶属关系上看，虽然二者同是隶属于内政部，但隶属的程度不同。警政司更多地依附于内政部，警察总署则具有较强的独立性。警察总署对外公文虽以内政部名义发布，但对于各级警察机关以及遵照部令转饬事项，依照部令所定办法督率进行事项，曾经呈部核准事项等均可以直接发布署令；再有警察总署办事细则可以由总署自行拟定报部核准。这些权力，都是前警政司所没有的。

其次，警察总署的地位要比警政司略高一层。"例如《财政部组织法》是先举出关务、税务、国库等署，然后再及各司。国库署在1930年成立以前，财政部本有国库司，但是财政部提议改设为署，上行政院的呈文中明说：'查自《公库法》公布施行日期已渐迫近，为执行该法规定之事务，异常繁杂，实有将本部国库司扩充改组为国库署之必要'。由此也可以看出署的地位是较重要的。""一般而言，总是说某一部门之事在初办时，机构不宜庞大，故不设部而设署。照此而推论，事务扩大，署便应改为部的。"③ 内政部警察总署由警政司发展而来，其演变情况与财政部国库署极为相似。虽然在内政部组织法中，警察总署的位置并不在前，而是居于其他五司之后，但1938年颁布的内政部组织法中，卫生署也曾位居各司处之后，后来却独立出去成为直隶于行政院的署。由此看来，警察总署仍可视为地位"较重要"的署。再者，从警察总署的下设机构为处，而内政部各司（包括前警政司）下设机构为科这一区别来看，也可以加强前面的推断。

最后，从警察总署的机构设置看，其规模也远较警政司庞大。根据《内政部警察总署组织法》规定：总署设署长一人，简任，综理全署事务，

---

① 《建警计划草拟经过之简述》，中国第二历史档案馆馆藏档案。
② 《中华民国开国五十年史论集》第1册，第193页。
③ 《中国政府》第2册，第54、55、58页。

监督所属职员；副署长一或二人，简任，辅助署长处理署务；秘书三至六人，其中一人为简任，其余荐任，负责机要、文书、印信、档案及长官交办的事项；技正四至八人，其中二人简任，其余荐任，技士八至十二人，委任，负责办理指纹、照相、验枪、化验、鉴定及其他技术事务；编审四至六人，荐任，负责编撰、翻译及审核等事务。此外，总署因业务上的需要可聘派顾问一至三人，专员八至十二人，并可酌用雇员三十至四十人。

警察总署的主要职能机构是六个业务处，其组成人员包括：各处处长六人，均简任，分掌各处事务；各科科长十八至二十四人，均荐任；科员九十至一百二十人，委任；督导十六人，其中四人简任，其余荐任，负责督导各地警察事务；办事员三十六至四十八人，委任。各业务处的职责分别是：

第一处负责行政，包括：警察制度的厘定改进，警察机关的设置裁并，警察勤务的规划改进，警察职权的调整，驻卫警察的规划监督，水上警察和航空警察的编组配备，卫生防疫、建筑、风俗、禁烟等警察业务的督导，有关铁路、公路、航业、森林、渔业、工矿、税务、盐务及其他专业警察的统筹规划和督导考核，警察机关工作竞赛的督导考核等事项；第二处负责警察教育，具体内容是：警察教育、训练的统筹规划、督导、考核、校阅，警察智力测验的督导推行，专业警察教育训练的规划督导，警卫人员训练的规划督导，警察教材及刊物的编撰审核，刑事警察、外事警察、国境警察教育训练的规划督导，警察教育师资的储备，警察体育的推进以及警察学术的倡导奖励等事项；第三处负责保安：地方治安行政的督导考核，各级警保机关的整饬、督导及考核，保安警察的调遣配备，地方警卫组织的规划督导，自卫枪支的管理以及户口调查的督导等事项；第四处负责刑事警察和出版检查：刑事警察的设置及督导，刑事警察应用的科学设备，刑事鉴定的审核，违警处理的考核，出版品的登记及著作权的注册，集会结社的"保护"等事项；第五处负责外事：外侨出入国境的签证，外国使领馆人员的保护，外侨的调查、登记和保护，外事警察的设置及督导、考核，国境警察的设置及督导、考核，国际间警察工作的联系等事项；第六处负责总务：警察经费、装备、抚恤、福利、出纳、庶务、公物保管以及警察通讯设备等事项。以上六处，每处之下各设三至四个科。六处以外，总署的内设机构还有若干室，如，人事室、会计室、统计室、督导室、机要室、编审室以及刑事研究室、秘书室等。其中人事室、会计室、统计室各设主任一人，荐任；佐理人员分别为十二至十八人，六至八人、四至六人不等。此外，总署还附设有警察总队（原属于内政部的两个警察总队转归总署指挥）、被服厂、修械所、警用电台、医务所等下属机构，并可根据需要在边境地区设立警察局。仅从总署的内设机构来看，其常年编制保持在二百四十至三百二十人之间，其规模已大大超过原来的警政司；如果再加上下属机构的人员，警政司更是望尘莫及了。

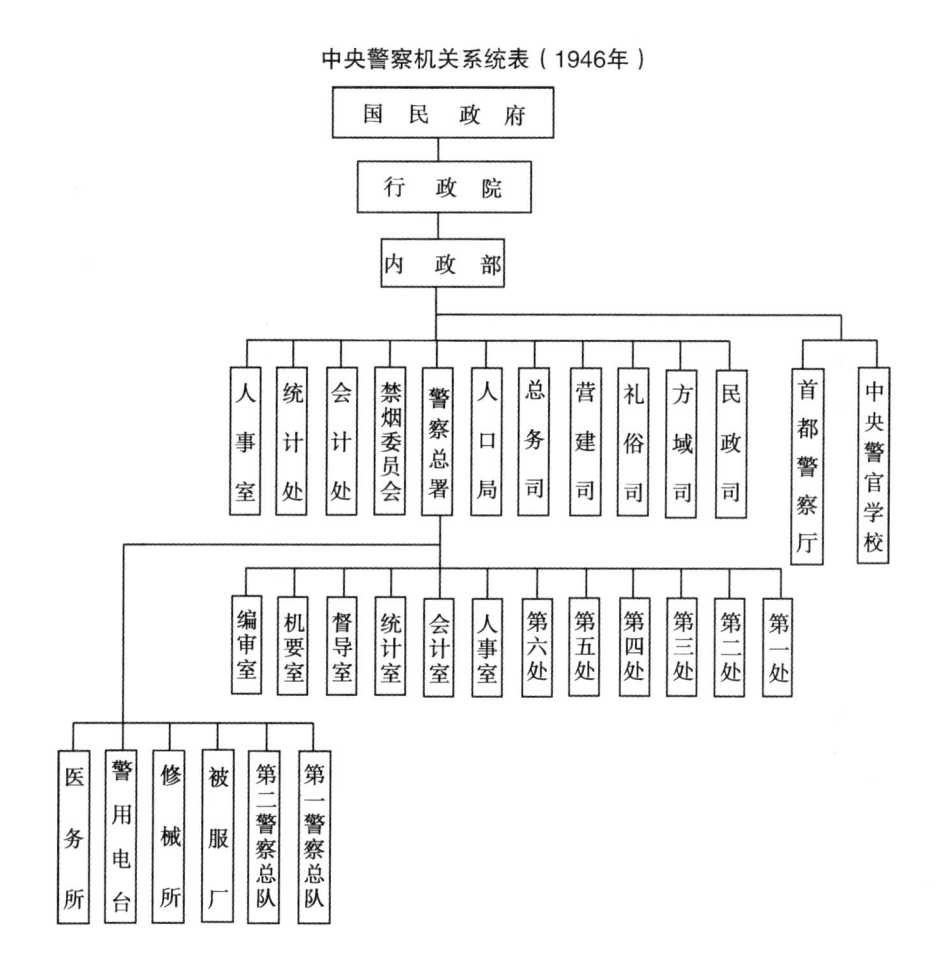

中央警察机关系统表（1946年）

国民政府
│
行政院
│
内政部
├── 人事室
├── 统计处
├── 会计处
├── 禁烟委员会
├── 警察总署
│   ├── 编审室
│   ├── 机要室
│   ├── 督导室
│   ├── 统计室
│   ├── 会计室
│   ├── 人事室
│   ├── 第六处
│   ├── 第五处
│   ├── 第四处
│   ├── 第三处
│   ├── 第二处
│   ├── 第一处
│   ├── 医务所
│   ├── 警用电台
│   ├── 修械所
│   ├── 被服厂
│   ├── 第二警察总队
│   └── 第一警察总队
├── 人口局
├── 总务司
├── 营建司
├── 礼俗司
├── 方域司
├── 民政司
├── 首都警察厅
└── 中央警官学校

第十九章

首都警察机关

第一节 首都警察机构的沿革

　　首都警察机构的前身可以溯至清末。光绪三十一（1905）年九月，南京成立江南巡警总局，系由原保甲总局及马巡、督捕、水师各营裁并改编而成。以后先后改名为南京巡警局、江苏省城警察局。民国成立以后，北京政府调派北洋警察来宁，将江苏省城警察局改组为江苏省会警察厅。1927年3月间，蒋介石率领的一支北伐军（国民革命军）进抵南京，将江苏省会警察厅改名为南京警察厅，随即又改名为南京公安局。同年6月，再度改名为南京市公安局，隶属于南京市政厅，8月又改为南京特别市公安局，9月改为南京特别市市政府公安局，均隶属于南京特别市市政府。1929年3月，根据内政、财政两部的报告，国民政府审查了南京市市长提出的"扩充南京特别市公安局警政计划书"一案，由国民政府主席提议："拟改南京特别市公安局为首都公安局，经第二十二次国务会议议决通过在案。"国民政府明令指出："国都首善之区，警政关系治安，至为重要。查各国通例，首都警察多系特设机关。体察现在情形，南京特别市原有之公安局应改为首都公安局，归内政部直辖，以策进行而资督率。着行政院转饬内政部拟具计划呈候核定，俟首都公安局组织成立，南京特别市政府所属公安局即行撤销，此令。"根据这项命令，内政部立即拟定了一份计划上报行政院审核。内政部长赵戴文在这份呈文中指出："首都公安局之组织，关系至重。内而各科处，为庶政之枢纽，应力求完备以期措施妥善；外而各局所，当执行之重任，尤宜酌量地域之大小，人口之疏密，按实际需要详为规划，始可因应咸宜。惟首都治安至关重要，即经奉令改组首都公安局，自应从速成立，俾重职守。现拟自四月一日起，将南京特别市公安局即行改为首都公安局。至内外各科处及局所暂仍旧贯，所有经费仍按原有预算由财政部拨给，一俟整顿计划呈奉核准，再行正式改组。至局长一席拟仍简原有南京特别市公安局长姚琮升任，以资熟手而便督率。"①

1929年10月22日，内政部公布了《首都警察厅组织法》，该法将原定的首都公安局之名，改为首都警察厅，以示与一般的市公安局的区别。1929年11月1日，首都警察厅正式组织成立。

从1929年11月首都警察厅成立起，到1937年12月南京陷落，首都警察厅经过近十年的建设，多次的调整，组织机构逐渐庞大。抗日战争全面爆发以后，日本侵略者攻陷南京，在南京进行了惨无人道的大屠杀，而梁鸿志、汪精卫、王克敏一伙却置国家主权、民族仇恨于脑后，厚颜无耻地投降日寇，先后在南京建立起"维新政府"和伪国民政府，把持了首都警察厅的统治权。与此同时，以蒋介石为首的国民政府西迁重庆，虽然没有建立起临时的首都警察厅，但重庆警察局却具有"战时首都警察厅"的性质。1945年8月，日本帝国主义宣布无条件投降，国民政府又恢复了南京的首都地位，重建首都警察厅。到1946年，首都警察厅的内外组织又基本得到恢复，并较之抗战以前有了某种程度的扩大。首都警察厅作为地方警察系统的一个组成部分，因其地处首都，受到了国民政府的特别重视，所以其组织机构和职权较之普通的城市警察局要庞大得多。从隶属关系上看，自1929年11月1日起，首都警察厅即直属于国民政府内政部，不受地方政府管辖，这也足以表明其地位的重要。

第二节 首都警察厅的内部组织

1929年11月在南京成立的首都警察厅直属于国民政府内政部，其职责是维护首都的公共安全和社会秩序。首都警察厅的管辖范围以南京特别市的区域为限。首都警察厅在不抵触法令的范围内，经内政部核准可以发布单行警察章程。

首都警察厅设厅长一人，简任，综理全厅事务，监督所属机关及职员。其下设秘书二至四人，负责厅务会议和机要事务。

首都警察厅内设机构为三科二处，即总务科，下分四股：第一股负责警察人员的进退、调遣、编制、奖惩及警区的划分；第二股负责印信、文书、恤典、统计、收发、校对等事项；第三股负责预算、出纳及警械服装的配备保管；第四股负责房屋保管、修缮，公用器具的支配，夫役的管理及其他庶

---

① 《内政部内政公报呈》第2卷，第3期。

务事项。保安科，下分四股：第一股负责管理集会结社，危险物品，出版物及公共场所检查，戒严、解严的执行，公安风俗的维持纠正，警报信号的设计处理等；第二股负责户口调查、登记、统计，监护假释人员，保护、监视外国人，管理各种营业，调查取缔货币和度量衡；第三股负责交通设备的管理，交通物体的检查，名胜古迹、公有物的保护等；第四股负责消防、行政、公共卫生、感化及救济事项。司法科，下分四股：第一股负责违警处分，长警惩戒，救护、协助及禁烟等；第二股负责刑事及特种案件的侦讯，传拘搜检案犯等；第三股负责指纹保管、鉴定，罪犯照片的保管、翻印，案件的实地查勘及日报等；第四股负责收解案犯，查核罚金，有关案件证物的保管，拘留所的指导管理，案犯口粮的稽核，司法警察的管理等。以上各科各设科长1人，荐任；主任科员及科员各若干人。1931年7月调整首都警察厅内部组织，规定上述三科各设科长一人，科员十一至十七人。督察处，设处长一人，荐任；督察长二至四人，荐任；督察员、稽查、巡查各若干人。1931年7月修正首都警察厅组织法，规定：督察员十二至十六人，稽查十二至十六人，巡查十六至二十人。负责内外勤务，各城门稽查，临时命令检查，取缔、监护，各城门稽查，督促警察训练及非常召集等事项。训练处，设处长一人，训练官二至四人，1931年7月确定训练员为六至八人。负责警察教育的设计，警察学课的编审，操练检校，评判考核等事项。以上各科处除正额人员外，还可以因事务上的需要设办事员五十至六十人，录事四十至五十人。此外，因技术工作的需要还可以设置技正一至三人，技士二至四人（表1）。

抗日战争全面爆发前夕的1937年3月3日，内政部公布了新的《首都警察厅组织暂行条例》，对首都警察厅的内设机构及其职权作了如下一些调整：将原设的三科二处改为三科一处，撤销了保安科、训练处。新设的三科一处为：总务科，负责职员、长警的考核、任免、升降、奖惩及抚恤；警察经费；典守印信及收发文件、保管档案；图书刊物的编译、发行及搜集、保管；公产公物的保管及修缮营造；服装枪械的经理；调查、统计、报告；庶务等。行政科，负责警察编制、训练，调遣及配置，警区设置及变更；调查户口；保安正俗；交通、卫生；消防、救灾；外事警察；市容整理；营业、建筑；协助市政进行以及其他行政警察事项。司法科，负责违警处分，刑事案件的侦查；拘留人犯的管理；强制处分；指纹检查及保管，司法警察等。以上三科各设科长一人，三科共设科员三十五至五十五人。一处是督察处，设处长一人，督察长二至六人，督察员十二至二十人，稽查员十六至二十四

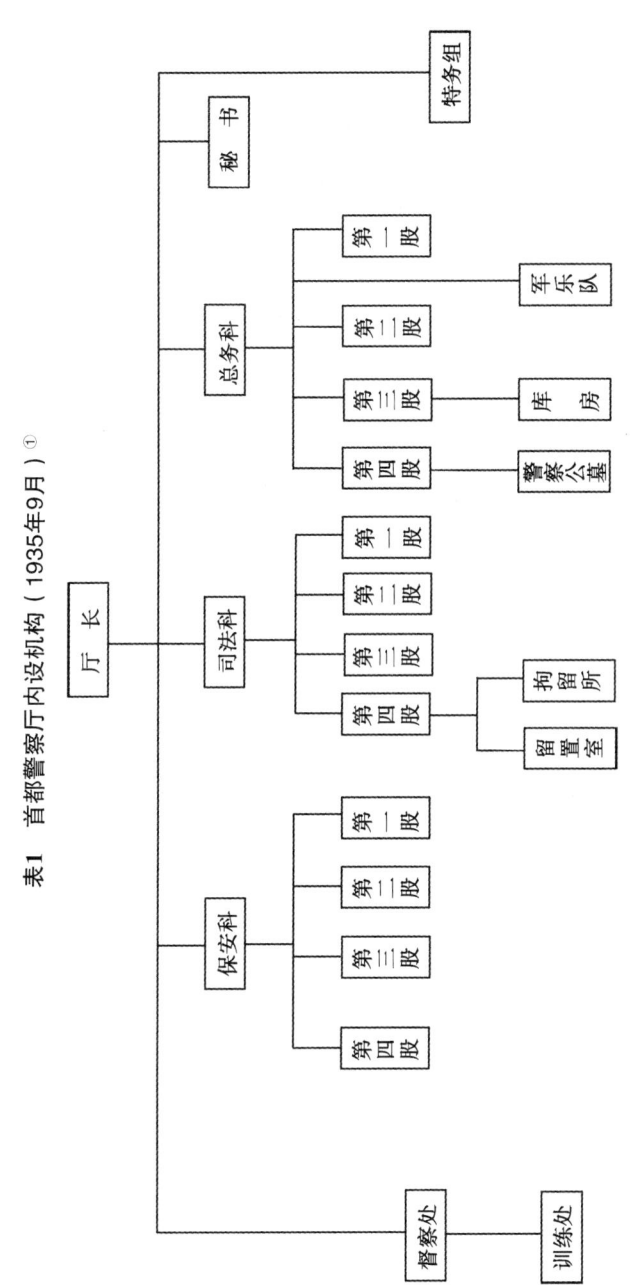

表1 首都警察厅内设机构（1935年9月）[①]

```
                                        厅 长
        ┌──────────┬──────────┬──────────┬──────────┐
      督察处      保安科      司法科      总务科      秘书
        │          │          │          │          │
      训练处    ┌─┬─┬─┐  ┌─┬─┬─┐  ┌─┬─┬─┐    特务组
               第 第 第 第  第 第 第 第  第 第 第 第
               一 二 三 四  一 二 三 四  一 二 三 四
               股 股 股 股  股 股 股 股  股 股 股 股
                                │  │      │  │  │
                              拘 留      军 库 警
                              留 置      乐 房 察
                              所 室      队    公
                                              墓
```

① 据《内政年鉴警政》，第11页。

人。撤销巡查一职。督察处的职责是：督察内外勤务，纠察长警风纪；稽查、弹压、警卫、戒备的指挥监督；情报；长警校阅；临时命令派遣等事项。根据条例的规定，首都警察厅可以在必要时增设外事科及其他专管科，但须报内政部核准。

除上述人员、机构外，为加强对人民的思想控制，取缔思想犯罪并办理特种事项，首都警察厅还成立了特务组，设组长一人，特务员二十至二十四人。各科处还可以设办事员五十至六十四人，并可以酌用雇员。

1937年12月南京陷落以后，直到1945年8月日本投降以前，南京的首都警察厅由汪伪政权把持，国民政府西迁重庆。

1945年8月，日本帝国主义宣布无条件投降。但国民政府一时还未能恢复对首都南京的治安管理，因此采取了一些临时性措施。1945年10月3日，国民政府颁布了《首都警察厅驻卫警察临时派遣办法》，并派遣内政部警察总队到南京接管治安工作。

1946年6月19日，国民政府公布了新的《首都警察厅组织法》，对抗战前的首都警察厅内外组织作了大幅度调整：除仍设厅长一职外，增设副厅长一人，简任，辅助厅长处理事务。厅长以下设秘书六至八人。改组后的首都警察厅内部机构包括四处一室，即行政警察处，负责保安、正俗，调查户口，处理营业、建筑事宜，指导交通、卫生、"新生活运动"以及其他有关行政警察的事项；刑事警察处，负责刑事侦查及犯罪预防，处理违警案件、保管赃证、收解人犯以及犯罪记录、鉴识，管理游民习艺以及其他有关刑事警察事项；督察处，负责警察编制配置，督导勤务规划，纠察警察风纪、警卫、戒备、水火灾变防护、危险物品管理、消防员警训练及消防器材的修缮、管理、使用等事项；总务处负责文书处理、档案保管，警需经理、经费出纳，交通、通讯、员工福利及其他有关的总务事项；外事警察室，负责处理外侨保护管理及其他涉外事项。

上述四处各设处长一人，简任；外事室设室主任一人，简任或荐任，外事警官十五至二十人；督察处还设督察长三至六人，督察员三十至四十人。除上述人员外，四处一室共设科长十七至十九人，编译四至六人，技正三人，科员一百至二百人，技士三人，外勤十至二十人，办事员五十至七十人，雇员六十至八十人。

除以上职能机构外，厅内还设立了辅助性机构——三室，即会计室，设会计主任一人，科员十四至十六人，办事员四至八人，雇员二至四人；统计室，设统计主任一人，科员二人，办事员一或二人，雇员一至二人；人事室，设主任一人，科员三至六人，办事员二至四人，雇员一至三人。总计上述人数（不包括下属机构），首都警察厅内部机构常年编制在三百四十至四百五十人之间，较之抗战前的一二百人（不包括雇员）有了大幅度增加。

第三节　首都警察厅的外部组织

首都警察厅的外部组织可以分为两类，第一类包括各种警察队和警士教练所、警察医务所；第二类是按照管辖区域设置的各个警察局和巡逻队。

第一类：根据1929年10月颁布的《首都警察厅组织法》第十八条的规定，首都警察厅为维持治安的需要可以编练警察队。1931年7月，内政部作出明确规定：首都警察厅可以设立保安警察队、消防警察队、侦察警察队、警士教练所及警察医务所。截止到1935年9月，首都警察厅先后设立的这类机构有：保安警察大队，设大队长一人、大队副一人，下辖第一、第二、第三、第四中队，各中队设中队长一人；特务警察大队，设大队长一人、大队副一人，下辖第一、第二、第三、第四中队，各中队设中队长一人；侦探警察队，内分第一、第二、第三、第四等四个组；消防警察队，下辖中路分队、东路分队、南路分队、西路分队、北路分队、下关分队等六个分队；警士教练所，下分第一、第二两个队；警察医务所，下设第一、第二、第三等三个分诊所。1937年3月，内政部进一步规定，首都警察厅除设立上述机构外，还可以设立水上警察队。

第二类：根据1929年10月颁布的《首都警察组织法》，该厅应按区域分设警察局、警察分驻所、警察派出所、守望及巡逻区。到1930年9月，首都警察厅按区域先后设立了十二个警察局。每局设局长一人，荐任，局员、巡官、长警各若干人。局下设分驻所、派出所、守望及巡逻区各若干个。1932年3月，首都警察厅将十二个警察局缩并为八个。1933年9月又接管了惠民河一带的水上区域，增设惠民河水上巡逻队，归第七警察局指挥；同时因八卦洲地方发生盗劫，在南京市政府请求下，在该处设立了八卦洲巡逻队。1934年9月，南京市与江苏省划分地界，江苏省向南京市方面移交了对该市四郊地面的治安管理权。首都警察厅决定在新接收的地面上设立四个警察局。首先于中山陵设第九警察局，在其他各局未设立之前，暂时在上新河和燕子矶设立两个巡逻队。

到1934年9月以前，首都警察厅内外组织共设有警官七百六十六人，长警五千零六十九人，总计五千八百三十五人。关于1935年9月以前的首

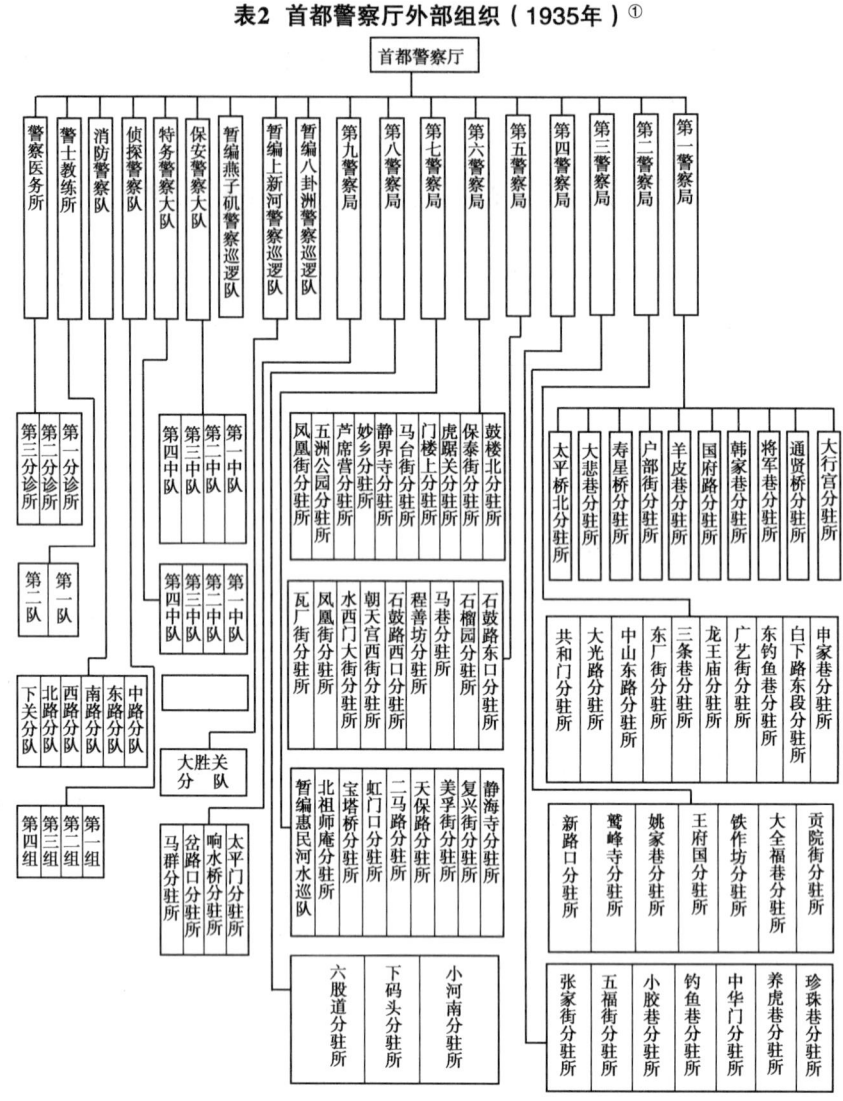

表2 首都警察厅外部组织（1935年）[①]

```
                                  首都警察厅
  ┌──┬──┬──┬──┬──┬──┬──┬──┬──┬──┬──┬──┬──┬──┬──┬──┬──┬──┐
警察 警察 消防 侦探 特务 保安 暂编 暂编 暂编 第九 第八 第七 第六 第五 第四 第三 第二 第一
医务 十教 警察 警察 警察 警察 燕子 八卦 上新 警察 警察 警察 警察 警察 警察 警察 警察 警察
所   练所 队   队   大队 大队 矶警 洲警 河警 局   局   局   局   局   局   局   局   局
                              察巡 察巡 察巡
                              逻队 逻队 逻队
```

下属分驻所（按各警察局排列）：

- **第一警察局**：大行宫分驻所、通贤桥分驻所、将军巷分驻所、韩家巷分驻所、国府路分驻所、羊皮巷分驻所、户部街分驻所、寿星桥分驻所、大悲巷分驻所、太平桥北分驻所
- **第二警察局**：申家巷分驻所、白下路东段分驻所、东钓鱼巷分驻所、广艺街分驻所、龙王庙分驻所、三条巷分驻所、东厂街分驻所、中山东路分驻所、大光路分驻所、共和门分驻所
- **第三警察局**：贡院街分驻所、大全福巷分驻所、铁作坊分驻所、王府园分驻所、姚家巷分驻所、鸢峰寺分驻所、新路口分驻所
- **第四警察局**：珍珠巷分驻所、养虎巷分驻所、中华门分驻所、钓鱼巷分驻所、小胶巷分驻所、五福街分驻所、张家街分驻所
- **第五、第六警察局**：保泰巷分驻所、鼓楼北分驻所、虎踞关分驻所、门楼上分驻所、马台街分驻所、妙乡分驻所、芦席营分驻所、静界寺分驻所、五洲公园分驻所、凤凰街分驻所、石鼓路东口分驻所、石榴园分驻所、石善坊分驻所、石鼓路西口分驻所、朝天宫大街分驻所、水西门分驻所、瓦厂分驻所、北祖师庵分驻所、宝塔桥分驻所、虹口分驻所、二马路分驻所、天保路分驻所、美孚街分驻所、复兴街分驻所、静海寺分驻所
- **第七警察局**：第一中队、第二中队、第三中队、第四中队；暂编惠民河水巡队；太平门分驻所、响水桥分驻所、岔路口分驻所、马群分驻所
- **第八警察局**：第一中队、第二中队、第三中队、第四中队；大胜关分队；中路分队、东路分队、南路分队、西路分队、北路分队、下关分队；第一组、第二组、第三组、第四组
- **第九警察局**：小河南分驻所、下码头分驻所、六股道分驻所
- **警察医务所**：第一分诊所、第二分诊所、第三分诊所；第一队、第二队

[①] 本表据《内政年鉴·警政》，第11页。原表第五、第六两警察局均有凤凰街分驻所，故照录。

都警察厅外部组织的情况见（表2）。抗日战争胜利结束以后，首都警察厅恢复了对南京市的治安管理，并重建起各个外部组织。1946年6月19日颁布的《首都警察厅组织法》对首都警厅的外部组织作了新的规定，使其规模进一步扩大。首先从第一类组织看：保安警察大队、消防警察队升格为保安警察总队、消防总队；原侦探警察队改组为刑事警察队；增设了清洁总队、特别装备队及其他一些警卫组织。各种警察队设队长、队副等职务。警士训练所仍然保留，规模也有了一定的扩大，所长以下设教育长、教务、训育、总务主任、总队长、教官及各级队长等职务。此外，原警察医务所升格为警察医院。其次，从第二类组织看：首都警察厅仍然按辖区内的人口、面积、社会情况划分区域，设立警察局。每局设局长一人，荐任，综理局务；局员五至九人，荐任；下设二至四科，每科设科长一人；以下为巡官五至八人；办事员十至十四人；雇员八至十二人。地方要冲、事务较繁的警察局设副局长一人，荐任。警察局的对外机构是警察所，改变了抗战前分驻所的名称。每个警察所设所长一人，巡官一至三人，雇员一至二人。

到抗日战争胜利一周年之际，首都警察厅的外部组织已基本恢复起来。恢复后的警察局改变了以往以数字编号为局名的做法，并增设了一些新的警察局，总计设立的警察局有十二个，即东区局、南区局、西区局、北区局、中区局、下关局、浦口局、东郊局、南郊局、西郊局、北郊局、水上局（表3）。

表3　　　　　　　　　首都警察厅各局所编制*（1946年）

编制\局名	所数 新编制所数	实有数	所名	警备班数	勤务区数	交通岗数	新编制长警	实有长警人数	备考
东区局	12	8	新街口、太平桥、大行官、国府路、光华门、珠江路、中山门、太平门	18	28	22	495	372	
南区局	13	11	夫子庙、饮虹园、中华门、铁作坊、大石坎街、白酒坊、钓鱼台、菱角市、集庆路、中华路、建康路	16	47	8	550	398	
西区局	7	8	安品街、中正路、丰富路、朝天宫西街、张府园、上海路、沈举人巷、清凉寺	13	34	6	605	268	
北区局	12	7	老菜市、挹江门、湖南路、保泰街、阴阳营、三牌楼、玄武门	12	26	9	605	314	
中区局	7	5	三条巷、科巷、延龄巷、龙王庙、钓鱼巷	8	22	3	550	165	

续表

局名\编制	所数 新编制所数	所数 实有数	所名	警备班数	勤务区数	交通岗数	新编制长警	实有长警人数	备考
下关局	7	5	鲜鱼巷、车站、宝善街、四所村、商埠街	10	20	7	660	217	
东郊局	10	9	孝陵卫、马群、仙鹤门、沧波门、蒋王庙、汤山、官桥、东流、陵园	16	32	12	550	180	
南郊局	9	6	珍珠巷、养虎巷、七里街、飞机场、花神庙、西善桥	9	19	3	330	157	
西郊局	13	8	新河口、螺丝桥、头关、大胜关、江心洲、水西门外、三汊河、毛公渡	11	32		440	182	
北郊局	8	8	燕子矶、笆斗乡、尧化门、迈皋桥、宝塔桥、七里乡、下坝、八卦乡	11	32		550	95	
浦口局	11	3	小河南、大马路、老江口	7	9	5	330	60	
水上局	9	6	三汊河、下关、大胜关、浦口、乌龙山、八卦洲	11	16	3	320	86	
合计	118	84		142	317	78	5985	2494	

* 本表据《首都警察厅复员一周年纪念专刊》，第132页。

第四节　抗日战争时期重庆市警察局的特殊地位

重庆依山带水，地当长江、嘉陵江汇合处，自清末通商开埠以来逐渐发展成为西南地区的经济交通中心。宣统二年（1910）清政府在这里设立了警察局，此举被认为是重庆近代市政建设的开端。此后若干年里，重庆市的发展与警察的建设密切联系在一起。① 民国初年，重庆警察局改称为重庆警察厅。1927年11月，重庆商埠升级为市，成立市政厅，下设市公安局，将

① 《九年来之重庆市政》，第27页。

全市划分为十个区，设立十个警察署及三个派出所。1929年3月，重庆市政府成立，公安局改隶于市政府，内设警务、司法、卫生三科和督察处。1931年"九一八"事变爆发后，四川善后督办发出命令，要求各政府机关在困难时期缩小编制，节省经费。从1932年4月起，重庆市公安局缩编为公安处，内设警务、卫生两科和督察处，直隶于警备司令部，同时受市政府的指挥。1937年11月，继上海、太原失陷以后，南京也暴露在日军的枪炮之下。11月20日，国民政府发表移驻重庆办公的宣言，声称："国民政府兹为适应战况，统筹全局，长期抗战起见，本日移驻重庆。此后将以最广大之规模，从事更持久之抗战。"四川省政府主席刘湘也致电林森表示欢迎。实际上，国民党中央党部、国民政府各机关以及蒋介石等军政要员是先移驻武汉办公然后才移往重庆的。1938年12月，国民政府公布了《重庆市政府组织规则》，规定重庆市警察局直属于市政府，负责该市的公安、消防、户口调查及人事登记等事项。该局设局长一人，简任；待遇秘书一人，督察长一人，科长三人，均荐任；科员二十至三十人，办事员十至十五人，督察员二十至二十五人，均荐任。警察局内设三科一处，即总务、行政、司法三科及督察处。警察局的外部组织为依管辖区域设立的若干警察分局，各分局设分局长一人，荐任或委任，每分局之下又设有若干分驻所；水上区域设立了水巡队，设队长一人，委任；此外，该局还设有侦缉队、警察大队及警察训练所等机构。

1938年10月武汉陷落以后，全部中央政府移到重庆办公，重庆市的地位显得重要起来。1940年，国民政府决定将重庆市升格为院辖市，其后还明令定为中华民国的陪都。与重庆市地位上升相一致，重庆市警察局的规模也随之扩大。首先，从内部组织看：局长之下设有五科、一处、四室，即行政科，下分外事、治安、交通、管制四股；司法科，下分事务、审讯、指纹三股；户政科，其下也分三股；保甲科，下分组训、业务二股；军事科，下分审核、调查、保管、登记四股；督察处，下分勤务、校训、调查三股；秘书室，设主任秘书一人，其下分设三股；人事室，下分三股；会计室，下分三股；统计室。1942年12月，内政部批准重庆市警察局从1943年起，将原行政科外事股扩编为外事科，并增设科员、办事员、巡官各一人，警长四人，警士十六人，共计二十三人。[①] 其次，从重庆市警察局的外部组织看：重庆全市划分为十七个陆上区和一个水上区，共十八个区。每区设一个分

---

① 《行政院训令》，中国第二历史档案馆藏档案。

局，即第一至第十七分局和水上分局。每分局设分局长一人，分局长同时兼任区长，在一区之内既是警察首领又是行政长官。各分局配备行政局员、司法局员、文书局员、特务巡官长警以及户籍员、办事员等。1948年2月，各分局增设户籍室，加强对户籍业务的管理。各分局之下均设有警察分驻所和派出所，由所长、户籍警长、户籍生、警长、警士等组成。据《重庆市改进保甲养成人民自治实施程序》的规定："警保联系，管教养卫合一，以官治为手段，以自治为目的"，是该自治实施程序的根本原则。市政府辖下的警察局是市政府的保甲主管机关。市内分区，各设区署，"代表市政府办理各该区行政及自治事务，以警察分局长兼区长"；区下设镇，"镇设镇公所，置镇长一人，由警察分驻所就巡官兼任之"，镇的编制就是保甲。按照"程序"的规定，重庆全市共分为十七个区，一个水上区，区下分设七十六镇，六百五十九保，七千三百八十五甲。①

除按管辖区域设置警察分局、分驻所及派出所外，重庆市警察局还设有各种警察队，如，保安警察总队，下设大队、中队、分队等。消防警察总队，下设大队、分队。侦缉大队，下设第一队、第二队、第三队、第四队、第五队和水上队，其中第一、二两队之下各分四组，第三、四、五队之下各分三组，水上队分二组。侦缉大队内设四股，分管情报网布置，情报编审，侦讯和行动督察等。义勇警察总队，下设17个大队，每大队之下又设有若干中队、分队。总队长由市警察局长兼任，大队长由各警察分局长兼任，中队长由警察所长兼任，分队长和队员遴选曾受国民兵教育的各商号高级职员担任。临检大队，1943年2月12日成立，大队长由市警察局长兼任，副队长由督察处长兼任，该队的主要任务是执行经济管制法令和限价法令，"专司限价检查工作"。②此外，该局还设有驻卫警察总队、③警察训练所及执行便衣警察搜集情报任务的"义务警察组织"。据1943年底的统计，重庆市民共九十二万零五百余人，而该市的警察官员则达一千二百九十九人，警士三千一百二十六人。在一个不到百万人口的城市里，竟有一支近五千人的警察队伍，足见其机构的庞大。总之，在抗日战争时期，重庆市警察局具有"战时首都警察厅"的性质。

---

① 陈之迈：《中国政府》第3册，第148页。
② 《重庆市政府公报》第41期，第32页。
③ 《重庆市政府公报》第49期，第55页。

第二十章

地方警察系统

第一节 省级警察机关

南京国民政府成立以后，调整地方警察组织，撤销了原北洋政府时期设置的省警察主管机关——省警务处，将各省警察事务划归各省民政厅管辖。民政厅直隶于省政府，是省政府下设的行政主管机构之一。国民党统治时期，省政府一般下设秘书处和民政厅、财政厅、教育厅、建设厅四厅，民政厅即属其一。省民政厅一般下设若干科，科下又设若干股，由某科或某股负责警察事务。但各省民政厅的具体组织差异甚大。如江苏省民政厅下设六科，由第三科掌管陆警事务，由第四科掌管水警事务；湖南省民政厅内设三科，由第三科掌管警政；湖北省警政则由民政厅第三科第一股（共设四股）负责。总之，各省的情形不尽相同，有的机构较为庞大，有的则较为狭小。有些省份在相当长的时间里并没有按照中央政府的指令将警察事务划归民政厅负责，而是另外设立直属于省政府的某种机构管理警察事务。例如山西、察哈尔、绥远、河北等省分别设有省公安管理处或省公安管理局，辽宁、吉林、黑龙江、热河等省则仍按旧制设立省警务处。上述机构均直属于省政府，管理全省警察事务。此外，江苏、浙江、安徽、江西、湖北、河南等省及上海市还设有类似于警务处的保安处，直属于省政府，管理本省的保安警察部队，分担了民政厅的相当一部分职权。由于民政厅管辖的事务比较庞杂，而警政又具有相当的广泛性和专业性，在执行一段时间以后，最高警政当局也感到了许多的不便。内政部的一份报告指出："自国民政府成立，即将省警务处裁撤，而将警政移并于民政厅管辖，民政的事务，既至繁复，警政的范围，尤较广巨，一身而兼二三任，措施自难毕举，加以警察性质特殊，总管全省警政的人，必须学识和经验皆属优长，始能因应咸宜，是以通行以来，卒致各省异议纷纭，黑龙江省有仍用水陆公安管理处的请求，辽宁、吉林两省，有暂行维持旧警务处的呈文。"江浙等省为加强反共的力量,也须要"指挥统一的机关,以便清剿,因与民政厅并立,而设保安处。则关于全省治理警政之机关,组织的分歧,既经如此,名称的复杂,又复如彼。比英美的分权,固属不同;与德日的集权,亦有差异"。①

1928年11月,蒋介石致电南京指出:"各县警察应统归该省警务处整顿训练,有处者仍旧保留,无处者即应设立。"根据蒋的指示,内政部立即着手恢复各省警务处的建制。但关于警务处的隶属关系问题,众说纷纭,意见不一。有人主张警务处应当独立出来,直属于省政府,与各厅并列;也有人主张缩小警务处职权,仍将警务处隶属于民政厅,以避免事权冲突、意见分歧。内政部将上述意见呈报国民政府发交行政院审议,结果采纳了第二种意见,警务处仍隶属于民政厅。1929年6月27日,国民政府公布了《省警务处组织法》,规定:省警务处秉承民政厅厅长之命,管理全省水陆警察事务。警务处对所属机关作出的处分或发布的命令认为有违背法令、妨害公益或侵越权限时,得报由民政厅变更、停止或撤销之。省警务处设处长一人,其职权是:综理处内一切事务,指挥并监督全省各公安机关。警务处内设二至四科,每科设科长一人,科员三至六人;督察长,督察员四至八人,负责考察各市县警察事务;秘书一至二人,办理机要事务;技术员三至五人,负责测绘、制图、工程、化验等技术事务。此外,警务处还可酌用若干雇员。

1929年8月9日,内政部公布了《省警务处长任用规程》五条。内政部训令各省民政厅指出:警务处长一职,"总管全省水陆警政,至关重要,必须学验兼优始克胜任愉快"。要求警务处长的人选必须具备下列资格方能充任:曾在国内外警察专门学校或警官高等学校学习三年以上毕业并曾任荐任以上警官者;曾在国内外大学或专门学校修习政治、法律学科三年以上毕业并曾任荐任以上警官二年以上,确有警察学识与经验者;军官学校毕业,曾任中校以上军职并确具警察学识与经验者。

《省警务处组织法》公布时,全国正处于军阀割据和混战的状态,该法在许多省份并没有得到认真执行,有些省份则干脆不予理采。如广东等省民政厅声称要遵令筹办,但始终未曾执行。河南省首先依法设置了警务处,但不久又裁撤了;东北政务委员会以全省警察机关非民政厅所能兼辖,有直属省政府的必要为由,设立了公安管理处,直属于省政府;江苏、浙江、福建等省仍设立类似警察机关的保安处,直属于省政府;湖北、江西等省以经费不足为由,要求缓设。因此,依法实际设立警务处的省份并不很多。如,河

---

① 《内政公报》第4卷,第29期,《改善警察组织》。

北省于1932年10月将省公安管理局改为省警务处，隶属于省民政厅；山西省于1933年1月改省公安管理处为警务处隶属于省民政厅，但这已是较后来的事情了。

鉴于《省警务处组织法》难以推行，内政部于1929年11月呈请国民政府转请中央政治会议讨论。该会于第205次会议议决，通会各省："在有设立必要之省，应归民政厅直辖，其未经设立者，从缓设置。"① 此令发出以后，依法设置警务处的不过河北、山西、甘肃、贵州、察哈尔等数省而已。

在设置警务处的问题上，有时也会出现各派系政治势力激烈争夺、相互指责的场面。例如，冯玉祥控制西北期间，试图将自己的势力渗透到地方警察机构中，他借着设立警务处的机会，将自己的关系安插到陕西省警务处内。1930年底，陕西省政府在写给南京的一份报告中指责冯玉祥"意图位置私人，不惜月糜巨款于民穷财尽之际"。并且说："陕西贫瘠，各县公安事务向多有名无实，事务简单，原可责成民政厅综理一切，不必设立专处，致滋糜费。"并指责冯玉祥在该省设立警务处"非徒虚设，适以病民"。蒋介石于是以"现在与民更始，凡事须求实际，极力撙节以苏民困"为由下令立即裁撤了该省警务处。②

抗日战争全面爆发的初期，国民政府对省级警察机关的组织体系作了新的调整，于1937年11月4日修正公布了新的《省警务处组织法》。这次调整的重点在于：第一，提高省警务处的地位，不再隶属于省民政厅而直接隶属于省政府；第二，提高警务处官员的官阶，处长由原来的荐任升格为简任，科长由原来的委任升格为荐任；第三，扩大了省警务处的职权，省警务处对于所属机关职员所作的处分或命令认为违法或不当时可以直接变更、停止或撤销，而不必经过省民政厅③。修正的《省警务处组织法》公布以后，有些省份仍然没有设立警务处，继续由民政厅管理全省警察事务。这样，就出现了两种体制，即警务处制——设警务处的省，警务处直属于省政府，为全省警察的行政主管机关；民政厅制——不设警务处的省，全省警察事务由民政厅综理。

抗日战争结束后，国民政府对省级警察机关作了大幅度调整和改革，于

---

① 《中国警察行政》，第22页。
② 《内政部内政公报·训令》第3卷，第12期。
③ 《内政公报·警政》第10卷，第7—12期。

1947年5月26日公布了新制定的《省警保处组织法》，改原来的警务处为警保处。警保处实际上是将一些省份一直存在的省民政厅警务科及保安司令部（保安处）裁撤后与警务处合并而成的一个警保合一的机构。新设立的警保处仍然隶属于省政府，职权则由原来的"指挥、监督全省水陆警察事务"扩大为"掌理全省警察及保安事务"。其内部组织也随之膨胀起来，由原来的二至四科增加到六科三室，即：第一科，负责管理警察及保安部队的组织、编制、外交、交通、消防、卫生、建筑、风俗、禁烟等项警察业务以及铁路、税务、盐务、森林、工矿、渔业、航业等专业警察的联系事项；第二科，负责管理警察及保安部队教育及校阅事项；第三科，负责管理治安、搜集情报、监督治安行政，以及绥靖计划、警力配备、调遣、公私武器管理、户口调查等事项；第四科，负责防空业务的计划、设施、指挥、督导、考核等事项；第五科，负责管理司法警察及处理违禁出版物；第六科，负责管理警察及保安部队的经理、经费以及该处的庶务、出纳、财产、公物的保管等事项；会计室，负责本处的会计事务；统计室，负责本处的各项统计事务；人事室，负责本处的人事管理事务。在机构扩大的同时，警保处的人员也相应增多。根据各省的不同情况，警保处的人员编制分为甲乙丙三个等级。所谓甲种，即第一等级的警保处，其直属机关部队人数在一万人以上，或全省县市设治局在八十个以上，其警务处的人员编制是：处长一人，副处长二人，秘书主任一人，秘书四至六人，科长五至七人，视导六至十人，编审三至五人，技正四至八人，人事主任、会计主任、统计主任各一人，科员四十五至八十人，技士五至十人，办事员四十至六十人，雇员四十至五十五人，总计人数在一百五十九至二百五十八人之间。所谓乙种，即第二等级的警保处，其直属机关部队须在六千人以上九千九百人以下，或全省县市设治局在五十个以上七十九个以下，其警保处的人员编制是：处长一人，秘书三至五人，科长五至七人，视导五至八人，编审二至四人，技正三至六人，人事主任、会计主任、统计主任各一人，科员四十至六十五人，技士四至八人，办事员三十至五十人，雇员三十至五十人，总计人数在一百二十八至二百一十人之间。所谓丙种，即第三级警保处，其各项职务的员额比乙种的又要少，总计人数在九十三至一百六十八人之间。在一些业务比较单纯的省份，警保处的编制也可以少于丙种的最低数。

《省警保处组织法》颁布后，第一期设立警保处的省份有浙江、福建、江西、湖南、湖北、广东、广西、贵州、云南等九省。[①]

1947年7月4日，国民政府国务会议通过了《厉行全国总动员戡平共产党叛乱方案》，18日公布。在全国范围内推行法西斯统治，先后采取了一系列重大措施，其主要含义不外乎三个方面，即"政府权力的集中"，"政府权力的扩张"和"政府权力的不受限制"。[②]

1948年1月23日，国民政府行政院公布了《省保安司令部组织规程》，规定："在动员戡乱期间"，在全国各省设置保安司令部，集军队、警察于一身，加紧推行白色恐怖统治，妄图苟延残喘，困兽一搏。

省保安司令部是一个军警合一的武装力量指挥部，隶属于国民政府行政院，其军事作战业务受国防部指挥、监督；警察、保卫事务受内政部指挥、监督，职权十分广泛。

省保安司令部设司令一人，由省主席兼任，主持全省保安事务；副司令一人、参谋长一人，均由国防部委派，协助司令处理事务。省保安司令部内设四室、三处、二科，警保处也是其内部的一个机构。根据各省的不同情况，省保安司令部的组织编制同样分为三个等级，具体情况是：

秘书科，属军队文职系统，负责机要、文书、信电工作；设秘书二人，分简、荐任两种；译电员二人，委任，司书一人，委任。参谋处，属军队系统，内设二科，负责情报工作和指挥作战，设处长一人，上校或少将军衔；第一科负责情报，设科长一人，中校或上校衔，校级参谋三人，上尉参谋三人；第二科负责作战，设科长一人，中校或上校衔，校级参谋三人，上尉参谋三人，司书四人，委任，乙种三人、丙种二人。警保处，属警察系统，内设四科，负责编组、训练、警政、交通、通讯及枪械弹药补给工作；设处长一人，简任，副处长一人，简任；第一科负责组织、编制、训练工作，设科长一人，荐任，科员十二人，委任，乙种八人、丙种六人；第二科负责治安行政和出版检查工作，设科长一人，荐任，科员十二人，乙种八人、丙种六人；第三科负责"民众自卫队"的组织训练工作，设科长一人，荐任，科员十二人，乙种八人、丙种六人；第四科负责枪弹补给及交通、通讯工作，设科长一人，荐任，科员七人，委任，乙种六人、丙种五人，视导五人，荐任，乙种三人、丙种一人，编审三人，荐任，乙种二人、丙种一人，雇员八人，乙种六人、丙种四人。新闻处，属军队系统，负责宣传及政工工作，设

[①] 《中华民国开国五十年史论集》，第193页。
[②] 《中华民国政治发展史》第3册，第1556页。

处长一人，上校或少将衔；下设二科，各设科长一人，中校或上校衔；校级科员三人，尉级科员二人；此外还设有尉级副官一人，少校统计员一人，上尉书记一人，尉级司书三人。总务科，属军队系统，负责庶务、警卫、交际、运输及医务等工作；设中校科长一人，校级科员四人，乙种三人、丙种一人，尉级书记二人，司书二人。经理科，属军队系统，负责经费、出纳及服装器具的补给工作；设科长一人，科员五人（丙种四人），司书一人。会计科，属军队系统，负责稽核经费及审查、编制预决算工作；设主任一人，科员五（丙种四）人，司书一人。军法室，负责军法审判工作，属军队系统；设主任法官一人，军法官三（丙种一）人，书记一人，司书二（丙种一）人。人事室，属军队系统，负责管理人事任免、考核工作；设主任一人，科员九（丙种八）人，司书三（乙种二、丙种一）人。除上述各处、科、室人员外，司令部还设有卫士三人，司号一人，传达六（乙种五、丙种四）人，勤务兵六人，饲养兵三（乙、丙种各二）人，炊事兵七（乙种六、丙种五）人。总计上述各项人员，甲种总编制为一百八十六人，其中官员一百六十人，兵二十六人；乙种总编制为一百五十七人，其中官员一百三十四人，兵二十三人；丙种总编制为一百二十八人，其中官员一百零七人，兵二十一人。

省保安司令部之下，还设有区保安司令部。除"各省在已划列绥靖区之地方依照绥靖区司令部组织规程组设绥靖区司令部者外"，[①] 凡未划列绥靖区的地方就行政督察专员区成立区保安司令部。区保安司令部直隶于省保安司令部，设司令、副司令各一人，司令由行政督察专员兼任，副司令由省保安司令部派充。区保安司令部内设二科，分别负责情报、"民众自卫队"的编组训练，人事及械、弹、粮、服、器材等的补给与交通、通讯、卫生等设施工作。

国民党当局在临近灭亡的前夕在各省组建保安司令部，本意是要通过军警合一的体制达到强化其统治的目的，但事与愿违，这种措施并没有实现预期的设想。

第二节　省会和市警察机关

城市警察机关是维护城市治安的重要力量，同时也是确保全国治安的关

---

① 《国民政府公报》1948年1月26日。

键所在。早在北洋政府统治时期，曾在全国各省会、重要商埠设置地方警察厅，在普通城市和商埠设置警察局。南京国民政府成立以后，曾先后对城市警察机关体制进行过多次调整。

根据南京国民政府的法律规定，城市分为两种：其一为院辖市，即隶属于行政院的城市（一度称特别市），其地位与省相同。最初列为特别市的有：南京、上海、北平、天津、青岛、广州、汉口等七市，其后天津、汉口、广州改隶于各该省政府，作为院辖市的只有四个。1933 年，又增设西安为院辖市。抗日战争爆发后，国民政府西迁，1940 年决定将重庆市升格为院辖市。院辖市的成立条件是：人口众多，一般在百万人以上，如上海、北平、天津等市；或者是在政治、经济或军事上具有特殊地位的城市，如南京、西安、重庆等市。其二为省辖市，亦即普通市，隶属于省政府，其地位与县同。此外，省会所在地虽然不是城市，但从其地位的重要性上来看，也视为城市。这样，我们事实上可以把南京统治时期的城市分为四种，即首都、院辖市、省辖市、省会。这四种不同级别的城市，其所设置的警察机关也略有不同。关于首都警察机关，我们在前章已经作过介绍，下面分述其他三种。

一 院辖市警察机关

1930 年 9 月以前，院辖市称特别市，1930 年 9 月以后改称院辖市。根据 1928 年 10 月颁布的《各级公安机关编制大纲》的规定，院辖市（当时称特别市）警察机关是特别市公安局，直隶于特别市市政府。局长为简任或荐任，地位较普通市为高，组织机构也较为庞大。局内部设若干科室，外部则依管辖区域设立若干分局或区署，并设有各种警察队等机构。

以北平市为例，1928 年 6 月，原作为北洋政府京师警察机关的京师警察厅改组为北平特别市公安局。局内设五科、一部、一室，即第一、第二、第三、第四科及卫生科，不久卫生科降格为股，改隶于第二科。1933 年 11 月，市政府设立卫生处，将原属于公安局的一切卫生职权并入。一部为政治训练部，后来改为政训科。一室为秘书室。后来该局又增设了勤务督察处。这样全局的内部机构共为一室、五科、一处。与此同时，北平市公安局的外部机构也作了一些调整。内城分为六区，外城分为五区，四郊各为一区。各区设区署，署设署长一人，署员、办事员各若干人。署内分设四股，四郊区署又设有分署。区署之下，设有分驻所、驻在所及派出所。派出所是警察勤务活动的中心，分驻所是警察居住的所在，是警察的大本营。驻在所只设于

表1 北平市公安局内外机构

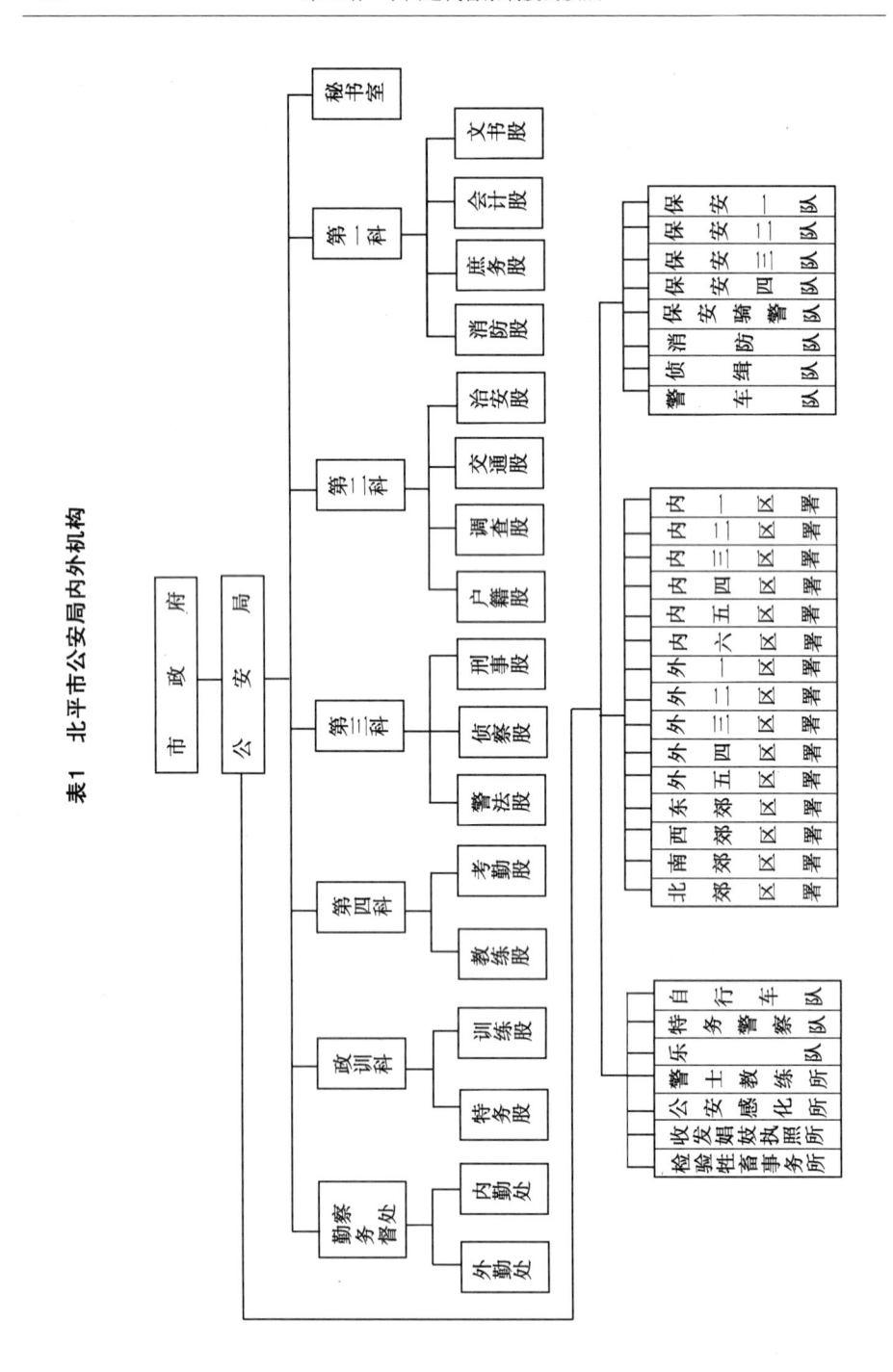

```
市政府
  │
公安局
  ├─ 秘书室
  ├─ 第一科 ── 文书股、会计股、庶务股、消防股
  ├─ 第二科 ── 治安股、交通股、调查股、户籍股
  │         └─ 保安一队、保安二队、保安三队、保安四队、保安骑警队、侦缉消防队、车缉队、警务队
  ├─ 第三科 ── 刑事股、侦察股、警法股
  │         └─ 内一区署、内二区署、内三区署、内四区署、内五区署、内六区署、外一区署、外二区署、外三区署、外四区署、外五区署、东郊区署、西郊区署、南郊区署、北郊区署
  ├─ 第四科 ── 考勤股、教练股
  ├─ 政训科 ── 训练股、特务股
  │         └─ 自行车警察队、特务警察队、警乐队、公安教士、收发妓执照所、感化执务所、检验牲畜事务所
  └─ 勤务督察处 ── 内勤处、外勤处
```

四郊各区中，地位与分驻所相当，性质上略有差别，须分担一些警察行政的

职务。此外,北平市公安局还设有四个保安队和保安骑警队、侦缉队、消防队、自行车队、特务警察队、警车队等十个警察队以及公安感化所、拘留所、收发娼妓执照事务所、乐队、警士教练所等辅助性机构(表1)。据1933年12月的统计,北平市公安局共有各级官警九千零九十四人,其中巡官四百零四名,巡长一千零二十九名,巡警七千六百六十一名。除局内部四百一十九名官警外,其余均分布在各区署、各警察队和各辅助性机构里。(表2)

表2　　　　　　　　　　北平市公安局各区署设所数额[①]

所别\区别	派出所	分驻所	驻在所	备考
内一区	26	5		
内二区	19	6		
内三区	20	6		
内四区	20	5		
内五区	20	6		
内六区	18	4		
外一区	18	7		
外二区	20	7		
外三区	20	8		
外四区	20	8		
外五区	20	6		
东郊区	25		3	
西郊区	36		8	
南郊区	30		4	
北郊区	23		3	
总计	335	68	18	

抗日战争爆发前夕的1937年1月20日,国民政府发布命令,要求全国各级警察机关自1937年1月起,一律改称警察局。自此以后全国各院辖市公安局相应改名为院辖市警察局,并根据1936年8月1日颁布的《各级警察机关编制纲要》确定其内外编制。抗日战争爆发以后,南京、上海、北平、天津、青岛等院辖市相继失陷,这些城市的警察机关也先后为日伪政权所把持。这个时期,西安的院辖市市政府始终未能组织起来,后来又改设为省辖市,因此在抗日战争期间,作为院辖市的警察机关多不在国民政府掌握

---

① 姜春华:《北平警政概观》。

之中。

抗日战争胜利以后，国民政府恢复了对全国的统治，各院辖市警察机关的组织和职权也相继得以恢复。以上海市为例，自通商开埠以来，上海一直是中国最大的工商业城市和金融中心。然而从建警的历史来看，上海却晚于北平、天津等大城市，这里一个很重要的原因是上海的主要地面为各国租界所分割，殖民当局把持了租界内的治安管理权。1913年，江苏省当局在上海市设立淞沪警察厅，直属于省长公署。1927年北伐军抵达上海，改上海为特别市，设立特别市政府。同年7月，又改组淞沪警察厅为上海特别市公安局，隶属于市政府，其内外组织几经调整，规模也逐渐庞大起来。1945年8月15日日本投降后，上海市警察机关迅速得以恢复。同年9月18日，公布了《上海市警察局施政纲领》，该纲领规定上海市警察局的任务是："保障社会治安，保护数百万市民之安居乐业，肃清汉奸反动，清查户口，禁绝烟毒，取缔娼赌，一面积极提倡法治精神，切取警保联系，培养国民道德，与民更始。"[①] 同年12月11日，又公布了《上海市警察局组织规程》。根据这个规程，上海市警察局直隶于上海市政府，负责全市的警察行政；在不抵触法令的情况下，该局可以拟定单行警察章程，但须报市政府核准，并报内政部备案。

上海市警察局设局长一人，简任，承市长之命，管理局务。副局长一人，简任，协助局长工作。主任秘书一人，简任；秘书五人，荐任，负责机要、文书工作。专员十人，荐任，负责设计研究事项。在必要时，该局可以聘任若干名顾问。该局内部的组织为五处三室，即：督察处，设处长一人，督察长七人，督察员十五人，负责内外勤务的设计、指挥、督导、考核、登记，警察的教育、训练，警察的调遣、配置，特别警备及紧急应变等事项。行政警察处，设处长一人，负责警察的编制、配备、警区的划分及变更，保安正俗，交通管理及整饬市容，户口调查、登记、统计，保甲编组、运用，外事警察，卫生、救抚，营业警察，集会结社的保护监督，劳资纠纷的调解，电影、戏剧及广播的登记、审查，出版警察等事项。刑事警察处，设处长一人，负责违警案件的处理，刑事案件的侦查，人犯的逮捕、管理及移解，刑事案件的记录、鉴定，遗失物、漂流物的保管处理，违警罚锾的缴解，经济管制法令的执行，刑事警察的指挥、督导、考核，政党活动的调查，政治阴谋的预防，政治犯的检举，间谍活动的侦察，政治警察的指挥、

[①] 《警察手册》，中国第二历史档案馆馆藏档案。

监督、考核以及其他有关刑事、政治警察事项。消防处，设处长一人，负责消防组织的设计、管理、消防区域的划分，危险物品的检查、管理，公私建筑图样的审查，火灾保险公司的登记审查，火灾保护及公证人的登记审查，火灾查勘统计以及其他有关消防的事项。总务处，设处长一人，负责管理、保管公物，调查、验收工程，调配车辆，收发文电，典守印信，交际、接待等各种事项。上述各处处长为简任，各处内设四至五课，课设课长，五处共设课长二十三人，技正四人，课员二百人，技士十七人，办事员一百二十人，并可酌用若干雇员。

三室是人事室、会计室、统计室，各设主任一人，负责该局的人事管理、财会、统计事项。

上海市警察局的外部组织可分为两个系统：其一为各种警察队和各辅助性机关。根据规程规定，上海市警察局可以设置保安警察队、警察训练所、警察医院、警察博物馆及员工福利委员会。其二为以管辖区域为界限设置的各个分局。在当时，上海市被划分为三十一个区，每区设一个警察分局，并设一水上分局，总计三十二个分局。每分局设分局长一人，副分局长一人；各分局内设四股，股设股长一人，共设股员十五至二十人，巡官七至二十人；水上分局增设一技术股。

上海市警察局恢复以后，由于警力严重缺乏，采取了广泛编组义务警察的办法以图缓解。义务警察为荣誉职，志愿报名参加，任职为一年，可以配带适当的武器，其任务是辅助专职警察工作。

抗战结束以后，上海市推行地方自治，召开了第一届市参议会。第一次大会闭幕后组织了多种委员会，其中设有警政委员会。警政委员会由专任委员十八名参议员和兼任委员十四名参议员组成。1946年10月7日，该委员会召开第一次会议，选举产生了三名召集人。该委员会定期召开会议，讨论该市治安、警察方面的重大问题，听取警政当局的施政报告，提出改进意见，接受市民请愿，并可以向市有关行政部门提出质询。警政委员会的成立，在一定程度上起到了限制警察滥用职权的作用。[①]

二　省会警察机关

北洋政府统治时期，在各省省会设置省会地方警察厅。南京国民政府成立以后，调整地方警察组织，规定各省省会警察机关一律改称省会公安局，

[①]《上海市第一届参议会警政委员会工作报告》，浙江图书馆藏。

直属于各该省民政厅。由于当时的地方体制比较混乱，一些省份没有设置民政厅，其省会公安局或直隶于省政府（如河北、广西、云南），或隶属于省警务处（如山西、贵州、辽宁、吉林、黑龙江、热河、察哈尔）。

1928年11月10日，内政部致函江西省政府，解释《各级公安局编制大纲》第二条指出："查《各级公安局编制大纲》第二条所载省会公安局直隶于各该省民政厅，系指该省会未经设立市政府者而言，故该条第三款有市公安局直隶于市政府之规定。江西省会既设有南昌市政府，该省会公安局即为南昌市公安局，应直辖于南昌市政府。"[①] 根据这个解释，凡省会所在地已设市的，即属于市公安局，直属于市政府。但从当时的实际情况看，似乎并非如此。例如湖南、山东、河北、浙江等省会所在地均已设立市政府，但其省会公安局仍直隶于各该省民政厅或省政府。

由于中央政府对地方警察机关的内部组织未作具体规定，各省大都根据本地方的情形自行制定单行组织章程，因此各省省会公安局的组织状况还存在不小的差别（表3）。

表3　　　　　　　　　1934年以前各省省会公安局情况

省别	内设机构 名称	数	分局数	分驻所数	派出所数	其他所属机构	警官数	长警数	官警总数
江苏省会公安局	总务、行政、司法科	3	5				83	1561	1644
安徽省会公安局	总务、行政、司法、卫生科	4	4			保安队、消防队	148	855	1003
江西省会公安局	警务、司法、卫生科	3	10	16	10	保安大队、消防队、侦缉队、警乐队	193	3132	3325

---

① 《国民政府行政院内政部内政公报》第1卷，第8期。

续表

省别	内设机构 名称	数	分局数	分驻所数	派出所数	其他所属机构	警官数	长警数	官警总数
湖北省会公安局	第一、二、三科，督察处	4	12			警察队、消防队、侦缉队、警士教传所			
湖南省会公安局	总务、行政、司法、卫生科、督察处、训练处	6	5	25		保安队、手枪队、消防队、侦缉队、警察教练所、济良所、警捐征收处	249	2398	2647
四川省会公安局			34分署	6探访所	3	特组保安队，警察教练所，保商警察事务所	144	927	1071
山东省会公安局	第一、二、三、四科，秘书处、督察处	6	13			5个保安大队、特务队、警士教练所、医务所、拘留所、书商查验所、女子贫民习艺所、清道队	388	3234	3622
山西省会公安局	第一、二、三、四科，秘书室、督察勤务处	6	5	5		保安队、消防队、巡缉队、凿井事务所、拘留所、屠宰场、费稽征所、妓女检治所、娼妓稽查事务处			
河南省会公安局	总务、行政、司法、卫生科，督察处、训练处	6	6			消防队、保安队、侦缉队、警乐队、守卫队、自行车队	173	1635	1808
河北省会公安局	秘书处、督察处、第一、二、三、四科	6	5 特别分局：4			3个保安警察大队、骑巡队、特务警察总队、消防队、警察教练所	132	5603	5735
陕西省会公安局	第一、二、三、四科，督察处	5	6			警察队，消防组，侦缉队，医疗所，济良所，警捐征收所，清洁队	50	638	688

续表

省别	内设机构 名称	数	分局数	分驻所数	派出所数	其他所属机构	警官数	长警数	官警总数
浙江省会公安局	第一、二、三科	3	8	22		守卫队、巡察队、车队、骑巡队、侦缉队、消防队	331	1946	2277
福建省会公安局	总务、行政、司法、卫生科，秘书处、督察处、稽查处	7	5	19	5	保安队、水警队、侦缉队、消防队、卫生队、保安警察队、游民习艺所、妇女教养院、医院、屠牛检查所	183	1016	1199
广东省会公安局	秘书处、督察处、总务、行政、侦缉、清洁课	6	30			警察法规编纂委员会、整理设计委员会，指纹处，审判所、拘留所，警士教练所，警探养成所、济良所、惩教场、保安队、消防警察员所、特别侦缉队	5411		
广西省会公安局	第一、二、三、四、五科，督察处	6	4	4	4	保安队、消防队、侦缉队、工程队、警察训练所	58	827	885
云南省会公安局	总务、保安、司法、卫生科	4	6区警察署			侦缉队、消防队、警察学校、男女感化院、助产士讲习所	16	185	201
贵州省会公安局	总务、行政司法、卫生科	4	4区署	4分署		消防组、侦缉队、清道队			
新疆省会公安局	第一、二、三、四科	4	6	4		警察教练所、消防组、警察队	35		
宁夏省会公安局			4				35	354	389

续表

省别	内设机构 名称	数	分局数	分驻所数	派出所数	其他所属机构	警官数	长警数	官警总数
甘肃省会公安局	第一、二、三、四科	4	5			保安队、消防队、侦缉队、清洁队、骑巡队、水上公安队、长警补习所、医疗所、拘留所、济良所、警捐征收所	179	908	1087
青海省会公安局	总务、行政、司法、卫生科，督察处、训练处	6	3区署			保安队、马巡队、修工队、消防队	20	247	267
察哈尔省会公安局	第一、二、三、四科，督察处	5	5			保安警察队、消防警察队、侦缉警察队、济良所、拘留所、警官补习所	109	779	888
绥远省会公安局	秘书处，总务、行政、司法、卫生科，督察处	6	6	10		消防队、保安队、卫生队、密探队、妇女救济院、警士教练所、平民医院、恤老救孤院、清道队、民众学校	82	1020	1102

以江苏省会公安局为例，1929年2月1日，江苏省政府公布了《江苏省会公安局组织条例》。该条例前两条的规定与各省制定的同种法规基本相同，即：第一条，"江苏省会依照内政部颁布各级公安局编制大纲，设置省会公安局"；第二条，"省会公安局之组织，在各级公安局组织未经中央详细规定以前，暂依本条例组织之"。根据条例的规定，江苏省会公安局隶属于省民政厅，设局长一人，综理局务。局内组织为总务、行政、司法三科，各科设科长一人、科员三至四人。为监督外勤勤务，局内还设置督察长一人，督察员二至四人。此外，局内还设有秘书一人，技术员二人及若干雇员。该局的外部组织为分区设立的五个分局，每分局设分局长一人、局员一人、巡官一人、内勤巡长二人、巡士六至八人。分局以下又设置分驻所和守望所，分驻所设巡官一人、内勤巡长一人、巡士二至四人。此外，省会公安局的外部组织还有各种警察队、消防队及侦缉队。截止到1934年，江苏省会公安局内外组织共有警官八十三人、长警一千五百六十

一人。1935年7月，江苏省当局调整扩大省会公安局的内外组织，在局内部的总务、行政、司法三科之外，增设了督察处，除负责监督外勤以外，还负责临时指挥、弹压及情报事项；外部组织除增设军乐队外，还将各分局下设的守望所改为派出所，各分局内则增设户籍员及录事。①

1936年下半年，南京国民政府先后颁布了《各级警察机关编制纲要》和《省会警察局组织暂行规程》。根据这两个法规，各省省会公安局一律改称省会警察局，隶属于各该省警务处或民政厅。省会警察局在不抵触法令的范围内，经主管机关核准，可以发布单行警察章程；对于所属职员所为之处分或命令认为违法或不当时，可以变更、停止或撤销。省会警察局设局长一人，荐任，综理局务并指挥、监督所属机关及职员。局内设秘书一至三人，委任，负责机要事务及检阅文稿；科长三人、督察长一人、科员九至二十人、督察员三至十六人，均委任，分管各科处事务；另外还设有办事员八至十六人，并可酌用若干雇员。省会警察局的内设机构为三科一处，即：总务科，负责职员、长警的考核、任免、升降、奖惩及抚恤事项；警察经费；典守印信及收发文件、保管档案事项；图书刊物的编纂、发行及搜集、保管；调查、统计、报告事项；庶务及其他各科、处不管的事项。行政科，负责警察编制、训练、调遣及配支事项；警区设置及变更；调查户口；保安正俗；交通卫生；消防、救灾；外事警察；市容整理；营业建筑；协助地方行政进行及其他行政警察事项。司法科，负责违警处分，刑事案件侦查，拘留所管理及其他司法警察事项。督察处，负责督察内外勤务；纠察长警风纪；稽查弹压；警卫戒备的指挥监督；情报、长警校阅及其他临时命令派遣事项。省会警察局的外部组织一为依管辖区域、人口、面积、交通等社会情况分区设置的警察分局。分局设分局长一人、局员一至二人，均委任；分局以下，又依管辖区域设置警察分驻所及派出所，并划分警管区，由巡官、长警分任其责。另一为各种警察队和辅助性机构，如，消防队、侦缉队、交通警察队、水警队及保安警察队、警察训练所等。

抗日战争爆发以后，华北、华东、中南等地区的许多省份又继东北之后相继成为沦陷区，沦陷区内的省会警察局大多为适应战争的需

---

① 《内政公报·警政》第8卷，第18期。

要而进行了改组，或补充部队，或改编为警察队、游击队等。如 1937 年 11 月，日军攻陷杭州，浙江省会警察局随省政府一起撤至金华，随即改编为杭州省会警察队，以后又辗转于武康、宣平、云和一带。据统计，到 1943 年 7 月时，国民党统治区共设有省会警察局 8 个。到抗日战争后期，日军已成强弩之末，势在必败。远在重庆的国民党警政当局开始考虑战略反攻后收复失地的社会治安问题。1945 年 3 月 5 日，中央警官学校教育长李士珍向蒋介石提出了一项报告。他建议，在第一期反攻之后，首先向南京、上海、广州、福州、汉口、武昌、长沙、南昌、镇江等各大城市警察厅局派出筹备主任，并从该校历届毕业生中选拔人员进行集训，作为先遣干部派往各收复城市。

1945 年 8 月，日本宣布投降以后，经过一年多的筹备，自 1946 年起，各省省会警察机关相继恢复组建。恢复重建的各省会警察机关经过一段时期的调整，逐步趋向统一化、规范化。各省会警察局局长均为荐任，隶属于省警察主管机关——省民政厅或省警务处或省警保处。省会警察局内部组织一般为：秘书室、督察处、总务科、行政科、刑警（或司法）科、外事科、会计室、统计室、人事室（或人事管理员），有些省份还设有卫生科。省会警察局的外部组织仍为两个系统：一为依管辖区域为界设置的分局、分驻所或派出所，但此时各地已普遍开始实施警管区制；另一为各种专业警察队和辅助性机关，战后各地普遍设立的有保安警察队、刑事警察队、消防警察队、清洁队、警乐队及拘留所、济良所、医务所等机构（表4）。在省会所在地为较大市的地方，也有将省会警察局改为市警察局的。如 1946 年 7 月 1 日，浙江省当局下令将浙江省会警察局划归杭州市政府，改称杭州市警察局，并对其内外编制作了一些调整，于同月 11 日正式改组成立。

表 4　　　　　　　　　　战后部分省会警察机关组织

省别	隶属关系	内设机构	外部组织	其他所属机构	局内部大致编制人数	内外总人数
河南省会警察局（开封市）	省民政厅	秘书室、督察处，总务、行政、司法、外事科，人事管理员，会计室、统计室	6 个分局，分局下设若干分驻所、派出所	拘留所、济良所、医务所、清洁队、保安警察大队、消防警察队、警乐队、刑事警察队	70—82	

续表

省别	隶属关系	内设机构	外部组织	其他所属机构	局内部大致编制人数	内外总人数
辽北省会警察局	省警务处	秘书室、总务科、行政科、司法科、督察处、会计室	6个分局，分局下设若干派出所	消防警察队、刑事警察队、保安警察队	42—55	
甘肃省会警察局	省民政厅	秘书室、总务科、行政科、司法科、外事科、会计室、统计员（局务会议）	9个分局，分局下设若干分驻所，或派出所	拘留所、济良所、贫民教育院、保安警察大队、消防警察队、刑事警察队、清洁队、医务所	78—97	
山东省会警察局	市主管警察机关	总务科、行政科、司法科、外事科、督察处、会计室、统计员、人事管理员	分局、分驻所、派出所各若干	拘留所、济良所、医务室、清洁队、保安大队、消防队、警乐队、刑警队	91—111	
热河省会警察局	省民政厅	秘书室、总务科、行政科、司法科、督察处、会计室	6分局，分局设若干分驻所或派出所	消防队、刑警队、保警队	35—51	
陕西省会警察局	省民政厅	秘书室、督察处，总务、行政、司法、外事科，会计室、统计室，人事管理员	12分局及若干分驻所或派出所	拘留所、济良所、指纹室、警犬管理室、医务所、刑警队、消防队、保警大队、警乐队	118—129	
湖南省会警察局	省警保处	秘书室，总务、行政、司法、外事科，督察处、会计室、统计室（局务会议）	8个分局及若干分驻所、派出所	拘留所、消防队、刑警队、保警队、水警队	89—111	

续表

省别	隶属关系	内设机构	外部组织	其他所属机构	局内部大致编制人数	内外总人数
贵州省会警察局	省民政厅	秘书室,总务、行政、司法、外事科,督察处、会计室、统计室,人事管理员	若干分局,分驻所、派出所	保警队、刑警队、消防队、车巡队、清洁队、警乐队	85—105	
青海省会警察局	省民政厅	秘书室、行政科、司法科、督察处、会计室、统计室、人事管理员（局务会议）	若干分局,分驻所、派出所	保警队、消防队、交警队	78	
福建省会警察局	省警保处	秘书室、总务科、行政科、司法科、外事科、督警处、人事管理员、会计室、统计室	若干分局,分驻所、派出所	保警队、消防队、侦缉队、清洁队、医务所、拘留所	89—112	
西康省会警察局	省民政厅	秘书室,总务、行政、司法、外事科,督察处、会计室、人事室,统计员		保警大队、消防队、刑警队	52—56	
河北省会警察局	省警务处	督察处、秘书室、第一、二、三科、会计室	若干分局,分驻所、派出所	拘留所、刑事警官队、消防队、卫生队、女警队、医务室、指纹室、验枪室、警犬室	40—63	
察哈尔省会警察局（张家口市）	民政厅	督察处,总务、行政、司法、外事、卫生科、会计室、统计员、人事管理员	若干分局,分驻所、派出所	消防队、刑警队	34—56	

续表

省别	隶属关系	内设机构	外部组织	其他所属机构	局内部大致编制人数	内外总人数
宁夏省会警察局（银川市）	民政厅	总务、行政、司法科，督察处、会计室、人事室	若干分局，分驻所、派出所	保警大队、刑警队、卫生警察队、拘留所	37—45	
山西省会警察局（太原市）	警务处	行政、司法、外事、总务科，督察处、人事室、会计室、统计室	若干分局	保警大队、刑警队、消防队	69—83	
广西省会警察局（桂林市）	省警察主管机关	秘书室，行政、刑警、总务、外事、卫生科，督察处、人事室、会计室、统计室	若干分局，分驻所、派出所	保警大队、刑警队、消防队、清洁队、车巡队、拘留所	69—91	
安徽省会警察局	省警务主管机关	秘书室，行政、司法科，督察处、会计室、统计室、人事管理员	若干分局，分驻所、派出所	保警大队、刑警队、消防队、医务所、拘留所	66—76	

三 省辖市警察机关

省辖市系指省会以外的普通城市。1934年6月，南京国民政府内政部公布的全国行政区域简表中列入的省辖市共有12个，其中9个为省会所在地，一般的省辖市只有汉口、汕头、包头等市。1933年，广西省自行设立桂林为省辖市；次年7月，江西省又确定九江为省辖市。抗战爆发以后，国民政府在"大后方"成立了许多新的省辖市，如自贡、衡阳、桂林等。也有一些省辖市，设而复撤，如苏州、无锡、安庆、郑州、万县、烟台、开封、宁波、福州、江门、海口、梅菉、梧州等地。

省辖市警察机关的发展演变过程及内外组织机构与其他几类城市的警察

机关大体相同。

1928年10月公布的《各级公安局编制大纲》规定省辖市可以设立公安局，1930年5月公布的《市组织法》也对省辖市警察机关的组织和职权作出了规定。

一般来讲，省辖市警察机关的规模要较院辖市或省会警察机关为小，但也有例外情况，如汉口市公安局的组织规模要较一般的省会甚至某些院辖市公安局大。

根据有关法律规定，省辖市公安局隶属于市政府，负责公安、消防、公共卫生、医院、菜市、屠宰场及公共娱乐场所的设置或取缔等事项。市公安局设局长一人，荐任；以下设秘书、若干科室及督察处。下以包头、郑州、汉口三市为例简要加以介绍。

包头原为一镇，清末开始设立警察所，1929年，成立包头市公安局。该局设局长一人，下设二科，各科设科长一人，以下还设有督察长一人，科员、督察员、事务员共八人。该局的外部组织为三个分局及保安、消防二队。各分局设分局长一人、局员一人、一等巡官、二等巡官各一人，各分局下辖一分所。保安队设队长一人，巡官二人；消防队设巡官一人。包头市公安局内外组织共有警官二十五人，长警二百三十二人。

郑州在南京国民政府时期，曾一度设立为市，并设立了市公安局。该局设局长一人，内设四科，外设三署。署即相当于后来的分局，每署之下又辖一分署。此外还设有保安队，官警约一百名；消防队，官警二十名；侦缉队，官警二十名。总计全局内外组织人数约四五百名。

以上包头、郑州都是中小城市的典范，而同属省辖市的汉口，其情形就大不相同了。

汉口市公安局的前身是汉口特别市公安局，1932年10月改为省辖市公安局。该局设局长一人，秘书二人，以下设三科一处，即：第一科，相当于总务科，内分五股，负责人事、会计、统计、庶务、装械等事项；第二科，相当于行政科，内分六股，负责户籍、治安、消防、公用、外事、卫生等事项；第三科，相当于司法科，内分四股，负责审讯、收解、管理人犯、指纹鉴定等事项。督察处则分为勤务、训校、调查三股。以上各科处共设科长三人，主任科员十五人，技士一人，科员二十九人，督察长一人，督察员十六人，指纹稽核员一人以及办事员六十八人，稽查员十五人，录事三十六人。总计局内警官人数为一百九十四人。该局的外部组织为十六个分局，十三个派出所及警察大队、侦缉队、消防队、警士教练所等。外部组织的警官数为二百二十七人。长警数为三千七百一十九人。这样，汉口市公安局内外组织官警总数近八千人。规模相当庞大。

1937年1月，各级公安局遵照行政院训令一律改称为警察局。例如，1937年3月22日，绥远省政府咨报内政部说："据民政厅呈报：省会公安局及包头公安局，业经于本年3月10日，分别改称为警察局，组织均拟照旧，并请颁印信。"①

1936年12月26日，内政部公布了《市警察局组织暂行规程》。按照这个规程，市警察局直隶于市政府，设局长一人，荐任或委任，内设三科一处，即总务科、行政科、司法科和督察处。这些内设机构的职权与省会警察局的相应机构完全一致。三科各设科长一人，科员若干人，督察处设督察长一人，督察员三至二十人。此外还设有办事员四至十六人，并可配备若干雇员。市警察局的外部组织为各分局、分驻所、派出所、消防队、侦缉队、交通警察队、水警队、保安警察队及警察训练所等。

抗日战争爆发后，各沦陷区的省辖市警察局与省会警察局一样进行了改编，以适应战争的需要。例如，1937年11月杭州失陷后，宁波仍掌握在国民政府手中。宁波警察局为适应战时编制，添设了车巡队、女警巡逻队、义勇警察队，将原有警察队改编为两个保安警察大队，另外还成立了救护队、宣传队、城防指挥部、护照检查所、教导大队、政治训练班、政训组等组织。1941年4月，日寇从镇海登陆，宁波警察局全体人员奉命向四明山撤退，在细岭组织了宁波警察局临时办事处，内部组织临时编制是参谋处、副官处、军需处、军法室，所部则暂编为三个大队及一个特务部。不久又奉命改为宁波警察总队，内部组织也相应改编，设总队长、副总队长各一人，总队副、秘书各二人，又设警务、督察、编练、总务、政训五组，并添设了通讯、情报、卫生三个队。显然，抗战时期的宁波警察总队，已是一支地地道道的武装部队了。② 在沦陷区的市警察局普遍接受改编的同时，大后方的城市警察机关仍在发展。据1943年的统计，当时国统区辖下的省辖市警察局共有七个③。

抗日战争结束后，南京国民政府对各省辖市警察局作了一些调整：各市警察局的隶属关系一般都由原来的市政府转隶到省警务主管机关（警保处、

---

① 《内政公报·警政》第10卷，第4期。
② 《民国重修浙江通志稿》卷69，"行政"。
③ 《抗战建国六周年纪念丛刊·抗战六年来之内政》。

民政厅或警务处）名下。市警察局的内部组织一般也在战前的三科一处基础上增设了秘书室和外事科，并大都增设了会计室、统计室（或统计员）和人事室（或人事管理员）。原内部组织的司法科一般都改为刑事警察科，原外部组织的侦缉队一般也都改为刑警队。总之，抗战以后，市警察局的组织体制进一步趋向完备和正规化。

第三节　特别警察组织

特别警察组织是南京国民政府成立以后、1936年以前，各省根据本地方的情况，因地制宜在省会及市县以外的商埠或其他工商业繁盛地方设置的警察机关。北洋政府统治时期，曾在这些地方设置过警察厅或警察局。国民革命军北伐过程中，这些厅局大都被合并到所属县警察局兼管。南京国民政府成立后，各省地方当局鉴于这些地方位置重要，人事复杂，加之有些商埠跨越数县，县警察机关往往无力兼管，因此相继设立专局，直隶于省民政厅或省警务处，负责该管地区的警察、消防、卫生等事宜。其组织或仿照省会公安局，或仿照县公安局，编制不同，规模不等，大体上较普通市公安局小、较县公安局大，但也有较县公安局还要小的。由于这些机构的设置，在国民党政权建立初期颁布的法律中没有明文规定，但为了严密控制这类地区却事实上予以承认，因此统名为特种公安局，以与省会和市县警察机关相区别。在抗日战争以前，特别警察组织可以分为两类，前者为行政区公安局，如威海卫管理公署公安局；后者为特种公安局，如蚌埠、沙市公安局等均是。

一　行政区公安局

行政区公安局以威海卫为例。威海卫地处山东半岛北端，曾为英国租借地，1930年收回，南京国民政府在这里设置了威海卫行政区公署，直属于行政院，其地位与院辖市相等。根据威海卫管理公署组织条例的规定，威海卫设公安局。该局设局长一人，荐任；内设三至四科，各科设科长一人，共设科员八至十人，此外还设有督察长、督察员等。抗日战争胜利后，威海卫行政区改设为市，原行政区公安局亦相应改为市警察局。

二　特种公安局

特种公安局的设置，南京国民政府没有统一的标准，各省当局大都根据本身的情况自行规定。据1934年的统计，当时全国各省设置的特种公安局共有53个，其分布情况如下：

安徽省六个：蚌埠、芜湖、大通、屯溪、临淮、正阳；江西省四个：吴城、樟树、景德、河口；湖北省九个：宜昌、沙市、武穴、沙洋、老河口、樊城、新堤、鸡公山、汀泗桥；山东省四个：烟台、龙口、周村、长山八岛行政专员公署；山西省一个：运城；河南省七个：郑县、周口镇、驻马店、漯河镇、道口镇、焦作镇、槐店；河北省六个：保定、石门、唐山、山海关、塘大、北戴河海滨自治区；浙江省一个：宁波；辽宁二个：营口、安东；吉林省八个：长春、滨江、延吉、三姓、头道沟、龙井村、珲春、汪清；黑龙江二个：呼伦、黑河；新疆二个：伊黎、塔城；热河一个：赤峰。以上各省中，辽、吉、黑、热四省的情况是根据"九一八"以前的调查。[①]另据其他资料记载，设立特种公安局的还有福建的厦门、漳码、杭峰，山西的阳泉，广西的南宁，宁夏的同心镇等六七处。[②]

1936年8月1日，南京国民政府公布了《各级警察机关编制纲要》，其中第七条规定："地势冲要，人口稠密，工商业繁盛之地方，得设警察局（冠以所在地名称）直隶于省主管机关，但以有合格警士二百名以上者为限。"[③] 显然，这条规定是针对特别警察组织作出的。自此以后，特别警察组织的存在有了正当的法律依据。同时，作为地方一级警察机关，也就不必称为特别警察组织了。抗日战争胜利以后，许多商埠和工商业繁盛地方升格为市，其警察机关亦相应改组为市警察机关。例如，河南省的焦作、漯河、朱集、郑州、洛阳；山东省的烟台、威海卫；安徽省的安庆、芜湖；福建省的厦门；广西省的柳州、南宁、梧州等战后均升级为市。因而在实际上，从1936年8月以后，所谓特别警察组织已不复存在。

第四节 县警察机关

县警察机关在南京国民政府成立以后一律更名为县公安局。县公安局直属于县政府，负责该县的户籍、警卫、消防、防疫、卫生、救灾及保护森林、渔猎等事项。县公安局设局长一人，南京当局根据各县地理位置、面

[①] 《内政年鉴·警政篇》，第21页。
[②] 陈允文：《中国的警察》，第45页。
[③] 《内政公报·警政》第9卷，第8期。

积、人口的不同情况，将县公安局分为三等：一等局局长为委任四至一级，局长以下设科长、督察长、队长、分局长、训练员、督察员、分局员、队附、医官、巡官、办事员等；二等局局长为委任八至五级，局长以下设科长等职；三等局局长为委任十二至九级，局长以下设科长等职。各县公安局一般内设三科，即总务、行政、司法；设二科的将行政、司法合为一科；较大县还设有督察长。县公安局外部组织是分区设立的分局、分驻所、派出所及各种警察队。各县公安局内外组织的官警总数少则二十余人，多则二百余人不等。截止到1934年，全国二十八个省共设一千九百三十三个县，其中设立公安局的有七百三十五个县（据内政部统计）（表5）。

表5　　　　　　　　1934年全国各省设置县公安局情况

省 别	县 数	局 数	科 数	备 考
江 苏	61	36	21	此外另有一警察队
安 徽	62		27	此外另有一警察队
江 西	81	27	25	
湖 北	69	10	11	
湖 南	75	19	18	
四 川	148	9	1	该省各县大部未报
山 东	108	104		
山 西	105	104		
河 北	130	108		
陕 西	92	11		该省各县公安事务多归保卫团兼办
浙 江	75	75		
福 建	64			该省各县多设县警察队现有21队
广 东	94			
广 西	94	2		
云 南	108	52	6	
贵 州	84	4	9	此外另有警察队9
辽 宁	59			
吉 林	41			
黑龙江	43			
新 疆	59			
宁 夏	10	9		
甘 肃	66	28		
青 海	15	11		

续表

省别	县数	局数	科数	备考
热 河	16			
察哈尔	16	15		多伦现状不明
绥 远	16	18		局数内有二设治局
西 康	31			
河 南	111	93		
合 计	1933	735	118	

1936年以前，虽然中央没有作出统一的规定，但各省往往根据自身的情况，在警额较少、经费贫乏的县份里，不设公安局，而是在县政府内设立一个相应的科或股，管理全县警务。例如，江苏省当局规定："经费特少之县，得不设局，于县政府内设公安科或股，管理全县警政。"① 又如安徽省最初曾在各县设立公安局，但到1932年，因经费缺乏决定将各县公安局一律裁撤，在县政府内设立公安科或干脆将警察事务归并到其他科内办理。也有一些省采取其他方式，例如广西竭力倡办民团，侧重于充实地方自卫能力。在一些财力不足的县份，并不设立公安局，而是将地方治安业务交与民团负责，甚至将一些已设立的县公安局也纷纷加以裁撤。到1934年底，全省保留的县公安局只有二处。又如福建省于20年代末、30年代初将各县公安机关一律改组为警察所或警察队，保留公安局的只有龙溪一县。

1936年8月1日，南京国民政府颁布了《各级警察机关编制纲要》，在县级警察机关中正式推行两种体制：第一种是单独设警察局（从1937年1月起，各县公安局一律改称警察局），在县政府指挥、监督下处理全县警察事务；第二种是不单独设局，而在县政府内设警佐室，主持全县警务。

一 县警察局

县警察局直属于县政府，在不抵触法律的范围内可以发布单行警察章程，但须由县政府核转省政府备案。县警察局设局长一人，委任，局内设总务、行政、司法三科。事务较简的局可以将行政、司法二科合为一科。各科设科长一人，科员二人。此外各局还设有督察长一人、督察员二至四人、办事员一至三人。县警察局的外部组织为警察所、分驻所及派出所。设立警察

---

① 《内政消息·警政》第2号。

所必须有警士三十名以上，分驻所须有二十名以上，派出所须有十名以上。此外，县警察局还设有消防队、侦缉队、水警队及保安警察队、警察训练员等。

二 警佐室

不设警察局的县，在县政府内设置警佐一人，委任，地位与科长相等，受县长领导。负责全县警察的编练、调遣、考核及赏恤；警察装械管理及警务配备；全县户口调查、保安、正俗、消防、交通、卫生及渔猎、农林维护；违警处理及司法协助；全县保甲壮丁队代行警察职务的训练、指挥以及其他警卫事项。警佐之下设科员、办事员各一人，辅助办理内勤事项。警佐处理事务、对外行文，应以县长名义行使。不设局的县同样可以在冲要地区设置警察分驻所，但分驻所直属于县政府，警佐有指挥、监督的权力。

由于《各级警察机关编制纲要》及《县警察机关组织暂行规程》规定得比较原则，各省大都根据本省情况自行作出具体的规定。例如，陕西省共有九十二个县，到1940年初，设立警察局的共十六个县，长警一千八百六十名。陕西省政府规定，县警察局分三等，局长以下依等级区分编制，见表6。设立警佐的县份，警佐必须具备下列资格之一才能由省民政厅检定：普通警察行政人员考试及格者；中央警官学校毕业分发本省任用者；本省警官学校毕业者；曾任警官二年以上具有成绩者。设立警佐的县份，警佐以下可设置长警一或二班[①]（表6）。

表6　　　　　　　　　陕西省县警察局等级编制　　　　　　单位：人

等级＼项目	局员数	巡官	书记	警长	警士	合计
一等局	1—2	1—4	1—2	6—8	60—80	70—100
二等局	1	1—3	1	4—6	40—60	40—70
三等局	1	1	1	3—4	30—40	30—50

与陕西省相比，浙江省规定的标准就高得多了。该省政府规定，各县警察局分为三等，除局长外，各等级编制不同（表7）。

---

① 《陕西民政概况·警察概况》。

表 7　　　　　　　　　　浙江省县警察局等级编制

等级＼项目	内设机构	外部组织	长警编制
一等局	总务科 行政科 司法科 督察处 特务股 训练室 会计室	警察队 消防队 侦缉队 水警队	200 名以上
二等局	总务科 行政科 督察处 特务股 训练员 会计员	警察队 消防队 侦缉组	100 名至 200 名
三等局	总务科 行政科 督察员 特务员 训练员 会计员	侦缉组	50 名至 100 名

　　长警名额不足五十名的县份设警佐，警佐同时兼任城区警察长，警佐之下设科员一至二人，督察员一人及巡官若干人。到 1943 年，全省各县警察人员总计达一万七千四百三十人。[①]

　　抗日战争期间，沦陷区的县警察机关像市警察局一样，普遍接受了改编，有的还参加了对日作战。在日寇势力过强的地区，经改编过的警察组织也有不得已而解散的。例如，河南省安阳县于 1928 年成立县公安局，1932 年改为县警察所，设警佐一人，事务员若干人，长警六十余人。1937 年 11 月，日寇攻陷安阳城，县警察所随同县政府撤至水冶西部山区。1940 年，县政府派员组织安阳县警察队，1943 年日寇扫荡太行山时被迫解散。[②]

　　抗战期间，在国统区，县警察组织仍得到不断完善。截止到 1943 年，共设立县警察局五百一十九个，县警佐五百七十九个。

　　抗日战争胜利后，国民政府行政院颁发警卫调整计划，规定在各县普设警察局，原设警佐室的县份，一律在原基础上扩组为警察局，并依据本县的实际情况，划分为甲乙丙三等。

第五节　区、乡、镇警察机关

　　区、乡、镇警察机关一般是县警察机关的分支机构，因而往往随着县各级组织形式的变化而变化。1928 年国民政府公布的《县组织法》规定，县分为四级，即县、区、村里、闾邻。次年，又将村里改称乡镇。其后，继续

---

① 《民国重修浙江通志稿》卷 69，"行政"。
② 《安阳市公安志稿》，安阳市公安局史志编纂小组，稿本。

提高乡镇的地位，取消闾邻一级，实行县、区、乡镇三级制。但实际上，在当时的许多县里，并没有设立区，只有县、乡镇两级。于是全国各县事实上存在两种体制：其一是县、区、乡镇三级制；另一是县、乡镇两级制。大体上说，1939年以前，区是县的一级行政机构。与这种体制演变相适应，1928年国民政府颁布法律规定：县公安局可以就其管辖境内，依自治区划分为若干区，每区设公安分局一所。分局一般设分局长一人，巡官、书记各若干人。分局的设立一般有一定的名额限制，名额不足的地方，不得设立分局。例如，江苏省当局规定，长警员额在十人以上的可以设立分局；江西省则须在二十人以上方可，各省规定的标准往往差距很大，但总的来看，当时的大多数县并没能设立分局（表8）。

表8　　　　　　　　1934年全国各省设立县公安局简表

省　别	县　数	设立分局的县数	全省共设分局数	平均每县设分局数
江苏省	61	42	146	2.4
安徽省	62	0	0	
江西省	81	0		
湖北省	69	7	9	0.13
湖南省	75	3	7	
四川省	148	1	1	
山东省	108	10	15	0.14
山西省	105	9	17	0.16
河南省	111	9	19	0.17
河北省	130	122	516	4.0
陕西省	92	2	2	
浙江省	75	55	171	2.3
福建省	64	0	0	
广东省	94			
广西省	94			
云南省	108	29	54	0.50
贵州省	84	1	1	
新疆省	59			
宁夏省	10	5	7	0.70
甘肃省	66	1	1	
青海省	15	0	0	
察哈尔省	16	12	19	1.2
绥远省	16	0		

1936年，国民政府公布了《各级警察机关编制纲要》，与当时实际存在的两种县制相呼应，该法规定："县区域内之重要乡镇，经省政府核准，得设警察所（冠以地方名称），直隶于县政府或县警察局，处理各该区域警察事务，但以有合格警士三十名以上者为限。在分区设署之县份，得于区署内设巡官一人，合格警长、警士若干人，办理该区域内警察事务。"① 新的规定取消了原设于县以下各区的公安分局，同时也使得区一级警察机关丧失了原有的独立性而合并于区公署之内，成为区公署的组成部分而不是一个分支机构。代之而起的是乡镇警察所，它的地位显得日益重要。根据有关法律规定，乡镇警察所设所长一人，巡官一至二人，警长三至六人以及警士若干人。

1939年9月，国民政府制定公布了《县各级组织纲要》，规定县为两级制；即县为一级，乡或镇为第二级；但在面积过大或有特殊情形的县份，仍可以分区设署。设区的原则是以十五乡（镇）至三十乡（镇）为一区，但区不再是县以下、乡（镇）以上的一个层级，区署只是县政府的辅助机关，"代表县政府督导各乡镇办理各项行政及自治事务"②。

根据两级县制的划分，县以下的重要乡镇可以设立警察所，直隶于县政府或县警察局，"负责该管区域内的警察事务。在分区设署的县份，区署内设巡官一人，受县警察局或县政府及该管区长的指挥、监督，处理辖区内的警察事务"。另据《县警察组织大纲》的规定：区署所在地可以设立警察所；未设区署的地方在必要时也可设立区警察所，直隶于县政府。区警察所冠以所在地区名称，管理范围以区署辖境为限。区警察所长对外以区长名义行文，但在业务工作范围内可以直接命令区属各级员警。③

在上述法规颁布以后，很长时间里，各省区、乡、镇警察机关的体制仍然未能统一。例如，陕西省当局规定："县警察局因必要情形得于管辖区内设分驻所或派出所，掌理该区内警察事务"；但"县警察局得因必要情形，经民政厅核准，设置警察分局，掌理该区内警察事务"。④ 这样，陕西省事实上仍保留了区警察分局这一级组织。

与陕西省相比，浙江省的情况与中央法规的精神要吻合得多。1936年

---

① 《内政公报·警政》第9卷，第8期。
② 陈之迈：《中国政府》第3册，第98页。
③ 《四川省民政法规汇编》民肆之五，第三辑。
④ 《陕西民政概况·警察概况》。

以前，浙江省各县以下的区、乡、镇大都设有公安分局或分驻所。1936年《各级警察机关编制纲要》颁布后，各县相应裁撤分局，设立警察所。抗日战争爆发后，区、乡、镇警察大都合并于区署之内。1941年，该省各区、乡、镇警察机关又相继得以恢复。1942年，浙江省当局规定：第一，县以下的若干地区仍然可以设区，在区署所在地或重要镇市设警察所。警察所分为三等。一等所长警名额在五十人以上，所内设所长一人、巡官二人、所员一人、书记一人；二等所长警名额在四十至五十人之间，所内设所长一人，所员、巡官、书记各一人；三等所长警名额在四十人以下，所内设巡官、书记各一人。第二，在不设警察所的区，设立警察分驻所，分驻所设巡官一人，所内长警名额不得少于二十人。第三，普通乡、镇设派出所，各乡、镇至少设派出所一个，所内设所长一人，长警名额不得少于十人。所长同时兼任该乡（或镇）公所警卫股主任。第四，乡镇以下每保设警士一人，该警士同时兼保办公处警卫干事，管理保内警察事务，实施警管区制（表9）。

总的来看，南京国民政府统治（包括抗战西迁时期）的二十多年里，区、乡、镇警察机关的组织体制前后变化较大，各地方又往往出于种种原因而自行其是。直到抗战结束以后，才逐渐趋向统一。当然，就全国范围而言，直至国民政府迁台以前，县以下警察组织仍然不很发达。

表9　　　　　　　　　　警察机关与自治机关联系图

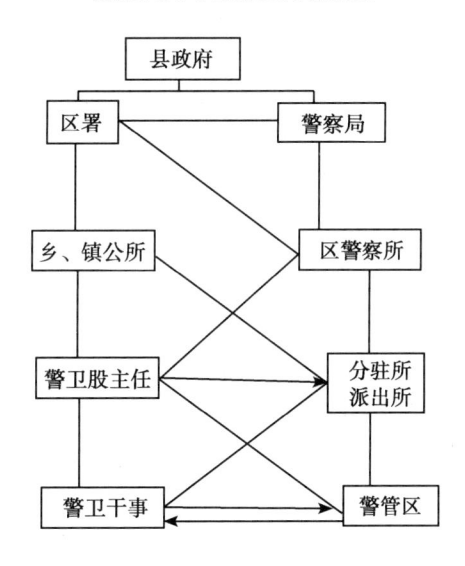

第六节 "警管区"制的建立和发展

警管区制在南京国民政府统治时期，是一个相当流行的名词。所谓"警管区"，通俗些说就是"一警管理一区"的意思；从理论上讲，它是执行警察勤务的最小单位，规定每一名警察在能力所及的区域内，承担一切警务，这个被规定的区域就叫作"警管区"。"由许多'警管区'的细胞组织，为警察行政的基本，以合成整个的健全警察行政的制度，从一个小区说则名为'警管区'，从整个组合的系统行政的关系说称之为'警管区'制。"①

"警管区"制不是中国人的发明，而是从日本舶来的。早在20世纪20年代，北洋政府统治时期，就有一些警察官员和学者不断向国内介绍这一制度。在日文中"警管区"写作"受持区"，最初被译成汉语时称作"担当区"，后来又译作"巡逻区"。然而在很长一个时期里，这一制度并未引起官方的注意。直到南京国民政府成立以后，才逐渐步入实践领域。

1928年10月，南京国民政府颁布的《各级公安局编制大纲》首次规定了这一制度，但当时仍称为"巡逻区"："居民每千人以上，二千人以下划为一巡逻区，每区以警察一人专任巡逻之职务。"

"警管区制"能够得以推行，不是偶然的，而是由于这个制度本身具备了许多优点，至少是学者们所鼓吹的优点为官方接受了。民国时期的警察学者们认为"警管区制"的优点有以下几个方面：第一，责任分明。要求每一个警察都能独立负责，避免了以往警察机关共同负责制中普遍存在的相互推诿、扯皮的现象，使得每一个警察的作用都能充分发挥出来。第二，量力而行。"警管区"是根据每一个警察的能力限度划分的，即"以适当的警力处理适当范围内（包括人口与地段两方面）的人、事"，可以避免警察超负荷工作。第三，兼顾城乡。"警管区制"不仅适用城市，也适用于乡村。从清末朝廷到北洋政府，各个时期的统治者无不想将警察制度推广到乡村，但始终未能实现，最大限度也只达到一些重要乡镇。除了经济、政治方面的原因外，制度本身也存在问题，即偏重于城市而不适用于农村。"警管区制"的实施在一定程度上改变了上述状况，可以使警察行政网遍布于全县一切乡村，从而收到深入民间的成效。第四，聚散咸宜。警管区制具有突出的灵活性，欲小则独立办事，欲大则联为一体，合二三个警管区即可成一个巡逻

---

① 韦瑞墀：《中国警管区制的理论与实际》。

区，合三四个警管区则可成一个守望所，既增强了实力，又节省了开支和辛劳，可谓经济实惠。

我国最早实行警管区制的是江苏省，该省于1934年开始初办，次年向全省推广。1936年8月1日，国民政府颁布的《各级警察机关编制纲要》正式规定了警管区制："各级局所警察勤务，以采用巡逻制为原则，并得划分若干警管区，为警察担任勤务之基本单位，关于巡逻区之配置，警管区之划分等事项，由各该警察机关酌量地方情形定之，但须呈报主管机关核准。"

抗日战争时期，国民政府继续在国统区内推行警管区制。例如，陕西省会于1940年全面推行警管区制，废除了原来的巡逻组合制，将省会划分为四十个派出所，二百八十四个警管区，每一个警管区辖一百五十户至二百户，设警士七人，每日以一人轮休，其余六人分三组。同时，该省当局还决定从长安县开始，在全省各县试办乡村警察，采用警管区制。例如长安县划分为七个区，每区设一个分驻所，区下共设派出所二十七个，每所设警长一人，警士五人，每人担任一保或二保的勤务，此即为一个警管区。

又如浙江省当局通令各县，规定居民每千人须设警察一人，在人口稠密、工商业繁盛的地方，居民每八十户至一百二十户设一警管区。经过一年多时间的推行，到1944年初，全省许多乡村已普遍设立了警管区（表10）。

表10　　　　　　　1943年度浙江省各县警察名额与全县人口比例[①]

县别	全县人口数	现有警额	千人一警比例应增警额	备注
富阳	184872	72	112	
余杭	113974	132		
临安	91285	60	31	
于潜	72321	67	5	
新登	69698	70		
昌化	81588	73	8	
安吉	81557	65	16	
孝丰	93742	156		
开化	139142	87	52	
建德	122054	101	21	

---

① 杭县等30县因处于游击区，情形特殊未列入。本表引自《民国重修浙江通志稿》卷69，第3条"警务行政"。

续表

县别	全县人口数	现有警额	千人一警比例应增警额	备注
淳安	263719	180	83	
遂安	142273	104	38	
桐庐	112554	100	12	
寿昌	83909	42	41	
分水	47297	30	17	
永嘉	759932	500	259	
三门	156769	109	47	
临海	516360	366	150	
黄岩	529699	363	166	
宁海	248693	278		
天台	259300	106	153	
仙居	217990	98	119	
温岭	502354	278	224	
永康	264632	141	123	
汤溪	131259	91	40	
磐安	78702	68	10	
衢县	329743	190	139	
江山	303452	262	41	
龙游	195125	263		
常山	148992	60	88	
宣平	78709	40	38	
瑞安	546378	140	406	
平阳	732261	264	468	
乐清	372060	125	247	
泰顺	189445	60	129	
玉环	191449	100	91	
青田	266514	70	196	
遂昌	131770	106	25	
龙泉	152609	117	35	
缙云	199516	120	79	
庆元	98874	98		

续表

县别	全县人口数	现有警额	千人一警比例应增警额	备注
景宁	108006	118		
丽水	147993	171		
松阳	134698	115	19	
云和	75244	75		
武义	105742	94	11	

抗战胜利后，国民政府更是加紧推行警管区制。但内政当局感到"警管区"一词不甚妥当，遂于1947年8月30日，通令全国各级警察机关，将警管区一律改称为"警察勤务区"，简称"警勤区制"，并报行政院备案。[1] 直至国民政府撤离大陆以前，警勤区制仍只是在重要城镇及少数乡村施行，全国广大农村地区尚远远未能普及警勤区制，形成了所谓"乡村无警"的现象。

警管区（警勤区）制是南京国民政府统治时期，警政建设的重要步骤。其目的就是要在全国范围内建立起一个完密的警察网，加强对各地、各阶层人民的控制，实行警察统治。从另一个角度看，警管区制的建立，是中国基层警察体制和警察勤务制度上的一项重要改革，它的实行，有利于增强警察的社会管理职能，对于加快农村地区治安体制近代化的步伐，也有一定推动作用。

第七节 水上警察机构

水上警察的建设起始于清末，北洋政府统治时期，得到了初步的发展。北伐战争后，各省纷纷将旧有的水警进行改编，自定组织，名称、机构都十分混乱。南京国民政府成立以后，将水上警察列入地方警察系统，决定加以整顿和扩充。1928年10月，内政部下令调查各省水警情况，调查结果如表11。

---

[1] 《中央警官学校季刊》，中国第二历史档案馆馆藏档案。

表11　　　　　　　　　各省水警情况调查结果表

官别	江苏	安徽	江西	湖北	湖南	河南	河北	浙江	福建	广东	广西	辽宁	吉林
机关名称	江苏水上省公安队	安徽长江水上公安局、安徽巢湖水上公安局、安徽长淮水上公安局	江西全省水上公安局	湖北江防局	湖南水上巡缉队	河南黄河水上公安局	河北五河水上公安局	浙江内河水上警察厅、浙江外海水上警察厅	福建全省水上公安局	广州第十二警察区署	梧州水上警察署、南宁水上警察署	辽宁辽河水上公安局、辽宁鸭浑西江水上公安局	松花江下游水上公安局、松花江上游水上公安局
备考				后改为水上公安局	警察局后改为水上警察队					隶属于陆警	同左	同左	

　　这个调查结果显示，当时各省的水警组织仍然是十分混乱的。

　　1928年10月南京政府颁布的《各级公安局编制大纲》第十一条规定："水上警察事务得因必要情形设局专管，其未设专局地方，由陆地公安局管理之。"按照这个规定，水警只在有必要的地方才设置，其管理权主要也在地方，全国没有统一的水警专管机构。1933年初，南京当局为加紧对江南各红色区域的围剿，巩固江防，决定在汉口成立长江各省水警总局，统一管理四川、湖南、湖北、江西、安徽、江苏、浙江等七省的水上警察力量。该总局直隶于军事委员会，并受内政部的指导。总局以下，在各省设立分局，总共设立七个分局，各分局均以各省原有的水上公安队改编而成。各分局除受总局的领导外，还受本省政府的指挥、监督。总局设局长一人，由军事委员会呈请简任，下设督察一人及总务、警务处长各一人。第一任总局长是蒋鼎文。然而，总局存在的时间并不长，同年6月间，军事委员会因经费、设备供给不上明令裁撤了该总局，总局以下设于各省的分局也纷纷恢复了旧名。撤销长江水警总局的行动，削弱了中央对各省水警的统一管理，因而在很长一段时间里，各地方水警的组织、编制、规模、装备仍然很不一致。

　　江苏省：设有水上省公安队，隶属于省民政厅。最初划全省为六区，每区辖二十五队，后改划全省为四区，每区辖五队，队以下又有分队，每分队置巡船八艘，另外还设有船务所和游击大队。水上省公安队共有警官九百三十人，长警五千五百一十七人，舰艇十六艘，巡船五百余只，规模比较庞大。除水上省公安队外，全省濒临江、河、湖、海各县也根据情况设置了县水巡队，隶属于县政府，作为水上省公安队的补助力量。一般编制是，每队辖三中队，每中队辖三组，每组设巡船二只。

安徽省：该省原有三个水上公安局，1928年9月裁长江水上公安局，余下两个均隶属于省民政厅。长淮水上公安局驻在蚌埠，内设三科，外则依长淮本支流划分为六区，并设有一支游击大队。全局共有警官五十九人，长警七百二十八人，巡轮二艘、巡艇一艘、巡船十八只。巢湖水上公安局驻在巢县中庙镇，后改名为水上公安总队，内设二科，对外依巢湖流域分段，每段设一中队，共设三中队及一舢舨中队，共有警官十五人，长警一百五十三人。

江西省：该省原有三个水上公安局，1927年12月合并改组为全省水上公安局，隶属于省民政厅。该局设局长一人，秘书一人，内设警务、司法二科及督察处。外设七队，每队辖四个分队，另外还设有一个游击队，下辖三个分队。全局共有警官九十一人，长警九百七十四人，巡舰二艘，汽船三只，舢舨九只，飞划十一只。

湖北省：1929年以前设有江防局，后来改名为水上公安局，隶属于省民政厅，设局长、秘书各一人，内分设二科和督察处。外设有六个警察队和一个侦缉队，有巡舰7艘。此外，该省还设有太平湖水上警察队和洪河水警队。

湖南省：北洋政府时期设有水上警察厅，1928年改为水上巡缉队，次年又改名为水上警察队，1933年定名为水上警察局，隶属于省民政厅，设局长、秘书各一人，内设总务、警务、司法三科和督察处，外部根据省内河道支流划分为八个区，各设一个水警分局，全局共有警官一百零六人，长警七百六十三人，巡船三艘。

浙江省：北洋时期设有内河、外海两个水上警察厅，1933年6月分别定名为省水上警察队第一大队和第二大队。第一大队负责太湖流域及有关河道上的治安，第二大队负责海上治安，均隶属于省民政厅。第一大队下辖七个分队，共有警官七十人，长警九百七十八人，巡船一百三十艘，第二大队下辖六个分队，共有警官一百二十一人，长警一千零一十九人，巡舰五艘，巡船六十只。1936年9月，上述两大队又分别复名为内河、外海水上公安局。

福建省：该省设有水上公安局，内设秘书、督察、稽查、侦缉四处，总务、行政、司法、卫生四科；直辖有保安警察队、侦缉队、内河保安警察队；外部依全省各河川流域分为四区，每区设一警察署，署下又设有分驻所、派出所等。30年代中期，该局裁撤，一部分划归省会公安局，改组为水警总队，一部分划归厦门公安局。

广东省：该省的水上警察主要集中于省会广州市。水警是省会公安局的一部分而不像其他省份那样独立出来。省会公安局第十二区署即是水上警察机构。1930年，该省撤销区署建制，成立了五个水上分局。除广州市外，南澳县也有水上警察一小队。

1936年8月，南京国民政府颁布的《各级警察机关编制纲要》第十四条规定："各省政府为谋水上之安全起见，得设省水警队，直隶于省主管机关。"根据这条规定，各省水警机构应统一名称为省水警队，但实际上未能做到。

抗日战争结束后，各省水警机构又作了一些调整，名称、编制等进一步趋向一致，但仍然未能实现完全统一。在名称上，各省水警机关普遍称水上警察局，如福建省水上警察局、湖南省水上警察局、浙江省内河水上警察局、浙江省外海水上警察局等，但山东省则称为水上警察总队；在隶属关系上，大多数水警机关都隶属于本省警保处或警务处，但也有仍隶属于民政厅的；在水警机关的内外编制上，各省也略有差别。例如，安徽省水警局内设第一、二、三科，督察室及会计、统计、人事三室；外则按管辖区域分区设立分局，分局以下又设立警察所、分驻所或派出所。福建省水警局内设秘书室，第一、二、三科，督察处设会计、统计、人事三室；外部组织与安徽省相似。湖南省水警局内设组织与安徽省相似，但外部组织则不设分局而设队、分队、班等三级。浙江内河水警局内外组织与湖南相似，但外部组织分为大队、中队、分队、班等四级，比湖南多出一级。山东水警总队内设警务、总务二组，外部则与浙江内河水警局相同。各省水警机关的外部组织除上述各级分区编制外，战后还大都设立了水上保安警察队、水巡队、侦缉队、警艇队等特别组织，除各省直属的水警机关外，在水网密集的各级城市及各县警察机关里，也大都设有水巡队或水警队等组织，这些同样也是水上警察的组成部分，但其直接受陆地警察机关管辖，没有独立出来。

第八节 其他具有警察性质的组织

一 宪兵

宪兵是西方近代军事、法制及警察制度发展到一定阶段的综合产物，其目的是保证军队的秩序，维持军人的风纪、卫生、纪律等。因此宪兵实际上又可称为军事警察。自清末新式军队创立以后，中国也渐逐出现了军事警察。清末最早的军事警察——陆军警察即是后来宪兵的前身。

南京国民政府建立以后，于1929年8月颁布了《宪兵服务暂行条例》，规定了宪兵的各种关系和职责权限。30年代到40年代，又先后制定了《宪兵令》《宪兵服务规程》等一系列法规，对宪兵的组织、职权进行过多次调整。

南京国民政府时期的宪兵隶属于军政部，1946年6月国防部成立后改隶国防部，是设置于军队内的警察组织，所以又称宪兵部队。

全国宪兵的最高统管机关是宪兵司令部，设置于首都。各省（市）根据本地方情形可以呈请设立宪兵区司令部，冠以本省（市）名称，以资区别。

宪兵司令部设司令、副司令、参谋长、秘书各一人，职衔为中将（或上将）至少校级，以下设总务、警务、军械、军需、军医五处，各处设处长一人，处员、军需、军医、技士、司书等各若干人，职衔从上校至准尉不等。

宪兵司令统辖全国宪兵部队，综理司令部的各项业务，并随时督饬所属宪兵部队的军风纪、教育、训练及勤务等事项；副司令辅助司令处理宪兵部队及司令部的一切事务；参谋长根据司令的命令和副司令的指示筹划各宪兵部队及司令部的一切事务。宪兵司令部设司令办公室，负责处理电稿、文书等事项；总务处负责参谋、副官业务，下设四科分管计划、教育、人事、庶务等事项；警务处负责宪兵勤务，下设六科，分管军事行政警察、军事司法警察、军事高等警察、军事外事警察及拘留所等业务；军需处负责军需经理业务，下设四科，分管金钱、被服、装具、粮秣等事项；军械处负责军械、器材业务，下设二科及修械所，分管军械的保管、补给及修理等事项；军需处负责卫生、医药业务，下设三科，分管人、马卫生诊疗及卫生材料的整理、保管等事项。

各省（市）宪兵区司令部的组织、编制均仿照宪兵司令部设置。

宪兵部队的各级单位是：宪兵团（独立营）、营、连、排四级。

宪兵部队配置于军队驻扎的各师管区、政治区，各警备、绥靖区及各军港、要塞、铁道、国境等有关区域，具体部署由军政部长（国防部长）确定。

宪兵的主要职责是军事警察，有关这个方面的业务受军政部长、海军部长指挥，其勤务适用于各种军事法规。军事警察的主要职责是：防护军机，协助保卫重要军事目标；纠察管区内的军纪、风纪，监督、矫正军人、军属的行为、思想；维护军队的声誉，促进军队的健全；防备、处理灾难事故，救援人命、保护财产、防止骚乱等。

南京国民政府时期的宪兵职权比较广泛，除主掌军事警察以外，同时还兼任普通行政、司法警察。当宪兵执行行政警察职务时，按照内政部长的指示行事；执行司法警察职务时，按照司法院长的指示行事。1933年，南京国民政府内政部制定了《内政部长指挥宪兵执行行政警察职务规则》。该规则规定：宪兵对于一般人民的危害事项，社会一般健康事项及一切政治犯于未萌前事项等，有权行使行政警察权。当执行行政警察职务时，宪兵应依照警察法令，接受警察厅长、县长及公安局长的指挥。同样，当宪兵执行司法警察职务时，也须接受各级法院及检察官的指挥。

二 武装警察队

武装警察队包括两种，一是各级公安（警察）机关依法设置的各种警察队，如，保安警察队、水巡队、骑巡队等；一是省警察队。

各级公安（警察）机关直属各警察队是依据《首都警察厅组织法》《各级公安局编制大纲》《各级警察机关编制纲要》等法规的有关条款组成的。

南京国民政府1928年颁布的《各级公安局编制大纲》第九条规定："公安局为稽查、游缉或临时戒备之必要得编练警察队。"1936年8月颁布的《各级警察机关编制纲要》也规定："各级警察机关呈奉主管机关核准，得设消防队、侦缉队、水警队及保安警察大队。"上述各种警察队的组织、编制、规模大都由地方当局自行规定，没有全国统一的标准。抗日战争结束以后，情况有所变化。

省警察队是各省当局为镇压人民反抗斗争，维护地方治安而设立的准军事性武装警察组织。

1928年10月22日，南京国民政府颁布的《省警察队组织暂行条例》规定：各省警察队受本省民政厅节制、调遣；每省可根据情况成立若干大队；每大队辖三中队，每中队辖四分队，每分队辖三排，每排辖三棚，每棚设长警十二名，每大队总编制在一千三百人左右；各大队设大队长、大队副，中队长、中队副，分队长、巡官、巡长等各若干名；大队还设有总教官一人，教练三至六人；大队的训练内容除普通警察知识外，以军事学为主要科目；省警察队的人员除招募外，主要由编余军人中挑选；省警察队由省民政厅长根据情况需要派往各地驻防。

这个条例颁布后，各省大都组成了本省的警察队，如：江苏省成立了省保安队和水上公安队；浙江省成立了省警察队、特务队等三个大队；江西省成立了省保安警察队；察哈尔省设有省公安队；等等。还有一些省份将各大队合并组成省警察总队，设总队长。但就具体的编制和隶属关系看，则往往与《条例》的规定有很大出入，许多省份的省警察队隶属于该省保安处。在很长时期里，各省警察队的名称、编制一直十分混乱。内政部某科长在一份报告中曾说："现在各省警察队名目分歧，编制、组织亦不一致，且多未据呈报有案。内政部前为划一警政起见曾经制定《省警察队组织暂行条例》公布，惟各省迄未遵行。"[1] 鉴于这种情况，内政部曾多次催促各省当局应根据《条例》的规定迅速将本省的警察队组织起来。

抗日战争结束后，南京当局对各省广泛存在的保安团队等地方自治武装进行整理，改编为省保安警察队。1947年6月，行政院颁布的《建警方案》明确规定："省设保安警察总队若干个，就现有保安团队整编之，隶属于省政府，专负清剿股匪及镇压重大变乱之任务，其整编方案另定之。"[2] 同年5月，国民政府颁布了《省保安警察队组织条例》，对各省武装警察队的组织职权作出了原则性规定：省保安警察总队隶属于省警保处，其职责是："清剿匪类"，"镇压地方变乱"，"有关治安必要地区之警备"，"其他有关治安部队调遣事项"等。省保安警察队分为三种，即保安警察总队、直属保安警察大队与直属保安警察中队（表12）。

---

[1] 《内政公报·训令》第3卷，第7期。
[2] 原件藏第二历史档案馆。

表12　　　　　　　　　省保安警察队编制系统

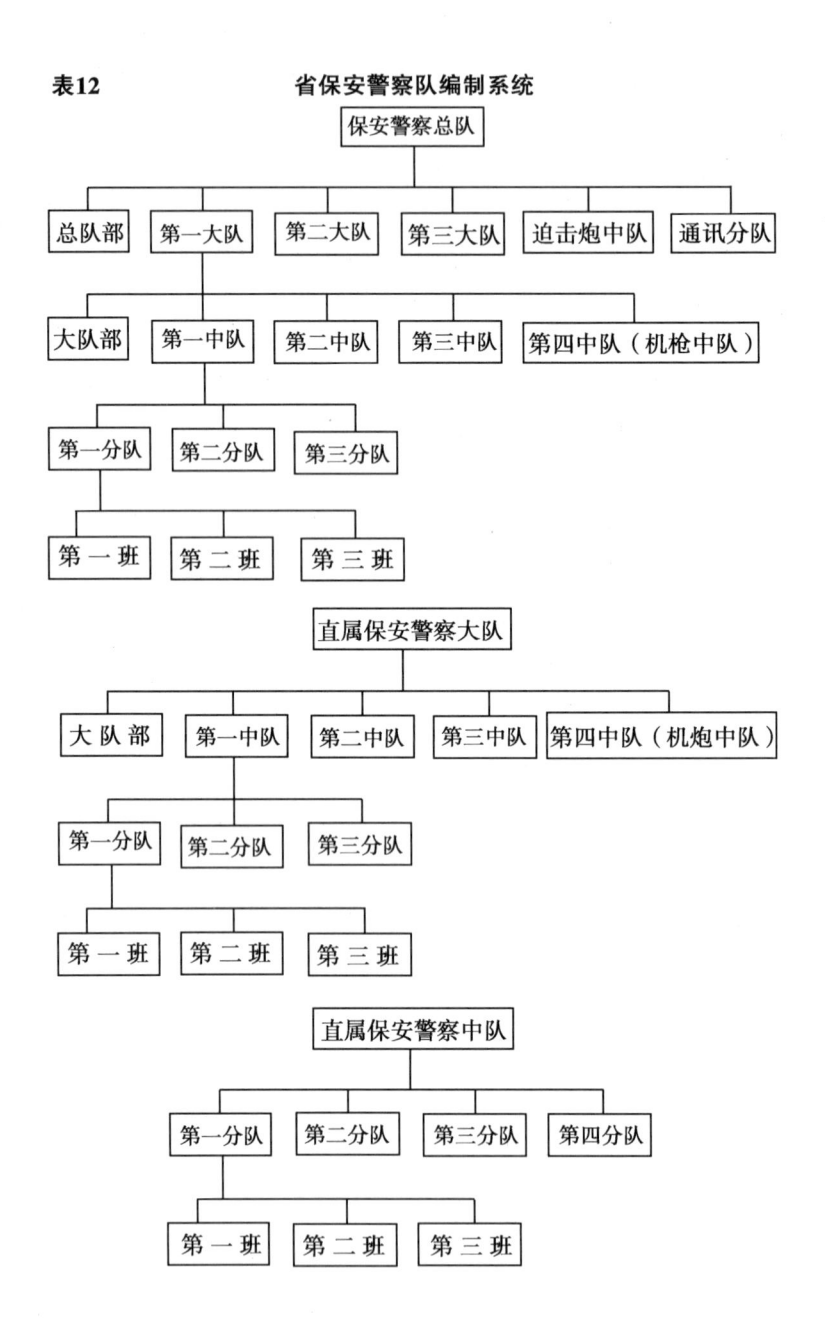

```
                        保安警察总队
    ┌──────┬──────┬──────┬──────┬──────┐
  总队部  第一大队  第二大队  第三大队  迫击炮中队  通讯分队
          │
    ┌─────┼─────┬─────┬─────────────┐
  大队部  第一中队  第二中队  第三中队  第四中队（机枪中队）
          │
    ┌─────┼─────┐
  第一分队  第二分队  第三分队
    │
  ┌─┼─┐
 第一班 第二班 第三班

              直属保安警察大队
    ┌─────┬─────┬─────┬─────────────┐
  大队部  第一中队  第二中队  第三中队  第四中队（机炮中队）
          │
    ┌─────┼─────┐
  第一分队  第二分队  第三分队
    │
  ┌─┼─┐
 第一班 第二班 第三班

              直属保安警察中队
    ┌─────┬─────┬─────┐
  第一分队  第二分队  第三分队  第四分队
    │
  ┌─┼─┐
 第一班 第二班 第三班
```

保安警察总队编制表

职别	阶级	员额	武器 种类	武器 数量	马匹 乘	马匹 驮	备考
总队长	简任或荐任	1	手枪	1	1	0	
副总队长	荐任	1	手枪	1	1	0	
总队副	荐任	1	手枪	1	1	0	
警务组长	荐任或委任	1					掌理剿匪，计划，警力配备，调遣，情报及一般警务事项
督练组长	同上	1					掌理课练实施事项
经理组长	同上	1					掌理经费，武器装备供应，补给保管事项
总务组长	同上	1					掌理庶务，医药、交通、通讯、人事及文书事项
组员	委任	11					内警务、督练组员各2人，经理组员4人，其中1人担任警械管理，总务组员3人
办事员	委任	4					分配各组办事
雇员	雇用	4					分配各组担任缮写工作
医疗主任	荐任或委任	1					
医官	委任	3					其中1人为兽医
司药	委任	2					
护士	雇员待遇	5					
司号长	同上	1					
传达警长士	一等 二	1 3 6	步枪	4	4		
掌工工役	同警长警士待遇	1 8					
饮夫、饲养夫	同警士待遇	3 2					
合计	官佐长 警工役	38 24	手枪 步枪	3 4	7		

在加紧建设省保安警察队的同时，1945年9月19日，行政院还责令内政部督促地方各级警察机关迅速将直属保安警察队组建起来："省会警察局设保安警察大队"；"市（省辖市，省会所在地除外）警察局得设保安警察

队（一至二中队）"；"县设保安警察队，就县属各种武力（警察除外）改编之，隶属于县警察局，依县境地形之难易，交通状况及治安情形区分为甲、乙、丙三种：甲种队辖三个中队，乙种队辖二个中队，丙种队辖一个中队"。①

根据中央政府的上述一系列规定，各省当局也先后制定了有关调整地方武力、组建保安警察的法规或办法。例如山东省政府制定的《山东省各级警察局保安警察大队组织办法》规定："各级警察局为防剿盗匪，巩固地方治安，除水上警察局外，得组织保安警察大队。……各保安警察大队之编制如图：一、每大队辖三中队；二、每中队辖三分队；三、每分队辖三班；四、每班置正副警长各一人，警士十二人。前项保安警察大队，省会警察局得增至五中队，设大队副一人；各县之二、三等局得减至二中队，并不设副大队长。"②

除了地方各级武装警察队外，抗日战争爆发后，中央政府内政部也成立了直属的机动武装警察队——内政部警察总队（详见第十八章）。

三 保卫团及地方自治武装

保卫团是地方自治武装力量的一种，是保甲制度的发展和变形。民国时期的警察著作将这种制度称为"人民自卫制度"，③但事实上保卫团仍把持在地方官绅手中，并非真正的人民自卫组织。

自曾国藩创办团练以来，地方自治武装得到迅速发展，渐有尾大不掉之势。民国初年，袁世凯为了统一地方自发形成的各种武装组织，使之控制在中央政府手中，于1914年5月26日颁布了《地方保卫团条例》，保卫团制度即由此创立。显然，袁世凯的用意在于把地方自治武装纳入官方控制之下。然而由于北洋政府统治时期政局动荡，这个制度未能得到全面推行。国民党政权建立后，蒋介石深悉袁世凯的苦心，也想统一各地方的自治武装力量。1929年1月，内政部以《地方保卫团条例》"施行已久，情势变迁"为由重新拟具了一份《地方保卫团条例草案》提交有关方面审议，改为《县保卫团法》于同年7月13日公布，11月1日施行。1931年4月11日，又公布了修正后的《县保卫团法》。该法总则规定："县保卫团，以增进人

---

① 《行政院指令电》，中国第二历史档案馆馆藏档案。
② 原件藏第二历史档案馆。
③ 参见《中国警察行政》。

民自卫能力，辅助军警维持治安为宗旨。凡各县地方原有乡团及其他一切自卫组织，均应依照本法之规定，改组为保卫团。各省省政府得依照本法之规定，参合本地方情形，拟具施行细则，报内政部备案。"① 具体而言，保卫团负责侦察居户、搜捕盗贼、平息事变，协助追剿股匪等，直接行使着警察的一部分职能。

就保卫团的性质、地位和作用看，新法较以往没有什么根本的变化。从编制上看，新法规定每闾为一牌，以闾长为牌长，每乡或镇为一甲，每区为一区团，每县为一总团，与北洋时期的办法略有不同，但也只不过是形式上的差别而已。新法最大的变化在于特别强调官方对保卫团的控制作用。新法明确规定：以乡长为甲长、区长为区团长、县长为总团长，同时增设副长。各牌长、甲长、区团长及各副长均由总团长委任，并呈报省政府备案。

根据《县保卫团法》第三条的规定，各省可以根据本地方情况制定该法的实施细则，这实际上就赋予了各省当局对辖境内各县保卫团的管理权。按照法律规定，县以上没有全省统一的各县保卫团专管机关，原则上应由省民政厅节制。然而由于《县保卫团法》实施以后，社会形势不断变化，各省对该法的执行情况也就出现了很大的差别，大体上存在以下几种情形：

第一，基本依法办理。如四川、山西、贵州、吉林、热河、绥远、察哈尔等省，其省内保卫团事务由各该省民政厅负责，不另设专管机构，保卫团的组织、编制也基本按法律规定设置。

第二，虽能依法办理，但成立了专管机构。如江苏、河北、陕西等省，在省民政厅之外分别成立了保卫团事务的专管机构。江苏省在省政府之下成立了省保卫委员会，由省主席、各厅厅长、处长为当然委员，省党部委员一人、"地方公正人士"若干人为聘任委员组成。设常务委员五人，除省主席、民政厅长、保安处长外，由委员们互推二人担任，以省主席为首席常委，下设视察员若干人及总务、训练、设计三组，负责拟具县保卫团的组织、训练等各项方案并监督各县保卫事务的进行。至于全省保卫团的调遣、指挥，则由省保安处负责。省保卫委员会以下，各县也成立了同样的组织。与江苏省情况相近，陕西、河北也成立了省保卫委员会。

第三，有保卫团之名，但对《县保卫团法》作了实际上的变更。例如浙江省，最初完全依照《县保卫团法》办理。但从1933年开始，县保卫团事务由省民政厅转入省保安处负责，同时对各县保卫团的编制也作了一些调

---

① 中国第二历史档案馆馆藏档案。

整。总团以下设立常备保卫队，区团之下分编训练队和预备队。又如江西省，曾于1930年将各县保卫团改成县警察队，此后又数度变更，将区团、甲、牌等自治组织形式废除，代之以中队、分队等军队式编制。县保卫团隶属于县保安处，省保安处统管全省保卫团事务。再如福建省，曾于省政府内设各县保卫团督促委员会，不久取消。1933年又于省政府内成立了团务处，为全省保卫团管理、指挥的最高机关。其后又将保卫团事务划归省保安处负责。与江西相似，县团以下采用中队、分队等军队式编制。

第四，完全不依法律规定，自行其是。如河南省曾经办理过保卫团，1933年1月根据《各省民团整理条例》将各县保卫团一律改编为县保安队及壮丁队或"铲共义勇队"。相似的省份还有湖北、湖南、安徽等省，其省内曾经设立过的保卫团均先后改编为保安团或队，分别隶属于各省区保安司令部。又如山东省曾经举办过保卫团。1930年以后一律裁撤，改设民团。省政府下设民团总指挥部，将省内划为四区，各区设立民团总指挥部，统辖区内各县的民团。县设民团大队，由县长兼任大队长，以下设中队等。此外还成立了联庄会，其性质与民团预备队相类似。比较特殊的是广西省，该省从未举办过保卫团，而是自行制定了个《民团条例》。在省政府内设团务处，负责全省民团事务，由省主席兼任处长，后来省团务处移归广西最高军事机关管辖。其下将全省划分为六区，各设区民团指挥部，根据省政府的命令，统管全区民团事务。各县设县民团司令部，由县长充任司令，依区民团指挥官的命令行事。民团分为常备队、预备队、后备队三种，采用具体征兵制，不能雇人替代。

显然，《县保卫团法》颁布实施后，没有得到各省当局的普遍响应，因而中央政权想借此统一全国各地方自治武装的预期目的也就没能实现，形形色色的地方自治武装组织依然保存了很长时期。鉴于这种情况，南京国民政府不得不考虑采取其他的方式。1933年1月，南京当局颁布了《剿匪区内各省民团整理条例》，规定各县地方武装一律改编为保安队、壮丁队或铲共义勇队。因此，到30年代中期以后，各省地方武装组织大都改编为保安团队。1936年，中央政府通过了"整理警政原则"，确定裁团改警办法，规定各省保安团队自1936年度起，于三年内裁撤，所有保安团队职务，逐渐改由警察担任。但是时隔未久，抗日战争就爆发了，裁团改警方针又不得不中辍。[①] 时人曾评述说："自保安制度建立后，地方治安，几全倚为长城。内政

[①] 《中华民国开国五十年史论集》第3篇第4章"警察行政"。

部虽始终谋'裁团建警',以建立有力之警察,但限于形势,仍不得不以之为维持地方治安之主力。"① 当然,蒋介石政府并没有因此而彻底放弃改编地方自治武装的努力。1941年颁布的《县警察组织大纲》仍规定了保安团队应逐渐整训改编为警察队的原则。1941年和1942年在全国行政会议决议案中也都主张将各种地方警卫组织一律归并到警察体系之内。1944年1月,行政院通过了修正的《各省保安部队整理办法》,规定对各保安部队的干部、士兵"加紧予以警察训练,俾充分具备保安警察之知能"。并规定将各省保安部队的"现有数量",裁减五分之一到三分之一,其所保留的保安大队数量也必须由军事委员会和行政院核定,各地方不得在整编内呈请扩编。② 中央警官学校教育长李士珍还向蒋介石建议:二十个县以下的省设一个保安警察大队,五十个县以下的省设一总队,一百个县左右的省设二总队,一百一十个县左右的设三总队。③ 到抗战结束后,"裁团改警"方针在全国三千多地区得到广泛推行。例如,广西省政府制定了《广西各县(市)地方治安武力整理办法》,规定:"本省各县(市)地方治安武力除原有警察及国民兵外,其余自卫队、保安队、警备队及其他治安武力一律改编为保安警察队,隶属于县(市)警察局或警佐室。前项治安武力之改编应汰弱留强,并入县(市)警察局或县警佐室原有之保安警察队;没有保安警察队之县(市),应依照规定设立。保安警察队应重质减量,其名额视地方需要及财力设置之,但每县(市)至少应设三班,至多十五班,每班警长一人、警士十五人。……保安警察队编成后应切实加以训练。保安警察队训练完毕后由各县(市)政府视地方治安情形分派驻防或集中使用。……专负放哨、守卡、防剿盗匪及其他警卫勤务。本办法施行后,各县(市)不得于警察以外再有任何名目之组织,以逐渐充实警政基础,树立一元化之警卫制度。"④

从地方自治武装组织的演变过程中,我们也可以看出近代中国警察制度的发展经历是何等的艰难曲折。

---

① 《抗战六年来之内政》,载《抗战建国六周年纪念丛刊》。
② 中国第二历史档案馆馆藏档案。
③ 《建警计划草拟经过之简述》,中国第二历史档案馆馆藏档案。
④ 中国第二历史档案馆馆藏档案。

第二十一章

专业警种的设置及职能

第一节 刑事警察

刑事警察是1947年时由各级警察机关设置的侦缉队（侦探队）整编而成的警种。侦缉队是一种便衣警察队，其以侦查、缉捕、逮解人犯为专职，编制员额由所属警察机关自定，因地因时而异。侦缉队的勤务特点是：没有固定工作时间和地点，日间化装出没于银行、商店、酒店、妓院、旅馆、公寓、大杂院等人群杂聚的公共场所，随时注意社会上的特殊动态及来历不明或有嫌疑之人，进行跟踪监视，对于现行犯并可当场拘捕；夜间则以守夜蹲黑，盘诘可疑行人为主；为侦缉案件需要，还须广交小贩、车夫、茶房、夫役直至流氓、地痞、无赖等各类人物，以获取信息，并于必要时雇用为"眼线"，给以报酬，协助破案。

侦缉队包括两类。一类用以侦缉一般刑事案件，规模较大，对外公开，直隶于各该警察机关的司法科，为便利缉捕，并在辖区内各警察分局设有侦缉室或分遣所，其内部还根据侦缉对象及个人能力、特长而实行专业分工。如首都警察厅即在本厅之下设有集中的侦探警察队，在下属各警察局管界分设有侦探警察队若干组，在各警察局巡逻队内部又设有侦探若干，在上海、苏州、镇江等外埠重要地点还派有侦缉员以通消息，侦缉队内部则密分有寻人组、失物组、盗窃组、盗劫组、炸弹组、暗杀组等，各办专案。[1] 另一类用以侦缉政治及特种刑事案件，实际上是由警察机关设置的秘密特务系统。仍以首都警察厅为例，该厅特务组即属此类，它的职责是侦查一切进步人士和异己分子，检查进步出版物，防范秘密集会结社，监护特种人物，调查社会情况。该特务组设主任一人，直接受厅长之命掌管全组一切事务。它的内勤机构负责文件收发、处理、外勤活动的计划分配，特务交通传递的指挥，

---

[1] 首都警察厅编：《首都警察概况》，1934年12月版，第269—271页。

侦讯案犯及会计、庶务、人事等事项；外勤机构分设四股：第一股主管有关党政、教育方面的调查与"反动集团""反动案件及反动分子""公务人员贪污恶习"的侦查；第二股主管军队系统及军风纪、散兵游勇不良活动、私贩私运私制军火的调查；第三股主管烟毒赌娼、"不良集团及捣乱分子"、公共场所治安秩序及交通设施、民间疾苦方面的调查；第四股主管特种人物的警卫或监护、重要集会的保护与防范、重要交通及重要处所的保护、侦结案件的协助执行。特务组的勤务活动有：布置侦察网，昼夜流动巡查，注意各种异动，参加各种集会结社，巡视车船、码头、闹市侦察一切，暗察民众情绪等。[①]

这一阶段的侦缉队所用手段颇为原始，普遍缺少科学设备，不懂先进技术，与清末及北洋政府时期并无大的差别，仅在指纹运用方面稍具规模，是与国外差距最大的警种之一。因此，为提高其效能，1940年起，中央警官学校就已开始增设刑事警察讲习班，中美特种技术合作所也引进美国新式刑侦设备，开办了一系列特种警察人员训练班，由美国教官授以侦查、审讯、指纹、痕迹、罪犯心理、化装、拘捕、警犬使用、刑事实验、手枪射击、驾驶等技术，培训了大批骨干人员。抗战结束后，中美特种技术合作所共留下设备器材四百九十箱，约四十吨，为改组侦缉队组建刑事警察提供了相应的物质条件。[②] 经过多年准备，1946年内政部警察总署成立后，专设了刑警处（第四处）负责掌管全国刑事警察的设置督导事项，各警察教育机关也相应充实了刑事警察的课程与设备，各省警察机关的侦缉队遂于1947年起被陆续整编为刑事警察。

根据《各级警察局刑事警察整编规则》[③] 的要求，全国刑事警察的编制分为以下几类：首都警察厅及人口在三百万以上的院辖市警察局，设刑事警察总队。刑事警察总队设总队长一人，辅助总队长处理事务的副总队长一人，辅助总队长分掌本队内、外勤综理督导事项的总队附二人，掌理刑事侦防鉴定技术的技正二至五人，技士五至八人，掌理记录、总务事宜的课长二人，分掌记录及人事、会计、通讯与事务的课员七至十一人，分掌政治、经济、暴行、社会案件侦防事务的队长四人，区队长若干人（每个警察分局配置一个区队），区队附若干人（每个区队配置一至二人），办事员、雇员

---

① 首都警察厅编：《首都警察概况》，1934年12月版，第277—280页。
② 《中华民国开国50年史论集》，（台湾）1961年版，第195页。
③ 《总统府公报》1948年12月25日。

各三至五人，队员四十六至一百九十六人。凡人口不满三百万的院辖市警察局，设刑事警察大队。其编制为，设正、副大队长各一人，大队附一至二人，技正一至三人，技士三至五人，课长二人，课员五至九人，队长四人，区队长、区队附若干人（每个下属警察分局配置区队长一人，区队附一至二人），办事员、雇员各二至四人，队员三十六至一百四十九人。各省省会及市、县警察局设刑事警察队，并依人口多寡而分为三种规格。凡人口在三十万以上的省会及省辖市警察局，设正、副队长各一人，队附二人，技正一人，技士二至四人，股长二人，股员四至八人，组长三人，分队长、分队附若干人，办事员二至四人；凡人口在三十万以下的省会，省辖市警察局及一等县警察局，设队长、副队长、队附各一人，技士二至三人，股长二人，股员四至六人，组长三人，分队长、分队附若干人，办事员一至二人；二等县以下的警察局，设队长、队附各一人，股长一人，股员二人，组长二人，办事员一人。

刑事警察的职责主要有：刑事案件的预防、调查、勘验及鉴定，刑事案犯的侦查、缉捕、解送，保密防谍及社会治安案件的调查，刑事案犯的登记及其他有关刑事侦防的执行等事项。凡"内乱"、"外患"、妨害国交、特种刑事案件、公务犯罪及涉及两省市以上刑事案件的侦防应兼受内政部警察总署的指挥监督。

刑事警察的勤务编组办法是：各警察局，除所辖分局不足五个者，其刑事警察业务由各刑事警察队集中办理外，均须以全部员警总额的百分之四十至百分之六十编组成若干分队，配置于各警察分局，每分局设一个分队，兼受所在分局局长的监督指挥，办理该分局辖区内一般刑事侦防事项；以其余员警分编为二至四个专业侦防队（组），直属于刑事警察队，分掌政治、经济、社会、暴行等方面案件的侦防业务。[1]

第二节　外事警察

外事警察是专办涉外警察业务的警种，因性质所限规模不大，其人员大多遴选外语熟练者充任，并要求对有关国际条约、国际形势及外事知识有一定的了解和研究。1936年前，外事警察的机构、编制因各地外事繁简及经费多寡存在差异而极不统一。重要大城市及各通商口岸所在地的警察机关

---

[1] 《总统府公报》1948年12月25日。

中，已有特设的机构和人员专职办理外事警察业务，或为一科，或为一股、一队、一组、一班，或指定有专员负责此项工作。比如，河北省会警察机关中有外事科，上海市警察机关有外事股，威海卫有外事警察临时稽查队，山东蓬莱等县警察机关中有外事组、外事班，江西九江县警察机关则设外事巡官。上海、青岛等地不同类型的外事警察专业训练班也已陆续出现。但在外国人（包括无国籍人，下同）来往居住较少的青海、甘肃、宁夏、贵州、西藏等地尚无外事警察可言，其余内地省、市，则因外事简单，而由普通警察兼办此项业务。[①] 1936 年底，各级警察机关的机构编制依新颁组织法规调整后，外事警察一律由所属警察机关的行政科掌理。1946 年 8 月 15 日，内政部警察总署成立，外事警察与国境警察合称为"外事国境警察"，由警察总署专设的外事处（第五处）统一掌理。在 1947 年后的警察新服制中，外事警察并与国境警察佩用标有"国"字的同一警种标识。[②] 国境警察原拟设局八个，分布于云南、广西、新疆、内蒙边境地区，每个国境警察局编制达几千人，但终因内部矛盾等原因未能组建。[③]

外事警察的主要职责是，管理来华外国人，维护国家主权及社会安宁秩序。其业务范围涉及外国人出入境管理、内地游历管理及在华居留管理三个方面。

外事警察出入境管理的首要内容是查验外国人的入境护照。自 1840 年鸦片战争至 1931 年前，除东北数省的陆路关卡外，中国历届政府对外国人入境向来不查验护照。1930 年，南京国民政府决定按照国际惯例对外国人入境开始施行护照查验制度，并由内政部、外交部、财政部、卫生部共同制定了《查验外国人入境护照规则》及其施行细则，于 8 月 22 日呈请行政院公布，通行各省市照办。到 1931 年时，上海、青岛、绥远、山西、河南、河北、江苏、广东、广西、云南、新疆、辽宁、威海卫等省市已据此陆续开始施行护照检查，并按月将查验护照统计表报送内政、外交两部备查。其查验护照的设卡地点陆路分设于满洲里、绥芬河、珲春、延吉、哈尔滨、金州、张家口、绥远、伊犁、喀什噶尔、塔城、九龙、前山、车兴、腾越、思茅、蒙自、河口、龙州；水路有广州、北海、三水、江门、中山港、汕头、厦门、福州、上海、吴淞、青岛、烟台、威海卫、龙口、溏沽、秦皇岛、葫

---

① 内政部警政司主编：《中国外事警察》，商务印书馆 1935 年 7 月版，第 124、141 页。
② 《警察服制条例》（1947 年 11 月颁行），《国民政府公报》，第 2978 号。
③ 沈醉：《军统内幕》，文史资料出版社 1984 年 2 月版，第 417—418 页。

芦岛、营口、安东、瑷珲、大黑河、同仁等处；空路则于飞机第一降落地点施行查验。凡未带护照或拒不缴验护照者，所带护照不合法或为冒名顶替及伪造者，行动有违反"党国利益"或妨害公共秩序之嫌者，流浪乞丐，携带违禁或有碍风化物品者，曾因案受出境处分者，均禁阻其入境。[1] 青岛等地除专设查验外国人入境护照事务所等机构外，还因地制宜地制定有查验护照的详细办法。[2]

对外国人内地游历管理的内容是：凡欲到内地旅游者均须事先领取"内地游历护照"。申领内地游历护照的途径有三种：一般应由外国公使函请中国外交部办照；侨居外省者由就近外国领事给照，函请特派员或地方官署盖印；无外交关系国家的人员，应由地方最高长官核发给照。但遇有地方不安宁时，应不予批准；如旅游者已到之处临时发生变乱，则由地方长官声明理由，阻止前往。此外，其他限制条件是：领照者必须是有正当职业的"体面之人"，水手、杂役等无权申领；游经省份不得超过四个；不得凭游历护照携带货物或经商；携带枪支弹药用于防身者，应由其驻华使馆通知外交部，详细开列枪械种类、数目及弹药数量，由外交部转达军政部发给携带兵器特别护照；凡游览承德避暑山庄、东陵、西陵等处，还应通过其驻华使馆向外交部办理特别门照；持照旅游时不准测绘地图及刺探秘密，不准拍摄卑陋习俗及险要地点的照片与影片，不准探采矿苗，不准夹带私货及禁品。内地游历护照自发给之日起，有效期为一年，添改污毁即行作废，若无照旅行，在内地一经发现应即由当地拘留讯办。[3]

外国人居留管理的内容是：凡在华居留的外国人均须向当地警察机关申报登记，请领居留执照；除担任学校教员、工厂技师、公署顾问、教会教士、医院医师者及外交官的随从员役外，外国人一般应居住于租界及商埠等指定地点，不许杂居于内地；各警察机关的外事警察对外国人在华设立的学校、医院、商店、银行、工厂、报馆等负有调查登记、监视异动及迁出迁入并给予保护之责；对在华外国军队、警察、军舰车船及使、领馆的武官检查登记，并设专人进行监视与保护，定期调查列表上报，外国军舰的士兵登岸必须事先通知有关部门，并转饬军警机关查照注意；随时注意、严加防范外

---

[1] 内政部年鉴编纂委员会编：《内政年鉴》第2卷，第484—485页。
[2] 内政部警政司主编：《中国外事警察》，1935年7月版，第142页。
[3] 内政部年鉴编纂委员会编：《内政年鉴》第2卷，第486—487页。

国人在华的非法活动，取缔间谍、汉奸及密卖武器、毒品等活动，处理滋事侨民。①

第三节 司法警察

司法警察是为协助检察官或推事侦办刑事案件而设置的一个较为特殊的警种。司法警察以内政部与司法行政部为中央主管机关，其人员有专职与兼职之分。专职的司法警察也称狭义的司法警察，是指由各级法院自行设置、以各该法院的首席检察官为主管长官并受检察官及刑庭推事的指挥调度，驻院办理司法警察业务者，即现在所称的法警。兼职的司法警察也称广义的司法警察，是指沿袭清末北洋政府时期旧例而由刑事诉讼法规定的既无固定编制，也无统一的服制，只是临时受检察官或推事的指挥命令，执行拘捕人犯、搜查取证、解送人犯、取保传人、检验尸伤、接收呈词等职务，招之即来，挥之即去者。此类人员范围极广，人数最多。

专职的司法警察最初由两部分人员构成。其一是由各法院自行招募设置的有固定编制的法警。据内政部1933年5月统计，江苏、安徽、江西、湖南、四川、山东、山西、河南、河北、陕西、福建、广西、绥远等十三个省的一百零八个法院共设此类司法警察一千八百一十七人，共有各种枪械五百一十九支，平均每院设十六人，其中河北省北平地方法院设置九十四人，陕西省高等法院第一分院仅设四人。② 其二是依《调度司法警察章程》第十四条"法院得向警察机关商调警长警士若干名驻院听候指挥命令，执行司法警察职务，其薪饷等费由法院负担"的规定，③ 由法院向当地警察机关商调的人员。但此种商调办法逐渐取消，1945年后已不再实行。

兼职的司法警察包括司法警察官与司法警察两类人员，其具体范围在不同时期有所不同。根据1928年9月1日施行、1935年7月1日废止的《刑事诉讼法》第二百二十七至二百二十九条的规定，凡县长、公安局长及宪兵队长官在各自管辖区域内皆为司法警察官，有侦查犯罪的职责；警察官长，宪兵官长军士和依法令规定关于税务、铁路、邮务、电报、森林及其他特别事项有侦查犯罪之权者，为司法警察官，应听从检察官的指挥侦查犯

---

① 内政部警政司主编：《中国外事警察》，1935年7月版，第142—143页。
② 内政部年鉴编纂委员会编：《内政年鉴》第2卷，第477—482页。
③ 《内政公报》第9卷，第8期。

罪；警察和宪兵应受检察官及司法警察官的命令，执行司法警察职务。①

1935年7月1日起施行的新的《刑事诉讼法》及1936年8月5日据此颁行的《调度司法警察章程》将司法警察的范围扩大为：县长、市长、设治局长②、警察厅长、警务处长、公安局长、保安司令、警备司令及宪兵队中级以上长官，在各自管辖区域内为司法警察官，有协助检察官侦查犯罪的职责；警察官、警长、保安队长、警备队官长、宪兵官长军士为司法警察官，应听检察官的指挥，执行司法警察官的职务；铁路警察官、警长，森林警察官、警长，渔业警察官、警长，矿业警察官、警长，缉私队官长，海关巡缉队官长，邮务员、电政员，以其所管特定事项为限，听检察官指挥，执行司法警察官职务；警士和宪兵应受检察官及司法警察官的命令，执行司法警察职务；保安队兵、警备队兵、铁路警士、森林警士、渔业警士、矿业警士、缉私队警、海关巡缉、邮差、电报差，应就所管特定事项受检察官的命令，执行司法警察职务。审判长或推事于审判中有拘提、搜查、扣押、羁押、送达等事项时，也可调度司法警察。③

1945年4月10日后，司法警察由下列人员构成：市长、县长、设治局长、警察厅长、警务处（警保处）长、警察局长或警察大队长以上长官、宪兵队营长以上长官，于其管辖区域内为司法警察官，有协助检察官或推事执行职务之责；警察分局长或警察队长以下官长、宪兵队连长以下官长，为司法警察官，应听检察官或推事的指挥，执行职务；铁路、森林、渔业、矿业或其他各种专业警察机关的警察官长，海关、盐场的巡缉队官长，为司法警察官，各以与其职务有关的事项为限，受检察官或推事的指挥，执行职务；警长、警士及宪兵为司法警察，受检察官或推事的命令执行职务；铁路、森林、渔业、矿业及其他各种专业警察机关的警长、警士，海关、盐场的巡缉员警，受检察官或推事的命令，就与其职务有关事项执行司法警察职务。④

检察官或推事侦办刑事案件须临时调遣司法警察予以协助时，可以书面或凭司法行政部统一制发的指挥证以口头方式指挥命令司法警察，必要时，

---

① 《中华民国法规大全》，商务印书馆1937年1月版，第266页。
② "设治局"是各省在尚未设置"县"的地方暂设的机构，地位相当于县。
③ 《中华民国法规大全》，商务印书馆1937年1月版，第243页，《内政公报》第9卷，第8期。
④ 《调度司法警察条例》（1945年4月10日公布施行）。《国民政府公报》，渝字第769号。

还可直接以电话指挥命令。司法警察接到检察官或推事的指挥命令后，应立即照办，即使在夜间或休息日亦应执行职务，不得借词延搁。但由于此类司法警察执行职务属于兼职，检察官对之仅有予以训饬、记过之权，而函请其长官给予惩戒时往往又不被理睬，以至漠视职责、不尽力或不听指挥者为数不少。因此，为加强对司法警察的管理，使检察官指挥调度司法警察时不致发生困难，1945年后检察官开始被赋予对司法警察的直接奖惩权。凡执行司法警察职务有成绩者或有废弛职务情况者，由该管首席检察官或法院院长直接给予嘉奖、记功、记大功或申诫、记过、记大过，并通知受奖惩人的主管长官，同时呈报司法行政部和主管铨叙机关登记。废弛职务情节重大者，并可商请其该管长官予以撤职或其他处分。但对市长、县长、设治局长、警察大队长以上长官及宪兵队营长以上长官则须由该管首席检察官呈请上级检察官，或由该管法院院长呈请上级法院或司法行政部，转请其该管长官予以奖惩。各该管长官于司法机关商请予以奖惩时，应切实照办，不得无理拒不接受或借故拖延。①

第四节　消防警察

消防警察也是直接隶属于各警察机关的警种。根据1929年8月颁行的《扩充消防组织大纲》，凡省会以下的市县警察机关所属消防警察机构的名称均为"消防组"，但省会及院辖市消防警察的组织则无统一规定，一般称消防队（上海为消防股）。② 最初，消防警察由各该警察机关保安科掌管，1936年12月后，消防警察改由各警察机关的行政科主管。③ 其通常分为若干分队或班、组，于辖区内各设分驻所分散驻扎，以便接警后能尽快赶赴现场，减少损失。

南京国民政府时期消防制度的特点是，提倡自治原则，实行混合消防制，专职消防警察与义勇消防组织（即民间消防组织）并存。但因各地具体情况不同，消防警察的具体职责任务、编制、装备等相差悬殊，其大致可

---

① 《调度司法警察章程》、《调度司法警察条例》、《行政院训令》（37）7法字第17737号。《内政公报》第9卷，第8期；《国民政府公报》渝字第769号，《国民政府公报》1948年4月15日。

② 《中华民国法规大全》，商务印书馆1937年1月版，第919页。

③ 《旧中国治安法规选编》，群众出版社1985年版，第142—157页。

分三类。

第一类，消防警察不管具体消防事务，仅负监督指挥地方民办救火会之责。以上海为例，该市警察机关以前向无消防警察组织与设备，遇有火灾发生，全靠地方各救火会施救，因此，民办救火会较为发达，设施之完备也在各省市首屈一指。1928年9月后，上海市警察机关虽制定了《义勇消防事务督理规则》，1930年1月起又设立了消防股，将全市所有救火会概归其监督指挥，但仍不负火灾扑救之责，仅掌管消防行政，火灾预防，对救火会的监督指挥，救火会经费收支的审核，救火会人员、器械配置的调查考核，火灾发生原因的调查及救火会的奖惩抚恤等事项。[①] 上海市救火会最初是由地方绅士牵头组织的，负责人多为义务职。经费来源，一是实行捐集，二是收取火警罚款，三是由市政府拨款补助不足部分。[②] 1930年1月改归警察机关后，其组织为每会设执行委员七人，推举常委三人主持日常事务，各会共有义务消防员七百九十三人，雇员二百三十四人，经费改由市政府拨给，拥有救火汽车三十七辆，皮带车二十二辆，扶梯车六辆，救护车三辆，救火机三台等大型设备，成为上海市消防的主力。[③]

第二类，消防业务由警察专管，民办救火会仅为虚设。北平市1928年将原消防处裁撤，另设消防队部。至1935年时，共辖四个消防警察分队和一个消防警察教练所，于内外城设有分驻所四处（称为分遣队），派出所三处，警钟台五处，负责各区的消防事务。消防队内部设有队长、队附、分队长、办事员、教员、医生、书记、消防巡官、消防班长、正副机关士、消防警士及夫役等，共有三百余人。平时各分遣队皆安排有半数人员为备警班，24小时执勤，遇有火警立即出发。其设备有救火汽车、蒸汽泵、人力泵等及水管钩斧之类；并设有火警专用电话，号码为100；各警钟台要每日派警四名轮流瞭望，发现火警先用电话报告消防队，再击钟通知市民；内外城还设有自来水龙头、消火栓、水井等消防设施。此外，北平市保安警察队也负有遇火警发生时，于通常职务之外拨派长警驰赴火场协助警戒、灭火及救护之责。因此，北平市虽也设有绅商合办的称为"××水会"的消防组织，但作用不大，其消防人员多无定额且需临时召集，装备也仅限于水泵等小型机具。另外，由于市内建筑多系砖石、钢铁等防火物质构造，且楼房很少，故

[①] 内政部年鉴编纂委员会编：《内政年鉴》第2卷，第546页。
[②] 《现行警察法令集解》第2卷，上海警察学社1930年7月版，第376页。
[③] 内政部年鉴编纂委员会编：《内政年鉴》第2卷，第546页。

火灾不多；市区不临河海，故水灾也少。因此，北平的消防警察勤务并不繁忙，平均每年成灾火警不过四五十起。①

第三类，实行双轨制，消防警察与义勇消防组织各尽其责。南京市消防队1931年3月改称消防警察队，下设若干分队，约百余人。其勤务以事前预防为主，由各分队每日抽调长警轮流在本辖区内巡视，遇有易燃物品或足以酿成火警的行为，随时取缔。消防警察队并设有专用报警电话与瞭望台，派警轮流值守，各消防分队接到出救命令后应于3分钟内到达火场。为补消防警察力量的不足，该市提倡义勇消防，并几经整顿，使民办救火会效能提高。民办救火会遇火警时须前往协助消防警察施救，并一律受消防队长的指挥调遣。②

第五节 驻卫警察

驻卫警察的前身是请愿巡警，即由请愿人向当地警察机关自愿声请派警常驻守卫，并承担薪饷、服装、经费等费用，所派之警称为请愿巡警。请愿巡警之设始于清末，至民国初年，经修订的《请愿巡警暂行章程》规定的请愿巡警设置办法是：请愿巡警的派遣范围以官署为限而不包括私宅，凡各部院衙门及仓库局所，均可向警察机关请派巡警常驻守卫。各官署商请拨派请愿巡警时，应以每岗四名计算，人数不得少于四人。请愿巡警驻守各官署只尽守卫弹压之权，不得用于滥充杂役，各官署应为请愿巡警提供专用驻所，不得与夫役混住，警察机关并有权随时派员入内稽查。请愿巡警的月饷应由请派官署支付，按月送警察机关转发；警服靴帽每半年更换一次，届时由各官署将所需款项送警察机关制办；每月所需灯油煤烛等经费，亦由各官署发给。但请愿巡警的枪支刀械等，由警察机关发给，无须各官署筹备。请愿巡警实行定期轮换制，每三个月更换半数，每七日休息一次，事假、病假应由驻在官署批准，假期在七日以上者，由驻在官署通知警察机关派警代理。请愿巡警如有违纪等情事，其驻在官署可随时通知警察机关予以撤换；如有特别出力之事，其驻在官署亦可报知警察机关给予奖励。③

南京国民政府成立初期，请愿巡警尚无统一的设置办法和名称。但上海

---

① 姜春华：《北平警政概观》，1934年4月版，第49页。
② 首都警察厅编：《首都警察概况》，1934年12月版，第273—277页。
③ 《现行警察法令集解》第1卷，上海警察学社1930年7月版，第129页。

请愿巡警的设置已不再以官署为限，凡公共机关及铺户、住宅皆可向警察机关声请拨派巡警驻卫。其请派程序是，由请派人声明理由，先向本管警察机关提出请求，再由该警察机关根据情况报市局决定。请愿巡警人数以每岗三人计算，仅驻卫而不站岗者，可酌量减少。请愿巡警人数较多时，则应声请委派请愿巡官及巡长，巡官月饷五十元，巡长月饷二十二元，并应雇伙夫一名，每月给八元；请愿巡警月饷每名十六元，均应于每月二十五日前缴由各该管警察机关转发。请愿巡警制服每半年更换一次，服装费应按月缴纳，但冬季请派时应预缴四个月服装费，夏季应预缴三个月服装费，如需制备皮大衣，还应另行缴费。请愿巡警的住所宿舍及一切需用物品，应由请派人置备。请愿巡官、巡长、巡警由其派遣警察机关指挥监督，如不称职，请派人可向该警察机关声明，呈准市局更换；请派人不需官警驻卫时，可声请撤销，但须另缴一个月的饷额，作为遣散费。请愿巡警所需武器，可以由请派人呈准自备，其撤销请愿巡警时，则应作为该管警察机关的公物，不再发还，但如日后再请愿时，仍可发给使用。①

此后，南京等地的国家机关及国立大学相继出现卫警、校警的设置。尽管当时有请愿警、门警、卫警、卫队、警卫、警卫队、特务警、特务队、侍卫队等多种多样的名称，但凡驻卫各机关的都被统称为"卫警"，驻卫各大学的统称为"校警"。据内政部1933年统计，南京市已设卫警的中央国家机关有：国民政府、行政院、立法院、监察院、考试院、行政法院、内政部、外交部、交通部、铁道部、教育部、司法行政部、实业部、审计部、海军部、军政部军需署、军政部兵工署、全国经委、导淮委员会、蒙藏委员会、总理陵园管理委员会、建设委员会、南京市政府、南京市财政局、内政部卫生署、中央医院、黄河水利委员会、中央研究院总办事处、中央研究院动植物研究所、实业部全国度量衡局、实业部中央工厂检查处、实业部中央工业试验所、实业部中央农业试验所、国货陈列馆等共三十四个，卫警人数达一千五百余人，拥有枪械一千零三十八支。中央大学、浙江大学、同济大学、清华大学、武汉大学、交通大学、暨南大学及杭州艺术专科学校等各地的国立大学也皆有校警之设，官警总数二百一十五人，枪械129支。这些卫警和校警主要是当地警察机关拨派的请愿警，少数是自行招募组建的。②

---

① 上海市公安局《请愿巡警暂行章程》，《现行警察法令集解》第1卷，上海警察学社1930年7月版，第131页。

② 内政部年鉴编纂委员会编：《内政年鉴》第2卷，第514—516页。

卫警与校警后又被统称为"驻卫警察",1930年12月1日内政部并有《驻卫警察派遣办法》颁布施行。驻卫警察的设置分为派遣与请派两种。"派遣"适用于政府机关。凡中央各部、院、会及其所属各机关,由内政部警察总队或所在地警察机关派警驻卫;省政府及各厅、处由省会警察局或警察队派警驻卫;县政府及各局由县警察机关派警驻卫;驻华各国使、领馆由内政部警察总队或所在地警察机关派警驻卫。"请派"适用于各公私团体。凡银行、钱庄、工厂、学校、公司、工会、农商会及其他企业团体,均可向当地警察机关请求派警驻卫,并填具申请书,注明团体名称、地址、负责人姓名、年龄、籍贯、住址,请派驻卫警察人数及所需枪支弹药数目。警察机关接到请派驻卫警察申请书后应即依法派遣,如警力不敷分配,应报上级机关核定增加。但所有增加警额所需招募、训练费用,概由请派人负担;如当地无警察机关,得请由该管省、市、县政府指定附近警察机关派遣。

驻卫警察受本管警察机关和驻在单位主管长官或负责人的指挥监督,其编制按派遣人数每满十人加派警长一人,满三十人加派警官一人,不满十人的,由该管警察机关直接管理。各机关及公私团体原来自行招募的警卫亦应由当地警察机关轮流调训、管理(但不属于正规警察)。驻卫警察的枪械由本管警察机关发给。各公私团体请派的驻卫警察人员的服装、费用、薪饷应由请派人负担,并交由该管警察机关办理,警察机关主动派遣的驻卫警察的费用仍由本管警察机关负责。驻卫警察人员如不称职,其驻在单位可以叙述事实,通知本管警察机关核办。[1]

第六节 税务警察和盐务警察

一 税务警察

税务警察是由财政部设置并主管的专业警种。由于旧中国经济落后缺少其他税源,盐税便在国家收入中占有重要地位,因此,税务警察的职责主要是防缉私盐、保护盐税。税务警察之设源于盐务缉私,自民国初年盐税稽核划归财政部主管后,在不同时期,财政部的内部机构曾多次调整,税务警察的名称、领导机关及机构编制亦多次随之改变。

税务警察的前身可溯至民国初年设立的"缉私营队",其编制采用营制

---

[1] 广东省政府秘书处法制室编:《战时法令汇编》第1辑,1940年3月版,第563页。

(即以营为单位)，官兵实行军衔制，装备、待遇、管理、训练及勤务等皆与军队类似，职责是查缉未经财政部盐务署特许而制造、贩运、售卖或意图贩卖而收藏私盐的案件。它有权没收私盐及犯私盐罪所用物品解交就近盐务官署变卖，并将变卖款按法定成数充作个人赏款；有权将当事人拘捕并移送该管司法官署审理；遇有结伙持枪拒捕者时，有权将其格杀。①

1927年11月8日南京国民财政部盐务署为加强查缉私盐，决定在各产盐、销盐地区设立盐务缉私局，掌管该地盐务缉私事务。各盐务缉私局受财政部盐务署监督，由当地盐运使、盐运副或榷运局长②节制、调遣，并按缉私业务繁简编练有"缉私队"若干队配置于所辖地区。各缉私队的编制以大队为单位（相当于营），每大队辖三个中队，每中队辖三个小队，每小队辖三个班，每班置班长一人、队兵十人、伙夫一人，每小队置佐官二人，每中队置佐官四人，每大队置佐官八人。各大、中、小队长均由缉私局长委任，委任大队长并须呈报财政部盐务署备案。③ 为提高盐务缉私队的缉私效能，1929年6月后各缉私局所在地还设立了盐务缉私士兵教练所，每三个月为一期，每期抽调五分之一的缉私队士兵进行轮训，以"党义"、军事训练、盐务缉私概要、兵士操及驾驶船只、保管使用枪械等为必修科目。④

1930年，财政部专设缉私处，将原由盐务署所辖各缉私局及所属缉私队移归缉私处统率、监督、训练、调遣。缉私处管辖范围以盐务缉私为主，也可奉财政部长命令协助办理部辖其他税收机关缉私事项，因此，其所属各缉私局、队名称始免冠"盐务"二字。财政部缉私处编练并直辖有缉私总队若干队，各缉私局则按缉务繁简设缉私大队或中队若干队。1930年2月22日经财政部核准确定，缉私处所属各缉私队的编制一律统一为：缉私总队由三个大队编成，每大队辖四个中队，每中队辖三个小队，每小队辖三个

---

① 《缉私条例》（1914年12月29日）。《中华民国法规大全》，商务印书馆1937年1月版，第3178页。

② 财政部盐务署在各产盐区设盐运使公署和盐运副公署，以盐运使和盐运副为最高长官，其下辖盐场若干，并于各盐场设盐场公署，置场长一人；盐务署在各销盐地区设榷运局，其局长为当地最高盐务长官。盐运使、盐运副及榷运局长的职责是，受财政部盐务署监督，指挥所属职员办理场产、运销、缉私等事务，管辖所属场警及水陆缉私舰队（后改为税警）。盐运使公署和盐运副公署后被撤销。

③ 《国民政府财政部盐务缉私局章程》（1927年11月8日财政部公布）。《中华民国现行法规大全》，商务印书馆1934年1月版，第697页。

④ 《盐务缉私士兵教练所章程》（1929年6月3日财政部公布）。《中华民国法规大全》，商务印书馆1937年1月版，第3180页。

班。总队长、大队长由缉私处长呈请财政部长委派,中队长以下均由缉私处长委任。总队部设总队长一人,总队副三人,副官二人,特务员四人,经理员二人,医务员一人,书记、司书各二人,伙夫二人,马夫四人。大队部设大队长、大队附、副官各一人,特务员四人,经理员、医务员、司药员各一人,护士二人,书记一人,司书二人,号目一人,军械员二人,勤务士一人,勤务兵七人,伙夫二人,马夫二人。中队部设中队长、中队副、司务长、特务员、司书、上士、号兵各一人,勤务兵二人,伙夫一人。每小队设小队长、司书、号兵各一人,班长三人,队兵三十人,勤务兵一人,伙夫三人。①

1931年3月,财政部为彻底整理缉务,以裕税收,呈准行政院提交国务会议议决,将缉私队改组为税警,划归财政部盐务稽核总所兼管。改组后的税警编制缩小,以队为单位,中队或连以上建制一律废止。税警队每队四十人,由三个分队编成,其中第一分队由队长兼领,设队长、书记、警士长、伙夫各一人及警士、上等警十人,共十四人;第二分队和第三分队各十三人,不设书记。税警实行"区制",印在盐务稽核总所下属的各稽核分所或稽核处设税警局或税警课取代原缉私局,将所辖境内划分若干"区",区下还可设"分区",每区由税警区长管辖,设税警队若干队,分管区内各"段"。区长及分区长办公处依区之大小,设有区长、区佐、分区长、分区佐、书记等税警官佐及随从警、伙夫若干人。至1934年夏,财政部盐务稽核总所所属的湘岸、鄂岸、皖岸、西岸稽核处,扬州、淮北、松江、两浙、福建、山东、长芦稽核分所及河南收税总局的税警已改编完毕,计有官佐一千七百四十七人,长警一万四千八百五十七人,枪械一万零五百七十六支。一时未能改组、仍归盐务署管辖的青海、甘肃、广东、广西、四川、云南等省的缉私机关尚有各种名目的缉私队官兵七千四百一十一人,枪械三千九百一十二支。②

为使税警能"实心办事,不敢为非",税警的待遇优于其他警种,除工资、津贴、奖金等优厚的薪给外,缉获案件后并有法定的"提成赏款",其

---

① 《财政部缉私处缉私总队编制纲要》(1930年2月22日财政部标准公布施行)、《缉私局章程》(1930年5月1日财政部修正公布)。《中华民国法规大全》,商务印书馆1937年1月版,第3178—3180页。

② 《中国盐政史》,台湾商务印书馆1987年6月版,第279页;内政部年鉴编纂委员会编:《内政年鉴》第2卷,第517—520页。

最高可达罚没收入的百分之五十。税警贪赃枉法亦有较多便利条件。因此，税警的任用和提升都有较高的条件要求，其所用人员均须经过试用。试用以三个月为一期，期满后如经该管稽核分所或稽核处认为不便"补实"，得延长试用期三个月，如经试用满九个月仍不能补实时，即予以解职。试用人员在试用期内不享有正式人员的待遇，只能领取低于应得工资的试用工资，待试用三个月转正后再行补领，但延长试用期者不予补发。试用期内如经查明不能胜任，将被随时予以解职。凡月薪在八十元以上的官佐，试用期满后还须由该管稽核分所或稽核处将该员品行、办事成绩连同事实呈报稽核总所交税警考绩委员会审核。税警官警的提升必须同时具备两个条件，一是要有服务成绩，即必须缉获私盐一次或一次以上方可获准提升。二是须服务满一定年限，即学警须服务满四个月，警士及上等警须服务满一年，警士长须满四年，副分队长满二年……没有特殊成绩及理由，不得越级或提前提升。税警实行的违纪处罚制度也较为严厉。税警官佐的违纪处罚共有九种：申斥，记过，记大过，半月薪额内的罚款，"禁足"二十一日以内（即除因公差遣外不得外出，并给以额外任务，每二小时报到一次），一年内的停升，降级，撤职，斥革（当众开除）。警士的违纪处罚有八种：申斥，记过，三分之一月薪以内的罚款，额外操练，"禁足"二十一日以内（充各种劳役），撤销差遣或津贴，十日内的禁闭（无禁闭室时，则绑缚于建筑物，每次一小时以内，每日总计不逾四小时，并给额外操练及劳役），革除。[①]

　　1936年7月，财政部调整机构，税警改由新设置的盐务总局掌管。盐务总局专设有税警科等机构主管水陆税警的编制、训练、指挥及调遣，各产盐场区的警务设计、改进及处理，盐务稽查，盐场、仓坨及盐务官署的保卫，私制私运盐硝的查禁等税警事务。税警服装、械弹的采办、保管及发放等后勤事务则由盐务总局的经理科主管。税警的管理体制为，盐务总局在产盐区各设盐务管理局兼管该区税警事务，盐务管理局于所辖盐场设盐场公署，盐场公署经盐务总局核定后得设税警派出所，归盐场场长直接指挥。[②]

　　1943年3月31日起，财政部增设缉私署，由军统特务头子戴笠兼任署长，后由宣铁吾继任。税警的编制、整理、补充、训练、指挥、调遣、配备、布置及粮秣、被服、械弹、器材的经办，纪律的整饬，缉私制度的规划

　　[①]《财政部盐务稽核总所税警章程》（1932年8月财政部核准公布）。《中华民国法规大全》，商务印书馆1937年1月版，第3186—3207页。

　　[②]《财政部盐务总局组织法》（1936年7月14日国民政府公布）。

等事项皆改由缉私署主管。①

二 盐务警察

盐务警察与税务警察有着许多相近之处，它们都以财政部为最高主管机关，都与盐务紧密相关。二者的主要区别在于职责不同，盐务警察是为稽查盐的出入并保卫盐场仓坨、防御盗匪而设置的，其范围以产地为主，驻扎于各仓场及制盐地。

民国初年，为"查察盐产，管理盐斤"，各产盐区盐场仓坨已有官办的武装巡士（巡警）及盐商自行招募的巡役之设，其人数员额均由各该管场署自定。1930年7月30日财政部颁行了《组设场警办法大纲》，决定由各产盐区盐运使、盐运副对各盐场已有的巡丁巡勇等人员进行甄别，汰弱留强，改编为盐场"场警"。在官办场警尚未组建的盐场，场商为保护其盐产也可以经呈准后自行招募场警，称为"商募场警"，受该管盐场场长的节制，薪饷、枪械等概由场商自筹，待官办场警设立后即改归该管场署掌理。

改编后的场警机构为：各盐场设场警局，隶属场长公署，以盐场场长兼任局长；场警局下设分驻所，派巡长掌管；分驻所之下设置派出所，由警长掌管，每个场警局并可设教练一至三人，专管训练及处理防卫场区事宜。凡地处边远的盐场，如因地方不安宁，为防御盗匪、保护盐产，还可以呈请特准编练场警大队，由所驻场区的场长节制调遣，其规模由各该管盐运使、盐运副拟定并须报财政部核准。各盐场场警员额依场份大小、盐产多少并参照各场原有巡丁巡勇额数而定。商募场警的编制员额由该管盐运使、盐运副转呈财政部核准。②

场警的职责主要是："查察产收，巡缉场私，看守仓坨，防卫场区。"其勤务采取守望兼巡逻制，一般是在盐场内分段酌设瞭望台，由场警轮流值守，其余人员执行巡逻、巡查任务。场警巡逻的重点是清查制盐人户口，防止私盐贩子掺杂其间，设法断绝除指定运盐路线外的一切小路杂径，并搜集有关走私路线的情报通知税警缉办。场警对所管防区内所有制盐井灶滩池每日至少须巡查一遍，出盐时并须昼夜分班巡查，以防偷漏。场警日常巡查时主要任务有：调查井灶滩池面积大小，锅口及耗用卤水、燃料的数量，每日

---

① 《财政部组织法》（1943年3月31日修正公布）。《国民政府公报》，渝字第557号。
② 《组设场警办法大纲》（1930年7月30日财政部公布）。《中华民国法规大全》，商务印书馆1937年1月版，第3154—3155页。

产盐、存盐数量，并督缴入仓，登记、加封、盖印；稽查、限制制盐人领证开煎、开晒、停煎、停晒，查禁私制；注意有无产多报少及库存盐量不符；调查登记制盐人户口及盐工勤惰、生活、卫生情况；调查盐务机关人员财产状况；检查盐仓保护及防潮排水设备；检验仓坨存盐的封印；并有传唤违章案犯及送达诉讼文书等责。①

抗战后，盐场场警改称盐务警察，简称盐警。1948年，财政部盐务总局专设盐警管理处，掌理全国盐警事务。盐警管理处内分二科，置处长一人，秘书一人，科长二人，督察长一人，督察二人，技士一人，技佐二人，科员十至十六人，助理员四至六人，雇员二至四人。盐警的编制、调遣、招募、训练、保产、护运、缉私及处理违反盐法案件等业务，后勤、军需物品的补给、筹办、保管，营房的购置、租赁及处理，船舰配备与修缮等事项均由盐警管理处管辖。盐务总局下属各区盐务管理局或盐务办事处内相应设置警务科或警务组，直接掌管该区的有关盐警事务。②

第七节　矿业警察、渔业警察、森林警察

一　矿业警察

矿业警察之设始于北洋政府时期。南京国民政府成立后，内政部认为矿业渐趋发达，为谋各矿区安全，保护其发展，专设矿业警察仍有必要，故于1931年10月商请实业部起草矿业警察规则，经两部会同修改，定名为《矿业警察规程》，呈请行政院核准于1932年10月由内政部和实业部公布施行。③

矿业警察的设置，实行自愿与强迫相结合的原则。凡矿业权者皆可向矿区所在地省民政、实业或民政、建设两厅呈请设置矿业警察；如矿区互相衔接时，则应由各有关矿业权人共同呈请；国营或官营矿业由管矿人员或机关呈主办官署办理呈请手续。凡呈请设置矿业警察者应将矿区所在地及其范围，业务概况和工人人数，所需警察名额等开呈省民政、实业或民政、建设

---

① 《盐场场警服务规则》，中国第二历史档案馆馆藏档案。
② 《财政部盐务总局盐警管理处组织条例》《财政部各区盐务管理局组织条例》及《财政部各区盐务管理处组织条例》。《国民政府公报》，第3027号。
③ 《中华民国法规大全》，商务印书馆1937年1月版，第3371页。

两厅，由其核准后会呈省政府转内政、实业两部备案，并通知该矿区所在地的县市政府。如系小矿区，又不与其他矿区邻接，无专设矿业警察的必要，矿业权者可向地方警察官署请求拨派警长警士执行矿业警察职务，并呈报省民政、实业或民政、建设两厅及所在地县市政府。但是，对未设置矿业警察或拨派地方警察的矿区，省实业厅或建设厅认为有必要时，可以限令矿业权人呈请设置或拨派。

矿业警察的机构为矿业警察所，并冠以所在地地名。如矿区过于广阔、不便管辖时，矿业警察所可以要求矿业权者呈请省民政、实业或民政、建设两厅核准设立分所。矿业警察所设所长一人，由矿区所在地省民政厅会同实业厅或建设厅遴选具有警官资格人员呈请省政府委任，并报内政部和实业部备案。矿业警察所所员人数视事务繁简而定，由所长委派后分呈省民政、实业或民政、建设两厅备案。矿业警察分所设分所长一人，由所长就具有矿业警官资格人员遴选三人，呈请省民政厅会同实业厅或建设厅核委一人充任。矿业警察分所并可根据需要而酌用雇员。

矿业警察所或分所的辖区范围须与地方警察官署商定，其权限主要有二：一是依照法令规定并参酌具体情况订立矿规，揭示于矿厂及其他矿业工作场所，并呈报省民政、实业或民政、建设两厅备案；二是检查与处理矿工违反矿规及妨害秩序等情事，并通知矿业权者或矿业管理人，但也可单独施行检查或处理。矿业警察所或分所于所辖区域内发生重要事变时可以商请附近地方警察或军队予以协助，同时报告所在地县市政府，处理后并须将经过情况呈报省民政、实业或民政、建设两厅备案。地方警察官署因职务上的必要须在矿区内有所处置或查询时，也可商请矿业警察所或分所尽力协助或报告。遇矿区外发生事件，地方警察官署商请协助时，矿业警察亦应立即支援。

矿业警察所需经费概由矿业权者负担，其编制、教练、服装与普通警察相同，但制服左臂加缀专用臂章以示区别（见附图）。因矿区有限矿业警察规模不大。《矿业警察规程》颁行两年间，到1934年时，除北洋政府时期就已设立的矿业警察所外，各省新设矿业警察所仅有十四处，计一千七百余人，各所官警人数从十余人到八百余人不等，月支经费亦从百余元到数万元不等。[①] 1938年1月1日，实业部改为经济部，矿业警察即改由内政部与经济部主管。

---

① 内政部年鉴编纂委员会编：《内政年鉴》第2卷，第496页。

二　渔业警察

渔业警察是南京国民政府时期新设置的专业警种之一，其以内政部和实业部（后转归农林部渔业司）为最高主管机关，目的在于护渔缉盗、保护渔商。在此之前，沿海护渔职责系由当地水上警察及海军行使，但由于其效能不高，海盗充斥渔场，严重影响渔业生产，于是沿海各省相继成立渔团或商渔联合会等自卫组织，以补水上警察的不足。至南京国民政府成立，内政部认为随着渔业逐渐发达，为谋渔区安全，保护渔业发展，已有专设渔业警察的必要，乃于1929年11月咨请农矿部共同制定渔业警察规程。1930年9月农矿部起草完毕，与内政部共同呈请行政院备案，不久农矿部改为实业部，《渔业警察规程》即由内政部和实业部于1931年6月27日公布施行。[1]

根据此规程设置的渔业警察的机构为渔业警察局或渔业警察所，由各省根据渔区大小和事务繁简而酌定。渔业警察局的局长或渔业警察所的所长由各省民政厅商同实业厅或建设厅会呈省政府决定任免，并分呈内政部和实业部备案。渔业警察的辖区由各省实业厅或建设厅商同民政厅会呈省政府指定后，分呈内政部和实业部备案。渔业警察的装备为黑色巡船或巡舰，每个管区内至少须有五艘以上。渔业警察的编制、教练、服装与普通警察相同，但另佩渔业警察标识。

渔业警察的职责是：维持渔区秩序及安全，保护渔业发展，追捕海盗；制止外人越界采捕；执行地方行政官署发布的保护水产繁殖或取缔渔业等命令；处理紊乱渔区秩序或妨碍采捕作业事件；管理辖区内的渔船、渔轮，将其编列号码；设置电台接收中央气象台的天气预报，悬示于巡船或巡舰的桅杆上向渔民发布，有暴风时并用紧急信号警告渔民；应远洋渔业公司的要求并由其承担一切费用，派巡船或巡舰为之担任护渔任务。

1932年6月，实业部在江浙、闽粤、冀鲁、东北沿海设立了四个海洋渔业管理局，分掌各区渔业警察的指挥、监督及巡舰给养等事务，并配备有巡舰以协助渔业警察执行职务。1933年12月起，为统一指挥和协调各护渔巡舰，实业部设立"护渔办事处"，由实业部委派主任一人、事务员四至六人并酌雇其他人员，行使保护渔民渔商、指挥巡舰、稽查外轮侵渔事件，办

---

[1]《中华民国法规大全》，商务印书馆1937年1月版，第3393页。

理巡舰给养、监督渔轮在禁渔区域捕捞等职权。① 因各省设置渔业警察的工作进展缓慢，护渔办事处的巡舰并代行渔业警察职责。

三 森林警察

森林警察在北洋政府时期称作"山林警察"，1929年11月南京国民政府内政部鉴于森林警察职能非普通警察所能代替，专设森林警察已感必要，而在会同农矿部筹设渔业警察的同时，即已商请农矿部共同制定森林警察各项规章，但被农矿部以当时森林法尚未经立法院审议公布，拟定森林警察规程无所依据为由予以搁置。1930年7月7日中央模范林区管理局遂根据实际需要先行组建设置了自办的森林警察。该森林警察经费由林区管理局经常费项下开支，有长警七十名，步枪二十五支，分驻于下属各林场，由林区管理局技术课课员及各林场管理员兼管，担任森林保护任务。② 农矿部改为实业部后，森林警察事务转由实业部林垦署掌管，至1940年5月农林部成立，森林警察便以农林部和内政部为中央主管机关。③

根据1943年2月15日南京国民政府行政院公布施行的《森林警察规程》，森林警察的设置完全实行自愿原则，办法是由呈请人自愿提出申请，写明森林所有权人名称，森林所在地面积及林区界限，业务概况及工人人数，所需森林警察或驻卫警察名额及枪支弹药数目等情况，依下列程序报批：凡须设置森林警察的国有林，应由该森林主管机关或受委托的管理机关分呈内政部和农林部核准设置，两部核准后会函该国有林所在地省政府并转知有关县政府；凡须设置森林警察的公有林应由该森林经管机关呈请省政府核准，省政府核准后报内政、农林两部并通知公有林所在地县政府；凡须设置森林警察的私有林应由该森林所有权人向森林所在地警察机关或县政府申请派遣驻卫警察，警察机关或县政府于派遣后报省警察主管机关和省林业主管机关会呈内政、农林两部备案。森林警察或森林驻卫警察奉准设置后应由原呈请设置机关或私人就所呈报的林区界限通知或呈报附近的乡镇公所及警察机关。

森林警察的职责是：防止人畜残害或盗伐森林，预防和处理森林的各种

---

① 《海洋渔业管理局组织条例》《实业部护渔办事处暂行规则》。《中华民国法规大全》，商务印书馆1937年1月版，第3393—3394页。
② 内政部年鉴编纂委员会编：《内政年鉴》第2卷，第503页。
③ 《农林部组织法》(1940年5月11日公布施行)。《国民政府公报》，渝字第257号。

气象灾害，防治森林病虫害；预防及扑灭森林火患，保护林业工作人员，预防和侦缉森林犯罪，处理扰乱林区、林场秩序或妨害森林作业的事件，查验狩猎、采伐、割草、引火等证书及其他护林事务。森林警察遇紧急情况时可在辖区外逮捕森林罪犯，必要时并可报请附近地方警察或民团、军队等协助维持治安秩序。但在辖区外捕获的森林罪犯应立即移送当地司法机关或治安主管机关依法处理。对在林区、林场内发生的普通违警案件，除受有地方警察机关委托或命令之外，亦应移送当地警察机关或乡镇公所处理。

森林警察受林业主管人员的监督指挥，其所需经费由各森林主管机关支给，私有林驻卫警察的招募、训练、薪饷、装备等费用概由原申请人负担。国有林的森林警察官由农林部会同内政部任免，公有林及私有林的森林警察官由省政府任免并分报内政、农林两部备案。森林警察由各省市警察教育机关代募代训，其编制、服装与普通警察相同，但于领章上标明警种。①

第八节　铁路警察

铁路警察规模较大，其服制、章则、编制皆不同于其他警种而自成体系。铁路警察的管辖范围仅以铁路沿线区域为限，其勤务分为守望、巡逻、护车三种，职责主要是维护车站秩序，保护旅客人身、财产的安全，防范盗匪，保护路产，保障行车安全。

铁路警察自清末建立国有铁路以来就由各铁路自行设置。以前由于没有统一规划，大都因地制宜，各路警编制、名称不一，饷给参差，服装殊异，教育、训练不统一，各种规章制度也不相同。国民政府奠都南京后，专设铁道部，铁路始有统一的专管机关。1928年各铁路警务处、警察处、护路队等路警机构相继改组为警务课。1931年秋，铁道部召集全国铁路警务会议，议定各项整顿方案，并从改革制度着手，于1932年春在铁道部之下设立"铁道部直辖路警管理局"，作为全国铁路警察的最高管理机关，将各路警务课、督察室及路警分支机构一律改组为铁路警察署，直接受铁道部路警管理局指挥监督。②

路警管理局的编制为：设局长一人，副局长二人，秘书主任一人，秘书二人，处长三人，科长六人，皆由铁道部长派充；设科员二十四人，督察员

---

① 《森林警察规程》，《重庆市政府公报》第45期，第12—13页。
② 内政部年鉴纂委员会编：《内政年鉴》第2卷，第505页。

二十六人，事务员十二至十八人，由局长遴选呈请铁道部长核准委派；担任缮写等事务的雇员八至十二人，由局长雇用，报铁道部备案。局内设秘书室和总务、保安、督察三个处，辖六科二组。秘书室负责撰译、保管机密公文函电，审核文稿，审订路警规章，编译文件及发行刊物，局务会议的记录及编制议案等事项。总务处下设文书、事务、会计三科。文书科掌管一般公文函电的撰拟缮校，文件收发、分配、保管，承转局令及通告，典守印信及翻译电报，本局及所属各机关员警任免、升降、调补的登记及其考绩、奖惩、抚恤等事务。事务科掌管本局及所属各机关服装、军械的登记，本局办公物品的采购、收发和保管，房屋修缮、清洁卫生等庶务及夫役的使用、调配。会计科负责编造本局经费预算，保管登记款项收支，核发薪饷、差旅费及审查考核本局下属各机关经费预算决算、薪饷、差旅费等事项。保安处设训练、检事、防务三科。训练科掌党义研究，各路警察人员的培育、训练、检阅、规划编制及各路消防、卫生等事项。检事科专管各路警察机关对违警案件、缉获匪犯、私运违禁物品及拍卖无主物品的处理，侦缉各路盗窃铁路物资及所谓的"反动煽惑"等案件。防务科负责保卫各路路线、车站、路产、路料及客货员工，规划保护行车及维持秩序，处理各路沿线发生的刑事、政治案件及支配路警押护客、货列车等事项。督察处设内勤、外勤2个组。内勤组处理本处内部事务。外勤组掌管考察各路警察教育、管理、风纪、军械、服装、给养及驻站、护厂、护车、处理违警等各项勤务，考察各路警察驻地治安秩序、卫生、消防等事项。[①]

路警管理局管理全国国有铁路警察，在各路分设铁路警察署掌管全路警务，并以驻在路的名称统一定名为"铁道部直辖路警管理局派驻某某铁路警察署"。其编制为，设署长一人，由铁道部派充，综理全署事务，指挥监督所属员司长警，并可设副署长一人，辅助署长处理事务；每股各设主任一人，也由铁道部派充；依驻在路的大小等别，酌设署员二至十四人，督导员二至八人，事务员二至十人，稽查员二至十六人，司书三至十二人，书记二至十二人，分任各股事务。铁路警察署直隶路警管理局，并受驻在路路局或委员会的指挥监督。警察署内设总务、行政、司法、督察四股。总务股掌管文件收发、翻译、缮校、编存及典守印信，员司（相当于警官）长警的考绩、进退、抚恤、差假及服装、警械、统计、会计等事务。行政股负责长警

---

① 《铁道部直辖路警管理局组织大纲》《铁道部路警管理局办事规则》。《中华民国法规大全》，商务印书馆1937年1月版，第5098—5100页。

调遣配备，路防规划及警卫，保护路产路料、行车及客货，防患、消防、清洁卫生及防疫，路警教育等事务。司法股负责违警、违章、违禁案件的侦查及移送，侦缉路产被窃案件，处理伤亡事故，处理无主物品，对拘留所进行监督检查。督察股负责勤务督察，保护军运，管理、取缔及查报集会结社，查报、弹压铁路员工的抗议活动，查禁所谓"反动宣传"，维护秩序，监督管理小商贩及其他稽查、调查事项。①

各警察署为便利管理，将驻在路全线分为若干警察段，每段分为若干警察分段，线短之路则直接分为若干警察分段，铁路管理局或委员会所在地设护局警察所，工厂所在地设护厂警察所，分段内也可设立若干分驻所及派出所。

警察段设段长一人，管理全段警务并指挥监督所属员司长警；设检事员一人，办理违警、违章、违禁及刑事案件的侦讯移送事务；设事务员一至五人，分任文牍、会计、庶务、军械、服装等事项；设巡察一至六人，分任巡察勤务及一切临时差遣事项；设侦探长一人，掌理一切侦缉事项并指挥监督所属探目探警；设书记一至五人，分任收发、管卷、缮校、译电、登记等事项；设探目一人，探警二至八人，特务警长一人，特务警四至十二人，差役二至五人，车夫四人，伙夫二至四人。警察分段设段长一人，事务员一人，巡官二至九人，书记一至四人，探目一人，探警二至四人，特务警长一人，特务警三至六人，差役二至三人，车夫四人。警察所设所长一人，巡官一至三人，书记一至二人，差役一至二人。各警察段、警察分段、警察所所需警长警士不在上述名额之内，其根据事务繁简，可随时呈请增减编配。②

各铁路警察署为充实警备、巩固铁路防务，还可呈准设护路队。护路队有大队、中队和小队之分。每大队四百八十一人，以三个中队组成，大队部设大队长一人，大队副一人，分掌文书、庶务、会计、服装、军械的队务员三人，办理文牍、表册收发管卷的书记二人，专司缮校、译电的司书二人，探警长、司号警长、传令警长各一人，探警三人，传令警二人，勤务警五人，伙夫三人；每中队一百五十二人，以三个小队组成，设中队长、中队

---

① 《铁道部直辖路警管理局派驻国有各铁路警察署组织规程》。《中华民国法规大全》，商务印书馆 1937 年 1 月版，第 5102—5103 页。
② 《铁道部直辖路警管理局派驻国有各铁路警察署所属警察段编制规则》《铁道部路警管理局派驻国有各铁路警察署所属警察段、所办事规则》。《中华民国法规大全》，商务印书馆 1937 年 1 月版，第 5105—5108 页。

副、特务长、书记、司书、勤务兵、伙夫各一人，司号警、传令警各二人；每小队四十七人，设小队长一人，勤务兵一人，伙夫三人，下辖三个班；每班设正副班长各一人，队警十二人。①

各警察署设立的警察教练所由路警管理局呈铁道部核委所长一人；由路警管理局委充教务主任一人，教员、队长、分队长、事务员若干人，分管教务、管训、教练、文牍、会计、庶务；由警察署呈请派充书记若干人，分任文件收发、缮校、翻译、编存等事项。教练所学警一部分是由各段、队、所现役长警中曾受训练者轮流抽调教练，一部分是招募新警训练。②

据1934年1月统计，各铁路警察署及所属段、队的员司长警总数达一万六千七百五十人。③ 1936年6月，铁道部直辖路警管理局改称"铁道队警总局"。1938年1月1日铁道部正式并入交通部，铁路警察自此改隶交通部。1946年交通部交通警察总局设立后，铁路警察即移归该局管辖。

第九节　交通警察、公路警察、航空警察

一　交通警察

交通警察是从普通警察中逐渐分立出来而形成的专业警种。中国近代自有警察开始，指挥交通就是警察的职责之一，各城市繁华路口处的守望岗警负有维持治安与指挥车马行人的双重责任，交通指挥方法是所有警察的一项必修课。京师等大城市自清末起就已陆续有马路规则、管理车辆通行规则、管理各种车辆规则的制定颁行。1928年上海市还仿效日本订有陆上交通规则、道路取缔规则、警棍指挥交通办法等法规。④ 但在30年代以前，警察管理交通还仅仅是兼职，各地既无统一的交通规则和指挥办法，也无专职交通警察的设置。

30年代后，汉口、广州等地首先出现专职指挥交通的警察，并佩有醒目的专用标识，以与普通警察有所区别。1934年7月，全国交通警察专员

---

① 《铁道部直辖路警管理局派驻国有各铁道警察署护路队编制规则》。《中华民国法规大全》，商务印书馆1937年1月版，第5108—5110页。

② 《铁道部路警管理局派驻各铁路警察署警察教练所章程》。《中华民国法规大全》，商务印书馆1937年1月版，第5138页。

③ 内政部年鉴编纂委员会编：《内政年鉴》第2卷，第508页。

④ 《现行警察法令集解》第2卷，上海警察学社1930年7月版，第379页。

会议作出决议，各都市警察教育机关内应设法设置交通警察专班或补习班，以培养专门人才，并决定统一全国交通警察的服制，统一编定交通警察专用教材，统一交通警察的设岗标准，统一全国交通规则。交通警察仍隶属各警察机关，但已专设有交通科、交通股或交通组等相应的组织，其人员一般要从有一定资历、身材高大、机警干练者中选任，编制员额由各地视需要而定。按设岗标准，凡车辆往来频繁的十字路口、丁字路口、五条以上道路的交叉路口、电车交叉点、城门洞口、桥梁或坡路上下及交通事故发生较多的场所均应设置固定交通岗。交通警察执勤时专任管理交通，与交通无关的勤务则由普通警察负责办理，但附近遇有盗案、火警或其他重大事故发生，交通警察仍须负责处理。在未设交通岗的其他路口，则由普通警察于执行守望任务、维持治安的同时，兼管指挥车马行人。①

抗战后，交通警察逐渐发展成为一个独立的大警种。1946年6月19日，交通部专设交通警察总局统一掌管全国的交通警察。交通警察总局既隶属交通部，又于"必要时"受国防部的指挥，其主要职责是维护车船运输及交通沿线矿区安全，巩固沿线治安，保护路产，警卫交通机关，维持交通秩序，协助附近军警维持地方治安及协缉交通线的走私漏税。交通警察总局下设二十余个由军统局的特务武装部队改编而成的交通警察总队。这些交通警察总队分布在全国各交通线，其管理、人事、编制、训练、装备均与正规军相同，任务是警备护路，后期还被投入各大战场参加反共内战。②

二 公路警察

公路警察之设始于30年代。但因当时尚无全国统一的公路专管机关，公路警察均由各地自办，未能定有规章，其名称、编制、主管机关等各省不一。

至1934年夏，浙江、江西、湖北、山东、河南、河北、陕西、贵州及南京、北平等省市已有七十三条公路设立了公路警察或护路队、护车队，管辖路段达一万一千多公里，各路官警人数少则仅设一人，多则五十余人，公路警察官警总数计有六百二十四人，护路队及护车队官警总数为

---

① 内政部警政司主编：《中国都市交通警察》，商务印书馆1935年7月版，第17、19、27—29、34页。

② 《交通部交通警察总局组织条例》（1946年6月19日公布施行）。《国民政府公报》第2551号。

一百九十九人。公路警察及护路、护车队一般以各驻在路的路局或车务管理处为主管机关，经费亦由其负担，个别路段由当地警备司令部或专设的护路工警队主管并由其开支。公路警察或集中驻扎于各路的起始地点，或于公路沿线设立分驻所，或分散驻扎于沿途各站；护路队则于沿路各站分别驻扎，护车队随车驻扎。未设公路警察的江苏等省则由警察机关拨派地方警察担任游弋保护等事务。[①] 这一时期的公路警察近似于铁路警察又有别于交通警察，它独立于当地警察机关而由驻在路的路局等行政机关管辖，以维持交通线畅通为目的，负责一定路段的治安保卫，而交通警察则隶属于各当地警察机关，以管理道路交通、预防和处理交通事故为职责，其管辖范围以城区为限。

1936年后，江苏、浙江、安徽、南京、上海、福建、江西、湖南、湖北、河南等省市为发展公路交通和统一管理而共同组织成立了"全国公路交通委员会"，由全国经济委员会和已互通汽车的省市政府各委派一人充任该会委员。公路警察之设也被正式列入《各级警察机关编制纲要》。[②] 凡各省政府为保障公路安全，都可以设置直隶于各省主管机关的省公路警察队。但公路警察存在时间不长，后被并为交通警察的一部分。

三　航空警察

航空警察始创于北洋政府时期。当时的中央交通部虽然设有航政司，但它只负责有关水上运输事项，诸如船舶的制造和检查，航标的设置，航线的规划，港则的制定，官商船舶的经营，以及船员和引水员的培训等。[③] 至于对刚刚起步的航空事业的管理，则由专设的航空署负责。

航空署为了警卫本署及其附属机关，于1921年8月27日发布《航空警察编制章程》，决定设置航空警察。[④] 航空警察以队为单位，直辖于航空署，派往各附属机关服务的航空警察则由各该机关长官直接指挥。航空署及其附属机关应设多少航空警察队，由航空署根据需要自行确定。

各航空警察队均设队长、副队长和书记各一人，下辖四个班，各设班长

---

① 内政部年鉴编纂委员会编：《内政年鉴》第2卷，第498—503页。
② 1936年7月25日公布，于3个月内施行。《中华民国法规大全》（补编），商务印书馆1937年1月版，第133页。
③ 《交通部厅司分科章程》，《民国法令辑览》第五类官规，第725—727页。
④ 《航空警察编制章程》，《法令全书》1921年第4期。

一人，共有一等警察八人，二等警察十二人，三等警察十六人，伙夫四人，每队总计四十七人。它们的活动由勤务督察长承航空署署长之命进行监督。勤务督察长由航空署署员兼任，不另支薪。勤务督察长和航空警察队正副队长都由航空署派充，书记则由队长呈准航空署派充。

为了培训航空警务骨干，1921年9月，航空署成立了航站警察教练队。教练队设总队长一人，教官若干人，队长四人，副队长四人，司事二人，书记二人，学员定额一百六十人，学制三个月，毕业后分配到航空署，北京南苑、清河及京沪航线各站服务。①

各航空线的警务工作，一般由各该航空线管理局的总务科负责。如直隶于航空署、管辖北京至汉口空中航路及其支线的京汉航空线管理局，设有总务课、航务课和工务课，总务课的执掌之一，就是负责领导航路及各站的警务。②

由于飞机失事及运输违禁物品之事屡有发生，1934年，南京国民政府内政部发布《航空警察训练办法》，令各地警官、警察教练机关根据需要，分别轻重缓急，各自设立航空警务特别班，以培训航空警察专门人才。③ 但因旧中国航空事业极不发达，航空警察仅是个较小警种。其职责主要是：负责航空监视，维持秩序，防止危害发生，查核飞机及机师的各种证书，检查旅客、行李及航空遇险后的检查等。青岛市制定有《航空警察服务简则》，其所定具体勤务有：担任飞机起落前后的戒备及机场、跑道的警戒，注意飞机机件有无损坏及周围的地形地物，制止机场内的吸烟与用火，保护邮件及货物，调查机师及驾驶员姓名，调查乘客人数、姓名、年龄、籍贯、住址及所运物品的种类，取缔托运违禁物品及毒品，取缔托运"反动"刊物；发现并缉捕逃犯。对经特许入境降落的外国飞机，须调查机师及驾驶员的姓名、国籍，查验飞机国籍注册证书、适航证书、驾驶员及航务人员的胜任证书、航空日志及中国政府所发给的准许状或有效的证明书，审查所载乘客的名单、货物的货单，查验中国政府发给的使用无线电台特许状，取缔摄影及描绘地图等违禁行为，限制其他有碍公安的物品。④

---

① 《航站警察教练队暂行编制》。《法令全书》1921年第3期。
② 《京汉航空线管理局章程》。《法令全书》1922年第4期。
③ 《中华民国法规大全》，商务印书馆1937年1月版，第832页。
④ 内政部警政司编：《中国外事警察》，商务印书馆1935年7月版，第351页。

第十节 政务警察和卫生警察

一 政务警察

政务警察是南京国民政府成立后于1928年为取代各县政府旧有捕快、壮皂、差役而编练的。政务警察隶属于各县政府,不受县警察机关的支配管辖,其服制、徽章与普通警察相同,职责主要是办理县署传案、催征粮税、送达文件、缉捕人犯、解送人犯及执行催办物品、查勘田地河流等差务。在未设法院而由县长兼理司法的各县,政务警察还兼承发吏①及司法警察职务。

政务警察人员的来源主要有两个途径,一是对旧有皂捕差役进行甄别,淘汰奸滑老朽及沾染嗜好之徒,选取年龄在三十岁以下,略识文字,身体健康,确无嗜好,不染恶习,素无欺压乡民劣迹者,取具三家连环铺保并交付四寸全身照片后编入政务警察。② 二是就甄别淘汰后所余缺额依照《县政府政务警察章程》所定标准另行招考新警。条件是:年龄在二十岁以上、四十岁以下,初小毕业或程度相当,熟悉当地情况,言语应对明了,志愿服务三年以上并有确实保证,未曾受过徒刑宣告,未充旧县署警队差役并查有劣迹,没有身体衰弱、仪容不整症象,且无鸦片、吗啡等嗜好。符合条件者亦须取具三家连环铺保、交付四寸全身照片方可录用。③

政务警察分为警长、警目和警士三等,每县设警长一人统率,其下分若干棚,每二人为一棚,每棚置警目一人,其余为警士。各县政务警察的编制名额由省民政厅依各县的大、中、小等第及事务繁简饬定,各县县长也可以就原定额数斟酌经费及具体县务情况有所变更,但必须报经上级官署核准。

政务警察的经费完全由各县政府自行解决,一般应从县政府预算内现有经费中核发,如果不够,则由地方款项下酌量划拨,或就地另筹捐款。政务警察的薪饷及出差时的差旅费没有统一的标准,均由各县县长根据地方财

---

① 承发吏是法院中担任发送传票、判决书及一切诉讼文书副本和非诉讼事件的文件,执行民事搜查、押交押迁、查封财产和拍卖产、征收罚金、没收财产、发交物品、征收讼费,并受当事人的申请而办理通知、催传等事项的人员。
② 《国民政府内政部训令第345号》(1928年6月7日)。《内政公报》第1卷第3期。
③ 《内政公报》第1卷第4期。

政、生活状况而自定，但为避免"旧日各县政务警察多不给予薪资，故一经奉公弊病百出"，而规定有下限，即"务期实支之薪资足以敷其生活之需要，给予之旅费亦必足以应用"。①

由于政务警察素质较差，为防其营私舞弊、欺压勒索乡民，内政部责成各县政府召编政务警察勤加训练，并严定有纪律与奖惩。各县政府均须在衙署内修缮讲堂和操场各一所，对县政务警察每日至少训练两个小时，授以党义浅说、精神讲话、诉讼须知、应守纪律、警察常识、体操、拳术、唱歌等课。精神讲话须由县长自任，其余各课则由县长派县政府职员担任，课本由县长厘定后呈报省民政厅查核，并由民政厅汇呈内政部备案。政务警察在训练时间内除执行勤务者外，一律不准缺课。②

政务警察的纪律系针对其自身特点而定，内容主要有：下乡时务须亲自前往，不得有私养散役或请人冒名顶替情事；下乡时由公家酌给食宿各费，除依法令应征收的费用外，不得别有分文需索，如遇乡僻无旅店住所，应由村中负责人指定地方食宿并须照给食宿费；下乡催征钱粮时，乡民对于章程、手续如有不明白之处，应详细告知，不得乘机愚弄或有厌烦表情；下乡缉捕人犯应先查明，不得妄捕他人或故意牵连案外之人及侵入无关的他人家宅；缉捕时须奋勇向前，不得畏缩延宕致误事机；对于就捕的人犯不得有需索财物或虐待情事；缉捕时除赃物、证据外，对其他银钱财物不得擅动分毫；送达文件不得迟延或错误。

政务警察的奖惩各分三等，由各县县长负责执行。各县县长对政务警察能否遵守纪律，平日训练各科能否掌握，下乡办理传谕、传案送信、催征等事有无索诈、蛮横情况，以及奉公勤惰如何，应随时严加考察。凡服务勤慎、著有成绩者，由县长根据情节给予嘉奖、记功或加饷的奖励；服务懈弛、不守纪律者，由县长予以申斥，记过直至革除的处罚。每记功一次可以折给奖金五角，记过一次可以折处罚金五角；一个月内记功三次者可以晋为加饷一个月，一个月内记过三次者得予以革除，但功、过准予互相抵销；如有吸食鸦片、贪污成性及触犯刑律者，并应管押讯办。③

1941年，政务警察被并入各县警察机关，与普通警察混合编制。归并

---

① 《县政府政务警察训练纲要》（1928年7月14日）。《中华民国法规大全》，商务印书馆1937年1月版，第825页。

② 《国民政府内政部训令第345号》（1928年6月7日）。《内政公报》第1卷第3期。

③ 《县政府政务警察章程》（1928年7月14日公布）。《内政公报》第1卷第4期。

后的政务警察人员由各县警察机关实行甄别，汰弱留强。原政务警察推行县政府政令及强制执行等职责，改由县警察机关派警轮流担任。县长兼理司法的各县，政务警察归并后，其原兼执达员（承发吏）及司法警察职务则分别由各县司法处另设专人办理。该警种及其名称从此予以取消。[①]

二　卫生警察

卫生事务自中国近代警察产生以来就实行由警察机关专设卫生科、股或处主管的制度。卫生警察管辖范围曾涉及清洁、保健、防疫、医药、化验五个方面。1927年南京、上海等特别市设立卫生局，1928年国民政府又专设卫生部后，卫生事务始被划归卫生行政机关主管。1928年10月3日内政部呈准颁行的《各级警察机关编制大纲》及1929年10月22日公布施行的《首都警察厅组织法》都曾一度解除了警察掌理卫生事务的职责。但由于在市、县两级普设卫生局的条件尚不具备，已设卫生局的地方对有关公共卫生及食品卫生方面的巡查与取缔等事项亦常需警察机关予以协助，因此，警政与卫生并未能完全分离。1929年6月5日公布、1930年7月7日修正的《县组织法》和1930年5月20日公布的《市组织法》又相继重新赋予了警察机关以掌理防疫、卫生及医院、菜市、屠宰场、公共娱乐场的设置与取缔等事项的职责。[②] 卫生部比照《警察制服条例》拟定了统一各地卫生警察服制标识的规定，报行政院于1929年11月核定公布。[③] 至抗战开始前，除北平市政府于1933年11月设立卫生处后，将原由警察机关掌理的一切卫生事务统统移归该处并裁撤了北平市公安局二科的卫生股外，[④] 多数省、市警察机关中均有卫生科、股之设。不过，这一时期卫生警察系由各地自行设置，其编制、名称、设置办法、具体职责任务等均无统一规定。

比如，上海特别市的卫生警察称"卫生巡长"，1928年时由公安局派员与卫生局合作设置。卫生巡长隶属公安局，受卫生局监督指挥，由卫生局长指定分发于公安局各区所，办理卫生违警案件。卫生巡长每半年由两局主管

---

① 《县政府政务警察归并办法大纲》（1940年12月10日内政部公布施行），中国第二历史档案馆藏档案。
② 内政部年鉴编纂委员会编：《内政年鉴》第2卷，第15—17页。
③ 《现行警察法令集解》第1卷，上海警察学社1930年7月版，第270页。
④ 姜春华：《北平警政概观》，1934年4月版，第17页。

长官会同考核勤惰优劣，决定去留奖惩。卫生巡长根据职务分为例务巡长与特务巡长两种。例务巡长受公安、卫生两局及所在长官的监督，执行所在区内的出生、死亡及死因调查，道路保洁、食品卫生状况调查，流行性传染病疫情调查和预防宣传，以及长官指派办理的其他事项。特务巡长由卫生局指挥监督，职责是在本局内服务，到各处进行调查及处理临时发生的事件。卫生巡长每天上午七点到十点在原公安区所服务，十点到下午二点去卫生局办公，下午二点到五点则应在所在区内巡视。如因公务不能分身，无法按固定时间赴任，须由官长证明。卫生巡长查处卫生违警案件应报告所在区所长按卫生法令处罚，并呈公安、卫生两局备查。卫生巡长的饷银由卫生局支给，送公安局转交所在区所代发，服装亦由卫生局供给。①

南京特别市的卫生警察事务平时由首都警察厅下属各警察机关分管，但遇各种肠胃急性传染病易于流行的夏季则由首都警察厅与卫生署、市政府、市党部、医师公会等机关组织夏季防疫联合办事处，拟具防疫计划，分任预防注射、井水消毒、扑灭蚊蝇、管理食品饮料卫生及防疫宣传等事项。1934年夏，首都警察厅并组织有临时卫生警察队，由各警察局每局指派巡官一人，各警察分驻所每所抽调警士一人组成。卫生警察队的职责是：督促道路保洁，管理公共场所卫生，管理饮料与食品卫生，查报并协助预防传染病，协助扑灭蚊蝇及种痘注射，指导、协助及取缔其他有关公共卫生事项。经首都警察厅检查、指导、协助直至取缔者每日均有百余起。此外，首都警察厅还负责管理涉及食品卫生与公共卫生的店铺行业，取缔不洁食品。1934年5月它与市政府共同决定查禁的食品饮料即达十一种，凡出售切开、削皮及腐烂的瓜果，榨汁或去皮甘蔗，天然冰渣，凉粉，凉面，酸梅汤，红枣水，酒酿，变质肉类，不开的茶水及其他可以传染疾病的生冷食物，皆在查禁之列。②

由于警察协助卫生事务仍有客观需要，1936年12月26日新颁《省会警察局组织暂行规程》《市警察局组织暂行规程》《县警察机关组织暂行规程》及1937年11月4日《修正首都警察厅组织法》均明确规定，各级警察机关行政科有兼管卫生事务之责。但1937年"七七事变"后，日军大举入侵，大片国土相继沦陷，各警察机关对此已无暇旁顾，卫生警察便逐渐销

---

① 《卫生巡长服务规则》。《现行警察法令集解》第4卷，上海警察学社1930年7月版，第9页。

② 首都警察厅编：《首都警察概况》，1934年12月版，第162页。

声匿迹。抗战结束后，各级警察机关的组织法中虽仍规定有警察协助卫生事务之责，内政部警察总署第一处并掌有对卫生警察业务督导之权，但作为一个警种的专职卫生警察已不复存在，1947年的警察新服制中亦不再有卫生警察的警种标识。

第二十二章

女警的产生与发展

第一节 女警的由来

中国女警（女子警察）的产生既有国际因素的作用，也有其内在的原因，也就是说，一方面是受了欧美一些国家任用女警新潮流的影响，同时也是适应国民党政府维护统治秩序、强化警察力量的需要。

20世纪初，欧美一些国家出现女子警察的新潮流并非偶然，一方面是由于具有国际性的女权运动方兴未艾，提倡妇女解放、实行男女平权、尊重妇女人格和保障妇女独立地位的要求日益高涨，妇女参政已逐渐成为现实。从此，妇女不得涉足警界，不能染指警务的禁区，也开始逐渐被打破。另一方面是由于20世纪初正是第一次世界大战从酝酿到爆发之时，欧洲又是战争的策源地，某些国家为了弥补维护国内社会治安警力的不足，便开始着手选用女子担任警察。

尽管德国的斯图加特早在1913年就有妇女充任警察，但一般认为，英国是女警的发源地。在第一次世界大战中，英国实行的征兵制度使大批青年男子入伍，调赴前线作战。由此引发了两种过去不曾有过的社会现象：一是警力明显不足，原有的警察队伍只好由妇女补充；二是各地新设立的兵营附近，经常有大批青年女子出没，日益酿成军队的风纪问题。为了防止年轻女子堕落，便在兵营附近布上女子警察，直接监视这类女子，并想方设法教育疏导她们，女警随之应运而生。从1915年起，首批培训女警五十名，第二年增至一百名，到1918年，全国已有女警两三千人。1920年2月，英国政府委任内政部次长陪夏陀为"专事研究警察之任用，勤务方法及薪俸诸事"的特别委员会委员长，以内政部长的名义，对涉及女警的若干重要问题，写出了专题调查报告，并作出"使用女警察，于社会是有利的"结论。这以后，英国使用女警基本上实现了制度化。

在美国，加利福尼亚州首先使用女警，到1915年采用女警的城市已达

25个。

女警在英、美等国的实践，证明其社会效果显著，不仅具有与一般男警相近的权能，而且在对妇女、儿童的救护等某些特殊警务方面，比男警更胜一筹。因此，任用女警之举，也为挪威、荷兰等国所仿效。后来还在巴尔的摩设立了国际女警联合会。

鉴于采用女警的国家已见成效，为了便于侦查拐骗妇孺案件起见，国际联盟禁止贩卖妇孺委员会先后于1923年和1925年召开的第二届和第四届会议，决议提倡雇用妇女充任警察，特向各国劝用，对尚未任用女警的国家，再三敦促试办。至1927年，响应上述劝告而创办女子警察的国家已达二十多个。

在上述国际形势的影响下，北洋政府曾于1923年9月，责成内务部指令京师警察厅，拟具酌办女子警察的详细办法，送该部审核。当时的京师警察厅曾拟招考女警四十名，设立初级警察学校，进行相应的教育培训，并根据其毕业成绩，分配适当职务，准备取得一定成绩后，再予以扩充。但这项计划因经费困难，未能实现。这说明，当时对于试办女警一事，虽然作了一番谋划，终于徒归画饼。

国民党政权建立后，为了顺应世界潮流和加强统治的需要，首先于上海设置女警。上海是中国第一大城市，社会治安复杂，警务种类繁多。1928年，上海市政府以该市"租界环绕，华洋杂处，轮轨四辟，奸民易滋；黠者每利用妇女以为非作歹。为严密防患计，因是乃由设计委员会公安组于设计大纲内，规定侦探队拟设置女侦探五十名，而于警务教育事项内，计划侦探班男女兼收"[①]。鉴于此事属于初创，要照原规划办理殊非易事，于是，上海市公安局决定，先设置女检查员，以观察其成效。该局于1929年3月公布《女检查员服务规则》，招考具备"身家清白，体格健全；粗通文义，胆力雄壮；语言流利，性格温和；年龄在三十岁以上四十岁以下，具有殷实保证"条件的女检查员二十二名，授以"党义"、检查须知、笔记报告等普通课程，培养女检查员检查女性旅客携带的违禁物品和稽查女性旅客"反动"行为的能力。培训一个月届满后，根据考试成绩，分配到全市六个车站和三个码头，协同男警执行其检查职责，并受市公安局勤务督察长的监督指挥。可见，当时的女检查员，虽然在形式上尚无女子警察的名义，但从其所承担的职责任务及其监督指挥之长官，乃至与男警的关系来看，实际上与

---

① 方国熙：《女警察的效用》，《警察月刊》第3卷第7期，第41页。

女警已无区别。从这个意义上说，女检查员的设置，实为女警的先声，上海市成为中国女子警察的发源地。

第二节　女警的发展及作用

以上海市首设女检查员为发端，中国女子警察随之开始由点及面地日益扩展，中国女警制度亦从无到有地逐渐形成。

鉴于上海市公安局于1929年率先设置女检查员颇见成效，曾有人提议仿效设置正式女警。在1930年9月首都警察厅举行的厅务会议上，也有人提议设置女子警察训练班，以适应时势的需要。这些提议引起内政部的注意，着手筹设正式女警的计划。只因经费困难，加上政局变化，以致一度停顿。直至1931年8月，迫于事实上的需要，内政部指令首都警察厅开始试办女警，以观成效。同年10月，该厅奉命拟定了《首都警察厅试办女子警察暂行办法》，呈报内政部，于11月核准施行。据此，首都警察厅警士教练所便于1932年1月首期招考女学警八名，同年5月和7月，又接连招考两期，各招收女学警十二名。这样，前后三期共招收女学警三十二名，每期训练六个月，毕业后，分发该厅所属各警察局服务。

接着，在1932年12月召开的第二次全国内政会议上，内政部提交了推行女子警察的议案，经大会审议，通过了专项决议，并由内政部于1933年1月通咨各省市政府遵守施行。该通咨指出，"训练女子为警察，早经国际联盟妇孺贩卖委员会认为有效，曾向各国委员劝告采用，复决议于未设女警各国，催促试办。在我国以往向无此项女警设置，近年因男女社交逐渐公开，社会情形日趋繁复，国内通商大邑，不免有无知妇女，受人利用，作奸犯科，以致危害治安。若专恃男警巡察，难期周密，为应付社会环境计，实有设置女子警察之必要。首都警察厅及上海市公安局，先后试办女子稽查，已属成绩斐然，故其他各省市，自应继起设置，以应环境需要，而维社会安宁。业由警政司订定具体办法，通咨各省市政府，转饬所属各级警察机关，体察各该环境情形，酌量予以试办"[1]。

遵照上述"决议"和"通咨"，各省市政府一般均指令其所属的民政厅、公安机关以及省市警官学校、警士教练所，迅即试办女警，并要求各地在招收警察时，应招考十分之一的女性学警，与男学警受同等警察教育。

---

[1] 《内政部咨各省市试办女警》。《警察月刊》第3卷第11期，《警政近闻》，第2—3页。

江苏省政府于1933年2月决定在省会试办女警，并指令省会公安局参照首都警察厅试办女子警察的暂行办法，先行招员训练。第一届女警学员毕业后，分配到省会公安局，做调查户口、检查女客行装等项工作，成绩较好。故省民政厅又令苏州举办，并在无锡等重要城市相继推广。

北平市政府于1933年3月指令市公安局警士教练所当届开学时，先行招考女警十八名，随同训练。毕业后派在市公安局第二、三、四科，执行特别任务。

汉口市位居长江中游，为全国南北交通枢纽，商业繁盛，华洋杂处，社会组织日益复杂，破获女犯，案积牍累，不仅防范难周，甚至连检查搜索亦感困难，根据这种情况，汉口市政府于1933年3月创设女子特务警察，共二十名，培训三个月，分派特务警察工作。

河北省政府由于财政拮据，于1933年4月决定先在唐山、石门、保定三个特种公安局，于第四届警察教练所开办时，酌募数名女子学警，先行试办，然后在其他地区逐步推广。

浙江省早在第二次全国内政会议前，于1932年秋，该省警官学校就已招收女性学员。第二次全国内政会议后，在省警士教练所也招收了女性学警，毕业实习期满，分配到省会和重要城市的警局服务。

察哈尔省政府于1933年初，决定在公安管理处下设的警官补习所招收第五期和第六期学警时，兼收女性学员、学警进行训练，并指令各县逐步推广。

上海市公安局警士教练所于1936年9月专门开办女警训练班，分两次招考，共录取三十六名，同年12月底毕业。这样招收的规模，同当时各地设置女警的情况相比，可算是创了新纪录。

几乎与此同时，有的县也开始设置女警，如江苏省江都县公安局于1935年开办女警，一次招收八名，被称为"扬州女警"。

除各省警官学校招收女性学警而外，根据内政部的命令，警官高等学校于1933年1月首次招收十七名女学员，以造就女警察官吏。由于女子警察数量的不断增多，中国女警也就逐渐成为国民党警察队伍中不可缺少的重要组成部分。

随着女警的产生与发展，有关女警的招考、培训和任用等带规范性的某些制度，也相应地日趋形成。

女警的报考当时还没有形成全国统一的制度，而由各地自行规定。以首都警察厅为例，1931年该厅对女警学员的资格规定为：高小毕业或有同等程度，年在18岁以上25岁以下尚未婚嫁，体力及视听力均健全，身高在四尺五寸以上，未受一年以上徒刑之宣告而身家清白。1933年取消了"未婚嫁"的限制，并把学员的年龄略为提高，改为二十岁以上三十岁以下。1935年再次提高年龄的底限，规定为二十五岁以上三十岁以下。

女警学员入学需要进行体格检查、口试和笔试。体格检查包括身长、体重、听视力和体力。体检合格后发给准考证，凭证参加口试；口试合格，方准参加笔试。笔试科目，包括"党义"、国文和算术。笔试成绩满60分以上为及格。考生经笔试合格，择优录取，并且要在规定时间内，"觅具妥保，填缴保单，经查对无讹后，方准入所肄业，逾期无保者，即以备取递补"①。

对于女警的培训，一般都是按照其培养目标，并结合实际需要进行。比如，首都警察厅警士教练所就是贯彻"为养成警士人才，并应时代之需要，参酌本京社会情形及现在警务实况"，招募训练。女警的培训期限，各地规定长短不一，最长的六个月，最短的一个月，一般为三个月。1929年上海市首设女检查员，培训的期限没有明文规定，实际上只有两个月。1931年，首都警士教练所对女警的教练，以三个月为一学期，两学期毕业。1933年，汉口市创办女子特务警时，训练期限为三个月。

女警的教练课程，除删除军事科目外，与男警无大差别。1931年，首都警察厅试办女警时只是原则规定，其教练课程"得减除军事科学，并增加侦探学、社会学、体操、国术及使用手枪、驾驶汽车、自行车等"。据此，首都警士教练所又专门规定了"女子警察教练课目"：第一，学科课目，包括："党义"、约法、训育、侦探学、警察要旨、警察勤务、违警罚令、警察法令、户籍警察、刑法大意、卫生警察、交通警察、地方自治、汉语注音符号、市政概论、首都地理、特种讲述。第二，术科课目，包括：各个教练、班教练、射击、体操、国术、使用手枪、驾驶汽车、自行车。同时规定，上列各课目，分两期教授。

女警除参加入学考试外，在培训期间，也要与男警一样参加学期考试和毕业考试，考试及格者即行毕业，工作实习一年后发给毕业证书。

女警在教练期间，书籍、服装概由主管警察机关供给，如中途退学，"应责保赔偿教练期间公家损失"②。女警，"不支薪津"，但领取津贴。发

---

① 《首都警察厅警士教练所招考学警规则》（1905年4月）。《内政公报》第8卷第14期。

② 同上。

放津贴的标准，各地规定不一，一般较男警为优。1933年汉口市规定，第一个月各给津贴十六元，自第二月起改为二十四元。至于讲堂设备、宿舍租借、器具购置、服装置发、文具供给等，均由市政府额外预备费内按月开支。首都警察厅女警在教练期间的待遇与男警相同，每月发给津贴洋十元。

女警在训练期间的管理方法与男警不同。1933年，首都警察厅警士教练所设专职"女警管理员"，受所长的直接领导，负责女警的培训管理工作。培训管理的主要范围是：遵照训练计划，督促实施训练；对各班长分配相当课目，分任教授；维持女警警纪、风纪；对女警的枪械、服装、内务、卫生等事项，负有督促、整理、保存之责；考察女警的学业进步程度、操行成绩，并给予引导；指导、考核所属班长，并随时呈报主管长官；每日向主管长官呈交出操课单，并通知本队队长，以备查核；每日将女警的考勤情况通知本队值日班长，以掌握女警的出勤人数；根据各班情况，制定和呈报女警一周术科预定表；切实研究和改进培训女警的教授方法。

女警培训期满，经考试合格，分发至该主管警察机关及所属各局所抵补警额，薪俸视其职务性质及重要程度，比照男警的标准，高一级支饷。1935年4月进一步规定，教练期满，男警派补三等警士，女警派补二等警士，根据其承担的不同职务，领取不同标准的薪俸。

女警在警察机关中从事的主要工作是调查户籍、检查行旅、救护妇孺、维护风化和对特殊案件进行侦查。

户籍调查，情况复杂，原来只由男警担任，常有不便之处，经常发生疏而不周、查而不清的情况。因此，为了查清户口，对于妇女主政之家，寡妇孤儿之家，尼姑、道姑之庵，歌女住所以及妓院娼寮等，不得不依赖女警。检查行旅也是女警的一项任务，因为妇女也参与拐骗、盗窃、犯毒等犯罪活动，男警不便直接检查其行李、身体，在这种情况下，女警便被分派在火车站、长途汽车站、轮船码头、旅馆等场所执行勤务。在救护妇孺方面，女警的任务主要是救助迷路的、被拐骗的、流离失所的、精神失常的以及自寻短见的妇女，对于迷路的、被遗弃的儿童，女警则加以保护，分别予以相应处置。

女警也负有维持"风化"之责，维护公园、游艺场、电影院、旅馆等场所的秩序，防止犯罪行为的发生。对于调戏妇女、拉客卖淫等有伤风化的行为，注意监视，严加制止。此外，女警还负有对妇女缠足者进行调查、劝导和制止的责任，对劝导无效者，处以罚金，限期放足，对拒不执行者，加倍处罚，强制放足。对妇女迷信者，女警也予以疏导。

由于当时社会治安状况复杂，各种疑难案件时有发生，其中也有妇女参加，需由女警进行侦查，以查明案件真相，寻找案件证据。

当时对女警的管理和女警服务规则还没有形成统一的制度，处于摸索阶段，一般采用集中管理的体制。以北平市公安局为例，该局首批从警士教练所毕业的十八名女警，都在局内专设的女警室办公，由第一科派专人管理。女警室设女警长和女副警长各一人，遴选资格优良者充任。她们的职责是：督饬和分配各女警勤务，并按月列表报（告）第一科；指导女警遵守各项规章制度和执行工作任务；女警因病因事请假，随时报告第一科核办；检查女警的服装和室内卫生。女警按其从事的警务分为六组：甲组五人负责调查户口；乙组二人负责侦查案件；丙、丁、戊三组各二人，负责东车站、西车站和东直门车站检查行旅；乙组五人专备临时差遣。女警在执行警务时，要与其他区队协作。女警长和女警的工作情况，由第一科随时考核。女警每周轮流休息一日，因事请假者，每次不得超过三小时，每月不得超过三次。

女警的创设是国民党政府强化其警察统治的一项重要措施，它开辟了补充警力的新途径，加强了对广大妇女的控制和防范，利用女性之所长，使其承担相宜的警务，以减轻男警的负担，弥补男警之所不能及，在一定程度上促进了警察制度的发展。但是，在国民党统治时期，由于男尊女卑的传统封建思想居于统治地位，女警的作用没有得到充分发挥，虽然有人提出改革警政必须扩大女警的勤务范围，[①] 但在当时的社会条件下，这是不可能办到的。

[①] 安占江：《女警勤务分配的检讨》，《警察月刊》第 4 卷第 1 期。

第二十三章

警务人员的任用、待遇、考绩与奖惩

第一节 警官的任用资格和任用程序

国民党统治时期，警务人员分为警官和长警两大类，分别实行不同的任用制度。警官的任用在不同时期亦有不同的制度，其间大致经过了三个阶段的演变。

一 1928年7月到1933年3月间的警官任用制度

这一时期，南京国民政府内政部先后制定了《警察官吏任用暂行条例》《省警务处长任用规程》等一系列单行警官任用章则，根据当时情况对一般警官、省警务处长、县公安局长等不同层次的警官分别规定了不同的任用资格和程序。

一般警官的任用资格是，必须具备警察学校或法政学校三年以上毕业资格，或曾办警察、行政事务三年以上著有成绩。其任用程序是：简任警官由南京国民政府任命；荐任警官由本管官署遴选，经内政部荐请国民政府任命；委任警官由本管官署委用，按月汇报内政部审核备案。任用荐任、委任警官除了直接调任者外，一般都要经过"试署"和"署理"两个试用阶段，才能转为"实任"。凡初次受任者应先"试署"三个月，确有成绩者改为"署理"，"署理"六个月后成绩卓著者方可改为"实任"。但对学识经验极优人员可以不经过试署而直接派充署理。①

省警务处长的任用资格是，必须在国内外警察专门学校或警官高等学校三年以上毕业，并曾任荐任以上警官；或在国内外大学或专门学校修习政治、法律学科三年以上，并曾任荐任警官二年以上，确具警察学识与经验；

---

① 《警察官吏任用暂行条例》（1928年7月3日公布施行）。《中华民国法规大全》，商务印书馆1937年1月版，第829页。

或在军官学校毕业,曾任中校以上军职并确具警察学识与经验。但均不得有下列情况之一:有"反革命"行为经证实,被褫夺公权或停止公权尚未恢复,亏空公款尚未清偿,曾因赃私处罚有案,曾受破产宣告尚未复权,吸用鸦片或其代用品。由于省警务处长负有掌理全省警政之责,职务重要,为了人选慎重,其任用程序是,由省政府遴选合格人员三名,附具详细履历及证明文件咨请内政部审核后,荐请行政院呈国民政府任命。①

县公安局长的任用须经考试、训练、甄别三个步骤。应考者的资格以法政专门学校毕业并已取得公安局长资格人员为限,经过笔试、口试、体检,在学识、能力、经验、体格、精神各项均可胜任者始得录取,予以三个月至半年的训练后,就其办事能力进行甄别,最优者即可进入合格之列,获得县公安局长的任用资格。县公安局长的任用程序是,由县长就考试合格人员中遴选,经省民政厅审核认可后,呈请省政府核准委任。②

以上警官任用制度皆属暂行性的过渡办法,规定条件较为笼统,颁行后执行情况差异极大,各省多以情况特殊而自行制定有单行章程或酌量地方情形而变通执行,完全照此办理者仅是少数。

二 1933年4月到1935年11月间的警官任用制度

1933年4月1日,南京国民政府公布的《公务员任用法》开始施行,各地警官任用均暂依此办理,以前有关警官任用的单行章则一律停止适用。但警官虽属公务员之一,其性质毕竟又与普通文官不同,适用公务员任用法不免发生困难。因此,内政部1933年夏即与铨叙部会商制定警官任用专门法规,并由内政部加订《警察官任用法原则》五项,于同年9月呈行政院转送中央政治会议核准,1934年3月21日交立法院审议。

《警察官任用法原则》规定的警官任用资格是,凡具备下述条件之一者可以任用为警官:有警察专门学识与经验者;现任或曾任警察官,经甄别审查合格者;经高等或普通警察行政人员考试及格者③;国内外正式警官学校毕业者;经批准取得荐任警官候补证书者;法科大学毕业,有警察专门著作经审查合格并在警察机关学习期满者。凡在正式军官学校毕业,并曾任国民

---

① 《省警务处长任用规程》(1929年8月9日公布施行)。《内政公报》第2卷第8期。
② 内政部年鉴编纂委员会编纂:《内政年鉴》第2卷,第43—44页。
③ 国民党统治时期的考试制度分高等考试、普通考试与特种考试等几类,高等考试相当于大专以上毕业或同等程度,普通考试相当于中专及高中毕业程度。

政府校官二年以上或尉官三年以上,确有警察学识经验者,可任用为保安警察队荐任职或委任职队长。但被褫夺公权尚未复权者,亏空公款尚未清偿者,曾因赃私处罚有案者,吸用鸦片或其代用品者均除外。警官任用程序为:简任职、荐任职警官,由该管官署遴选,经内政部核请国民政府交由铨叙部审查合格后分别任命,委任职警官由该管官署送内政部核转铨叙部审查,合格后委任。[①]

这一时期,各省虽仍有自行拟定警官任用暂行办法者,但内政部皆以警官任用法即将公布,此期间内应暂照公务员任用法办理,无须另订其他办法,以免分歧为由,而不再准予备案。

三 1935年11月后的警官任用制度

1935年11月9日《警察官任用条例》以法规形式由南京国民政府正式颁行。其后几经修订而最终确立的警官任用制度的特点是,对特任警官的任用采取信任主义,不限定资格;对简任、荐任、委任警官的任用采取法定主义,根据学历和年资分别明定不同的资格要求。凡简任警官必须具有下列资格之一,即:曾任简任警官;曾任最高级荐任警官三年以上;在经认可的国内外警官学校毕业,曾任荐任警官三年以上,成绩卓著经证明属实,或曾任最高级荐任警官一年以上,经铨叙合格;在认可的国内外大学法律或政治学系及军事大学毕业,曾任荐任警官四年以上,成绩卓著经证明属实,或曾任最高级荐任警官二年以上,经铨叙合格。荐任警官必须具有下列资格之一:经高等警察行政人员考试及格;曾任荐任职警官,经铨叙合格;曾任最高级委任警官三年以上,经铨叙合格;在经认可的警官学校毕业并曾任委任警官三年以上,成绩卓著经证明属实,或曾任委任警官一年以上并有专业学术著作经审查合格,或曾任最高级委任警官一年以上,经铨叙合格;在军校及大学法律、政治学系毕业,曾任委任警官四年以上,成绩卓著经证明属实,或曾任最高级委任警官二年以上经铨叙合格,或有警察学术专门著作经审查合格。委任警官应具有下列资格之一:经普通警察行政人员考试及格;警官学校毕业或曾任委任警官经铨叙合格;在经认可的军校、法政专科学校毕业并曾任委任警官;在警察教育机构毕业,现充警长三年以上,成绩优良经证明属实;曾充警察机关雇员、警长三年以上,现支最高薪额,成绩优良经证明

[①] 《中华民国法规大全》,商务印书馆1937年1月版,第828页。

属实。①

以上警官任用资格施行全国，但也曾被允许有过一定范围内的例外。如新疆、宁夏、青海、甘肃、贵州、西康六个边远省份各级警官及各省的县以下警官的任用在 1938 年 4 月 7 日前被准予暂用变通办法而分别适用《边远省份公务员任用资格暂行条例》及《县行政人员任用条例》的规定。② 抗战期间，在各战区实行的警官任用办法是，凡军官曾任简任、荐任、委任警官者，虽不具备警官任用法定资格，在"非常时期属于战区地方，得依其经历能力准予分别任用为简、荐、委任各级警察官"③。抗战结束后，大批军官转任警官时也实行过特殊任用办法。军政部、内政部等部门曾联合组成"复员军官转任警官甄选委员会"，决定从已复员少将以上军官中挑选将官四十人、中校至上校军官六百人、中尉至少校军官一万二千人、少尉至中尉军官八千三百六十人，送中央警官学校南京总校及重庆、北平、广州、西安分校，分两期进行四个月至一年的短期训练后按原官等转任警官试用。凡曾任少将以上军官或曾任上校军官二年以上，经铨叙合格者，准以简任警官试用；曾任中校军官或在军官学校毕业并曾任少校军官二年以上，经铨叙合格者，准以荐任警官试用；曾任少尉以上军官一年以上或在军官学校毕业并曾任少尉军官，经铨叙合格者，准以委任警官试用。试用期为一年，期满后经考核，成绩优良即予以任用。④

这一时期的警官任用程序是：最初，简任及荐任警官先由内政部核送铨叙部审查合格后，再分别呈请国民政府任命，委任警官直接由该管官署核送铨叙机关审查合格后委任。⑤ 1937 年 6 月 15 日修订公布的《警察官任用条例》将简任警官改由内政部呈行政院转请国民政府交铨叙部审查合格后任命；荐任警官由内政部送铨叙部审查合格后，呈请行政院转呈国民政府任命；委任警官仍由该管官署送铨叙机关审查合格后委任。1945 年 4 月 27 日后，根据国

---

① 《警察官任用条例》（1937 年 6 月 15 日修正公布）。《国民政府公报》第 2382 号。
② 《边远省份及县政府以下警察官适用〈警察官任用条例〉暂行变通办法》（1936 年 2 月 27 日内政部呈准国民政府备案）；《国民政府指令》，渝字第 313 号（1938 年 4 月 7 日）。《中华民国法规大全》（补编），第 135 页；《国民政府公报》，渝字第 29 号。
③ 《战区各级警察官任用办法》（1938 年 12 月 28 日）。考试院参事处编《考铨法规集》第 2 辑，1944 年 5 月版，第 84 页。
④ 《复员编余军官转任警察人员任用办法》（1947 年 1 月 29 日行政院发布）。考试院秘书处主编《考铨法规集》第 2 辑，1947 年 6 月版，第 104 页。
⑤ 《警察官任用条例》（1935 年 11 月 9 日公布施行）。《内政公报》第 8 卷第 22 期，第 142 页。

民政府的命令,委任警官被分为两类,分别实行不同的任用程序。警察机关的主管人员及警察教育机关主持人员,即委任的警察局长或警佐及各省市警察教练所的教务主任和大队长,因职务重要而改由内政部送铨叙部审查合格后委任;其余委任警官的任用仍由各该主管官署送铨叙机关审查合格后委任,但须报内政部备案。①

第二节 警长警士的录用条件和录用办法

警长警士通常合称为"长警",其地位比较低微,不入官阶等级,不属于"官"的范围,对他们也不称"任用"而叫"录用"。

最初,警长和警士主要是由各地警察机关根据缺员情况自行向社会招募补充的,录用之警称为"募警",以别于"学警"。由于没有固定标准,"沿用招募办法应募之警大半无业游民,流品复杂,智识不齐,以之执行职务,向难措置"。② 因此,国民政府内政部决定自1928年5月31日起施行统一的《警察录用暂行办法》。③ 其确定的警长警士招募录用条件是:必须年龄在二十岁以上,三十岁以下;高小毕业或程度相当,文理粗通,具有普通常识;身体强健,身高满五尺以上;仪容整齐严肃;言语应对明了;视听力正常;熟悉当地情况;立志愿书肯充警察三年以上,并有切实保证;无行为不正;无残疾或嗜好;性情不得懦弱。录用办法是,先进行体格检查,合格者参加笔试,笔试合格后进行口试,口试通过后被录用者,于到任前须填写志愿书并由他人具保填写警察保结一份,存局备查。志愿书的内容为:

"具志愿书人_____,现年____岁,系_____县人,现经_____公安局录用,誓愿遵守警章,精勤服务,并于__年内不自退职,谨觅具铺保保结一纸,随呈查核。

具志愿书人_____

中华民国_____年____月____日"

警察保结为:

"具保结人_____,现住_____街,开设____营业,兹有____
现经_____公安局录用警察,自录用后确愿于__年内不自退职,倘有无

---

① 《国民政府公报》,渝字第774号。

② 《国民政府内政部令第270号》(1928年5月31日)。《内政公报》第1卷第2期,第41页。

③ 同上书,第61—63页。

故告退或私行逃逸及拐带军装军械等情事，惟小号是问。谨具。

　　　　　　　　　　具保结人_____（盖铺章）

　　　　　　　　　　中华民国_____年___月___日"

　　但以上条件亦可由各地方当局自定，比如，上海特别市公安局所定警察保结为："所保之警若曾有不法情事，一经查觉，除将该警惩办外，其保人亦应依法予以处分；所保之警如有潜逃或暗通匪人以及有重大情弊者，原保人应负全责，请短假逾期不归者同；所保之警携带军械军装潜逃者，除严缉该警，务获尽法究办外，所失装械应由原保人赔偿。"[①]

　　1929年4月以后，随着《警士教练所章程》的颁行，首都警察厅与各省市的警士教练所及县警士教练分所等警察教育机关陆续设立。招考学警训练合格后再补充正式警察的制度相继实行。这一时期，各省市警长警士录用实况相差悬殊，大致可以分为四类：一是按《警士教练所章程》所定标准录用学警，毕业后充任警长和警士，但仅限于少数警察教育条件较好的地区。二是依《警察录用暂行办法》采取招募为主的做法。三是采取两种办法并用，即录用警长警士一般以警士教练所毕业者为限，但遇缺员较多，不敷使用时，则依《警察录用暂行办法》向社会招募；或是省会警察机关录用警长警士以警士教练所毕业者为准，而各县则实行募警为主的办法。四是另订变通办法，放宽录用条件，以适应当地特殊情况。[②]

　　1935年《警长警士教育规程》颁行后，警长警士录用制度改为：警士必须由警士教练所毕业学警充任，警长则一律由受毕警士教育的警士考试升用。警士升用警长的办法是，每年或隔年由各级警察机关举行升用考试，应试人以受过警士教育的警士为限，将应试人近二年服务成绩总平均分数作为三分之一，与考试总平均分数合并计算，平均满六十分者为及格。及格者称见习警长，见习警长经三个月集训后即可转为正式警长。[③]

　　抗战期间，因兵源紧张，二十至三十岁的青年被列为甲级壮丁，由兵役机关统制，警察录用受到较大影响，为免与兵役机关发生争执，1941年2月27日内政部与军政部特共同制定《招募警察办法原则四项》，一度将警察录用条件和范围限制为：各县市零星补用警额以乙级壮丁为限，招募学警

[①]　《现行警察法令集解》第1卷，上海警察学社1930年7月版，第185页。
[②]　《警务旬报》（河北），1935年第81—89期。
[③]　《警长警士教育规程》（1935年11月25日内政部公布施行）。《中华民国法规大全》（补编），商务印书馆1937年1月版，第137页。

以未中签的壮丁为限，并须事先将预定名额通知兵役机关协助招募，已中签的壮丁不得招募。①

1942年4月9日，为提高警察素质而再次修订后颁行的《警长警士教育规程》将学警的录用条件限为：必须是未婚及未中签的壮丁，年龄须在二十岁至二十五岁之间。学警的录用办法增加了智力测验等项目，其余条件皆未改变。

第三节　警官、警长的俸给与薪饷

一　警官的俸给

国民党统治时期实行等级工资制，官等决定官俸。最初，警官的官等依1928年11月内政部公布施行的《警察官官等表》的规定而被分为三个任别、七等，共十六级。② 其中一、二等为简任，内分四级；三、四等为荐任，内分五级；五至七等为委任，内分七级。当时警官俸给制度的特点是，警官俸额全国统一，不受地区差别及警察机关经费多寡的影响。全国警察机关分为三个层次，各职别警官的俸给标准如下（具体俸额见表1）。

（一）特别市公安局。局长为荐任一级至简任三级俸；分局长为委任一级至荐任四级俸；督察员、技术员、科员为委任四级至二级俸；分局局员为委任六级至五级俸；巡官为委任七级至六级俸。

（二）省会公安局及普通市公安局。局长为荐任四级至二级俸；督察长、技术官、秘书科长、分局长为委任三级至一级俸；督察员、技术员、科员为委任五级至四级俸；分局巡员为委任六级至五级俸；巡官为委任七级至六级俸。

（三）县公安局。局长为委任三级至一级俸；科长、分局长为委任五级至四级俸；科员、分局局员、巡官为委任七级至六级俸。

以上警官官等官俸制度实行不久，1929年8月14日国民政府又公布了文官俸给表，其规定简任、荐任文官各分6级。简任官俸给为四百至六百元；荐任官二百二十至三百七十元；委任官分十二级，俸给四十至二百元。由于警官俸给已明显低于文官，为此，各方以待遇不平，要求改订警官官等官俸表，在1932年12月内政部召集的第二次全国内政会议上，青岛、上

---

① 《警察法总论》，商务印书馆1943年版，第189页。
② 《内政公报》第1卷第8期，第11页。

海、甘肃、陕西、浙江、江西、山东、河南、福建、广西等省市并有提高警官待遇以资养廉的提议,会议遂议决"警察官俸给应照文官俸给表支给,以前公布之警察官俸给暂行条例应行废止"①。其后,内政部即据此比照文官的官等官俸有关规定,并参照各警察机关状况,于 1934 年 5 月 25 日公布,1934 年 7 月 1 日施行了新的《暂行警察官官等官俸表》。新的警官俸给制度取消了原来意义不大的警官等别,增加了警官的任别和级别,将警官分为特任、简任、荐任和委任 4 个任别,共三十六级。它规定:院辖市公安局长为荐任五级至简任四级,局长以下设秘书、科长、督察长、分局长、训练官、技正、技士、所长等均荐任职,督察员、技术员、科员、队长、队副、分队长、教官、训练员、医官、高等侦探、局员、技佐、巡官、办事员等均为委任职;省会公安局长为荐任五级至一级,局长以下设秘书、科长、督察长、训练官、分局长、督察员、技术员、科员、队长、队副、分队长、分局员、技佐、医官、巡官、侦探、办事员等均为委任职;县公安局分为三等,一等县局长为委任四级至一级,局长以下设科长、督察长、队长、分局长、训练员、督察员、分局员、队副、医官、巡官、办事员等均为委任职;二等县局长为委任八级至五级,局长以下设科长等职,为委任职;三等县局长为委任十二级至九级,局长以下设科长等委任警察官;省辖市公安局人员职别、名称、官等均与县公安局相同。警官俸给与 1933 年 9 月 23 日新修订的《暂行文官官等官俸表》相一致,标准提高为:委任五十五至二百元,荐任一百八十至四百元,简任四百三十至六百八十元,特任不分级,一律八百元(见表 2)。新的俸给制度取消了以前实行的统一俸额办法,规定"凡财政支绌各警察机关得就各该机关经费状况,依照本表所定等级酌定俸额或减成支给"②,使得法定官俸成了不能兑现的一纸空文。

表 1　　　　　　　警察官官等官俸表（1928 年 11 月颁行）

任别	等别	级别	俸额（元）
简任	1	1	580
		2	520
	2	3	460
		4	400

---

① 《内政年鉴》第 2 卷,第 18 页。
② 《暂行警察官官等官俸表》之说明,第 2 款。考试院参事处编《考铨法规集》第 2 辑,1944 年 5 月版,第 126 页。

续表

任别	等别	级别	俸额（元）
荐任	3	1	340
		2	300
		3	260
	4	4	220
		5	180
委任	5	1	150
		2	130
		3	110
	6	4	90
		5	70
	7	6	50
		7	30

表2　　　　警察官官等官俸表（1934年7月1日施行）[①]　　　单位：（元）

任别	级别	俸额	任别	级别	俸额
特任		800	委任	10	220
				11	200
简任	1	680		12	180
	2	640		1	200
	3	600		2	180
	4	560		3	160
	5	520		4	140
	6	490		5	130
	7	460		6	120
	8	430		7	110
荐任	1	400		8	100
	2	380		9	90
	3	360		10	85
	4	340		11	80
	5	320		12	75
	6	300		13	70
	7	280		14	65
	8	260		15	60
	9	240		16	55

[①] 《暂行警察官官等官俸表》之说明，第2款。考试院参事处编《考铨法规集》第2辑，1944年5月版，第126页。

抗战后期，为抵消物价上涨的影响，国民政府行政院决定，警察人员待遇除依官俸表、薪饷表予以提高外，并按当地物价指数增加生活津贴，与公务员相同；各地警察机关经报上级机关核转备案还可酌裁老弱或素质低劣的员警，以其节余薪津增加在职员警待遇；提倡员警业余从事农工活动、组织员警眷属合作社，以增加收入。① 此后，警察人员俸饷在收入中的比重逐年下降。抗战结束后，1945年11月24日颁行的《警察官官等官俸表》除对首都警察厅厅长、省警务处处长等职别的官等有所上调，其俸给亦相应提高外，有关警官任别、级别、俸别及允许自定俸额或减成支给等制度皆未作变更。② 但按行政院的规定自1946年1月1日起实行对公务员及警官加发"生活补助费"作为补偿的办法。生活补助费分基数与薪津加倍数两项，数额由行政院根据各地物价指数分别核定，并于每年1月、5月、9月各调整一次，③ 相对固定的警官官俸与扶摇直上的各种补贴相比，日显微乎其微了。

二 警长警士薪饷

国民党统治时期，警务人员等级森严，警长警士的工资制度与警官完全不同而另成系列，所领报酬称"饷"而不叫"俸"。

最初，警长警士的薪饷完全由地方酌量财政状况而自定，没有全国统一的标准，警长警士的分等分级各地也不一致。比如，北平警长警士曾各分四等，南京、青岛各分三等，上海警长分为三等、警士分为四等。④ 1934年11月30日，《警长警士薪饷暂行条例》施行后，警长警士各分为六级，实行甲乙丙三种薪饷标准，由各警察机关视经费状况酌采其中一种，经费不足者，报由主管长官核定并呈内政部备案后还可酌量减成发付。警长的法定饷额每级相差三元，甲种从三十五元到五十元，乙种从二十五到四十元，丙种十八元到三十三元。警士饷额甲种为二十二元到三十二元，乙种十五元五角到二十三元，丙种十一元到十六元（见表3）。警长警士初任时，给予最低级薪饷，任职满一年确有成绩，可以晋升一级，晋至最高级后满二年以上确

---

① 《安定警察人员生活及奖励服务精神办法》（1942年7月27日行政院核准施行），中国第二历史档案馆藏档案。
② 《国民政府公报》，渝字第915号。
③ 《公务员生活补助办法》（1945年11月20日行政院会议通过，1946年1月1日施行），中国第二历史档案馆藏档案。
④ 王章：《中国城市警察行政应有之改草》，《警光季刊》1936年第1卷第4期。

有成绩者,可酌给不超过其一个月饷额的年功加饷。有特殊功绩时,由该管长官呈准上级机关酌给奖饷。

表 3　　　　　警长警士薪饷表 (1934 年 11 月 30 日施行)①

职　别	等　级	甲种 (元)	乙种 (元)	丙种 (元)
警　长	1　等	50	40	33
	2　等	47	37	30
	3　等	44	34	27
	4　等	41	31	24
	5　等	38	28	21
	6　等	35	25	18
警　士	1　等	32	23	16
	2　等	30	21.5	15
	3　等	28	20	14
	4　等	26	18.5	13
	5　等	24	17	12
	6　等	22	15.5	11

这一时期的警长警士法定饷额有上限而无下限,其主要取决于经费状况,而根据 1929 年 6 月 3 日颁行的《确定警察经费办法》(1942 年 12 月 12 日由内政部废止),除内政部直辖的警察机关及学校外,各市县的警察经费皆不由国库开支而须自筹,必要时的国库补助不得超过百分之三十。② 因此,为筹警费和警饷,各地创造了不少苛捐和杂税,以致催缴税捐成为警察的一项日常工作,"稽查偷漏"也成为不可缺少的特殊勤务。比如,北平的警察机关经费就主要来自该市各项捐款,不足时才由市政府收入项下拨支。这种"捐"并非自愿资助,而是一种地方税性质的强制交纳的费用。其中较大宗的"捐"有四项:其一是专充警饷的"房捐"(1929 年前称"警捐")。办法是将管界内房屋按灰房、瓦房、楼房分等计征,每月每间收五分至四角不等。其二是专充警察经费的"警饷附加捐"。娱乐场、戏院、游艺场、电影院、坤书馆、杂技馆、汽车行、马车行、售卖汽车行店等行业应按其所售票价或当日营业额的百分之十缴纳,并于顾客购票或付款时向其加

---

① 《内政年鉴》第 2 卷,第 55 页。
② 《中华民国现行法规大全》,商务印书馆 1934 年 1 月版,第 378 页;《内政公报》第 15 卷第 12 期,第 21 页。

收。其三是向零售商贩征收的专充警察奖金的"浮摊弹压费",大摊日收铜元六枚,中摊四枚,小摊二枚。其四是"自治附加捐",包括有按房捐额百分之五征收的"房捐铺捐"及"契税"。① 此外,其他的"捐"还有:检验牲畜费、各行商业开业调查登记照费、报馆通讯社照费、汽车牌照费、车牌费、车辆通行证费、乐户执照费、娼妓登记费、各种调查手续费、许可费、广告费、慈善捐、违警罚金、印花罚金、无约国人居留旅行照费等各种名目。以上收入每年颇为可观,居各市之首,1934 年度即达二百三十七万九千零七十二元,与支出二百一十七万二千八百六十元相比,还略有盈余。② 其他省市也指定有专门的捐税以充警费。由于经费多寡不同,各地警饷相差悬殊,据 1934 年 12 月的统计,云南宣威县长警最低饷额仅有一元,河南、河北、陕西、湖南、安徽、贵州等省个别地方最低警饷亦仅在二元至三元左右。③ 为解决此问题,1936 年 6 月 3 日行政院公布的《整理警政原则》规定,为提高警察待遇,警士月饷至少须达十元以上,各市县警察经费应由省政府调剂支配,倘经费不足得裁汰不及格的官警,以期达到上项标准。④

1942 年,为改善警察待遇而新修订的警民警士薪饷表把警长警士各分三等,仍采取甲乙丙三种标准,由各地自定一种,饷额较前提高二分之一到一倍(见表 4)。此后,警长警士薪饷制度基本无大变化,但为补偿物价上涨的影响,按行政院的有关规定,也实行加发生活津贴、生活补助费等办法,并随物价指数的上升而经常调整增加。

表 4　　　　　　　　　警长警士薪饷表(1942 年修订)⑤

职　别	等　级	甲种(元)	乙种(元)	丙种(元)
警　长	1　等	65	55	45
	2　等	60	50	40
	3　等	55	45	35
警　士	1　等	50	40	30
	2　等	45	35	25
	3　等	40	30	20

---

① 姜春华:《北平警政概观》,1934 年 4 月版,第 43—46 页。
② 《内政年鉴》第 2 卷,第 38 页。
③ 刘尧峰:《一年来之中国警政》。《警察月刊》1936 年第 4 卷第 7 期,第 12 页。
④ 《整理警政原则》(1936 年 6 月 3 日颁行),中国第二历史档案馆馆藏档案。
⑤ 考试院参事处编:《考铨法规集》第 2 辑,1944 年 5 月版,第 190—191 页。

第四节 警务人员的抚恤与退休

国民党政权建立之初，抚恤制度与退休、退职制度尚无严格区分，抚恤金、遗属生活补助费、退休金与退职费都被统称为恤金。以后，随着人员的衰老，退休制度的普遍推行，抚恤与退休（包括退职）才逐渐分立，形成两套各成体系的制度。这一变化大致经过了三个发展时期。

一 1927年9月到1934年3月间的抚恤与退休制度

这一时期正式的恤金有终身恤金、一次恤金和遗族恤金三种。

终身恤金的性质相当于退休金，其发放对象为：因公受伤致残，不胜职务者；因公致病导致精神丧失，不胜职务者；在职十年以上身体衰弱或残废，不胜职务者；在职十年以上勤劳卓著，年过六十岁，自请退职者。每月恤金数额按受恤人最后在职时月俸的五分之一发给，但受恤人为委任警官或长警时，则按其最后在职时月俸的二分之一到全额酌给。

一次恤金的性质相当于退职费，适用对象为因公受伤或致病但未达身体残废、精神丧失程度而退职者，其数额以不超过受恤人最后在职时二个月俸饷为限，但对委任警官则按其最后在职时三个月俸给发给，长警按六个月饷额发给。

遗族恤金是发给死者家属的生活补助费，但数额不是取决于死者生前供养人口的多少，而是按死者最后在职时月俸的十分之一发给，委任警官按其最后在职时月俸的七分之一发给，长警按其月饷的三分之一发给。遗族恤金受领条件有三：因公亡故；在职十年以上，勤劳卓著而亡故；受终身恤金未满五年而亡故。死者遗族领受恤金须依下列顺序：1. 死者之妻；2. 子女；3. 孙子女；4. 父母；5. 祖父母；6. 同父弟妹。若死者为女性，则顺序为：1. 死者子女；2. 孙子女；3. 夫之父母；4. 夫之祖父母；5. 本人父母；6. 本人祖父母。只有当前面序列受领人没有或不在时，才能由下一序列的遗属领取，其后序列无权受领，同一序列中有几个受领人时，采取平均分配的办法。

此外，对因公死亡者除给遗属以遗族恤金外，还可按其最后在职时二个月俸给酌给纯抚恤金性质的"遗族一次恤金"，对委任警官则以四个月俸给为限，长警以十个月饷额为限。凡在职三年以上、未满十年而非因公死亡者，因不具备遗族恤金受领条件，可按其最后在职时二个月俸给给予遗族一次恤金。

各种恤金申领办法为：申领终身恤金或一次恤金者，由受领人提出申请或凭证，开具清册，写明申领人姓名、年龄、籍贯、现住所、履历、工龄、职务职称、退休退职理由、受伤或致病原因等情况；申请遗族恤金或遗族一次恤金者须由遗族将遗族姓名、年龄、籍贯、现住所、与死者关系及死者履历、工龄、死亡年月日等情况开具清册。经查符合条件者，报经内政部发给相应的恤金证书。终身恤金和遗族恤金按月计算，每年分四次，于一月、四月、七月、十月凭恤金证书向住所地县市政府或特别市财政局领取。一次恤金及遗族一次恤金由最后服务机关转交受领人，一次给付。但受领人被褫夺公权终身或丧失国籍则丧失其领受恤金的权利；褫夺公权尚未恢复者，受终身恤金后再任职官及遗族恤金领受人已成年或亡故或再嫁时，停止给恤。[①]

二 1934年3月至1943年11月间的抚恤与退休制度

这一时期，恤金被正式确定为四种：公务员年恤金、公务员一次恤金、遗族年恤金、遗族一次恤金，其性质分别为退休金、退职费、遗属生活补助费、抚恤金，除公务员一次恤金的条件、待遇照旧外，其余三种皆有所调整。

公务员年恤金申领条件为：因公受伤、致病而残废或心神丧失，不胜职务者；在职十五年以上，身体残废不胜职务者；在职十五年以上，勤劳卓著，年过六十岁（长警为五十岁）自请退职者。遗族年恤金给恤条件为：因公死亡；在职十五年以上病故；受年恤金未满五年而亡故。

遗族一次恤金除因公死亡待遇未变外，对非因死亡而在职不满十五年，不能受领遗族年恤金的，按下列规定给恤：在职三年以上、不满六年者，给予最后在职时两个月俸额的恤金，但委任警官按三个月，长警按四个月俸饷给恤；在职六年以上，不满九年者，给予最后在职时三个月俸额的恤金，委任警官按四个月，长警按五个月俸饷给恤；在职九年以上、不满十二年者，给予最后任职时四个月俸额的恤金，委任警官按五个月，长警按六个月俸饷给恤；在职十二年以上、不满十五年者，给予最后在职时五个月俸额的恤金，委任警官按六个月，长警按七个月俸饷给恤。

遗族领受恤金顺序为：1. 死者配偶，但其夫以残废不能谋生者为限；2. 未成年及成年而残废不能谋生的子女；3. 未成年的孙子女；4. 父母；

[①] 《官吏恤金条例》（1927年9月9日国民政府公布施行），《内政公报》第2卷第5期。

5. 祖父母；6. 未成年的同父弟妹。

恤金申领办法为：由请恤人填具《请恤事实表》一式五份，并附缴诊断书、原机关证明书等凭证。经批准后发给五联式恤金证书，其第一联留铨叙部存根，第二联交领受恤金人，第三联通知拨发机关，第四联存财政部门备查，第五联存审计部备核。除公务员一次恤金和遗族一次恤金仍由原服务单位一次给付外，公务员年恤金和遗族年恤金每年发放二次，第一次于4—6月，第二次于10—12月发给，但长警及恤金总额在二十元以下者，得在上半年一次发给。①

三 1943年11月后的抚恤与退休制度

自1943年11月开始，退休制度已正式建立，并与抚恤制度完全分离。这一时期实行的退休制度将退休分为声请退休与命令退休两类，分别给以不同的待遇，退休金亦分为年退休金与一次退休金两种。凡在职十五年以上，已满六十岁或在职二十五年以上，成绩昭著者，都可声请退休，给予年退休金，长警声请退休年龄还可酌予降低至不少于五十岁。命令退休适用于年过六十五岁或心神丧失、身体残废、不胜职务者，对于长警，其年龄可酌予降低至五十五岁。六十五岁以上尚堪任职者，根据需要可报请铨叙部延长退休年龄以不超过十年为限。经命令退休，在职十五年以上者，给予年退休金；因公伤病致心神丧失或身体残废而不胜职务，经命令退休者，给予年退休金，其中在职未满十五年者，领受年退休金时，以满十五年论。在职五年以上、不满十五年，经命令退休者，因不能享受年退休金，给予一次退休金，即退职费。

退休金发放办法改为每年六月一次性发给。声请退休的年退休金数额，以离职时月俸折成年俸，依下列比例计算：在职十五年以上、不满二十年者，按百分之四十发给；在职二十年以上、不满二十五年者，按百分之四十五发给；在职二十五年以上、不满三十年者，按百分之五十发给；在职三十年以上者，按百分之五十五发给。凡命令退休者的年退休金，各按上述标准增加百分之十。一次退休金数额按总工龄计算，每满一年给予相当于一个月俸额的退休金，工龄超过六个月，不满一年的，以一年计算。长警无论是声请退休还是命令退休，其年退休金或一次退休金均在上述标准之外再加给百

---

① 《公务员恤金条例》（1934年3月26日公布，5月26日修正），《中华民国法规大全》，商务印书馆1937年1月版，第385—403页。

分之十。

由于物价高涨，为保障退休退职人员生活，实行退休金、退职费（一次退休金）与现职人员增给待遇相挂钩的办法，每年按其增给比例调整一次，但一次退休金增给额不得超过其总额的百分之四十（1947年6月起增为百分之六十）。

请领退休金的权利自离职次月起，经过五年不行使而消灭，并因退休人死亡、被褫夺公权终身、背叛民国通缉有案或丧失国籍而丧失。褫夺公权尚未复权者及领受年退休金后再任有俸额的公职者，停止其领受年退休金的权利。退休金领受人权利丧失或停止后，如继续蒙混冒领，除由经发机关追缴外并依法惩处。①

抗战胜利后，为裁汰冗员，1947年6月起，退休待遇又有提高，一次退休金也由退职费性质转变成一种退休鼓励措施。凡声请退休的年退休金一律提高百分之五，即由年俸的百分之四十到百分之五十五调整为百分之四十五到百分之六十，以减少与命令退休的差距。凡声请退休者，不论是否享有年退休金，皆给予四个月俸额的一次退休金。凡在职十五年以上或因公伤病而经命令退休者，除给年退休金外，亦加发一次退休金，其数额为，工龄满五年的，给八个月俸额的一次退休金，工龄每增一年，再加给一个月俸。声请退休的条件放宽为，除在职十五年以上、已满六十岁或在职三十年以上都可声请退休，发给年退休金和一次退休金外，在职五年以上、不满十五年，但已满六十岁者，也可声请退休，发给一次退休金。②

这一时期实行的抚恤制度将抚恤金分为遗族年抚恤金和遗族一次抚恤金两种。凡因公死亡或在职十五年以上而病故或领受年退休金期间死亡者，给予遗族年抚恤金，因公死亡者并给予四个月俸额的遗族一次抚恤金。在职三年以上、十五年未满者，给予遗族一次抚恤金，其中在职不满六年者，给予四个月俸额的遗族一次抚恤金；在职六年以上，每满三年，加给两个月俸。遗族年抚恤金以月俸折成年俸，按下列比例发给：工龄十五年以上、不满二十年者，为百分之三十；工龄二十年以上、不满二十五年者，为百分之三十五；工龄二十五年以上、不满三十年者，为百分之四十；工龄三十年以上者，按百分之四十五发给。长警的遗族年抚恤金及遗族一次抚恤金均比照上

---

① 《公务员退休法》（1943年11月6日国民政府公布施行）。考试院秘书处编《考铨法规集》第2辑，1947年6月版，第274—281页。

② 《公务员退休法》（1947年6月26日修正公布）。《国民政府公报》，第2861号。

述标准增加百分之十。领受遗族年抚恤金的未成年子女或孙子女超过三人时，其遗族年抚恤金按上述比例再加百分之十发给。

为抵消物价上涨的影响，抚恤金每年须依现职人员的增给待遇和比例调整增加一次，但遗族一次抚恤金的增给额以不超过其总额的百分之三十为限（1947年6月后增为百分之五十）。

遗族领受抚恤金的顺序为：1. 妻或残废之夫，未成年子女及已成年但残废不能谋生的子女；2. 未成年孙子女，但以其父死亡或残废不能谋生者为限；3. 父母；4. 祖父母；5. 未成年的同父弟妹。1947年后，舅姑、祖舅姑、未成年同母弟妹被分别增列为第3、4、5序列的受领人。

遗族请领抚恤金的权利自抚恤事由发生次月起，经过五年不行使而消灭。遗族年抚恤金于领受人死亡或改嫁、被抚养人成年、残废之夫或残废之成年子女能自谋生时停止，最长不得超过二十年。被褫夺公权、背叛民国被通缉有案者及丧失国籍者，丧失抚恤金领受权。[1]

1947年后，抚恤待遇进一步提高：凡因公死亡或在职十五年以上而病故，除给予遗族年抚恤金外，并给予四个月俸额的一次抚恤金，领取年退休金未满十年而死亡者，给予遗族年抚恤金；逾十年者，给予十个月俸额的遗族一次抚恤金。在职三年以上，不满十五年而病故者，给予遗族一次抚恤金，其中在职未满六年的，按六个月俸额发给；在职六年以上，每满三年，加给二个月俸。遗族年抚恤金并在原比例上各提高百分之五。[2]

第五节　警务人员的考绩与奖惩

一　警务人员的考绩

考绩是国民政府考试院的一项重要工作，它适用于包括警务人员在内的一切国家公务员，但警官和长警的考绩办法有所不同。警官的考绩适用公务员考绩办法，长警则另有专门规定。

警官的考绩最初每年分两次，于六月和十二月进行，有特殊情况不能依规定时间考绩者，须报经铨叙机关核准随时补行。考绩方法分为初核与复

---

[1] 《公务员抚恤法》（1943年11月6日由国民政府公布施行）。考试院秘书处编《考铨法规集》第2辑，1947年6月版，第284—291页。

[2] 《公务员抚恤法》（1947年6月25日修正公布）。《国民政府公报》，第2860号。

核，由直接长官执行初核，主管长官进行最后复核，长官只有一级时，则径由该长官考核。① 1935年后，考绩分为年考与总考两种。年考每年十二月由各机关依考绩表所定内容进行考核，总考于第三次年考后由铨叙机关进行。年考时，由直接长官执行初核，再上级长官进行复核，主管长官最后复核，如直接长官、再上级长官有三人以上时，则由机关主管长官就高级职员中指定若干人组成"考绩委员会"并以其中一人为主席，就初、复核结果进行汇核，再报由主管长官复核，作出关于等次和奖惩的评定。然后分别依官等、考绩等次及总分排定先后，编列成册，密封后按规定时间如期送达铨叙机关登记核定。② 1943年后，总考取消，年终考绩改由考绩委员会执行初核，主管长官执行复核，但长官只有一级或在战地不能组织考绩委员会时，则径由该长官进行考核。③

考绩的内容有工作、学识、操行三项，各按分评等，工作最高为五十分，学识和操行最高各为二十五分。"工作"主要是指请假与否，工作质量、速度及准确性如何，是否认真负责，主动性如何，与人合作如何，领导能力及完成工作的数量；"操行"包括奉公、守法、廉洁、勤俭、信守等方面；"学识"则指学力、才能、言词、进修及识见。④ 主管长官每月须将"工作"情况详加记录并予以记功记过，对"操行""学识"则每半年记录一次，并将功过相抵，折成分数，核定成绩，分出等级，于每年六月和十二月分别把被评为优异和低劣者注明其具体事实和理由，列册汇报铨叙机关备查。⑤ 1945年后，国民政府规定的考绩内容更加具体。工作分为十个方面：是否擅长领导，对于主管业务的创建、推动及改进有无妥善办法，对于人与事的考察及支配是否妥当，待人处事是否妥当、是否负责，工作是否切实可靠、工作是否达到预定限度，能否与人合作，是否机敏，有无毅力，能否耐

---

① 《考绩法》（1929年1月4日国民政府公布施行）。《中华民国现行法规大全》，商务印书馆1934年版，第250页。

② 《公务员考绩法》（1935年7月16日公布，11月1日施行）；《考绩委员会组织通则》（1935年11月1日公布施行）。《中华民国法规大全》，商务印书馆1937年1月版，第374页；《中华民国法规大全》（补编），第84页。

③ 《非常时期公务员考绩条例》（1943年12月26日）。考试院参事处编《考铨法规集》第2辑，1944年5月版，第132—133页。

④ 《公务员平时成绩考核记录表》。考试院参事处编《考铨法规集》，1944年5月版，第142—143页。

⑤ 《非常时期公务员考绩条例》（1943年12月26日）。考试院参事处编《考铨法规集》第2辑，1944年5月版，第132—133页。

劳苦。"操行"分五个方面：是否守法、是否公正、是否廉洁、是否受人敬重、是否诚恳接受指导。学识则为：本职之学识或技能，全部业务学识，对于国家根本法令及政策的研究、见识、进修精神。平时每三个月由上级长官复核记分，每六个月核定各项成绩总分并注明其工作是否需要调整后，发交人事主管人员密存，并于每年七月及次年一月十日前将八十分以上及不满六十分人员填册汇报铨叙机关备查。①

考绩以六十分为及格。1935 年实行的评等办法是：年考按分数划为六等，八十分以上为一等，七十分以上为二等，六十分以上为三等，六十分以下为四等，不满五十分为五等，不满四十分为六等；总考分为七等，九十分以上为一等，八十分以上为二等，七十分以上为三等，六十分以上为四等，不满六十分为五等，不满五十分为六等，不满四十分为七等。年考奖惩办法为：一等晋级、二等记功、三等不予奖惩、四等记过、五等降级、六等解职。总考奖惩为：一等升等、二等晋级、三等记功、四等不予奖惩、五等记过、六等降级、七等解职。为防止评分过滥，由荐任升等者不得逾现有荐任人员的百分之十，由委任升等者不得逾现有委任人员的百分之五，成绩过劣应行解职人员年考不得少于各该机关员额的百分之二，总考不得少于百分之四。荐任、委任职人员如成绩特优，应该升等而无缺额，或已晋至本职最高级而无级可晋时，则可先给予相应的待遇。②

1943 年后，考绩改为划分五等，四十分以下已不入等级，凡一等者，简任晋一级，荐任、委任晋二级；二等者，简任酌给一个月俸额以内的一次性奖金，荐任、委任晋一级；三等者留级；四等者降一级；五等者免职。简任官等中总分最高者及荐任前二名、委任前三名者并另给二个月俸额以内的一次性奖金，但评为一等者不得超过参加考绩人数的三分之一。此外，总分虽以六十分为及格，但工作不满三十分或操行、学识有一项不满十五分者仍以不及格论，分别酌予申诫、记过或减俸。因考绩应晋级而无级可晋者，简任人员给以三十元年功加俸，申荐任、委任人员给予简任、荐任待遇。荐任、委任人员已晋至该官等最高级满三年者并分别给以简任、荐任存记，由铨叙部颁发存记状。因考绩应降级而无级可降者，依其级差数目比照减俸。

---

① 《考绩表》及《公务员平时成绩考核记录表说明》。考试院秘书处编《考铨法规集》第 2 辑，1947 年 6 月版，第 218—221 页。

② 《公务员考绩法施行细则》（1935 年 10 月 30 日公布施行）、《公务员考绩奖惩条例》（1935 年 11 月 1 日公布施行）。《中华民国法规大全》（补编），第 80—84 页。

应晋级而距前次晋级未满一年者，改给奖状。任职五年以上有三次考绩皆在八十分以上者，由铨叙部呈请考试院发给奖章。在同一机关服务满十年，有五次考绩均在 80 分以上者，授予勋章，并给以一个月俸额内的一次奖金。各项奖惩由铨叙机关审查核定后通知各主管机关分别办理，但简任、荐任人员的解职应由铨叙部通知主管机关并呈请考试院转呈国民政府免职。①

长警的考绩依《警长警士考绩规则》办理，于每年年终进行。具体程序是，警长的考绩由其直属巡官、所长或分队长等长官执行初核，年终时根据平时随时记录的勤惰、优劣、功过、奖惩等情况，核定初核分数，填具考绩表，送分局长、督察长或中队长复核；警士的考绩由警长初核，巡官、所长或分队长复核。复核长官应于接到考绩表三日内拟定分数转送人事部门核签意见。人事部门根据记录，按平时嘉奖三次者记功，记功三次者记大功，记大功三次者晋级或升等，申诫三次者记过，记过三次者记大过，记大过三次者降级，功过准予相抵的原则签具意见，于三日内转本机关主管长官审核决定分数及奖惩办法，并报转上级主管机关备案。

警长警士的考绩内容共有四项：工作的繁简、难易、勤惰、优劣、快慢如何；操行方面能否恪守纪律；学习方面有无进步及理解记忆的程度；身体强弱与精神状况。工作、操行最高各为三十分，学习、体格最高各为二十分。以上四项成绩相加，总分在九十分以上者为甲等，八十至八十九分为乙等，七十至七十九分为丙等，六十至六十九分为丁等，不及六十分者为戊等。经考绩被评为甲等者可予以升等、晋级或年功加薪，评为乙等者予以晋级、记大功或奖金，丙等者记功，丁等者不予奖惩，戊等者记过或降级。凡具有中学毕业或同等学历，在警察机关连续服务三年以上，每年考绩均在甲等以上的长警，还应由省市警察主管机关优先选送入警察教育机关受警官训练。②

二 警务人员的奖惩

除了与考绩相关的奖惩外，对警务人员还实行一系列专门奖惩制度。颁

---

① 《非常时期公务员考绩条例》（1943 年 12 月 26 日公布施行）；《公务员考绩条例》（1945 年 10 月 30 日公布施行）。考试院参事处编《考铨法规集》第 2 辑，1944 年 5 月版，第 132 页；考试院秘书处编《考铨法规集》第 2 辑，1947 年 6 月版，第 208 页。

② 《警长警士考绩规则》（1942 年 4 月 27 日公布施行），中国第二历史档案馆馆藏档案。

给奖章和勋章①是警务人员的最高奖励。旧中国对警务人员成绩优异者向有给予奖章之例，为了使警务人员功绩卓著应予特奖时有章可循，内政部于1932年6月16日公布施行了《警察奖章条例》②。它规定的警察奖章的给予手续、条件与北洋政府时期大致相似，但更为严密。警察奖章共分四等十二级，每等各分三级（见彩图），一等给予简任警官、二等给予荐任警官、三等给予委任警官、四等给予长警。凡初授者均自各该等的最低级（三级）给起，以后可因资劳而依次递晋至该等的第一级。荐任、委任警官及长警如因累功而以前已给至各该等的最高一级奖章时，还可超给至较高一等的第三级。简任警官已晋至一等一级而续著劳绩者，可由内政部报行政院转呈国民政府给予特奖。但任何人一年内不得晋给二次。

警察奖章的颁给条件是须有一定的劳绩或积有一定的年资。所谓劳绩是指，对警察的建置与改进有特殊成绩；研究警察业务有特殊贡献；能防范制止"骚乱""暴动"或应其他警察机关请求援助、保护、保全地方安宁；举发或缉获内乱、外患、汉奸或间谍犯罪；缉获盗匪案犯、脱逃人犯或被判五年以上刑罚的在逃刑事被告；查获携带或藏匿枪支弹药、凶器或其他危险物情节重大；查禁违禁品卓有成绩；尽瘁职务有榜样作用；在职十年以上未曾旷职并成绩优良。符合其中之一者，即可给予警察奖章。警官在职五年以上、长警在勤十年以上，虽无以上功绩，但未受过处罚、成绩优良、未曾旷职并曾累功而未经升用者也可给予警察奖章。③

警察奖章应于着制服或礼服时佩于左襟，位居勋章之次或其下，受刑事处分被褫夺公权者应将奖章及证书交还，待期满后再呈请发还。警察奖章每人只准保有一枚，凡晋受新警察奖章时，应将前授奖章交还。1935年4月27日起并实行新颁警察奖章时须按等级缴纳铸造费制度：一等六元、二等四元、三等二元、四等一元。④

警务人员的惩处制度包括纪律处分、行政处分直至刑事处罚，其严厉程度仅从1937年6月28日公布施行的《警察逃亡惩治条例》⑤便可略窥一斑。它规定，凡警官、长警无故离职过六日者，处六个月以下有期徒刑或拘

---

① 勋章由国民政府颁给，授予"有勋劳于国家或社会者"，虽包括警务人员，但非其专有，故从略。
② 《内政公报》第5卷第26期，第11页。
③ 《警察奖章条例》（1943年7月2日修订），中国第二历史档案馆藏档案。
④ 《内政公报》第8卷第14期，第105页。
⑤ 《国民政府公报》，第2392号。

役；二人以上共犯的，处一年以下有期徒刑或拘役，主谋处一年以下有期徒刑。在戒严区域无故离职超过三日者，处一年以下有期徒刑或拘役；二人以上共犯的，处一年以下有期徒刑，主谋处二年以下有期徒刑。在受警察训练或实习期间，无故不就职过六日者，处六个月以下有期徒刑或拘役。明知警官、长警犯上述六罪而藏匿或使之隐避者，处六个月以下有期徒刑、拘役或五十元以下的罚金。但对自首者，可减轻或免除其刑。

此外，对警长警士还另有专门的奖惩制度。根据《警长警士奖惩通则》的规定，警长警士的奖励分为嘉奖、记功、记大功、专案请奖四种。凡有服务认真、注意周到，品学优良有表率作用，整理内务成绩特优，对保护公物有特别贡献，查获重要违警案犯，破获刑事案犯，不常请假且未受惩罚等情事之一者，可酌予嘉奖。凡有处理重要案件妥当迅速，排除公共危险、消除隐患，拒受贿赂或举发贿赂案件报经主管长官查明属实，拾得重要财物报请招领，查获有关治安的秘密集会结社，查获匪盗并起出枪支凶器，查获窝盗、分赃要犯确有证据，查获奸拐及贩卖人口案件，查获杀人案正犯或从犯，查获烟毒案件，查获逃避或妨害兵役案，查获其他重大刑事案犯，救护妇孺、疯癫、暴病、醉酒或受伤之人使获平安，一年内从未请假及旷职等情事之一者，应酌予记功或记大功。凡有侦获间谍、汉奸，破获走私案件，侦获意图"危害民国扰乱地方"之人犯，处置"暴动"或其他非常事件有功，缉获重要案犯，破获其他重大案件等情事之一者，应予以专案请奖。

警长警士的惩戒共有申诫、记过、记大过、禁闭、降级、斥革六种。凡有内务凌乱及未遵守规定，精神松懈遇事推诿，言行轻佻有失身份，态度傲慢有失礼节，学术低劣不知奋勉，阅读不正当书报，应办事件擅自托人代办，对人民请求事件拒绝不理，枪械服装锈损不注意擦拭整理，穿着制服无故出入公共场所或私人住宅等情事之一者，应予以申诫。凡有听到唱国歌或升国旗的号音而无故不立正致敬，办事疏忽处置不当，执勤时擅办私事或与他人嬉笑，值勤时服装不整齐或迟到早退，值勤时吸烟或吃东西，无故擅离岗位或在岗位精神萎靡不振，托故请假废弛本职，徇人情托代办不当主事，不善于调解民间纠纷致酿成重大事故，无故与人民发生纠纷，玩忽命令或泄露秘密，打骂同事或殴打侮辱夫役等情事之一者，应予记过或记大过。凡有对政府法令妄加訾议，传达命令未能确切致误重要公务，遗失服装枪弹尚未酿成重大事故，疏脱普通人犯尚无其他串通情节，巡逻值岗身离武器，拾得公物私自匿没，擅自托人代班或擅调岗位，虚报案情蒙蔽长官及其他违犯纪律废弛职务情事之一者，应予禁闭或降级。凡对党旗、国旗及孙中山遗像失敬，对蒋介石言论发生訾议，诋毁"党国要人"，思想乖谬经纠正不改，违抗命令藐视长官，于紧急危难时畏难规避，借端招摇或受人馈赠，性情暴戾，言行欺诈成性，身患不治之症或有不良嗜好，赌博，夜不归宿，鼓励风潮意图要挟者，应予斥革。但情节轻微者可由长官根据过去一贯表现，施以感化或改予禁闭处分，情节重大或触犯刑律者应转送司法机关讯办。

  警长警士奖惩的适用程序是：嘉奖与申诫警长由直属巡官、所长或分队长行使，嘉奖与申诫警士由其直属警长或巡官行使，但均应转报该机关主管长官查核；其余奖惩均由各该直属长官报请该机关主管长官核定执行。各项功过除斥革外，均可相互抵除并作为年终考绩参考，凡积嘉奖三次作记功一次，记功三次折大功一次，大功三次可专案呈请奖励，由该管机关长官酌发奖金或提升职务或转请核颁奖状、奖章；凡申诫三次折记过一次，记过三次作大过一次，大过三次者禁闭或降级，如无级可降时，则在六个月内不得升级，六个月内受降级处分二次以上者斥革。[①]

[①] 《警长警士奖惩通则》，中国第二历史档案馆馆藏档案。

第二十四章

警察服制和警长警士服务规程

第一节 警察服制

国民党统治时期，警察服制自1927年底开始统一，其式样、颜色、质料由中央政府规定，各地自行招标制作，凡服制未作规定的及换季时间均由各地掌握。总的来说，这一时期的警察服制有两大特色：一是等级界线分明，二是颜色以黑为主。尽管二十年间警察服制多次改易，仅全国性的更新换代就实行过四次，但以服制表达官阶高低、地位尊卑的宗旨始终未变，官阶不同而服制有别，乃天经地义；警察春秋冬三季服装除个别警种外，自1928年底后皆为黑色也始终未变，"黑狗子"之称即由此得名。

一 第一代警察服制（1927年12月—1928年11月）

1927年12月1日，国民政府发布命令，两个月内在全国统一施行警察新服制。[①] 这套服制分警官礼装、警官常装和警士制服三种（见图式），每种各有冬装、夏装之别，共有蓝、浅蓝、黑、白、黄五种服色。

警官礼装由帽、衣、裤、外套、皮鞋五件组成，依官阶高低分有六个等级，春秋冬服用蓝色毛料制成，配黑色皮鞋；夏服为浅蓝色丝或棉织品，配白帽套、黄皮鞋。其帽徽为银质，直径一寸，中间为国民党党旗图案，外缘环绕宽一分的红色"公"字篆文。帽墙套有银带一条称为"帽章"，其上、下边各有二分宽红线一道，中间以二分宽金线标明服者官阶等级：简任一、二级警官盘金线五道，三级以下金线四道；荐任一、二级金线三道，三级以下金线二道；委任一至三级金线一道，四级以下不盘金线。皮帽袢宽五分，红面黄里，左右缀直径五分的金色圆扣各一枚。上衣为中山装式，袖口有五分宽的金边，距其一寸处缝有"袖章"：简任一、二级缝五分宽银带五道，

[①] 《警察服制条例》，《国民政府公报》第13期。

三级以下缝银带四道；荐任一、二级为银带三道，三级以下银带二道；委任一至三级银带一道，四级以下不缝银带。领章两端按官阶缀有直径七分的金星：简任一、二级金星五枚，三级以下星四枚；荐任一、二级星三枚，三级以下星二枚；委任一至三级星一枚，四级以下不缀金星。礼裤为中山装式，两外侧各缝有八分宽银带一道，名曰"侧章"。外套长度过膝，简任警官用红里，荐任用黄里，委任紫里。

警官常装由帽、衣、裤、外套、武装带、黑皮裹腿、皮鞋七件组成。春秋冬服除武装带外皆为黑色，其中简任、荐任警官服料为黑呢，委任警官用毛或棉织品。夏服为白色衣、裤，用丝或棉织品制成，配白帽套、黄皮鞋。武装带按任别分为二等，简任、荐任警官用黄色，委任警官用黑色，不依季节变化。警官常装帽徽与礼装相同，但用铜质。帽祥为黑色革质，缀黑扣。帽章为白色绒带，中间以三分宽金线表示官阶：简任警官三道，荐任警官二道，委任警官一道。上衣配领章和臂章，不用袖章。简任、荐任警官领章两端分别用金字标明所在地的地名和区名，委任警官用银字。臂章为边长二寸、宽五分的直角形金线：简任警官三道，荐任警官二道，委任警官一道。裤的"侧章"为五分宽银带一道，裤腿膝下外方有黑色圆扣七枚。黑色外套长至脚面，简任、荐任、委任警官分别用红、黄、紫里。皮鞋与礼装相同，为高靿系带式，冬黑夏黄。

警士制服亦为七件，帽、衣、裤式样与警官常装基本相同，但颜色为冬黑夏黄。帽徽中间加嵌服者所在地地名简称，帽章为白色布带，上下各有五分宽红边一道。领章两端为长方形白牌，用阿拉伯数字、罗马字及汉字分别标明区、署及警士号码。臂章为圆形，直径三寸，青天白日图案中间嵌有红色"公安"二字。外套与警官常装相同，但里用黑色，以示区别。鞋为高靿松紧口皮鞋，冬黑夏黄。裹腿为黑色布带，宽三寸，长四尺。黑皮腰带，其宽一寸，铜扣上有党旗图案。

由于这代警察服制过于注重官阶等级的区分，表达办法又过于烦琐，颜色过于杂乱，使人几乎难以辨别，不能适应官等越分越多的要求，因此仅昙花一现，不足一年便遭淘汰。另外，由于当时国内军阀割据，南京国民政府未及统一全国，此服制的实施范围也极其狭窄。

二 第二代警察服制（1928年11月—1937年7月）

为解决1927年12月1日颁行的警察服制存在的弊端，内政部根据江苏、浙江等省的反映，依质料以俭朴为主，重在国货；徽章以醒目为主，重在简明；颜色以耐久为主，重在全国一体的原则，另行拟订了新的《警察制服条例》，并会同"礼制服章审订委员会"讨论通过，1925年10月3日呈国民政府批准，11月4日以部令公布施行，于二个月内在全国改换警察服制。①

新的警察服制统一了警官和长警的服装式样，将原来的三种服装合为一种，简化了服装颜色，除附件外，一律冬（包括春、秋）黑夏黄，② 服装质料也由以前的丝、毛织品为主降为国产棉布。新服制仍为七件套，其帽徽为圆形，直径一寸，蓝色、铜质，最初用国民党党旗图案、中嵌红色"安"字篆文，1929年6月后，为与《服制条例》及《中华民国国徽国旗法》有关规定相符，改为青天白日的国徽图案。③ 帽章简化为与帽墙等宽的白布一条，其上不加任何标识。衣、裤均为中山装式，上衣后开叉，平面纽扣直径七分，色与衣同，为角质或骨质。外套长过膝，黑面蓝里。鞋有高靿系带皮鞋与矮靿系带皮鞋或布鞋两种，冬夏均为黑色。警官裹腿颜色紫红，为革质或以布代替，警长警士均用布质裹腿，色与衣同。武装带为警官专用，色紫红，宽一寸八分、长二尺八寸至三尺八寸，首端用铜扣，尾端并列凿孔两行，各五或七个，距铜扣三分之一处有佩刀带二条，长带一尺八寸至二尺六寸，短带六寸到八寸，两带以铜扣在胸前钩连。腰带为警长警士专用，紫红色，革质或以布代之，宽一寸六分、长二尺八寸至三尺八寸，首端用铜扣，尾端凿孔七个。

新服制取消了袖章、臂章及侧章，仅以警官领章和警长警士专用襟章作为官阶标识。警官及警长警士领章均用白布制成，长二寸三分、宽一寸二分，外端截去两角成尖形。警官左边领章以铜字标明局所名称，如"平汉路警"（平汉铁路警务管理局）、"京四分局"（南京特别市公安局第四公安分局）等；右边领章以直径五分的红、黄、蓝三色铜星分别标示三个任别的十四个官阶等级：简任警官用红星，一级四枚、二级三枚、三级二枚、四级一枚；荐任警官缀黄星，一级五枚、二级四枚、三级三枚、四级二枚、五级一枚；委任警官缀蓝星，一级五枚、二级四枚、三级三枚，四级、五级均二枚，六级、七级均一枚。警长警士领章只表身份，不标等级，其上不缀铜星，而将机关名称以铜字自左至右分别标缀于两边。如"南京特别市公安

---

① 《警察制服条例》，《内政公报》第1卷第8期。
② 广州因气候关系，警察服装为冬黑夏白，冬用黑绒，夏用白布制作。
③ 内政部训令（1929年7月10日），《内政公报》第2卷第7期。

局第四公安分局",须在领章上左缀"京市",右缀"四分局";南京特别市卫生警察则左缀"京特市",右缀"卫生局"。襟章为警长警士专用,其高三寸、宽二寸五分,长方形白布制成,上有横格红线三道,分别写明职务、姓名和号数,顶端以红线画成三角形,警长内缀金色铜星(卫生警察用绿星①)四枚,警士一等三枚、二等二枚、三等一枚(见图式)。

此服制施行后,随着弊端的显露及新警种的出现,修改补充一直不断:

其一是浙江省水上警察依统一服制着用夏季黄色制服后,感到"颜色鲜明,目标显著,有妨缉捕",请求改用青灰色,以利防务。经报内政部核准,1931年8月起浙江"省水警制服不论春夏秋冬四季,一律暂用青灰色",并被1937年警察服制采纳。②

其二是1932年11月经第二次全国内政会议议决的有关推行女警的提案将女警服制统一为:"除执行特殊任务着便衣外,所穿制服与男警同,惟应着黑裙以示区别而免民众误会",并由内政部于1933年1月通咨各省。③

其三是30年代初专职交通警察出现后,各地交通警察为在服制上与普通警察有所区别,一度试行过不同做法,如北平交通警察在左臂加佩椭圆形白底绿边黑号码的专用臂章,夏季戴黄色盔帽;上海交通警察用白袖套;广州交通警察夏服为白衣、白帽并佩白铜制黑底白字的专用襟章等。至1934年,全国交通警察专员会议决定,采取其中最简便易行的办法统一全国交通警察服装为:"与普通警察相同,但臂上加戴白色套袖。"④

其四是1934年10月27日铁路警察改换专用服制。它与普通警察服制不同之处有:春秋冬服下装用马裤,夏季为没膝短裤。警官用黑色革质或毛料裹腿;警长警士用布质或毛料裹腿,色与衣同。警官用武装带宽约一寸六分,警长警士腰带宽为一寸五分。领章用白色丝织品制,长七公分、宽四公分,外端五点五公分处截去两角,左缀铜字标明路局或警察署的简称,右标身份:警官缀星,与普通警察相同;警长缀"警长"二字;警士缀阿拉伯数字代号;学警缀"学警"二字。襟章长六公分、宽三点三公分,警官用白绸,警长、警士及学警用白布,荐任警官加黄边,委任警官加兰边,内有

---

① 《卫生警察领章、襟章、帽徽式样说明》(1929年11月行政院核定公布)。《现行警察法令汇编》,上海警察学社1930年7月版,第10卷,第270页。

② 《水警制服准暂行改用青灰色令》(1931年8月浙江省民政厅转令)。《警察法规汇编》,浙江省民政厅编印,1934年版,第127页。

③ 内政部年鉴编纂委员会编:《内政年鉴》,第2卷,第30页。

④ 内政部警政司主编:《中国都市交通警察》,商务印书馆1935年7月版,第33—34页。

横格黑线三道，记明官署、职务、姓名号数；警长警士襟章不用色边，其左端有一直格，警长印紫色五星，警士印黑色五星，皆为一等三枚、二等二枚、三等一枚，学警不用五星。臂章为警长警士专用，布质，白底红字蓝边，佩于左臂距肩一寸处，铁路警察段用长方形臂章，护路队为三角形臂章，内用罗马字、阿拉伯数字及汉字分别标明总段或大队、分段或中队、护局护厂队或消防队的代号。[①] 1936年4月13日铁路警察再改服制，其帽徽为三角形，领章为圆形，肩章、袖章、臂章各有特殊标记，与此前的服制已无共同之处。铁甲车队及护路队员警并被准用陆军制服。[②]

其五是1934年夏，蒋介石参加中央军校成立十周年纪念典礼时，认为警察服装式样陈腐、有碍观瞻，特令首都警察厅厅长尽快研究改换，以使精神焕发。[③] 随后，内政部警政司以警察服装式样简单，不能表现庄严雄伟精神；领章缀星分级复杂，难于记忆，且自《暂行警察官官等官俸表》颁行后，官级增多，服装领章越感不能适用，而分别致电各省警政主管机关征求改良意见。南京的首都警察厅于1934年10月和1935年3月首先更换了全部冬、夏服装。其式样分警官与长警两种，冬服用黑色厚呢制成，夏服用黄色斜纹布，帽用拿破仑式，中嵌党徽，警官为中山装；警长警士冬用灯笼裤，夏用过膝短裤，白布裹腿、黑皮鞋四季通用。[④] 各省市亦按通知要求分别进行了研究改易。几经取舍后，直到1937年第三代警察服制正式推行，全国警察服制始得再次统一。

此外，1932年4月内政部还制定了警察队旗式样，经行政院转呈国民政府于5月30日核准，通行各省市照办。警察队旗以兰绸或兰布制成，宽三尺、高二尺六寸，旗中心为直径一尺的国徽，其外围以二寸宽的白色方边，上、下两边距国徽中心各为八寸，左右两边各为一尺；近旗杆处镶以长二尺、宽三寸的白绸或白布，上书"××警察队第×队"字样。旗杆长七尺，上端红色，杆头为七寸长的黄色铜矛并有长度相等的红缨杆尾镶以五寸长的矛形铜镈。[⑤]

[①]《国有铁路警察制服暂行规则》。《中华民国法规大全》，商务印书馆1937年1月版，第5125页。

[②]《铁路警察制服规则》。《中华民国法规大全》（补编），第762页。

[③]《警高月刊》1934年第5、6期合刊，第177页。

[④]《首都警察概况》，首都警察厅，1934年12月版，第50—52页；《警察法规汇编》，首都警察厅编印，1936年8月版，第3类，第10—12页。

[⑤] 内政部年鉴编纂委员会编：《内政年鉴》第2卷，第98页。

三 第三代警察服制（1937年7月—1947年11月）

这套服制（见图式）自1937年7月2日施行，[①] 分为警官大礼服、警官常礼服、警官常服及警长警士常服四种，大礼服于国庆日、元旦日的庆贺或宴会、受勋典礼，随警察最高长官校阅及参加其他国事大典时着用。常礼服在谒见或迎送高级长官，随从高级长官巡阅或宴会，校阅部队及参加其他重要典礼时着用。警官常服于平时执行职务时着用。警长警士一律着用常服。

警官大礼服帽、衣、裤用黑色丝毛织品制成。大礼帽顶边镶金线一道，帽徽高一寸七分、宽一寸五分，地用黑色质料，中缀直径七分的青白色党徽，外绕金色麦穗花纹。特任警官帽墙上围金带一道，宽与帽墙相同，简任警官围二分宽金线三道，荐任警官围三分宽金线二道，委任警官围四分宽金线一道，帽袢用金色线制作，两端缀金色圆扣。黑皮帽檐上缀金色麦穗，外绕金线。大礼服上衣前缀金色圆铜扣二排，左右各七枚，衣扣直径七分，袋扣直径四分，扣中铸"警"字、外绕麦穗。领章边绣金色麦穗，中间图案亦为麦穗：特任警官四穗、简任三穗、荐任二穗、委任一穗。袖章亦分四级：特任警官镶四分宽金线四道、简任三道、荐任二道、委任一道，每线间隔二分，最低线距袖口二寸。肩章用黑色毛料制作，周围环绕金色麦穗，全长四寸二分、宽一寸九分，内端截去两角成尖形，外端为长二寸六分、宽一寸六分的椭圆形，上绣麦穗花纹并下垂二寸六分长金线穗一排。特任警官章面为全金色，上缀红星四枚；简任警官章面镶金线三道，一、二级缀星四枚，三、四级缀星三枚，五、六级缀星二枚，七、八级一枚；荐任警官为金线二道，一至三级缀星四枚，四至六级三枚，七至九级二枚，十至十二级一枚；委任警官为金线一道，一至四级缀星四枚，五至八级三枚，九至十二级二枚，十三至十六级一枚。金线每道宽三分、间隔二点五分，五角红星直径四分。大礼服上衣还须佩有礼带和礼刀。礼带为皮质，宽二寸，红缎面、黄带里，特任警官带面用金线织成，简任警官镶一寸宽金线一道、荐任警官镶四分宽金线二道、委任警官镶六分宽金线一道。礼带两端为圆形套环式带扣，中铸五角金星一枚及麦穗花纹，带扣左下边附金面红里的长短皮带各一条，上有铜钩铜环，用于挂刀。礼刀全长二尺五寸，其中柄长五寸、金色镀镍铁鞘长二尺，钢质刀身长一尺九寸五。刀柄饰玳瑁、缠金丝，脊与锷均金

[①] 《警察服制条例》，《国民政府公报》第2397号。

色，柄与鞘上铸麦穗花纹。刀穗颜色分四种：特任警官红色、简任警官金色、荐任警官银色、委任警官蓝色。大礼服裤外侧镶八分宽金线左右各一道。大礼服其他附件还有：松紧口黑皮鞋、高筒黑马靴及细皮或棉纱制白手套。

警官常礼服除将肩章外端椭圆形及金线穗取消（见图式）外，其余同大礼服没有区别。

警官常服颜色为冬黑夏黄，炎热省市夏季用白色。制帽除帽徽外与礼服有所不同：帽墙与帽同色，不用"帽章"区分官阶，帽袢用黑皮制作，左右缀金色圆扣各一枚，帽檐不缀麦穗、不绕金线。常服除各种警察队队长用马裤外，均为中山装式，没有领章、侧章，只佩袖章和肩章。袖章为边长二寸、宽四分的"V"形金线，距袖口二寸，每线间隔二分，上缀直径五分的金色五星：特任警官镶金线四道，缀金星四枚；简任警官金线三道，一、二级星四枚，三、四级星三枚，五、六级星二枚，七、八级星一枚；荐任警官镶金线二道，一至三级缀星四枚，四至六级三枚，七至九级二枚，十至十二级一枚；委任警官镶金线一道，一至四级星四枚，五至八级三枚，九至十二级二枚，十三至十六级一枚。肩章不表示官阶，长四寸、宽一寸五分，质料、颜色与服装同，外端方形，上嵌长一寸五分、宽七分五厘的长方形金色铜牌，标明服者机关的简称，肩章里端为半圆形，缀直径六分的黄铜扣一枚。警官常服附件有：短剑，长一尺二寸，剑柄用玳瑁制，绕以斜形金线，柄的两面中部及上端包铜镀金，剑鞘白色镀镍，鞘口、鞘尾均包铜镀金，鞘口并铸有麦穗花纹；黑皮武装带，宽二寸，用方形环扣，距扣三分之一处有佩剑皮带囊及肩带；手套、皮鞋、马靴及纽扣等皆与礼服相同。此外，还配有翻领黑呢外套，其长过膝，距地一尺，里为黑色，钉双排扣，后开叉。

警长警士常服与警官常服颜色相同，上衣、外套、皮鞋式样相同。但帽有盔式帽与大沿帽两种，用毛织品或麻胶布、帆布制作，帽徽为金属，黑皮帽袢两端各缀银色圆扣一枚；裤亦有马裤与中山装裤两种，着用马裤时须打裹腿；裹腿有皮、布两种，颜色与服装同；黑皮腰带，警长宽一寸八分，警士宽一寸六分，首端的镀镍铜扣中嵌警钟，上铸"亲爱精诚"、下铸"信义和平"八个字；纽扣为银色，式样与警官相同。此外，镀银铜领章左缀警察机关简称，右缀警长、警士的阿拉伯数字号码；人字形臂章，白色黑地，佩于左臂肩肘之间，一等警长镶白线三道、下缀直径五分的五角银星三枚，二等警长镶白线二道、缀星二枚，三等警长镶白线一道、缀星一枚；一等警士镶白线三道，二等警士二道，三等警士一道，每线边长一寸六分、宽三分、间隔二分。

雨衣一律黑色，警官为长披风式，身长及膝；警长警士用双层披风式，内层长过膝下，外层与两臂等长。

此外，各级警察教育机关中受训员警因不被视为现任警察，为免混淆，其制服一律分别采用相应的警官或警长警士常服，免佩官阶标识，另以圆领章标明校名及学级。①

四 第四代警察服制（1947年11月3日施行）

这代警察服制（见图式）将原大礼服与常礼服合为一种，增加了夏季便服和女警制服，淘汰了礼刀、短剑等传统饰物，取消了裹腿（保安警察除外）、袖章，减少了官阶标识，适用一切警种，首次统一了全国各警种的服制。②

新的警察礼服仍以黑色丝、毛织品为料，采用大沿帽、中山装，配白手套、黑皮鞋及黑袜子。礼帽帽徽高二寸、宽一寸七分，黑绒为地，上为国徽，下为金色飞翔形警鸽。帽墙高二寸，特任警官用全金色，简任警官围三分宽金线三道，荐任警官金线二道，委任警官围四分宽金线一道。帽袢以五分宽金线制作，左右缀直径三分的金色梅花形纽扣各一枚。帽檐用黑皮制成，特任及简任警官上绣金色麦穗，外绕金线；荐任警官只绕金线；委任警官为全黑色。礼服上衣为后开叉中山服，两上衣袋各折六分宽直纹一道，前襟缀直径六分的金色铜扣五枚，四个袋口各缀四分径扣一枚。下装为中山裤。

礼服的附件有领章、肩章、礼带及大绶。领章和肩章为警官礼服和制服所通用。领章上标警种，以金属制成，长宽各五分，一般右为圆形"警"字图案，左为圆形的机关或警种简称：内政部所属警察机关缀"行政"二字，水上警察缀"水"字，外事国境警察缀"国"字，保安警察缀"保"字，消防警察缀"消"字，交通警察缀"交"字，渔业警察缀"渔"字，森林警察缀"林"字，矿业警察缀"矿"字，盐务警察缀"盐"字，税务警察缀"税"字，航空警察缀"空"字，司法警察缀"法"字。但警察教育机关官佐左缀"警"字，右缀"教"字；学员则左缀"警校"或"警所"字，右缀"学员"、"学生"或"学警"字。驻卫警察左缀"驻"字，

---

① 《内政公报》第10卷第7—12期，第176页。
② 《警察服制条例》（1947年11月13日公布施行），《国民政府公报》第2978号。

右缀"卫"字。警官肩章用黑绒布制成，长四寸、宽一寸四分，外端方形、内端圆形，特任警官全金色，缀金星一枚；简任警官镶三分宽金线三道，一、二级缀星四枚，三、四级三枚，五、六级二枚，七、八级一枚；荐任警官镶金线二道，一至三级缀星四枚，四至六级三枚，七至九级二枚，十至十二级一枚；委任警官金线一道，一至四级四星，五至八级三星，九至十二级二星，十三至十六级一星。礼带为皮质，宽二寸，带面以黑缎为地，特任警官全金色，简任警官镶四分宽金线三道，荐任警官镶五分宽金线二道，委任警官镶六分宽金线一道，带头两端置套环式带扣，中镶梅花形图案。大绶用金色线制成，按官阶结有细条：特任四条、简任三条、荐任二条、委任一条，绶右端套于右肩，左端与第一纽扣相连。

警官制服颜色为冬黑夏米黄，炎热省市夏季可用白色，其式样除帽外，与礼服相同。警官制帽帽徽与礼服同，但帽墙略窄，为一寸五分，与帽同色，不分官阶。特任、简任警官帽袢用金色线制成，荐任、委任警官用黑皮帽袢，左右均缀金色纽扣各一枚。帽檐四季均为黑色，亦无任别之分。警官外套用毛或棉织品制，黑面黑里，衣领翻扣两用，衣长过膝，距地一尺，双排纽扣，每排五个，其直径一寸，两只口袋斜开两侧，腰背镶带，后开叉。上佩肩章。警官皮鞋与制服同色，随季节变化。

警长警士制服仍用两种制帽，平时用委任警官式大沿帽，执勤时用钢皮制盔式帽。上衣与警官相似，但背后不开叉，用银色铜扣，佩领章与臂章。领章左缀警察机关或警种名称，右缀警长警士号码。臂章用棉织品制，上平下圆，黑底，内镶边长一寸六分、宽三分的人字形白线，一等警长三道，下缀直径三分的银星三枚，二等警长二线二星，三等警长一线一星，一等警士线三道，二等警士线二道，三等警士线一道。每线间隔为二分。警长警士制裤为西装马裤，除保安警察外，一律取消裹腿。皮鞋四季均为黑色。腰带亦为黑色，警长宽一寸八分，警士宽一寸六分，两端银色圆铜扣上铸梅花形花纹。冬季外套用棉或毛织品制，式样与警官同，佩领章、臂章及腰带。警校受训学员用警长警士制服，委任警官帽，佩专用领章。

警官夏季制服为翻领短袖上衣，上、下衣袋各二个，均镶假袋盖，各缀金色梅花纽扣一枚，前襟扣三枚，腰镶假腰带。下装及帽与制服相同。便服不用肩章，只佩领章和胸章，胸章为肩章内容的缩小，由长一寸五分、宽六分的金属制成，缀于左上衣袋盖边，与袋盖齐。皮鞋同服色。

警长警士夏季便服与警官不同之处在于：只有两只上衣袋，纽扣为银色，前襟扣五枚，下摆前短后长、扎于裤带内；不用领章，只用黑底白字的金属胸章，其尺寸与警官同，内缀机关简称及长警号码；下装为马裤；皮鞋四季均为黑色。

女警服装均用船形帽，颜色、质料与衣同。春夏秋三季制服上衣为翻领长袖夹克式衬衫，两只上衣袋，下摆平整、两侧有带及小铜环供收紧之用；下装及冬季制服与警官相同。制服附件与同级别警官或警长警士的便服相同。

第二节 警长警士服务规程

服务规程是对警务人员服务范围及勤务制度与纪律的基本要求，但主要侧重于警长和警士，除了统一适用全国的警长警士服务规程外，在不同时期，各地警察机关及各警种都曾根据工作性质制定过相应的服务规程或规则，其对警长警士总的要求主要有：

警长警士执行职务时必须接受本管官长的监督指挥，除有救护、逮捕、制止犯罪必要，非奉官长命令或持有票据不得入人家宅，行使职权必须态度和气、不得粗暴野蛮。警长警士如遇案件涉及自己管区之外，或在他管区内发现时，应立即通知该管区警士或官长，在两管区交界处发现案件时应协商办理，不得故意争执或互相推卸扯皮。警长警士执勤时如遇穿着制服的官长应当敬礼，除便衣警外，警长警士执勤时应穿制服并携带佩刀或警棍、警笛、笔记本和铅笔及其他应用物品，并可奉官长命令携带枪支，但非万不得已时，不得轻易使用警械。警长警士服务时应服装整齐、姿势端正，不得吸烟、饮酒、吃零食、看书报、与人闲谈嬉笑。警长警士必须遵守工作时间，忠于职守，不得怠惰傲慢或借故招摇，非执勤时间遇有特殊情况或有临时命令时，应立即赶赴现场尽力处置。警长警士应严守工作秘密，对官长应如实汇报工作，警长警士对执行职务的行为不得受人报酬或嘱托。警长警士遇有盗贼或其他应行逮捕的人犯众寡不敌时，应立即鸣警笛求助，以求必获；捕获人犯时，应将其手中及身上重要物件先行搜出送交局所登记。警长警士应熟悉管区内道路、桥梁、市街村落及衙署学校等一切公共场所，应详察民众对新颁一切政令是否了解，并随时报告官长。

此外，警长还应秉承本管官长之命督率所属警士执行职务；在管区内经常巡视察看，巡视中遇有该由警士办理的案件时，应斟酌缓急，或亲自办理，或告知警士办理。警长应将管区内关于警务改善事宜随时查报，将管区内警务情况及警士所记事件逐日填载于厅局颁发的日记表内报告本管官长，有紧急案件时须当时报告；警长应随时考察所属警士服务勤惰及服装器械是否整洁，遇有不合规定的，应该纠正，如不服纠正则由官长核办。警长对新颁政令应向所属警士详细说明，勿使稍有误解。

  警士执外勤时，守望警士不得依墙靠壁或无故擅离岗位三十步以外；遇紧急情况须远离时应托其他守望警或巡逻警暂为照料，因岗位重要不能离开时应立即通知其他守望警或巡逻警办理；交班时间已到而无人接班时不得径自休息。巡逻警士每日应依所定路线巡逻，不得无故出巡逻区外或减少巡行。应经常注意管区内居民品行、有无职业及经济状况并详记在勤务簿内，对有前科者、素行不正者、乍贫暴富或收入不多而浪费无度者、一户内有多数外人杂居者及旅馆、工厂、学校等公共场所应随时加意观察、防范，遇有迁入、迁出者应立即查明报告；对人群集中场所应时常巡视，防止混乱。守望及巡逻警士应互相联络以便协助；应将每日所见及所办事务分别登记在日记表上，由警长盖章后上报查核，但有紧急情况须当时报告；遇可疑之人、之处、之物应详密盘诘，如属不法，应立即拘捕究办，但认为事关重大时，应先报知官长核办；遇演讲、散发张贴"反动言论"者应拘送警署究办。守望及巡逻警士不得无故妨碍行人或营业；遇人问路或其他事时，若非职务上所应拒绝的，应恳切告知；遇有人因危难请求救护，一经闻见，不论何时必须尽力设法救护；发现道路、桥梁、水道、电线、煤气管道及其他公用建筑物破坏、堵塞或有此可能时，应立即报修；遇醉酒、疯癫之人及幼儿迷路，应妥为照管并尽快设法送回其住所；遇遗失物或畜，应交还失主，失主不明时，报警长处置。守望及巡逻警士应随时检查出售的食品有无腐败或掺杂使假；夜间发现有人家门户未锁者，应立即告知户主，发现火灾时应立即鸣警笛，尽力熄灭，并防止混乱及乘机盗窃；对外国官吏或国民党员宣传"党义"者应特别注意保护；对违警及犯罪案件应随时设法预防，发生后应根据情形逮捕送究办或报告官长核办。

  内勤警士应秉承官长之命管理文书收发、簿册登记整理及其他一切特派事务，除因公外，不得擅离职守，工作结束时应将经过报告官长查核。[①]

[①] 《警长警士服务规程》(1930年3月4日内政部公布)，《内政公报》第3卷第3期。

第二十五章

警务人员的教育训练

国民党政权为了不断巩固和加强反共反人民的法西斯专政，维护独裁专制的统治秩序和社会治安，在极力扩充警察机构和扩大警察队伍的同时，也相应地强化对各类警务人员的教育训练，力图把这支庞大的警察队伍培植成忠实地为蒋介石法西斯独裁统治服务的重要工具。因此，国民党政府在中央和地方，分别设置了专门培训各级警察官吏和中坚骨干的不同层次的警察教育机关，实行了警官高等学校、警官学校、警士教练所三级制的警察教育和训练。

第一节 高级警政人员的培训

所谓对高级警政人员的培训，是指由当时全国警察教育的唯一最高学府——警官高等学校为造就高级警政人才而实施的专门培训。

国民党政府的警官高等学校是以北洋政府的警官高等学校为基础建立起来的，由内政部直接管辖。1928年6月，内政部刚一接管北洋政府的北平警官高等学校，就立即责成当时的代理校长王扬滨进行"整顿"，并于当月27日训令该校认真改革"十一事"①。"十一事"的主要内容是："一、要人人具有革新精神，革除萎靡习气；二、要修养身心，涵养忠、孝、礼、义好道德；三、个人要痛戒奢侈、烟、酒、嫖、赌等恶习；四、要注重纪律；五、要纪念国耻，力图自强；六、要一律着国货制服，禁着长衫；七、要受军事训练，并演习国技；八、要加授三民主义、建国大纲、建国方略；九、要考察研究我国警政腐败的原因，及筹议改良整顿的方法；十、中国'匪患'不清，为警界人士之奇耻大辱，要人人具肃清中国'匪患'之大愿力；十一、捍卫危难为警察之重要职责，要人人有守正不阿、不屈不挠之真精

---

① 《国民政府内政部训令第449号》，《内政公报》第1卷第3期。

神。"该训令强调所谓"现值革命时期，警察人才关系重要。该校为养成高等警官之所，尤应适合革命潮流，为全国倡"。要求全校上下，"一体遵照，努力改进"，并"将遵办情形具复查考"。接着，又于1929年1月为"监督便利就近指挥起见"，呈准行政院将该校移设南京。只因"起于内外的矛盾"，几经拖延，直至1934年3月才把该校由北京迁往南京。1936年8月，又将警官高等学校与浙江省警官学校合并，改名为中央警官学校，校长人选也随之升格，由蒋介石亲自出马兼任。抗日战争时期，中央警官学校由南京迁往重庆。调整该校活动的《警官高等学校章程》是1929年3月30日经国民党政府核准公布的，至1946年的十七年间，先后修订了六次（1929年、1932年、1935年、1936年、1938年、1946年），起初称为"章程"，后又改为"规程"，最后升为"条例"。该校警官培训制度的基本要点及其主要内容是：

一　宗旨

警官高等学校（中央警官学校）作为全国警察的最高教育机关，其办校宗旨在该校的前后六次校章中，都有明文规定，但表述方式有所不同。1929年规定警官高等学校"以造就高级警察官吏为宗旨"[①]，而没有涉及教授或研究警察学术问题。1932年对上述宗旨进行修正，不仅增加了"教授高深警察学术"的内容，而且将其中的"高级警察官吏"一词改为"高等警政人才"，即"以教授高深警察学术，养成高等警政人才为宗旨"[②]。1936年学校变换名称，校章也随之改名。1938年该校校章又改"规程"为"条例"。两者对宗旨的规定基本相同，其培养目标均为"造就全国警官人才"，但对培训内容，前者规定为"研究高深及实用警察学术"[③]，后者则称为"研究警察专门学术"。[④] 1946年对办校宗旨又增加了"掌管全国警官教育"[⑤] 的新内容。

可见，历次校章对于警官高等学校的办校宗旨虽然在文字表述上并非始终如一，甚至对宗旨的内涵以及对培养目标的要求上，也并不完全一致，但

---

① 《警官高等学校章程》（1929年3月30日）。《国民政府公报》，第131号。
② 《修正警官高等学校规程》（1932年5月24日）。《内政公报》第5卷第22期。
③ 《中央警官学校组织规程》（1936年8月25日）。《内政公报》第9卷第8期。
④ 《中央警官学校组织条例》（1938年11月16日）。《国民政府公报》，渝字第102号。
⑤ 《中央警官学校组织条例》（1946年3月14日）。《国民政府公报》，渝字第1008号。

其主要内容,不外乎教授或研究高深的警察学术或专门的警察学术,造就高级警政人才或全国警官人才。用当时内政部警政司司长李松风的话说,就是"应负造成此项警察官吏之重任","实为警高唯一之使命";"警高"作为"警察之大本营","自应以从事于高深学术之研究为第一要义"。①

为了实施警官高等学校的宗旨,该校确定的教育方针是:"一、精神上——以党政化、军事化、纪律化之主义,振起严整法治之精神,实践忠、信、仁、勇之道德。二、学术上——就高等警察人才必要之学科、术科,依融会贯通身体力行之旨趣,以增进其因时制宜、因地制宜之智识与能力。"②一言以蔽之,就是加强封建法西斯教育,养成镇压人民的技能。

二 学制及学科

国民党政府接管警官高等学校后,于1929年将其学制定为三年,不分本科与专科。该校开设的学科课目共有四十多门,如"党义"、警察学、警宪法令、勤务要则、国际警察、行政警察、交通警察、卫生警察、消防警察、司法警察、建筑学、电气学、违警罚法、指纹学、侦探学、警犬学、法医学、法学通论、比较宪法、行政法、刑法、民法概论、商法概论、国际法、法院编制法、诉讼法、监狱学、政治学、社会学、村政、市政学、户籍法、自治学、统计学、公牍、簿记学、外国文、军事学以及兵操、战术、武术、马术、体育等。

从1931年2月起,该校学科课目分为必修和选修两种。必修课目主要包括四类:第一,"党义";第二,警察学类:警察学、警察法学、行政警察学、卫生警察学、刑事警察学、国际警察学、中外警察制度沿革、警察心理学、警察统计学;第三,政治法律学类:政治学概论、行政学概论、经济学概论、法制学概论、民法、民事诉讼法、刑法、刑事诉讼法、刑罚法、犯罪学、社会问题要论;第四,武装警察学类:武装警察学、武装操练、体育。选修课目主要包括五类:第一,行政学类:中外政治史概要、外交史概要、国际法概要、电气学概要、消防学;第二,卫生警察学类:传染病预防学、药物学或细菌学;第三,刑事警察学类:法医学或鉴识学、个人识别学或警犬学、侦探学大意;第四,外国语文类:英国语文、法国语文、德国语文、日本语文;第五,武装警察学类:马术、拳术、警械使用术。

---

① 李松风:《警高之使命》,《警高月刊》创刊号(1934年7月),第12—13页。
② 《警官高等学校教育纲领》,《现代警察》第1卷第2期(1933年10月),第141页。

1935年11月，对警官高等学校的学制和学科设置进行了较大的改革。第一，原定学制三年改为三至四年。第二，前二年的课程与警官学校相同，自第三学年起，分系授课，共分为保安警察系、刑事警察系、外事警察系、交通警察系、卫生警察系、指纹系、侦探系、消防系、防空警察系、警犬系、警察应用理化系、水上警察系、乡村警察系、警察教育系等十四个系。同时，对各系应授的课程，按各系的不同要求，分门别类地作了详细规定。第三，根据需要，该校设置现任警官讲习所，其讲习期限、科目、课程等，视其性质而定。第四，在该校附设普通班，为不能自设警官学校的省市造就警察官吏，其入学资格、修业期限以及科目、课程等，均与警官学校相同；附设警官补习班，为不能自设警官补习班的省市，施行警官补习教育，其补习期限及科目、课程等，均适用警官补习班的规定。[①] 不过，这种做法只实施了九个月，1936年8月就被宣布废止。

1936年8月，该校改名为中央警官学校后，开始分设本科班与特科班。特科班又分设高级班、临时讲习班和速成班。各班的学制不同：本科学生班二年，必要时可延长；特科的高级班六个月至一年，临时讲习班由该校临时呈请内政部核定；速成班一年，必要时可延长。各班所授课程，由该校根据需要于开学前拟定，并呈请内政部核定施行。

1938年中央警官学校的本科学制仍为二年，但又稍有变通，规定必要时可由该校呈请内政部核定增减；特科各班的学制弹性更大，只规定由该校呈请内政部核定。

1946年3月，该校又改设正科、专修科、补修科三种。正科学制三年，必要时，可呈准内政部缩短。专修科可按其性质，设置各种警察讲习班，并分别呈经内政部核准修业期限。补修科分设甲乙两班，甲班修业期六个月，必要时，可呈准内政部延长；乙班修业期一年。此外，该校还可设置警政高等研究班，研究期限三至六个月。

三 招生制度

警官高等学校每年招生一次，其名额由校长呈请内政部核定。为了辅助校务行政实施招生计划，该校设有专门的招生委员会。

至于考生资格，历次校章的规定不尽相同，要求的必备条件也有变化。

[①] 《警官补习班规程》（1935年11月25日）。《修正警官补习班规程》（1936年9月15日）。《内政公报》第8卷，第21期。《警察月刊》第4卷，第10期（1936年10月），第2—4页。

第一，关于入学年龄的限定。1929年至1935年11月前，投考或入学年龄一直限于二十岁以上、三十岁以下。而1935年11月则只有上限三十岁而无下限年龄的规定。此后的历次校章，均未涉及年龄的限定问题。

第二，关于入学考试。1929年的规定没有涉及入学考试合格与否的问题。但从1932年起，历次校章均规定"经考试合格者"为入学条件之一。

第三，关于考生的体质与品行。除了1935年规定"体质强健、身长五尺二寸以上"，和1936年规定"品行端正、身体强健、绝无嗜好"外，其余历次校章均未涉及这类问题。

第四，关于考生入学的学历资格，前后的规定有比较明显的变化，大体上可分为三个阶段：

1936年8月以前，由于没有本科、非本科的划分，对入学者学历资格方面的要求，比较单一化。比如，1929年规定应考学员必须是具备下列各项资格之一者：法政学校一年半以上毕业或警察学校一年以上毕业；高级中学毕业或大学预科毕业；陆军军官学校毕业或陆军中学毕业。[①] 1932年对学历条件作了局部修正，招生对象略为扩大，应考学员必须是具备下列各项资格之一者：警官学校毕业或与警官学校同等之学校一年半以上毕业；公立或已立案之私立法政学校毕业；公立或已立案之私立高级中学或大学预科毕业；陆军军官学校毕业。[②] 而1935年又将考生的入学资格再次修改为：公立或已立案之私立高级中学毕业；受毕警长教育；受毕警士教育、继续服务三年以上、成绩优良、经主管机关遴选保送。

1936年8月起，该校分设了本科与特科，入学资格也随之复杂化了。比如，1936年规定，该校考选员生，须符合下列各种规定之一：第一，本科学生班——公立或已立案之高级中学毕业者；各地警长、警士继续服务三年以上，而有中学程度，经各地原属主管机关初试选送者。第二，特科高级班——现任巡官以上之警官，系警官学校、军官学校或法政专门学校毕业，并在警界继续服务二年以上，或警官高等学校正科三年毕业实习期满而有成绩，经地方最高行政机关选送者。第三，特科临时讲习班——由该校临时呈请内政部确定。第四，特科速成班——招收大学毕业生或军官学校毕业生。对上述要求，1938年又作了一些修改，规定本科学生入学资格如下：高级中学毕业，经中学考试及格者；或者是警长继续服务二年以上，警士继续服

[①] 《警官高等学校章程》（1929年3月30日）。
[②] 《修正警官高等学校规程》（1932年5月24日）。

务四年以上，具有中学程度，由各地主管机关初试选送，经复试及格者。特科分设高级班、临时讲习班及训练班，其学员入学资格，由该校拟呈内政部核定。这与前者相比，有两点明显差别：一是对初试选送者，增加了须"经复试及格"的限制；二是对特科各班入学资格的决定权，完全由内政部控制。

1946年中央警官学校改设正科、专修科、补修科。正科的入学资格为：高级中学以上毕业，经入学考试及格者；与高级中学同等之师范或职业学校毕业，经入学考试及格者；各省市警察局警长，服务二年以上，而且具有高级中学同等学历，经入学考试及格者。专修科的入学资格为：国内外警官学校一年以上毕业者；曾任委任以上各种警察职务三年以上，著有成绩者。补修科设甲、乙两班，该科学员的入学，分招考和保送两种。甲班学员入学资格为：曾在教育部认可的国内外大学法学系、政治学系或法律、政治专科学校毕业者；国内外警官学校一年以上毕业，现任或曾任高级委任警官，著有成绩，经铨叙合格者；军官学校一年以上毕业，现任保安警察大队长，著有成绩者。乙班学员入学资格为：现任或曾任委任警官二年以上，并具有高级中学程度者；内政部警官登记合格者；现任保安警察中队长，并曾受军官教育一年以上毕业者；军官学校一年以上毕业，转任警官者。此外，该校还设置警政高等研究班，研究期三至六个月，其入学资格为：现任高级荐任以上之警官，服务成绩优良，经检复及格者；现任各省警务处长、副处长，保安处长、副处长，保安警察总队长，经检复及格者。

同一般地方学校相比，警官高等学校的学员享受优厚的物质生活待遇。1929年确定，该校不收学费，但制服、书籍、膳宿、杂费等，一概由学员自理。1935年则改为，学生修业期间，膳宿服装等费，得由学校供应。从1936年起，对于学员的待遇，分为保送与招考两种不同情况，区别对待。凡抽调或保送之现任警官，在修业期间，一律保留原缺，仍支原薪，除讲义、膳宿得由学校供给外，其余服装、杂费等，均由学员自备。凡通过直接考取的学生，在修业期间，所需讲义、膳宿等各种费用，则由学校供给。

此外，为了鼓励学生勤学起见，该校从1935年开始实行奖学金制度。为此，1935年8月3日公布了《内政部警官高等学校奖学金办法》，规定对每学期考试，各班成绩名列前十二名的学生，分别支给奖学金。凡考列第一名的奖给五十元，第二名至第五名依次递减五元，第六名奖给二十八元，第七名至第十二名依次递减一元。

四 考试制度

从1929年起,警官高等学校设有专门的考试委员会,辅助校务行政实施各项考试事宜。当时确定,除入学考试外,有学期考试和毕业考试两种,考试成绩以平均满六十分以上为及格。1932年在上述的入学考试、学期考试和毕业考试三种之外,又增加了一种甄别考试,于学员入学三个月后举行。凡经甄别考试不及格者,由校长开除其学籍,并呈报内政部备核。

在四种考试中,毕业考试更受重视,不仅要由内政部直接委派校内教授、讲师及校外有关学者组成专门的毕业考试委员会来举行,而且还要由该校呈请内政部派员亲临监试。《内政部警官高等学校毕业考试委员会章程》对毕业考试委员会的组成人选与职责范围、会议的召集、决议的公布,以及考期的安排、考题的保密、考场的监督、善后事宜的处理等,分别作出了具体规定。[①] 此外,该校学员还必须于毕业考试前提交毕业论文,并将其经评定所得成绩,与学期考试成绩、毕业考试成绩合并计算,作为毕业成绩。

五 实习制度

1929年规定,该校学员于毕业期限前,应轮流派赴首都所在地之公安局,实习勤务一个月至两个月。1932年改为"毕业前轮流派赴所在地警察机关见习参观"。为此,于1933年7月和11月,又先后公布了《内政部警官高等学校毕业学员分发实习章程》[②]和《警官高等学校毕业学员分发实习纲要》,[③] 对分发实习的程序、期限、内容、要求、考评以及实习津贴等事宜,作出了具体规定。警官高等学校每期毕业学员要在毕业后一个月内填写分发志愿书,连同成绩册,一并经学校报内政部复核,由内政部拟定名单,呈请行政院转呈国民政府核准。呈准后,由内政部分发凭照,通知学校和各分发机关。分发学员要在领到分发凭照后的三个月内前往被分发机关报到。不按期报到者,如无特殊原因,将被注销凭照。分发学员实习期内六个月,依照警士、警长、巡官、行政科员、司法科员、科长等职务的程序次第分别实习。实习各项职务时,要服从被分发机关长官的命令,受各该主管长官的指导。分发学员在实习期间,由被分发机关每月发给津贴三十至六十元。分

[①] 《警高月刊》创刊号(1934年7月),第147—149页。
[②] 《现代警察》第1卷,第2期(1933年10月),第175—177页。
[③] 《内政公报》第6卷,第46期。

发学员实习期满后，要将实习心得和所在地的警务状况拟成报告书，由主管长官出具评语，连同成绩清册，一并呈报内政部备查，由被分发机关遇缺依法任用。

为了进一步强化警察教育，培养致力于研究和"改良"国民党警政建设、忠实为蒋介石反动统治效力的高级警政人才和中坚骨干，国民党政府十分重视学习和借鉴外国警官（警察）学校培训高级警政人才、赖以维护统治秩序和社会治安的经验，在财政经费十分困难的情况下，仍不断分期分批保送警官高等学校毕业学员和非警官学校学员以及在职警官，到日本、法国、奥地利等国家的警官（警察）学校进行学习和训练。保送出国留学的办法有三种。一是公费保送。凡由主管警政的最高机关——内政部保送，并由国家负担留学生在留学期间的全部费用，经报考国外警官（警察）学校成绩合格而被录取的留学生，均属于公费保送。例如，1930年5月，国民政府内政部一次就保送警官高等学校毕业学生十五名，报考了日本内务省所设的警官讲习所，以资深造。1934年10月，军政部又经内政部保送警察学员四人，报考到奥地利警察学校进行学习。二是自费保送。凡由内政部保送，学生自费经外国警官（警察）学校考试合格而被录取的留学生，均属于自费保送。例如，1934年10月，内政部保送自费学生一人，报考到法国国立警官学校学习。三是自费公助。自费留学生在国外学习期间，因自费难以维持学业，而向内政部提出公费补助的申请，得到内政部的批准，给予公费补助的办法。例如，1930年5月，内政部曾批准在日本东京警视厅警察练习所学习的一名自费留学生给予公费资助。

总之，国民党政府通过设置警官高等学校和保送出国留学，在培训高级警政人才、以使他们具有致力于镇压人民、维护其法西斯独裁统治的技能方面，做了大量的工作。

第二节 初级警察官吏的教育

所谓初级警察官吏的培训，是指由当时的中等警察教育机构，即分别设在各省市政府所在地、直辖于省民政厅的警官学校，为造就初级警察官吏而实施的专门培训。

1928年6月，国民党政府为了贯彻所谓的普及全国警察教育的方针，制订了警察教育系统计划，并于1929年3月公布了《警官学校章程》。当时，先后遵章设立警官学校的计有浙江、江西、江苏、陕西、云南、湖南、湖北、山西、山东、吉林、黑龙江、热河、辽宁、广东等省。九一八事变后，江苏、江西、陕西、山西等省，因财政困难先后自行停办。当时没有遵章设立警官学校的有河南、河北、广西、四川、福建、新疆、安徽、贵州、西康、青海、宁夏、甘肃、绥远、察哈尔等省。其中，河北、青海两省虽各设有警官训练班，福建省设有警官养成所，四川省设有警官训练所，但均系抽调现任警官培训，并非正式警官学校。为了改变这种状况，1932年12月召开的第二次全国内政会议，曾就警官学校的设立问题议决如下：第一，已成立者，积极办理，不得借口停办；第二，已停办者，应即恢复；第三，未设立者，应即筹备设立，惟边远省份可以缓设。会后，内政部还行文各省市政府，要求遵照该决议，立即实行。但从总体来看，积极响应者不多，立即照办者更少。因此，有人曾预言："就目前情形观之，当此天灾人祸内忧外患频仍之今日各省民生凋敝，财政极端困难，警官学校不特未设者难望其成立，即已停办者，亦难望其恢复，若夫业经设立之各省，是否不再藉口停办，尚属可疑之事，是则第二次全国内政会议皇皇决议实行之无期，深可以断言者也。"[1] 不久又有人指出："警察教育法令，早经中央颁布施行，惟各省遵章举办者有之，而迄未奉行者有之，并虽然举办，而擅自改称校名，变更修业年限者亦有之。"实际做法参差不一、异常混乱。至于办学成绩，更是不堪言状。"考诸各省警校，除有一、二省成绩较佳者外，其余类多敷衍从事，衰败不堪，学生未曾毕业，已深染腐化贪污之根性。甚至有以警校为营利之场，造势之门，不委专人负责办理，闭户造车，随意更张，不惟有违功令，且又影响警政。"[2] 初级警察官吏培训制度的基本要点及其主要内容是：

一 宗旨

1929年3月公布的《警官学校章程》规定，该校"以教授警察必要学科养成初级警察官吏为宗旨"。[3] 1932年将其改为"以教授警察应用学科造就初级警察官吏为宗旨"[4]。虽然后者把前者中的"必要学科"改为"应用

---

[1] 刘垚：《中国警政之回顾及其前途》，《现代警察》第1卷，第2期（1933年10月），第41页。

[2] 李峰：《改革中国警政方案》，《现代警察》第1卷，第4期（1934年4月），第20页。

[3] 《警官学校章程》（1929年3月30日），《国民政府公报》第131号。

[4] 《修正警官学校章程》（1932年5月24日），《内政公报》第5卷，第22期。

学科"、"养成"改为"造就",实质并无不同,即警官学校作为中等警察教育机构,是要通过讲授必要的实用的学科,以培养初级警察官吏。

各省在确定其警官学校的宗旨时,与内政部颁布的《警官学校章程》的提法大同小异。浙江省警官学校"以教授警察实际应用学科养成警官人才为宗旨"①。而河北省警官学校则"以教授警察实用学科造就完全警察人才为宗旨"②。

二 学制

1929年规定警官学校的学制为二年,其所以定制二年,是因为"该校以专事研求警察学科,培养初级警官为宗旨,毕业后循序渐进考警官高等学校,修业期限即比高级中学略为缩短,其警察学识或可期望较优,如必责以三年,与普通之高级中校等量而齐观,似欠公允,前呈教育大纲规定为一年半,亦未免过短"③。此后一直沿用不改。当时各省的警官学校,学科设置并不统一。有的除二年制的正科外,还设有速成科或简易科;至于各种"训练班",更是名目繁多,它们的学制则长短不一。比如,江苏省警官学校的速成科学制是一年半,水陆公安人员训练班学制是六个月,警官训练班学制是三个月,浙江和黑龙江两省警官学校的速成科学制是一年;云南省警官学校的简易科学制是一年;山西省警官学校时第一类训练班学制是六个月,第二类训练班学制是一年,补习班学制是六个月。热河省警官学校的训练班学制是六个月。此外,有些省未设警官学校,而设立"传习所"、"训练所"或"养成阶",其各自的学制也有差异。如辽宁、黑龙江、安徽三省的警察传习所学制是一年;绥远全区地方警官传习所学制是一年半;河北省警官训练所学制是一年;青海省警官训练所学制是六个月;福州市公安局警官养成所学制是一年。

三 课程

1929年规定,警官学校开设的课程,计有"党义"、警察学、警察法令、勤务要则、国际警察、行政警察、交通警察、卫生警察、消防警察、司

---

① 《浙江省警官学校章程》(1928年4月)。浙江省民政厅编:《警察法规汇编正编》,第27—28页。
② 《河北省警官学校章程》。《警务旬报》1934年10月11日,法规类,第1—6页。
③ 《警官学校章程》(1929年3月30日),《国民政府公报》,第131号。

法警察、违警罚法、指纹学、侦探学、法学通论、比较宪法、行政法、刑法、民商法概论、法院编制法、诉讼法、社会学、村政、市政学、自治学、户籍法、公牍、外国语、军事学、兵操、武术、马术等三十一门。同时还规定，这些"学科之分配，由教务主任商承校长定之。但认为有必要时得酌量增减"，并须"呈由民政厅核转内政部及省政府备案"。① 1932年取消了其中的13门课程，把下列18门列为"必修课目"："党义"、警察学概论、行政警察概要、警察法令纲要、违警罚法、勤务要则、外事警察、消防警察、侦探学、法学通论、刑法概要、行政法概要、地方自治法规、户籍调查法、军事学、操练、武术、马术。同时规定："警官学校学科，必要时得由教务主任商承校长于必修课目外，添设选修课目。但须呈民政厅核转内政部备核。"② 1935年对课程设置重新进行了调整，分为三大类。第一类，学科，共有四十二门，其中新增加了"新生活运动纲要"及"新生活须知"、保安警察、防疫实务、刑事警察、各国警察制度、警察记录制度、警察教养、航空警察、防空须知、警察案例、暴动处理、简易测绘、无线电学、摄影学、警察应用文等课程；第二类，术科，包括：军事训练（计有十三项）、警察应用技能（计有九项）、体育（计有八项）；第三类，实习参观。实际上，各省警官学校在课程设置上，并未完全遵照上述规定办理。大体上有两种情况：

一是增加了一些课程，但不划分必修与选修。如河北省警官学校增加了司法警察、河北省警察单行章程、民法概要、民刑诉讼法概要、实用指纹学、公牍、国际法、社会学等八门课程，无选修课的设置。

二是在教学实践中，实际讲授的课程与校章上的规定并不完全相同。如《浙江省警官学校章程》明文规定，正科所授课程为二十五门，但实际上分为法政、警政、军事三大类，共开设了四十二门课程。

四　招生制度

警官学校设有专门的招生委员会，辅助校务行政，办理招考学生事宜。考生资格限于年龄和学历两项。1929年规定，凡年龄十八岁以上二十六岁以下，具有下列学历之一者，均可入考：初级中学或旧制中学毕业者；与中学地位相等之学校毕业者。1932年则修改为，须年在十八岁以上二十六岁

---

① 《警官学校章程》（1929年3月30日）。
② 《修正警官学校章程》（1932年5月24日）。

以下，曾毕业于公立或已立案之私立中学或同等之学校，经考试及格者。1935年又再次修改为，年在三十岁以下，曾毕业于公立或已立案之私立高级中学，或受毕警长教育，或受毕警士教育，继续服务三年以上，成绩优良，由主管机关遴选保送，经考试及格者。

实际上，各省警官学校在招生时并未完全执行上述规定。如浙江省警官学校规定，凡年在二十岁以上三十岁以下，品行纯正，体格强壮，具有下列资格之一者，可以参加该校入学考试：法政学校或警察学校一年以上毕业者；陆军学校一年以上毕业者；初中毕业或同等学历者。而河北省警官学校则规定，学生入学必须符合下列条件：年在十八岁以上二十六岁以下，在中等以上学校毕业或具有同等学历，身长在五尺二寸以上，体质强健，素无宿疾嗜好、品貌端正、语言明了者。

五　学生待遇

1929年规定警官学校不收学费，其制服、书籍、膳宿、杂费等，概归学生自行负担。到了1935年，对学生的待遇规定得更加具体：第一，修业期间，学生之膳宿、服装、讲义等费，由学校供给；如学校经费不足，得变通办理，但不得征收学费。第二，警长、警士在修业期间，保留原职，并在原服务机关支领原饷。

但各省的警官学校章程，对于学生待遇问题的规定，却不很一致。比如，浙江省警官学校所需经费由省政府按月给发，免收学费，但该校学生每学期应交讲义费六元、膳食费三十六元、制服费二十元。河北省警官学校没有明确规定不收学费，只是笼统规定该校经费除由省库支给外，其应需服装、讲义及在校食宿等项，均由学生自己负担。

六　考试制度

警官学校的考试，除入学考试外，分为平时考试、学期考试和毕业考试三种，设考试委员会办理各项考试事宜。对于如何进行考试，也有明确规定。但实际上，各省警官学校所实行的考试制度并不统一。比如，浙江省警官学校对学生的考试，每年分为两个学期，每个学期举行一次。考试成绩分甲乙丙三等，平均分数满六十分为丙等，七十分以上为乙等，八十分以上为甲等。不满六十分为不及格。每学期各科考试的平均分数与品行分数之平均，即为每个学期总平均分数，每学期总平均分数相加之平均，即为毕业分数。比较起来，河北省警官学校的考试制度就显得更加规范化。该校的平时考试于每月终了或一门课程讲授终了举行，学期考试于每一学期终了举行，毕业考试于修业期满由校长定期呈请民政厅派员监视举行。考试成绩均以满六十分为及格。

七　实习制度

警官学校的学生于毕业前应轮流派赴省会所在地之公安局，实习勤务一个月。有的省还专门制定了具体的实习规则。如浙江省民政厅于1932年9月公布了该省《警官学校第二期正科毕业生实习规则》，对实习期限、实习内容、分发实习机关的职责，以及对实习人员的要求、实习成绩的考核和生活津贴等，都作了比较详细的规定。

第三节　长警的培训

所谓长警的培训，是指由当时的初级警察教育机构——警士教练所，为教练警长和警士人才，而实施的专门培训。

警士教练所是国民党政府实施所谓三级制（警官高等学校、警官学校、警士教练所）警察教育的基础环节。据统计，自1929年3月《警士教练所章程》公布实施起，至1932年12月止，计有江苏、福建、山西、陕西、绥远、宁夏、青海、河北、安徽、甘肃、云南、热河、湖北、浙江、辽宁、吉林、山东、江西、贵州、广东、广西、南京、北平、青岛、威海卫、汉口等二十六个省市，共设立一百九十九个警士教练所。其中已设立而又停办者，计有江苏（1930）、宁夏（1932年4月）、青海（1932年12月）、威海卫（1932年1月）等四省市共四个所。

为了适应警务上的某些特殊需要，有的警士教练所在培训一般学警的同时，还训练专门的特种警察，甚至设立某种专业化的警察教练所。如1932年9月浙江省民政厅颁发了《浙江省警官学校附属警士教练所训练特种警察暂定办法》，[①]对训练户籍、卫生、刑事等"特种警察"的有关事宜，作了具体规定。又如，1934年2月内政部核准了《湖北省水警教练所章程》，[②]对培训有别于陆地的内河水上警察事宜，作了专门规定。

此外，鉴于当时"现役长警大都不学无术，滥竽充数，为补救计"，于

[①] 浙江省民政厅编：《警察法规汇编正编》，第50—51页。
[②] 《内政公报》第7卷，第6期。

1931年"专为长警之未曾受过训练者"设立了"长警补习所"。[①] 按照1931年3月内政部公布的《长警补习所章程》[②] 的规定，它是一种补习教育机构，专门轮训未曾受过警察教育的现役长警。但事实上，遵章设立的只有江苏、山东、河南、湖南、广西、察哈尔、青岛等七个省市。警士教练所长警培训制度的基本要点及其主要内容是：

一　宗旨

警士教练所的办所宗旨，最初并不明确。1929年只规定各省区的警士应依照警士教练所的章程进行教练。1932年虽然对章程作了修正，也只是强调首都应与各省区一样，所有警士均须依照章程进行教练，要求在首都及各省区民政厅所在地"各设教练所一处"，如有必要，可联合数县或十数县选择适中地点"分设警士教练所"。[③] 1935年11月，警士教练所改名为警士训练所，同时公布《警士警长教育规程》，[④] 办所宗旨始得明确。警士教育所要达到的目标是：养成警士必须具备的服务精神与应用技能；警察学术须达到与警长相衔接的程度；普通知识须达到与初级中等教育相当的程度；军事训练须达到新兵教育的程度。警长教育所要达到的目标是：养成警长必须具备的服务精神与应用技能；警察学术须达到与警官教育相衔接的程度；普通知识须达到与高级中等教育相当的程度；军事训练须达到军士教育的程度。此后，虽然警士训练所的章程仍有修正，但上述的教练目标，一直坚持不变。

各省市的警士教练所一般都对其教练的宗旨有所规定。如浙江省警士教练所是"以教练警士实际应用学科改进警务为宗旨"[⑤]。而上海市警士教练所则"以教授警察应用学术养成警察人才为宗旨"[⑥]。

[①] 刘垚：《中国警政之回顾及其前途》，《现代警察》第1卷，第2期（1933年10月），第44页。

[②] 《内政公报》第4卷，第3期。

[③] 《修正警士教练所章程》（1932年5月24日）。《内政公报》第5卷，第22期。

[④] 《内政公报》第8卷，第21期。

[⑤] 《浙江省警士教练所章程》（1928年4月）。《警察法规汇编正编》，浙江省民政厅编，第33页。

[⑥] 《上海市公安局警士教练所章程》（1933年12月）。《警察月刊》第2卷，第2期（1934年2月），第49页。

二 学制

警士教练所的学制一般为六个月,分两个学期进行。

1929 年规定,警士教练所的教练期限,以三个月为一学期,两个学期毕业;如有必要,可适当延长,但不得超过一年。

但从 1935 年起,基层警察教育体制发生了变化,它由警士教育和警长教育组成。警士教育又分为学警教育、警士常年教育、警士特别教育,以警士常年教育为主;警长教育则分为见习警长教育、警长常年教育、警长特别教育,以警长常年教育为主。其中学警教育及警士特别教育、见习警长教育及警长特别教育,均以集中训练为原则;而警士、警长常年教育,则分区集中或分散进行。同时还规定,警士警长教育,已设警士训练所的,由该所统筹办理。与此相适应,对学制也加以分别规定:"学警教育之期限,定为六个月,但经费充裕地方,得酌量延长之。""见习警长教育之期限,定为三个月。""常年教育之期限,警士定为四年,警长定为三年。"至于警士警长特别教育之期限,"由各主管机关规定之"。[1] 1940 年又将警士常年教育的期限由四年改为二年,警长常年教育的期限由三年改为一年。

三 课程

警士教练所开办初期,其所设置的主要教练课程有:"党义"摘要、警察要旨、勤务要则、警察法令、违警罚法、刑法摘要、侦探学摘要、自治法摘要、市政学摘要、村政摘要、户籍法摘要、军事学大意、兵操、武术等。1935 年根据上述关于警士警长教育分层次、按阶段进行的具体分类,相应地对各类教育课程分别加以规定。其中,"学警教育之科目"分为三大类:第一类,学科,共设 25 门课程:"党义"、"新生活运动纲要"及"新生活须知"、法学通论、警察学概论、保安警察、外事警察、交通警察、户籍警察、卫生警察、警察法令、警察一般实务、刑事警察、刑法大意、侦探学大意、行政执行法、违警罚法、防空须知、消防实务、警察案例、暴动处理、警察地理、社会调查、简易测绘、军事学等。第二类,术科,包括军事训练(计十一项)、警察应用技能(计九项)和体育(计七项)三个方面。第三类,实习参观。见习警长教育"以当地警察实务为研究之对象",其课程有:精神讲话;警长的职务及责任;警长对于长官及警士的关系;报告书的

---

[1] 《警士警长教育规程》(1935 年 11 月 25 日)。《内政公报》第 8 卷,第 21 期。

整理及制作方法；警士服务的监督方法；临检及搜查实务；勤务见习。

从首都和某些省市教练所关于教练课程的规定来看，一般门类较少，如浙江和河北各设十二门，上海设十三门。尽管如此，但其主要课程的设置，基本上都是遵照 1929 年 3 月《警士教练所章程》① 所确定的范围，有的也增加了个别带有地方色彩的课程，如浙江增设了"农业警察"，河北增设了"本省警察单行章程"，上海增设了"驾驶术""急救法"，首都南京增设了"国音注音符号""首都地理"和"卫戍勤务摘要"，等等。

四　招生制度

1929 年规定，报考警士教练所应具备的资格是：高级小学毕业或具有同等学历，年在二十岁以上三十岁以下，体力及视听力健全，身长在五尺以上，未受一年以上徒刑之宣告。从 1935 年起，把入所资格分为两个部分。一为录用条件，二为禁止录用条件。凡录用的学警必须年在二十岁以上三十岁以下，高级小学毕业或具有同等学历，体质强健，身长五尺二寸以上，胸围约等于身长之半，仪容端正、言语明晰、视听力锐敏、精神畅旺。同时规定不得录用的考生为：曾受徒刑之宣告者；曾受破产处分债务尚未清偿者；身有暗疾或特殊嗜好者；性情过于暴烈或怯懦者。1940 年把年龄的上限由三十岁改为三十五岁。

从当时南京、浙江、河北、上海等省市警士教练所的规定来看，虽然对入所资格的规定简繁不一，但大体上同上述规定无大区别。只有个别省份作了特别规定，如浙江省把"曾充警察或士兵而无劣迹者"作为学警的入所资格。

五　学警待遇

1929 年《警士教练所章程》规定，该所学警的衣食、书籍等费，统由该所供给；如果中途无故退学，应按实际支付如数赔偿。但各地的实际做法与这一规定并不完全相符，如浙江省警士教练所按月发给每个学警津贴银六元，以作膳食费用。河北省警察教练所则以学警原饷的半数按月缴送教练所，列入预算，作为所内开支，其学警服装、膳宿、书籍、笔墨等项均归所内供给。只有南京和上海的警士教练所，基本上遵照 1929 年的规定办理，即对学警的制服革履及应用书籍，由该所供给，并每月发给津贴十元，伙食费由津贴内扣付。

---

① 《国民政府公报》第 131 号。

六 考试制度

警士教练所除入学考试外，还有学期考试和毕业考试两种。前者于第一学期届满时举行，后者于第二学期届满时举行。上述考试均采用计分法，各科分数平均满六十分以上为及格，但毕业考试的分数须与学期考试的分数平均计算。毕业考生及格者，得补充正警；总平均分数在九十分以上者，得以巡长存记录用；不及格者留所继续学习，再满一学期，考试仍不及格者除名。

当时对各项考试制度规定得比较具体的是南京，它于1932年12月发布了《首都警察厅警士教练所学警入所考试规则》[①]、《首都警察厅警士教练所平时考试规则》[②] 和《首都警察厅警士教练所学警操行成绩考查规则》[③]，1933年12月发布了《修正首都警察厅警士教练所招募学警办法》[④]，1935年4月又发布了《首都警察厅警士教练所招考学警规则》[⑤]，对学警考试和考查的具体做法分别作出了颇为详尽的规定。

七 实习制度

按规定，警士教练所学警于举行毕业考试前，应轮流派赴省会所在地的公安局实习勤务七至十四日；在警士教练所分所训练的学警，应派赴附近公安局实习。实际上，各地并未照此办理，浙江、上海等省市的警士教练所章程，都没有对该所学警应于毕业前参加实习的问题作出明文规定。

应当指出的是，尽管当时全国各省市相当普遍地设立了"教练所""补习所"，发布的"章程""规程"乃至"办法"为数繁多，但是，由于受到政治腐败、人才缺乏、经费困难等各种难以克服的主客观条件的制约，警士教育收效甚微。对此，当时就有人指出："中国警士教育已经破碎不堪了"，如果不解决警士教育的基本条件，"改革警士教育是等于纸上谈兵"[⑥]。事实证明，这种看法不无道理。

---

① 首都警察厅编：《警察法规汇编》（下），第203—204页。
② 同上书，第250—251页。
③ 同上书，第254—257页。
④ 同上书，第207—209页。
⑤ 《内政公报》第8卷，第14期。
⑥ 王允恭：《从改革全国警士教育说到设立首都模范警士教练所》，《现代警察》第1卷，第2期（1933年10月），第86页。

第二十六章

特务组织——中统和军统

国民党特务组织的由来可溯至1926年，当时的国民革命军总司令部机要科已奉蒋介石命令兼负对共产党进行"调查"的任务。[①] 这是国民党对共产党进行特务活动之始。1927年4月18日国民党政权建都南京后，在加强警察机器的同时，即开始大力发展各种特务组织，逐步形成了一个规模庞大、五花八门，渗透到各级党、政、军、警、宪机关及社会团体的全国性特务网。这些特务组织不同于一般的情报机关，它既有秘密特务，又有公开的武装特务，并控制着警察机关，除搜集情报外，还直接进行各种逮捕、绑架、暗杀、破坏等活动，无所不为。特务组织与警察、宪兵互为补充，权限又大于警察和宪兵，成为维护国民党一党独裁统治和巩固蒋介石个人地位的重要工具。

"中统"和"军统"是国民党统治时期两个主要特务系统全盛时的简称，其全称分别为："中国国民党中央执行委员会调查统计局"和"国民政府军事委员会调查统计局"。在不同时期，二者都还曾有过其他的名称。中统和军统特务组织的主要区别在于：中统特务组织是为配合国民党的清党、以调查党内派系起家的，对政治党派斗争及文教界方面的情况较为熟悉，侧重于党派、政治、经济方面的特务活动，在对共产党和民主党派的情报工作方面居于全国各特务系统的首位；军统特务组织则多是军校出身，对搜集军事情报、监视军队及排除异己，从事暗杀、绑架等类活动较为拿手，因此侧重于军事、特务武装和行动，在抗战期间并以搜集日伪情报而见长。中统特务组织除1937年至1938年并入国民政府军事委员会系统的时期外，均采用文职机关编制，按行政人员待遇叙等、晋级、给俸，纪律也较为松散；军统特务组织则先后隶属国民政府军事委员会及国防部，实行军事编制和待遇，其人员各有相应的军衔，并有严厉的特务纪律。在组织规模及能量上，军统大于中统，成为全国最大的特务组织。

[①] 廖与人：《中华民国现行司法制度》，（台湾）黎明文化事业出版公司1982年1月版，第373页。

第一节　中统的组织体系与活动

中统是由国民党中央执行委员会组织部下属的"党务调查科"逐渐改变性质，演变而成的国民党特务组织。党务调查科在国、共两党分裂前的广州国民政府时期就已设立，但职能仅限于对国民党党员的动态、成分、经历等党内资料的收集与统计。南京国民党政权建立后，为配合蒋介石的清党、检举、迫害国民党内同情共产党的人士及共产党人，排除异己，党务调查科增加了调查党员思想及派系隶属等职能，开始向特务工作转化。陈立夫、徐恩曾、叶秀峰等人接任科长后，党务调查科被进一步发展成一个严密的特务机构，其"调查"范围也不再限于国民党党内。[①] 1933年，这个特务机构在南京瞻园路132号（道署街徐王府）增设机关，建立起特务组织的大本营。1935年12月，国民党第五次全国代表大会后，党务调查科被扩大为党务调查处。根据1935年12月12日国民党五届中央第一次常务会议通过的《中央执行委员会组织部组织条例》的规定，中央组织部下设组织指导、党员训练、党籍登记、党务调查、军队党务、总务等六个处及党务视察室。其中党务调查处内部又分设情报、整理、特务三科，情报科的职责是"调查各级党部及社团之工作情形，调查党外一切政治集团之活动情形"；整理科职责是"整理调查所得各项材料，编造各种调查表册及报告"；特务科职责是"指导并计划各地党部之特务工作，训练特务人员并指挥其活动"。[②]

党务调查科（处）特务系统在各省市均设有派出机构，名曰"中国国民党××省（市）党部调查统计室"，各省市的调查统计室既是当地国民党省市党部组织的一部分，对外以国民党党部名义进行活动，业务上又受党务调查科（处）特务大本营的直接指挥。各省调查统计室内部一般分设有若干部门及规模不等的特务行动队，并在各机关、学校、民众团体中设有情报员等特务分子，还建立和领导着各种名目的特务外围组织，形成了一个遍布基层的庞大特务情报网。比如，以贵州为例，1935年设立的"中国国民党贵州省党部调查统计室"其内设三股，分管组织训练、人事、交通联络、经费收支、文件收发、档案保管及枪支弹药保管，国民党党、政、军、学、商和社会物价、金银、棉纱、粮食行情及汉奸活动情报的搜集和汇报，共产党

[①] 刘不同：《国民党的魔影——C. C. 团》，《文史资料选辑》第45辑，第242—243页。
[②] 《中华民国法规大全》（补编），商务印书馆1937年1月版，第864—865页。

及其外围组织的活动情报的搜集和汇编等事项。并在贵阳地区设有"贵阳区行动队",主要任务是联系各类特务人员,搜集各种情报,对共产党和进步人士进行监视、逮捕、审讯、看管等。该调查统计室所属人员有调查员、通讯员及特务外围组织"三革社""读书会""青年阵地社"的成员等多种层次和名目,人数众多,遍及各部门。①

这一时期,党务调查科(处)的活动主要侧重于扩充特务组织,发展特务情报网,侦查、监视和破坏共产党及其他进步团体和组织。为获取情报,各地的调查统计室还派人参加并控制了邮检部门。当时实行的邮件检查办法是:国民党中央可以决定对各重要都市实行邮件检查;国民党省党部有权决定或核准对县、市的邮件、电报实行检查,并饬该县、市党部会同县、市政府遵办;"为遏制剿匪区内反动宣传,断绝共党通讯",江西、广东、福建、湖南、湖北五省均组织邮电检查所,对各种报纸、刊物、包裹、文件、信件、电报等实行检查。邮电局(所)收到邮件、电报后应立即送交邮电检查所施行检查,凡共产党及进步团体的函电、印刷品一律扣留;语言深晦、词义含混可疑及发送地址值得注意的函电应暂予扣留,详加调查,以定扣发;一切用药物写的书信须扣留化验审核后再行分别处理;凡违禁物品及可疑的大宗汇款立即呈报核断;邮电中查出重大嫌疑,时间紧迫、有稍纵即逝的可能时,检查人员应实行紧急处置,立即报请将人证暂予扣留、讯明核办;凡查出有疑义的邮电,事机不迫切时,则密呈有关机关处理。② 此外,各地的调查统计室还控制着名义上属于高等法院的"反省院",对依《危害民国紧急治罪法》或《反革命治罪法》而被判三年以下有期徒刑,或被判无期徒刑已执行七年以上、被判有期徒刑已执行三分之一以上,有"悔改"表现,或刑满仍有再犯之虞,以及依《共产党人自首法》或经国民党中央执行委员会议决而送"反省院"的共产党人和进步人士进行迫害和策反,③ 以从中扩大线索,使"反省院"成了特务组织的专设监狱。

1937年,为加强情报工作,蒋介石把几个特务系统集合起来,成立了

---

① 张云昌:《中统在贵阳的组织及活动》,《贵阳文史资料选辑》第3辑,第105—107页。
② 《全国重要都市邮件检查办法》(1929年8月29日国民党第三届中央第31次常务会议通过),《各县、市邮电检查办法》(1930年4月24日国民党第三届中央第89次常务会议通过),《剿匪区内邮电检查暂行办法》(1933年8月19日军事委员长南昌行营颁发)。《中华民国法规大全》,商务印书馆1937年1月版,第4348、4349、4540页。
③ 《修正反省院条例》(1929年12月2日公布,1933年4月29日修正)。《中华民国现行法规大全》,商务印书馆1934年1月版,第1289页。

"国民政府军事委员会调查统计局",以陈立夫任局长,南京的首都警察厅厅长陈焯任副局长。该局除局本部外,内分三处,党务调查处的特务系统为第一处,负责主管社会政治、经济及党务方面的情报特务活动,由徐恩曾任处长;复兴社特务处系统为第二处,由戴笠任处长,主管军事情报特务活动;第三处专管新闻邮电检查。徐恩曾的第一处仍以党务调查处原有人员在瞻园路原址办公,其经费列入军委会特别费预算内,对外以国民党中央组织部或军事委员会的名义活动。此时的军事委员会调查统计局第一处内部分为总务、组织、训练三大部门,在各省市仍设调查统计室等机构。[1] 南京沦陷前,为紧缩开支,国民党中央党政机构一度缩小编制,都被并入军事委员会内。中央秘书处、中央组织部、中央宣传部、中央训练部与原军事委员会政治训练处裁并为"军事委员会第六部",陈立夫为部长,张厉生为副部长。[2] 党务调查处则称为"第六部第四组",组长仍是徐恩曾。各省市调查统计室改称为"战地服务团"或"战地特种工作团",继续活动。1938年撤到汉口后,第六部才被解散,并逐渐恢复了中央党部原有编制。

1938年武汉珞珈山国民党临时全国代表大会后,蒋介石决定加强特务组织,并经国民党中央决议,把军事委员会调查统计局第一处扩编为中国国民党中央执行委员会调查统计局,以国民党中央秘书长朱家骅兼充局长,徐恩曾为副局长,主管日常事务。原军事委员会调查统计局改由戴笠经管,并以其第二处为基础进行扩编,以军事委员会办公厅主任兼任名义局长,戴笠任副局长掌实权。此后,中统和军统两大特务组织开始大举扩张和活动,进入各自的全盛时期。

中统局局本部的组织机构主要有:局长室、研究室及情报、党派、组训、交通、经调、统计组(处),组(处)之下又各分设若干科、室。其中,局长室辖有人事科和专员室,分管人事登记与奖惩事项及设计、联络等工作;研究室专门研究各党派帮会的沿革、内幕详情及各种特务活动策略;情报组下设情报科、秘书科、资料科、档案室及总务科,掌管中统的全国情报系统工作;党派组是中统特务活动的重心,其工作以共产党为重点,对其他进步团体、组织以致反动帮会、犯罪集团、日伪汉奸的特务活动亦包括在内;组训组主管特务训练和外围组织,最初还曾附带搞过经济调查;经调处是由组训组的经调科独立出来的,专搞调查日伪及解放区的经济;交通处主

---

[1] 刘不同:《国民党的魔影——C.C.团》,《文史资料选辑》第45辑,第243—245页。
[2] 胡梦华:《国民党C.C.集团的前前后后》,《天津文史资料》第6辑,第199页。

管全国的中统电台、通讯及特务秘密交通；统计处负责将重点人物的资料制成编目卡片，以供随时查询了解。中统局局本部还辖有重庆实验区及各省市调查统计室，并且操纵着安插在其他部门中的特务机构，如交通部调查统计室、财政部盐务调查工作组、中央海外部工作组等。各省市调查统计室之下的各区又有区室（中统的"区"小于省，与军统相反），各县有县调查统计室，其下皆设组织、训练、情报、行动等组或股，在基层还设有内线、调查员等特务分子。

据1941年的统计，中统局分布在各地区、各部门、各团体的特务总数至少有一万三千二百七十人（包括局本部四百八十八人）。[①] 这些特务大致来自两个途径，一是从特务外围组织或其他公开团体中物色，个别吸收发展为中统特务，使其能在原单位中为中统工作而不暴露身份。二是从某些普通训练班中精选部分人员施以特务训练，试用后再正式使用。但中统办的特务训练班不像军统那样采用公开招生、强训强留的办法，而是实行重质不重量、宁缺毋滥的原则。

1944年，中统局长朱家骅因调充教育部长而不得不辞去在中统的兼职，改由叶秀峰继任。中统局副局长徐恩曾也因案去职。此后，中统在与军统的竞争中开始失宠，其经费也被削减，一些大特务相继离职而去，中统局便逐渐由盛而衰。

抗日战争期间，在第二次国共合作的形势下，国民党特务机关一度暂停了对共产党及进步团体的破坏活动，但侦查、监视、防范工作从未放松，在抗战初期，中统特务组织的活动重点曾转向以建立交通站，设立电台，搜集日伪政治、经济、物资及内部情报，组建行动队等特务武装，打击经济汉奸，夺取敌伪物资为主。[②] 1938年，中统局并将其调查所得以《调查专报》的形式分别汇编成"汉奸姓名录""伪新民会与大民会""冀、鲁、豫、晋日伪组织调查""江苏、安徽伪组织调查""日伪在侵占区域的经济侵略"及"各党派活动情况"等专集。[③] 1940年以后，中统局还曾奉蒋介石之命组建过"替中央做耳目"并兼管"惩治奸邪"、整肃内部贪污的全国性"党员调查网"，成立过"调查抗战后方经济方面的营私舞弊和贪污渎职以及非法经营工商业的黑幕"的"经济检查队"，但都因矛头对内遭到反对而为时

---

① 刘恭：《我所知道的"中统"》，《文史资料选辑》第36辑，第61—63页。
② 《徐州文史资料》第1辑，第144页。
③ 北京图书馆藏。

不长。另外,早在1939年中统局就为蒋介石秘密起草了"限制异党活动办法"等反共文件,逐渐恢复了对共产党及进步团体的破坏活动。随着其后国民党反共高潮的再起,广泛建立和发展中统组织,打入共产党及进步团体,侦查、监视和破坏共产党的组织,重新成为特务机关的主要任务。

抗日战争胜利后,中统局由重庆迁回南京,改称"中央党员通讯局"。该局在各省设有"特派员办事处",1947年4月后改名为"××省通讯室",省下设区室及工作站等。1948年12月立法院通过《内政部调查局组织条例》后,"中央党员通讯局"于1949年4月1日正式脱离国民党中央,改隶内政部,易名"内政部调查局",不久即由广州迁往台湾。

这一时期,中统特务机关除继续秘密搜集共产党的情报、破坏共产党的地下组织外,还公开进行了一系列针对共产党的破坏活动。如,沿解放区设"特种经济检查站",对解放区进行物资封锁;在文化出版界大量印行污蔑共产党的书刊,大搞文化破坏工作;在学校利用反动学生建立特务外围组织,记录进步学生的言行和动态,炮制黑名单,逮捕、绑架、打击、迫害进步学生,破坏学生运动。其制造的较大政治事件有:1946年2月10日,重庆各界20多个团体的群众在校场口广场举行庆祝政协会议成功大会时,派特务捣毁会场,打伤60余人的重庆"校场口事件";1946年2月22日,操纵重庆沙磁区部分学生举行反共游行,捣毁《新华日报》和民主同盟机关报《民主报》的营业部,打伤多人的事件等。

第二节　军统的组织体系与活动

军统是由戴笠等人在蒋介石一手扶植下创办和发展起来的全国最大的特务组织。军统的前身是"中华复兴社特务处"。其创始人戴笠早在1930年就开始自愿以特务为业,因能经常主动提供一些蒋介石感兴趣的情报而受到蒋介石的赏识,开始由蒋介石发给活动费,雇人进行特务活动,进而逐渐形成了秘密组织,与张炎元、徐亮、黄雍等人结成"十人团",以"军事委员会密查组"的名义正式领取经费,专事特务活动,并直接向蒋介石报告和请示。[1]

1931年九一八事变后,全国掀起了轰轰烈烈的抗日爱国运动,为巩固自己的统治,蒋介石决定建立一系列强有力的特务机构,由于此时戴笠的特

---

[1] 萧作霖:《复兴社述略》,《文史资料选辑》第11辑,第67—68页。

务组织已经有了相当的实力并久已为蒋介石所直接使用，因此，1932年3月，以蒋介石为社长的"中华复兴社"成立后，蒋特令在复兴社中增设特务处，以戴笠为处长。1932年4月1日，以戴笠的"十人团"为基础的"中华复兴社特务处"正式建立。复兴社特务处的一切计划和行动都不受复兴社组织的支配，而由戴笠自接向蒋介石报告请示，特务处的经费也由戴笠自行造具预算，直接报经蒋介石核拨，特务处所有下级机关的经费则统由特务处拨发。①

复兴社特务处的组织分为内勤与外勤。内勤组织又分情报、行动等若干科、股，计有人事、督察、会计、总务、情报、司法、交通、电讯及特务队等部门。外勤组织有华东、华中、华南、华北等"区"，在各省设有省"站"，在重要城市设有"特别组"，此外还有隶属关系不同的各种"直属情报员"之设。区、站、组由特务处直接指挥，其下又各设情报、行动、交通三种组织，并配备电台。外勤组织还包括特务打入和控制的警察、军队等公开机关及保护蒋介石安全的"军事委员会委员长特别警卫组"。1932年时，特务处全部人员约有一百六十余人，其中内勤三十余人，经过戴笠的发展扩张后，到抗战开始时，内外勤组织的人数已增至三千人。②

复兴社特务处的任务主要有两个：一是反共，二是为蒋介石排除异己。为了完成这两大任务，特务处在当时中共中央及中共白区地下党领导机关所在地上海先后建立了多个情报组和行动组，并布置了大批有公开职业作掩护的"直属通讯员"及特务耳目，把上海作为反共活动的重点。几次将上海党组织破坏，绑架、密捕、杀害过不少共产党人。它还在各地进行了一系列暗杀活动。其中影响较大的有：1933年6月18日在上海暗杀进步人士"中国民权保障同盟"执行委员兼秘书长杨铨；1933年11月9日在天津国民饭店暗杀察绥抗日同盟军前敌总指挥兼第二军军长吉鸿昌（未遂，11月24日将其处决）；1934年11月14日在沪杭公路上杀害对蒋介石不满的上海《申报》主持人史量才等人。此外，1933年下半年，戴笠兼并了与其并存的另一特务系统——邓文仪的以"南昌行营调查课"为总机关的设在湖南、湖北、江西、河南、安徽等"剿共"省份的保安处及"剿共"部队中专搞反共军事情报活动的特务组织，势力大增，开始打入各种公开机关，在全国建立庞大的特务网，而且把特务网站伸向国外。特务处在国民党各部队中通过

---

① 黄雍：《黄埔学生的政治组织及其演变》，《文史资料选辑》第11辑，第14页。
② 沈醉：《我所知道的戴笠》，群众出版社1962年7月版，第16页。

军队政训处系统安插有大批特务,并对各部队谍报参谋人员进行短期特务训练后派回原部队建立起军中谍报网,监视官兵的言行和活动。为适应特务组织渗透和扩张的需要,特务处自成立时起就开始举办各种特务训练班,进行干部准备,培养了大批特务骨干分子。

由于复兴社特务处是个秘密组织,公开进行逮捕、杀人等特务活动有诸多不便,蒋介石遂于1937年后给戴笠的特务处挂上了"国民政府军事委员会调查统计局第二处"的招牌,以戴笠兼二处处长,为其进行特务活动提供便利。但此时由三个特务系统纠合在一起的"军统局"还不同于以后由戴笠独掌的军统。复兴社特务处虽摇身变为军统局第二处,其机构、编制、人员等依然照旧。1938年蒋介石决定将军统局第一处徐恩曾的党务调查处特务系统分立出去,增设为"中国国民党中央执行委员会调查统计局",把原由陈立夫掌管的"国民政府军事委员会调查统计局"全部交给戴笠进行扩编后,军统局始成为戴笠特务系统的专有名称。

军统局由戴笠一手包办后,机构升级,迅速扩张,尤其是抗战后期,其内部组织变动频繁,由刚成立时的几个处迅速发展到几十个处、室和单位。1945年军统局发展到顶峰时的主要内勤处、室、单位大致有:

主管搜集和处理军事情报的军事情报处;主管搜集和处理党政、社会、经济、文教情报的党政情报处;主管警务行动,指挥各警察、稽察部门中的特务及武装特务,负责蒋介石安全的警卫警务处;主管司法工作和监狱、看守所的司法处;主管无线电通讯、侦测秘密电台和破译密电码的电讯处;主管各特务训练班的训练及领导各大专院校中的特务组织"抗日锄奸团"的训练处;主管局本部的总务工作,掌管汽车大队、电话队、农场、官兵消费合作社的总务处;主管向沦陷区布置特务工作的布置处;主管监督考察特务的思想、言行和工作的督察室;专门研究中共问题的特种政治问题研究室;专门研究杀人放火和破坏等方面特务技术的特种技术研究室;研究如何破坏和扰乱敌方经济问题的经济研究室;用于临时安置一些高级特务,人数不固定的设计委员会。此外,还有机要、人事、考核、惩戒、财会、医务等部门,以及取名为"四一"①的医院、图书馆、印刷厂、造纸厂、农场等附属单位和中英特种技术合作所、中美特种技术合作所、中苏特种技术合作所等机构。

军统局在各地的外勤组织除各省设有省"站"、站下设"组"外,还有

---

① 四月一日为军统的周年纪念日。

渝特区、西北区、晋陕区、川康区、香港区等领导几个省站的"区"及贵阳办事处、东南办事处、桂林办事处、滇缅办事处、五原办事处、上海办事处、北平办事处、武汉办事处等机构。军统局在国外还设有美国站、伦敦站、巴黎站、印度站、仰光站、西贡站、海防站、新加坡站、菲律宾站等情报站。由军统局直接掌握和控制的军事、警察、财政、外交、航空、交通、邮电等较大的单位有上百个，军统特务打入的外围组织和基层单位无法统计，形成了一个无孔不入的特务网。①

军统局在全盛时期的特务总数约有十万人，其中内外勤特务和武装特务部队各有近五万人，每个外勤特务手下掌握使用的特务耳目还不计其内。这个庞大特务组织的人员主要来源于特务们的相互介绍，也从内外勤单位中每年提升一定比例的勤杂士兵参加军统组织，或从警校、军校毕业生中选调人员参加特务训练班进行培训，甚至以军委、警察或中央各部委等机关的工作人员训练班的名义骗招社会青年，强制加入军统组织，训练后派充特务。凡被介绍、提升、挑选、骗招参加军统组织或特务训练班者，须交自传一份并填表登记，经审查考核合格后举行宣誓。任何人一旦加入军统特务组织便不可中途退出，而要以特务为终身职业，否则将受到严厉的纪律制裁。②

为了大规模扩充特务组织，特务头子戴笠先后办有特务训练班几十个，并亲自兼任大部分特务训练班的班主任。其中规模较大的，仅一期培训特务就在千人以上。这些特务训练班主要有三类：一是培训一般特务的大型特务训练班。如以中央警官学校特种警察人员训练班名义举办的临澧（后迁黔阳，1940年1月迁息烽续办）、兰州、建瓯、重庆等特务训练班即属此类。二是培训各种专业特务的小型训练班。如以军委会特种通讯工作人员训练班名义培训邮电检查特务的训练班，以军委会外事局名义招生的搞外事情报工作的训练班，以财政部缉私署名义办的缉私人员训练班，以财政部战时货物运输局名义招生的货运人员训练班，专门培训杀人、放火、绑票、破坏技术的各种特务行动班，专搞爆破的爆破人员训练班，以及特别警卫工作人员训练班和各种会计、督察、管理、人事、电讯、译电等专门训练班。此外，还有为派往国外工作的特务举办的各种训练班。三是由美国教官协助训练特务武装部队的十几个大型"中美特种技术训练班"，每三个月一期，在各地先

---

① 程一鸣：《军统特务组织的真相》，《广东文史资料》第29辑，第223—225页；沈醉：《我所知道的戴笠》，群众出版社1962年7月版，第16页。

② 沈醉：《我所知道的戴笠》，群众出版社1962年7月版，第50、67、75—77、169页。

后调训和装备的武装特务部队近五万人。

抗战期间,在国共合作形势下,军统局的特务工作重心转向以搜集战场情报、监视国民党军队将领动向为主,其活动主要有:在各地布置潜伏组、战地调查组,进行对日情报工作;组织特务武装进行敌后骚扰破坏;刺杀汉奸及反蒋异己分子,如唐绍仪、汪精卫(未遂)、周鸣岐、傅筱庵及王亚樵等人;大量印制敌伪钞票,扰乱沦陷区金融和物价,并以之换取物资;加紧特务渗透活动,全面实行特务统治;继续进行反共特务活动,搜集中共情报,侦测中共电台,监视、迫害共产党人及进步人士等。

1946年3月17日,戴笠在南京附近因飞机失事而死,郑介民继任军统局长,毛人凤任副局长。由于过去特务横行不法,自1945年8月共产党首先提出取消特务机关的要求后,在各界引起共鸣,削减军统等特务机关的呼声强烈,另外,也由于军统局机构过于庞大,经费已入不敷出。为解决这些问题,并掩人耳目、减小目标、集中精干力量与共产党作斗争,蒋介石不得不决定将军统化整为零,并于1946年5月开始裁汰人员。其办法是将军统局的十万特务一分为四:安排大批特务转业,保留特务组织关系,打入警察机关和各种公开机关;设立交通部交通警察总局,将原军统局的特务武装部队改编为交通警察总队;将军统局中的军事情报及军中谍报系统划归国防部二厅;将军统局的核心部分改组成"国防部保密局"。[①]

经过以上调整,1946年10月1日,以军统特务骨干分子缩编的"国防部保密局"正式成立,国防部二厅厅长郑介民兼任保密局局长,毛人凤任副局长。一年后,郑介民调任国防部次长,毛人凤即取代其而升任保密局局长。保密局的编制为,内勤三百三十五人,外勤六千零二十三人,电讯部门一千人。1948年秋,经蒋介石特许,又增加二千八百八十人的外勤编制,主要用于组建专门从事撤逃前进行破坏活动的技术总队。保密局局本部下设有情报、行动、人事、电讯、司法、经理、总务七个处及督察室、总稽核室、预算室和特种政治问题研究组、特种技术研究组、布置组等机构。其外勤组织仍为区、站、组,但规模已远不如过去。[②]

抗日战争结束后,与共产党作斗争重新成为特务机关的主要任务。因此,这一时期保密局进行了许许多多破坏中共组织,镇压爱国民主运动,逮捕屠杀共产党人、进步人士及爱国青年,在各大城市进行大破坏的特务活

---

① 《蒋帮特务罪行录》,群众出版社1979年1月版,第7—8页。
② 沈醉:《军统内幕》,文史资料出版社1984年2月版,第434—439页。

动。比如，1946年起，保密局先后破坏了中共苏北地区地下组织、中共重庆市委及四川省地下党组织，破获了北平、西安、兰州等地的中共电台及地下工作人员；1947年血腥镇压了台湾人民的"二·二八"起义，在南京等地制造了镇压学生游行的"五·二〇"血案；1948年开枪镇压昆明学生爱国运动，制造了死伤三十余人，逮捕三百余人的"七一五事件"；1949年10月起在重庆先后集体屠杀了被囚禁的共产党人及政治犯等六百余人；派遣名为交警总队的特务武装部队参加内战；在各大城市搞潜伏布置，组织专人进行撤退前的搜捕、屠杀和城市破坏活动。

第二十七章

警察法规的制定和实施

第一节 警察法规概况

随着中国近代警察制度的逐步强化，国民党统治时期，警察立法也得到了空前的发展。国民党政府在吸收清末、北洋政府警察立法经验的基础上，进一步引进和借鉴东西方资本主义国家的警察理论和立法制度，在警察法规的种类、数量和质量等方面较之前两个时期都有了很大程度的丰富和提高。这个时期的警察立法情况，有以下几个鲜明的特点：

第一，来源广泛。国民党统治时期，警察法规的来源十分广泛，其中最主要的当然是各级警察机关起草、经法定程序颁布实施的警察专门法规，这一类法规构成了警察立法的主体和核心。例如，《各级公安局编制大纲》《警察录用暂行办法》《警察奖章条例》《违警罚法》《县政府政务警察训练纲要》《警械使用条例》等，都属于这类法规。除警察专门法规以外，警察法规还有其他几种来源：一是各级政府组织法规：各级政府组织法规中，如《行政院组织法》《内政部组织法》《省政府组织法》《特别市组织法》《市组织法》《县各级组织纲要》《乡（镇）组织暂行条例》及其他具体的省、市、县政府组织法等法规中都有若干关于警察机关组织的规定。例如1943年5月修正公布的《市组织法》第十一条规定："市政府设局或科掌理关于民政、财政、教育、建设、警察、卫生事项……"这是各市设置警察机关的主要法律依据之一。又如1948年11月10日修正公布的《天津市政府组织法》第二十三条规定："警察局置主任秘书一人，督察长一人，秘书六人……"这些规定都应视为警察法规的一种来源。二是内务行政法规：内务行政法规与警察专门法规有相似之处，即二者都有警察机关参与制定和实施的；所不同的是，内务行政法规参与的主体更加广泛。不仅有警察机关，也有其他有关的政府部门。如《国籍法》《户籍法》《审核更改姓名及冠姓规则》《护照条例》《人事登记暂行条例》等法规，除警察机关参与实施以外，其具体主管部门还有各级政府的民政、户政机构，如户籍主任、户籍员等。再如《团体协约法》《农会法》《渔会法》《药师法》《建筑法》《工厂检查法》《劳资争议处理法》《出版法》《古物保存法》等行业管理法规中有关公共安全和社会秩序方面的规定，警察机关都有参与实施的责任。三是其他治安组织法规：《各省防军组织暂行条例》《省保安司令部组织规程》《县保卫团法》《剿匪区内各省民团整理条例》《邻右连坐暂行办法》《保甲条例》《各县保甲整编办法》《警察、保甲及国民兵联系办法》等非军非警性法规，都与警察职权的行使有着不同程度的关系。如《县保卫团法》第一条规定："县保卫团，以增进人民自卫能力，辅助军警维持治安为宗旨。"因而将这类法规视为警察法规的一种来源或警察边缘法规也不无道理。四是刑事法规及刑事诉讼法规：《戒严法》《非常时期维持治安紧急办法》《保护管束规则》《假释管束规则》等法规中含有大量关于警察维持治安，行使职权的规定，因而也可以作为警察法规的来源之一。上述不同来源的警察法规从各个不同的侧面规定了警察职权的行使范围和方法。如果将警察专门法规以外的几种来源的法规排除在警察法规之外，就不可能全面地、立体地观察这个时期的警察职能。

第二，层次繁多、等级森严。这里有着两层含义。首先，不同等级的机关制定的警察法规具有不同的效力。国民党统治时期，上至中央政府，下至地方各省、市、县政府几乎都有一定的警察立法权。一般来讲，中央政府制定的警察法规，除法律规定的限制以外，都具有通行全国的效力。例如，《各级公安局编制大纲》及《各级警察机关编制纲要》是各省、省会、市、县警察机关组织及制定本机关组织规则的根本依据，且不得与之相抵触。1943年9月27日颁布的《河南省洛阳警察局组织规程》第一条明确规定："本规程依《各级警察机关编制纲要》第七条之规定订定之。"同样，各省当局起草经法定程序颁布实施的警察法规在不与中央制定的有关法规相抵触的基础上，在本省范围内具有普遍的约束力。例如，陕西省当局制定的《陕西省各县警察局暂行组织规程》及《陕西省各县设置警佐暂行规程》是该省各县警察机关组成的依据，其所制定的警察规章不得与前者相抵触。以此类推，县警察机关制定的各项规章，只适用于本县范围内。

另一层含义是：国民党统治时期制定的许多重要的警察法规大都配有一定数量的相关性法规或辅助性法规，二者的等级和效力也是不同的。一般情况下，本法比较原则、抽象，而相关性法规或辅助性法规则比较具体、灵活。这又可区分为两种情况：一种是主法与从法的关系。如《首都警察厅组织法》是主法，《首都警察厅各科处职掌规则》和《首都警察厅所属各局办事细则》是它的从法，是辅助主法施行的法规。《首都警察厅各科处职掌规则》第一条规定："本规则依据《首都警察厅组织法》订定之。"再有一种情况是，中央政府制定原则性法规，地方各级政府制定与该法相关的具体性法规。典型的例子如，国民政府颁布了《县保卫团法》，各省政府可以据以制定本省的实施细则。又如中央政府制定了第一级原则性法如《各级公安局编制大纲》《各级警察机关编制纲要》；又据以制定《省警务处组织法》《省警务处长任用规程》《省会警察局组织暂行规程》《市警察局组织暂行规程》《县警察机关组织暂行规程》等第二级原则性法规；各省当局再根据以上两级原则性法规制定第三级的具体性法规，如《陕西省各县警察局组织规程》《奉天省各县公安局暂行组织条例》等。此外，还有第四级更具体一些的警察法规，如《河南省会警察局组织规程》《宁波警察局组织规程》《陕西省红岩寺警察局组织规程》等。就一般情形而言，地方警察局组织的专门性法规到市一级为止，虽然市以下的重要地区如少数民族地区，盐区、几县边境地区成立的警察局也定有本局的专门法规，但普通的县警察局都根据本省的组织通则办理，不再另定本局专门的组织法规。

警察法规层次繁多，等级森严的优点是既保证全国警察法规制定的统一性又照顾到了各地方存在的特征性；不足的是立法过于琐碎，法规之间的相互抵触和分歧也就很难避免。

第三，变更频繁，稳定性差。国民党统治时期，警察法规频频制定、修改和废除，往往朝法未刊，夕令又下，令人目不暇接，缺乏应有的稳定性。例如1928年3月30日第一次公布"内政部组织法"后，先后于同年4月2日、5月25日、11月20日三次公布了它的修正件。一年之内竟三次修改，实在令人眼花缭乱、穷于应付。又如《省警务处组织法》于1929年6月27日颁布后，不到半年时间就因为难于推行而同年11月实际废止。

总的来看，国民党统治时期警察法规的执行状况并不理想。由于中央有关立法机关对中国自身的情况，特别是各地方的具体情况缺乏足够的调查和研究，总是盲目照搬外国立法经验，因而制定出来的警察法规大都显得过于抽象，适应国情性差，不利于在各地方特别是广大的农村地区普遍推行。再者，当时地方军阀割据，政治风云变幻迅速，许多地方当局对中央颁布的法规往往不愿或无法认真执行。因此，这个时期尽管制定了大量的警察法规，但真正能够得到贯彻落实且充分发挥作用的并不很多。当然，还必须看到，国民党统治时期，从中央到地方的各级政府都很重视警察立法，并善于运用法律手段调整警察机关的组织及其职权的行使，从而加强了警察机关在国家政权和政治生活中的法律地位及作用，在某种程度上推动了中国近代警察制度法律化进程的步伐。

第二节 违警罚法

违警罚法是国民党政府统治时期实施治安管理的主要法律依据之一。早在清末和北洋政府统治时期，当时的统治者就曾制定过各自的治安管理法规，如《大清违警律》《违警罚法》《违警罚则》等。南京国民政府成立后不久，即于1928年7月21日公布了《违警罚法》，此后二十多年的时间里，又曾四度公布该法的修正本。总的来说，南京国民政府统治时期的《违警罚法》大体上有两个版本：一个是前面提到的1928年本，另一个是1943年本，后者在1943年以后虽曾三次修正，但并没有什么根本的改变。

1928年3月，南京国民政府公布了《中华民国刑法》，即旧刑法。该法的内容较之北洋政府时期公布的《暂行新刑律》有所充实并作了一些更改，如限制法官自由裁量范围及取消刑罚等级制等。内政部有鉴于此认为刑法与违警罚法密切相关，刑法既然已经修改，违警罚法也应适当地加以修改。于是从1928年5月起即开始对北洋时期的违警罚法进行整理，经法制局和司法部初审后上报中央政治会议核定，于同年7月21日正式公布了新的《违警罚法》。

新颁布的《违警罚法》不但与北洋时期的《违警罚法》名称相同，其体例和条文数目也完全一致，即九章五十三条。只是将与刑法有抵触的地方及违反国民党党义的地方略加修改而已。其修正之处大致有以下几点：

第一，违警责任年龄。北洋时期的《违警罚法》（以下简称北洋本）规定的违警责任年龄是十二岁，"未满12岁人违警者不处罚"。此规定与《暂行新刑律》规定的刑事责任年龄是一致的。根据1928年刑法的规定，1928年《违警罚法》将违警责任年龄改为十三岁，"未满13岁人违警不处罚"。

第二，心神丧失人的处罚。"北洋本"规定"精神病人违警者不处罚，但精神病间断时之行为不在此限"。根据1928年刑法的规定，1928年《违警罚法》将"精神病人"改为"心神丧失人"，并删除了"精神病间断时不在此限"一句。

第三，改变处罚等级制。从清末违警律，到北洋时期的违警罚法均采用处罚等级制的原则。根据1928年刑法的规定，1928年违警罚法取消了处罚等级制的方法，改用"几分之几"为处罚加减的标准。

第四，违警处理机关的变化。北洋时期警察机关的名称变化比较频繁。各省设有巡警道或警察厅，各县市设有警察局或警察署。所以"北洋本"将违警管辖机关统称为"警察官署"。南京国民政府成立后，地方各级警察机关一律改称公安局，故1928年违警罚法也将"警察官署"改为"公安局所"。

除了以上四点以外，1928年本还增加了对召暗娼止宿者，以符咒邪术医疗疾病者，污秽供人所饮之净水者，漏逸或间隔蒸气、电气或煤气未致生公共危险者分别处以拘役或罚金的规定。1928年"违警罚法"推行15年后被1943年《违警罚法》取代。

1935年，南京国民政府颁布了新的《中华民国刑法》（新刑法），该法在很多方面比旧刑法有所改变。为了配合刑法的变化，内政部于1936年春起，即着手草拟《违警罚法》的修正草案。几经研讨，三易其稿，于1937年春完成初稿后即送全国各级警察机关、学校以及法官署、律师团体等单位公开征求意见。先后提出意见的有一百多个单位，内政部本想在收集这些意见后立即起草新稿。但由于抗日战争的爆发而不得不搁浅三年之久。直到1941年春季，内政部才重新开始这项工作，同年7月上报行政院转送立法院审议，又两度修改，终于在1943年8月完成三读程序。9月3日国民政府正式公布了该法，并规定从同年11月1日起施行。曾经参与过1943年本"违警罚法"起草工作的钱定宇回顾这段经历时曾说："几经艰难，厥告于成，计自开始起，以迄公布施行，盖将已八稔，其产生也难矣"[1]。

与1928年本违警罚法相比较，1943年本违警罚法在规模、体例和内容上都有了很大的改变，在立法技巧上也有了一定的提高。钱定宇说："而其立法精神乃系以客观事实为根据，一般法理为准绳，就旧行违警罚法加以整个之修订；弃其糟粕，补其罅隙，输入时代精神，增大运用力量，俾以建立完整之警察法典，增强警察之社会效能。顾损盖既多，面目已非，虽云修正，实已不啻从新创新矣。"[2]

首先，从规模上看：1928年本分为章、条两个层次，共九章五十三条。1943年本则分为编、章、节、条四级结构共二编十二章七十八条，规模有

---

[1] 《中国违警罚法总论》，第16页。

[2] 同上。

了很大的扩充，内容也几乎增加了一倍。

其次，从体例上看：1943年本在总则和分则的编排上区分得更加清晰。我国自清末颁布违警律以来，直到民国以后历次颁布的违警罚法，均采用与刑法相脱离的"独立法典主义"。按照独立法典的原则，违警处罚属于行政处罚，不能适用刑法总则的规定，必须有自己独立的总则。但是1928年本的总则存在许多欠缺。从编排上看，总纲（总则）一章与其他八章并列，没有明确的层次划分；从内容上看也显得过于简单，常常须要援用刑法总则作为补充，以至于失去了独立法典主义的精神。有鉴于这种不足，1943年本违警罚法将总则和分则各立一编，以总则统摄分则，使人一览无遗，清晰详明，可以独立运用而不必再依赖于刑法的总则。立法院在三读通过该法时曾声称："违警罚法斯可真正系于行政法范围。"[①]

最后，从内容上看：1943年本较之1928年本有了大幅度的调整和充实，反映在总则中的主要有以下几点：其一，增加了处罚程序的规定：1928年本及其以前的各种违警罚法（包括清末违警律）总则中虽然也列有一些关于程序方面的规定，但过于简略，远不能满足实际运用的需要。警察机关不得不参照刑事诉讼法的有关规定办事。例如违警管辖、侦讯及所谓"即决处分"等方面，都没有足够的法律规定。可以说自清末以来，三十多年里，违警处理始终处于"暗中摸索"的阶段。为了扭转这种局面，1943年本特别在总则中增加了"处罚程序"一个专章，对管辖、侦讯、裁决、执行等程序问题都作出了明确的规定。其二，关于违警责任：1928年本没有明文规定对过失违警行为应予处罚。内政部修改该法时认为此处关系重大，因此在1943年中采用客观兼顾主观的原则，在第二章"违警责任"中首先标明"违警行为，不问出于故意或过失，均应处罚"；但考虑到主观因素又规定："但出于过失者，得减轻之。"其三，关于处罚幅度：在修订1943年本时，关于处罚幅度应当提高或降低的问题基本上存在两种意见。主张提高的一方认为，提高罚度可以起到惩前毖后，加强该法效力的作用；主张降低的一方则认为，违警处罚与刑罚不同，不宜过苛，而且违警处理不及司法机关办理案件那样慎重并有层级的限制，为防止滥用职权及蹂躏人权起见，应以降低为宜。两说争执不下，最后在立法时采取了折中主义：拘留罚由1928年本的"15日以下1日以上"减为1943年本的"4小时以上，7日以下"，降低了一倍以上。罚金则由1928年本的"15元以下，1角以上"提

[①] 转引自《中国违警罚法总论》，第18页。

高到1943年本的"1元以上，50元以下"，增加了两倍之多。同时考虑到违警罚法的性质，将1928年本的罚金改称为"罚锾"。罚锾幅度的提高与经济形势密切相关，自1928年本施行以来，货币已大幅度贬值，如仍按旧的罚金标准已起不到多大的惩戒效果。1943年本规定的罚锾数额是按1937年的币值确定的，仍然赶不上战后货币贬值的速度，于是在1946年10月14日，南京当局又公布了"罚金罚锾提高标准条例"，其中第3条规定"依《违警罚法》科罚锾者，就原定数额提高至五十倍"。事实上，随着当时金融体制的变化和物价指数的浮动，罚锾的标准仍在不断地上升。其四，改革处罚方法：由于1928年本在处罚种类及执行方法上规定得过于原则、抽象，在实际运用中不免困难重重甚至流弊丛生。内政部根据这方面的问题，在制定1943年本时，作了某种程度的改革：首先是创设了罚役制度。在1928年本中，违警处罚只有拘留、罚金、训诫三种，1943年本增加了罚役这个新的罚种。该法规定"罚役2小时以上8小时以下。遇有依法加重时，合计不得逾16小时"。其次是改训诫为申诫以区别于刑法，同时还扩大了申诫的范围。1928年本中，训诫只适用于自首一项，范围过于狭窄，效果也就不很明显。1943年本将申诫的范围大加扩充，凡按规定应专处罚锾的行为或可以减轻处罚的行为均可以减处申诫，以便执行者有斟酌处理的余地。除了上述几个方面以外，从行文和其他细微之处，我们也可以看出1943年本立法技巧的提高。例如，1928年本和1943年本都采用了处罚法定主义的原则，但1928年本规定得繁冗、含混，而后者则显得简明、清晰。1928年本写道："本法及其他法令或法令所认许之警察章程无正条者，不论何种行为不得处罚。"1943年本的规定是："违警行为之处罚，以行为时立法令有明文规定者为限。"又如1943年本明确规定了属地主义原则，这是1928年本中所没有的。

在分则方面，1943年本的变化相对较小。见下表：分则的变化主要是注入了所谓"新生活"的精神及国家观念，再有就是一些编排上的调整和文字上的更动。例如，1943年本将1928年本第二章"妨害安宁之违警罚"和第三章"妨害秩序之违警罚"合为"妨害安宁秩序之违警罚"。又如，1943年本第五十八条规定：对"升降国旗，经指示而不静立致敬者；闻唱国歌，经指示而不起立致敬者；于公共场所瞻仰国父遗像，经指示而不起立致敬者；于公共场所瞻对中华民国元首，或最高统帅或其遗像，经指示而不起立致敬者；国旗之制造或悬挂不遵定式者……"等要处以二十元以下的罚锾或申诫。这种规定是1928年本中所没有的。

1943年《违警罚法》与1928年变化比较表

1928年本	1943年本
第一章：总纲第一——三十一条	第一编总则，第一——五章，第一——五十三条 第一章　法例； 第二章　违警责任； 第三章　违警罚； 第四章　违警罚之加减； 第五章　处罚程序
第二章　妨害安宁之违警罚第三十二条 第三章　妨害秩序之违警罚第三十三条——三十七条 第四章　妨害公务之违法警罚第三十八条 第五章　诬告伪证及湮没证据之违警罚第三十九条 第六章　妨害交通之违警第四十一——四十二条 第七章　妨害风俗之违警罚第四十三——四十五条 第八章　妨害卫生之违警罚第四十六——四十九条 第九章　妨害他人身体财产之违警罚第五十一——五十二条 附则：第五十三条	第二编分则：第一——七章第五十四——七十八条 第一章　妨害安宁秩序之违警罚 第二章　妨害交通之违警罚第六十一——六十三条 第三章　妨害风俗之违警罚第六十四——六十七条 第四章　妨害卫生之违警罚第六十八——七十一条 第五章　妨害公务之违警罚第七十二——七十三条 第六章　诬告伪证或湮灭证据之违警罚第七十四——七十五条 第七章　妨害他人身体财产之违警罚第七十六——七十八条

　　1943年本违警罚法颁行以后，南京国民政府又分别于1946年6月19日修正公布了第五十八条，1947年7月16日修正公布了第五十一条。然而这两次修正都只是小范围的。如1946年6月19日修正的第五十八条只是将该条第四款中的"遗像"一词改为"肖像"；又如1947年7月16日修正的第五十一条，也只是将该条中的"罚锾及没入之物归入国库"改为"罚锾没入财物及赔偿之收入，除法律另有规定外，应分别归入各级政府之公库"。

　　因"违警罚法"的颁布，还派生出一些相关性的法规，如1946年10月14日颁布的《罚金罚锾提高标准条例》，1947年8月颁布的《违警印纸规则》和《违警印纸发售及粘贴办法》等。除中央政府制定过相关性法规以外，一些地方政府也制定过类似的法规。如湖南省政府曾经制定过《违警罚金报解办法》，十六条。

　　《违警罚法》自1928年7月21日公布生效以后，逐渐在全国各地得到不同程度的实施。南京国民政府内政部曾对此作过一些统计，详见附表1至表6。

第二十七章 警察法规的制定和实施　　607

表1　1931年下半年各大城市及省会违警犯人数比较图[①]

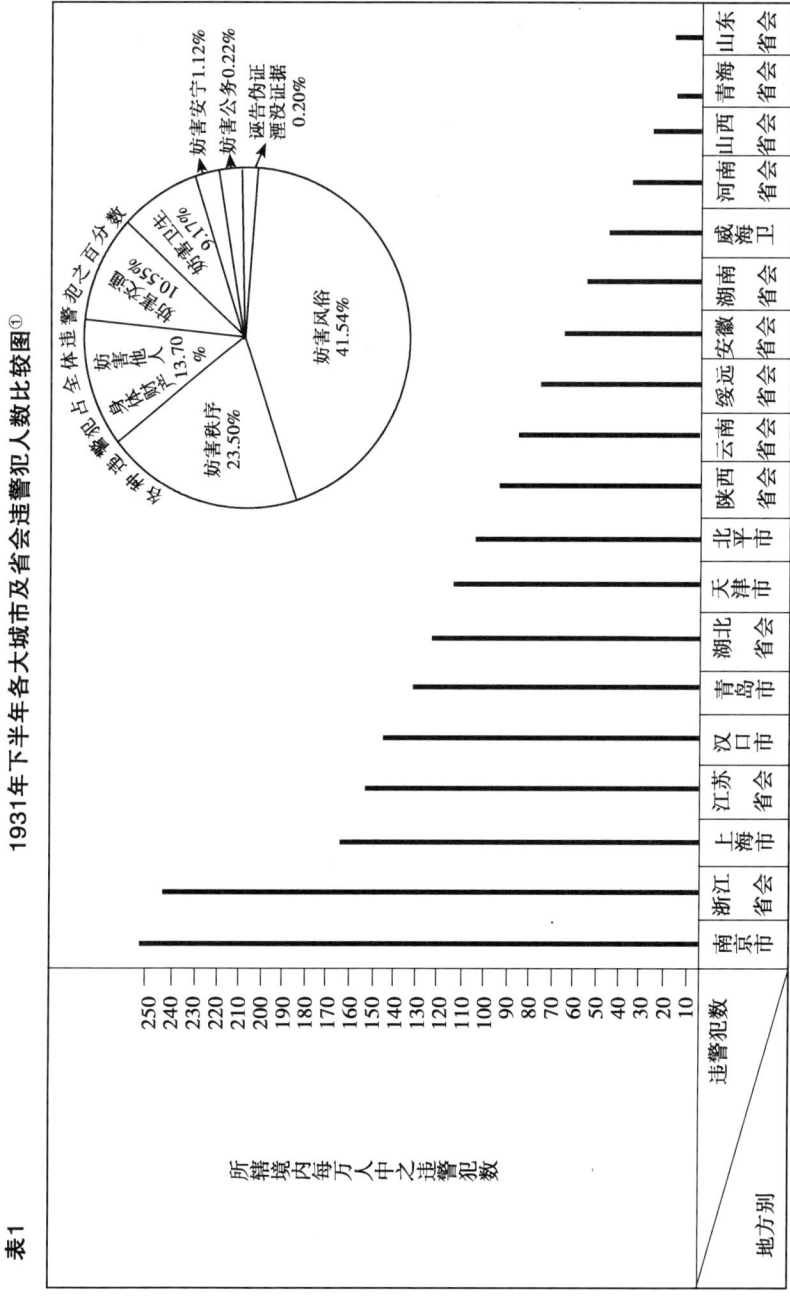

饼图：全体违警犯之百分数
- 妨害风俗 41.54%
- 妨害秩序 23.50%
- 妨害他人身体财产 13.70%
- 违禁作业 10.55%
- 妨害卫生 9.17%
- 妨害安宁 1.12%
- 妨害公务 0.22%
- 诬告伪证湮没证据 0.20%

横轴（地方别）：南京市、浙江省会、上海市、江苏省会、汉口市、青岛市、湖北省会、天津市、北平市、陕西省会、云南省会、绥远省会、安徽省会、湖南省会、威海卫、河南省会、山西省会、青海省会、山东省会

纵轴（所辖境内每万人中之违警犯数）：10—250

① 据《内政年鉴》，下同。

表2　　　　　　　　　1932年辖境人口数与违警犯数之万分比

项别 城市别	辖境人口数	全年违警犯数	辖境内每一万人 中之违警犯数
南　京	659617	34887	529
上　海	1744398	33089	190
北　平	1420899	7717	54
青　岛	402812	7901	196
威海卫	199983	2134	107
镇　江	523300	3101	59
杭　州	523569	23806	455
安　庆	121913	652	53
汉　口	773739	18868	244
武　昌	320639	4959	155
长　沙	306506	811	26
广　州	811751	1928	24
汕　头	164019	510	31
邕　宁	68999	596	86
梧　州	39718	1758	443
昆　明	143629	825	57
天　津	1330781	13167	99
保　定	312000	2987	96
开　封	252459	669	26
济　南	401444	57	1
烟　台	131659	1178	89
阳　曲	110757	2478	224
长　安	115050	1218	106
包　头	62571	431	69
西　宁	164617	110	7

表 3　　　　　　　　**1933 年辖境人口数与违警犯数之万分比**

项别 城市别	辖境人口数 共计	男	女	全年违警犯数 共计	男	女	辖境内每万人中之违警犯数
南　京	726131	443903	282228	44699	34067	10632	616
上　海	1836611	1056617	779994	48408	43231	5177	264
北　平	1516378	937931	578447	9644	9060	584	64
青　岛	444690	270446	174244	7001	6557	444	157
威海卫	199983	105754	94229	3183	3096	87	159
镇　江	523300	282940	240360	3324	2661	663	64
杭　州	523569	315826	207743	27507	22508	4999	525
安　庆	121913	70684	51229	1524	1261	263	125
济　南	433308			47	37	10	1
烟　台	131659			6177	5802	375	496
阳　曲	110757			1611	1451	160	145
开　封	478476	247933	230543	452	386	66	9
天　津	1348240			21606	19689	1917	160
长　安	115050	73594	41456	995	966	29	86
武　昌	320639	187543	133096	5774	5046	728	180
汉　口	770179	461279	308900	20391	17462	2929	265
长　沙	306506	186495	120011	841	644	197	27
昆　明	196664	76653	120011	1141	972	169	58
广　州	760379	415826	344553	4142	3841	301	54
汕　头	125376	83877	41499	1399	1283	116	112
邕　宁	277000	157000	120000	822	535	287	30
归　绥	71125	48143	22982	750	711	39	105
兰　州	94863	59227	35636	328	324	4	35
西　宁	164617	92171	72446	91	88	3	6

表4　1933年违警原因统计表

城市	性别	违警犯总数	妨害安宁	违章营业	违抗命令	不顾公益	不报人事变动	妨害公务	诬告伪证	湮没证据	妨害交通	涉嫌淫乱	类似赌博	其他	妨害卫生	妨害他人身体	妨害他人财产
总数	男	185612	2383	6392	5841	13587	14560	370	177	285	25310	4248	59052	16415	14148	21647	1197
	女	30337	411	552	589	2285	2524	37	25	40	908	4475	9937	4149	772	3533	100
南京	男	34067	47	1366	1245	999	960	11	25	118	3688	358	17980	3111	1259	2673	227
	女	10632	8	110	399	237	189	1	6	17	254	712	6279	1916	153	336	15
上海	男	43231	707	1051	1003	1808	7411	77	47	42	5339	815	10771	3443	2552	7893	272
	女	5177	153	70	163	340	1160	5	11	6	242	103	909	298	193	1474	50
北平	男	9060	13	152	47	456	742	7		1	1821	45	939	1320	2310	1028	179
	女	584	3	14	9	57	87	1			31	57	76	122	29	96	2
青岛	男	5567	79	425	80	464	455	3				53	2136	1304	176	359	33
	女	444	6	7	1	52	19	1				105	99	117	5	30	2
镇江	男	2661	8	87	12	436	8	5	11	3	109	26	829	666	104	335	22
	女	663	2	5	1	101	2	2	1	1	8	7	215	273	7	38	

第二十七章　警察法规的制定和实施

续表

项目\城市	性别	违警犯总数	妨害安宁	妨害秩序-违章营业	妨害秩序-违抗命令	妨害秩序-不顾公益	妨害秩序-不报人事变动	妨害公务	诬告伪证	湮没证据	妨害交通	事涉淫乱	妨害风俗-类似赌博	其他	妨害卫生	妨害他人身体	妨害他人财产
杭州	男	22508	103	336	145	489	317	20	5	59	711	1406	13375	1647	365	3467	63
	女	5002	17	188	9	110	57	5	3	5	17	1619	1734	680	29	528	1
天津	男	19689	683	590	1793	5413	67	48	6	4	4925	273	1475	802	2810	754	46
	女	1913	42	21	143	660	11				50	254	74	250	33	374	1
长安	男	966	4	96		35	88	2	43	18	210	7	104	128	166	60	5
	女	29		11		2	9					4	1	1	1		
汉口	男	17462	191	234	458	1885	2552	60	25	18	2034	331	3942	1826	1105	2744	57
	女	2929	69	36	36	430	716	11	4	6	52	784	149	159	84	387	6
昆明	男	972	18	49	98	135	2		1	1	63	116	242		93	151	4
	女	169		7	13	26				2	14	60	7		21	17	2
广州	男	3844	3	754	87	86	40	4			2297	34	148	28	59	285	18
	女	300	1	20	6	27	26				142	16	5	11	9	36	1
归绥	男	711	5	20	1	59	18	1			26	4	249	28	202	87	12
	女	39	1			8	1					6	6	1	4	9	2

表 5　　　　　　　　　　1933 年违警犯年龄及职业统计表

城市	性别	13—20	21—30	31—40	41—50	51—60	61岁以上	未详
总数	男	18443	70281	54501	28026	11252	2982	127
	女	4747	9610	7528	4832	2775	1094	6
南京	男	3444	13545	10150	4631	1792	485	20
	女	1615	3119	2388	1711	1187	608	4
上海	男	3277	15710	13470	7159	2952	653	10
	女	433	1564	1615	991	468	105	1
北平	男	1298	3306	2094	1354	755	252	1
	女	48	135	135	138	87	41	
青岛	男	538	2724	1986	858	356	95	
	女	61	144	135	64	36	4	
镇江	男	272	869	788	487	203	42	
	女	137	234	169	83	31	9	
杭州	男	1772	8789	7235	3232	1184	292	4
	女	1032	1959	1064	561	277	105	1
天津	男	2664	7425	4943	3026	1254	377	
	女	301	520	473	337	201	85	
长安	男	85	381	281	130	72	17	
	女	10	7	5	4	2	1	
汉口	男	2218	6210	5096	2684	1015	238	1
	女	593	892	717	433	238	56	
昆明	男	109	441	340	77	3	2	
	女	37	68	57	6	2		
广州	男	613	2187	673	258	74	36	
	女	45	81	80	52	36	7	
邕宁	男	74	190	136	78	45	12	
	女	43	117	62	31	22	12	
归绥	男	57	235	212	137	54	12	4
	女	6	14	8	4	3	4	
济南	男	6	15	9	3	3	1	
	女	2	7	1				
长沙	男	66	223	224	104	39	8	
	女	67	57	38	22	10	3	

第二十七章　警察法规的制定和实施　　613

<table>
<tr><td colspan="10" align="center">违　警　犯　职　业</td></tr>
<tr><td>农业</td><td>矿产</td><td>工业</td><td>商业</td><td>交通运输业</td><td>公务</td><td>自由职业</td><td>人事服务</td><td>无业</td><td>未详</td></tr>
<tr><td>8398</td><td>89</td><td>72144</td><td>55451</td><td>17389</td><td>1892</td><td>5937</td><td>2002</td><td>20126</td><td>2184</td></tr>
<tr><td>437</td><td>59</td><td>3984</td><td>2275</td><td>270</td><td>131</td><td>499</td><td>4428</td><td>17502</td><td>1120</td></tr>
<tr><td>694</td><td></td><td>10927</td><td>8914</td><td>6354</td><td>964</td><td>650</td><td>250</td><td>4370</td><td>944</td></tr>
<tr><td>31</td><td></td><td>326</td><td>390</td><td>37</td><td>4</td><td>142</td><td>1824</td><td>7063</td><td>815</td></tr>
<tr><td>2445</td><td>59</td><td>18894</td><td>11147</td><td>4493</td><td>210</td><td>1086</td><td>468</td><td>3811</td><td>638</td></tr>
<tr><td>266</td><td>58</td><td>1710</td><td>574</td><td>92</td><td>2</td><td>31</td><td>490</td><td>1792</td><td>162</td></tr>
<tr><td>171</td><td>2</td><td>1725</td><td>3962</td><td>177</td><td>23</td><td>1813</td><td>174</td><td>1013</td><td></td></tr>
<tr><td>2</td><td></td><td>20</td><td>45</td><td></td><td></td><td></td><td>92</td><td>137</td><td>288</td></tr>
<tr><td>377</td><td></td><td>2932</td><td>2019</td><td>28</td><td>7</td><td>16</td><td>4</td><td>1169</td><td>5</td></tr>
<tr><td></td><td></td><td></td><td></td><td>20</td><td>22</td><td></td><td></td><td>49</td><td>353</td></tr>
<tr><td>254</td><td>1</td><td>831</td><td>598</td><td>81</td><td>26</td><td>286</td><td>32</td><td>552</td><td></td></tr>
<tr><td>29</td><td></td><td>69</td><td>42</td><td></td><td></td><td>6</td><td>34</td><td>483</td><td></td></tr>
<tr><td>1023</td><td></td><td>12966</td><td>5587</td><td>726</td><td>267</td><td>652</td><td>166</td><td>1089</td><td>32</td></tr>
<tr><td>18</td><td></td><td>677</td><td>493</td><td></td><td>1</td><td>49</td><td>297</td><td>3448</td><td>16</td></tr>
<tr><td>549</td><td></td><td>812</td><td>7312</td><td>1023</td><td>56</td><td>40</td><td>83</td><td>2447</td><td>50</td></tr>
<tr><td>20</td><td></td><td>188</td><td>50</td><td></td><td></td><td>20</td><td>430</td><td>1185</td><td>24</td></tr>
<tr><td>58</td><td></td><td>65</td><td>603</td><td>72</td><td>3</td><td>5</td><td>6</td><td>148</td><td>6</td></tr>
<tr><td></td><td></td><td></td><td></td><td>11</td><td></td><td></td><td>8</td><td>9</td><td>1</td></tr>
<tr><td>158</td><td></td><td>5999</td><td>5580</td><td>1765</td><td>124</td><td>156</td><td>165</td><td>3514</td><td>1</td></tr>
<tr><td>6</td><td></td><td>478</td><td>269</td><td>10</td><td>6</td><td>13</td><td>337</td><td>1810</td><td></td></tr>
<tr><td>49</td><td></td><td>281</td><td>441</td><td>76</td><td>9</td><td>59</td><td>7</td><td>34</td><td>6</td></tr>
<tr><td>7</td><td></td><td>45</td><td>28</td><td>22</td><td></td><td>10</td><td>43</td><td>12</td><td>2</td></tr>
<tr><td>28</td><td>6</td><td>1017</td><td>751</td><td>1817</td><td>9</td><td>115</td><td>2</td><td>83</td><td>13</td></tr>
<tr><td>1</td><td></td><td>38</td><td>70</td><td>91</td><td></td><td>4</td><td>55</td><td>32</td><td>10</td></tr>
<tr><td>14</td><td></td><td>221</td><td>145</td><td>16</td><td>11</td><td>23</td><td>5</td><td>93</td><td>7</td></tr>
<tr><td>7</td><td></td><td>54</td><td>15</td><td>11</td><td></td><td>21</td><td>28</td><td>144</td><td>7</td></tr>
<tr><td>38</td><td></td><td>180</td><td>216</td><td>9</td><td>9</td><td>89</td><td></td><td>111</td><td>59</td></tr>
<tr><td></td><td></td><td></td><td></td><td></td><td></td><td></td><td></td><td>39</td><td></td></tr>
<tr><td></td><td></td><td></td><td></td><td></td><td></td><td></td><td></td><td></td><td></td></tr>
<tr><td>3</td><td></td><td>10</td><td>14</td><td></td><td>2</td><td>5</td><td></td><td>3</td><td></td></tr>
<tr><td></td><td></td><td></td><td></td><td></td><td></td><td></td><td></td><td>1</td><td>9</td></tr>
<tr><td>15</td><td></td><td>354</td><td>214</td><td></td><td>4</td><td>27</td><td>23</td><td>46</td><td>1</td></tr>
<tr><td></td><td></td><td></td><td></td><td>13</td><td>14</td><td></td><td>12</td><td>64</td><td>94</td></tr>
</table>

表6　1933年违警时期统计表

城市别	性别	一月	二月	三月	四月	五月	六月	七月	八月	九月	十月	十一月	十二月
总数	男	14478	17984	16089	15380	14712	14226	16201	16889	14345	14711	14441	15656
	女	2170	2316	2581	2789	2528	2506	2318	2862	2744	2490	260 6	2677
南京	男	3345	2217	2858	2822	2620	2642	2498	2794	3040	3527	2698	3006
	女	987	714	766	1077	812	843	688	877	964	1060	876	959
上海	男	2920	3232	3328	3766	4072	3406	3930	4,166	3309	3536	3652	3914
	女	266	264	451	404	536	456	385	655	472	366	455	467
北平	男	452	488	464	458	546	470	1125	1776	986	654	705	936
	女	40	30	36	37	38	40	66	68	57	49	50	73
青岛	男	270	878	674	496	469	517	527	918	519	329	501	459
	女	24	35	44	29	26	29	30	79	43	20	66	19
镇江	男	177	239	225	197	197	266	239	222	186	188	215	310
	女	43	67	61	56	58	89	55	52	43	26	30	83
杭州	男	1749	1595	1879	2192	2006	1822	1977	1851	1929	1891	1734	1883
	女	263	290	405	457	494	392	420	484	466	394	502	432
天津	男	1231	2136	1760	1745	1182	1651	2038	1873	1598	1536	1412	1527
	女	108	278	191	242	112	192	133	136	196	119	114	102

续表

城市别	性别\月份	一月	二月	三月	四月	五月	六月	七月	八月	九月	十月	十一月	十二月
长安	男	92	66	75	83	114	66	117	102	61	19	102	69
	女	3	3	3	7	1	2	4	3			3	
汉口	男	1013	1814	1557	1699	1466	1379	1455	1248	1440	1272	1563	1556
	女	127	192	252	256	246	228	309	221	271	252	312	263
昆明	男	86	77	93	84	69	87	76	89	72	67	88	84
	女	12	13	18	8	11	10	7	24	15	9	17	25
广州	男	221	314	302	265	323	312	350	343	315	412	369	315
	女	14	36	27	16	14	19	17	29	46	25	27	31
邕宁	男	40	50	58	44	58	44	46	36	44	42	30	43
	女	7	15	22	42	26	32	33	26	19	23	17	25
归绥	男	73	112	67	97	54	49	41	36	40	60	29	53
	女	4	2	2	1	6	10	1	4	1	4	2	2
兰州	男	14	21	36	23	35	13	14	23	30	11	48	56
	女	1											
西宁	男	13	8	8	10	7	4	7	8	7	5	5	6
	女												

《违警罚法》的施行，在维持治安以及区分行政处罚与刑罚方面固然起到过一些作用，但由于警政当局的贪暴和警察素质的低劣，在该法的实施过程中也产生过不少问题。例如，违警罚金被挪作警察经费或中饱私囊的现象十分普遍，曾引起过社会各界的强烈不满。据内政部警政司的一份调查报告透露：浙江省"各县市违警罚金向系自为收入，前曾一并编入岁入预算，其由罚金项下支出之款，亦并列岁出预算。自施行以来，各县市每日支付公安机关经费，往往有将预算所列罚金扣算抵付之事。而各公安机关，以经费攸关，逐亦亟于罚金之诛求，视为比额，流弊丛生"。该报告作者指出，"查罚金并非捐税，而罚金之有无，又系如人民有无违警行为以为断，岂容视同经常税收，按额课征"。① 钱定宇也曾指出："罚锾为违警罚主罚之一，适用最广，过去关于缴纳手续，既无规定，处置方法，尤不一致；中央既无法监督，地方乃各自为政，结果中饱肥私，陋弊丛生；甚且警察机关视违警罚锾为经常费之来源，以罚数之多寡作考核奖惩之标准，以致警察机关有任意滥罚之事，逐使人民备受痛苦，警察信誉因而扫地。"② 此外，警察人员行使职权不当、玩忽职守或滥用职权等现象在当时也十分严重。浙江省民政厅在一份训令中曾指出，该省各级警察人员在行使警察职权时，存在下述六点弊端：第一，"检举职责之未尽。各级公安机关，表报处分违警事件，大率以行迹不检、类似赌博二者居多，有每月数百起者，而其他事件，则寥寥无几。查《违警罚法》所举之违警事件，多至百余条款，其中如四十六、四十七、四十九各条所列之妨害卫生，四十一、四十二条所列之妨害交通……各款之妨害秩序等违警行为，尤为社会秩序、公共幸福所攸关，证以各处秩序之纷哗、交通之障碍、街道之污秽、户口之欠正确、人事漫无稽考，则此等违警行为之发生，自必较行迹不检、类似赌博二者尤多，何以表报处分之处反而特少，究厥原因，实由警察人员不尽职责，怠于检举，坐令违警者行所无事，末由裁制，警政之不修，逐为世人所诟病，言念及此，良用痛心"。第二，"援引法条不当。查《违警罚法》第四十三条第一款之违警行为，依法文规定，其成立要件，必游荡与无赖及行迹不检三者均须具备，否则即不成立违警行为。乃各级公安机关，于旅寓宿店查得有非正式夫妇，或亲属而同房止宿之男女，每不问其是否游荡无赖，辄以行迹不检四字，滥加处分，断章取义，显非法文本旨"。第三，"类似赌博之误解。查

---

① 《内政公报·特载》1935 年第 8 卷，第 4 期。
② 钱定宇：《中国违警罚法总论》，第 22 页。

类似赌博必系于道路或公共处所为之，方能成立违警行为，在《违警罚法》第四十五条第一款，业有明白规定。至此种行为，仅限于非以财物为目的之赌博行为，如系赌博财物，即属触犯刑法第二百七十八条之罪，应解送司法机关办理，不得擅以违警处分。乃查各级公安机关，每于人家住宅查获赌博牌宝案件，赌资则擅予没收，人犯则擅依类似赌博处罚……"第四，"填给收据之错误。查违警罚金应给收据，历经民政厅印制违警罚金联单收据，准由各级公安机关随时分别具领应用在案。事项收据，如一案之内被判处罚金者只有一人，固只应填给收据一张，如一案内被判处罚金者有数人时，应按每人被处罚金数目，各给收据一张。兹查各级公安机关所缴违警罚金报单，每有数人共给收据一张之事，应予纠正"。第五，"不得用绳索手铐。……又违警之现行犯，依法虽得经行传案，惟违警者如有《违警罚法》第二十六条但书之情形，虽现行犯，亦毋须径行传案。又违警者传案之时，不论情节轻重，均不得擅用绳、手铐等物拘束其身体……"第六，"检查行李为多不合。此外关于检查行旅事件，亦有应行注意之点，查近来各地公安机关所派检查行旅之局警执行职务之时，不免举动乖张或将旅客行李什物，凌乱翻检，任意抛掷，致使往来旅客多感不便，似此情形，殊有未合"。[①] 以上举出的几个例子，不过是《违警罚法》实施过程中出现过的一些枝节问题，事实本身恐怕要比上面所举的例子还要糟糕得多。

第三节 《维持治安紧急办法》和《非常时期维持治安紧急办法》

一 《维持治安紧急办法》

《维持治安紧急办法》公布于1936年2月20日。这是一部具有鲜明的法西斯主义特色的治安特别法规。

《维持治安紧急办法》全文只有七条近三百字，规定得十分原则，但它所包罗的范围却很广泛。凡是所谓"扰乱秩序、鼓煽暴动、破坏交通，以及其他危害国家"的事变，包括以"文字、图画、演说或其他方法"而进行的宣传及"煽惑民众的集会游行"都属于该法的适用范围。

《维持治安紧急办法》的法西斯主义特色主要表现在以下几个方面：

[①] 《内政消息·警政》第6号。

第一，该法规定的治安维持办法极为严苛，公然规定可以用"武力或其他有效方法"作为解决治安问题的主要手段。而所谓"其他有效方法"并没有相应的限制性规定，实际上等于赋予了军警以无限的权力，可以随意屠杀人民，而不受丝毫的法律制约。

第二，该法赋予军队与警察以同样的权力。如该法第一条规定："遇有扰乱秩序、鼓煽暴动、破坏交通，以及其他危害国家之事变发生时，负有公安责任之军警，得以武力或其他有效方法制止。"这种规定完全抹杀了军队与警察性质上的差别，为缺乏起码的法制观念而又素质极为低劣的国民党军队祸国残民、横行肆虐提供了足够的法律依据。

第三，该法明确规定，军警可以不按正当法律程序，随意逮捕人民而不受任何的法律制约，例如该法第二条规定："遇有以文字、图画、演说或其他方法，而为前项犯罪之宣传者，得当场逮捕……"第三条规定："军警遇有妨害秩序，煽惑民众之集会游行，应立予解散，并得逮捕首谋及抵拒解散之人。"第四条规定"军警遇有前述各项之事变时，应将当场携有武器者，立即缴械及逮捕之，并得搜捕嫌疑犯"。第五条规定："明知为违犯本办法之人犯，而藏匿、容留或使之隐藏者，得逮捕之。"

第四，该法规定的对所谓"人犯"的处理办法，不是按照正常的法律程序而是采用一系列非常严酷的措施。例如该法第六条规定："其所逮捕之人犯，应立即解送较近之宪兵队长官、公安局长、县长或检察官讯问后，分别情形，依照《危害民国紧急治罪法》或其他刑事法规办理。"这个规定表明，依《维持治安紧急办法》逮捕的所谓"人犯"，主要不是按照正常的刑法追诉，而是按照那些更为严酷的刑事特别法问罪。

第五，上述规定的多种非正常措施公然适用于非戒严时期和非战争时期，从法理上来讲是行不通的。这充分表明了国民党政权对公民依法所应享有的正当权利的极大蔑视和粗暴践踏。虽然该法也规定："依本办法处理事变之军警，对于严守纪律之人民应特予保护。"但是如何保护呢？该办法中没有作出任何具体的、有实际意义的规定。显然这条规定不过是一种虚假的粉饰，是一种自欺欺人的伎俩而已。

二 《非常时期维持治安紧急办法》

《非常时期维持治安紧急办法》公布于1940年7月24日，全文共十条五百余字。是国民党政府为应付抗日战争时期的紧张局势而制定的一项治安特别法规。

《非常时期维持治安紧急办法》第一条明确规定："非常时期肃清奸宄、维持治安、保卫公共秩序，适用本法之规定。"具体而言，该法的适用范围包括：

第一，《惩治汉奸条例》第二款规定的各类汉奸，即凡是通谋敌国、图谋反抗本国者，图谋扰乱治安者，招募军队或其他军用人工役夫者，供给、赎卖或为购办、运输军用品或制造军用品或制造军械弹药之原料者，供给、贩卖或购办、运输谷、米、麦、面、杂粮或其他可充食粮之物品者，供给金钱资产者，泄露、传递、侦察或盗窃有关军事、政治、经济之消息、文书、图画或物品者，充任向导或其他有关军事之职役者，阻碍公务员执行职务者，扰乱金融者，破坏交通、通讯或军事之工事或封锁者，于饮水、食品中投放毒物者，煽惑军人、公务员或人民逃叛通敌者，以及接受上述各类汉奸煽惑的人。

第二，《危害民国紧急治罪法》第一条规定的以危害民国为目的而从事的下列各种犯罪：私通敌国图谋扰乱治安者，勾结叛徒图谋扰乱治安者，为敌国或叛徒购办或运输军用品者，以政治上或军事上之秘密泄露或传递于敌国或叛徒者，破坏交通或军事场所者，煽惑军人不守纪律、放弃职务或与敌国或叛徒勾结者，煽惑他人私通敌国或与叛徒勾结或扰乱治安者，造谣惑众、摇动军心或扰乱治安者，以文字、图画或演说为利于敌国或叛徒之宣传者。

第三，《中华民国战时军律》第七条规定的"意图妨害抗战、扰乱后方者"。

第四，《陆海空军刑》第十七条规定的"意图叛乱，聚众掠夺兵器、弹药、舰船、飞机及其他军用物品或其制造局厂者"；第二十七条规定的"私招盗匪致扰乱地方安宁者"；第七十条规定的"私制枪械弹药者"；以及第八十二条规定的"掠取保卫团或公安局所之械弹者"等。

第五，《惩治盗匪暂行办法》第三条、第四条规定的"结合大帮抢劫者，聚众抢劫而执持枪械或爆裂物者，抢劫公署或军用财物者，抢劫水陆空公众运输之舟、车、航空机者，在海洋行劫者，抢劫而故意杀人或致人于死或重伤或伤害二人以上者，抢劫而放火者，抢劫而强奸者，抢劫因防护赃物或脱免逮捕而公然持械拒捕者，掳人或诱禁勒赎者，掳人强卖或强奸者，结伙持械劫夺依法拘禁人者，依法拘禁人聚众以强暴胁迫脱逃之首谋者，啸聚山庄抗拒官兵者，占据城市、乡村、铁道、公署或军用地者，私枭聚众持械拒捕者，意图抢劫、煽惑暴动、扰害公安者，意图扰害公安而放火烧毁、决水侵害或以其他方法损坏公署或军事设备者，意图扰害公安而放火烧毁、决水侵害供水陆空公众运输之舟、车、航空机或现有人聚集居住、执业之场所或建筑物者，意图扰害公安以其他方法损坏前款之舟、车、航空机场所、建筑物或铁道、公路、桥梁、灯塔、标识因而致人于死者"；"结伙抢劫者，包庇盗匪者，意图恐吓取财投留爆裂物致人死或重伤或伤害二人以上者，盗取尸体勒赎或结伙携械公然毁坏棺墓盗取殓物者，于剿匪或戒严区域盗取或损坏交通、通信器材致不堪用者"等。①

对于上述各类人犯（包括预备或阴谋犯），《非常时期维持治安紧急办法》规定，国民党军警有权侦察逮捕，并可以在必要时使用武力或其他有效方法制止。此外，对于下列各类人犯，如，《中华民国战时军律》第八条规定的"意图妨害抗战而造谣惑众摇动军心者"；《惩治偷漏关税暂行条例》第二条、第三条规定的因偷漏关税而"持械拒捕伤害人未致重伤者，公然聚众持械拒捕时在场助势者，公然聚众威胁缉私员警时在场助势者"以及"持械拒捕杀人或伤害人致死或重伤者，公然为首聚众持械拒捕者，公然为首聚众威胁缉私员警者，勾结外人或叛徒者，组织秘密团体者"；《非常时期农矿工商管理条例》第三十条规定的罢工、罢市或煽惑罢工罢市以及怠工或煽惑怠工者；新刑法第一百四十九条至一百五十六条，第一百七十三条至第一百九十条规定的犯妨害秩序罪和公共危险罪的各类人犯，国民党军警都可以当场逮捕或解散，并有权在必要时使用武力或其他有效方法排除其抗拒。1938年10月21日，国民政府司法院院字第1798号令解释上面提到的所谓"其他有效方法"是指："凡武力以外之方法在当时情形足以制止或排除者皆属之。"1941年3月11日，司法院院字第2151号令又解释所谓"于必要时系指各该条所列之犯罪是认为有发生之虞或已发生或于逮捕、解散有抗拒等类情事，非依武力或其他有效方法不克制止或排除其抗拒而言"。②

三 《非常时期维持治安紧急办法》是《维持治安紧急办法》在抗日战争时期的继续和发展

不难看出，两个法规有许多相似之处，甚至两个法规中的三个条款的内容和行文都几乎是完全相同的。两个法规都体现出鲜明的法西斯主义色彩，都规定采取异常严厉的手段维持社会治安。1941年5月3日，国民党政府

---

① 《增订现行军法类编》第1册，第222—223页。
② 同上书，第141—142页。

甚至明令将《非常时期维持治安紧急办法》中规定赋予军警的权力扩大赋予给乡村地区的保甲长："查《非常时期维持治安紧急办法》原为肃清奸宄、维持治安及保卫公共秩序而设。区乡镇保甲虽于辅助军警外，并非当然有该办法所定军警之权责。而在乡村无军警地方，并经行政官署予以该项权责，命诸保甲长则于必要时，对于该办法所列各款人犯自得予以逮捕或以有效方法制止之。惟行政官署发布前项命令时，应分别呈报通知，始免发生误会。"①

但是不容否认，《非常时期维持治安紧急办法》与《维持治安紧急办法》相比，无论是在法理上还是在立法技巧上，都要显得严谨和通顺得多。

首先，《非常时期维持治安紧急办法》明确规定该法只适用于"非常时期"；而不像《维持治安紧急办法》那样适用于一般时期。无论如何，在正常情况下采取非常的治安措施，在法理上或是情理上都是说不通的。

其次，《非常时期维持治安紧急办法》的适用范围以该法中明确规定的《惩治汉奸条例》《危害民国紧急治罪法》《战时军律》《陆海空军刑法》《惩治盗匪暂行办法》《惩治偷漏关税暂行条例》《非常时期农矿工商管理条例》《刑法》等法律、法规中各相关条款有明文规定的为限，不得随意扩大适用范围。而《维持治安紧急办法》中规定的适用范围就显得很含混，伸缩性大，缺乏必要的限制性规定，军警往往可以借机扩大该法的适用范围。此外，《非常时期维持治安紧急办法》颁布后，司法院还以命令的形式对两个法规中都曾出现过的"于必要时"和"其他有效方法"等比较含糊的字眼作出限制性解释，这一点也是应当予以肯定的。当然，《非常时期维持治安紧急办法》的适用范围仍然是比较宽的，例如该法第八条规定："本办法未规定之条款，而在其他法令上的犯罪，并有扰乱治安之虞者，准用本办法处理。"

最后，《非常时期维持治安紧急办法》对军警行使职权的方式作出了一定限制，这一点也较《维持治安紧急办法》有所改进。例如《非常时期维持治安紧急办法》第四条规定："对于违犯本办法所列举之人犯，得实施下列之处分：一、搜索其身体、住宅或其他处所；二、检查、扣押其邮件、电报、印刷品、宣传品或其他文书及图画；三、携带或收藏武器、弹药、爆裂物、无线电机或其他供犯罪所用物品者，不问曾否受有允许，准扣押之。"

---

① 《增订现行军法类编》第 1 册，第 142 页。

第四节 《假释管束规则》和《保护管束规则》

一 《假释管束规则》

《假释管束规则》颁布于1929年4月29日，它是根据1928年颁布的旧刑法中的有关条款制定的、对假释人员实施管理的主要法规。

国民党政府旧刑法第十三章第九十四条第二款明确规定了《假释管束规则》的存在："犯假释管束规则者"，可以撤销其假释。然而在旧刑法颁布的同时，《假释管束规则》尚未制定出来，当时对假释人员的监管可能仍然依照北洋政府时期制定《假释管束规则》办理。到旧刑法颁布的一年多以后，国民政府公布了新制定的《假释管束规则》，以配合旧刑法第十三条有关条款的执行。

《假释管束规则》共二十条，适用于根据旧刑法第九十三条规定的假释出狱的人员，即"受徒刑执行而有悛悔实据者，无期徒刑逾十年后，有期徒刑逾二分之一后，由监狱官呈司法部，得许假释出狱"[①]。

《假释管束规则》主要包括下述三个方面的内容：

第一，关于对假释者的限制。这又可以概括为三点：首先是对假释在释放后到达居住地的期限，这种限期由假释者原来所在监狱规定，并明确记载于假释证书中。假释者必须在规定的期间到达居住地并向有关监督人呈验证书。如果假释者因天灾或疾病等其他原因不能按期抵达时，应向所在地公安局声明其理由，并请求发给证明书。其次是对假释者旅行或移居的限制。假释者如准备作十日以下、三日以上的旅行，应将其理由、旅行日数、旅行地报告给监督者。假释者如准备移居或作十日以上的旅行，应将理由、移居地、旅行地、日数等事项报告给监督者。监督者如同意假释者旅行的请求时，应请求其原来所在监狱或当地公安局交付旅券。如果移居的请求得到许可，监督者应将有关事由及文件通知或移交给新居住地的有关部门或人员。假释者如准备到国外旅行时，有关监督者应呈请高等法院检察处报司法行政部查核。假释者旅行返回时应向监督人报到并交还旅券注销。最后是对假释者职业、生计的限制。假释者必须将关于其职业及生计的情况向监督者报告。此外，假释者还必须每月一次向监督者报告其"最近情况"。

[①] 《袖珍六法全书·旧刑法》。

第二，对假释人员实施监督的规定。"监督者"包括五种，最原始的监督者是"交付假释证书之监狱"。其他四种都是由监狱委托的监督者，其中最权威的是假释者居住地的公安局。此外三种监督者分别是：假释者之亲族故旧、出狱人保护会、其他慈善团体。监督者对假释者可以发布"相当之命令或训告"促使其"就正业、保善行"。同时，监督者还须对假释者的"行状之良否、职业生计之种类及勤惰，亲属之关系"等情况经常进行调查，每六个月制作一份调查书送交假释者原在监狱并通知其他有关机构。

第三，关于假释者在假释期间违法或死亡的规定。假释者在假释期间如再犯罪并受拘役以上刑罚的宣告时，假释者违犯《假释管束规则》的规定时，应由交付假释证书之监狱呈经高等法院检察处转报司法行政部核办，根据其情节给以适当的处分直至撤销假释。假释者如在假释期间死亡，委托监督者应报告其原在监狱。

国民党统治时期颁布的《假释管束规则》（以下简称 1929 年本）是根据北洋政府时期的《假释管束规则》（1913 年制定，以下简称 1913 年本）制定的。"1929 年本"基本上保留了"1913 年本"的原貌，只是对个别条款作了文字上和技术上的修改。例如"1929 年本"第一条合并了原"1913 年本"第一条和第十四条两条的内容。又如"1929 年本"将"1913 年本"所称的警察署一律按当时的制度改称为公安局等。"1929 年本"对"1913 年本"较大的变动只有一处，即"1913 年本"规定的原始监督者是警察署，而"1929 年本"则改为"交付假释证书之监狱"。

二 《保护管束规则》

《保护管束规则》公布于 1935 年 11 月 15 日，是由内政部和司法行政部两部会同制定的。其主要适用对象是根据 1935 年 1 月 1 日公布的新刑法而接受保安处分的人员及缓刑犯、假释犯。

1935 年新刑法第十二章《保安处分》第九十二条规定，对适用保安处分的人员"按其情形得以保护管束代之"；第九十三条规定："受缓刑之宣告者在缓刑期内得付保护管束。假释出狱者，在假释中付保护管束。"新刑法还规定了保护管束的期限和执行者。因而可以说，新刑法是制定《保护管束规则》的主要依据，《保护管束规则》也正是为了配合新刑法的实施而制定的。

根据《保护管束规则》的规定，保护管束的执行者是受保护管束人所在地或所在地以外的警察官署、自治团体、慈善团体、本人的最近亲属或其他适当的人员。执行保护管束者实施保护管束事务受执行保护管束地的法院、检察官的监督。

执行保护管束者对受保护管束者除负责管束外还负有感化、监护、禁戒、强制工作及其他职业上的指导义务。为履行上述各类义务，执行保护管束者发出命令或进行申诫，如后者不服从命令或申诫时，执行保护管束者有权限制其自由。执行保护管束者必须经常向有监督权的检察官报告受保护管束人的身体、品行、生计等情况。受保护管束人非经执行保护管束者的许可不得离开受保护管束地，其离开在十日以上时，须经有监督权的检察官核准，但最多不得超过一个月。当受保护管束人死亡、逃亡或管束期满时，执行保护管束者必须向有监督权的检察官报告并作出相应的处理。

有监督权的检察官对执行保护管束者有随时调查和督促的义务，并可发布命令。如后者不遵守命令时可予以申斥，并可以将受保护管束人另交管束。当保护管束非由警察官署执行不可时，有监督权的检察官可以委托警察官署代为监督。

《保护管束规则》没有规定保护管束的期限，但根据新刑法第九十二条的规定："保护管束期间为三年以下。"对收效不良的受保护管束人可以随时撤销保护管束，仍然执行原来的刑罚。同样，对于违反保护管束规则且情节重大的缓刑犯、假释犯，也可以撤销缓刑或假释，恢复其原来的刑罚。

根据新刑法第九十三条"假释出狱者在假释中付保护管束"的规定来推断，《保护管束规则》的公布事实上取代了《假释管束规则》。

附录：主要参考文献

中国第一历史档案馆藏档案（北京）

1. 京城善后协巡总局档案全宗
2. 巡警部档案全宗
3. 民政部档案全宗
4. 会议政务处档案全宗
5. 神机营档案全宗
6. 步军统领衙门档案全宗
7. 处务部档案全宗
8. 朱批奏折（内务—保警）

中国第二历史档案馆藏档案（南京）

9. 民国北京政府内务部档案全宗
10. 陆海军大元帅统率办事处档案全宗
11. 陆军部档案全宗
12. 南京国民政府内务部档案全宗

法典、法规

13. 《大清光绪新法令》，商务印书馆（上海），宣统元年。
14. 《大清宣统新法令》，商务印书馆（上海），宣统三年。
15. 《大清法规大全》，政学社印，宣统元年。
16. 《大清法规大全续编》，政学社印。

17. 京师内外城巡警总厅编：《京师警察法令汇编》，集成图书公司，宣统二年印。

18. 《京师警察法令汇纂》，京师警察厅编，撷华印书局，1915。

19. 甘厚慈辑：《北洋公牍类纂》，北京益林印刷有限公司，光绪三十三年。

20. 《湖南全省警务章程》，焕文堂光绪间刻本。

21. 《中华六法全书》，中华政法学社编印，上海广益书局，1926。

22. 《现行中华法规大全》，共和编译局编，上海共和书局，1924。

23. 《中华民国临时政府新法令》，上海自由社编印，1911—1913。

24. 《中华民国现行新法令》，上海广益书局，1916。

25. 《中华民国现行法规大全》，商务印书馆，1934。

26. 《中华民国法规大全》，上海商务印书馆，1937。

27. 《中华民国法令大全补编》，商务印书馆，1937。

28. 《增订现行军法类编》，民国三十三年九月编印。

29. 内务部警政司编：《现行警察例规》，1918。

30. 于宝轩编：《内务法令例规辑览》，内务部编译处印，1926。

31. 《内务法令例规辑览》，内务部编译处编印，1918。

32. 《民国法令辑览》，印铸造局官书刻编，1917。

33. 现行法规编印委员会编：《中华民国法规汇编（续编）》，台湾台联国风出版社，1971。

34. 国民政府文官处铸印局编：《国民政府法规汇编》，1—20册，1933年—1948年。

35. 广东省政府秘书处法制室编：《战时法令汇编》，1940。

36. 陶百川编：《最新六法全书》，台湾三民书局，1979。

37. 《上海市政法规汇编》，上海市政府印，1948年。

38. 《山西省单行法规汇编》山西省政府编印，1936。

39. 天津丛刊编辑委员会编：《天津市单行法规汇编》，天津市政府秘书处编译室印，1948。

40. 《云南省现行法规汇编》，云南省政府编印，1934。

41. 《浙江省现行法规汇编》，浙江省政府秘书处编印，1936。

42. 《袖珍六法全书》，吴经熊，上海法学编译社，1936。

43. 《法令大全》，郭卫辑校，上海汇文堂新记书局，1931。

44. 徐百齐编：《中华民国法规大全》，商务印书馆（上海），1937。

45. 内政部总务司：《内政法规汇编》，1941。
46. 内政部编：《内政法规》，1947。
47. 首都（南京）警察厅警员训练所编：《警察法令》，1947。
48. 《现行警察法令集解》，上海警察学社，1930。
49. 内政部编：《现行警察法规汇编》。
50. 首都警察厅编：《现行警察法规汇编》，1934。
51. 《四川省民政法规汇编》，1—4辑，四川省政府民政厅印，1939—1942。
52. 陕西省民政厅视察室编：《陕西民政概况》，1940。
53. 王铁崖编：《中外旧约章汇编》，1—3辑，三联书店，1959—1962。
54. 《旧中国治安法规选编》，群众出版社，1985。

报刊杂志

55. 《湘报》
56. 《政治官报》
57. 《内阁官报》
58. 《南京临时政府公报》
59. 《国民政府公报》
60. 《政府公报》
61. 《内务公报》
62. 《总统府公报》
63. 《国民政府内政部内政公报》
64. 《内政部内政公报》
65. 《内政公报》
66. 《国民政府行政院内政部内政公报》
67. 《重庆市政府公报》
68. 《广东警务官报》
69. 《四川警务官报》
70. 《吉林警务官报》
71. 《直隶警察杂志》
72. 《北平特别市公安局政治训练部旬刊》
73. 《警务旬刊》

74. 《内政消息》
75. 《警高月刊》
76. 《警察月刊》
77. 《警光季刊》
78. 《中央警官学校季刊》
79. 《现代警察》
80. 《近代史资料》
81. 《文史资料选辑》
82. 《天津文史资料》
83. 《徐州文史资料》
84. 《贵阳文史资料选辑》
85. 《广东文史资料选辑》

史书方志

86. 朱寿朋:《光绪朝东华录》,中华书局,1984。
87. 《大清德宗实录》(影印版),中华书局,1987。
88. 《宣统政纪》,同上。
89. 刘锦藻:《清朝续文献通考》,万有文库本,商务印书馆。
90. 《清史稿》(中华书局点校本),1976。
91. 于宝轩:《皇朝蓄艾文编》,上海官书局,光绪二十九。
92. 故宫明清档案部编:《戊戌变法档案史料》,中华书局,1959。
93. 杨家骆编:《戊戌变法文献汇编》,台北鼎文书局,1973。
94. 中国史学会编:《戊戌变法》,中国近代史料丛刊本。
95. 中国史学会编:《义和团》,中国近代史料丛刊本。
96. 中国社会科学院近代史所编:《义和团史料》,中国社会科学出版社,1980。
97. 故宫明清档案部编:《义和团档案史料》,中华书局,1959。
98. 中国社会科学院近代史所编:《筹笔偶存》,中国社会科学出版社,1983。
99. 故宫明清档案部编:《清末筹备立宪档案史料》,中华书局,1979。
100. 中国第一历史档案馆编:《清代档案史料丛编》,第 9 辑,中华书局,1983。

101. 陈旭麓等编：《辛亥革命前后（盛宣怀档案资料选辑之一）》，上海人民出版社，1979。

102.《中国现代政治史资料》（油印本），中国社会科学院近代史研究所藏。

103.《京师军警联合公所记事汇编》，第一类。

104.《中华民国史档案资料汇编》。

105. 田中玉：《政务辑要》，北京印刷局，1919。

106. 孙曜：《中华民国史料》，上海文明书局，1929。

107. 陈之迈：《中国政府》，商务印书馆，重庆，1944。

108. 陈之迈编：《中国政府》，商务印书馆，上海，1925。

109. 沈乃正编：《中国地方政府资料》，清华大学政治系讲义，1935。

110. 荣孟源、章伯锋主编：《近代稗海》，四川人民出版社，1985。

111. 杜春和、林斌生等编：《北洋军阀史料选辑》，中国社会科学出版社，1981。

112. 余绍宋修，孙延钊等纂：《民国重修浙江通志（初）稿》，光电刻印本。

113. 安阳市公安局史志编纂小组编：《安阳市公安志稿》（稿本），1986。

114. 姜春华：《北平警政概观》，1934年版。

115. 内政部警政司编：《中国都市交通警察》，商务印书馆，1935。

116. 首都警察厅编：《首都警察概况》，1934。

117. 内政部警政司编：《中国外事警察》，商务印书馆，1935。

118. 内政部年鉴编纂委员会：《内政年鉴》，中国社会科学院法学所藏本。

119.《中国盐政史》，台湾商务印书馆，1987。

120. 张嶲、刑定纶、赵以谦纂修，郭沫若点校：《崖州志》，广东人民出版社，1983。

121. 赵琪修、袁荣叟纂：《胶澳志》，1928。

122. 陈铭鉴纂修：《西平县志》，1934。

123. 张缙璜等纂修：《确山县志》，1931。

124. 王维垣等修，王蒲园等纂：《重修滑县志》，河南商务印书所，1930。

125. 丁世平修、尚庆翰纂：《续平度县志》，1936。

126. 王秉琨修、王丕煦纂：《莱阳县志》，1935。

文集杂著

127. 何启、胡礼垣：《中国宜改良新政论议》，香港文裕堂刻本，光绪二十一年。

128. 夏东元编：《郑观应集》，上册，上海人民出版社，1982。

129. 谭嗣同：《谭嗣同全集（增订本）》，中华书局，1981。

130. 唐才常：《唐才常集》，中华书局，1982。

131. 陈炽：《庸书》，光绪二十二年刻本。

132. 黄遵宪著，钱钟联签注：《人境庐诗草笺注》，上海古籍出版社，1991。

133. 黄遵宪：《日本杂事诗》，载于《人境庐诗草笺注》。

134. 梁启超：《饮冰室合集》（影印版），中华书局，1989。

135. 张之洞：《张文襄公奏稿》，宣统二年。

136. 刘坤一、张之洞：《江楚会奏变法三折》，西湖书院，光绪二十七年。

137. 端方：《端忠敏公奏稿》（铅印本），民国七年。

138. 张謇：《张季子九录》，中华书局，1931。

139. 王先谦：《王葵园四种》，光绪三十四年。

140. 徐世昌：《退耕堂政书》，故宫博物馆藏版。

141. 徐世昌：《将吏法言》，静远堂铅印本，1919。

142. 陈璧撰，陈宗蕃编：《望岩堂奏稿》，民国二十一年。

143. 陈三立：《散原精舍文集》，民国三十八年。

144. 葛元煦：《沪游杂记》，啸园刻本，光绪二年。

145. 冷枫撰记：《许世英回忆录》，台湾人间世月刊社，1966。

146. 黄浚：《花随人圣庵摭忆》，上海古籍书店，1983。

147. 朱德裳：《三十年闻见录》，岳麓书社，1985。

148. 《晚清宫廷生活见闻》，文史资料出版社，1988。

149. 徐一士：《一士类稿·一士谈荟》，书目文献出版社，1983。

150. 陈夔龙：《梦蕉亭杂记》，上海古籍书店，1983。

151. 何刚德著，《春明梦录·客座偶谈》，上海古籍书店，1983。

152. 重庆市政府秘书处编：《九年来之重庆市政》，1936。

153. 孙宝瑄：《忘山庐日记》，上海古籍书店，1983。

154. 皮锡瑞：《师伏堂日记》，《湖南历史资料》1958年第1、4期，1959年第1、2期，1981年第2期。

155. 求自强斋主人编：《西政丛书》，光绪二十三年。

156. 王建中：《洪宪惨史》，新新印刷局，1925。

157. 皮锡瑞：《师伏堂末刊日记》，《湖南历史资料》，1959年第4期。

158. 《光绪二十四年中外大事汇记》，广智报局编印。

159. 福格：《听雨丛谈》，中华书局，1984。

160. 赵翼、姚元之：《簷曝杂记、竹叶亭杂记》，中华书局，1982。

161. 张国华、李贵连：《沈家本年谱初编》，北京大学出版社，1989。

162. 《康南海自编年谱》，载中国史学会编：《戊戌变法》，中国近代史料丛刊本。

163. 沈醉：《我所知道的戴笠》，群众出版社，1962。

164. 沈醉：《军统内幕》，文史资料出版社，1984。

165. 《蒋帮特务罪行录》，群众出版社，1979。

报告图表

166. 四川调查局：《调查川省警察行政沿习利弊报告书》（手抄本）。

167. 《京兆近三年行政报告》，佚名编印，1918。

168. 《吉林哈尔滨警察总局民国七年第一期报告书》，哈尔滨工艺教养所编印。

169. 《山西警察报告书》，山西省会警察厅编印，太原，1919。

170. 于珍著：《奉天全省警甲报告书》，奉天作新印刷局，1925。

171. 《山东省会警察厅警务一览表》，山东省会警察厅编印，1916。

172. 《山西省会警察厅警务一览表》，山西省会警察厅编印，1916。

173. 《上海市第一届参议会警政委员会工作报告》，上海市参议会秘书处编印，1947。

研究著述

174. 《警察学》，作新社编译，光绪三十年。

175. 赵象谦编：《警察讲义录》，商务印书馆（上海），光绪三十三年。

176. 汪有龄：《大清违警律论》，商务印书馆（上海），宣统元年。

177. 汤化龙：《大清违警律释义》，法政研究社，北京，光绪三十四年。

178. 郑宗楷：《警察法总论》，商务印书馆，1937。

179. 钱定宇：《中国违警罚法总论》，正中书局（南京），1947。

180. 陈允文：《中国的警察》，商务印书馆（上海），1935。

181. 王家俭：《清末民初我国警察制度现代化的历程》，台湾。

182. 闻钧天：《中国保甲制度》，商务印书馆，1936。

183. 南京国民政府内政部警政司编：《中国警察行政》，商务印书馆（上海），1935。

184. 《公安学概论》编写组编：《公安学概论》，北京，中国人民公安大学出版社，1985。

185. 范杨：《警察行政法》，商务印书馆（长沙），1940。

186. 刘尧等著：《中国都市交通警察》，商务印书馆，1935。

187. 韦瑞墀：《中国警管区制的理论与实际》，1937。

188. 余秀豪：《现代警察行政》，中华书局（上海），1948。

189. 罗尔纲：《绿营兵志》，中华书局，1984。

190. 陈之迈：《中国政府》，商务印书馆，1934。

191. 谢瀛洲：《中国政府大纲》，会文堂新记书局（上海），1946。

192. 秦孝仪：《中华民国政治发展史》，近代中国出版社（台北），1985。

193. 张其昀：《中华民国五十年史论集》，台北国防研究院，1962。

194. 谢振民：《中华民国立法史》，正中书局，1937。

195. 廖舆人：《中华民国现行司法制度》，台湾黎明文化事业出版公司，1982。

196. 张德泽编：《清代国家机关考略》，中国人民大学出版社，北京，1981。

197. 钱实甫编：《清季重要职官年表》，中华书局（北京），1959。

198. 钱实甫编：《清季新设职官年表》，中华书局（北京），1961。

199. 荣孟源编：《中国近代史历表》，中华书局，1977。

200. 李鹏年等著：《清代中央国家机关概述》，黑龙江人民出版社，1983。

201. 中国社会科学院法制史研究室：《中国警察制度简论》，群众出版社，1985。

图表索引

第一编

1. 巡警部机构设置简图（第二章，第71页）
2. 民政部机构设置简图（第二章，第78页）
3. 步军统领衙门内设机构简图（第三章，第109页）
4. 巡警人员称谓表（第五章，第157页）
5. 京师内外城巡警总厅官员薪俸表（第五章，第159页）
6. 中下级警察薪俸标准表（第五章，第160页）
7. 直隶警务处职员薪公表（第五章，第160页）
8. 保定工巡总局员弁月薪表（第五章，第161页）
9. 天津南段巡警总局司兵役饷章（第五章，第164页）
10. 浙江、四川两省薪饱和标准比较表（第五章，第167页）
11. 三等九级警服简表（第五章，第171页）
12. 民政部岁出各款预算表（第五章，第176页）
13. 民政部岁入各款预算表（第五章，第178页）
14. 四川省各州县警察经费表（第五章，第183页）
15. 宣统元年四川各地开办巡警教练所时间简表（第六章，第209页）
16. 违警律条目变化表（第七章，第218页）
17. 光绪卅四年报律与宣统二年报律内容比较表（第七章，第228页）

第二编

1. 京师警察厅组织一览（第十章，第282页后拉页）
2. 北京各区警察署职员及巡官长警配置表（第十章，第282页）

3. 山西省省会警察厅组织结构（第十一章，第301页）

4. 湖北省省会警察厅组织结构（第十一章，第302页）

5. 安徽省省会警察厅组织结构（第十一章，第303页）

6. 山东省省会警察厅组织结构（第十一章，第304页）

7. 烟台警察厅机构设置图（第十一章，第308页）

8. 芜湖警察厅机构设置图（第十一章，第309页）

9. 山东沿海警察厅编制图（第十四章，第383页）

10. 南运湖河水上警察局组织机构示意图（第十四章，第384页）

11. 视察受预戒命令者月记表（第十六章，第406页）

第三编

1. 内政部内设机构（第十八章，第429页）

2. 中央警察机关系统（1938年）（第十八章，第435页）

3. 中央警察机关系统（1946年）（第十八章，第436页）

4. 首都警察厅内设机构（1935年9月）（第十九章，第443页）

5. 首都警察厅外部组织（1935年）（第十九章，第446页）

6. 首都警察厅各局所编制（1946年）（第十九章，第447页）

7. 北平市公安局内外机构（第二十章，第458页）

8. 北平市公安局各区署设所数额（第二十章，第459页）

9. 1934年以前各省省会公安局情况（第二十章，第462页）

10. 战后部分省会警察机关组织（第二十章，第467页）

11. 1934年全国各省设置县公安局情况（第二十章，第475页）

12. 陕西省县警察局等级编制（第二十章，第477页）

13. 浙江省县警察局等级编制（第二十章，第478页）

14. 1934年全国各省设立县公安分局简表（第二十章，第479页）

15. 警察机关与自治机关联系图（第二十章，第481页）

16. 1943年浙江省各县警察名额与全县人口比例（第二十章，第483页）

17. 各省水警情况调查结果表（第二十章，第486页）

18. 省保安警察队编制系统（第二十章，第492页）

19. 保安警察总队编制表（第二十章，第493页）

20. 警察官官等官俸表（1928年11月颁行）（第二十三章，第544页）

图表索引 635

21. 警察官官俸表（1928年7月1日施行）（第二十三章，第545页）
22. 警长警士薪饷表（1934年11月30日施行）（第二十三章，第547页）
23. 警长警士薪饷表（1942年修订）（第二十三章，第548页）
24. 1943年《违警罚法》与1928年变化比较表（第二十七章，第606页）
25. 1934年下半年各大城市及省会违警犯人数比较图（第二十七章，第607页）
26. 1932年辖境人口数与违警犯数之万分比（第二十七章，第608页）
27. 1933年辖境人口数与违警犯数之万分比（第二十七章，第609页）
28. 1933年违警原因统计表（第二十七章，第610页）
29. 1933年违警犯年龄及职业统计表（第二十七章，第612页）
30. 1933年违警时期统计表（第二十七章，第614页）

服制图式

一、清末警察服制图式（第639页）

①礼帽（第639页）
②礼服衣式（第639页）
③礼服裤式及裤章（第640页）
④礼服袖章（第640—641页）、礼服领章（第640页）
⑤礼服肩章（第641页）
⑥冬季常帽（第642页）
⑦冬季常服衣式（第643页）
⑧冬季常服裤式及裤章（第643页）、冬季常服领章（第643页）
⑨冬季常服袖章（第644页）
⑩夏季常帽（第645页）
⑪夏季常服领章（第646页）、夏季长警领章（第646页）
⑫夏季常服裤式及裤章（第646页）
⑬夏季常服袖章（第647页）
⑭外套式（第648页）
⑮外套冬季臂章（第648页）
⑯冬季巡长帽式（第648页）
⑰外套夏季臂章（第649页）
⑱冬季巡长衣式（第649页）
⑲冬季巡警帽式（第649页）
⑳冬季长警裤式及裤章（第649页）
㉑冬季巡警衣式（第649页）
㉒冬季长警领章（第650页）
㉓冬季巡长袖章（第650页）

㉔冬季巡警袖章（第 650 页）

㉕冬季长警常服肩章（第 650 页）

㉖夏季长警常服肩章（第 650 页）

㉗长警礼服肩章（第 650 页）

㉘夏季巡长帽式（第 650 页）

㉙夏季巡警帽式（第 650 页）

㉚夏季巡长袖章（第 651 页）、夏季巡警袖章（第 651 页）

㉛夏季长警裤式及裤章（第 651 页）

㉜夏季常服衣式（第 651 页）、夏季巡警衣式（第 651 页）、夏季巡长衣式（第 651 页）

二、北洋政府时期的警察服制图式（第 652 页）

（1）第一代警察服制图式（第 652 页）

①礼服（第 652—655 页）

②常服（第 656—659 页）

（2）第二代警察服制图式（第 660 页）

①各级警察官大礼装（第 660—662 页）

②内务部警政司官员大礼装（第 663—664 页）

③巡官长警大礼装（第 664—665 页）

④各级警察官礼装（第 666 页）

⑤各类徽章（第 667—669 页）

三、北洋政府时期的警察奖章图式（第 670—677 页）

四、南京国民政府时期的警察奖章图式（第 678—681 页）

五、矿业警察臂章（第 682 页）

六、南京国民政府时期的警察服制图式（第 683 页）

（1）第一代警察服制（1917.12.1 颁行）（第 683 页）

①警官礼装（第 683—686 页）

②警官常服（第 687—688 页）

③警士制服（第 689 页）

（2）第二代警察服制（1928.11.4 颁行）（第 690—695 页）

（3）第三代警察服制（1937.7.2 颁行）（第 696—729 页）

①警官大礼服（第 696—701 页）

②警官常礼服徽章（第 711—714 页）

③警官常服（第 715—717 页）

④长警制服（第 721—724 页）

⑤警长臂章（第 725 页）、警士臂章（第 726 页）

⑥长警冬季大衣（第 727 页）

⑦警官雨衣（第 728 页）

⑧长警雨衣（第 729 页）

（4）第四代警察服制（1947.11.13 颁布）（第 730—742 页）

清末警察服制图式

礼帽

上等第一级

上等第二级

上等第三级

初等第一级

初等第二级

初等第三级

中等第一级

中等第二级

中等第三级

礼服衣式

此系上等第一级式，余类推

注：帽檐际两小金点系气孔。

礼服裤式及裤章

上等三级同式

中等三级同式

初等三级同式

礼服袖章

上等第一级

上等第二级

上等第三级

礼服领章

上等三级同式

中等三级同式

初等三级同式

礼服袖章

中等第一级

中等第二级

中等第三级

礼服袖章

初等第一级

初等第二级

初等第三级

礼服肩章

中等三级同式

上等三级同式

初等三级同式

冬季常帽

上等第一级

上等第二级

上等第三级

冬季常帽

中等第一级

中等第二级

中等第三级

冬季常帽

初等第一级

初等第二级

初等第三级

冬季常服衣式

此系上等第一级式，余类推

冬季常服裤式及裤章

上等三级同式

冬季常服领章

上等三级同式

中等三级同式

中等三级同式

初等三级同式

初等三级同式

冬季常服袖章

上等第一级

中等第一级

上等第二级

中等第二级

上等第三级

中等第三级

初等第一级

初等第二级

初等第三级

夏季常帽

上等第一级

中等第一级

上等第二级

中等第二级

上等第三级

中等第三级

初等第一级

初等第二级

初等第三级

夏季常服领章

上等三级同式

中等三级同式

初等三级同式

夏季常服裤式及裤章

上等三级同式

中等三级同式

初等三级同式

夏季长警领章

与初等三级领章同

夏季常服袖章

上等第一级

中等第一级

上等第二级

中等第二级

上等第三级

中等第三级

初等第一级

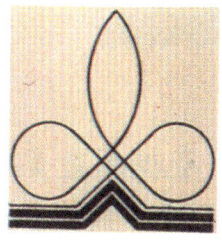

初等第二级

初等第三级

外套式

此系上等第一级式，余类推

外套冬季臂章

上等三级同式

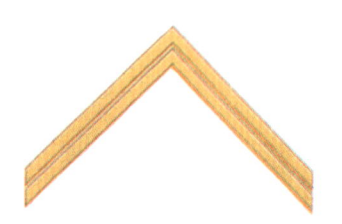

中等三级同式

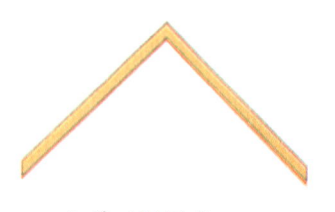

初等三级同式

冬季巡长帽式

注：谨按日本警察服制，自警视总监至警部，均有礼服。巡查部长巡查，则惟有常服。若至应着礼服时，但挂肩章，以示警。兹仿照办理，分则另绘图式如左（上）。

外套夏季臂章

上等三级同式　　　中等三级同式　　　初等三级同式

以上三等九级服章以下附绘长警服章

冬季巡长衣式

冬季巡警帽式

冬季长警裤式及裤章

冬季巡警衣式

与初等三级同式

冬季长警领章　　　　　　　夏季长警常服肩章

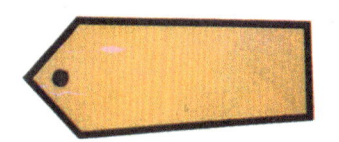

冬季巡长袖章 　　　　　　　长警礼服肩章

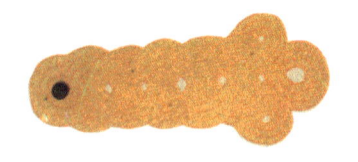

长警肩章应着礼服时用

冬季巡警袖章　　　　　　　夏季巡长帽式

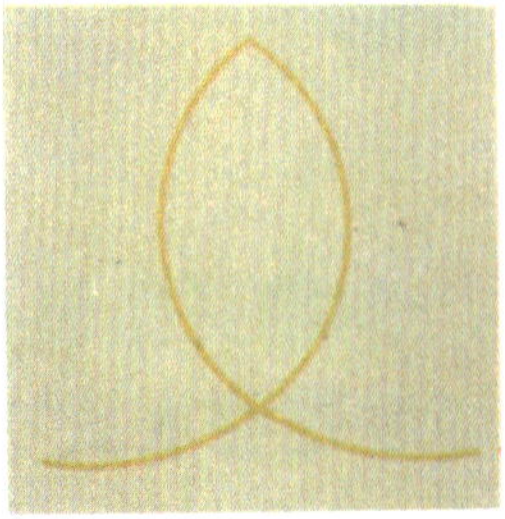

冬季长警常服肩章 　　　　　夏季巡警帽式

服制图式

夏季巡长衣式

夏季巡长袖章

夏季巡警衣式

夏季长警裤式及裤章

与初等三级同

夏季巡警袖章

夏季常服衣式

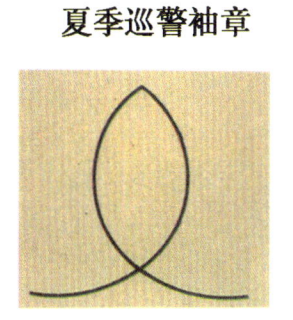

此系上等外套图式,余类推

# 北洋政府时期的警察服制图式
第一代警察服制图式

礼服

帽正

礼帽

礼衣

领章

袖章

裤　　肩章

服制图式

肩章

常服

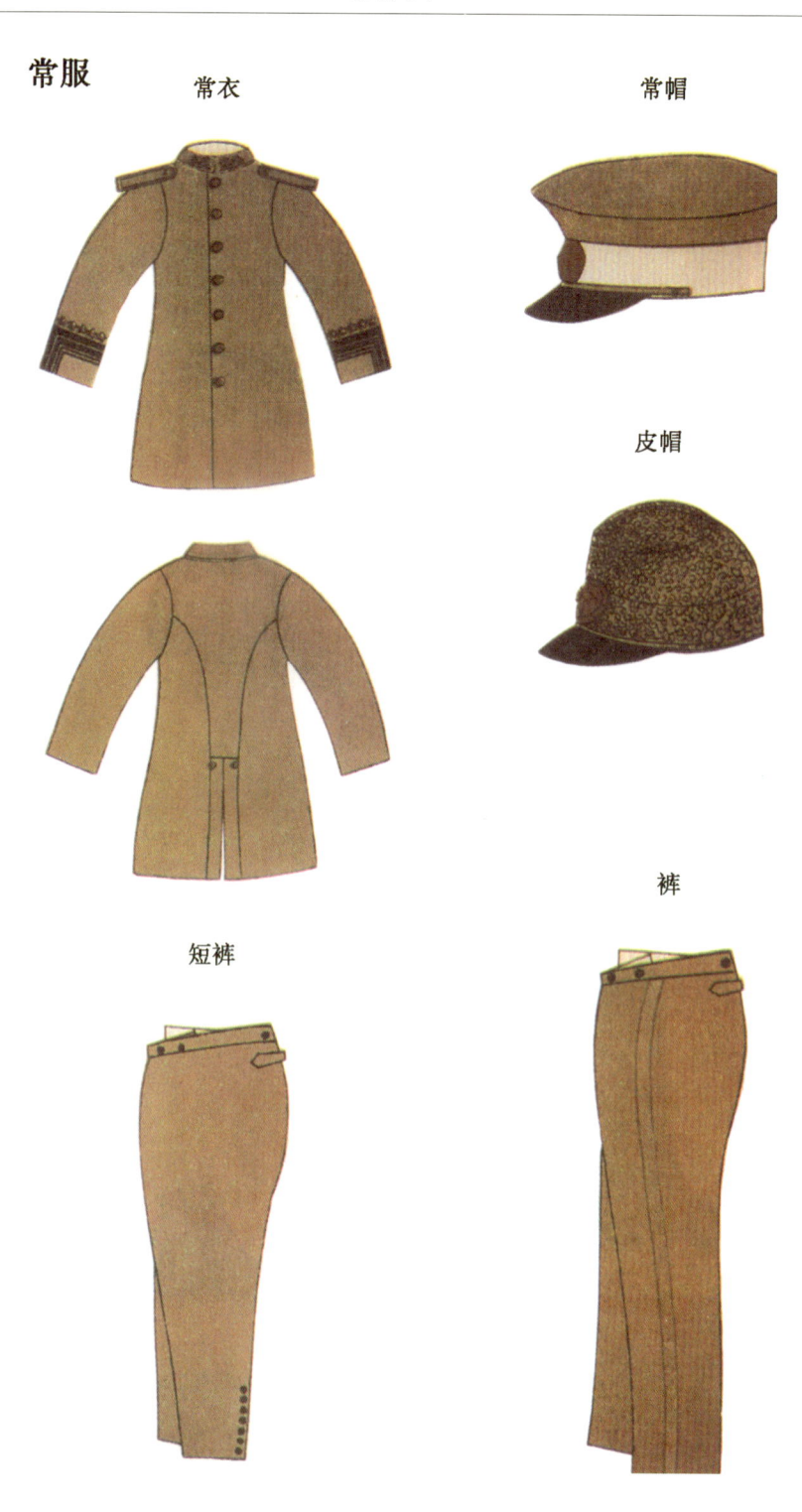

常衣

常帽

皮帽

短裤

裤

服制图式 657

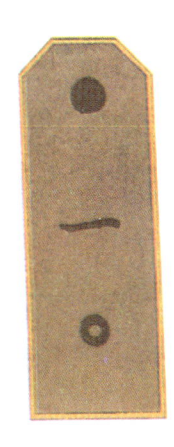

肩章

外套

领章

服制图式

袖章

第二代警察服制图式
大礼装

各级警察官大礼装

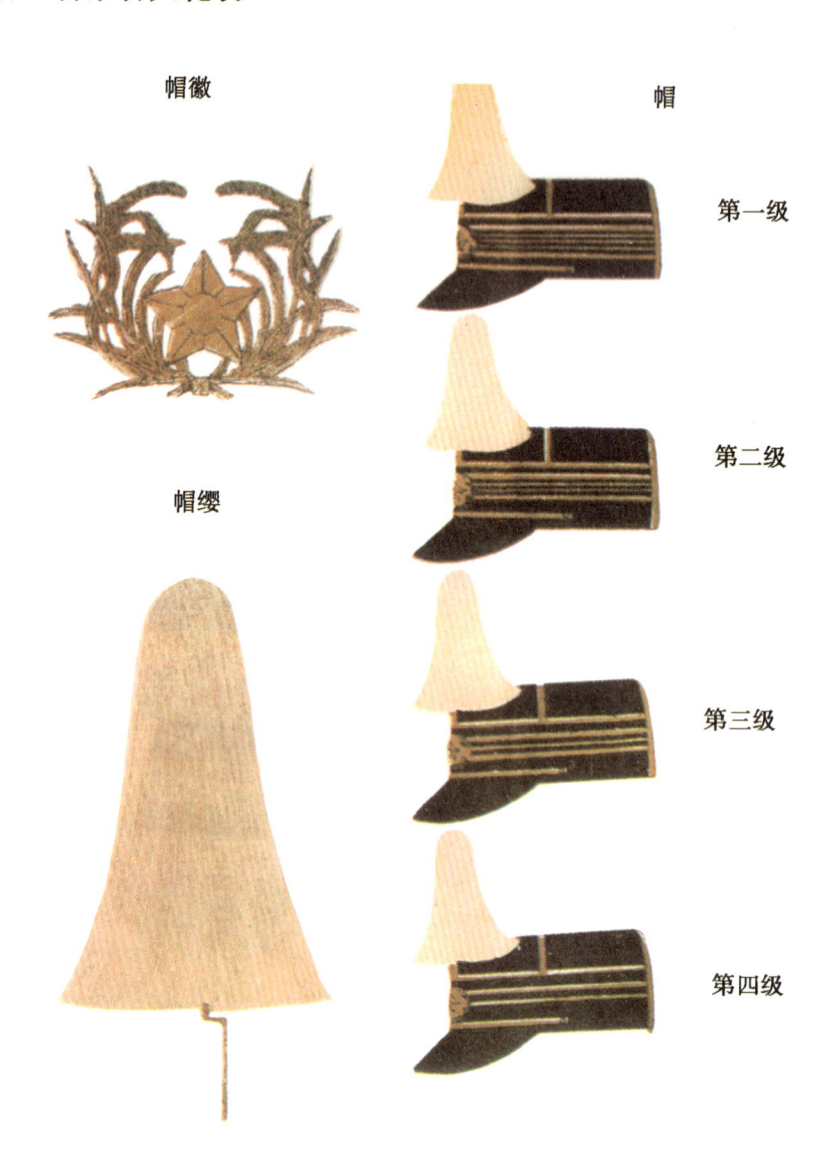

帽徽

帽

第一级

第二级

帽缨

第三级

第四级

服制图式　　661

衣

正面

领章

背面

袖章

第一级

第二级

第三级

第四级

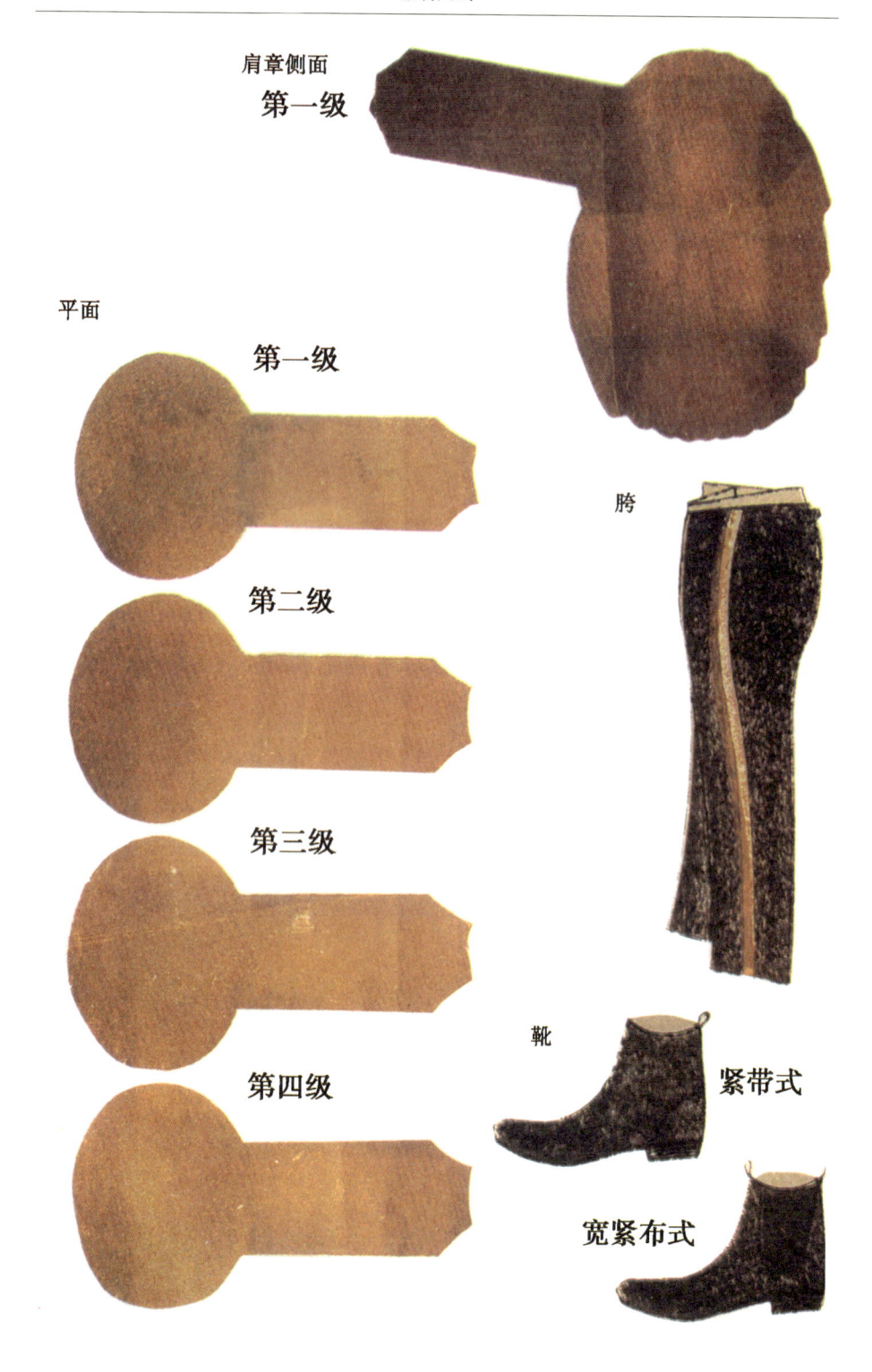

肩章侧面
第一级

平面
第一级

第二级

第三级

第四级

胯

靴
紧带式
宽紧布式

服制图式 663

内务部警政司
官员大礼装

领章

肩章
侧面
第一级

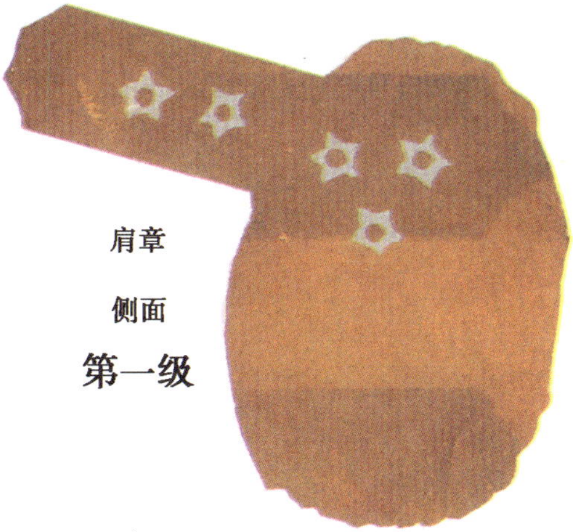

平面
第一级

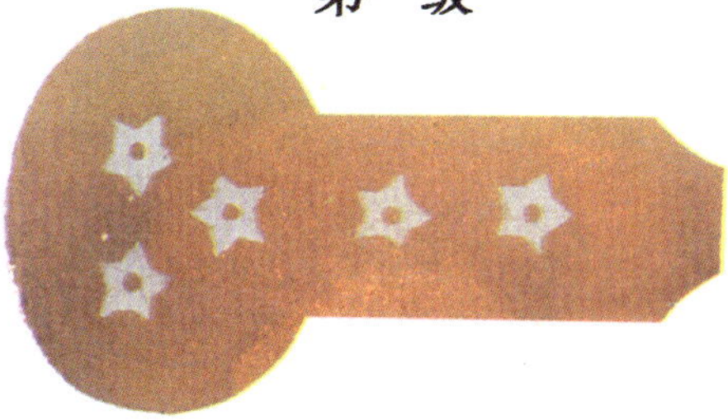

肩章 第一级

第二级

第二级

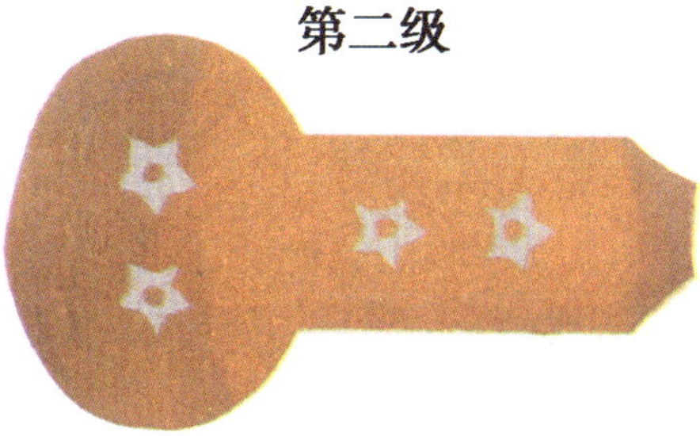

第三级

第三级

第四级

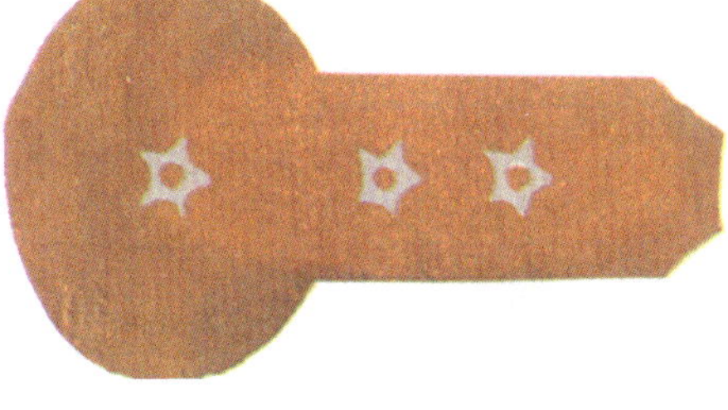

第四级

领章

巡官长警大礼装

帽

第一级

袖章

第一级

第二级

第二级

第三级

第三级

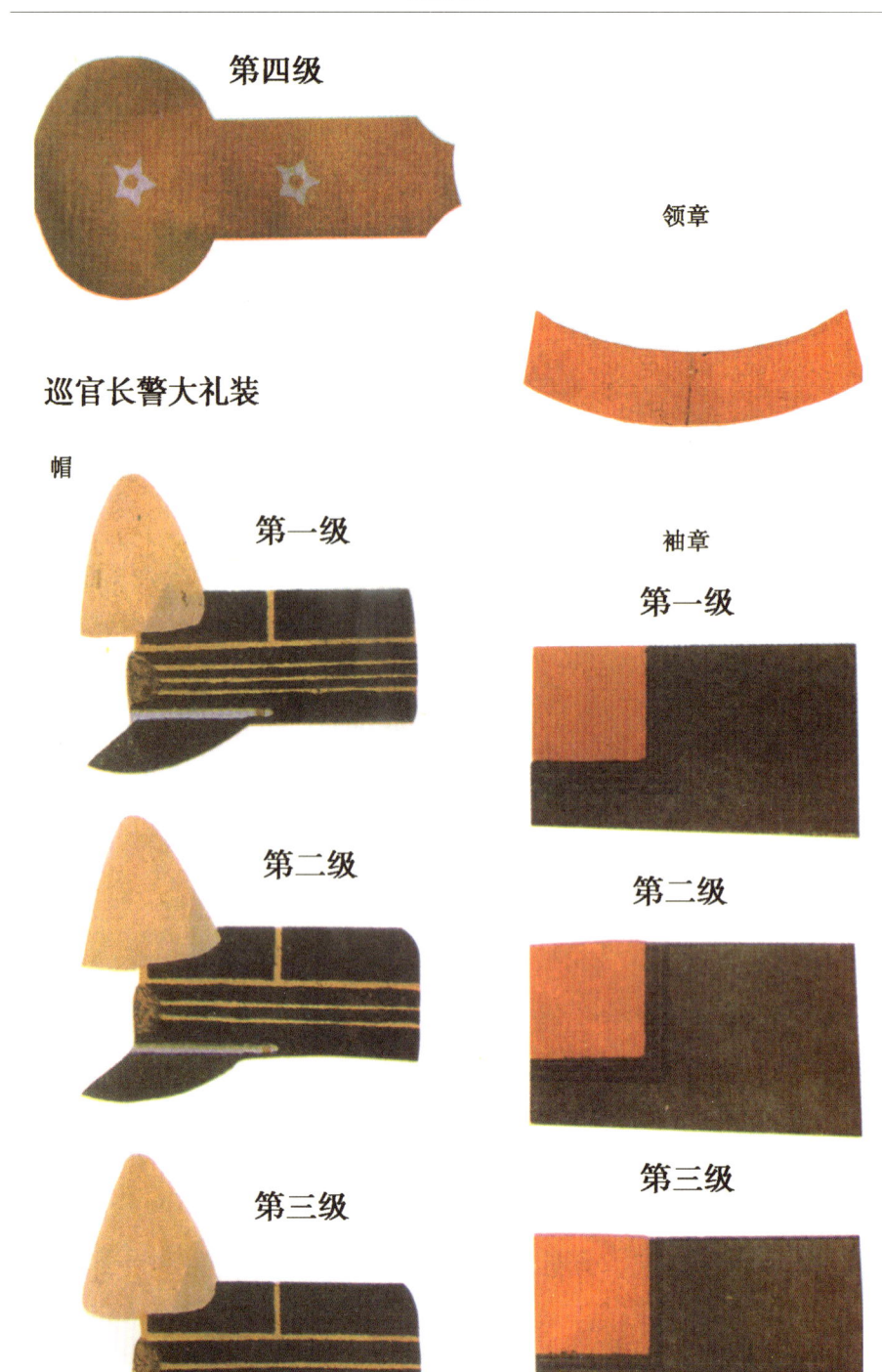

服制图式　　　665

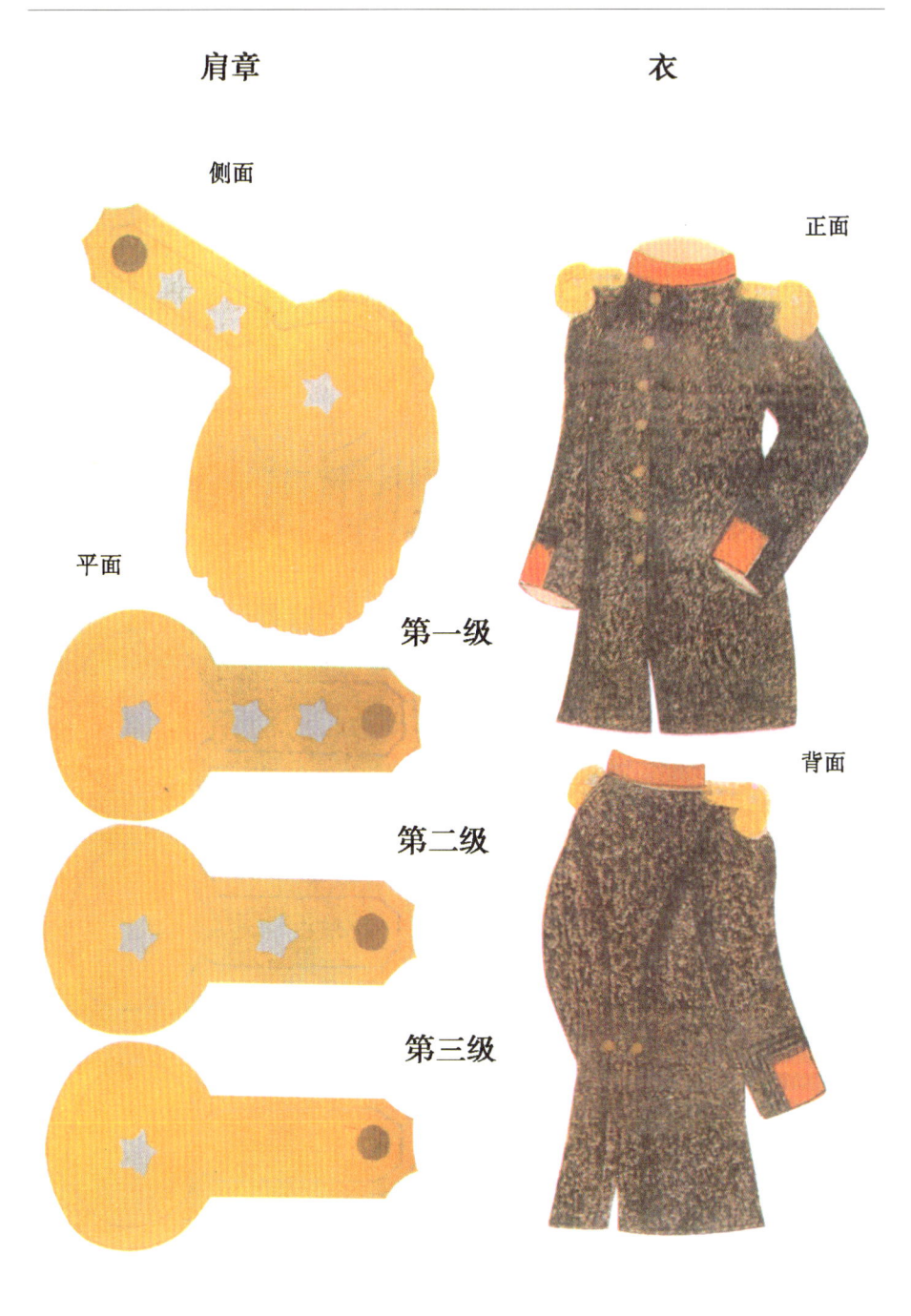

肩章　　　衣

侧面

正面

平面

第一级

第二级

背面

第三级

裤

衣
正面

背面

礼装
各级警察官礼装

帽

服制图式　　　667

各类徽章

领章

第一级
第二级 
第三级 
第四级 

袖章

第一级
第二级 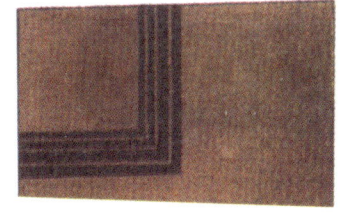
第三级 
第四级 

肩章

第一级
第二级 
第三级
第四级

帽

领章

第一级

第二级

第三级

肩章

第一级

第二级

第三级

左肩

右肩

臂章

水上警察

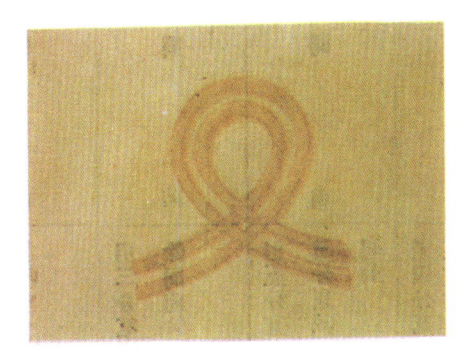

消防

警察队

北洋政府时期的警察奖章图式
警察奖章图式

一等五星特饰警察奖章

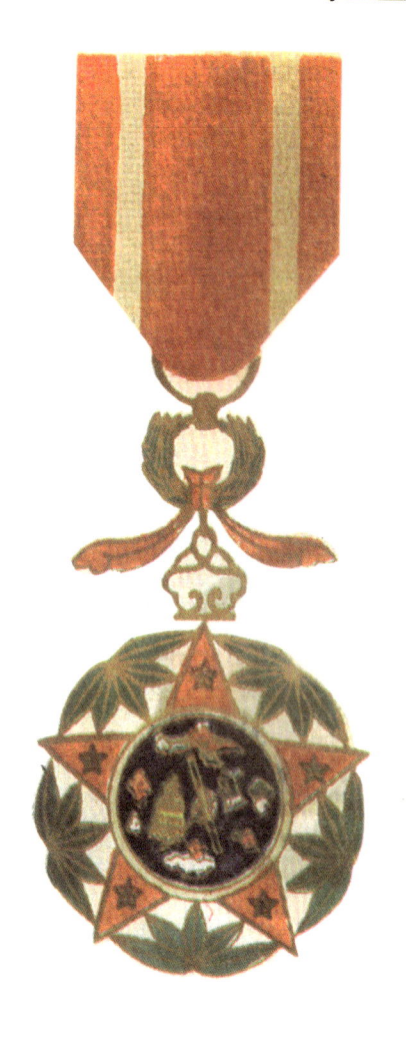

背面

一等一级至一等三级背面均如此

一等五星警察奖章　　　　　　一等一级警察奖章

一等二级警察奖章　　　　　　一等三级警察奖章

三等二级警察奖章

背面

三等三级背面如此

二等二级警察奖章　　　　　　二等三级警察奖章

二等一级警察奖章

背面

二等二级二等三级背面均如此

三等一级警察奖章

背面

三等三级警察奖章

南京国民政府时期的警察奖章图式

一等警察奖章
一级三星　二级二星　三级一星
（本图为一等一级奖章）

二等警察奖章
一级三星　二级二星　三级一星
（本图为二等二级奖章）

三等警察奖章
一级三星　二级二星　三级一星
（本图为三等三级奖章）

四等警察奖章
一级三星　二级二星　三级一星
（本图为四等一级奖章）

矿业警察臂章（1934年）

（质料：黑呢　直径：2.5寸）

南京国民政府时期的警察服制图式
第一代警察服制（1927.12.1 颁行）

警官礼装

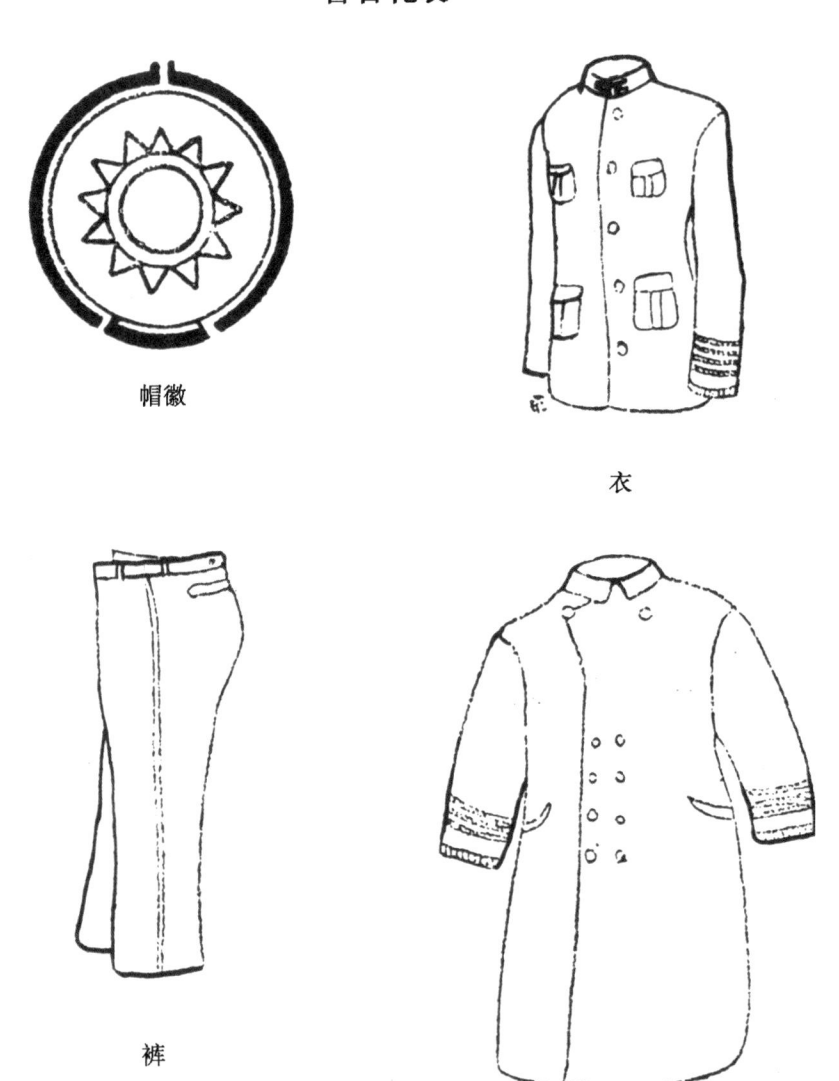

帽徽

衣

裤

外套

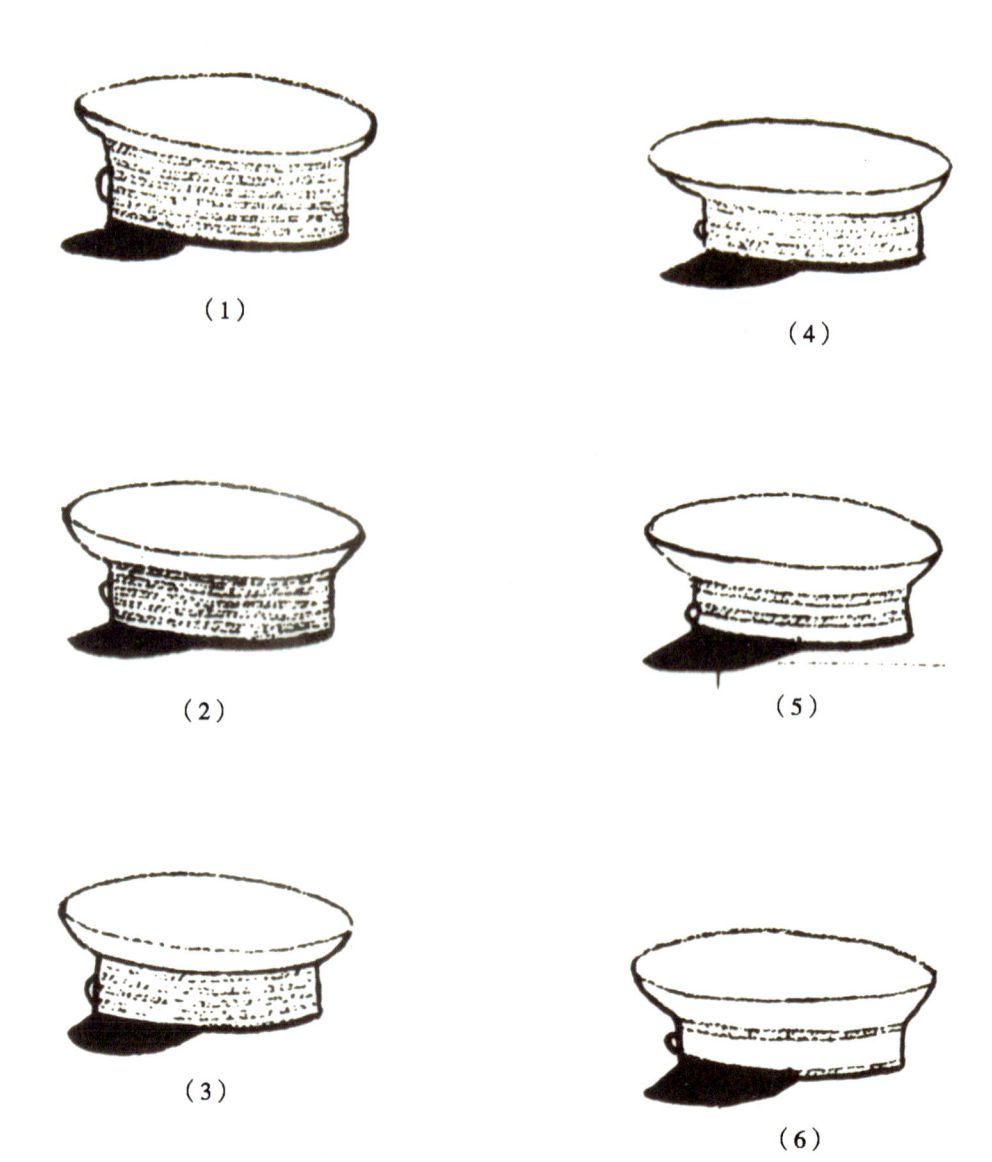

礼帽

(1)

(2)

(3)

(4)

(5)

(6)

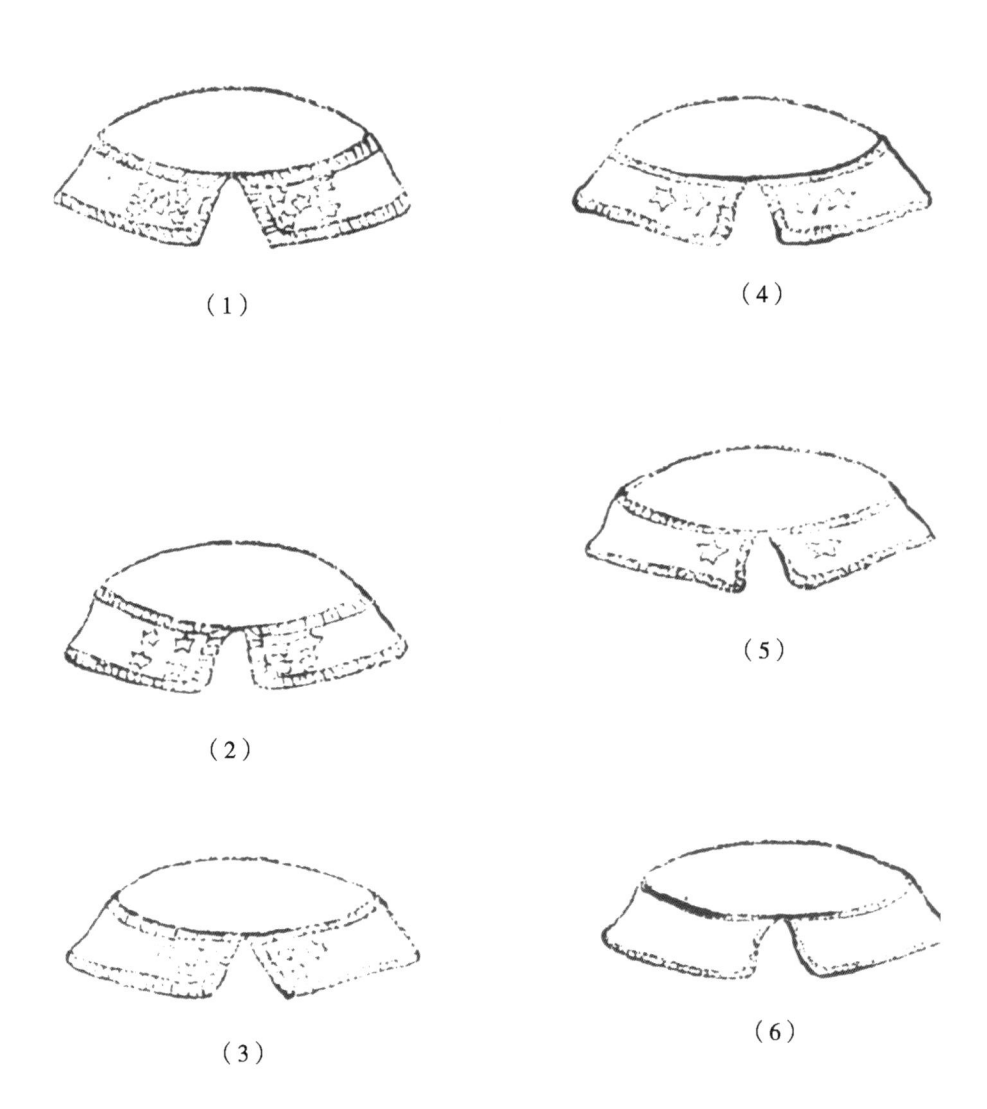

领章

(1)

(2)

(3)

(4)

(5)

(6)

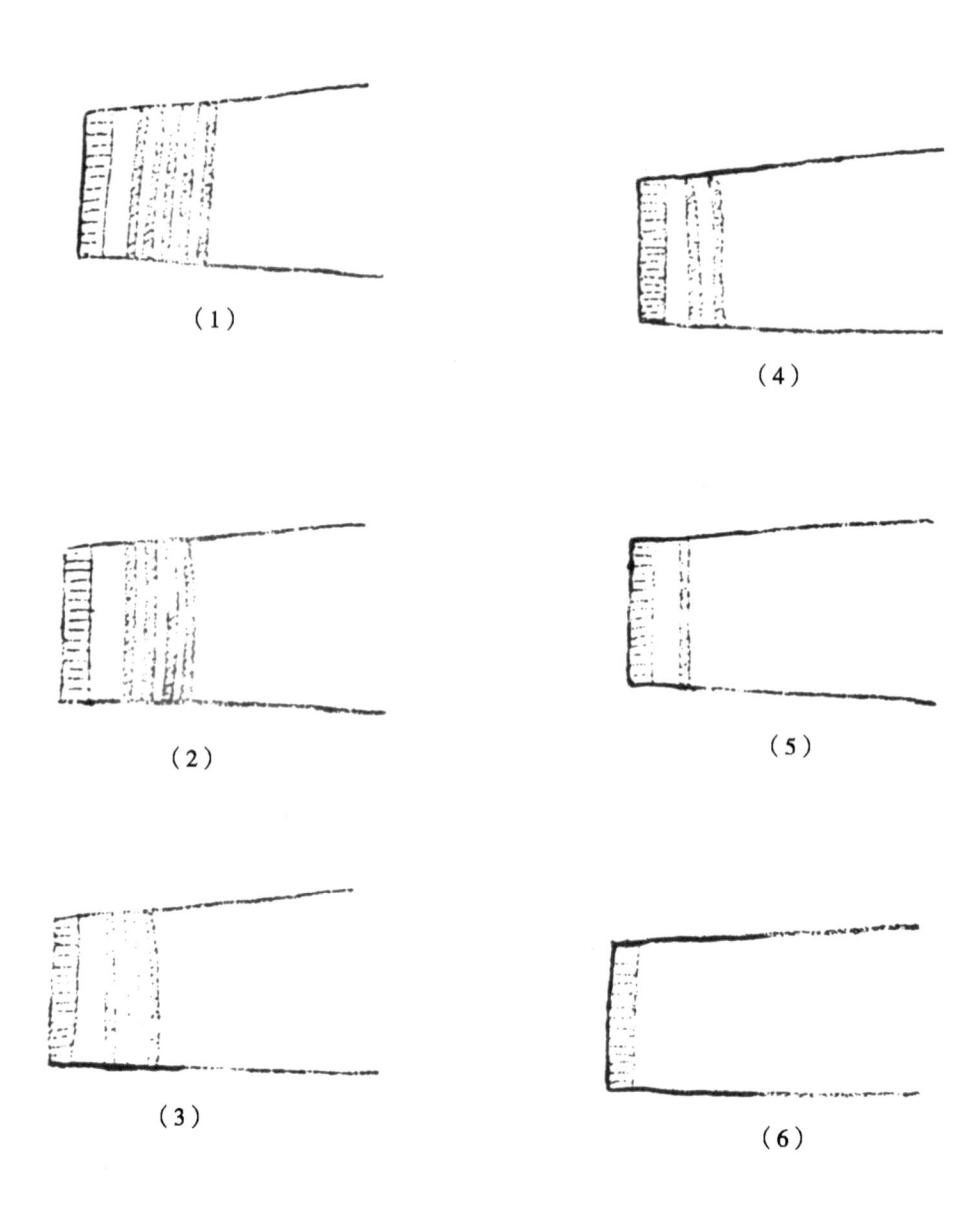

袖章

(1)

(2)

(3)

(4)

(5)

(6)

警官常装

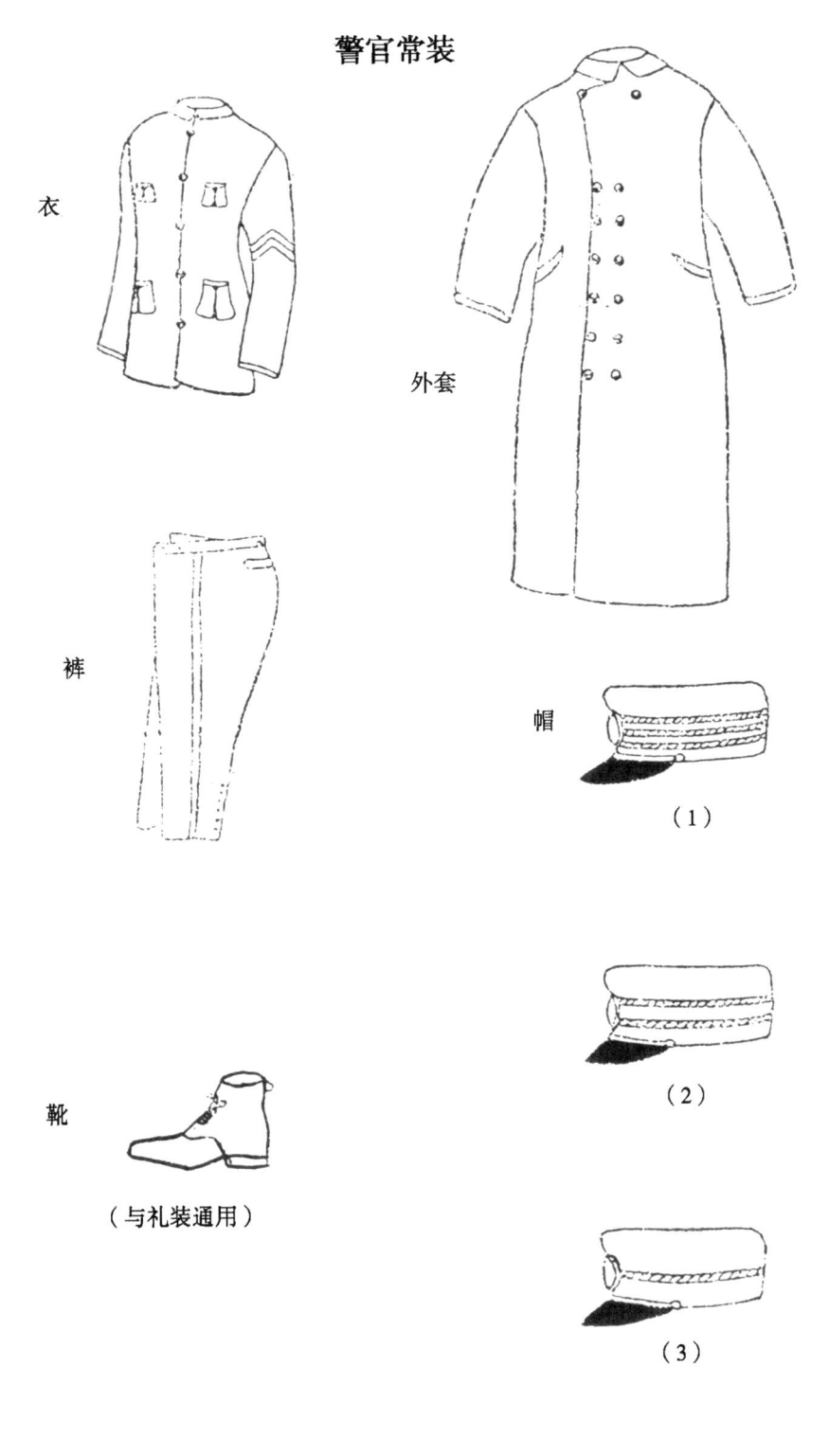

衣

外套

裤

帽

（1）

（2）

靴

（与礼装通用）

（3）

臂章　　　　　　　　　領章

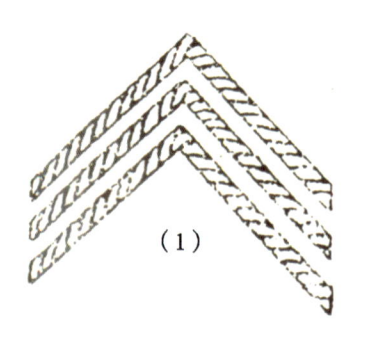

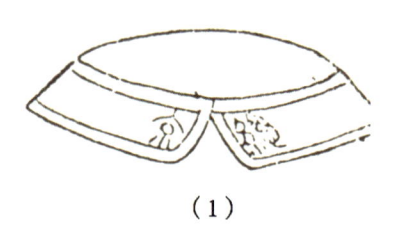

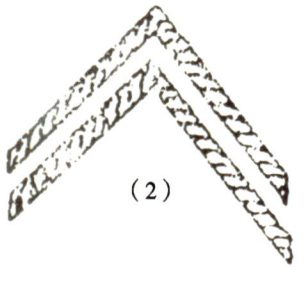

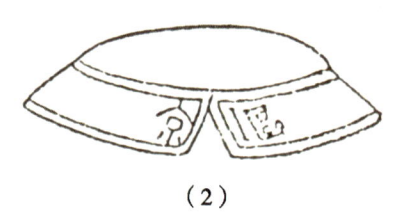

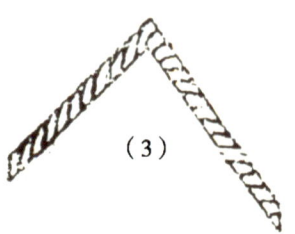

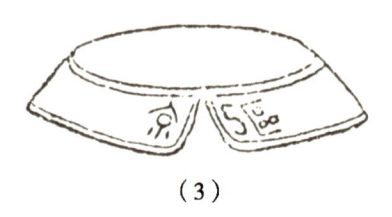

（1）

（1）

（2）

（2）

（3）

（3）

警士制服

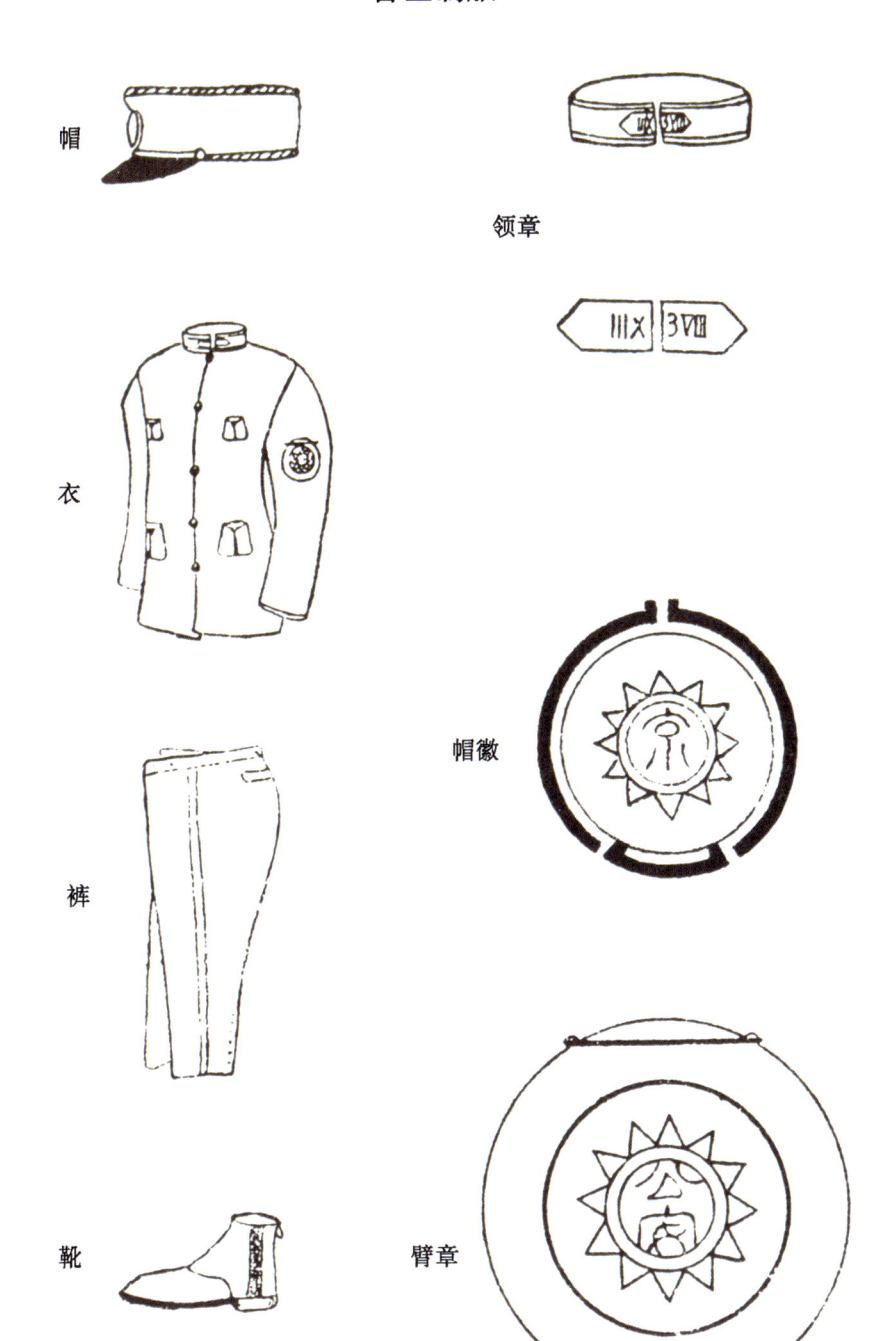

帽

领章

衣

帽徽

裤

靴

臂章

第二代警察服制（1928.11.4 颁行）

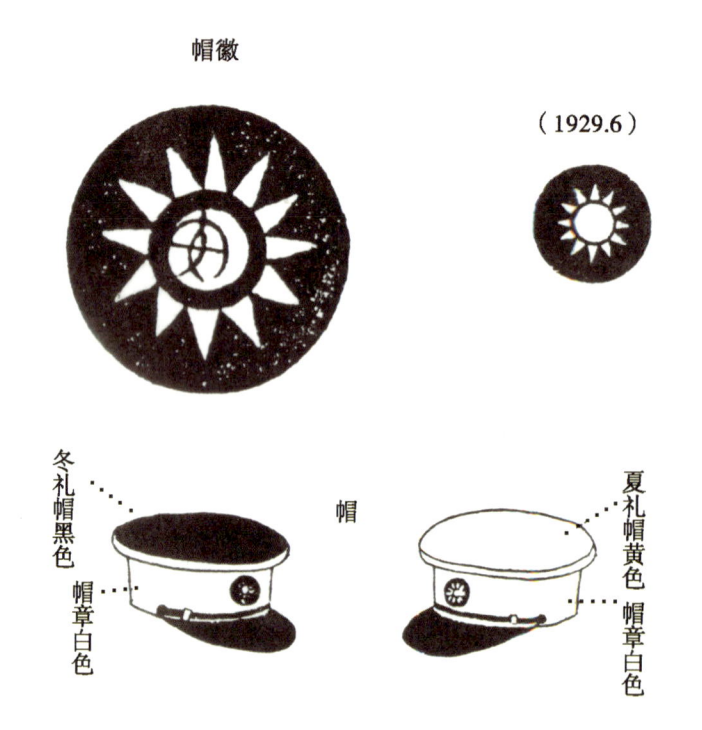

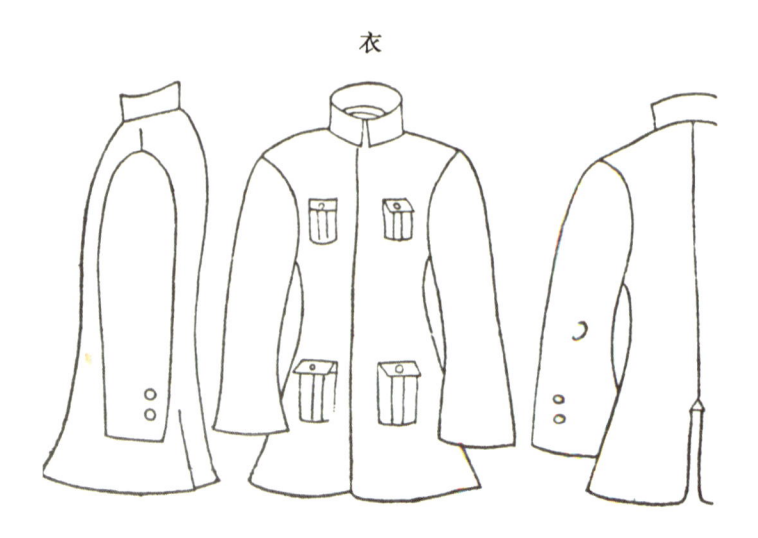

帽徽

（1929.6）

帽

冬礼帽黑色　帽章白色

夏礼帽黄色　帽章白色

衣

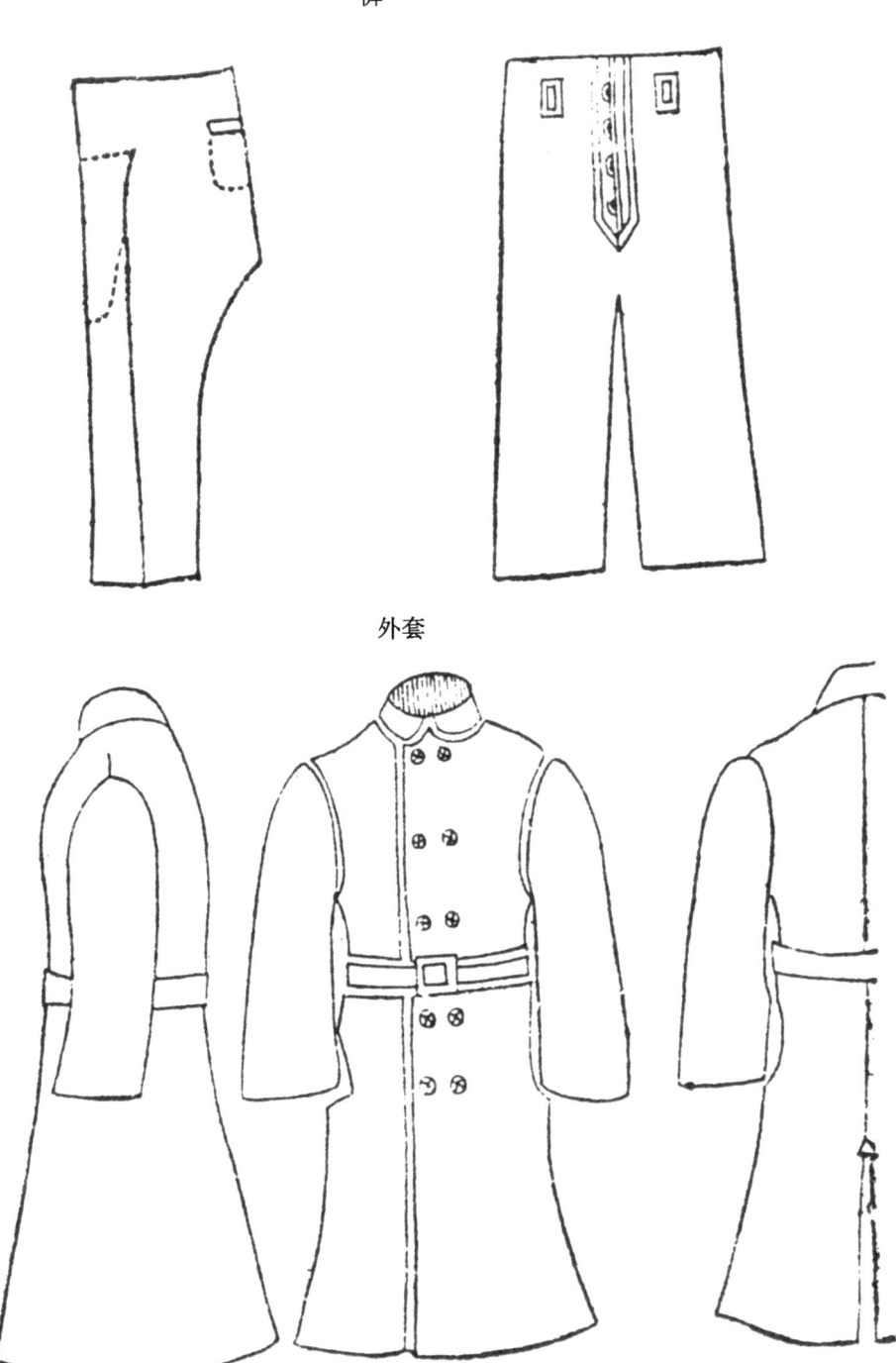

裤

外套

服制图式

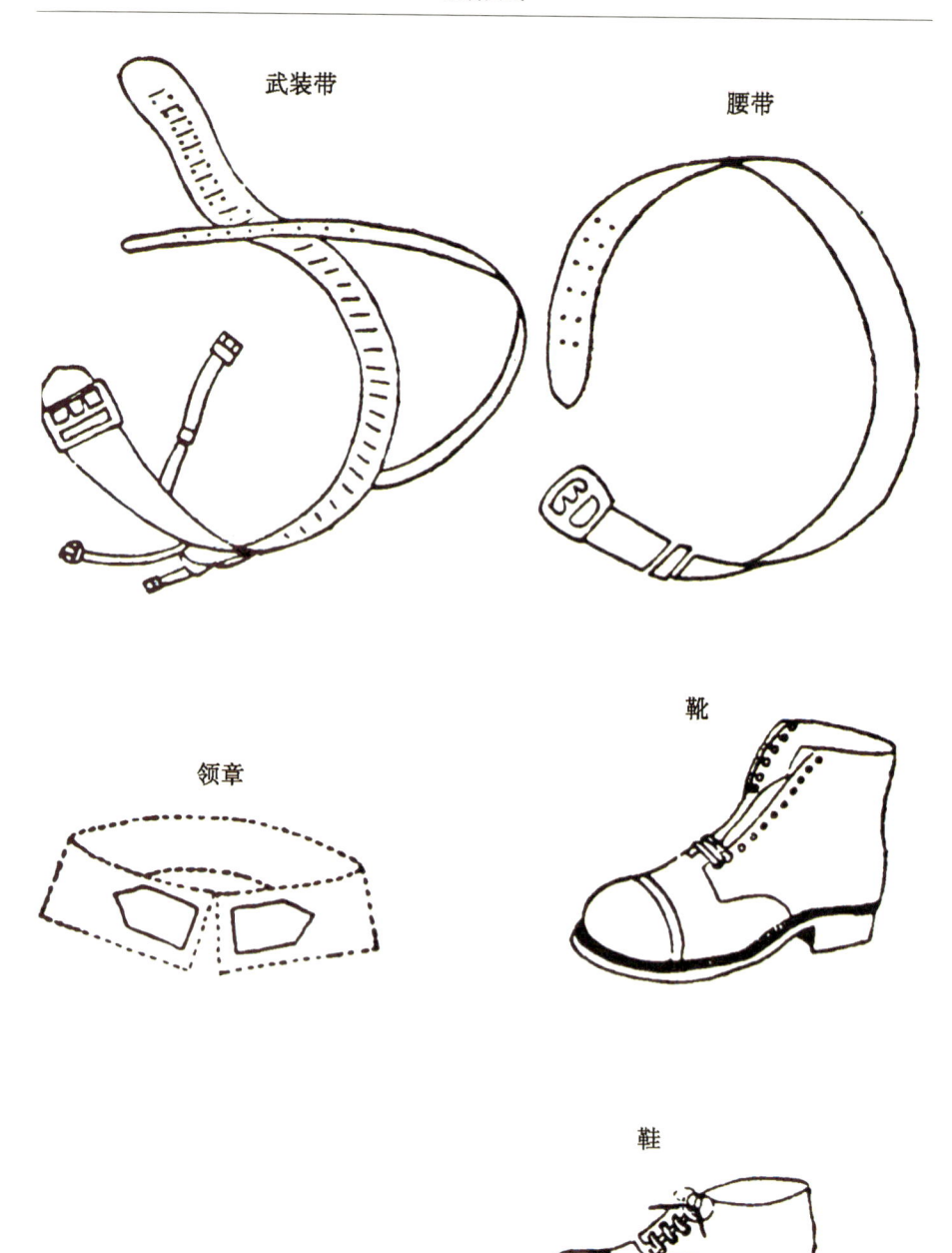

武装带　　　　　　　　腰带

领章　　　　　　　　靴

鞋

服制图式

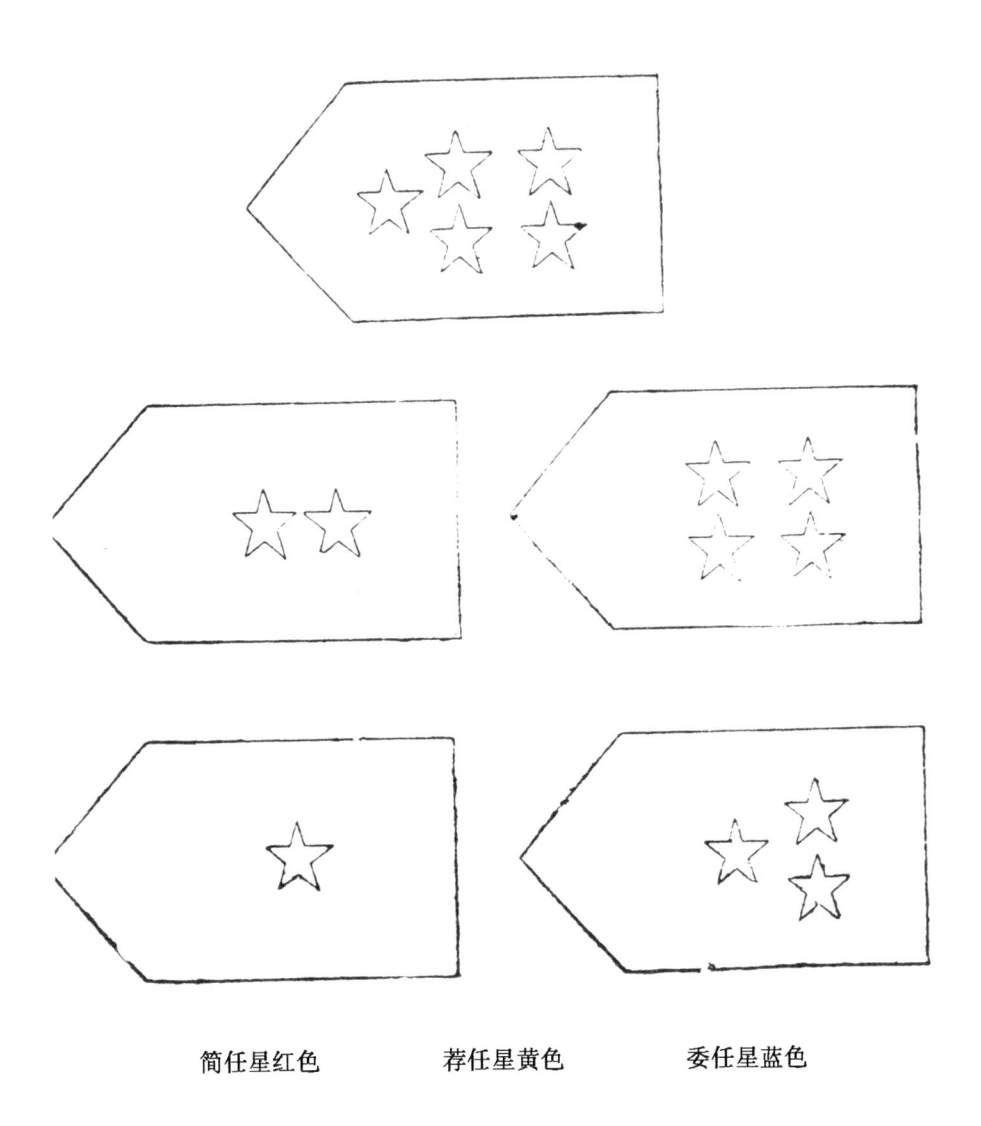

领章

简任星红色　　　荐任星黄色　　　委任星蓝色

襟章

警长

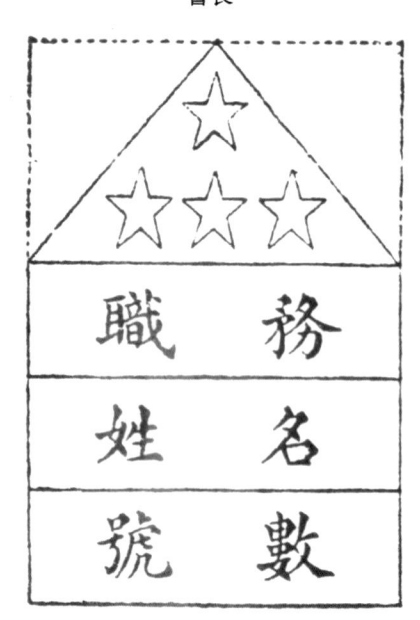

職務
姓名
號數

一等警士

職務
姓名
號數

二等警士

職務
姓名
號數

三等警士

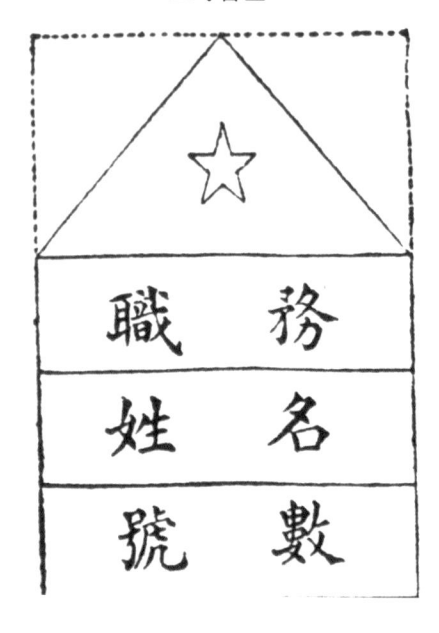

職務
姓名
號數

警察队旗

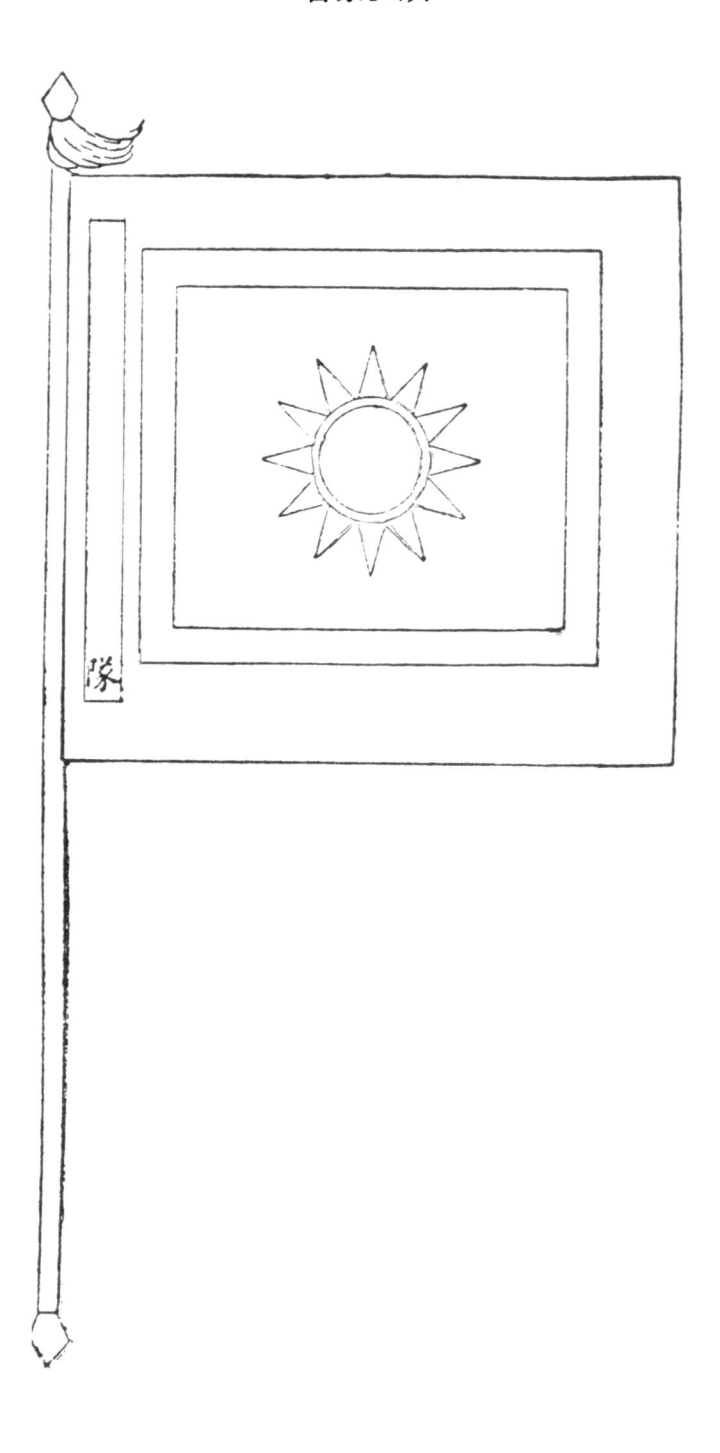

第三代警察服制（1937.7.2 颁行）

警官大礼服

全图

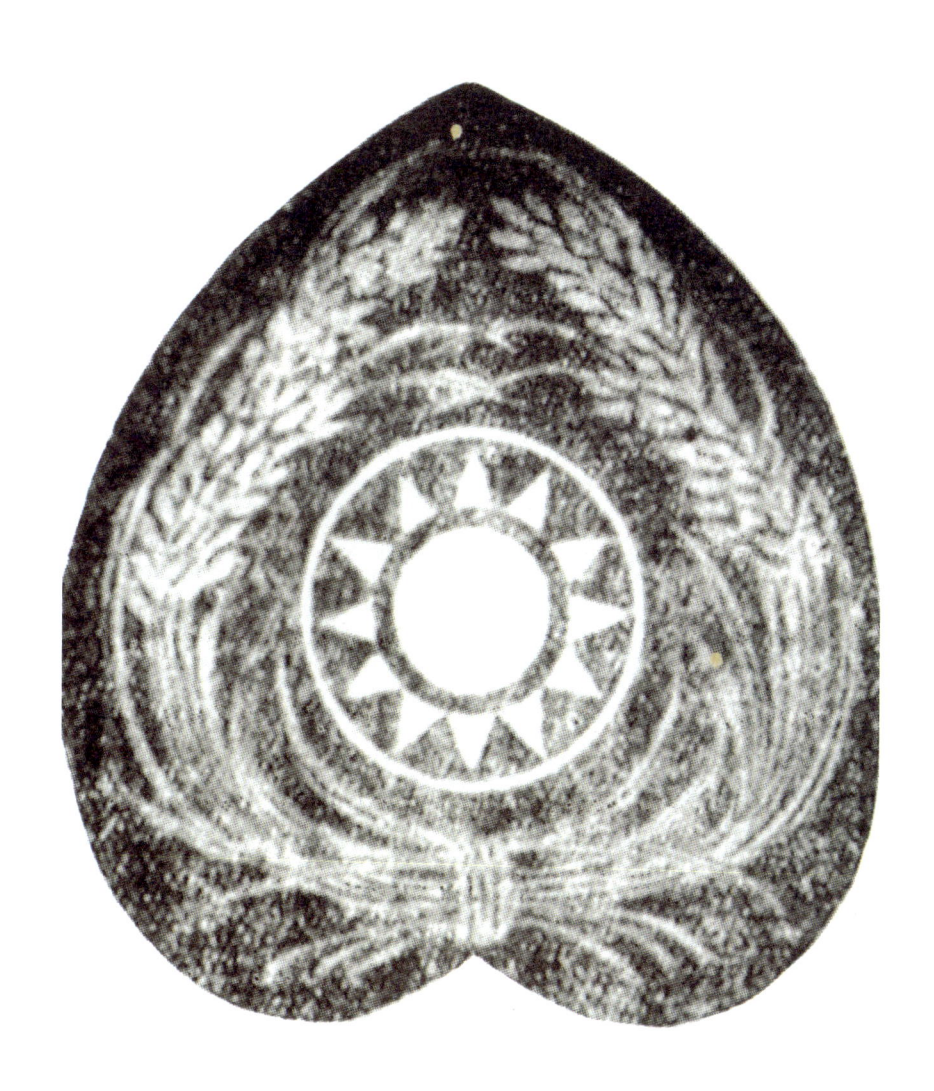

帽徽

大礼帽

特任（一）

简任（二）

荐任（三）

委任（四）

大礼帽帽檐

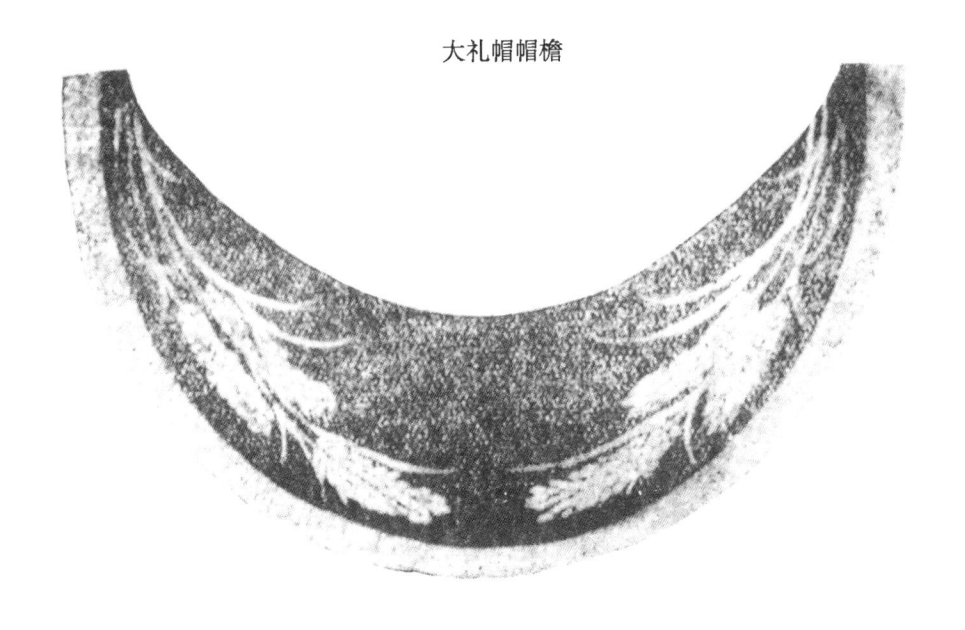

纽扣

大礼服领章

特任（一）

简任（二）

荐任（三）

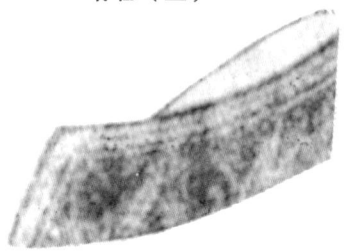

委任（四）

大礼帽袖章

特任（一）

简任（二）

荐任（三）

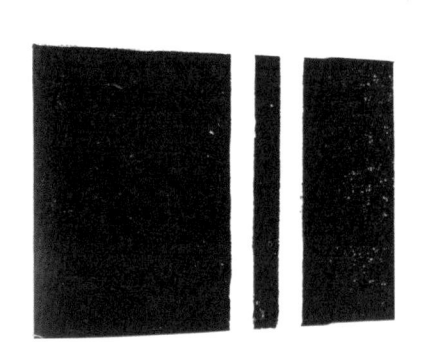

委任（四）

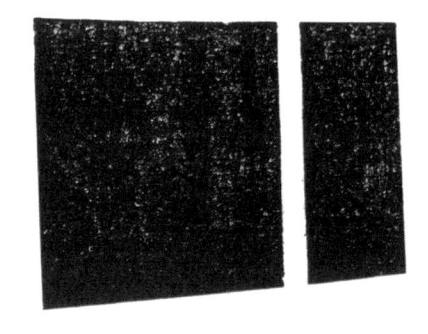

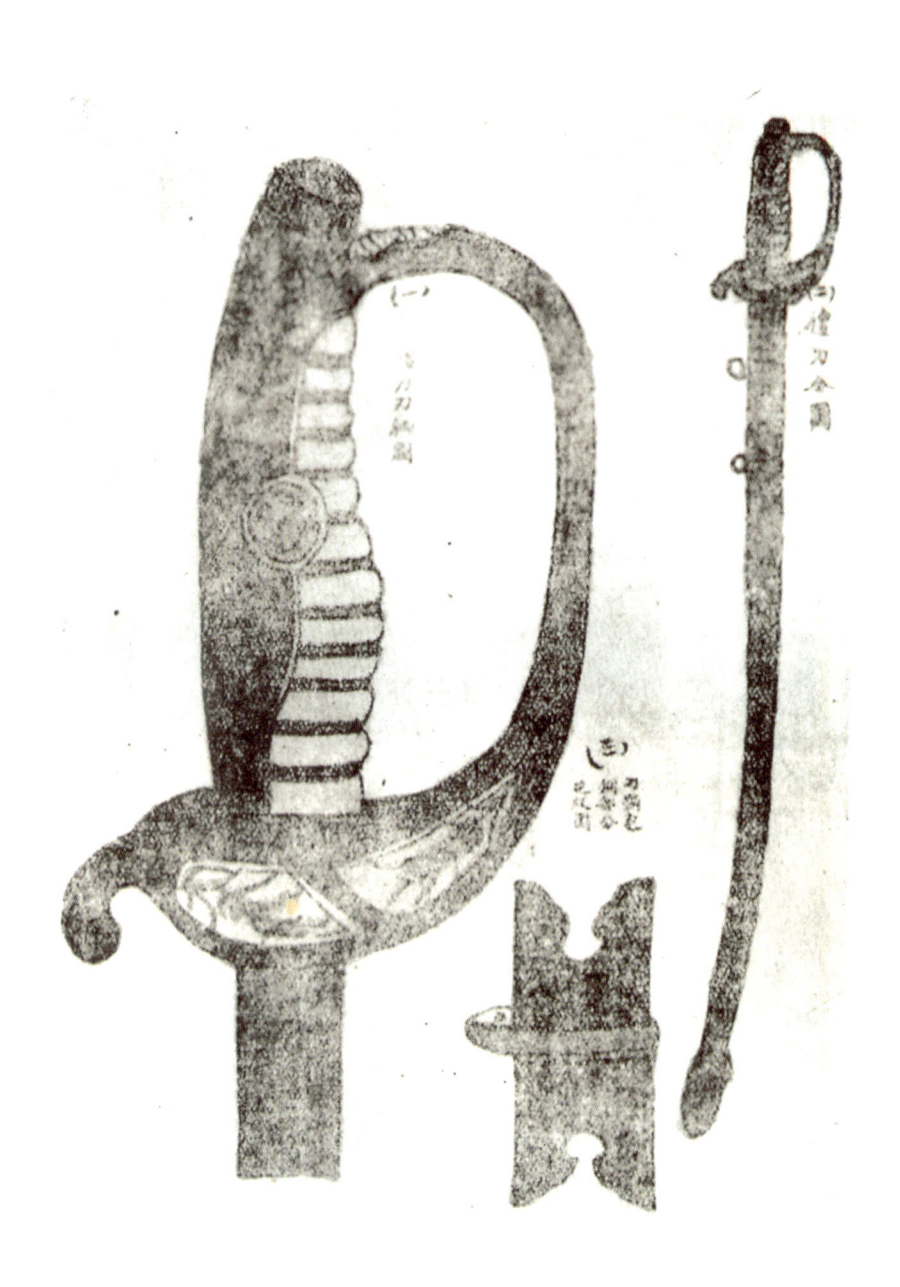

礼刀

礼刀穗

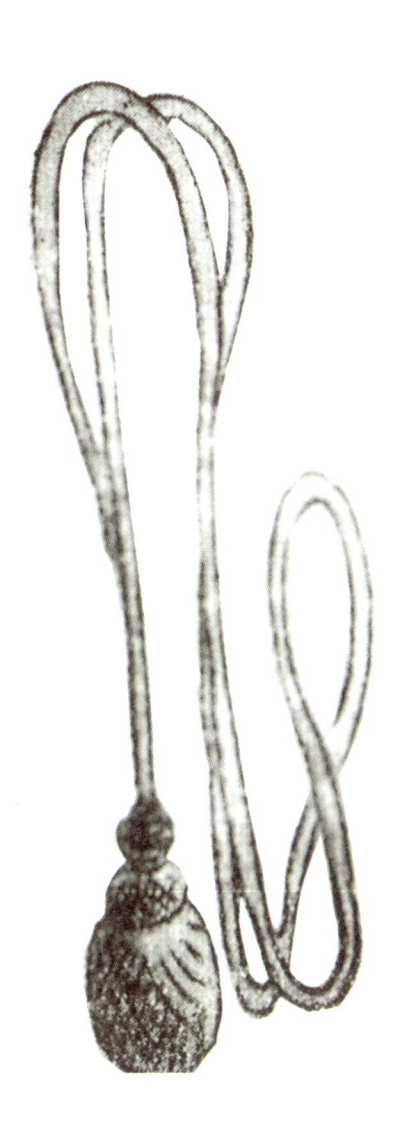

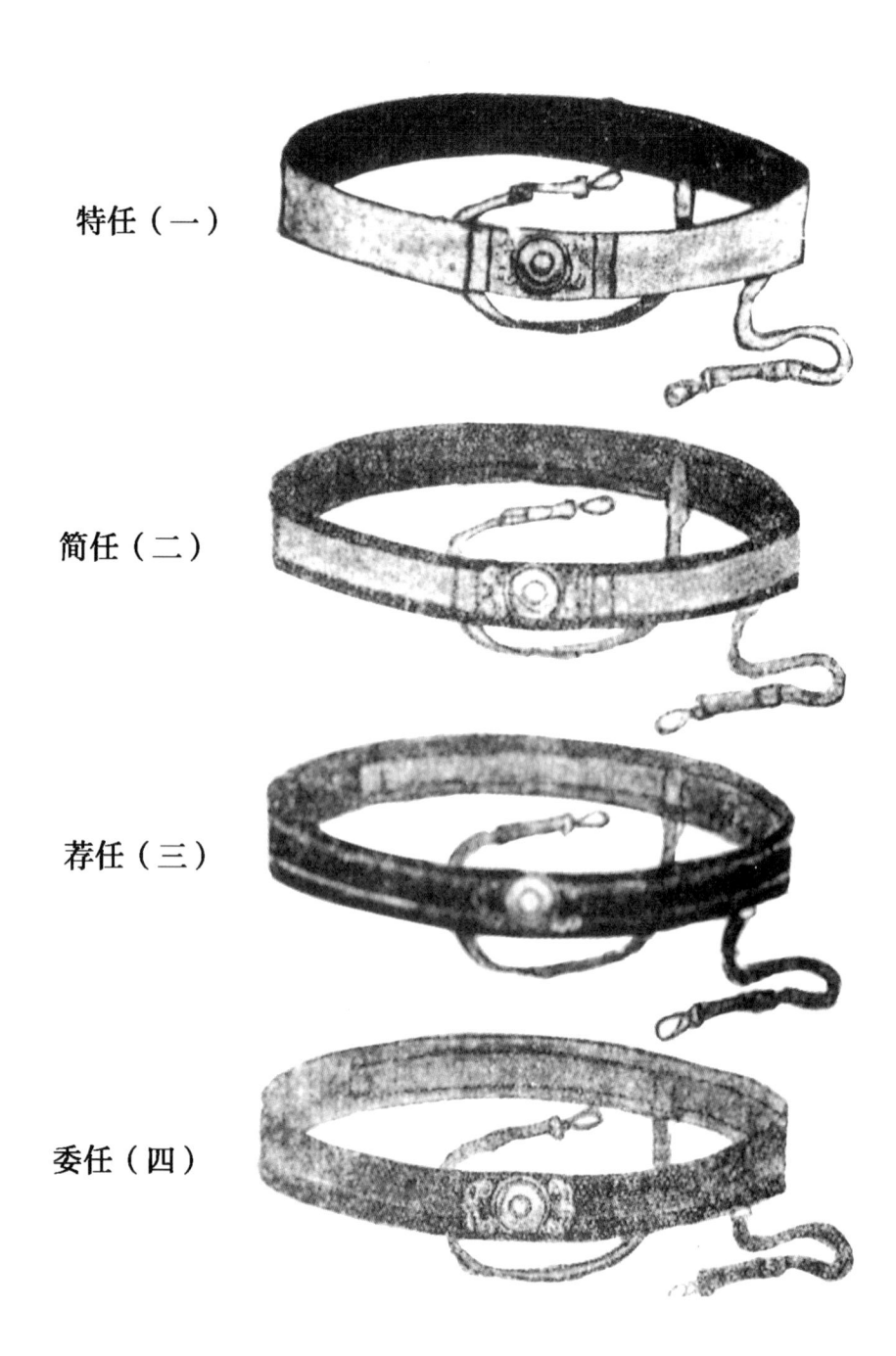

礼带

特任（一）

简任（二）

荐任（三）

委任（四）

礼带带扣

大礼服肩章

特任（一）

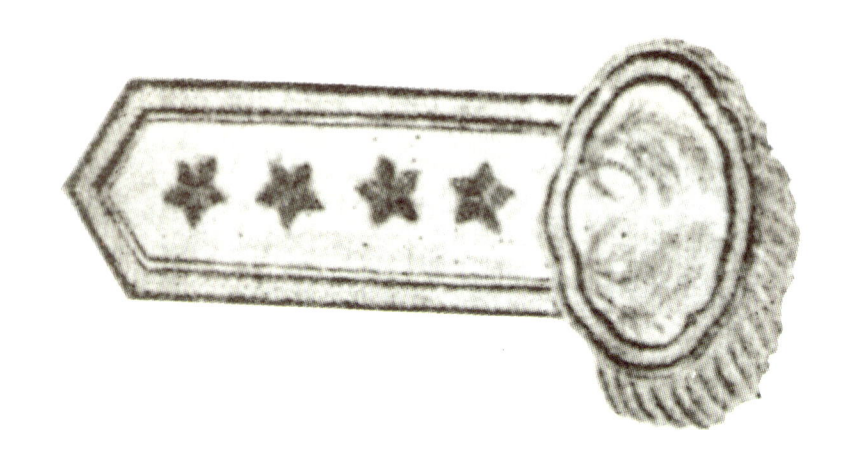

简任(二)

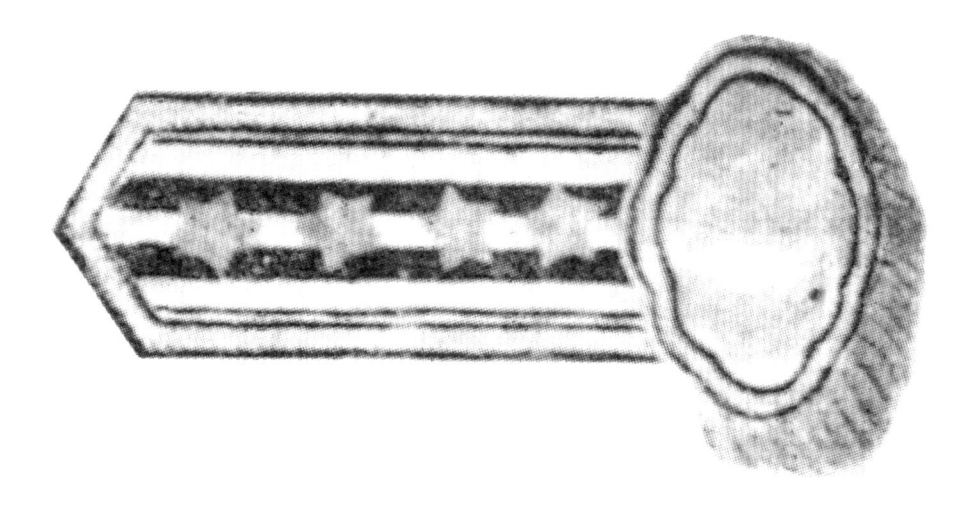

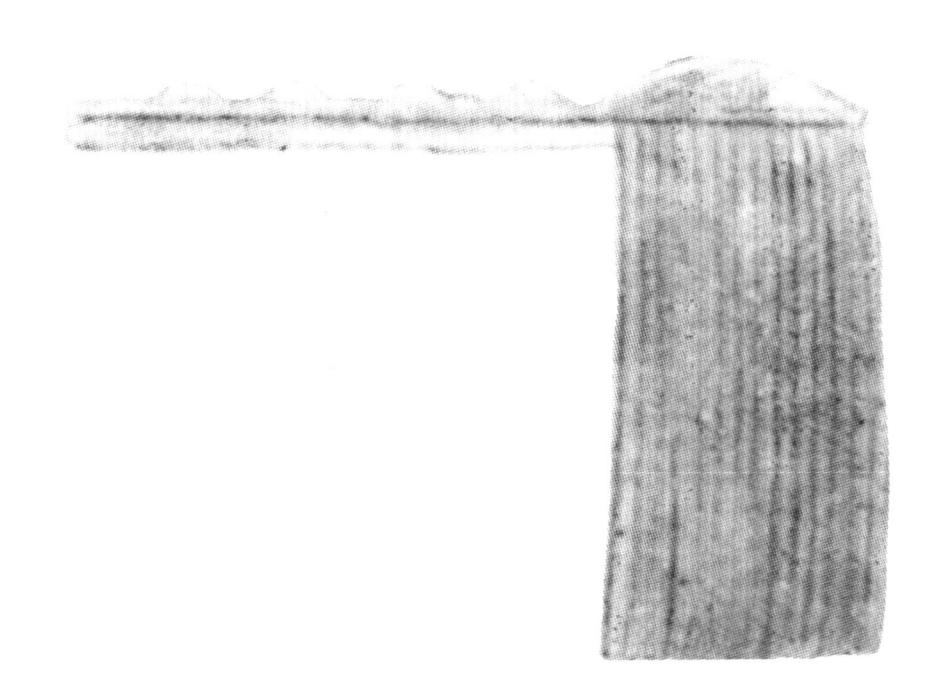

荐任（三）

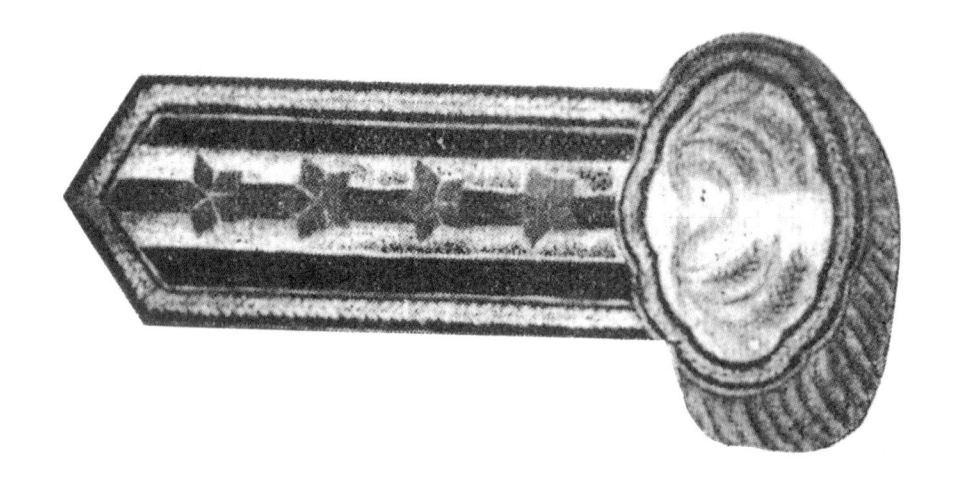

委任（四）

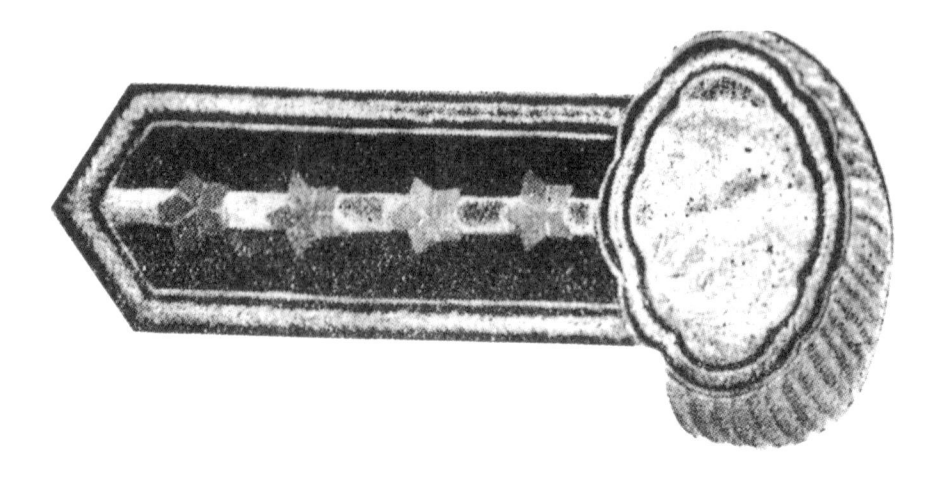

大礼服用皮鞋及皮靴

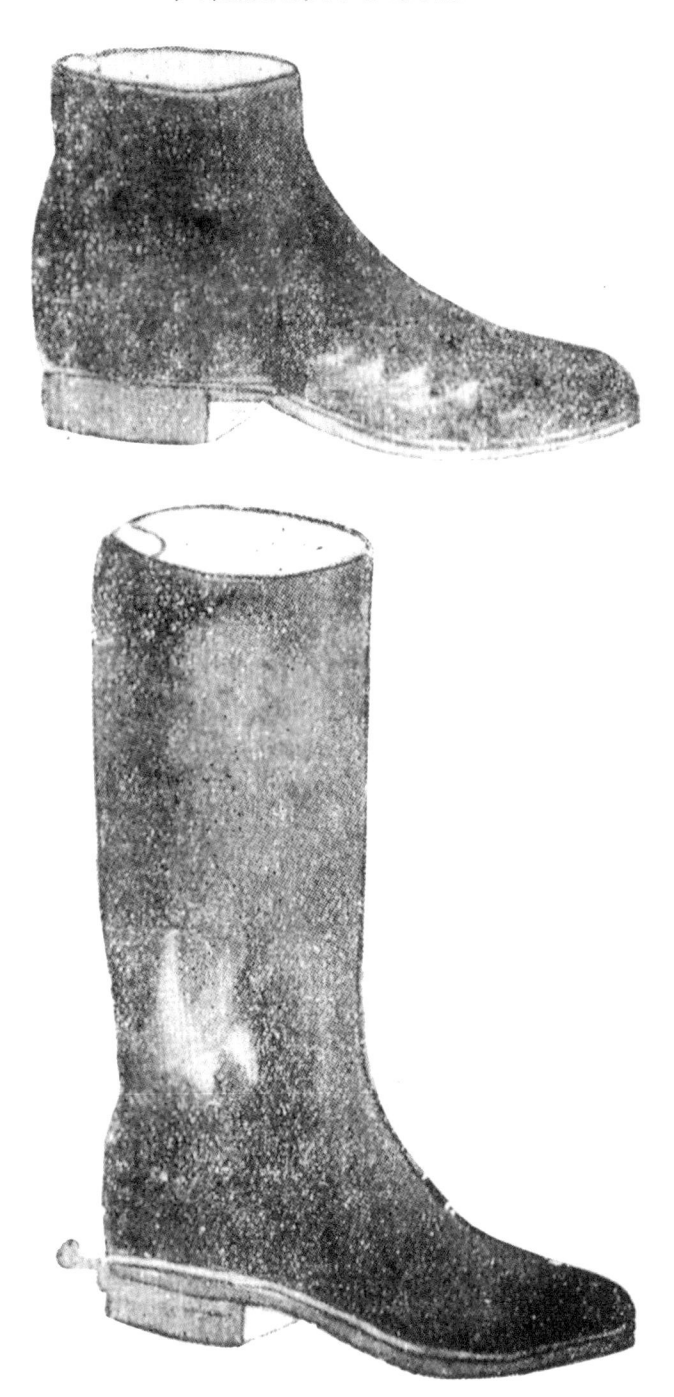

大礼服用手套

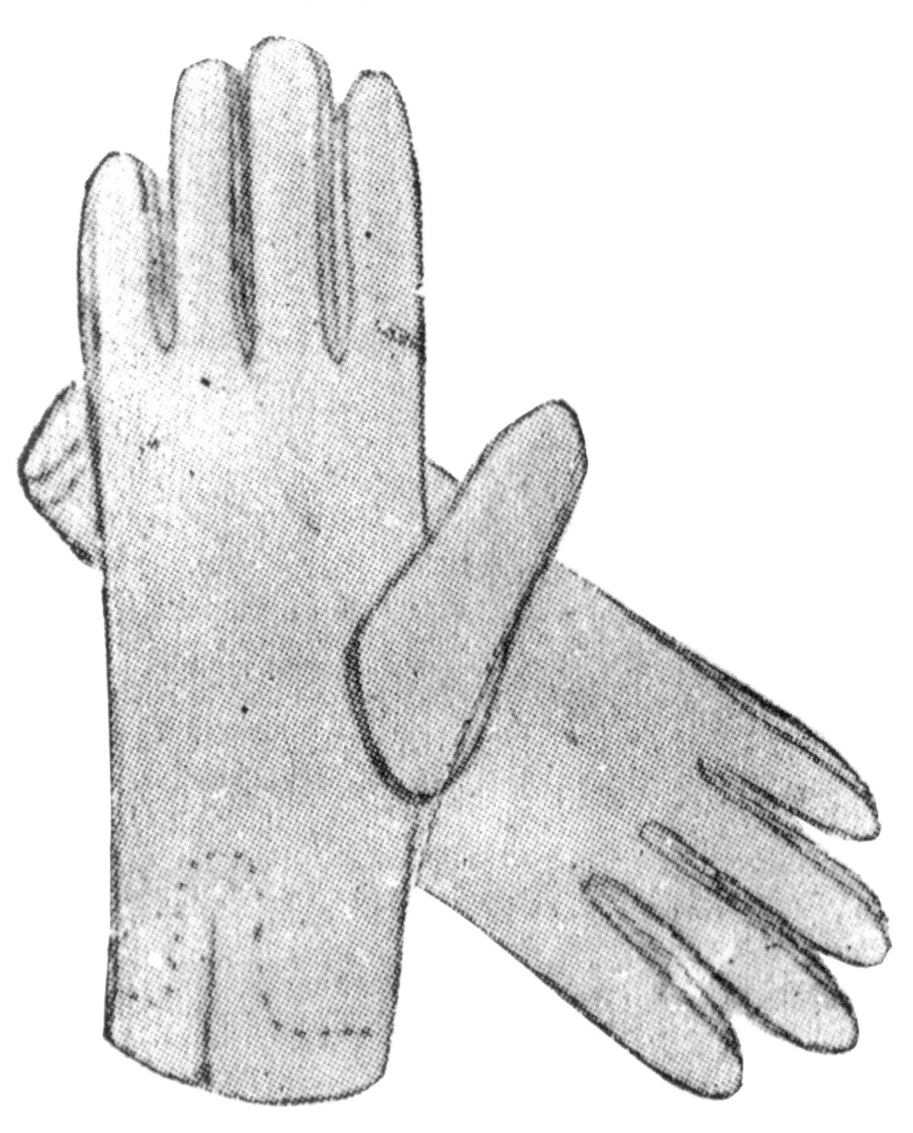

警官常礼服肩章
特任

简任一、二级

简任三、四级

简任五、六级

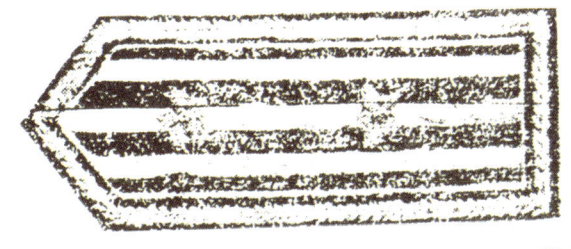

简任七、八级

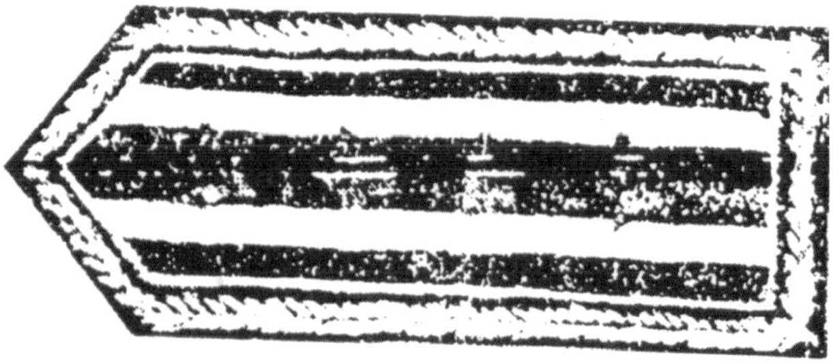

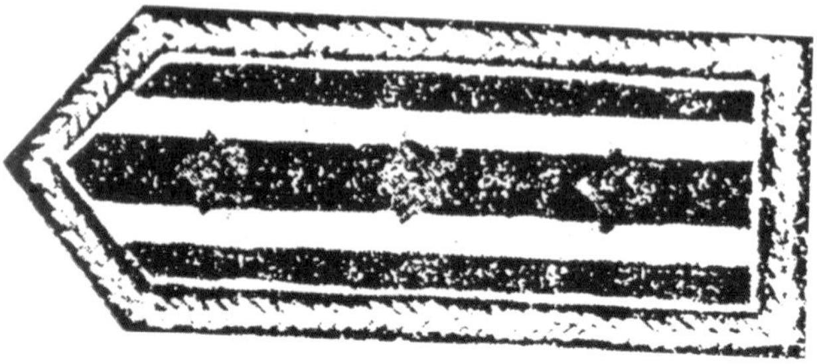

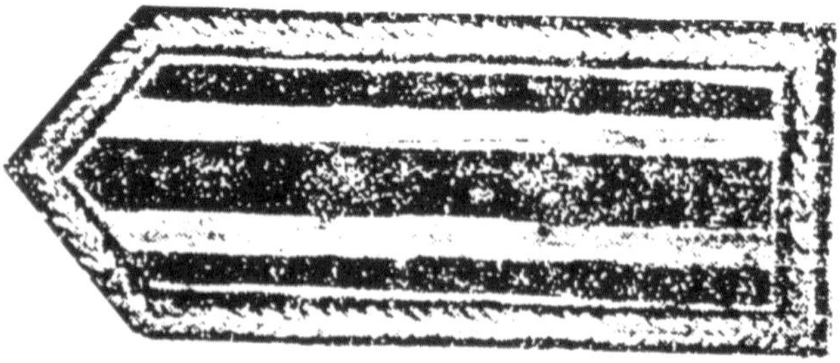

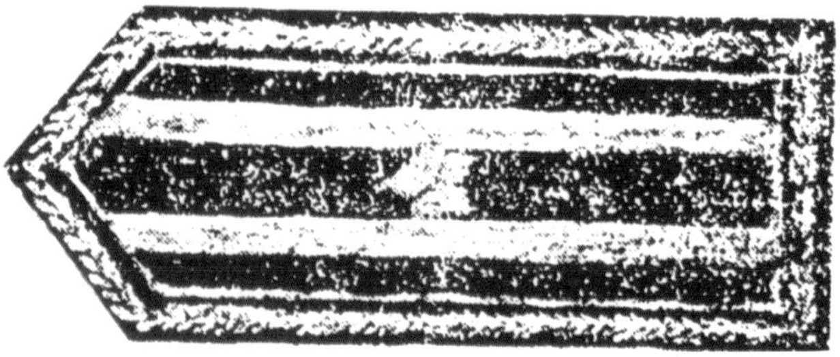

服制图式 713

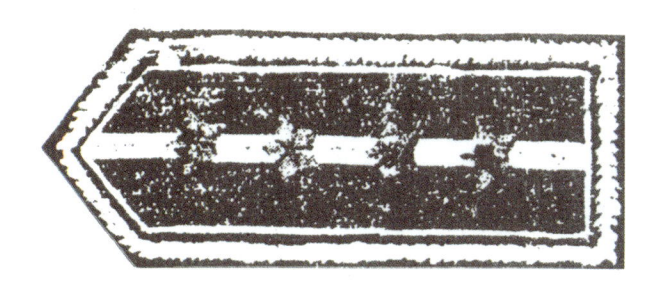

袖章（特任、简任、荐任、委任）

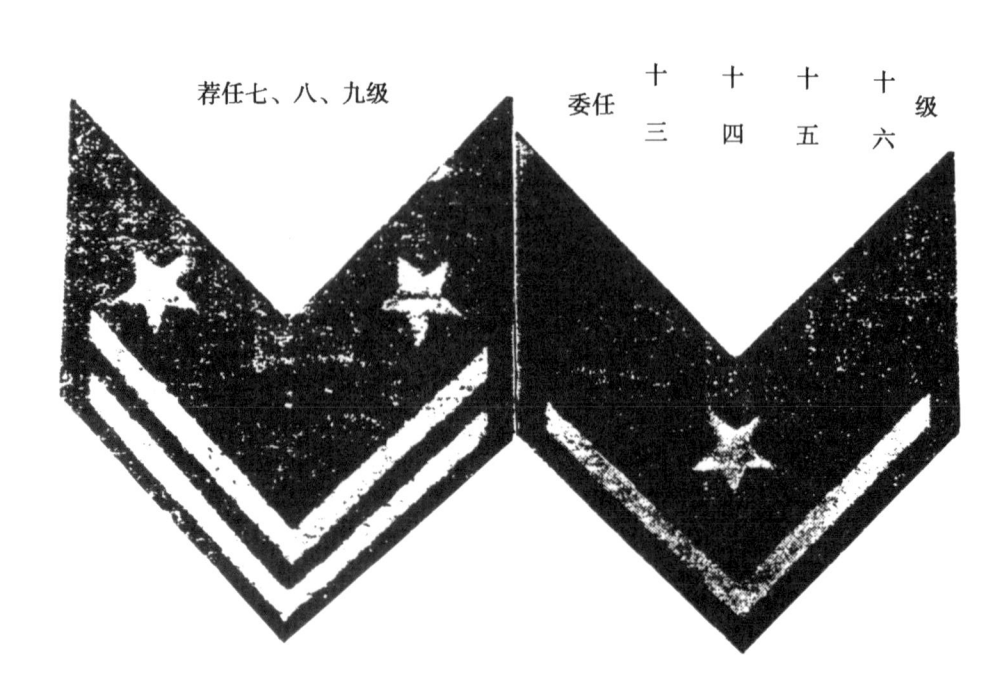

特任

简任三、四级

荐任七、八、九级

委任 十三 十四 十五 十六级

警官常服

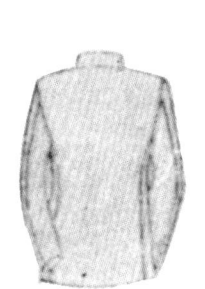

全图

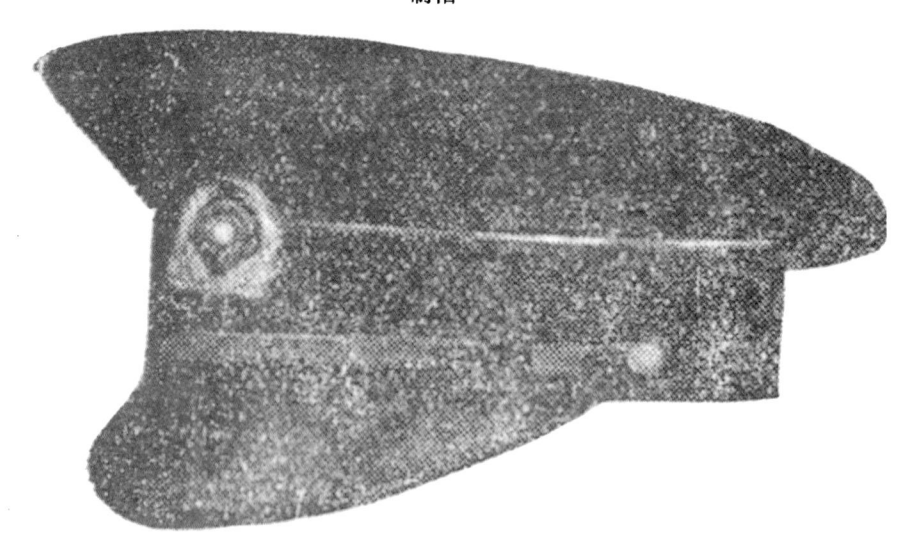

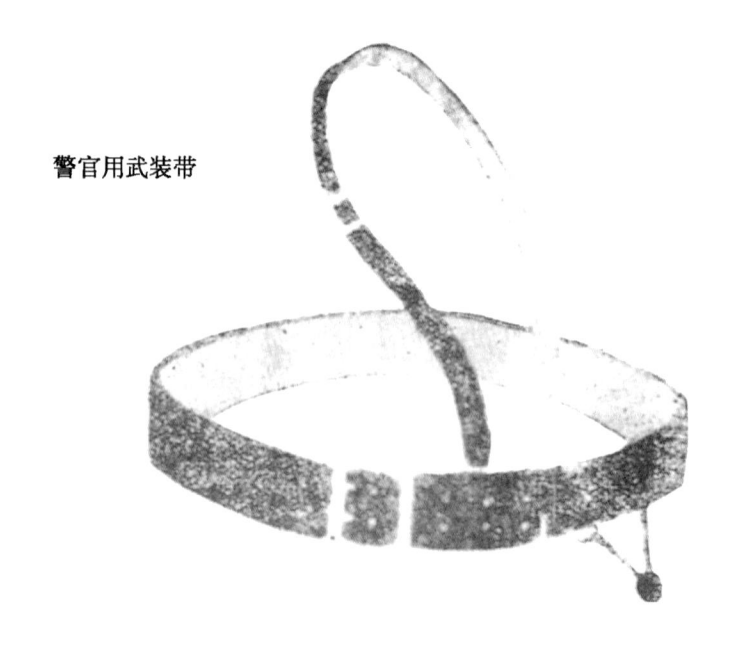

制帽

警官用武装带

服制图式　　　　　　　　　　　　　717

肩章　　　　　　　　　佩剑

警官冬季大衣
（特任）

长警制服全图

制帽

服制图式 721

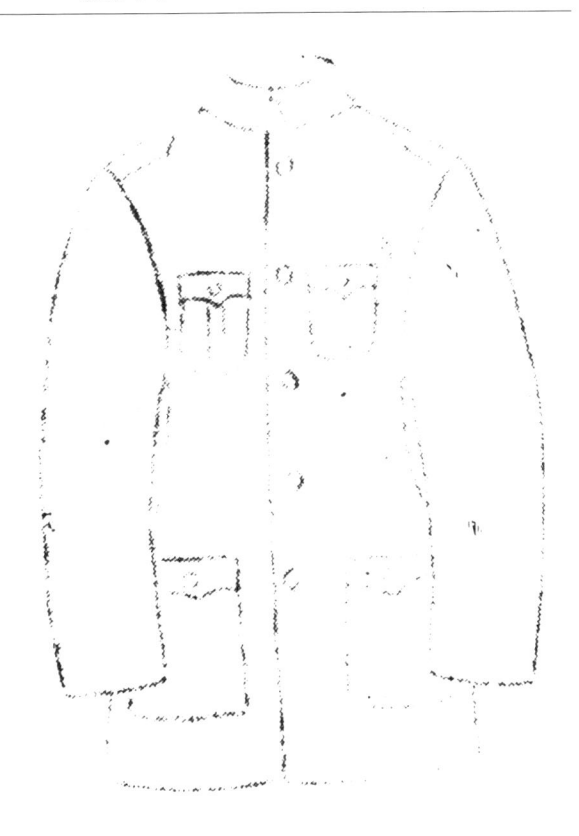

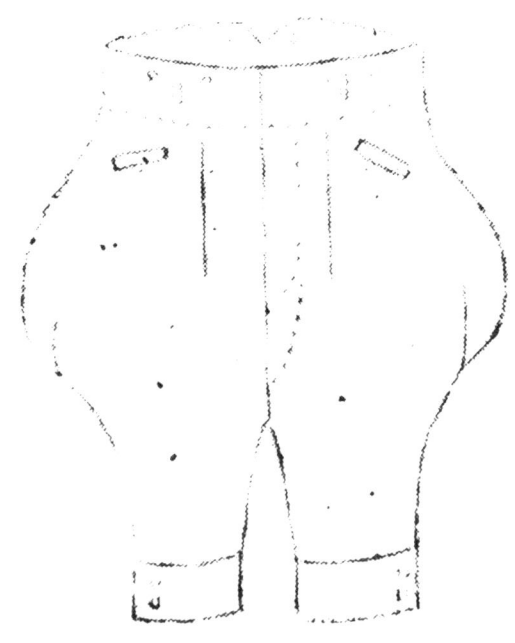

长警制服

马裤

皮裹腿

布裹腿

腰带

带扣

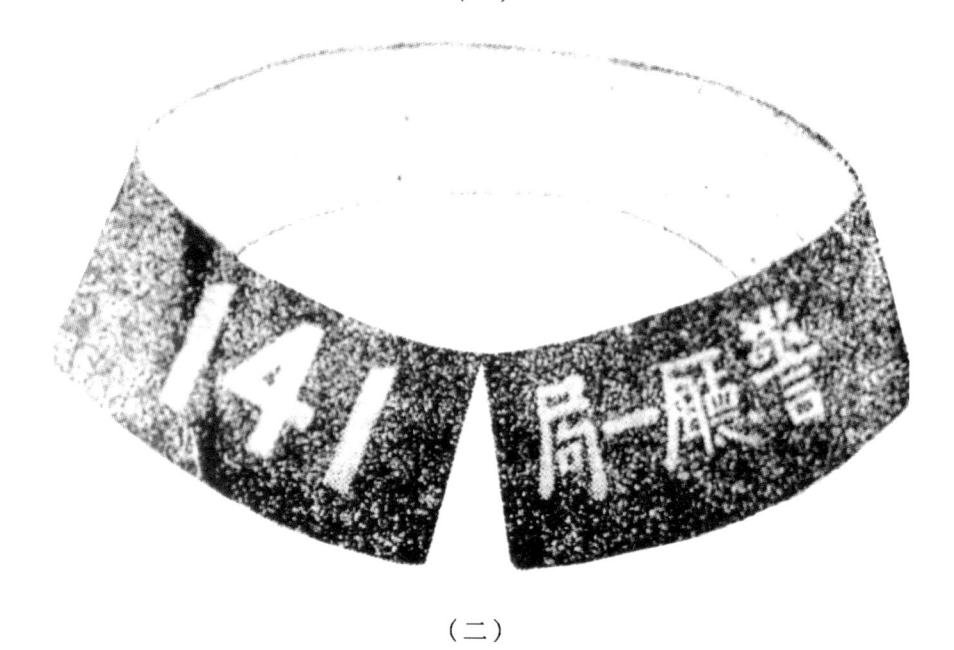

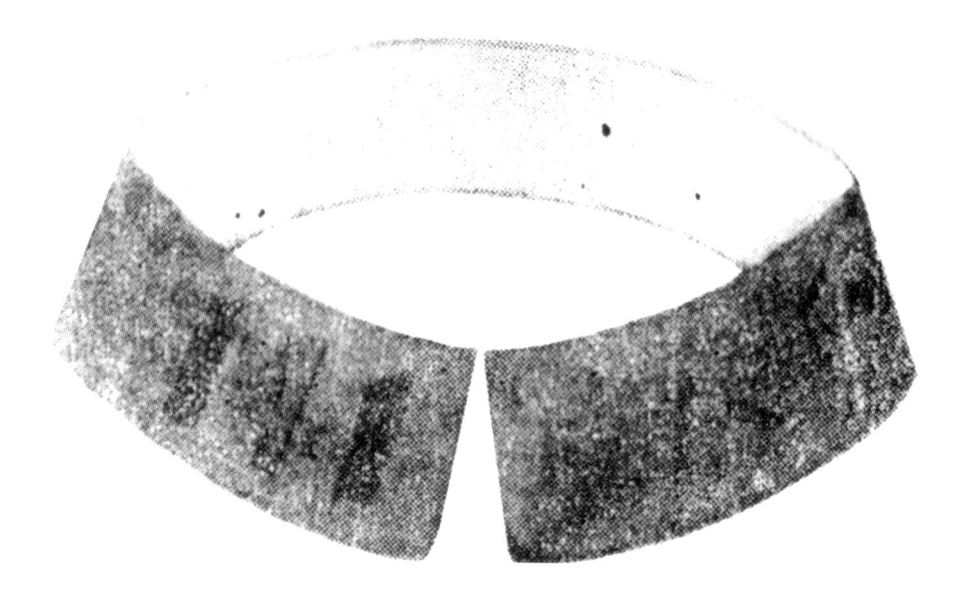

领章

（一）

（二）

警长臂章

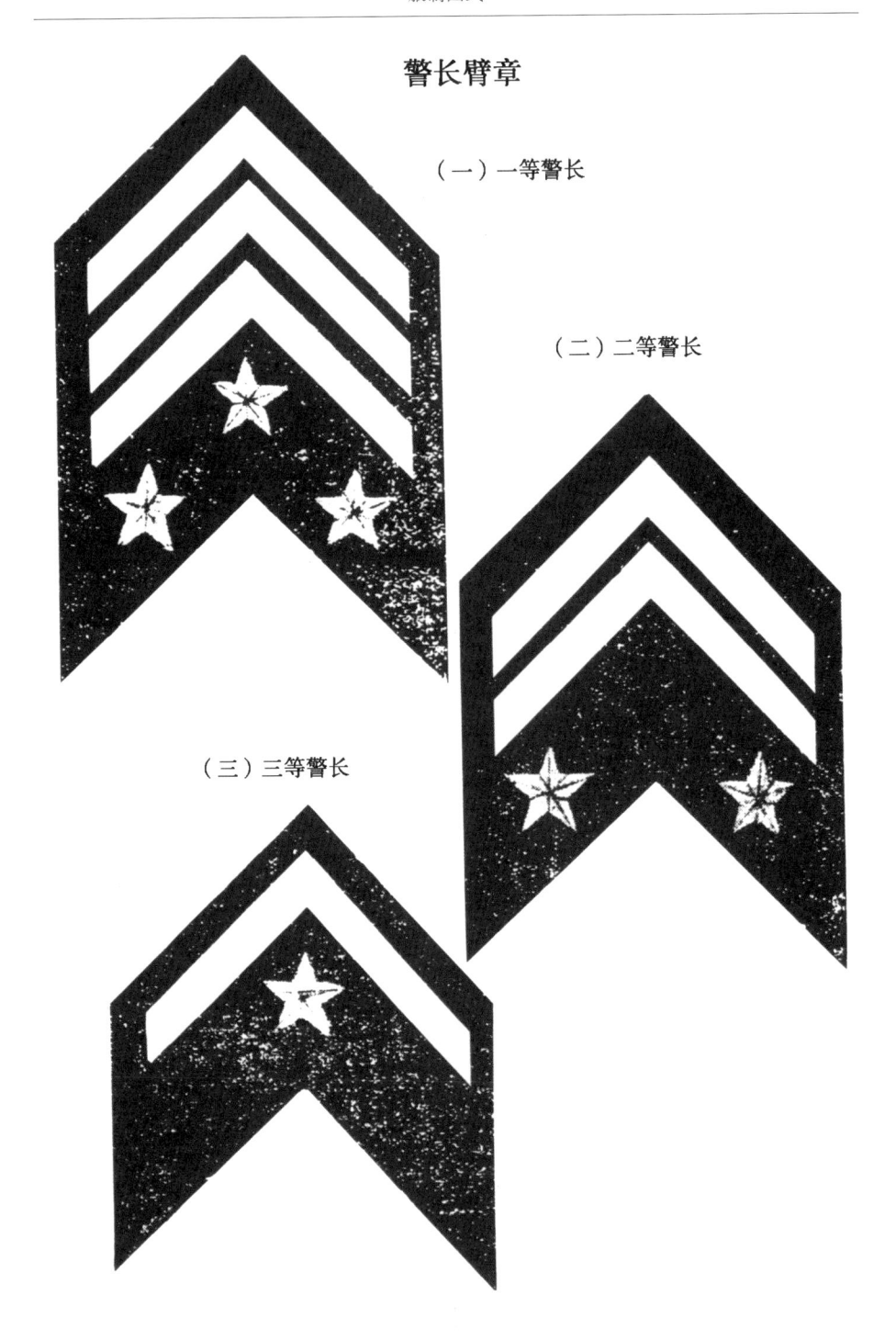

（一）一等警长

（二）二等警长

（三）三等警长

警士臂章

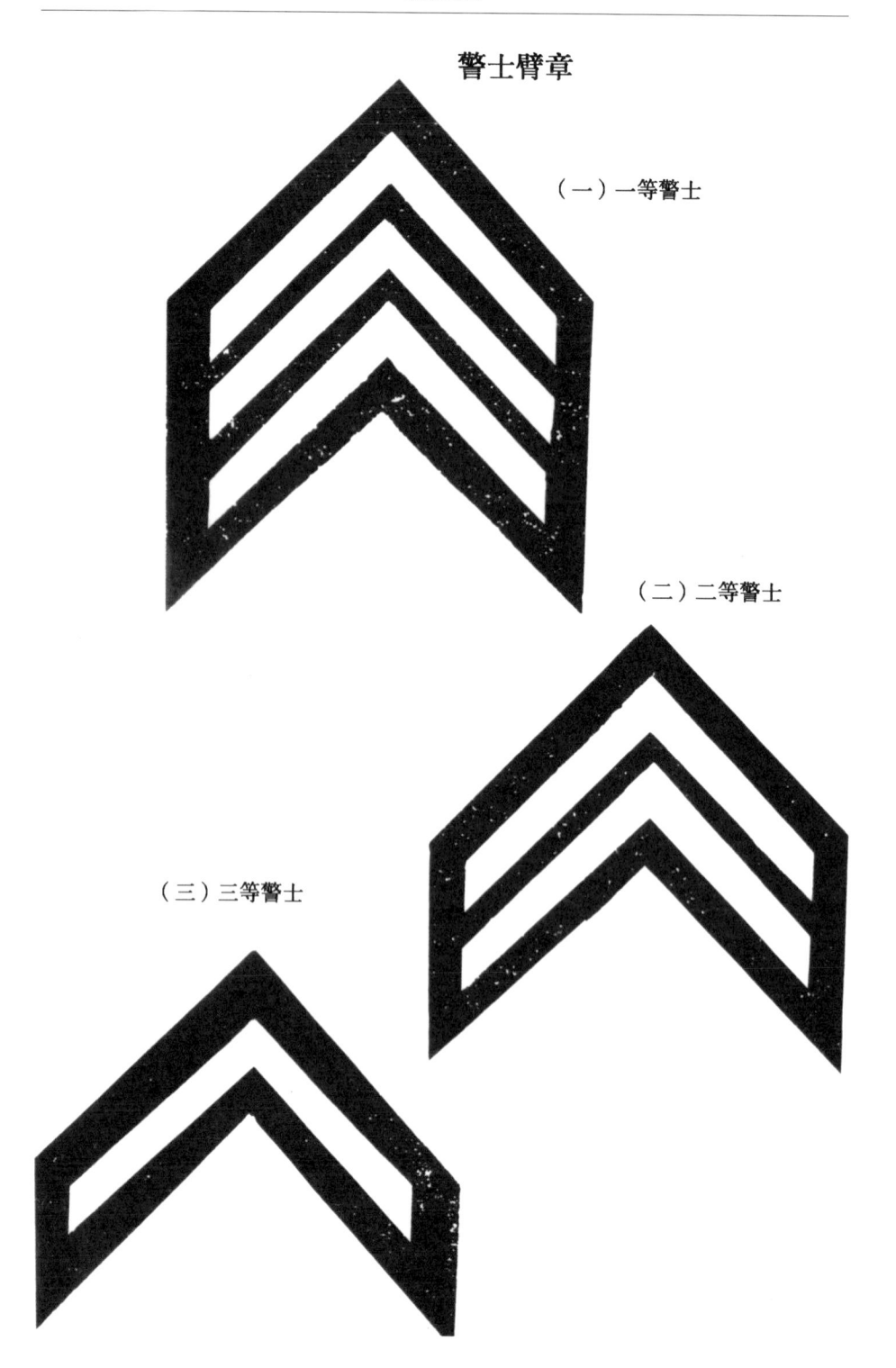

（一）一等警士

（二）二等警士

（三）三等警士

长警冬季大衣

背面

警官雨衣

长警雨衣

第四代警察服制（1947.11.13 颁行）

警官礼服

全图（简任官）

礼帽及帽徽

荐任

帽徽

委任

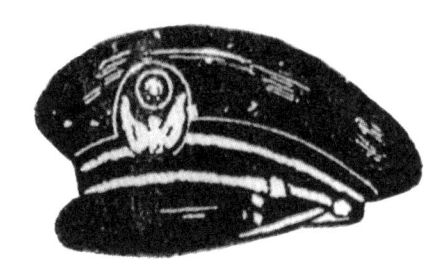

简任

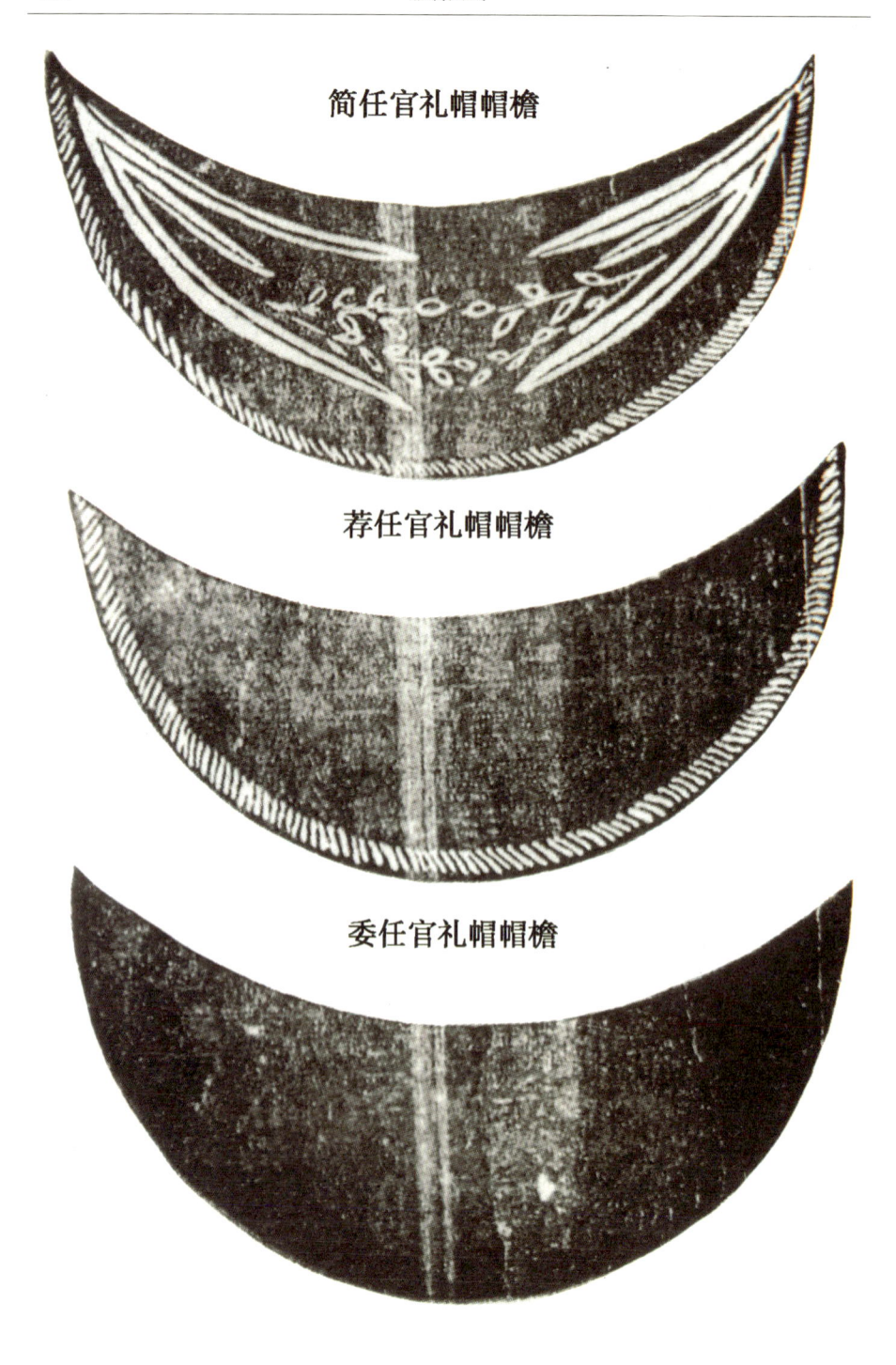

简任官礼帽帽檐

荐任官礼帽帽檐

委任官礼帽帽檐

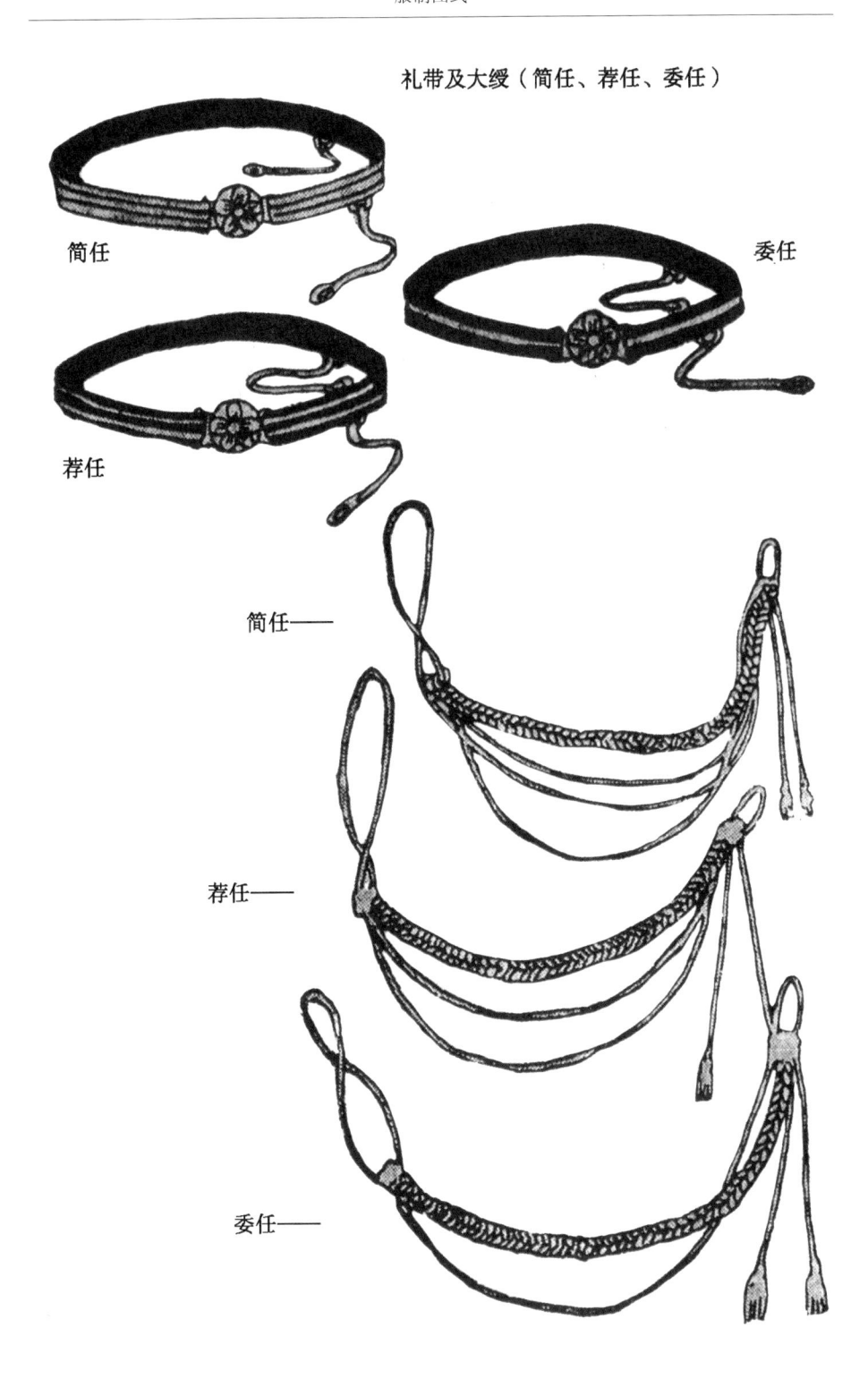

礼带及大绶（简任、荐任、委任）

简任

委任

荐任

简任——

荐任——

委任——

警官制服

委任官夏季制服全身图

服制图式

警官夏季制服

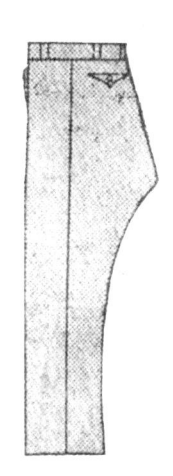

警官冬季制服

特任简任官制帽

警官外套

荐任委任官制帽

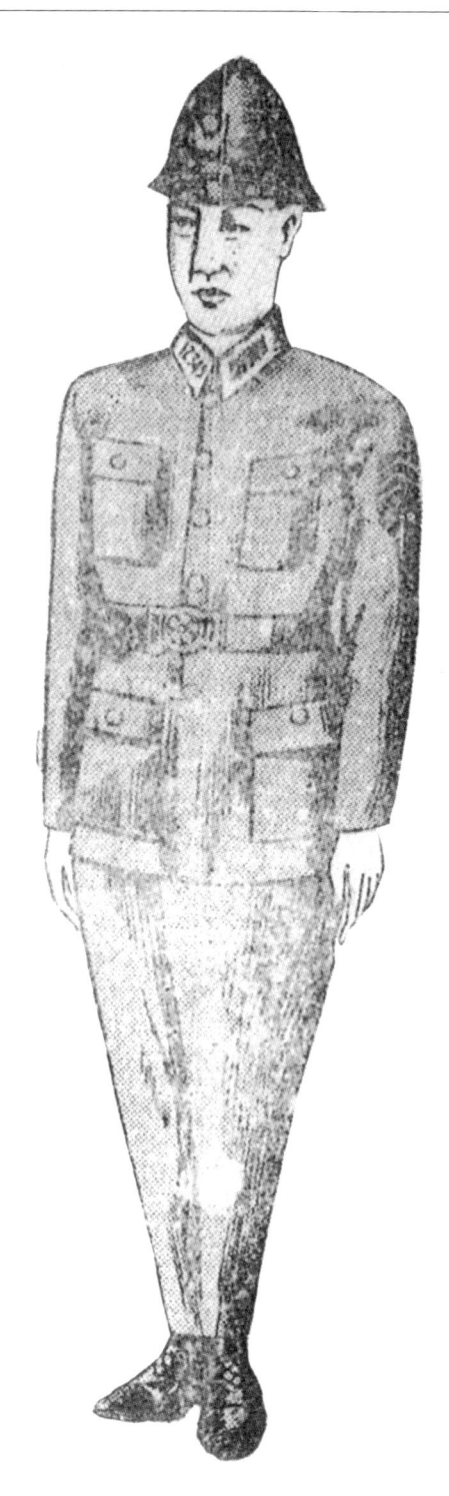

长警冬季制服全身图

服制图式　　737

警官钮扣

警官领章

税务

航空

司法

738　　　服制图式

森林

监务

矿业

驻卫

教育

行政

服制图式

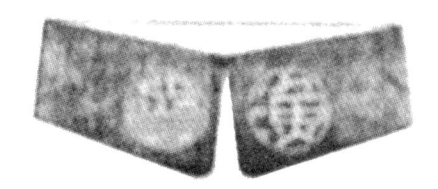

外事国境　　　　　水上

渔业　　　　　消防

保安

交通

740　服制图式

警官常服肩章

简任一二级

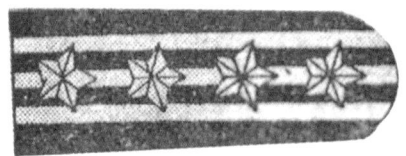

简任三四级

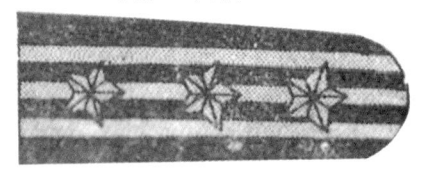

简任五六级

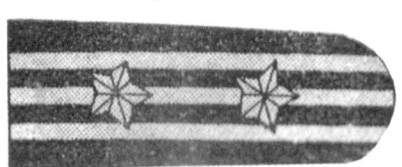

简任七八级

荐任一至三级

荐任四至六级

荐任七至九级

荐任十至十二级

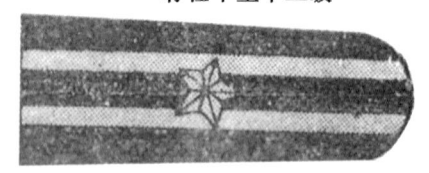

委任一至四级

委任五至八级

委任九至十二级

委任十三至十六级

服制图式 741

长警、警员制服

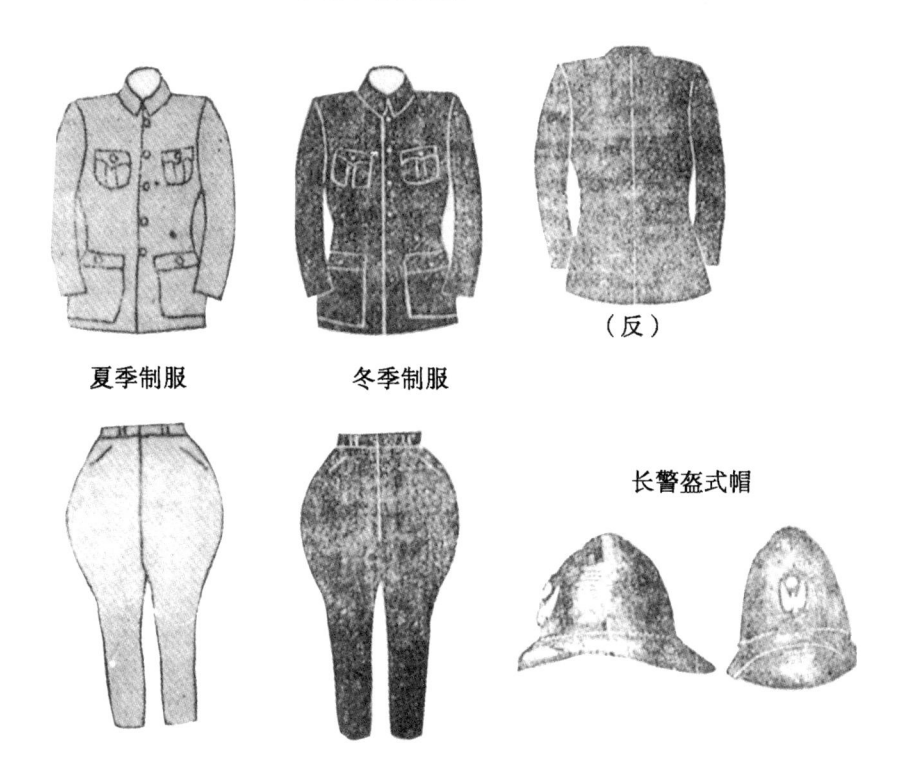

夏季制服　　冬季制服　　（反）

长警盔式帽

外套

服制图式

长警胸章　　　　　警官胸章

长警领章

长警臂章

一等警长　　　二等警长 　　　三等警长

一等警士 　　　二等警士 　　　三等警士

服制图式 743

长警腰带

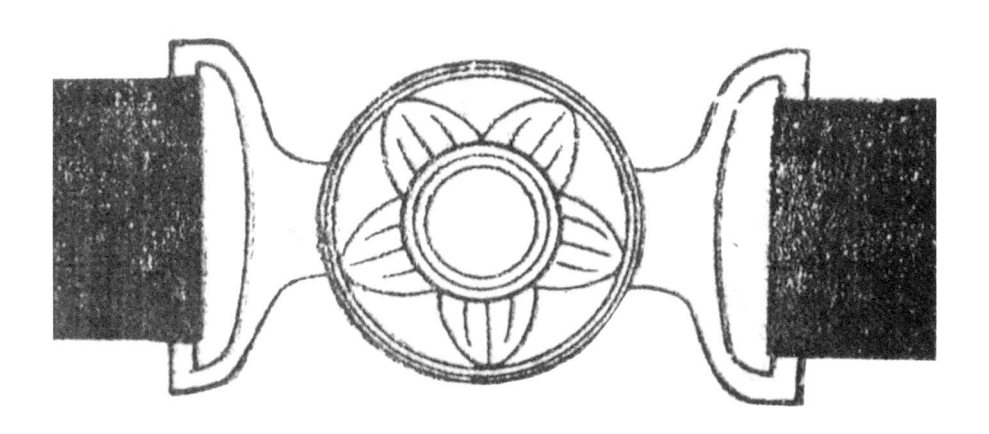

长警、警员
夏季便服

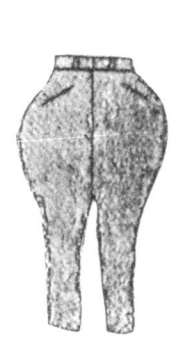

女警夏季便服

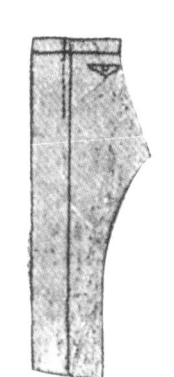

女警冬季便服

警官夏季便服

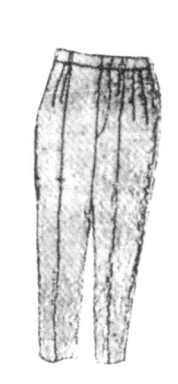

服制图式

女警夏季制服全身图

后　　记

　　对于学者来说，大凡有付出心血的研究成果问世，总是会感到几分欣慰的。屈指算来，《中国近代警察制度》一书从筹划提纲、搜集材料到最后脱稿，前后阅经五、六个寒暑，用时下的眼光来看，算得上是马拉松式的作品了，既不经济，也不实惠，实在是缺乏市场经济的头脑。不过，老话说"十年磨一剑"，也有说"十年磨一戏"的，大抵是形容某项工作或成品，即便是看起来非常简单的东西，要想做得好、做得精，都须要大量的时间和精力的投入，须要付出百般的辛劳和努力，几经推敲、磨勘，方能创造出经得住后人检验的成果。我们这部书稿，用时远不足十年，按老规矩衡量自然是欠着火候，这一点，我们还是略有自知之明的。即便如此，这期间所尝受的种种磨折，已然是不堪回首了，真可谓苦、辣、甘、辛、咸、淡六味俱全。

　　记得是在1987年秋季，我刚刚研究生毕业后被分配到中国社会科学院法学研究所工作，我们当时的研究室主任韩延龙先生有一天忽然问我愿否参加《中国近代警察制度》一书的撰写工作。在那个时候，这是一个很难得的机会，我没有任何理由拒绝。

　　参加这项工作的还有常兆儒先生，他和韩先生两人已经拟好了撰写提纲，具体的分工是韩先生负责民初北洋政府部分，常先生负责南京国民政府（包括抗战西迁时期）部分，留给我的是清末部分，韩、常两位先生都是研究革命根据地法制史的专家，对民国时期的背景比较熟悉，而且参加了《中国警察制度简论》一书的撰写，对警察制度早就有所了解。而我在毕业前是专攻清代（前期）法制的，清末的材料接触得不多，对警察更是一无所知。惟一的办法就是边学习、边研究、边撰稿，这也是没有办法的办法。

　　差不多有一年的时间，我经常泡在第一历史档案馆里，中午带个饭盒，一呆就是一整天。一史馆的材料，大体上是按机构分类，编目非常笼统，资料上能否有所收获往往取决于运气的好坏。最麻烦、也最耽误功夫的是，一史馆的材料只能手抄，不许复印；而且在抄完后还要经馆里工作人员审核方能带走。好在当时人们的经济头脑还不象现在这样灵活，事后想来，不用掏钱就能白抄资料，已算是大幸了。当年的研究工作不象现在这样容易争取到经费，我们这个项目虽已被列为研究所重点项目，但并没有一分钱项目费可供支用。好在所领导对研究工作还比较支持，出外调研也给报销。这样我个人先后走访了辽宁档案馆、吉林大学图书馆、杭州浙江图书馆等单位，并与韩先生一道在南京第二历史档案馆逗留了近一个月。资料上的收获也还算是可观的。

然而，不幸的事情还是难以避免的。就在我接受这项工作不到两个月，韩先生和常先生先后住院手术，常先生竟终于不起。恰在这个时候，我的母亲也住院了，当时我正在长春搜集资料，被中途召了回来。第二年底，我又被派往河南省安阳市参加由院里组织的国情调查工作，前后差不多有半年时间。

常先生住院以后，仍然惦念着警察史的进展，托人捎来了一卷宗档案资料，是他亲手在南京第二历史档案馆搜集的。然而，他所负责的那一部分的书稿尚未撰写一字。他与韩先生的意思是由我接替常先生的工作，把南京国民政府部分承担起来。但是那几年，由于刚刚走出校门，按照国家的政策，必须下基层煅炼，讲师团已经停派了，国情调查是必须去的，但还不能算是取得了基层工作的经验，于是我又被派往山东省陵县的土桥镇挂职煅炼，前后又是一年光景。经验果然是越积越丰，但警察史的研究却不得不时断时续。

为了确保警察史的撰写工作能够最终完成，时任所领导的刘海年先生建议由当时在法学研究编辑部工作的林炎炎先生分担下卷的"专业警察"、"警察人事管理"、"警察服制及勤务规则"和"特务组织"等四章的初稿，图书馆副主任赵九燕女士帮助搜集一些资料并分担下卷的"女警"和"警察教育"两章的初稿，下卷的其余五章和上卷的全部九章仍由我负责，韩先生负担的民初部分不变。

《中国近代警察制度》书稿最终就这样完成了。书稿的面目与最初的提纲还是有了不少变化，有些是出于资料的原因，有些则是立意上的不同。譬如"近代警政思想"一章，就是提纲中所没有的。我的想法是，凡讨论某项制度的创新或变迁，必须对该制度所发生的社会背景和思想渊源，甚至某个特定历史人物的个人因素加以剖析。因此，凡是我所负责的部分，只要资料许可，都尽可能地有所交代。行家常道，"读史要能读志"，读志难，作志其能易乎？《中国近代警察制度》就好比《中国近代史》这部大史的专志，而且是二十四史中所没有的志书，其撰写的难度更是无庸赘言了。不管怎样，丑媳妇还得见公婆。作品既经问世，评说之权即在世人。无论知我、罪我之读者，我们都视为热心的、善意的读者，我们的最大企盼是：读者诸公，有以教我！

苏亦工
戊寅年十二月识于燕都城南莲花池寓所